LES TRANSFORMATIONS

DE

L'ARMÉE FRANÇAISE

NANCY, IMPRIMERIE BERGER-LEVRAULT ET Cie.

LES TRANSFORMATIONS

DE

L'ARMÉE FRANÇAISE

ESSAIS D'HISTOIRE ET DE CRITIQUE

SUR

L'ÉTAT MILITAIRE DE LA FRANCE

PAR

Le Général THOUMAS

TOME II

PARIS

BERGER-LEVRAULT ET Cie, LIBRAIRES-ÉDITEURS

5, RUE DES BEAUX-ARTS, 5

MÊME MAISON A NANCY

1887

Tous droits réservés

RECTIFICATIONS ET ADDITIONS

CHAPITRE XIII. — ARMEMENT.

Fusils à répétition, page 103.

Un fusil à répétition de modèle tout nouveau, établi par l'École normale de tir de Châlons et connu sous le nom de *fusil Lebel*, paraît avoir été définitivement adopté. Cette nouvelle transformation de l'armement de l'infanterie donne encore lieu à des discussions et des difficultés. On peut considérer cependant le progrès comme accompli. Ce n'est plus qu'une affaire de temps, d'argent.... et de politique.

De l'armement des servants dans les batteries montées, page 116.

Le désarmement de ces servants est aujourd'hui un fait accompli, du moins jusqu'à nouvel ordre, car de même qu'un ministre a jugé hier le mousqueton inutile, un autre ministre pourra le regarder demain comme nécessaire. Au fond, la question est très controversable, et l'on peut invoquer la pratique des armées étrangères à l'appui de la solution récemment adoptée. D'un autre côté, on peut ajouter aux exemples déjà cités d'autres cas dans lesquels les servants d'une batterie envahie ont fait très utilement usage de leurs mousquetons. A la bataille de Rezonville, lorsque la brigade allemande Redern poursuivit les cuirassiers de la garde impériale, quelques cavaliers prussiens poussèrent jusque dans les batteries de 12 de la réserve du 2ᵉ corps, qui ne pouvaient tirer puisqu'elles étaient masquées ; ils y furent reçus à coups de mousqueton, et l'un d'eux fut tué. Dans la retraite qui suivit la bataille de Beaumont, l'artillerie française restée en arrière pour arrêter la poursuite de l'ennemi fut sur certains points défendus par les troupes de soutien et sur d'autres abandonnée par les mêmes troupes : dans ce dernier cas, les servants se défendirent avec leurs mousquetons sinon toujours avec succès, du moins avec honneur (voir la *Guerre franco-allemande*, tome II, notamment page 1029). Le

RECTIFICATIONS ET ADDITIONS

CHAPITRE XIII. — ARMEMENT.

Fusils à répétition, page 103.

Un fusil à répétition de modèle tout nouveau, établi par l'École normale de tir de Châlons et connu sous le nom de *fusil Lebel*, paraît avoir été définitivement adopté. Cette nouvelle transformation de l'armement de l'infanterie donne encore lieu à des discussions et des difficultés. On peut considérer cependant le progrès comme accompli. Ce n'est plus qu'une affaire de temps, d'argent.... et de politique.

De l'armement des servants dans les batteries montées, page 116.

Le désarmement de ces servants est aujourd'hui un fait accompli, du moins jusqu'à nouvel ordre, car de même qu'un ministre a jugé hier le mousqueton inutile, un autre ministre pourra le regarder demain comme nécessaire. Au fond, la question est très controversable, et l'on peut invoquer la pratique des armées étrangères à l'appui de la solution récemment adoptée. D'un autre côté, on peut ajouter aux exemples déjà cités d'autres cas dans lesquels les servants d'une batterie envahie ont fait très utilement usage de leurs mousquetons. A la bataille de Rezonville, lorsque la brigade allemande Redern poursuivit les cuirassiers de la garde impériale, quelques cavaliers prussiens poussèrent jusque dans les batteries de 12 de la réserve du 2ᵉ corps, qui ne pouvaient tirer puisqu'elles étaient masquées; ils y furent reçus à coups de mousqueton, et l'un d'eux fut tué. Dans la retraite qui suivit la bataille de Beaumont, l'artillerie française restée en arrière pour arrêter la poursuite de l'ennemi fut sur certains points défendus par les troupes de soutien et sur d'autres abandonnée par les mêmes troupes : dans ce dernier cas, les servants se défendirent avec leurs mousquetons sinon toujours avec succès, du moins avec honneur (voir la *Guerre franco-allemande*, tome II, notamment page 1029). Le revolver ne saurait remplacer le mousqueton : il sera souvent au contraire une cause de danger pour les batteries envahies.

Des mitrailleuses ou canons à balles, page 133.

On pourrait multiplier les exemples de l'emploi efficace des batteries de mitrailleuses dans la guerre de 1870. Dans la retraite qui suivit la bataille de Beaumont, elles arrêtèrent plus d'une fois l'ennemi. A la bataille de Villiers (30 novembre 1870), des mitrailleuses placées sur la rive droite de la Marne infligèrent des pertes énormes aux Saxons, déjà maîtres d'une partie du village de Bry et les forcèrent à se retirer (général Ducrot: *la Défense de Paris*, t. II, p. 214). Sans vouloir revenir sur la suppression de cet engin, que l'on ne saurait assimiler à de l'artillerie, il est permis de faire observer qu'il a été mal employé dans la guerre de 1870. Si, au lieu d'attacher les batteries de canons à balles aux divisions d'infanterie en privant celles-ci d'une batterie de vrais canons, on les avait mises à la réserve en y affectant le plus possible le personnel de l'artillerie à cheval, on en aurait certainement tiré un meilleur parti.

Batteries légères et batteries lourdes, page 144.

Le mélange de batteries de deux calibres différents dans une même division présente l'inconvénient de compliquer les approvisionnements. Les Allemands y ont renoncé après la dernière guerre. Il serait infiniment préférable d'adopter un modèle de canon de 90^{mm} léger (voir p. 145). Mais à propos de la pesanteur de notre matériel on ne saurait trop méditer sur la bataille de Buzenval, 19 janvier 1871. On avait voulu à cette bataille appuyer les attaques de l'infanterie avec des canons de 12. Ils restèrent embourbés et l'attaque se fit sans artillerie.

CHAPITRE XIV. — MATÉRIEL.

Artillerie de l'armée du Rhin en 1870, page 198.

Nous avons donné la composition primitivement projetée de l'artillerie de l'armée du Rhin. En fait, on fut obligé de réduire considérablement le nombre des batteries de 12. La garde impériale n'en reçut pas ; la réserve de chaque corps d'armée n'en put rece-

RECTIFICATIONS ET ADDITIONS.   VII

voir que 2. Pour rentrer dans la réalité, il faut remplacer le tableau de la page 198 par le tableau suivant.

	BATTERIES de 4.	BATTERIES de 12.	BATTERIES de canons à balles.	RÉSERVES divisionnaires.	PARCS. (voitures)
Garde impériale	10	»	2	2	80
Total des 1er et 3e corps	28	4	8	8	360
6e corps	17	2	1	4	180
Total des 2e, 4e, 5e et 7e corps	40	8	12	12	592
Réserve de cavalerie	5	»	1	»	»
Réserve générale d'artillerie	8	8	»	»	»
Le grand parc d'après les proportions réglementaires	»	»	»	»	1,510
Totaux	108	22	24	26	2,732

	BOUCHES à feu.	VOITURES.	CANONS à balles.
Les 108 batteries de 4 comprenant	648	1,944	»
Les 22 — de 12 —	132	484	»
Les 24 — de canons à balles —	»	432	144
Les 26 réserves divisionnaires —	»	520	»
Les parcs —	»	2,732	»
Totaux	780	6,112	144

Trésorerie et postes, page 212.

Une parenthèse mal placée dans l'Aide-mémoire des officiers d'état-major nous a fait commettre une légère erreur. Le service de la trésorerie et des postes exige 6 voitures par état-major de corps d'armée et non 8 : par suite le nombre des voitures est de 12 par corps d'armée, de 48 pour 4 corps d'armée et de 61 pour toute l'armée.

Le nombre des voitures de service de la télégraphie n'est pas réglementairement déterminé. On peut regarder cependant comme probables les chiffres suivants : par corps d'armée, une section de 1re ligne, 12 voitures ; pour 4 corps d'armée, 48 ; pour une division de cavalerie indépendante, 1 voiture ; pour le quartier général d'une armée, une direction, une section de 1ʳᵉ ligne et un parc, soit 20, c'est-à-dire pour le total de l'armée 69, qui, jointes aux 61 voitures de la trésorerie et des postes, donnent un total de 130 au lieu de 120.

Total du nombre des voitures d'une armée, pages 226 et 227.

Par suite de la correction ci-dessus formulée le total du nombre des voitures est porté à 8,602 et le tableau de la page 227 doit être ainsi modifié :

Voitures à 6 chevaux		2,790	soit	17,140 chevaux.
— 4 —		1,126	soit	4,504 —
— 2 —		4,335	soit	8,670 —
— 1 cheval		351	soit	351 —
		8,602		30,265 chevaux.

CHAPITRE XVI. — CAMPS, BIVOUACS ET CANTONNEMENTS.

Campagne de 1807, page 290.

Il serait plus juste de dire que le sommet Est du rectangle dans lequel fut circonscrit le théâtre des campagnes d'Eylau et de Friedland était à Wehlau (plutôt qu'à Friedland) et que le côté Nord-Est de ce rectangle était formé par le cours de la Pregel depuis Wehlau jusqu'à Kœnigsberg.

CHAPITRE XVII. — BATAILLES ET COMBATS. — CAVALERIE.

Tir de la cavalerie, page 455.

Nous avons cité comme exemple de tir de la cavalerie le combat de Thèbes, livré aux Mamelucks par la brigade du général Davout. Pour être vrai, il faut ajouter que la manœuvre ordonnée par Davout qui n'était pas un général de cavalerie, fut très fortement blâmée par les officiers de l'arme et qu'elle coûta cher au 15ᵉ régiment de dragons. Il avait été prescrit à ce régiment de passer les fusils en bandoulière pour mettre le sabre à la main après la première décharge, mais les Mamelucks ne lui en laissèrent pas le temps ; ils tombèrent sur lui sans être arrêtés par la fusillade, et un grand nombre de dragons furent sabrés avant que les hussards et les chasseurs eussent le temps de venir à leur secours.

ERRATA

Page	2, ligne 16,	AU LIEU DE :	Leipsig,	LISEZ :	*Leipsick*.
—	5, — 27,	—	de commissaire,	—	*des commissaires*.
—	7, — 8,	—	ce souvenir,	—	*le souvenir*.
—	22, — 36,	—	1869,	—	*1809*.
—	24, — 9,	—	les,	—	*ces*.
—	26, — 33,	—	deux,	—	*quatre*.
—	30, — 12,	—	12e.	—	*15e*.
—	32, — 5,	—	nées,	—	*née*.
—	36, — 23,	—	Duvernois,	—	*Duverney*.
—	46, — 6,	—	énormes,	—	*immenses*.
—	58, — 17,	—	hulans,	—	*uhlans*.
—	68, — 33,	—	; et par,	—	*. Par*.
—	73, — 15,	—	et à laquelle,	—	*auxquelles*.
—	75, note 1,	—	du Consulat et de l'Empire,	LISEZ :	*de la Révolution française*.
—	91, ligne 24,	—	et de 24,	LISEZ :	*ou de 24*.
—	127, — 17,	—	de la réserve d'artillerie,	LISEZ :	*d'une batterie*.
—	131, note 2,	—	Duguet,	LISEZ :	*Duquet*.
—	174, ligne 5,	—	Vitoria,	—	*Vittoria*.
—	190, — 8 et 10,	—	de 1re ligne,	—	*de cavalerie légère*.
—	194, — 32,	—	grand parc et partie mobile,	LISEZ :	*grand parc, partie mobile*.
—	195, — 23,	—	ces,	LISEZ :	*les*.
—	202, — 7,	—	approcher celles,	—	*approcher de celles*.
—	id., — 16,	—	matinée,	—	*soirée*.
—	id., — 30 et 31	—	V et II,	—	*IV et XII*.
—	211, — 23,	—	parce qu'ils,	—	*qui*.
—	227, — 28,	—	7275,8,	—	*6112,7*.
—	290, — 12,	—	la mer,	—	*le Frische Haff*.
—	id., — 14,	—	Friedland,	—	*de Schippenbeil à Friedland*.
—	298, — 29,	—	Franceski,	—	*Franceschi*.
—	309, — 14,	—	Fedioukine,	—	*Sapoune*.
—	315, — 7,	—	d'Orizaba,	—	*de Puebla*.
—	318, — 6,	—	hulans,	—	*uhlans*
—	321, — 13,	—	bavaroises,	—	*prussiennes*.
—	335, note,	—	Chevrier,	—	*Cherrier*.
—	401, ligne 1,	SUPPRIMER	Niederbronn.		
—	id., — 2,	AU LIEU DE :	en ce moment,	—	*en ce moment à Niederbronn*.
—	440, — 26,	—	employée était,	—	*employée sous l'Empire était encore*.
—	id., — 27,	—	. C'est ainsi,	—	*, c'est ainsi*.
—	id., — 29,	—	Moskowa,	—	*Moskowa)*.
—	id., — 30,	—	comme au Tagliamento,	LISEZ :	*comme Bernadotte au Tagliamento*.
—	477, — 11,	—	de dragons,	LISEZ :	*des dragons*.
—	484, — 33,	—	culbutèrent,	—	*culbuta*.
—	487, — 3,	—	Preussich, Hollande,	LISEZ :	*Preussich-Holland*.
—	494, — 24,	—	Redow,	LISEZ :	*Bredow*.
—	504, — 7,	—	suivant,	—	*que suivaient*.
—	555, — 14 et 15	—	leur tirer dessus,	—	*les contrebattre*.
—	591, — 17,	—	Tractir,	—	*Traktir*.
—	616, — 18,	—	cerisiers et de grenadiers,	LISEZ :	*cerisiers, et les grenadiers*.
—	620, — 20,	—	ouvertes,	LISEZ :	*violentes*.

LES TRANSFORMATIONS

DE

L'ARMÉE FRANÇAISE

CHAPITRE XI

ADMINISTRATION ET SERVICE DE SANTÉ.

Objet de l'administration militaire. — Administration à l'intérieur. — Agents du ministre de la guerre, chef suprême et responsable de cette administration. — Commandement, administration, contrôle. — Origines de la question : Richelieu, Louis XIV et Louvois. — Vénalité des grades. — Les capitaines de compagnies. — Les passe-volants. — Commissaires des guerres. — Ministère de Saint-Germain. — Ordonnance de 1788. — Corruption des administrations militaires sous le Directoire. — Loi de nivôse an VIII. — L'inspection aux revues et le Commissariat des guerres. — L'administration militaire sous le premier Empire. — La Restauration. — Création du corps de l'Intendance. — Militarisation. — Assimilation des grades. — Cadres de l'Intendance. — Gestion et exécution. — Reproches faits à l'Intendance. — Les médecins et les comptables. — L'Intendance pendant la guerre de 1870. — Loi du 24 juillet 1873. — Loi des cadres. — Loi sur l'administration de l'armée. — Création du corps du contrôle. — Émancipation du corps médical. — Subordination de l'Intendance au commandement. — Établissements d'intérêt général. — Cadre de l'Intendance. — Les quatre services administratifs. Bureaux de l'Intendance. Subsistances. Hôpitaux. Habillement. — Officiers d'administration. — Adjoints du génie. — Gardes d'artillerie. — Troupes d'administration. — Infirmiers.

Fonctionnement des services administratifs. — Opérations administratives. — L'entreprise et la régie. — L'entreprise préférée à la régie pour le temps de paix. — Marchés. — Adjudications. — Service des fonds. Rapport avec le ministère des finances. — Ordonnateurs secondaires. — Subsistances : vivres, fourrages, chauffage et éclairage. Approvisionnements. — Service de l'habillement et du campement. Historique. — Ateliers des corps de troupe. — Grands ateliers de confection. — Magasins généraux, centraux et régionaux.

Magasins des corps. — Système en essai. — Surveillance administrative des corps. — Administration intérieure. Les masses. — Unification des soldes. — Inutilité d'un double contrôle.

Administration en campagne. — Importance capitale de la question des subsistances pour les troupes en campagne. — Les Romains. — Les Turcs. — Gustave-Adolphe. — Louvois. — Les magasins. — Les munitionnaires. — Frédéric II. — L'armée d'Italie avant Bonaparte. — Le blocus de Mayence en 1794-1795. — Campagne de 1799. — Loi du 20 nivôse an II. — Indépendance nominale des administrateurs. — Opinion de Portalis. — Ordonnance de 1832 sur le service en campagne. — Ce qui arrivait dans la pratique. — Action prépondérante du général en chef. — Marmont à l'armée de Portugal. — Sévérité de Napoléon en matière de finances. — Désordres de la campagne de 1805. — Nécessité des magasins. — Désordres croissant en 1806 et 1807. — Difficultés administratives de la campagne d'hiver entre ces deux années. — Campagne de 1809. — Immenses préparatifs pour l'expédition de Russie. — Campagne de 1813. Indiscipline. Retraite de l'armée après Leipzig. — Campagne de Masséna en Portugal. Toute une armée à la maraude. — Armée de Catalogne. — Pénurie d'argent sous Napoléon. — *La guerre nourrit la guerre.* — Bilan de la guerre contre la Prusse en 1806-1807. — Arriérés de la solde. — Réquisitions en Allemagne. — Souffrances et sentiments des populations. — Marmont et Davout. — Guerre de 1823 en Espagne. — Les marchés Ouvrard. — Le maréchal Victor. — Expédition d'Alger en 1830. Sages préparatifs. — Guerres d'Algérie. Les convois. — Guerre de Crimée. Faiblesse de l'intendance. — Guerre du Mexique. Activité déployée. — Guerre de 1859 en Italie. — Expédition de Chine. — Guerre de 1870-1871. Incohérence des mesures administratives. — La guerre en province. L'intendance accusée à tort. — Méthode des Allemands. — Organisation actuelle. Loi du 16 mars 1882, Décret du 26 octobre 1883. — Subordination complète de l'administration au commandement.

Services divers. — Les fonds. — Les subsistances. — Vivres du sac. Trains régimentaires. Officiers d'approvisionnements. Convois. — Viande sur pied. — Dispositions particulières à la cavalerie. — Service des subsistances à l'arrière. — Nourriture chez l'habitant. — Achats directs et entreprise. — Opinion de Frédéric II, des Allemands. — Vivres comprimés. — Le pain. — Les moulins portatifs. — Les boulangeries de campagne. — Les fours roulants. Effets d'habillement. — Importance attachée par Napoléon à la question des souliers. — Les Allemands arrêtés en 1870 par le mauvais état de la chaussure.

Service de santé. — Longue lutte du corps médical contre l'Intendance. — Origines de la médecine militaire. — Frères hospitaliers. — Hôpitaux à l'entreprise. — Ordonnance de 1788. — Les médecins relevés par la Révolution. — Percy, Desgenettes et Larrey. — Opinions de Lecourbe et de Foy. — Desgenettes en Syrie. — Larrey en Russie. — Décret du 23 mars 1852. — Subordination complète des médecins. — Service aux armées en 1788, sous le premier Empire, de 1852 à 1858. — Guerre de 1870. — Convention de Genève. — Le docteur Robin. — Mesures prises pendant la guerre en province. — Autonomie du corps médical posée en principe par la loi d'organisation de 1873. — — Loi du 16 mars 1882. — Séparation de la médecine et de l'administration. — Hôpitaux civils. — Le service de santé aux armées. Service régimentaire. — Ambulances. Hôpitaux de campagne.

Jugement porté sur la loi du 16 mars 1882. — Pour le service de santé, on a fait trop ou trop peu. — Les corps de troupe sont trop en tutelle. — Le commandement a une responsabilité exagérée. — La position de l'intendance n'est ni digne ni nette. — Le corps du contrôle est sans autorité morale et son intervention n'est que vexatoire.

S'il nous fallait exposer, avec les détails que le sujet comporte, toutes les règles de l'administration militaire et les variations qu'elles ont subies, même en ne remontant qu'à un passé peu éloigné, un chapitre n'y suffirait pas, ni davantage un volume. Ces règles sont si nombreuses et parfois si complexes que ceux-là même qui sont chargés de les appliquer sont forcés à chaque instant de consulter les instructions officielles et que les intéressés, rebutés par la difficulté des recherches, ont recours à des manuels spéciaux pour se mettre au courant de leurs droits et de leurs obligations. Plusieurs de ces manuels ou cours d'administration sont fort bien faits et n'ont qu'un défaut, c'est de ne plus être, dès le lendemain de leur publication, à hauteur des changements apportés par de nouvelles décisions aux règles en vigueur. Nous ne saurions donc avoir la prétention d'exposer ici les détails de l'administration, ce qui d'ailleurs fatiguerait le lecteur autant que nous-même. Nous nous proposons seulement d'expliquer quels ont été et quels sont ses organes, de résumer les principes sur lesquels est fondé son fonctionnement et surtout de montrer, par l'exemple du passé, les difficultés qu'elle rencontre ainsi que son influence capitale sur l'issue des événements militaires et politiques.

L'administration militaire, chacun le sait, a pour objet de pourvoir à tous les besoins de l'armée en temps de paix à l'intérieur, ainsi qu'à ceux des armées en campagne. Nous examinerons d'abord le cas le plus général et le plus simple, celui du temps de paix, pour passer ensuite à la question capitale de l'administration des armées en campagne.

ADMINISTRATION A L'INTÉRIEUR.

Le ministre de la guerre est le chef suprême et responsable de l'administration militaire. En cette qualité, son devoir est d'assurer l'entretien de l'armée à l'aide des ressources mises à sa disposition par le budget et de faire de ces ressources l'emploi le plus régulier, le plus économique et le plus efficace. Par l'intermédiaire des fonctionnaires placés sous ses ordres, il doit :

1° Veiller à ce que tous les corps de troupe et établissements militaires soient pourvus en tout temps du nécessaire, tel qu'il est défini par les lois et règlements, afin qu'aucun événement imprévu ne surprenne l'armée en défaut; c'est le rôle du *commandement*;

2° Prévoir les besoins et y satisfaire par une série d'opérations destinées à assurer le présent et à préparer l'avenir; c'est le fait de l'*administration* proprement dite ;

3° Enfin, constater la régularité des actes administratifs ; c'est l'objet du *contrôle*.

Entre le commandement, l'administration et le contrôle, il y a souvent eu confusion, quelquefois même conflit. La loi du 16 mars 1882 a eu pour objet de mettre un terme à cet état de choses en définissant les rôles avec précision. Nous verrons dans quelle mesure elle y est parvenue.

C'est Richelieu qui passe pour avoir le premier organisé en France le service de la solde et des vivres [1]. Mais, après lui et pendant les guerres de la Fronde et jusqu'à la fin de la guerre contre l'Espagne, les désordres reparurent; il fallut Louis XIV et Louvois pour organiser l'administration militaire. Les actes de Louvois nous sont mieux connus que ceux des secrétaires d'État qui le précédèrent. Comme le dit très bien son historiographe, M. Camille Rousset, il a travaillé pour sa propre gloire en instituant le dépôt et les archives de la guerre, où nous retrouvons aujourd'hui la trace complète de ses actes administratifs.

La vénalité des grades était alors une conséquence du mode de formation des troupes. Par suite de cette vénalité, un régiment, une compagnie était la propriété de l'officier qui l'avait achetée et qui, d'après le contrat signé par lui, s'engageait à enrôler les soldats et à leur fournir la solde, les vivres, l'habillement, l'équipement et même les armes.

On conçoit tous les abus qu'un pareil système engendra, et toutes les tromperies dont l'État, aussi bien que les soldats eux-

---

[1]. Dussieux, *l'Armée en France*, t. II, p. 67.

mêmes, furent victimes. Les propriétaires de compagnies, pour tirer le meilleur parti d'une propriété qu'ils avaient payée cher, quelquefois même pour ne pas être ruinés, n'entretenaient pas le nombre d'hommes convenu, fournissaient de faux états de présence, pratiquaient des retenues productives sur la solde fixée par le règlement, ou exerçaient sur l'habillement et l'équipement des économies nuisibles à la tenue et même à la santé des soldats. De là l'institution des commissaires des guerres, fonctionnaires civils créés sous François Ier, chargés de passer des revues pour vérifier les effectifs et constater l'état bon ou mauvais des compagnies et des régiments ; de là aussi l'abus bien connu des *passe-volants*, soldats d'occasion figurant aux revues pour faire nombre ; métier lucratif mais périlleux, entraînant les galères ou même la pendaison pour celui qui était découvert.

Souvent aussi les capitaines se prêtaient entre eux les soldats qui leur manquaient, mais pour recourir à cet expédient, il fallait être prévenu à l'avance du jour de la revue, ce qui impliquait la complicité des commissaires. En 1671, dit M. Camille Rousset, Louvois surprit lui-même un des plus coupables, le « commissaire « Aubry, chargé du gouvernement de Dunkerque, qui depuis six « ans, moyennant une redevance, prévenait les troupes deux fois « vingt-quatre heures devant qu'il dût faire la revue ; les capi- « taines envoyaient alors chercher des hommes à Bergues et à « Furnes pour paraître complets [1]. » En général, cependant, les commissaires faisaient rigoureusement leur service malgré la résistance des colonels, résistance brisée par la fermeté du ministre. Les charges de commissaire étaient héréditaires et leurs pouvoirs étaient fort grands, ils avaient le droit de prononcer l'interdiction des officiers et de les mettre aux arrêts. Il ne suffisait pas pour Louvois de réprimer les abus commis dans les régiments, il fallait encore subvenir aux besoins des troupes qui entraient en campagne ; il chargea de ce soin les intendants des provinces. On voit donc déjà se dessiner ces deux rôles de l'administration : pourvoir et contrôler. En même temps, le ministre de Louis XIV instituait les inspecteurs, Martinet pour l'infanterie, Fourille pour la cava-

---

1. *Histoire de Louvois*, tome I.

lerie, chargés d'imprimer à l'instruction des troupes une direction uniforme, tout en s'assurant qu'elles ne manquaient de rien et se trouvaient prêtes à tout événement. Sauf le développement dû au temps et au progrès des institutions, c'est à peu près ce que nous voyons aujourd'hui. C'est ainsi qu'en remontant à l'origine, on comprend mieux le mécanisme dans sa simplicité que lorsqu'il est compliqué de rouages multiples.

L'abus des passe-volants finit par disparaître à peu près devant l'active sévérité de Louvois, d'autres abus persistèrent. Les capitaines ne se prêtaient plus de soldats, dit M. Camille Rousset, mais il arrivait encore que les habits et les armes voyageaient parfois d'une compagnie à l'autre pour la revue du commissaire [1]. Par amour-propre, par goût du luxe, par désir de plaire au roi on donnait aux troupes dans certaines circonstances des tenues trop brillantes; Saint-Simon nous apprend à ce sujet qu'en 1698, au camp de Compiègne commandé par Boufflers et visité par Louis XIV et Mme de Maintenon, il n'y eut pas de régiment qui n'en fût ruiné pour plusieurs années, corps et officiers [2]. Pour s'y retrouver, les capitaines retiraient ensuite à leurs soldats ces beaux habits neufs qui servaient à l'occasion à d'autres compagnies et les faisaient marcher pieds nus et en guenilles. Le roi a été informé, écrivait le 17 juin 1683 Louvois à un intendant, que les capitaines de la garnison de Casal ôtent à leurs soldats les souliers qu'ils leur donnent le jour de la revue, et les laissent aller nu-pieds [3]; on allait même plus loin, car, le 23 août 1690, le ministre écrivait à Saint-Pouenge, sorte d'intendant général qui avait toute sa confiance pour les détails administratifs, comme Chamlay pour les mouvements de troupes : « Prenez garde que les souliers que vous
« donnerez à l'infanterie soient manuellement distribués, car il est
« souvent arrivé que des officiers qui font profit de tout en ont
« vendu [4]. »

Les retenues illégales sur la solde étaient un mal plus grand encore parce qu'il engendrait la désertion, l'indiscipline et même

---

1. *Histoire de Louvois*, tome I.
2. *Mémoires*, édition Hachette, in-12, t. II, p. 5.
3. *Histoire de Louvois*, t. III, p. 296.
4. *Histoire de Louvois*, t. III, p. 296.

la révolte. En 1683, les soldats de la garnison de Fribourg, voulant réclamer contre la retenue d'un sol sur quatre qui leur était indûment faite, se réunirent en masse et déléguèrent trois d'entre eux pour porter leur réclamation au gouverneur. Ces trois soldats furent remis au jugement des officiers, et l'un d'eux fut passé par les armes. Louis XIV et Louvois prirent la chose au sérieux. Le gouverneur était le lieutenant général Dufay qui s'était couvert de gloire en 1676 par la défense de Philipsbourg ; ce souvenir de sa conduite héroïque le protégea, il en fut quitte pour une réprimande sévère, mais les commandants de corps de troupe furent mis en prison pour avoir toléré l'abus des retenues, les soldats rentrèrent dans ce qui leur était dû, les officiers qui avaient formé le conseil de guerre furent cassés, l'intendant enfermé dans une forteresse et destitué. Tous ces désordres étaient la conséquence de la vénalité des grades, dont Saint-Simon a dit : « Cette « vénalité de l'unique porte par laquelle on puisse monter aux « grades supérieurs est une grande plaie dans le militaire. C'est « une gangrène qui ronge depuis longtemps tous les ordres et « toutes les parties de l'État, sous laquelle il est difficile qu'il ne « succombe. »

Lorsque la vénalité des grades fut enfin abolie en 1776 sous le ministère du comte de Saint-Germain et qu'avec elle prit fin la plus grande cause des abus signalés, ceux-ci étaient trop invétérés pour disparaître complètement, et le rôle des commissaires, dont les charges étaient héréditaires et vénales, augmenta d'importance par le développement donné aux services administratifs. Le comte de Saint-Germain les militarisa en 1777, et l'ordonnance royale de 1788, que nous avons déjà plusieurs fois citée, les plaça sous les ordres des généraux commandant les divisions. Cette ordonnance établissait une double hiérarchie : le commissaire ordonnateur, chef du service administratif dans chaque province, était subordonné à l'officier général commandant la province ; les commissaires des guerres employés dans la province étaient subordonnés aux commissaires ordonnateurs, mais ils recevaient directement les ordres des généraux commandant les divisions pour tous les objets ayant rapport au service, à l'administration et à la police des corps de troupe dont lesdites divisions étaient composées.

L'administration militaire comprenait deux branches : 1° les dépenses locales pour constructions et réparations des bâtiments militaires et des fortifications, fonderies, arsenaux, magasins, arrêtées par les commissaires et ordonnancées par les intendants civils des provinces ; 2° les dépenses afférentes à l'entretien des troupes, savoir : la solde, les masses, les abonnements, les dépenses intérieures des corps, les subsistances, les hôpitaux, les frais généraux des divisions... Cette partie de l'administration avait un caractère essentiellement militaire et était absolument subordonnée aux officiers généraux commandant dans les provinces.

Depuis la Révolution, les administrateurs de l'armée ont été tour à tour affranchis de cette subordination et replacés sous la dépendance du commandement, tantôt recrutés dans l'élément civil, tantôt choisis parmi les officiers. La composition du personnel administratif donna lieu, pendant toute la première République, aux plaintes les plus graves : « Plus j'approfondis dans mes mo-« ments de loisir les plaies incurables des administrations de l'ar-« mée d'Italie », écrivait Bonaparte au Directoire, le 6 janvier 1797, « plus je me convaincs de la nécessité d'y porter un remède prompt « et infaillible. Le luxe, la dépravation et la malversation sont à « leur comble... je fais arrêter tous les jours des employés, je fais « examiner leurs papiers, visiter les caisses, mais je ne suis se-« condé par personne... et les lois n'accordent pas une assez grande « autorité au général pour pouvoir imprimer une terreur salutaire « à cette nuée de fripons. » Déjà, avant l'arrivée de Bonaparte à l'armée, le commissaire du Directoire écrivait le 23 décembre 1795 au directeur Letourneur en parlant des employés de l'administration : « Le luxe que ces messieurs étalent est scandaleux ; il dé-« pose irréfragablement de leur friponnerie. Un simple commis « fait plus de dépenses que ne sauraient en faire six représen-« tants... On m'assure qu'à Nice la plupart des administrateurs « passent leur temps dans la crapule et la débauche. Le mal est « invétéré, il a trop longtemps joui d'une scandaleuse impunité. »

Pendant la triste campagne de 1799, alors que toute l'administration du Directoire donnait l'exemple du vol et de la dilapidation, l'administration militaire ne pouvait échapper à un mal aussi contagieux. Les mémoires de ce temps sont remplis des plaintes des

généraux. Le général Victor écrivait de Finale au Directoire, le 25 août : « Vous ne serez pas étonnés des revers de l'armée d'Italie
« quand vous en connaîtrez les auteurs et les causes. Tous ses
« malheurs et la misère sous laquelle elle succombe doivent être
« attribués au désordre et à la cupidité insatiable de ses adminis-
« trations et de ceux qui sont chargés de les diriger. Si cet état
« dure encore quinze jours, nos malheurs seront à leur comble, et
« les ennnemis seront dans nos foyers. C'est donc à l'instant
« même qu'il faut agir, c'est de l'argent qu'il faut envoyer, des
« administrations qu'il faut réorganiser, des administrateurs et
« des commissaires des guerres coupables qu'il faut punir. Cette
« mesure doit être générale, car le mal est partout où nous avons
« des troupes. »

« Depuis deux jours », écrivait d'un autre côté le chef de brigade Roguet au général en chef de l'armée d'Italie, le 27 août 1799,
« il y a ici des employés ; ils attendent leur inspecteur qui a l'ar-
« gent nécessaire pour assurer le service, et, au lieu d'être à son
« poste, celui-ci rôde, dit-on, dans la Rivière de Gênes, sans doute
« pour y organiser ses dilapidations ; aussitôt sa rentrée, *je le ferai*
« *bâtonner*, je serai dénoncé, destitué, mais j'aurai fait mon
« devoir. »

L'arrêté des Consuls en date du 9 pluviôse an VIII, dû au souvenir des abus dont Bonaparte avait été le témoin en Italie et en Égypte, partagea l'état-major administratif en deux branches ; l'une et l'autre avaient le caractère militaire, le premier Consul ne voulant pas d'administrateurs civils. Son idée à cet égard était arrêtée depuis longtemps, ainsi que le prouve cette lettre écrite par lui au Directoire, le 26 août 1796 : « Le commissaire des
« guerres Salva abandonne l'armée, l'esprit frappé ; il voit partout
« des ennemis ;... il croit les uhlans à ses trousses... Écrivant de
« tous côtés : *Sauve qui peut*, il arrive à deux lieues de Gênes, il
« meurt après vingt-quatre heures d'une fièvre violente... Beau-
« coup de commissaires n'ont pas été plus braves... Tel est l'in-
« convénient de la loi qui veut que les commissaires des guerres
« ne soient que des agents civils, tandis qu'il leur faut plus de
« courage et d'habitudes militaires qu'aux officiers mêmes... »

La première branche du personnel administratif était l'*inspection aux revues*, dont les fonctionnaires, pris dans les rangs élevés de l'armée, étaient susceptibles d'y reprendre place, chargée de l'administration et du contrôle du personnel ; venait ensuite le *commissariat des guerres* auquel était confiée la direction du matériel de l'armée, à l'exception des services de l'artillerie et du génie. L'institution des inspecteurs aux revues produisit des résultats immédiats en faisant rayer des contrôles plusieurs dizaines de milliers d'hommes, morts ou disparus depuis longtemps déjà. Ce corps comprenait en 1805 : 1° 6 inspecteurs en chef, parmi lesquels on remarque un des administrateurs militaires les plus éminents de l'ancienne monarchie, Malus, intendant en chef de l'armée de Dumouriez en 1792, victime du parti Jacobin, Villemanzy, Denniée, Servan, ancien ministre de la guerre et commandant en chef de l'armée des Pyrénées ; 2° 31 inspecteurs dont faisait partie Daru, l'administrateur qui posséda au plus haut degré la confiance de Napoléon ; 3° 101 sous-inspecteurs de trois classes différentes.

Les commissaires des guerres étaient les véritables administrateurs de l'armée ; le grade supérieur de ce corps était, comme avant la Révolution, celui de *commissaire ordonnateur*, dont était alors revêtu un des hommes qui ont laissé le nom le plus honoré dans l'administration militaire, M. Daure. Les ordonnateurs étaient au nombre de 38 ; le cadre contenait, en outre, 101 commissaires de première classe, 101 de seconde classe et 51 adjoints aux commissaires des guerres, parmi lesquels nous voyons figurer MM. Odier et Vauchelle, dont les écrits font encore autorité dans l'intendance.

En somme, l'inspection aux revues comprenait 138 fonctionnaires, le commissariat 291. Total : 429 administrateurs militaires. C'est avec cette organisation que se firent toutes les guerres du premier empire[1]. Napoléon, ayant toujours présents à l'esprit les scandales qu'il avait vus s'étaler sous ses yeux quand il était le

---

1. Dans tous les cours d'administration, on distingue, comme nous le faisons ici, les inspecteurs aux revues des commissaires, mais en fait, les inspecteurs de grade élevé, surtout les inspecteurs en chef, furent de véritables administrateurs, comme Daru, qui fut, pendant presque toute la durée de l'Empire, le chef de l'administration de la Grande-Armée, Villemanzy, qui en fut l'intendant en chef en 1807. On remarquera, d'ailleurs, que l'intendant en chef de l'armée de Russie, en 1812, fut un général de division, Mathieu Dumas.

général Bonaparte, se montra pendant tout son règne soupçonneux et dur en matière administrative, sans cependant réussir à extirper les abus dans lesquels, il faut bien le dire, certains généraux trempèrent autant et plus que les administrateurs. « On fait grand bruit », écrivait le 10 août 1806 le prince Eugène, vice-roi d'Italie, au général Marmont, commandant l'armée de Dalmatie, « de la « rigidité qui a été ordonnée dans l'examen de la comptabilité des « armées. L'Empereur s'en est expliqué, à ce qu'il paraît, très vive- « ment dans un comité particulier. Il a parlé de n'épargner ni les « généraux ni leurs amis, voulant, a-t-il dit, voir cesser toutes les « dilapidations commises dans la campagne de l'an XIV (1805)[1]. »
De fait, l'Empereur procéda souvent lui-même aux vérifications les plus minutieuses des comptes administratifs. On peut citer comme modèle du genre une lettre écrite par lui au ministre Dejean, le 28 avril 1806, sur les dépenses de l'administration de la guerre. Le compte rendu de ces dépenses porte 4,852,000 fr. payés pour les fourrages ; l'Empereur calcule le nombre des rations d'après les états de présence fournis par les inspecteurs aux revues et il trouve une dépense de 2,328,000 fr. seulement. « Cela « fait », dit-il, « une différence de 2,500,000 fr. qui ont été donnés « de plus aux fournisseurs. Je ne puis me dissimuler que le chef « de bureau qui a signé ces états est d'une grande inhabileté, s'il « pense justifier des avances si considérables sur des calculs aussi « évidemment irréfléchis. »

Il examine de même le chauffage, les étapes, convois et transports, les invalides, les lits militaires, les hôpitaux, le mobilier, la viande, l'habillement, la boulangerie. « Les états qui me sont « remis », observe-t-il, « sont faits par des hommes qui ne savent « pas l'administration et il y a bien du relâchement dans cette par- « tie du service. »

En résumé, il trouve un trop-payé de quinze à vingt millions[2].

Une ordonnance royale de 1817, uniquement fondée sur des motifs d'économie, fusionna les inspecteurs aux revues et les commissaires des guerres dans un seul corps ; *l'intendance militaire*.

---

1. *Mémoires de Marmont*, t. III, Correspondance.
2. *Correspondance militaire de Napoléon Ier*, t. IV.

qui devait se recruter dans l'élément civil. Une nouvelle ordonnance, datée de 1822, militarisa définitivement les membres de l'intendance, et, enfin, l'ordonnance de 1835 leur donna l'assimilation des grades. « Il a fallu », fait observer un des fonctionnaires les plus distingués de l'intendance, « que ce corps eût la vie bien « dure pour résister victorieusement à toutes les fluctuations qu'il « a subies[1]. » Cette force de résistance, les intendants l'ont puisée dans un remarquable esprit de corps, dans l'appui des Chambres et de la Cour des comptes, mais surtout dans une réglementation habilement conçue, de manière à tenir les corps de troupe en tutelle et le commandement dans un rôle contemplatif.

En 1854, date qui marque, avons-nous dit, l'apogée de l'ancienne armée et qui marqua aussi à peu près celui du corps de l'intendance, le cadre contenait 246 fonctionnaires de l'intendance, qui avaient, s'il faut en croire Vauchelle, vainement tenté d'obtenir le titre d'officiers. Ce chiffre de 246, inférieur presque de moitié aux effectifs réunis de l'inspection aux revues et du commissariat en 1805, était ainsi réparti par grades :

28 intendants militaires, généraux de brigade par assimilation ;

140 sous-intendants . . { 50 de 1re classe, colonels ;
90 de 2e classe, lieutenants-colonels.

78 adjoints . . . . . . { 52 de 1re classe, commandants ;
26 de 2e classe, capitaines.

Un peu plus tard furent créés les intendants généraux, au nombre de 8, assimilés aux généraux de division et destinés à former le comité d'administration ainsi qu'à exercer sur les opérations des intendants et des sous-intendants une sorte de contrôle par des inspections annuelles.

Tel était le personnel du corps de l'intendance, faisant partie alors de l'état-major général de l'armée. « Exerçant sous l'autorité « immédiate et directe du ministre de la guerre dont ils étaient « les délégués et les organes pour tout ce qui a trait à l'organisa« tion de l'armée en dehors de son ministère, les fonctionnaires de « l'intendance militaire étaient chargés de la direction des services

---

1. Vauchelle, *Cours d'administration militaire*, t. 1.

« administratifs et du contrôle des dépenses et consommations de « toute nature que l'exécution de ces services occasionne à l'État[1]. »

Les services de l'artillerie et du génie dans lesquels la direction appartenait aux officiers de ces armes, portant précisément le titre de directeurs, échappaient seuls à l'intendance. Au-dessous de la direction un personnel spécial était, pour chaque service, chargé de la gestion et de l'exécution, c'étaient :

Dans les corps de troupe et écoles militaires...
- les conseils d'administration ;
- les officiers comptables ;
- les commandants des unités administratives : compagnies, escadrons et batteries.

Dans les hôpitaux.....
- les officiers de santé ;
- les officiers d'administration.

Dans les subsistances, l'habillement et le camp...
- les officiers d'administration.

Enfin, à côté de la direction, se trouvait le contrôle, exercé par les fonctionnaires de l'intendance, réellement sur les services administratifs, fictivement sur les services de l'artillerie et du génie, où ce contrôle se bornait à des signatures, considérées comme de simples visas, sur les pièces et les registres de comptabilité.

Des signatures ! tel était dans un grand nombre de cas le résultat le plus clair de l'intervention des intendants et sous-intendants, et en dehors des ordonnances de paiement, des feuilles de route, des marchés et autres actes où le fonctionnaire figurait à titre d'administrateur, ces signatures n'avaient le plus souvent qu'une valeur de forme, parce qu'elles n'engageaient ni dégageaient aucune responsabilité. En général, ce qui caractérisait l'intendance, c'est l'excès de la formalité, et comme en devenant excessive la formalité paraît vexatoire, l'impopularité du corps de l'intendance grandissait tous les jours. Composé d'hommes instruits, d'une honnêteté incontestable, d'un zèle à ne pas mettre en doute, mais péchant un peu par le défaut de pratique et se montrant quelquefois plus exigeants en comptabilité qu'ils n'étaient heureux en administra-

---

[1]. Vauchelle, *Cours d'administration militaire*, t. I, p. 60.

tion, ce corps ne pouvait commettre la plus légère faute sans se la voir vivement reprocher par l'opinion publique. Le commandement dont il s'affranchissait le plus possible, et à l'autorité duquel il échappait par son droit de correspondance directe avec le ministre, ne lui était pas favorable ; il trouvait que les intendants ne rendaient pas assez de services comme administrateurs pour se faire pardonner les procédés que leur imposait le devoir de contrôleurs, car il est impossible à celui qui est chargé de contrôler les actes d'autrui de relever des irrégularités sans froisser ceux qui les ont commises ou laissé commettre.

D'ailleurs, l'intendance portait attachés à ses flancs deux ennemis acharnés : le corps des officiers de santé et celui des officiers d'administration. Les premiers semblaient avoir juré le renversement d'un régime qui les faisait, eux, hommes de savoir et de dévouement, les humbles subordonnés des sous-intendants ; les seconds ne cessaient de réclamer contre une ingérence continuelle dans l'exécution de leur service, et surtout contre un mode de recrutement qui leur fermait d'une façon absolue l'entrée du corps de l'intendance. En effet, ce corps était recruté, au degré inférieur de l'échelle hiérarchique, parmi les capitaines de l'armée, nommés adjoints de 2ᵉ classe à la suite d'un concours, et l'admission aux grades supérieurs était répartie dans une proportion déterminée entre les fonctionnaires du corps et les officiers de l'armée[1]. On criait donc déjà bien fort contre les intendants, lorsque éclata la guerre de 1870, après laquelle on fit d'eux les boucs émissaires de nos défaites. Dieu sait pourtant s'ils étaient coupables d'une seule des fautes politiques ou militaires, accumulées au début de cette

---

1. Il était fort rare qu'un colonel, ou même un lieutenant-colonel entrât dans le corps de l'intendance ; quelquefois ces nominations se faisaient d'office et comme par disgrâce. Nous en connaissons un exemple assez curieux. Le duc d'Orléans faisait un jour manœuvrer plusieurs régiments d'infanterie au Champ de Mars. Un de ces régiments était commandé par son lieutenant-colonel, vieux soldat de l'Empire, très gros et très myope, ayant une paire de lunettes sur le nez, et rien de la tournure ni de l'aspect faits pour plaire à l'élégant fils de Louis-Philippe. Au milieu de la manœuvre, un officier d'ordonnance arrive sur lui au galop et lui dit : « Mon colonel, le prince vous prie d'ôter vos lunettes. — Mes lunettes », s'écrie le lieutenant-colonel, « je les avais à la bataille de « Wagram et cela n'a pas empêché Napoléon de la gagner ; mais si je les ôte, « cela m'empêchera d'y voir. » Le soir, après dîner, le duc d'Orléans lui annonça de la façon la plus courtoise que, *sur sa demande* à lui, colonel, il était classé dans l'intendance.

déplorable aventure par nos gouvernants et par nos généraux. « Mais », nous écrivait le 31 janvier 1871 un colonel pourvu d'un commandement important à l'armée de l'Est, « comme il faut tou-
« jours que quelqu'un paie les pots cassés, on s'en prend par exem-
« ple à l'intendance, à laquelle on fait remonter la cause de nos
« désastres, parce que, dit-on, elle laisse l'armée mourir de faim.
« Il serait temps cependant d'en finir avec cette ridicule et odieuse
« plaisanterie. Je ne prétends pas que l'intendance représente l'ex-
« cellence de l'administration militaire, mais dans les circonstances
« difficiles où elle se trouve, au milieu d'un pays épuisé, avec des
« charretiers qui désertent à tout bout de champ, sur des routes
« impraticables, c'est presque un tour de force que d'arriver à un
« résultat à peu près satisfaisant [1]. »

Tout le monde n'avait pas l'intelligence de l'auteur de cette lettre et l'on attribuait à l'intendance des fautes qui ne pouvaient être imputées qu'au commandement; d'un autre côté, l'examen fait, après coup et à tête reposée, des marchés passés par l'administration de la guerre dans des circonstances où elle avait pour ainsi dire le couteau sur la gorge, et l'importance donnée par les passions politiques à des accusations qui permettaient aux partisans de la monarchie d'incriminer du même coup la république et le régime impérial, faisaient crier à la nécessité d'un contrôle indépendant. La guerre contre l'intendance commença donc dès le lendemain de la chute de la Commune, et ce corps, composé, comme nous l'avons dit, d'hommes d'une valeur réelle, habiles à trouver des appuis dans tous les partis qui divisèrent d'abord l'Assemblée nationale, puis le Sénat et la Chambre des députés, se défendit avec autant de persévérance et de talent qu'on mit d'ardeur et parfois de perfidie à l'attaquer.

La loi du 24 juillet 1873 commença cependant sa défaite, qui a été consommée par celles du 13 mars 1875 et du 16 mars 1882. Aux termes de l'article 17 de la première de ces lois, le commandant d'un corps d'armée a auprès de lui et sous ses ordres les fonctionnaires et les agents chargés d'assurer la direction et la gestion

---

[1]. Cette lettre, reçue et conservée par l'auteur, fut communiquée par lui à Gambetta et contribua beaucoup, par les détails qu'elle contenait, à la décision qu'il prit de renoncer à toute résistance lors de la conclusion de l'armistice.

des services administratifs. La loi des cadres de 1875 ne classe plus le corps de l'intendance dans l'état-major général, mais le met au rang des états-majors et services particuliers, sur le même pied que le service de santé, dont l'autonomie est ainsi posée en principe. Enfin, la loi sur l'administration de l'armée vient nettement affirmer la subordination complète de l'intendance à l'égard du commandement et l'indépendance à peu près absolue du service de santé, en même temps qu'elle décide de la création d'un corps de contrôle en dehors et au-dessus de l'intendance. Ce contrôle est confié à un corps spécial recruté dans l'armée, mais sans aucune assimilation de grade. Les contrôleurs sont sous la dépendance directe et unique du ministre qui leur donne les missions à remplir et reçoit leurs rapports ; leur action s'exerce non seulement sur l'exécution, mais même sur la direction des services, aucun obstacle ne peut être apporté par les autorités militaires à l'accomplissement de leurs missions. Ils n'ont aucun ordre à donner, mais seulement des observations à faire et des explications à demander.

Leur cadre comporte :

8 contrôleurs généraux de 1re classe ;
12   id.   de 2e classe ;
25 contrôleurs de 1re classe ;
25   id.   de 2e classe ;
10   id.   adjoints.

Bien qu'il n'y ait pas d'assimilation, les contrôleurs généraux de 1re classe occupent, dans l'ordre des préséances, la place intermédiaire entre les généraux de division et les intendants généraux, de même ceux de 2e classe, entre les généraux de brigade et les intendants. Le recrutement normal du corps se fait par voie de concours entre les chefs de bataillon, chefs d'escadrons et majors de toutes armes et les sous-intendants militaires de 3e classe pour l'emploi de contrôleurs de 2e classe. Une certaine proportion des emplois plus élevés dans la hiérarchie est accordée aux officiers supérieurs ou généraux et fonctionnaires de l'intendance, concurremment avec les contrôleurs.

Pour la première promotion, les contrôleurs généraux de 1re classe ont été pris parmi les généraux de brigade et intendants, et ainsi de suite. Afin d'attirer des candidats, on a donné au corps du contrôle d'assez grands avantages ; l'âge de la retraite est fixé pour eux à une année de plus que pour le grade correspondant dans l'armée (66 ans pour les contrôleurs généraux de 1re classe, tandis que les généraux de division sont retraités à 65 ans) ; la pension de retraite est également un peu plus forte.

Mais, hâtons-nous de revenir à l'administration. L'intendance, d'après la nouvelle loi, n'intervient plus dans le service de santé que pour l'ordonnancement des dépenses, la formation et la garde des approvisionnements. Elle n'a plus à s'occuper en quoi que ce soit des services de l'artillerie et du génie, c'est-à-dire que les sous-intendants n'ont plus à viser les pièces de comptabilité relatives à ces deux services.

Enfin, et c'est avec la création du corps du contrôle le point le plus important de la nouvelle loi, les fonctionnaires de l'intendance ne sont plus pour ainsi dire que les agents du commandement pour les opérations administratives. Le commandant de corps d'armée est, en effet, déclaré sous l'autorité supérieure du ministre, le chef responsable de l'administration de son corps d'armée. Cette responsabilité et cette autorité ne s'étendent pas aux généraux commandant les divisions et les brigades ou subdivisions qui, en temps de paix, à l'intérieur, n'ont à l'égard de l'administration que des devoirs de surveillance. Aussi les directeurs de service dans chaque corps d'armée ne correspondent avec le ministre que par l'intermédiaire du commandant de corps d'armée, tandis que les chefs de service dans les divisions correspondent librement avec les directeurs de leur service pour le corps d'armée.

La loi du 24 juillet 1873, sur l'organisation générale de l'armée, classait en deux catégories les services et établissements militaires : les uns, exclusivement affectés aux besoins d'un corps d'armée et placés sous les ordres du commandant de ce corps d'armée ; les autres, destinés à assurer la défense du pays ou à pourvoir aux besoins généraux des armées, restant sous la direction immédiate du ministre, mais sous la surveillance du commandant de corps d'armée. La nouvelle loi a consacré cette distinction. Nous avouons ne pas comprendre les critiques formulées contre une réserve si naturelle et si sage par des officiers, partisans à outrance de la décentralisation. Donnez au commandement local, leur répondrons-nous, sur tout ce qui est de son ressort, autant d'autorité et d'action que vous le jugerez nécessaire pour assurer son initiative et couvrir sa responsabilité, dégagez le pouvoir central des détails qui sont hors de sa portée, mais gardez-vous de pousser l'amour de la décentralisation jusqu'à compromettre les intérêts généraux de l'armée. On raisonne toujours dans l'hypothèse d'une situation normale. Nous vivons cependant à une époque où l'on doit s'attendre à tout, et la sagesse commande une salutaire méfiance. Vous connaissez les généraux qui commandent aujourd'hui à Toulouse, à Marseille, à Bordeaux, à Nantes, etc... Mais vous ignorez dans quelles mains peut y tomber le pouvoir local à un moment quelconque. Ne laissez donc pas prendre aux chefs des établissements dont dépend le salut du pays, des habitudes d'obéissance qui pourraient devenir funestes. Si, en 1870, les directeurs de nos arsenaux et de nos manufactures d'armes n'avaient pas été fortement imbus de ce principe que le ministre pouvait seul leur donner des ordres, nos magasins eussent été vidés en quinze jours, et leurs ressources, gaspillées en distributions locales, n'auraient pu assurer cette défense nationale qui a sauvé tout au moins l'honneur du pays. Que d'exemples nous pourrions citer en évoquant nos souvenirs!

D'après les instructions du ministre, la direction d'artillerie de X... conservait pour l'armement d'un régiment d'infanterie destiné à combattre prochainement en première ligne, 3,000 fusils modèle 1866. Le commissaire général à X..., agissant dans une bonne intention et se méprenant sur la nature des pouvoirs dont il était revêtu, intime au directeur l'ordre formel et plusieurs fois réitéré de délivrer ces fusils aux mobiles du département, qui n'étaient pas encore appelés à l'armée. Le directeur, malgré la défense qui lui en est faite par le ministre, croit devoir céder à des injonctions aussi pressantes et délivre les fusils. Mais d'après les explications qui lui sont données par les bureaux de l'artillerie au ministère, Gambetta tient bon : ordre est signifié au commissaire général d'avoir à réintégrer immédiatement les fusils en magasin, et le directeur reçoit une autre destination[1]. Les armes

---

1. A la prière du commissaire général cet officier fut maintenu dans ses fonctions.

sont alors distribuées à qui de droit et le commissaire général reconnaissant galamment ses torts, n'intervient plus dans le service des arsenaux.

Là, c'est un autre commissaire qui, de son chef, destitue le directeur d'artillerie et le remplace par un ingénieur. Celui-ci s'apprête à vider l'arsenal pour armer les troupes d'un camp d'instruction et entre en fonctions par une ordonnance de paiement. Le trésorier-payeur général y fait droit et en informe le ministre qui, par télégramme, le prévient que tout paiement irrégulier sera laissé à son compte. La direction improvisée se voyant couper les vivres, fut obligée de céder la place, et ainsi furent préservées les ressources d'un arsenal qui, à lui seul, mit sur pied pendant toute la durée de la guerre 5 batteries par semaine. Le Gouvernement lui-même, par un décret en date du 3 novembre 1870, portant création des batteries départementales, avait, malgré la résistance de l'amiral Fourichon, autorisé les ingénieurs chargés de la construction de ces batteries à puiser à volonté dans les ressources des arsenaux de terre et de mer. Celui qui écrit ces lignes fut assez heureux pour obtenir de Gambetta le rappel de cette mesure désastreuse. En somme, on parvint à préserver les magasins de l'artillerie et de la marine d'un véritable pillage, mais si les directeurs avaient eu l'habitude d'obéir à l'autorité locale, tous les efforts faits dans ce but auraient échoué.

Après avoir séparé la direction et le contrôle, la loi du 16 mars 1882 établit aussi une ligne de démarcation bien nette entre la direction, la gestion et l'exécution ; elle consacre définitivement l'autonomie du service de santé, mais en laissant, comme nous l'avons dit, à l'intendance, l'ordonnancement des dépenses relatives à ce service, la vérification de la gestion en deniers et en matières des pharmaciens et des officiers d'administration, ainsi que la fourniture du matériel et des approvisionnements nécessaires aux hôpitaux et ambulances. Enfin, la loi maintient dans les attributions de l'intendance, la surveillance administrative des corps de troupe, c'est-à-dire la vérification et la régularisation des dépenses en deniers et en matières ordonnées par les conseils d'administration.

Il aurait semblé que l'intendance séparée du contrôle, débarrassée du service de santé, délivrée de toute ingérence dans les comptes administratifs de l'artillerie et du génie, n'ayant plus à intervenir dans la gestion d'aucun service, dût voir ses cadres diminués. Tout au contraire, ils ont été augmentés, comme on peut en juger par le tableau suivant :

Grades.	En 1875.	Cadre actuellement réglementaire.	Cadre existant en 1884.
Intendants généraux.	8	7	6
Sous-intend. de 1re cl.	50	90	62
— de 2e cl.	90	100	95
— de 3e cl.	52 adj. de 1re classe.	110	98
Adjoints à l'intendance.	26 adj. de 2e classe.	50	54

Une augmentation des cadres, surtout dans les grades supérieurs, favorise toujours l'avancement, et comme la création du corps du contrôle dans lequel sont entrés des intendants généraux, intendants et sous-intendants de 1re classe, a ouvert un débouché au sommet de la hiérarchie, les fonctionnaires de l'intendance se sont trouvés profiter individuellement des mesures dont le corps considéré dans son ensemble a été la victime.

Le recrutement, qui se faisait autrefois parmi les officiers de tout grade, s'arrête maintenant au grade de chef de bataillon ou d'escadron, mais il est étendu aux officiers principaux de 1re et de 2e classe des quatre services administratifs. Ces quatre services sont :

1° Celui des bureaux de l'intendance, comprenant 550 officiers d'administration ou adjoints de tous grades ;
2° Celui des subsistances, 550 ;
3° Des hôpitaux, 350 ;
4° De l'habillement et du campement, 115.

La loi a donné aux officiers d'administration de grands avantages : ils sont admis au rang d'officiers, jouissent des bénéfices de la loi de 1834, mais sans assimilation aux grades de l'armée ; ils ont entre eux une hiérarchie spéciale. Les gardes d'artillerie, les adjoints du génie sont placés sur le même pied.

Ce n'est pas tout à fait ce que voulaient les uns et les autres, car ils demandaient l'assimilation, qui leur a été refusée. Ils ont cependant failli l'obtenir, sous prétexte d'égalité et d'injustice à réparer; c'eût été là une grande erreur. Que l'on militarise les services administratifs, rien de mieux; c'est suivre l'opinion de Napoléon Ier qui ne devait être tranquille, disait-il, que lorsqu'il n'aurait plus dans l'armée un seul employé civil. Mais il faudrait bien se garder de mettre sur le même pied les combattants et les non-combattants. Cela est admissible pour les fonctionnaires de l'intendance, en raison de leur origine, de leurs relations incessantes avec le commandement et de leur initiation forcée au secret des opérations, pour les médecins et les vétérinaires qui font partie de la troupe; les uns et les autres, d'ailleurs, sont exposés à peu près aux mêmes dangers que les soldats, à la distance où portent aujourd'hui les armes à feu; témoin les sous-intendants Raoul, tué à Puebla, et Leblanc, blessé à l'Alma. Mais, tout en appréciant les services rendus par les officiers d'administration, nous ne pensons pas que ces services soient de nature à être assimilés à ceux des officiers.

Leurs réclamations ne sont pas fondées, parce qu'ils ont choisi leur carrière en connaissance de cause, pour des motifs que nous n'avons pas à rechercher. Et puis! qu'on y prenne garde, la carrière des officiers n'est pas brillante, la solde ne suffit plus à leur donner l'aisance, l'état de paix succédant à une guerre qui avait rajeuni les cadres supérieurs, a tari les sources de l'avancement qui se ralentira de plus en plus pendant quelques années; il leur reste la considération qui, pour des causes de diverses natures, s'en va plutôt en diminuant qu'en augmentant; nos défaites y ont contribué, la gêne créée par l'insuffisance de la solde y est pour beaucoup, dans un temps où la fortune attire des courtisans aux financiers les plus mal famés; les théories de subordination de l'élément militaire à l'élément civil, que l'on proclame sans cesse et à tout propos, ne sont pas faites pour relever la situation des officiers. Et pourtant c'est encore eux qui sont placés le plus haut dans l'estime publique : voilà pourquoi d'autres cherchent à s'assimiler à eux et pourquoi ils protestent contre ces tentatives d'assimilation.

Il ne s'agit d'ailleurs ici que de l'assimilation des grades et non pas des bénéfices de l'état d'officier. Les services administratifs ont été moralisés du jour où l'on a substitué des militaires animés du sentiment de l'honneur à des spéculateurs éhontés. Nous sommes bien loin du temps où le maréchal de Berwick faisait pendre le munitionnaire de son armée pour l'avoir laissé manquer de vivres, et de celui où Bonaparte faisait fusiller deux gardes-magasin coupables de dilapidation, où le général Roguet, alors chef de bataillon, menaçait de bâtonner un inspecteur des services administratifs. Nous trouvons très naturel et très heureux qu'on ait fait un pas de plus dans la voie de la moralisation en accordant aux fonctionnaires des services administratifs les garanties dont jouissent les officiers combattants, mais l'assimilation des grades ne pourrait présenter que des inconvénients.

Nous avons pour notre compte trop souvent mis à l'épreuve le dévouement des gardes d'artillerie, nous les avons vus rendre journellement trop de services utiles pour que nous ne professions pas pour cette classe d'employés la plus profonde estime. Mais, outre que la plupart d'entre eux sont devenus gardes pour n'avoir pu être officiers, leur rôle est secondaire, et il importe que dans tous les établissements et états-majors ils restent subordonnés aux officiers de tout grade, ce qui serait impossible avec l'assimilation. Si ces employés étaient assimilés aux officiers, il faudrait créer, pour les remplacer, des employés subalternes qui, à leur tour, voudraient s'élever à leur niveau. Et où s'arrêterait-on dans cette voie? Ce que nous venons de dire des gardes d'artillerie, que nous connaissons plus particulièrement, s'appliquerait évidemment aux adjoints du génie et aussi, quoique à un moindre degré, aux officiers d'administration.

TROUPES D'ADMINISTRATION.

Au-dessous des agents d'exécution et sous leurs ordres, sont placées des troupes spéciales, auxiliaires indispensables de leur gestion.

Autrefois, ces troupes comprenaient :

Le train des équipages, dont nous avons parlé au chapitre IV ;

Les compagnies d'ouvriers constructeurs des équipages ;

Les détachements d'infirmiers créés depuis 1869, et qui ne constituaient pas, à proprement parler, une troupe;

Les compagnies d'ouvriers d'administration créées depuis 1813, au nombre de 7 en 1854.

Aujourd'hui, les troupes d'administration ne comprennent plus, à proprement parler, que les sections de commis et d'ouvriers d'administration et les sections d'infirmiers.

Les premières sont au nombre de 25, savoir : une par corps d'armée, 3 pour l'Algérie et 4 pour les gouvernements de Paris et de Lyon.

Chaque section comprend trois catégories d'hommes : les commis aux écritures, les ouvriers du service des subsistances, les ouvriers du service de l'habillement. Commandées par des officiers d'administration, ces sections relèvent complètement des fonctionnaires de l'intendance.

La situation des sections d'infirmiers paraît moins claire ; on ne saurait les considérer comme des troupes d'administration, en raison des rôles respectifs de l'intendance et du corps de santé. Au nombre de 25, comme les sections d'ouvriers, elles sont également commandées par des officiers d'administration ; elles relèvent de l'autorité militaire pour la police générale, de l'intendance pour le service intérieur et l'instruction, du corps de santé pour le service des établissements hospitaliers. En sorte qu'un infirmier dépend du sous-intendant dans la cour de la caserne, du commandant de place dans la rue, du médecin dès qu'il a franchi le seuil de l'hôpital. On explique cette organisation étrange par l'impossibilité que l'on a trouvée à donner des commandements militaires à des médecins ; suivant nous, médecins, officiers d'administration et fonctionnaires de l'intendance sont aussi peu faits les uns que les autres pour exercer des commandements, et l'on devrait confier celui des sections au point de vue de l'administration, de la police intérieure, de la discipline et de l'instruction militaire à des officiers d'infanterie placés hors cadre, assistés par des adjudants.

FONCTIONNEMENT DES SERVICES ADMINISTRATIFS.

Tels sont les principaux organes de l'administration. Il nous reste à voir comment ils fonctionnent, en commençant par le temps de paix, ou pour mieux dire, par le service à l'intérieur du pays, en dehors des armées actives.

Tout acte administratif se résume dans les opérations suivantes: acquérir, recevoir, conserver, transformer au besoin et distribuer. Pour la plupart des services, deux systèmes sont en présence : l'entreprise qui substitue à l'administration un fournisseur chargé sous sa surveillance d'acquérir et de distribuer, et la régie dans laquelle les fonctionnaires administratifs se chargent eux-mêmes de toutes les opérations. Le système d'entreprise donne lieu à un marché général. Celui de la régie comporte des acquisitions par voie d'achats.

En temps de paix, l'entreprise serait presque toujours préférée à la régie, s'il n'était nécessaire d'occuper les nombreux agents que l'on est obligé d'entretenir pour le cas de guerre, car l'expérience a démontré que le service ne pouvait être fait en campagne que par des agents exercés et pour ainsi dire rompus au métier. On a eu la preuve de cette nécessité lors de l'expédition de 1823, en Espagne. Le personnel des agents d'exécution était alors réduit à l'excès par des motifs d'économie ; on fut obligé de recruter à l'improviste, pour y suppléer, des individus de toute sorte, plus avides de réaliser des gains illicites que soucieux d'exercer en conscience des fonctions dont ils n'avaient pas la moindre idée. Cette composition du personnel contribua beaucoup aux scandales dont l'expédition de 1823 a laissé le souvenir. A part cela, l'entreprise est préférable en temps de paix pour le service des subsistances ; tel est, du moins, l'avis des administrateurs les plus distingués, avis fondé sur la simplicité que ce système apporte dans la comptabilité, sur la fixité du chiffre des dépenses, basé sur des données certaines, sur les ressources que l'intérêt privé trouve en lui-même pour faciliter les approvisionnements.

Quant aux marchés pour les fournitures nécessaires dans le système de la régie, ils doivent toujours, d'après les règlements sur la comptabilité publique, sauf exceptions prévues, donner lieu à des adjudications. Ce procédé est indispensable pour couvrir la responsabilité des fonctionnaires et agents administratifs ; on ne saurait d'ailleurs s'y soustraire, puisqu'il est imposé par les règlements, mais on doit lui reconnaître de graves inconvénients, dont les deux principaux sont contradictoires. Quelquefois les fournisseurs s'entendent entre eux, moyennant un partage de bénéfice, pour surélever les prix[1]. D'autres fois, le désir de l'emporter quand même sur les autres concurrents conduit certains fournisseurs à proposer des rabais exagérés, et alors si l'on est sévère à leur égard autant qu'on doit l'être, ils se ruinent et la fourniture est compromise, ou bien si l'on n'exerce pas sur eux une surveillance suffisante, l'État est trompé[2].

Tous les administrateurs instruits par une longue expérience, partagent cet avis : « Un des reproches sérieux qui peuvent être « faits, selon nous », dit M. Vauchelle, « à l'influence ou plutôt « l'omnipotence parlementaire, c'est d'avoir imposé à l'administra- « tion, par d'injustes et excessives méfiances, l'emploi trop absolu « des adjudications publiques. »

Les principaux services qui incombent aux fonctionnaires de l'intendance, et dont nous ne dirons ici que quelques mots, sont :

Le service des fonds, ceux des subsistances, de l'habillement, des lits militaires, des transports et des approvisionnements du service de santé.

Le service des fonds est confié, en réalité, aux agents du ministère des finances qui soldent les dépenses de l'administration de la guerre d'après des ordonnances de paiement, autrement dit des mandats, accompagnés des pièces justificatives. Le ministre de la guerre, investi par le vote de la loi annuelle de finances du droit d'ordonnancer dans les limites des crédits alloués, délègue ce droit aux directeurs des différents services qui prennent ainsi le titre d'*ordonnateurs secondaires*. Les intendants directeurs des services administratifs sous-délèguent à leur tour les sous-intendants pour

---

1. Nous avons vu, au ministère de la guerre, dans un moment où il s'agissait de faire un grand approvisionnement de blé, refuser les offres d'une maison qui demandait à traiter de gré à gré pour un nombre considérable d'hectolitres à 18 fr. On fut forcé de recourir à l'adjudication publique, et le même blé fut payé 22 fr. !... Différence pour l'État, plus d'un million.

2. Colbert est, croyons-nous, le premier administrateur qui ait rendu l'adjudication publique obligatoire pour les travaux et fournitures à faire au compte de l'État. Il se montre, dans sa correspondance avec les intendants, d'une férocité inimaginable vis-à-vis des adjudicataires qui, ayant fait des rabais trop forts, ne pouvaient tenir leurs engagements. « Vous devez », dit-il à propos de l'un d'eux, « faire vendre au profit du Roi, sa maison, ses meubles, ses vêtements « et ceux de sa famille et le laisser sans asile et sans pain. »

ordonnancer en leur lieu et place. Les ordonnateurs secondaires adressent au ministre la demande des fonds nécessaires pour faire marcher les services dont ils sont chargés : les délégations sont accordées par le ministre, en raison de ces demandes.

Le *service des subsistances* se subdivise, à l'intérieur, en trois services distincts : 1° *vivres*, 2° *fourrages*, 3° *chauffage et éclairage*; il n'y a presque rien à dire de ce dernier service, qui se fait toujours à l'entreprise et qui ne comporte pas de grands approvisionnements; quant aux vivres et aux fourrages, nous avons donné les motifs qui font préférer l'entreprise à la gestion. C'est surtout pour les fourrages que cette préférence est entrée dans les habitudes de l'administration. Sur 109,000 rations distribuées en France pendant l'année 1884, 24,000 l'ont été par le système de la gestion, 85,000 par l'entreprise. Il n'y avait plus, paraît-il, à la fin de l'année 1885, que 26 places pour les vivres et 14 pour les fourrages, où la gestion fût encore pratiquée. Mais ce qui complique l'application du système de l'entreprise, c'est la nécessité d'entretenir des approvisionnements considérables et de les renouveler par la consommation. Aussi, a-t-on recours souvent à un système mixte, dans lequel le service courant est assuré par l'entreprise et le service des approvisionnements confié à des officiers d'administration. Nous ne parlons pas ici des locaux, c'est-à-dire des manutentions pour les vivres-pain, et des magasins à fourrages qui appartiennent généralement à l'État. Quant à la viande, on sait qu'elle est achetée dans les corps de troupe par les ordinaires, à l'aide d'une indemnité journalière, décomptée avec la solde et allouée depuis quelques années seulement.

Nous venons de dire que le service des vivres était obligé d'entretenir des approvisionnements considérables en dehors de ceux qui sont destinés aux consommations journalières. Ces approvisionnements qui ressortissent au service de l'intérieur, bien qu'ils soient réservés pour le cas de guerre, comprennent :

1° Ce qu'on appelle les *vivres du sac au départ*, c'est-à-dire deux jours de vivres et d'avoine à emporter lors de la mobilisation et qui doivent toujours être tenus à la disposition des troupes ;

2° Les vivres affectés aux trains régimentaires et aux convois administratifs (voir plus loin au service en campagne) ;

3° Les *vivres des vingt jours*, destinés à nourrir les réservistes et les territoriaux pendant la période où les chemins de fer sont absorbés par les transports de mobilisation;

4° Les *vivres de concentration*, affectés à la nourriture de l'armée sur les points de concentration, dans la période pendant laquelle tous les moyens de transport étant absorbés par les troupes, il est impossible d'y amener des vivres et alors qu'en même temps il est interdit de toucher aux vivres du sac et aux convois;

5° Les vivres d'approvisionnement des places fortes.

Le *service de l'habillement* et celui *du campement* n'en font, à proprement parler, qu'un seul; c'est celui qui, dans ces dernières années, a subi le plus de changements. Le système en vigueur il y a trente ans datait de l'ordonnance de 1788, qui avait supprimé la régie centrale de l'habillement et confié aux conseils d'administration des corps le soin de gérer la masse allouée pour habiller les troupes, l'État se réservant de fournir les draps et lainages et entretenant à cet effet des magasins où des approvisionnements considérables d'étoffes étaient réunis en tout temps. Chaque corps de troupe avait ses maîtres ouvriers et ateliers de confection. L'État fournissait le grand équipement et le harnachement; quant au petit équipement (effets de linge et chaussure), il était acheté par les conseils d'administration, à l'exception de la chaussure, confectionnée dans les ateliers des corps ou fournie en partie par l'État, en vue de subvenir aux énormes consommations nécessitées par la guerre.

Le système des ateliers des corps de troupe fut vivement attaqué à plusieurs points de vue; on lui reprochait : 1° d'entraîner des dépenses considérables, les effets confectionnés dans de petits ateliers coûtant plus cher que ceux qui sont fabriqués en grand; 2° de diminuer l'effectif des combattants par la nécessité de recruter les ouvriers des corps de troupe, c'est-à-dire les compagnies hors rang. Dans les dernières années du second Empire, on avait adopté dans la pratique le système des grands ateliers de confection à l'entreprise, surtout pour la chaussure. Le premier de ces ateliers fut établi à Paris en 1859; il fut bien connu sous le nom de Godillot, son directeur-entrepreneur; plusieurs autres furent ensuite installés dans les départements. On n'y confectionnait que des effets de pointures moyennes; ceux des pointures exceptionnelles, grandes ou petites, continuèrent à être confectionnés dans les ateliers des corps. Il existait, en 1870, un certain nombre de magasins centraux où se trouvaient des approvisionnements de chaussures, d'effets de grand équipement et de campement, des draps, des toiles et quelques effets d'habillement confectionnés, etc.

Depuis la guerre, cette organisation a été singulièrement développée. La nécessité de vêtir du jour au lendemain, au moment de la mobilisation, plus d'un million d'hommes entraîne celle d'avoir sous la main, dans les conditions d'une distribution facile et rapide, des approvisionnements immenses. Ces approvisionnements sont répartis entre les magasins administratifs et les magasins des corps de troupe.

Les premiers comprennent : 4 magasins généraux (Paris, Lyon, Marseille et Bordeaux), 8 magasins centraux (Billancourt, Lille, Besançon, Bourges, Rennes, Nantes, Montpellier, Toulouse), 8 magasins régionaux (Amiens, Rouen, Le Mans, Orléans, Châlons, Tours, Limoges, Clermont-Ferrand), enfin les magasins de l'Algérie.

Les magasins régionaux sont exclusivement affectés aux troupes de leur région. Ils ne comportent pas d'ateliers (approvisionnement : 3 mois d'effets d'habillement, 30,000 paires de chaussures, etc.). Les magasins centraux, servant aux corps d'armée sur le territoire desquels ils se trouvent, ont à ce point de vue le même approvisionnement que les précédents, mais ils sont pourvus, en outre, de draps et toiles pour l'atelier qui leur est annexé.

Enfin les magasins généraux ont la même fixation que les magasins centraux, mais avec une grande réserve de draps.

Chaque corps de troupe conserve dans ses magasins les approvisionnements pour le service courant et les effets destinés au service d'instruction. Il y détient en outre tous les effets à distribuer lors de la mobilisation. Enfin, les effets de l'armée territoriale sont confiés aux corps de troupe de l'armée active. Le personnel du service de l'habillement ne suffit pas à sa tâche, parce qu'il a été calculé dans des prévisions qui ne se sont pas réalisées et alors que, dans l'esprit des auteurs de la loi des cadres, les corps devaient au contraire être exonérés des charges de ce service. On a pensé à faire gérer les magasins de réserve des corps de troupe par des officiers d'administration. On y a renoncé dans l'idée qu'il valait mieux laisser la responsabilité à ceux qui ont le plus grand intérêt au bon fonctionnement du service. Il n'en est pas moins vrai que les fonctions des officiers d'habillement sont devenues difficiles et surtout pénibles. Peut-être y aurait-il lieu de suivre l'exemple de l'Autriche et de l'Italie, qui ont des corps spéciaux d'officiers comptables ; c'est là une idée avec laquelle on n'est pas encore familiarisé en France, mais qui fera, sans doute, son chemin.

L'État passe des marchés pour la confection de tous les effets dans les ateliers annexés aux magasins généraux. La fourniture des étoffes monte à 1,500,000 mètres par an. Ce chiffre suffit pour donner une idée de l'importance des ateliers et explique la vivacité de la lutte qui s'est élevée entre les députés des diverses régions, lorsque, en 1884, l'emplacement de ces ateliers a été modifié sans qu'il fût possible de donner des explications suffisantes pour la nouvelle répartition.

On est en train, pour le moment, d'expérimenter un nouveau système pour le service de l'habillement dans les corps de troupe. Au lieu d'être conservés dans un seul magasin pour être distribués, au fur et à mesure des besoins fixés pour chaque nature d'effets par une durée réglementaire, les effets seraient remis aux compagnies, batteries ou escadrons et gardés, dans de petits magasins de compagnie, à la disposition du capitaine qui les distribuerait selon les besoins réels. C'est le système suivi en Allemagne où les capitaines, dit-on, conservent sous clé des effets neufs qui ne sont portés que dans les circonstances qui exigent une tenue brillante.

On retomberait ainsi dans les errements du temps où Louvois écrivait à un intendant la lettre suivante : « Le Roi a été informé
« que la plupart des officiers d'infanterie retirent dans leurs cham-
« bres les habits avec lesquels leurs soldats paraissent en revue et
« les laissent aller dans la ville et monter la garde avec des habits
« fort dépenaillés ; sur quoi, il a plu à Sa Majesté de me comman-
« der de vous faire savoir qu'elle ne désapprouve point l'économie
« de conserver les effets neufs et de faire durer les vieux autant
« que faire se pourra, mais que c'est à condition seulement que les
« habits que les soldats portent ordinairement les mettent à cou-
« vert de l'injure du temps et particulièrement du froid et que ni

« leurs vêtements ni leurs chapeaux ne soient point assez mauvais
« pour scandaliser les étrangers qui peuvent passer par les villes,
« et c'est à quoi Sa Majesté désire que vous teniez la main avec
« sévérité. » Voilà une lettre où, à part le mot de Majesté, qui est
quelque peu arriéré, et celui de dépenaillé qui ne trouverait pas
son application, espérons-le du moins, il y aurait peut-être bien
peu de choses à changer pour en faire une circulaire signée d'un
ministre de nos jours, dans le cas où l'on adopterait le système
actuellement en expérience.

Du reste, les officiers paraissent en général peu favorables au système dont il s'agit et qui a été mis en essai dans deux corps d'armée, les 6e et 12e. Ils disent, avec raison, que les capitaines de compagnie ont déjà bien assez de responsabilité et que s'ils emploient tout leur temps à des détails d'administration, il ne leur en restera plus pour faire leur véritable métier.

Nous ne dirons que deux mots du service des *lits militaires* que tout le monde connaît. L'entreprise de ce service est donnée à une compagnie qui se charge d'entretenir le matériel de couchage appartenant à l'État et de fournir les paillasses, matelas, couvertures et draps ; elle se charge, en outre, de blanchir le linge des soldats. Qui n'a entendu parler ou n'a été témoin des actes reprochés à l'administration des lits militaires et des imputations abusives qui grevaient les masses individuelles, parce que les mêmes dégradations étaient imparfaitement constatées lors de la livraison, et pointées avec sévérité lorsqu'on rendait les fournitures ? Il est fort possible que l'État soit amené forcément à changer ce système ; car on a dû entrer dans une nouvelle voie pour le *couchage auxiliaire*, destiné à subvenir aux besoins exceptionnels pendant la présence des réservistes et des territoriaux. Autrefois, on dédoublait alors les fournitures en partageant chacune d'elles entre deux hommes, qui étaient ainsi tous les deux mal couchés. Depuis quelque temps, on laisse à chaque homme déjà pourvu la fourniture complète, et on délivre aux autres des fournitures auxiliaires appartenant à l'État. De là à faire fournir par celui-ci tous les effets de couchage, il n'y a qu'un pas.

Malgré la création du corps du contrôle, la loi du 16 mai 1882 a maintenu la *surveillance administrative* exercée par les fonctionnaires de l'intendance sur l'administration des corps de troupe qu'ils continuent à tenir en tutelle. Cette surveillance ou contrôle est un héritage du commissariat des guerres, tel qu'il existait avant la Révolution. Une surveillance rigoureuse était indispensable alors que l'intérêt des officiers de compagnie était en contradiction avec leurs devoirs vis-à-vis du soldat et vis-à-vis de l'État. Afin de donner aux commissaires l'autorité nécessaire pour exercer cette surveillance, on les avait rendus indépendants du commandement, et la permanence de leurs charges leur avait été assurée par la vénalité. Lorsque les compagnies et régiments ne furent plus la propriété des capitaines et des colonels, les commissaires restèrent chargés de la liquidation de la comptabilité; mais la véritable surveillance fut attribuée aux conseils d'administration par l'ordonnance du 17 mars 1788; les opérations de ces conseils étaient soumises au visa des commissaires des guerres, qui s'assuraient de la régularité des pièces justificatives. La liquidation était arrêtée chaque année par l'inspecteur général.

Le conseil d'administration existe encore; il est pécuniairement responsable, et la nouvelle loi est venue aggraver cette responsabilité en rendant tous les membres du conseil solidaires les uns des autres. Le rôle du conseil dont le major, le trésorier et l'officier d'habillement sont les agents responsables envers lui, est double. Vis-à-vis de l'État, il perçoit en deniers et en matières tout ce qui revient au corps et justifie de l'emploi qu'il en fait. Vis-à-vis des commandants d'unités administratives, il distribue et se fait donner décharge. Le rôle de l'intendance vis-à-vis des corps est ainsi défini par l'instruction du 26 juillet 1883 :

« La surveillance administrative a pour but de s'assurer que les « hommes inscrits sur les contrôles, que les fonds et matières « dont le corps est détenteur, existent réellement, que l'emploi « des fonds ou des matières est fait d'une manière conforme aux « lois, décrets et règlements en vigueur, etc. » Le corps du contrôle ne saurait faire autre chose; l'administration des corps de troupe est donc doublement et *chèrement* contrôlée...

Quant aux détails de cette administration, ce serait sortir de notre cadre que de les exposer ici. Nous nous bornerons donc à appeler l'attention du lecteur sur une disposition récente qui vient de modifier profondément ou plutôt de supprimer une des institutions administratives les plus connues du public. La *masse individuelle*, alimentée pour chaque homme par une première mise et par une prime journalière, toutes deux allouées par l'État et destinées à pourvoir les hommes d'effets de linge et chaussure suivant leurs besoins, vient d'être remplacée, aux termes d'un décret en date du 7 mai 1885, par une masse de petit équipement, décomptée par homme présent et par journée, qui doit subvenir en bloc aux mêmes besoins. Pour ceux qui savent quel intérêt les soldats d'autrefois portaient à leur masse, qui était leur propriété et qu'ils emportaient en quittant le service, cette mesure paraît, au premier examen, regrettable ; elle va, dans tous les cas, changer bien des habitudes, elle exigera, de la part des capitaines et des chefs de corps, une surveillance assidue pour tenir lieu de l'intérêt qu'avaient les hommes à ménager leurs effets. Mais, avec la durée restreinte du service, les choses n'étaient déjà plus ce qu'elles étaient autrefois, et la suppression de la masse individuelle fera cesser plus d'un abus, ne fût-ce que celui des versements soi-disant volontaires, obtenus à l'aide de moyens plus ou moins réguliers par des chefs de corps ou des commandants de compagnies, désireux de présenter aux revues d'intendants ou d'inspecteurs généraux des masses en apparence bien administrées.

A propos de l'administration militaire, il y aurait peut-être lieu de parler d'une mesure qui est depuis longtemps en perspective et qui va, dit-on, se réaliser enfin : *l'unification des soldes*. La solde, celle de la troupe comme celle des officiers, est évidemment trop faible, et nous trouvons juste qu'on l'augmente. Il y a eu autrefois des motifs pour donner des soldes différentes aux diverses armes. Pour ne parler que de la troupe, alors que les armées se recrutaient par voie d'enrôlements, on n'aurait que difficilement trouvé des soldats pour l'artillerie, si on ne leur avait fait des avantages pour les y attirer. Cette raison n'existe plus, puisque les hommes fournis par le contingent n'ont pas à choisir l'arme dans laquelle ils accomplissent le service qu'ils doivent au pays. Au fond, cependant, la situation respective des uns et des autres reste toujours la même. Mais l'intérêt dominant est ici la surélévation de la solde, et si cette satisfaction donnée à des besoins d'autant plus légitimes qu'ils sont plus pressants (les moins payés ayant évidemment plus besoin d'être augmentés que les mieux favorisés), ne peut être obtenue que grâce à l'unification, personne n'y trouvera rien à redire. Mais, si pour unifier les soldes, on avait une fois encore recours à l'égalité par en bas, la mesure deviendrait aussi injuste qu'impolitique. En un mot, nous concevons très bien que l'on dise : l'infanterie n'a pas une solde suffisante, donnons-lui la solde de l'artillerie et du génie. Nous ne comprendrions pas le raisonnement envieux qui consisterait à dire : tous ont droit à la même solde, quels que soient leur travail et leur genre de service.

ADMINISTRATION EN CAMPAGNE.

L'administration et les moyens de pourvoir à la subsistance des armées prennent en temps de guerre une importance bien plus grande qu'à l'intérieur en temps de paix. « Pour bien établir le corps « d'une armée », lit-on dans l'instruction de Frédéric II à ses généraux, « il faudrait commencer par le ventre, c'est là la base et le « fondement de toutes les opérations. » — « Un général en chef », a dit Marmont, « fait plus d'efforts d'esprit pour assurer la subsis« tance de ses troupes que pour toute autre chose, et sans cesse ses « combinaisons sont contrariées et détruites, faute de distributions « de pain faites à temps[1]. » — « On a vu », dit de son côté le général Foy, « tel ordonnateur des guerres dépenser, pour former un « magasin, pour organiser un convoi, pour approvisionner une « place, plus de talent administratif et de force de tête qu'il n'en « eût fallu en temps régulier pour régir un État. »

Napoléon, de son bivouac d'Osterode, écrivait le 12 mai 1807 à M. de Talleyrand, qu'il avait chargé de s'occuper à Varsovie des subsistances de l'armée : « Battre les Russes est un enfantillage, si « j'ai du pain. L'importance de la mission dont je vous charge est « plus grande que toutes les négociations du monde. »

Le rôle de l'administration a grandi avec les effectifs énormes des armées et avec les habitudes de bien-être qui, en se répandant

---

1. *Mémoires*, t. IV, p. 53.

parmi toutes les classes de la population, ont rendu les soldats presque incapables de supporter les moindres privations. « Méfions-« nous des lévriers maigres », a écrit quelque part l'amiral Jurien de la Gravière, « ce sont surtout ceux-là qu'il faut craindre. Puisse « le ciel ne nous opposer jamais que des soldats habitués à plus de « bien-être que les nôtres [1]. »

Pendant longtemps, les soldats des armées modernes ont vécu comme ils le pouvaient, sur le pays, et, chose singulière, les Turcs sont les premiers qui aient cherché à assurer la subsistance de leurs troupes par des distributions quotidiennes : « Les Turcs en « usent ainsi », dit à ce sujet le maréchal de Saxe, « et ils sont « parfaitement nourris ; aussi reconnaît-on bien leurs cadavres « après les batailles d'avec ceux des troupes allemandes qui sont « hâves et décharnés [2]. » Les souffrances des populations de l'Allemagne pendant la guerre de Trente ans sont devenues proverbiales. Et cependant les armées étaient alors bien peu nombreuses. C'est en débarquant en Poméranie avec 15,000 hommes d'élite, auxquels vinrent se joindre quelques troupes protestantes que Gustave-Adolphe acquit la gloire qui entoure son nom. A ne le considérer que comme grand capitaine, le héros suédois a dû sa renommée à son courage, à son coup d'œil d'aigle sur le champ de bataille, à l'emploi qu'il sut faire le premier d'une artillerie relativement légère, à la façon dont il disposa son infanterie et sa cavalerie sur deux lignes, faisant école comme stratégiste et comme tacticien [3]. Mais il a dû aussi la plus grande partie de sa popularité à l'ordre qu'il maintint dans son armée, adoucissant, autant qu'il était en lui, les maux de la guerre pour des populations écrasées par les cruelles bandes de Tilly et de Wallenstein. Il avait lui-même fixé le taux de la ration des soldats en pain et en viande, et déterminé le prix de cette ration. Il veilla à ce qu'elle fût exactement servie par les habitants du pays et à ce qu'elle leur fût payée sans retard. Avant lui, cependant, Henri IV et Sully s'étaient attachés à faire solder régulièrement les troupes et à toujours assurer leur subsistance. Richelieu

---

1. *Le Drame macédonien.*
2. *Mes Rêveries*, p. 14 (édition Dumaine, in-8°).
3. Schiller, *la Guerre de Trente ans.*

suivit cet exemple en y apportant toute l'inflexibilité de son caractère et sans parvenir toujours à refréner les désordres des gens de guerre, mais les armées qu'il commanda ou du moins dont il dirigea les opérations, furent toujours admirablement pourvues ; lui-même cite comme telle dans ses *Mémoires* l'armée qui fit en sa présence le siège de La Rochelle.

Cependant les troupes étrangères continuaient leurs violences et leurs déprédations, et les armées françaises elles-mêmes manquèrent souvent de tout jusqu'au traité des Pyrénées. Vauban, qui fut loin d'être un flatteur, écrivait le 13 septembre 1677 à Louvois : « Je me souviens que dans la vieille guerre, quand nous étions en « pays ennemi, nous étions quelquefois des trois semaines entières « sans prendre une ration de pain. » Il n'y avait alors pour vivre d'autre système que la maraude. « Louvois », dit M. Camille Rousset, « créa les magasins, et les armées de Louis XIV furent dès lors « toujours prêtes à entrer en campagne ; d'après les traités passés « avec les munitionnaires, toutes les places devaient être cons- « tamment approvisionnées pour six mois ; en outre, dans les « grandes places de l'extrême frontière, existaient des magasins « généraux, exclusivement affectés au besoin des armées actives. « Partout où marchaient les troupes, les subsistances marchaient « après elles. Louvois ne voulait pas que le pain manquât un seul « jour[1]. » Ce que n'ajoute pas l'historien de Louvois, c'est que pour assurer un service pareil, il fallait la volonté d'un roi absolu, servi par un ministre autoritaire, aidé par d'habiles intendants et de riches munitionnnaires, que pour faire suivre les troupes par leurs subsistances, des moyens de transport énormes étaient indispensables et que si ce système de magasins, imité plus tard par les autres nations, était parfait pour la guerre des sièges où, grâce à Vauban, excellaient Louis XIV et Louvois, il devenait ruineux dans des opérations à grande distance. La bataille d'Hochstedt, en 1704, fit tomber entre les mains des ennemis tous les approvisionnements disposés pour la subsistance des armées de Villeroi, de Tallart et de Marsin, depuis la frontière jusqu'au Danube. Les armées, comme nous l'avons déjà dit, furent enchaînées à leurs

---

[1]. *Histoire de Louvois*, t. I, p. 249.

magasins ; il fut reconnu par l'expérience qu'à peine un général pouvait s'en éloigner de trois à quatre marches, et l'on ne vit plus de ces rapides mouvements qui avaient donné la victoire à Gustave-Adolphe et à Turenne. Quand vinrent les jours malheureux du règne de Louis XIV, il ne fut même plus possible d'approvisionner les troupes, et l'histoire a conservé la trace des misères qu'endurèrent dans l'hiver de 1705 les soldats de Villars et de Boufflers, secourus par Fénelon. Lorsque les événements de la guerre forçaient une armée à suivre quelque route où ses magasins n'avaient pas été établis d'avance, il en résultait pour les troupes des souffrances inouïes, telles que celles de l'armée du maréchal de Belle-Isle après sa sortie de Prague. Frédéric II sut enfin s'affranchir, au moins dans une certaine mesure, des entraves d'un pareil système, et l'aisance de ses mouvements, en présence d'adversaires alourdis par de nombreux équipages, lui permit de résister aux armées coalisées qui semblaient toujours prêtes à l'enserrer de toutes parts; il sut, ce qui est encore aujourd'hui le secret du mode de subsistance des troupes en campagne, combiner dans une juste mesure les magasins fixes en arrière de ses lignes et les moyens de transport destinés à accompagner l'armée. En France, à cette époque, une régie à la tête de laquelle se trouvèrent des hommes capables tels que les frères Duvernois fut chargée d'assurer les subsistances de l'armée ; cette régie fut supprimée en 1788.

Les premières guerres de la Révolution se firent, pour les soldats de la République, dans des conditions de souffrances et de privations qu'aucune armée européenne ne pourrait plus supporter aujourd'hui. Tout le monde connaît le tableau de l'armée d'Italie tracé par Bonaparte lui-même, lorsqu'il en vint prendre le commandement: « le pain était mal assuré ; depuis longtemps on ne « faisait plus de distributions de viande. » Et le jeune général pouvait dire dans un ordre du jour resté célèbre : « Soldats, vous êtes-« nus, mal nourris, le Gouvernement vous doit beaucoup, il ne « peut rien vous donner. Votre patience, le courage que vous « montrez au milieu de ces rochers sont admirables[1].... » Pour

1. Napoléon, *Mémoires sur la campagne d'Italie*.

n'avoir pas eu un historien aussi glorieux, les souffrances de l'armée de Championnet retirée dans les Alpes en 1799, après la bataille de Genola, celles de l'armée des Pyrénées-Orientales en 1793, n'en furent pas moins grandes. Et en fait d'horreurs de la guerre, rien ne dépasse l'exposé fait par Gouvion-Saint-Cyr de la situation de l'armée du Rhin pendant le blocus de Mayence, en 1794. « La disette », dit-il, « occasionna bientôt des maladies graves, et l'armée s'affai-
« blit tous les jours de plus en plus dans une progression effrayante.
« Ces maladies provenaient des racines de toute espèce que les
« soldats déterraient avec leurs baïonnettes pour suppléer au dé-
« faut d'aliments... Le Palatinat est, comme on le sait, riche en
« productions de toute espèce, mais depuis longtemps il était épuisé
« par le séjour des armées. Cependant ce qui embarrassait le plus,
« c'étaient les transports, en raison de la mauvaise qualité des
« chemins... La manutention pour l'attaque du centre se trouvait
« à Alzey, distant de cinq heures de nos camps... Eh bien! les
« caissons de pain mettaient de 6 à 7 jours pour en faire le trajet, et
« ils étaient attelés de 12, 16 et 20 chevaux. On eut bien vite usé
« ceux de l'entreprise, et ceux du pays furent réquisitionnés ; on
« finit par être obligé d'employer à ces transports ceux de l'artil-
« lerie qui ne tardèrent pas à succomber... Alors tous les services
« furent entièrement désorganisés... Survint un hiver terrible, le
« plus rigoureux du siècle ; ce fût presque un bienfait... une par-
« tie des voitures pouvait rouler et apporter du pain dont on ne
« pouvait se passer, si mauvais qu'il fût... Celui-ci était composé
« d'une faible proportion de farine de seigle et d'orge, et d'une
« plus grande partie de farine d'avoine et de pois ; il répugnait à
« la vue et à l'odorat ; il fallait être affamé pour en manger la mie...
« Les soldats allant chercher du bois au loin, les camps étaient
« presque déserts pendant six heures... Vint le printemps, les
« soldats arrachaient avec leurs baïonnettes les grains semés ;
« plusieurs escadrons de cavalerie commandés par un général de
« brigade, furent mis sur pied pour les en empêcher ; ils se défen-
« dirent contre la cavalerie comme ils l'auraient fait contre l'en-
« nemi... » Nous sommes forcé d'abréger ce récit que Gouvion-Saint-Cyr termine en faisant observer que patriotisme et honneur étaient alors les seuls mobiles qui faisaient agir l'armée fran-

çaise... « Elle a souffert », dit-il, « avec une constance héroïque, « tous les genres de privation pendant huit mois consécutifs[1]. »

La pénurie des troupes pendant les campagnes de 1798 et 1799 dépasse tout ce qu'il est possible d'imaginer : « Les subsistances « manquent », écrivait le 24 juillet un chef de brigade ; « la troupe « a eu hier le quart et aujourd'hui je n'ai rien à leur donner. J'ai « écrit au commissaire, point de réponse ; j'ai envoyé dans les vil- « lages voisins, mais sans succès, tout a décampé... le soldat sans « pain se livre au pillage... j'ai été hier à Garessio, la troupe y « meurt de faim, plusieurs soldats sont malades de faiblesse... » — « Cette armée », écrivait le général Victor à la même époque, « manque de tout, même de pain ; le soldat, épuisé de fatigues, « couvert de haillons et de vermine et par surcroît privé de ses « subsistances, méconnaît la discipline, méprise ses officiers et se « livre à tous les excès. Le 15 août (jour de la bataille de Novi), « l'armée n'avait pas reçu de vivres depuis quatre jours. Aussi « tombait-elle d'inanition et la bataille a été perdue... On voyait « une grande partie des soldats couchés au milieu d'une grêle de « balles, disant aux officiers que la mort qui les environnait était « préférable à des privations continuelles. Deux jours se sont pas- « sés sans qu'ils aient reçu le moindre secours, si ce n'est quelques « onces de légumes secs[2]. »

« Des hommes », dit Bernadotte, ministre de la guerre, dans une circulaire du 27 thermidor an VII, « qui étaient chargés de « nourrir, vêtir et armer les défenseurs de la patrie, ceux à qui « l'on avait confié le soin de veiller aux intérêts de l'État, n'ont « pas rougi de regarder leur emploi comme une mine féconde « qu'ils ont exploitée à leur profit, ils ont trafiqué de la vie de « leurs frères d'armes ; ils se sont fait payer des objets qu'ils « n'avaient jamais fournis et sont parvenus à faire recevoir des « fournitures tellement détériorées qu'il est impossible d'en faire « usage[3]. »

« Alors », dit à son tour le général Foy, « celui-là serait mort

---

1. *Mémoires sur les campagnes de l'armée du Rhin*, t. II. 1794.
2. Général Roguet, *Souvenirs militaires*, t. II, *Pièces justificatives*.
3. Laurent Chirlonchon, *Journal des sciences militaires*, 1872.

« de faim, qui aurait attendu pour manger que l'administration lui
« eût fait distribuer la ration de pain et de viande. »

La loi du 20 nivôse an III avait cependant posé les principes de l'organisation régulière de l'administration d'une armée en campagne, mais la corruption qui, sous le Directoire, envahit toutes les branches du Gouvernement, se fit sentir jusque dans les armées. D'après la loi du 20 nivôse, les intendants ou plutôt les ordonnateurs en chef, pour employer le vocabulaire d'alors, exerçaient supérieurement à tous les autres agents les fonctions administratives militaires. « L'ordonnateur en chef », dit l'instruction du 16 ventôse suivant, « n'est point l'homme du général en chef; il n'appartient
« qu'à la République et c'est elle seule qu'il doit servir, mais il
« n'en doit pas moins chercher à mériter la confiance du général
« à qui le Gouvernement a donné la sienne à un si haut degré,
« et le vrai moyen de s'en rendre digne, c'est de s'appliquer sans
« réserve à seconder ses entreprises et à pourvoir l'armée qu'il
« commande de tout ce qui peut entretenir sa force, sa santé et
« son activité. Il correspond directement avec le ministre de la
« guerre sur tout ce qui concerne le personnel des différentes
« branches de l'administration. » Ces indications sont très nettes et ne laissent aucun doute sur l'indépendance accordée à l'ordonnateur en chef. Elles sont corroborées par le résumé des lois en vigueur sur la matière que fit, en 1826, à la Cour des pairs, l'éminent jurisconsulte Portalis, portant la parole dans le procès relatif aux marchés Ouvrard[1] : « Il résulte de ces divers actes », disait-il,
« que l'intendant en chef est le délégué ou représentant du minis-
« tre de la guerre; *il administre l'armée auprès de laquelle il est
« placé, comme le ministre lui-même administre toutes les forces mili-
« taires de l'État.* Dans tous les cas urgents, l'intendant peut et doit
« prendre d'office toutes les mesures nécessaires pour assurer les
« services administratifs de l'armée; il a le choix des moyens, la
« seule condition qui lui est imposée, c'est de rendre compte de
« ses opérations dans les 24 heures au ministre de la guerre. Le
« général en chef ne peut passer ni ordonner aucun marché, ni
« faire aucune disposition de fonds, mais dans les cas urgents, il

---

1. Voir plus loin.

« peut requérir toutes les mesures administratives qu'il juge né-
« cessaires au succès de ses opérations. L'intendant en chef peut
« et doit alors déférer à ses réquisitions écrites et signées : la
« seule condition imposée par la loi au général et à l'intendant en
« chef est d'informer sur-le-champ le ministre de la guerre des
« dispositions qu'ils ont faites. » Et comme si cela n'était pas
assez net, Portalis ajoute (il s'agissait de savoir à qui incombait la
responsabilité des marchés Ouvrard ou de l'intendant en chef, ou
du major général, le duc d'Angoulême, qui commandait en chef,
étant hors de cause) : « L'autorité de l'intendant en chef étant
« propre, sa responsabilité est directe et personnelle. La loi veut
« qu'il n'agisse que de son propre mouvement ou sur des réquisi-
« tions écrites et signées du général en chef. Lorsqu'il ne peut
« pas représenter de pareilles réquisitions régulièrement données,
« quelles que soient d'ailleurs les circonstances sous l'empire
« desquelles il ait agi, sa responsabilité est engagée, et il demeure
« exclusivement responsable de ses actes [1].... » Ces principes
ont été tacitement confirmés par l'ordonnance de 1832 sur le
service en campagne, quoique les auteurs de cette ordonnance
semblent avoir reculé devant leur expression formelle. Tout le
monde sait qu'elle fut rédigée par le général Préval et qu'elle
reproduisait, presque article par article, un projet publié quelque
temps auparavant par ce même général. Or, dans ce projet, l'énu-
mération des attributions de l'intendance était suivie des mots :
à l'exclusion de l'autorité et du concours des officiers généraux, lesquels
ne se trouvent plus dans la rédaction définitive et officielle de l'ordonnance, article 16. Dans le fait, il n'est guère possible d'admettre que le général en chef d'une armée n'ait pas autorité sur un
de ses organes les plus essentiels. « Le général, investi du com-
« mandement en chef d'une armée », dit à ce sujet M. l'intendant
Vauchelle, « réunit et exerce tous les pouvoirs de gouvernement
« et l'intendance militaire lui est conséquemment soumise pour
« toutes les choses d'administration dont il veut prendre l'initia-
« tive ou qu'il décide sous sa haute responsabilité. » Dans le fait,
lorsque l'on consulte attentivement les documents nombreux qui

---

1. Vauchelle, *Cours d'administration militaire*, t. III.

nous restent sur les guerres de l'Empire, on voit toujours les généraux en chef pénétrer dans les détails essentiels de l'administration et les diriger pour ainsi dire eux-mêmes. Nous n'en citerons qu'un exemple emprunté aux mémoires du maréchal Marmont. Le duc de Raguse réorganisait l'armée de Portugal, dans le commandement de laquelle il venait de succéder à Masséna, et, comme beaucoup de choses lui manquaient, il invoquait l'aide de Bessières, commandant en Espagne l'armée du Nord, lequel lui répondait en ces termes : « Vous me demandez dix mille paires de souliers ; *je* « *vais* vous les envoyer... *Je* n'ai point d'argent... *je* dois aux « fournisseurs plus de deux millions, *je* n'ai point un sou dans les « caisses... *Je* ne puis envoyer de grain au général Bonnet faute « de moyens de transport... *Je* ne puis point faire le million de « rations de biscuits que m'a demandé l'Empereur, faute de grains... « j'avais fait passer un marché pour vous fournir à Salamanque « 16 mille fanegas de blé..., etc...[1]. » Cette façon de parler est bien celle d'un général qui, s'il n'administre pas absolument lui-même son armée, commande bien à l'administration ; du reste, Marmont, racontant les soins qu'il prit pour réorganiser son armée, s'exprime lui-même de manière à ne pas laisser de doute sur la nature de son action. Jamais il ne dit : « Je fis faire », mais toujours : « *Je* fis... *je* déclarai que je payerais rigoureusement tout ce « qui me serait fourni... *je* tins ma parole, mais *je* tolérai que les « généraux en agissent autrement. » L'instruction du 16 ventôse an III, les développements du rapport de Portalis à la Cour des pairs, le projet de règlement du général Préval, tout cela était la théorie. Les procédés que nous empruntons aux mémoires de Marmont sont la pratique.

Cependant les paroles de Portalis que nous venons de citer : « Le général en chef ne peut faire aucune disposition de fonds », paraissent avoir exprimé un fait exact et constant. Après la bataille de Jemmapes, Dumouriez dont les troupes manquaient de tout, crut bien faire en passant des marchés pour des fournitures de souliers et de capotes et en concluant un traité avec des Belges pour la subsistance de son armée pour deux mois. Ces traités, préparés par

---

[1]. *Mémoires de Marmont*, t. III, p. 81.

d'habiles ordonnateurs, n'étaient pas attaquables en eux-mêmes. Le vainqueur de Jemmapes fut désavoué pourtant par Pache et Cambon, et les commissaires ordonnateurs qui avaient agi d'après ses ordres écrits furent emprisonnés. La correspondance de Napoléon offre plus d'un exemple de la sévérité avec laquelle ce souverain veillait sur les caisses de l'armée. C'est encore aux mémoires de Marmont, si riches en documents intéressants, que nous emprunterons un de ces exemples. C'était en 1808, Marmont était général en chef de l'armée de Dalmatie, et forcé d'assurer la subsistance de ses troupes, pour laquelle l'administration de l'armée d'Italie, dont la sienne dépendait, ne lui avait pas assuré de fonds, il fit un emprunt aux fonds de la solde. Napoléon lui écrivit le 8 mai : « Monsieur le général Marmont, la solde de l'armée de Dalmatie est « arriérée parce que vous avez distrait quatre cent mille francs de « la caisse du payeur pour d'autres dépenses ; cela ne peut marcher « ainsi. Le payeur a eu très grand tort d'avoir obtempéré à vos « ordres. Comme c'est le Trésor qui paie ces dépenses, le service « ne peut marcher avec cette irrégularité. Vous n'avez pas le droit, « sous aucun prétexte, de forcer une caisse. Vous devez demander « des crédits au ministre ; s'il ne vous les accorde pas, vous ne « devez pas faire ces dépenses. » Marmont répondit par une longue lettre d'explications fort nettes, données sur le ton du respect, mais en homme qui se sentait dans son droit. « L'Empereur », disait-il, « acceptera qu'il faut faire vivre la troupe avant de la payer ; et « lorsqu'il y a impossibilité de le faire autrement qu'avec de l'argent « comptant, lorsque l'on est à six cents lieues de l'autorité, il faut « bien pourvoir aux premiers besoins par quelque moyen que ce « soit... Le ministre a eu immédiatement connaissance des dis- « positions que les circonstances avaient rendues immédiatement « nécessaires : *c'était à lui d'y remédier...*[1]. »

Un coup d'œil rapide sur les campagnes du premier Empire va nous montrer d'ailleurs comment les plus belles armées arrivent à se désorganiser au milieu des succès les plus éclatants, comment, d'autre part, l'application des moyens réguliers est incompatible avec la rapidité des mouvements ; il suffira ensuite de

---

1. *Mémoires de Marmont*, t. III, p. 172.

mettre en ligne de compte les deux éléments qui ont le plus profondément modifié les conditions d'existence des armées, c'est-à-dire l'extension énorme donnée aux effectifs et la création des chemins de fer, pour que les conclusions pratiques s'en déduisent facilement.

Certes, s'il est une guerre dans laquelle la grandeur des résultats ait égalé la promptitude de l'exécution, c'est bien celle de 1805. Depuis Boulogne jusqu'au Rhin, les troupes avaient vécu sur le pays à l'aide de fournitures réglées par Napoléon lui-même jusque dans les moindres détails ; elles avaient, avant de passer le Rhin, reçu 4 jours de pain et 4 jours de biscuit, après quoi, d'après un ordre général de l'Empereur, elles devaient vivre sur le pays, tous les commandants de corps d'armée ayant été invités à ne pas s'embarrasser de convois encombrants.

« Cette courte campagne », dit à ce propos le duc de Fezensac, « fut pour moi comme l'abrégé de celles qui suivirent ; l'excès de « la fatigue, le manque de vivres, la rigueur de la saison, les « désordres commis par les maraudeurs, rien n'y manqua... Les « régiments étaient quelquefois dispersés, l'ordre de les réunir sur « un point arrivait trop tard, parce qu'il fallait passer par bien des « filières ; il en résultait que le régiment marchait jour et nuit, on « arrivait ainsi à la position que l'on devait occuper sans avoir rien « mangé et sans y trouver de vivres... Les généraux n'avaient ni « le temps ni les moyens de se procurer régulièrement de quoi « nourrir une si nombreuse armée. C'était donc autoriser le pillage et les pays que nous parcourions l'éprouvèrent cruellement... « Nous n'en avons pas moins bien souffert de la faim pendant la « durée de cette campagne ; toutes ces causes développèrent l'insubordination, l'indiscipline et le maraudage... Les habitants en « éprouvèrent des vexations de tout genre, et des officiers blessés « qui voulaient rétablir l'ordre, furent en butte aux menaces des « maraudeurs[1]. »

Nous avons cité ailleurs une lettre de Berthier au maréchal Ney, exprimant la volonté déterminée de ne pas avoir de magasins à sa suite. Une lettre plus explicite encore était écrite, le

---

1. *Souvenirs militaires*, p. 69 et 120.

2 octobre 1805, à Bernadotte : « Il est impossible de vous nourrir « par les magasins, cela n'a jamais été, et ce n'est pas pour « s'être servi des magasins que l'armée française doit en partie « ses succès. »

Les inconvénients de cette façon de procéder furent constatés par l'Empereur lui-même, ainsi que le prouve cette lettre en date du 24 octobre, adressée à M. Petiet, intendant général de l'armée : « Nous avons marché sans magasins ; nous y avons été contraints « par les circonstances. Nous avons eu une saison extrêmement « favorable pour cela ; mais, quoique nous ayons été constamment « victorieux et que nous ayons trouvé des légumes dans les champs, « nous avons cependant beaucoup souffert. Dans une saison où il « n'y aurait point de pommes de terre dans les champs ou si l'ar- « mée éprouvait quelques revers, *le défaut de magasins nous condui-* « *rait aux plus grands malheurs.* »

Les désordres de 1805 se renouvelèrent sur une plus grande échelle dans les campagnes de 1806 et de 1807. Les premiers jours de marche, employés à jeter les corps d'armée dans la vallée de la Saale par le mouvement tournant qui eut pour conséquence les batailles d'Iéna et d'Auerstædt, absorbèrent les vivres que les hommes avaient emportés au départ. La rapidité exceptionnelle des mouvements qui suivirent ces batailles, tant pour achever la ruine totale de l'armée prussienne par une poursuite qui restera comme le modèle du genre, que pour gagner les Russes de vitesse sur la ligne de la Vistule, obligea ensuite l'armée à vivre exclusivement sur le pays. Elle ne disposait, a-t-on dit, que d'environ 60 voitures à 4 chevaux par corps d'armée [1]. En eût-elle eu dix fois davantage, elle n'aurait pu les traîner avec elle. Sur quelques routes, telles que celles suivies par le corps de Davout, l'enthousiasme des populations procura des vivres ; sur d'autres, le pays ne fournit aucune ressource, et si des captures importantes n'avaient été faites à Berlin, à Francfort-sur-l'Oder et Stettin, l'embarras fut devenu extrême ; tel qu'il était, il causa aux commandants de corps d'armée des soucis continuels. La correspondance de l'Empereur et du major général avec ces généraux expérimentés qui fai-

---

1. Voir plus bas, chapitre XIII.

saient la guerre depuis quinze ans, atteste les difficultés auxquelles ils se trouvaient en butte et la sollicitude éclairée qu'ils apportaient à les vaincre. Ils n'y réussirent pas toujours. « Jamais », dit encore le duc de Fezensac, « le pillage ne fut porté si loin que sur cette « route. A Nordhausen, en particulier, le général Jomini et moi « pensâmes être tués par des soldats dont nous voulions réprimer « les excès. J'ai dit combien les habitants de la Souabe supportaient « impatiemment le long séjour de l'armée française. Si nos exi- « gences paraissaient intolérables à nos alliés en temps de paix, « qu'était-ce donc pour nos ennemis et pendant la guerre ? Le pas- « sage des troupes aurait seul suffi à épuiser le pays... Ce n'étaient « pourtant là que des malheurs nécessaires. Il faut y ajouter les « maraudeurs qui parcouraient le pays, le mettant à contribution, « exigeant de l'argent, du drap, des chevaux, des vivres, empri- « sonnant les habitants jusqu'à ce qu'on eût satisfait à leurs exi- « gences[1]. » Déjà en 1806, après la bataille d'Auerstædt, le maré- chal Davout avait dû faire fusiller des cavaliers de son corps d'armée qui levaient individuellement et à main armée des con- tributions sur le pays. « Jamais campagne n'a été si dure et jamais « les excès si affreux et si peu motivés », écrivait, le 1er janvier 1807, le célèbre général d'artillerie Sénarmont. « Je suis las, archi-las de « ce métier qui n'a plus rien d'honorable, sous quelque point de « vue qu'on veuille l'envisager. » Ce général avait failli, comme Jomini et Fezensac, être assassiné par des pillards dont il voulait arrêter les excès.

En 1809, dans la campagne marquée par les batailles d'Eck- mühl, d'Essling et de Wagram, le service des vivres put être plus facilement assuré, parce que l'armée ne quitta pour ainsi dire pas la vallée du Danube et que les bataillons du train, récemment orga- nisés, purent suivre de près les différents corps dans une marche qui n'eut d'ailleurs rien de rapide, comparée à celles de 1805 et de 1806.

En 1812, l'expédition de Russie fut précédée de préparatifs im- menses exécutés de longue main. Pour n'en citer qu'un exemple : Napoléon prescrivait, le 29 décembre 1811, au ministre Lacuée,

---

1. *Souvenirs militaires*, p. 169.

de faire transporter de Bordeaux sur la Vistule 28 millions de bouteilles de vin, 2 millions de bouteilles d'eau-de-vie, formant 60,000 rations de vin pour 300,000 hommes pendant 200 jours et 32,000 rations d'eau-de-vie pour 300,000 hommes pendant 130 jours. Le transport de ces liquides de Bordeaux à Magdebourg par terre devait exiger 1,500 voitures. Des approvisionnements énormes avaient été réunis par les soins de Davout sur la base d'opérations, avec 150,000 chevaux et un nombre énorme de voitures. Mais la nourriture d'une telle masse de chevaux augmentait les difficultés et, après deux ou trois jours de marche, on ne put les employer à ravitailler l'armée. L'Empereur dut arrêter son mouvement à Witepsk pour se procurer des vivres ; à peine en réunit-il pour dix jours et le maréchal Davout de son côté pour sept jours ; 300,000 hommes s'enfoncèrent dans les steppes de la Russie sans subsistances assurées. La nourriture des chevaux donna en particulier un mal énorme. Pendant que Murat occupait avec l'avant-garde de l'armée la position de Winkowo, où il fut si complètement surpris par l'armée russe, il envoya plusieurs officiers supérieurs fourrager de droite et de gauche pour essayer de ravitailler ses divisions de cavalerie. L'un d'eux, le colonel Séruzier, commandant l'artillerie à cheval du 2ᵉ corps de cavalerie, poussa ses opérations jusqu'à plus de 40 lieues de l'armée, dans l'Ukraine. Il y trouva d'excellents chevaux avec lesquels il remonta son détachement et en ramena très heureusement une quantité de chariots chargés de grains, de farine et de fourrages [1].

En 1813, on ne put amener d'approvisionnements que sur le cours de l'Elbe, et l'armée, en se retirant de Leipsick sur Mayence, après la bataille du 18 octobre, souffrit cruellement de cette absence de magasins sur sa ligne de retraite : « Des troupes aussi désor-
« ganisées que celles que nous commandions », dit à ce sujet Marmont, « aussi harassées, aussi exténuées par les marches, les
« combats, les revers et les privations, s'abandonnent bientôt à
« l'indiscipline. L'impossibilité de faire vivre les soldats par des
« distributions régulières motiva et justifia leurs dispositions.
« Chacun s'occupa avant tout à trouver sa subsistance et, comme

---

1. *Mémoires d'un colonel d'artillerie légère*, p. 223.

« l'esprit militaire était éteint, comme un abattement et un dégoût
« que rien ne saurait rendre le remplaçaient, tous ceux qui s'étaient
« éloignés des drapeaux jetèrent leurs armes et marchèrent un bâ-
« ton à la main. Sur 60,000 hommes qui restaient encore, 20,000
« étaient ainsi formés en groupes de 8 ou 10 hommes, couvrant
« toute la campagne [1]. »

« La mesure de faire vivre les troupes chez l'habitant est tout à
« fait nuisible aux intérêts de l'Empereur », écrivait le général
Belliard ; « les paysans effrayés abandonnent leurs maisons [2]. »
Enfin, un autre témoin de cette retraite, le général Morand, nous
apprend que l'armée perdit dans trois jours de la retraite de Leipsick plus de monde que l'armée de Moscou dans vingt jours de
marche.

S'il en était ainsi des armées commandées par l'Empereur, qu'é-
tait-ce donc de celles qui combattaient au loin?... On peut en
juger par ce tableau que Marmont a tracé de l'armée de Portugal
devant les lignes de Torrès-Vedras et que nous sommes forcé
d'abréger :

« Toute la population avait fui à l'approche de l'armée française,
« emmenant ses bestiaux dans les bois et dans les montagnes et
« cachant tout ce qu'elle possédait, vivres, effets, etc. Le pays
« occupé par l'armée restait donc entièrement désert... Les habi-
« tants n'étant pas là pour obéir à la voix de l'administration et
« apporter des vivres, les troupes durent aller les chercher... Des
« détachements d'hommes armés et sans armes se formèrent dans
« chaque régiment pour explorer le pays et enlever tout ce qu'ils
« trouvaient... D'abord ces recherches et cette maraude s'exercè-
« rent à peu de distance de l'armée, mais bientôt, les ressources
« s'épuisant, on fut forcé de s'éloigner. Toute cette partie du
« Portugal fut livrée journellement à un pillage régulier et systé-
« matique. Les soldats s'éloignaient jusqu'à 15 ou 20 lieues. Plus
« d'un tiers de l'armée se trouvait ainsi constamment dispersé et
« loin des drapeaux, tandis que le reste semblait être à la discrétion
« de l'ennemi. J'ai ouï dire au général Clauzel qu'il avait vu des

---

1. *Mémoires*, t. V, p. 303.
2. C. Rousset, *la Grande-Armée de* 1813, p. 266.

« bataillons placés en face de l'armée anglaise à une portée de
« canon n'avoir pas cent hommes au camp, tandis que les armes
« étaient aux faisceaux......'. Des hommes isolés étaient chaque jour
« massacrés par les paysans et des détachements enlevés ; les pertes
« devinrent immenses, mais ce qui menaçait davantage encore
« l'existence de l'armée, c'est que toute discipline ayant disparu,
« elle présentait au plus haut degré le spectacle de la confusion et
« du désordre. »

Nous bornerons là ces citations que nous pourrions multiplier et que nous prions le lecteur d'excuser; elles nous serviront à expliquer beaucoup de choses, mieux que si nous avions pris à notre propre compte le récit des faits.

Ce qui semble difficile à croire, c'est que dans ces temps si brillants du premier Empire, l'argent fit bien souvent défaut : cela tient à ce que l'Empereur, qui ne se gênait pas pour demander des hommes à la France, ne voulait pas lui demander d'argent et prenait au pied de la lettre le principe : *la guerre nourrit la guerre*. Mais l'expérience a prouvé que les contributions de guerre n'étaient pas toujours suffisantes et que l'administration des revenus du pays occupé par les troupes, fait souvent double emploi avec ces contributions. Nous savons d'ailleurs, par plus d'un témoignage personnel, que tout l'argent prélevé sur certaines contrées n'allait pas grossir l'avoir des caisses de l'armée.

La solde même était souvent en arrière; il ne s'agit pas ici des armées de la République ni en particulier de cette armée d'Italie où Bonaparte, arrivant en 1796, fit le bonheur de ses généraux en leur remettant à chacun quatre pièces d'or, et où après le départ de Bonaparte, l'arriéré de solde occasionna les révoltes de Mantoue et de Rome en 1798. Mais, en 1806, au moment d'aller vaincre à Iéna, les officiers de la Grande-Armée réclamaient cinq mois d'arriéré de solde. Sénarmont écrivait à son frère, le 21 novembre 1806 : « On nous a fait la grâce infinie de nous
« payer à Berlin *le mois de mai.* » Et cet arriéré n'était pas encore fini de régler au moment de la paix de Tilsitt; c'est seulement au mois d'octobre 1807 qu'on régla l'arriéré du prêt de la troupe, dû depuis le 1er avril.

La guerre de 1806-1807 fut cependant avantageuse pour le Trésor. D'après le compte rendu de M. Daru, administrateur en chef de la Grande-Armée :

Les contributions en argent prélevées sur les pays conquis s'élevèrent à.	513,644,440f 13c
Les contributions en nature représentèrent une valeur de	90,483,511 94
Total	604,227,952f 07c
Les dépenses montèrent seulement à. . .	212,879,355 21
Excédent des recettes.	391,348,597f 26c

Les guerres d'Espagne et de Russie ne furent pas d'un aussi bon rapport, et les retards à payer la solde ne firent qu'augmenter[1]. Le général Curély fait cependant observer que la meilleure manière d'assurer la subsistance de l'armée est encore de payer régulièrement la solde, parce qu'il y a des marchands partout.

Nous avons déjà cité dans ce même chapitre une lettre de Bessières, relative aux arriérés de solde de son armée. Voici maintenant ce que nous lisons dans l'*Histoire de la guerre de 1813*, par le colonel Charras : « Napoléon s'occupa aussi de la solde que
« naguères, à l'étranger, il laissait volontiers arriérée, et il la fit
« aligner partout jusqu'au 1er mai. Il fallait, écrivait-il, éviter de
« fouler le pays.... La précaution n'était pas dans ses habitudes et
« indiquait », ajoute le même auteur, « qu'il tenait quelque compte
« de l'exaspération de l'opinion publique en Allemagne. Partout,
« néanmoins, sur la rive droite du Rhin, ses troupes vivaient aux
« dépens des habitants, et il ordonnait en outre à ses lieutenants
« de former sur plusieurs points, au moyen de réquisitions non
« payées, des parcs de bestiaux, des magasins considérables de
« farines...[2], etc. »

L'expérience des guerres de l'Empire et des haines soulevées dans les populations fit condamner, après la chute de Napoléon,

---

[1]. Général Berthezène, *Souvenirs militaires*, t. I, p. 160. « C'est un sujet « d'étonnement toujours nouveau pour moi », observe à ce sujet ce général, « qu'un pareil système n'eût jamais occasionné ni désordres, ni révoltes; il suffi- « rait seul à prouver toute la puissance de Napoléon sur l'esprit et le cœur « des troupes (p. 162). » Il n'y a plus lieu, après cela, de s'étonner de la révolte des sous-officiers et soldats du 5e corps, à Strasbourg, en 1815. V. chapitre VIII.

[2]. Charras, *Histoire de la guerre d'Allemagne en* 1813, t. I, p. 503.

le système continu des réquisitions forcées, qui n'avait même pas suffi à nourrir les armées, surtout dans les périodes de stationnement, nous l'avons vu par l'exemple de l'armée de Portugal, ainsi que le maréchal Marmont l'exposait au major général dans une lettre datée de Badajoz, le 21 juin 1811 : « Il est im-« possible », écrivait le maréchal, « de continuer sans les incon-« vénients les plus graves, à vivre comme on l'a fait jusqu'ici, de « réquisitions. Ce système, qui laisse un arbitraire immense et qui « est subversif de tout ordre, est tout à fait impraticable à la lon-« gue, lorsqu'une armée est stationnaire[1]. » On pourrait citer toute cette lettre comme un traité sur l'art des réquisitions. Le maréchal Marmont pratiquait en principe le système des réquisitions payées, mais comme il n'avait pas d'argent, il laissait ses généraux prendre sans payer en fermant les yeux sur cette infraction à ses ordres. Le maréchal Davout lui-même, qui n'a jamais passé pour tendre, mais qui, de tous les commandants de corps d'armée, fut le plus sévère sur la discipline et le plus soucieux du maintien de l'ordre, profita du repos de l'armistice de 1813 pour « rétablir l'administration du pays » (il commandait, comme on le sait, à Hambourg) ; « il défendit de rien exiger des « hôtes, mais les soldats recevaient au compte du pays des rations « de toute nature et les officiers des frais de table, savoir : pour les « généraux de division 1,500 fr. par mois, pour les généraux de « brigade 800 fr. et ainsi de suite. Ces indemnités étaient payables « tous les cinq jours et d'avance. De plus, on imposa d'énormes « contributions de guerre, et l'on prit des otages qui furent enfer-« més dans la citadelle de Harbourg[2]. » Ne dirait-on pas que, dans la campagne de 1870, les Allemands aient pris modèle sur ce Davout, tant détesté d'eux pour avoir battu les Prussiens à Auerstædt, fait sauter le pont de Dresde en 1813 et défendu victorieusement Hambourg ?

L'expédition de 1823 en Espagne, organisée au point de vue administratif d'après les idées de réaction contre le système de Napoléon, donna lieu à des scandales oubliés aujourd'hui, mais qui

---

1. *Mémoires de Marmont*, t. IV, p. 107.
2. Fezensac, *Souvenirs militaires*, p. 423.

furent, dans leur temps, la source de débats pénibles. Le général Guilleminot qui, sous les ordres du généralissime, le duc d'Angoulême, remplissait les fonctions de major général, et l'intendant en chef Sicard, furent attaqués d'un côté, tandis que le maréchal Victor, ministre de la guerre, était violemment incriminé de l'autre. En fait, il paraît à peu près certain que les approvisionnements réunis à Bayonne étaient insuffisants et qu'avec les faibles moyens de transport dont l'administration disposait, la subsistance de l'armée se trouvait à peine assurée jusqu'à trois jours de marche de la frontière. On comptait, pour aller plus loin, sur l'enthousiasme des populations espagnoles pour la cause royale et sur leur empressement à fournir des vivres, pour le paiement desquels le nom d'un descendant de Henri IV serait un sûr garant. Le duc d'Angoulême, mieux inspiré ou plutôt mieux conseillé, pensa qu'il ne fallait pas compter sur cette ressource ; il adopta d'ailleurs un plan de campagne qui consistait à marcher rapidement sur les provinces où dominait le parti libéral ; l'exécution de ce plan était, cela va sans dire, subordonnée à la certitude de pouvoir nourrir l'armée. Le célèbre financier Ouvrard, qui avait soumissionné une entreprise peu importante, se trouvait à Bayonne, appelé sans doute secrètement ; il fut consulté et offrit de se charger de tout. Dans l'espace de quelques heures les marchés furent passés et signés. Le maréchal Victor, qui voulait évincer le major général, fut renvoyé à son ministère. Les troupes, conduites par des généraux imbus des grandes traditions, agirent avec une vigueur remarquable ; l'expédition fut heureusement et promptement terminée, l'armée, grâce à l'activité d'Ouvrard, n'avait manqué de rien. Mais les marchés passés à la hâte avaient donné un bénéfice scandaleux au munitionnaire ; des agents subalternes choisis, avons-nous déjà dit, parmi les gens véreux qui abondent toujours à Paris, étalaient impudemment leurs gains. L'intendant général de l'armée, M. Sicard, était d'ailleurs, dit-on, à peu près étranger aux choses de l'administration, sortant du corps de l'inspection des revues, dans lequel il n'avait même occupé qu'un grade et une position secondaires. L'opposition, qui avait au préalable combattu avec violence le principe de l'expédition, apporta dans l'examen des comptes un esprit assez naturel de malveillance. Les marchés Ouvrard furent l'objet d'accusations passionnées. Le ministre de la guerre se rejeta sur l'intendant général et sur le major général de l'armée d'Espagne, le duc d'Angoulême étant, comme nous l'avons dit, hors de cause. La cour des pairs fut saisie de l'affaire et déclara qu'il n'y avait pas lieu à poursuivre les grands personnages traduits devant elle. Ouvrard, resté seul prévenu, fut acquitté par le tribunal de police correctionnelle, et le maréchal Victor dut quitter le ministère de la guerre. Toutefois, le système de l'entreprise et des munitionnaires fut condamné sans retour[1]. M. Ouvrard peut être considéré comme le dernier des munitionnaires, il n'y en eut plus après lui.

Vint ensuite l'expédition d'Alger de 1830, aussi bien préparée au point du vue administratif, par le ministère et l'intendant général Denniée, que celle d'Espagne l'avait été mal. Les seules difficultés à vaincre étaient celles de l'approvisionnement au départ, puisque l'armée, une fois débarquée, devait à peine s'éloigner de la mer. On les surmonta heureusement par le système des achats par commission. Un traité fut signé avec la maison Sellière, qui s'engagea, moyennant une commission de 2 p. 100, à livrer au prix d'achat et sur les points fixés par l'administration toutes les denrées qui lui seraient demandées. L'expérience a démontré que ce système était le meilleur pour constituer des approvisionnements.

Les nombreuses campagnes de l'armée d'Afrique, depuis 1830 jusqu'à ce jour, et le ravitaillement des places bloquées donnèrent lieu à de grandes difficultés, les transports ne pouvant se faire qu'à dos de mulet. Les convois qui suivaient nos colonnes, emportant avec elles des vivres pour toute la durée de l'expédition, grossis encore par les ambulances, furent souvent une cause d'embarras et de luttes sanglantes, les Arabes ayant pour habitude d'attaquer le convoi après avoir laissé passer la colonne de combat. C'est ainsi que sont restés célèbres le ravitaillement de Milianah en 1840 par le général Changarnier, ceux de Milianah et de Médéah par le

---

1. Récit fait d'après les rapports et discours de MM. les généraux duc d'Escars et d'Ambrugeac à la Chambre des pairs, Henry de Neuville et général Foy à la Chambre des députés. (*Moniteur* de mai et juin 1826.)

même en 1841, et la triste affaire de la Macta, où le convoi du général Trezel fut envahi par les Arabes, et nos blessés massacrés. On a vu à cette époque des convois de plusieurs kilomètres de longueur ; les Arabes eux-mêmes, témoin Bou-Amena dans le Sud oranais, en ont souvent traîné d'aussi longs à leur suite.

Lors de la guerre de Crimée, en 1854, les intendants élevés à l'école des anciens commissaires des guerres avaient successivement disparu. L'intendance formée à l'école d'Afrique, aussi insuffisante pour les administrateurs que pour les généraux, en ce sens qu'elle développa chez les uns et les autres des habitudes qui les rendirent peu propres à la grande guerre, prêta souvent le flanc à la critique. C'est ainsi que les troupes, après leur installation au sud de Sébastopol, sur le plateau de Chersonèse, restèrent près de trois semaines sans recevoir ni pain ni vin, et encore quand les boulangeries commencèrent à fonctionner, ne pouvant fournir le pain que par un roulement entre les quatre divisions, à raison d'une par jour, nous fallut-il, en bons camarades, partager ce pain avec nos amis les Anglais ; ce qui fit crier les soldats. Il y eut, en outre, quelques mesures auxquelles l'armée ne comprit rien. A Varna, par exemple, au mois de juillet 1854, nos chevaux furent réduits à une ration pour trois ou pour quatre jours, et cependant toutes les parties prenantes durent, par ordre supérieur, fournir des bons pour tout le fourrage qui leur était dû. En Crimée, la viande achetée sur pied revint, dans les premiers temps, à des prix insensés et fut aussi mauvaise que chère. Les bestiaux, d'une maigreur effrayante, pouvaient à peine marcher depuis le port de Kamiesch jusqu'aux camps, et on les abattait pour ne pas les laisser mourir en chemin[1]. Mais la grande difficulté, malgré notre voisinage de la mer, résidait dans les transports et, en reproduisant, quelques lignes plus haut, le tableau tracé par Gouvion Saint-Cyr du blocus de Mayence, il nous semblait retracer, mais seulement

---

[1]. On achetait des bestiaux en Afrique, et on les entassait sur des navires à voiles en les nourrissant à peine pendant une longue traversée ; en sorte qu'ils mouraient en mer, et le peu qui arrivaient représentaient, au point de vue de la dépense, tout le prix de la cargaison ; on peut se faire une idée de ce qu'ils coûtaient. Un entrepreneur se chargea de la fourniture et, au lieu de payer les bœufs au point de départ, les paya au point d'arrivée. Cette idée à la Christophe Colomb fit la fortune de cet entrepreneur, qui ne savait ni lire ni écrire.

en ce qui concerne les attelages, l'histoire du siège de Sébastopol, où nous vîmes tous nos chevaux d'artillerie expirer de misère en traînant dans la boue les vivres et les fourrages. En somme, on dépensa beaucoup, mais l'armée ne manqua de rien, sauf quelquefois de viande mangeable et de combustible pour la faire cuire.

Au Mexique, la difficulté des transports retint pendant un certain temps à Vera-Cruz les troupes du général Forey, qui ne voulait pas quitter les bords de la mer sans avoir la certitude d'être suivi par ses vivres. Il s'aperçut trop tard que la vie était plus facile sur les plateaux que dans la Terre chaude et qu'il aurait eu tout avantage à s'y porter le plus tôt possible. Le colonel Margueritte écrivait à ce sujet : « La réunion des moyens de transport est « bien longue, nous portons la peine de notre imprévoyance... « A-t-on jamais vu entreprendre une guerre aussi lointaine sans « ressources pour se nourrir[1] ? »

Plus tard, grâce à l'activité déployée par M. l'intendant Wolf, les services administratifs, facilités par un marché passé pour les transports avec une maison française, fonctionnèrent d'une façon satisfaisante et l'intendant pouvait écrire : « Pas une plainte sur « nos services n'est arrivée jusqu'à moi. C'est la preuve évidente que « chacun de nous a bien fait son devoir. Pour l'administration, le « silence des combattants est un éloge. Nous nous contentons de « peu, on le voit[2]. »

Pour la guerre de 1859, en Italie, l'administration eut à vaincre au début les plus grandes difficultés, par suite de la précipitation avec laquelle on dut entrer en campagne. Nous l'avons déjà dit, quoiqu'on dût s'y attendre, le gouvernement français fut surpris par l'ultimatum de l'Autriche. Il ne saurait être justifié par le succès ; nous pouvons même dire que ce succès nous fut fatal, parce qu'il augmenta notre présomption native et nous fit commettre les fautes de 1870.

En ce qui concerne l'administration, nous devons reconnaître que la plus grande activité fut déployée. Des vivres et des fourrages furent réunis à Briançon, Culoz, Suze, Turin, Alexandrie et

---

1. Canonge, t. 1ᵉʳ, p. 324.
2. *Souvenirs du Mexique.* (*Spectateur militaire*, 1885, p. 321).

Gênes pour la concentration des troupes. Des approvisionnements considérables furent constitués à Gênes et à Alexandrie, mais ici encore les moyens de transport firent défaut. Par suite des réductions opérées dans le corps du train des équipages et de l'arrivée tardive des hommes en congé renouvelable, le train de l'armée d'Italie ne fut, comme l'artillerie, organisé que peu de temps avant la bataille de Solférino. « Si cette organisation avait été complète « au début de la campagne », dit le compte rendu officiel de la guerre, « elle aurait certainement facilité les premières opérations « et épargné aux troupes *quelques privations.* » Aveu à retenir dans un livre qui semble écrit pour glorifier tout ce qui a été fait en 1859. Au dire de tout le monde, il y eut cependant un service qui ne donna lieu à aucune plainte, celui des vivres-viande.

Quant à la campagne de Chine, en 1861, elle passe à juste titre comme un modèle pour sa préparation. Le service des transports fut organisé à l'aide d'un corps auxiliaire de 1,000 *coolies* ou portefaix, loués à Canton et répartis en 5 compagnies de 200 hommes chacune, commandées par des lieutenants de vaisseau.

Nous arrivons enfin à la guerre de 1870-1871, à propos de laquelle on a tant et si injustement crié après l'intendance, non pas, comme nous l'écrivait un correspondant dont nous avons reproduit plus haut la lettre, qu'elle ait réalisé la perfection, mais parce que, eu égard aux circonstances, elle a fait tout ce qui était humainement possible. Il est certain cependant qu'au début et dans la précipitation de préparatifs qui n'étaient ni une mobilisation, ni une concentration, mais un mélange confus de ces deux opérations aujourd'hui bien distinctes, le service de l'intendance se montra, comme l'était un peu tout le monde, fortement ahuri. On peut en juger par le tableau que M. Jacqmin a tracé du désordre de la gare de Metz, à cette époque, tableau dont nous avons donné des extraits au chapitre X de cet ouvrage[1], et qui n'a rien d'exagéré, au dire des témoins oculaires ; mais, dit avec raison M. Jacqmin, la vraie cause des encombrements des gares tenait au défaut d'unité dans le commandement, et l'intendance n'en saurait être rendue responsable.

---

1. Tome I, p. 550.

La subsistance de l'armée de Mac-Mahon dans sa retraite sur Châlons, puis dans sa marche vers la Meuse fut assurée comme seulement elle pouvait l'être, par des distributions opérées dans les gares où l'intendance faisait affluer les vivres. Le temps perdu aux abords de ces gares a peut-être exercé une fâcheuse influence sur le résultat d'une tentative dont la seule chance de succès reposait sur la rapidité du mouvement ; mais l'intendance n'y est pour rien. La vraie cause de cette lenteur, c'est que toute l'armée, depuis le général en chef jusqu'au soldat, tournait avec regret le dos à Paris, qu'elle comprenait instinctivement que sa véritable mission était de couvrir la capitale et qu'une manœuvre aussi hardie ne pouvait réussir, confiée à un général qui la désapprouvait. « L'exé-« cution », a dit M. Thiers, « rachète tout ; elle fait quelquefois « échouer les meilleures combinaisons et réussir les plus mau-« vaises. »

Pour la deuxième partie de la guerre, c'est-à-dire dans les opérations des armées du Nord, de la Loire et de l'Est, on ne reproche rien moins à l'intendance que d'avoir laissé nos jeunes troupes mourir de faim, mais on ne dit pas que ces jeunes troupes étaient commandées, en l'absence des cadres enfermés dans Paris ou pris à Sedan et à Metz, par des officiers en partie improvisés, étrangers aux détails du métier, qui ne surveillaient pas toujours les distributions, que sous le coup des événements qui se succédaient, les intendants n'étaient pas toujours prévenus des mouvements des troupes, qu'ils avaient pour les aider des agents également improvisés et, enfin, car il faut bien faire notre confession complète afin d'éprouver de nos fautes un repentir tel que nous n'y retombions jamais, que nos soldats fatigués ont jeté plus d'une fois à terre, pour se débarrasser d'un poids qui les surchargeait, les vivres qu'au prix d'efforts considérables on était parvenu à leur distribuer. Lorsque l'Assemblée nationale se réunit à Bordeaux après la conclusion de l'armistice, une commission fut nommée pour prendre connaissance de toutes les ressources dont disposait encore le pays pour continuer la lutte. Voici quel a été, au sujet des vivres, le rapport de cette commission: « L'état général de « l'approvisionnement est satisfaisant. Si parfois des plaintes se « sont élevées au sujet de privations subies par nos soldats, il faut

« en accuser, en partie, une certaine inexpérience des agents
« subalternes, des circonstances indépendantes de toute volonté
« humaine et les difficultés que les marches ou des combats inces-
« sants imposaient aux transports et aux distributions. Les vivres
« n'ont pas manqué ; ils sont de bonne qualité. Des erreurs ou des
« fautes ont été parfois commises dans leur répartition, mais le
« fait doit être attribué à la négligence de certains officiers qui ne
« s'occupaient pas de leurs hommes et à la paresseuse impré-
« voyance du soldat, jetant les provisions reçues pour trois ou
« quatre jours afin de ne pas avoir la peine de les porter[1]. »

Non seulement les intendants aux armées, parmi lesquels nous avons cité plus haut MM. Friant, Bouché et Richard, déployèrent toutes les ressources que leur dictait leur profonde expérience, mais l'administration centrale, dirigée par MM. Roux et Lahaussois, organisa les services administratifs des divisions, corps d'armée et armée aussi bien que le permettait la pénurie du personnel ; l'instruction ministérielle du 6 décembre 1870 pourrait à cet égard servir de modèle. Pendant ce temps, comment agissaient les Allemands ? « Sans pédanterie et sans trop de scrupules », dit von der Goltz (sans trop de scrupules est charmant), « ils em-
« ployaient tous les moyens. » D'après ce que nous raconte cet auteur, les vivres manquèrent ou du moins furent en quantité insuffisante pendant la concentration de l'armée dans le Palatinat. « On
« n'y avait », dit-il, « expédié que des troupes et pas de vivres parce
« que *la déclaration de guerre de la France faisait craindre de sa part une*
« *offensive rapide et vigoureuse*... les entrepreneurs ne purent dis-
« poser des voies ferrées absorbées par le transport des troupes. »
(Voilà tout justifiés nos approvisionnements en vivres de concentration.) « Enfin, les fournisseurs épuisaient le pays par des achats
« destinés aux convois de vivres. » (Même observation.) « Lors-
« qu'il fallut marcher, les grandes colonnes de vivres organisées
« au départ ne purent donner directement aux troupes ce dont
« elles avaient besoin » (c'est pour parer à cet inconvénient que nous avons créé, comme on le verra plus loin, les trains régimentaires); « les troupeaux de bétail souffraient du manque de soins ;

---

1. M. de Freycinet, *la Guerre en province*, p. 343 (édition in-12).

« enfin, les chemins de fer détruits n'étaient pas assez vite répa-
« rés. » (Nos compagnies d'ouvriers de chemin de fer se charge-
raient aujourd'hui de cette besogne.) En fait, l'armée allemande a
beaucoup vécu sur le pays, mais, nous sommes forcé de le reconnaître, avec plus d'ordre et de suite que nous ne l'avions fait dans
les grandes guerres de l'Empire. Déjà, en 1866, cette manière de
vivre leur avait permis de transporter en 13 jours leur armée victorieuse de Pardubitz à Stokerau [1].

Dans la guerre de 1870, les Allemands pratiquèrent ce système
avec méthode comme des gens qui, d'une part, en avaient fait
l'objet d'études approfondies et qui, d'autre part, suivant l'heureuse expression de von der Goltz, *n'avaient pas trop de scrupules*. Ils
ont pour cette pratique des règles précises, ils avaient surtout en
1870 d'excellents renseignements et un luxe de cartes auquel nous
étions restés étrangers. Des photographes qui avaient séjourné un
an dans tel village de la Lorraine, prenant des vues de droite et
de gauche, y revenaient en officiers de hulans. La répartition des
troupes dans les cantonnements était ainsi faite à coup sûr [2]. Quant
aux moyens d'exécution, les Allemands se réglaient, car ils savaient
parfaitement notre histoire et la leur, sur la sévérité de Davout à
Hambourg plutôt que sur la bienveillance de Marmont à Salamanque. Von der Goltz ne se montre d'ailleurs que médiocrement
partisan de la nourriture du soldat par l'habitant ou par réquisition,
surtout en cas de stationnement prolongé. Les inconvénients qu'il
trouve à ce procédé de subsistance sont précisément ceux qui ont
été développés par le maréchal Marmont dans la lettre au major
général que nous avons en partie reproduite.

Mais il est temps d'en finir avec le passé pour arriver à l'organisation actuelle du service.

La subordination complète de l'administration au commandement, proclamée par la loi de mars 1882, est plus évidemment
nécessaire en guerre qu'en garnison. Il ne faut donc pas s'étonner
si ce principe est confirmé et développé par le règlement sur le

---

1. *La Nation armée*, p. 415.
2. Deux cavaliers, précédant un détachement, entraient dans une petite ville
lors de l'investissement de Paris: l'un d'eux, ouvrier dans une brasserie bien
connue, n'avait quitté cette ville que depuis 35 jours, emportant l'état des ressources de chaque maison.

service en campagne. « En campagne », est-il dit à l'article 11 du décret du 26 octobre 1883, « les services administratifs sont diri-
« gés, sous l'autorité du commandement, dans une armée par un
« intendant général, dans un corps d'armée, par un intendant....
« etc. Les intendants et sous-intendants », porte l'article 12,
« prennent les ordres des officiers généraux pour la constitution
« des approvisionnements, pour l'emplacement des magasins, pour
« les distributions, etc. » Aux termes de l'article 13, « l'intendant
« général de l'armée reçoit du ministre de la guerre la délégation
« de l'ensemble des crédits destinés à assurer tous les services
« de l'armée; il les sous-délègue aux directeurs des services, etc. »
Enfin, l'article 14 nous paraît délimiter très nettement les responsabilités et les attributions : « L'ordre de pourvoir et de distri-
« buer, l'indication des lieux et heures des distributions consti-
« tuent, avec les opérations militaires, la responsabilité du
« commandement; les mesures d'exécution pour pourvoir et dis-
« tribuer, la justification du paiement et de la distribution consti-
« tuent la responsabilité des intendants envers le commandement. »
Tout cela est très net, mais en dépit du règlement, l'entente parfaite du général en chef de l'armée et du chef de l'administration est absolument indispensable, car si la confiance n'existe pas entre ces deux personnages, le général en chef sera forcé de pénétrer dans les détails au détriment des vues d'ensemble et de la direction supérieure des opérations. Tous les esprits ne sont pas de la trempe de celui de Napoléon qui, passant toute une nuit à dicter à M. Daru les ordres relatifs à la campagne de 1805 et développant l'admirable plan qui devait aboutir à point nommé à la capitulation d'Ulm, indiquait jusqu'à la quantité de rations que chaque ville située sur la route d'un de ses corps d'armée devait fournir tel jour pour la subsistance de ce corps d'armée[1].

Il est donc admis que l'intendant général sera, comme le chef d'état-major général dans un autre ordre d'idées, l'homme de confiance du général en chef, que celui-ci fera ses plans sans

---

[1]. C'est à Daru, intendant en chef de la Grande-Armée, qu'en 1805 Napoléon dicta dans une nuit les ordres de mouvement des camps de Boulogne vers le Rhin et le Danube, mouvement que personne ne connaissait alors et qui était la conséquence des nouvelles que l'Empereur venait de recevoir de sa flotte.

s'inquiéter de la question des vivres et qu'une fois prévenu des plans adoptés, l'intendant fera l'impossible pour les rendre praticables, autrement dit : rendra possible ce qui semble ne pas l'être.... Mais l'organisation régulière du service doit être établie dans ce but, ce qui revient à dire que cette organisation doit se plier à toutes les circonstances, sans qu'il soit besoin d'avoir à la tête de l'administration de l'armée un homme de génie, car dans tous les temps le talent est commun et le génie rare.

Le personnel administratif nous est déjà connu; il est le même en temps de paix et en temps de guerre. Seul le service des fonds exige un personnel spécial, fourni au ministère de la guerre par le département des finances. Un payeur général, dont la gestion est garantie par un cautionnement, centralise le service pour toute l'armée. Justiciable de la Cour des comptes, il est pécuniairement responsable envers l'État, les payeurs de corps d'armée et de divisions ne sont responsables qu'envers lui, ils cumulent le service des postes avec celui des fonds. Un administrateur distingué fait observer à ce sujet qu'il paraît étrange de confier à un même agent deux services ressortissant à deux ministères différents et qu'il serait plus naturel de réunir les postes et les télégraphes. Nous nous permettrons de ne pas être de cet avis. La télégraphie aux armées joue un rôle militaire de premier ordre, et son fonctionnement qui n'a rien d'administratif, peut exercer une influence capitale sur le résultat des opérations ; il y aurait inconvénient à distraire de leur travail habituel des agents chargés d'un service aussi important, il n'y en a aucun à ce que des fonctionnaires qui dépendent en temps de paix du ministère des finances, et qui en temps de guerre travaillent pour le ministère de la guerre, travaillent aussi pour celui des postes.

Les payeurs ne se bornent pas à solder les dépenses sur pièces justificatives, ils doivent, pour assurer le service, faire des avances dont le maximum s'élève pour chaque agent comptable à 35,000 fr. Nous avons vu que du temps de Napoléon les fonds manquaient parfois aux armées. Sous le Directoire, le manque de fonds compromit souvent les opérations. A l'armée d'Italie, en 1797, Bonaparte faisait traduire devant un conseil de guerre, pour être condamnés à mort, trois employés civils coupables d'avoir dérobé des sommes considérables par des versements factices. Le 6 octobre, croyant à la reprise des hostilités et voulant, avant d'entrer en campagne, payer le prêt de la troupe et la solde des officiers, il écrivait au payeur général Haller une lettre portant en post-scriptum ces six mots : « De l'argent ! de l'argent ! de l'argent ! » Il serait imprudent aujourd'hui de faire la guerre dans ces conditions. Le général et l'intendant en chef devront donc veiller à ce que les caisses soient remplies par des envois de fonds, lorsque les contributions de guerre et la perception des impôts en pays ennemis n'y suffiront pas.

L'organisation du service des subsistances est la solution du problème le plus important pour la vie d'une armée ; elle a subi, depuis la guerre de 1870-1871, un remaniement complet et comprend aujourd'hui deux branches différentes, savoir : 1° le service en première ligne ; 2° le service de l'arrière. Le service en première ligne a pour objet d'assurer, sur l'emplacement où elles se trouvent, la subsistance des troupes ; le service de l'arrière est destiné à renouveler les approvisionnements de première ligne au fur et à mesure des consommations.

En première ligne, la subsistance est assurée par les vivres du sac, par ceux du train regimentaire et du convoi administratif, par le troupeau de bétail et au besoin par la nourriture chez l'habitant. Sous la dénomination de vivres du sac et des convois, on comprend l'avoine destinée aux troupes à cheval ainsi qu'aux chevaux des états-majors et de l'infanterie. Les vivres du sac constituent une réserve de deux jours, à laquelle on ne doit toucher qu'en cas de nécessité absolue. Les trains régimentaires sont de création assez récente (1876). Ils ont été établis à l'instar de l'armée autrichienne, d'après l'expérience acquise des difficultés que présentaient les relations directes entre les troupes et les convois divisionnaires. Ceux-ci sont rejetés assez loin derrière les colonnes, généralement à 15 ou 18 kilomètres après l'extrême arrière-garde ; ils arrivaient tard aux bivouacs, aux cantonnements ; quelque soin que l'on pût prendre ensuite pour choisir leur emplacement, la distribution des vivres nécessitait un va-et-vient, cause inévitable de fatigues et de retards. Les trains régimentaires marchent immédiatement après l'arrière-garde et peuvent, à leur arrivée au bivouac, se porter au centre du régiment ou groupe qu'ils sont chargés de nourrir. Outre les trains des régiments, bataillons de chasseurs, régiments de cavalerie, groupes de batteries, le quartier général d'une division ou d'un corps d'armée a le sien ; chaque train porte deux jours de vivres. La création du train régimentaire a eu pour conséquence l'institution de l'officier d'approvisionnement qui, dans chaque groupe a une double mission : 1° distribuer à la troupe les vivres du train ou assurer la subsistance par la nourriture sur place ; 2° tenir toujours au complet les vivres du train. Cet officier dépend donc à la fois de son régiment pour les distributions et de l'administration pour le renouvellement de l'approvisionnement. Les fonctions qu'il remplit sont de la plus haute importance et demandent une grande activité ; aussi les officiers d'approvisionnement des corps de troupe d'infanterie sont-ils montés. Pour chaque quartier général, ces fonctions sont exercées par un officier d'administration. L'institution des officiers d'approvisionnement est, avec celle des trains régimentaires, l'innovation la plus heureuse apportée au service des subsistances.

Enfin chaque division, comme chaque quartier général, a son convoi administratif, portant quatre jours de vivres et partagé en deux échelons égaux. Ce convoi marche, avons-nous dit, à 10 ou 12 kilomètres en arrière des trains régimentaires. L'ensemble des trains et convois pour un corps d'armée à deux divisions comporte à peu près 600 voitures. Nous voilà bien loin des 60 voitures que possédait chaque corps de la Grande-Armée en 1806, bien loin même des 600 voitures dont disposait en 1859 toute l'armée d'Italie pour ses six corps d'armée. A ces approvisionnements, il faut encore ajouter la viande sur pied, dont la fourniture est ordinairement donnée à l'entreprise. Il existe dans chaque corps d'armée un troupeau de bétail, dont la portion destinée à la consommation du jour, marche immédiatement derrière l'avant-garde et dont le gros précède le convoi administratif. Outre cela, l'armée possède en général un grand parc de bétail, stationnant à proximité de la tête d'étapes de route.

Le service de la cavalerie exige des dispositions particulières. On ne peut pas alourdir une division de cavalerie indépendante par de forts convois, et c'est à elle surtout qu'il appartient de vivre sur le pays. « La cavalerie légère », dit le général Curély, « ne « recevait presque jamais de pain. » « J'ai fait huit campagnes sous « l'Empire et toujours aux avant-postes », dit le général de Brack, « je n'ai pas aperçu pendant tout ce temps un seul commissaire des « guerres, je n'ai pas touché une seule ration des magasins de « l'armée. C'est que l'Empereur avait jugé qu'il était impossible « que cela fût, que vouloir soumettre à la régularité des distribu-« tions une troupe irrégulière dans tous ses mouvements était « folie, surtout à une époque si largement victorieuse, où nos « armées faisaient la guerre à pas de géant et où la cavalerie légère « posait à peine ses bivouacs, qu'il fallait qu'elle les quittât [1]. »

Pour mieux comprendre cette observation du général de Brack, il suffira de rappeler qu'en 1805 la cavalerie de Murat, poursuivant les corps autrichiens échappés à la capitulation d'Ulm, fit 45 lieues en 5 jours, qu'en 1806 cette même cavalerie, acharnée à la perte totale de l'armée prussienne, marcha du 7 octobre au 7 novembre, à raison de 42 kilomètres en moyenne par jour, en livrant 17 combats et que, dans cette poursuite, des escadrons de cavalerie légère (brigades Lasalle et Milhaud) firent jusqu'à 80 kilomètres en un jour. Aucun convoi n'eût été capable de suivre cette cavalerie, même à distance, et de la ravitailler. Mais il n'en était pas toujours ainsi et il est plus que probable, il est certain même, que dans les conditions normales la cavalerie recevait des distributions de fourrages; Marmont, prenant le commandement de l'armée de Portugal, écrivait le 11 mai 1811 au major général : « Votre Altesse apprendra avec étonnement qu'il n'a pas été fait « une seule distribution ni aux chevaux d'artillerie ni aux chevaux « de la cavalerie depuis qu'elle est en Espagne. Aussi la division « de dragons, composée de six régiments, est réduite à 800 chevaux « pour le service [2]. » Il est absolument indispensable que la cavalerie porte avec elle une certaine quantité d'avoine si l'on ne veut pas retomber dans les inconvénients signalés pour les guerres de l'Empire, où des corps entiers de cavalerie ont péri pour n'avoir pu nourrir leurs chevaux que de blé ou de seigle vert, non seulement

---

1. *Avant-postes de cavalerie légère*, p. 137.
2. *Mémoires de Marmont*, t. IV, p. 80.

en 1812, mais dans l'hiver de 1806 à 1807, sur la Narew, où l'on fut obligé de donner aux chevaux le chaume des toitures des maisons abandonnées. On a donc attaché aux divisions de cavalerie indépendantes, en sus des vivres du sac comprenant un jour de vivres et un demi-jour d'avoine, un convoi de réserve formé de la réunion des six trains régimentaires, portant un autre jour de vivres. Elles n'ont pas de convoi administratif, parce qu'elles manœuvrent en dehors des lignes de l'armée. Les brigades de cavalerie de corps d'armée sont servies par le convoi administratif du quartier général, dont, au besoin, on détache quelques voitures lorsque ces brigades doivent s'écarter à une certaine distance.

Le *service des subsistances à l'arrière* se rattache à l'ensemble des services de l'arrière que nous nous proposons d'examiner à propos de la marche générale des armées. Il a pour objet de tenir toujours au complet les approvisionnements de première ligne. A cet effet, des magasins sont installés, dès le temps de paix, près de certaines gares situées en deçà de la base d'opérations et désignées par la commission supérieure des chemins de fer. Ces magasins sont fixes et comportent des approvisionnements suffisants pour subvenir aux besoins de l'armée pendant quinze jours. Au delà de cette première ligne intérieure et là où doit cesser le service des chemins de fer, se trouvent les stations têtes d'étapes de guerre, qui reçoivent des stations-magasins le nécessaire pour ravitailler les convois. Étant mobiles, elles sont organisées pour contenir seulement l'approvisionnement d'un jour. Les têtes d'étapes de route touchant à la zone d'opérations de l'armée, ne reçoivent d'approvisionnements que lorsque les stations têtes d'étapes de guerre sont trop éloignées. Au besoin, on coupe la distance par des gîtes d'étape intermédiaires. Le service de ravitaillement de l'arrière, en dehors ou en avant des lignes de chemins de fer, se fait ordinairement par des convois auxiliaires.

Ce mécanisme, compliqué mais sagement réglé, est complètement indépendant du système de la nourriture par l'habitant ou à l'aide de réquisitions et achats faits sur place. Von der Goltz raconte dans la *Nation armée* qu'un général français fut fortement blâmé par les journaux pour y avoir eu recours en 1870. C'est qu'on se figure beaucoup trop dans le public qu'au milieu d'opérations aussi aléatoires que celles de la guerre, il est facile de faire arriver à point nommé les convois à portée des troupes en marche. Il y a cependant une foule de circonstances dans lesquelles les convois doivent de toute nécessité être laissés en arrière. Sans parler même de la cavalerie, il est des cas, nous l'avons déjà fait remarquer au chapitre II, où l'infanterie marchera exceptionnellement vite et longtemps, comme la division Masséna à Rivoli et à la Favorite, comme celle de Friant à Austerlitz, comme celle des grenadiers Oudinot à la suite de la cavalerie de Murat dans la campagne d'Ulm.

C'est dans des cas semblables que l'on reconnaîtra l'utilité des conserves qui forment la ration de viande dans les vivres du sac et des convois. Cette ressource n'existait pas autrefois, elle vient s'ajouter à beaucoup d'autres causes toutes modernes pour simplifier la question des subsistances. On cherche cependant à trouver encore mieux en imitant les fameuses saucisses aux pois de l'armée allemande, qui ont le double avantage de concentrer la ration de vivres dans le plus petit volume possible et de tenir lieu à la fois de pain et de viande. Mais jusqu'à présent nos soldats ont témoigné peu de goût pour ce genre de nourriture, dans les essais qui en ont été faits aux grandes manœuvres. On est devenu difficile depuis le temps où les soldats de l'armée du Rhin supportaient patiemment, au blocus de Mayence, les maux décrits par Gouvion-Saint-Cyr. On a également tenté de fabriquer, pour les chevaux, du biscuit-fourrage destiné à remplacer sous un petit volume l'avoine et le foin ; des expériences ont été faites à ce sujet en Allemagne, en Russie (pendant la guerre de 1877-1878), en Autriche et enfin en France, ou elles ont donné des résultats assez peu satisfaisants pour qu'on y ait renoncé.

Lorsque, d'une façon ou d'une autre, l'armée ou une partie de l'armée doit vivre sur le pays, les services administratifs s'effacent un peu ; c'est au commandement qu'il appartient surtout de délimiter les zones de cantonnement affectées à chacun des corps de troupe, et à ceux-ci de tirer de ces zones tout ce qu'ils peuvent en tirer. L'action d'un colonel prévoyant et soucieux de la discipline, autant que du bien-être de sa famille militaire, trouve dans des circonstances pareilles l'occasion de se manifester, et c'est alors que l'institution des officiers d'approvisionnement montrera toute son utilité. « Le 4 février au soir », raconte un témoin oculaire de l'internement de l'armée de l'Est en Suisse, « arrivaient à Lausanne deux colonnes de 1,500 hommes chacune. « L'une de ces troupes était fort belle et en bon état, accompagnée « d'ailleurs de tous ses officiers ; un de mes amis s'en approcha et « félicita les soldats de leur bonne tenue, après les souffrances « qu'ils avaient endurées. — Mais, Monsieur, répondirent-ils, « nous avons très peu souffert : du froid oui, non de la faim ; nous « avions un bon colonel qui s'inquiétait de nous et qui ne nous a « laissés manquer de rien[1]. » Ce colonel était le digne héritier des traditions de Curély qui, en Russie, trouva moyen de faire vivre dans une abondance relative le 20ᵉ régiment de chasseurs, autour duquel les autres corps manquaient absolument de tout.

Dans ces circonstances-là, l'intendance ne restera pas d'ailleurs inactive ; il lui sera généralement affecté des zones où elle s'occupera de chercher et de recueillir des approvisionnements. L'essentiel est, pour les uns comme pour les autres, de nourrir les troupes sans vexations inutiles, sans un gaspillage dont l'armée serait la première à souffrir. La cavalerie qui précède les corps d'armée ne doit prendre que ce qui lui est nécessaire et ne pas détruire des ressources qui feraient ensuite défaut à l'armée. En paix, a dit le général de Brack, gâcher est un tort ; en guerre, *c'est un crime*[2].

Une des difficultés du service des vivres consiste dans la fourniture du pain, dont cependant les troupes ne peuvent être privées longtemps. L'armée française a toujours passé autrefois pour manger du meilleur pain que les autres. Les paysans de la Champagne, au dire de Gœthe, quoique réduits à la disette par le passage et le séjour des armées, refusaient de manger le pain des troupes prussiennes, tant il leur paraissait noir et mauvais. Nous avons vu de quelle espèce de pain étaient nourris nos soldats au siège de Mayence, et déjà du temps du maréchal de Saxe on se plaignait des maladies engendrées par le mauvais pain. Bonaparte, en Italie, fit traduire au conseil de guerre le garde-magasin de Milan pour avoir fourni à la troupe du pain de mauvaise qualité, tandis qu'il

---

1. Freycinet, *la Guerre en province*, p. 344.
2. *Avant-postes de cavalerie légère*, p. 138.

vendait aux officiers du pain blanc; en Égypte, le même général donna les ordres les plus sévères pour prévenir le retour de ces abus. Les troupes enfermées dans Gênes avec Masséna mangèrent du pain de farine de lin, et les Parisiens parlent encore avec horreur du pain du siège de 1870-1871, bien supérieur pourtant à celui de Mayence et de Gênes.

Autrefois, la difficulté de se procurer du pain était double, il fallait des moulins et des fours. Quand on ne trouvait pas de fours et que l'on n'avait pas le temps d'en construire, on s'en passait et le soldat mangeait, au lieu de pain, de la bouillie qu'il faisait lui-même avec sa farine, mais, comme on ne trouvait que du blé, il fallait préalablement le moudre. L'idée des moulins portatifs était naturellement venue à l'esprit des administrateurs et des généraux. Frédéric II avait fait fabriquer des moulins à bras pour chaque compagnie, les soldats employés à les faire marcher portaient la farine au dépôt des vivres et recevaient en échange la quantité de pain correspondante. Morand et Marmont parlent longuement dans leurs ouvrages de ces moulins portatifs. Aujourd'hui, avec les chemins de fer, on ne manquera jamais de farines et la panification s'opérera dans les boulangeries mobiles qui suivent les armées. Frédéric II faisait marcher avec lui un nombre considérable de fours, de manière à faire cuire du pain à tous les séjours. Dans l'organisation actuelle, chaque corps d'armée possède normalement une de ces boulangeries, mais le général en chef en dispose à son gré; elles sont généralement placées près des têtes d'étapes de route; chacune d'elles comprend 18 fours roulants et un total de 27 voitures avec un cadre de conduite pour 140 voitures de réquisition; chaque four est à deux âtres superposés et peut cuire par jour de 2,000 à 2,200 rations. Le pain qui en sort est très bien cuit. C'est encore un progrès notable accompli dans le service des subsistances.

Le service de l'habillement et du campement est important dans une guerre de longue durée : les effets d'habillement et surtout la chaussure sont promptement usés dans les marches, et l'on doit se préoccuper de les remplacer. Déjà sous l'ancien régime les corps de troupe emportaient en campagne des effets et des chaussures de rechange. D'après le règlement de 1777, sur le service en campagne, chaque régiment disposait, pour le transport de ces effets, d'un chariot à quatre chevaux. Quant aux armées de la République, la correspondance de l'armée d'Italie, avant l'arrivée de Bonaparte, est pleine de demandes et de plaintes au sujet de l'habillement et de la chaussure des troupes. Dans la lettre dont nous avons déjà cité des extraits, le commissaire du Directoire, Ritter, écrivait le 28 décembre 1795 : « Nous ne manquons pas « d'habits ; à force de crier et d'écrire, je suis parvenu à faire dis- « tribuer à nos frères d'armes la moitié à peu près des culottes et « des vestes qui leur sont nécessaires. Quant aux souliers et aux « chemises, je suis obligé d'avoir recours aux Génois, avec lesquels « j'ai fait passer un marché de 30,000 paires de souliers, que je « paierai comme je pourrai. » Mais les soldats qui n'étaient pas payés vendaient les souliers neufs qu'on leur distribuait et gardaient aux pieds les vieux souliers usés. Il fallut exiger le versement des vieux souliers en échange des neufs.

Au mois de novembre 1795, Schérer, général en chef de l'armée d'Italie, attendait des souliers pour se mettre en marche : on lui en avait promis un envoi qui n'arrivait pas. « Mon ami », écrivait-il au général Gautier qui commandait à Nice, « en fait de service « aussi instant que l'est celui des souliers pour une armée qui « n'attend plus que cela pour décider, les armes à la main, des « intérêts de la patrie et de l'Europe, on ne donne pas pour cer- « tain ce qui n'est qu'en l'air » ; et dix jours après il écrivait encore au même : « Ni les 5,000 paires de souliers ni les 2,000 ne « sont arrivées ; les généraux sont désespérés et veulent donner « leur démission... »

On ferait un volume en extrayant de la correspondance de Napoléon tout ce qui est relatif à la chaussure des troupes et à leur habillement. Dès le 1ᵉʳ avril 1796, il écrit de Nice à l'ordonnateur Sucy : « Le citoyen Flesque m'a promis 20,000 paires de souliers « qui seront payées à Paris. Je ferai partir demain 5,000 paires « d'ici, 12,000 paires par terre de Marseille... Pressez le départ « des souliers que vous avez achetés » ; et par un ordre du 9 septembre 1797, il prescrit de fournir à chaque division active deux voitures pour son magasin d'habillement. Dans les préparatifs de l'expédition d'Angleterre, il ordonne, le 14 juin 1803, de confectionner et de réunir 80,000 capotes et 120,000 paires de souliers

Au moment où va commencer la guerre contre l'Autriche, il met, le 28 août 1805, 1,200,000 fr. à la disposition du ministre Dejean, pour achat de capotes et de souliers. Le 16 septembre, il écrit au prince Eugène de faire confectionner 500,000 paires de souliers à Milan et de les envoyer à l'armée, mais, ajoute-t-il, « ce sont des « souliers qu'il faut et non des cartons, comme il est d'usage en « Italie... A la guerre, » observe-t-il dans la même lettre, « c'est de « souliers qu'on manque toujours... » Au commencement de la campagne de Pologne, le 14 novembre 1806, il ordonne de passer des marchés à Berlin, Magdebourg, Stettin, Francfort-sur-l'Oder, Custrin, Leipsick, Dresde, Glogau, Posen, Varsovie pour 325,000 paires de souliers, et il fait en outre acheter du cuir à Hambourg pour 200,000 autres paires. Au moment de commencer la guerre d'Espagne, il fait réunir à Bayonne un grand approvisionnement de souliers pour qu'il en soit donné une paire à chaque homme à son passage, et il charge Murat de veiller lui-même à cette distribution. Lors de l'envoi des troupes de la Grande-Armée en Espagne, à la fin de 1808, l'Empereur prescrit de faire donner tous les souliers que l'on peut avoir au 1er et au 6e corps, à leur passage à Mayence, à raison de 1,000 paires par régiment ; 1,000 autres paires doivent être données, lors du passage à Bayonne, au même titre. Tous les dépôts doivent diriger les effets sur Metz, Orléans et Bordeaux, pour les délivrer au passage ; de grands magasins installés à Bayonne doivent contenir 30,000 capotes, 40,000 chemises, 70,000 paires de souliers, 10,000 shakos, 10,000 paires de guêtres. Outre ces souliers fournis par les corps, 100,000 autres paires doivent être fournies par l'administration générale à Bayonne, au mois de novembre, et 100,000 au mois de décembre. Moyennant ces envois, Napoléon compte assurer 5 paires de souliers par homme, indépendamment des 2 paires portées sur le sac et de la paire portée aux pieds : « moyennant quoi », dit-il, « ils « seront pourvus pour tout l'hiver. »

Une des plus grandes difficultés que rencontra l'administration française au début de la guerre d'Italie, en 1859, fut la formation d'un approvisionnement de souliers suffisant. Dès le mois d'avril et en prévision de la guerre, un premier marché avait été passé pour 500,000 paires ; un second marché, passé en Belgique, dut fournir 300,000 autres paires. Ces marchés ne purent être exécutés non plus que deux autres, relatifs à la livraison de 600,000 chemises en coton écru...; il fallut s'adresser individuellement à tous les fabricants de France et traiter de gré à gré, contrairement aux règlements sur la comptabilité.

Sous le rapport de l'habillement et de la chaussure, nos armées seront dans d'excellentes conditions, puisqu'à la mobilisation elles recevront des effets neufs. Si l'on doit marcher dès le début, il faudra veiller à ce que les hommes ne fassent pas immédiatement de longues étapes avec des souliers neufs. C'était un soin dont se préoccupaient beaucoup autrefois les capitaines d'infanterie et les généraux, et nous nous rappelons avoir vu, en 1854, quand nous traversâmes la Turquie de Gallipoli à Varna, un régiment d'infanterie mis dans un état déplorable, pour avoir reçu une distribution de souliers la veille du départ. Au bout de cinq à six étapes, plus des deux tiers du régiment restaient en arrière... Dans la guerre de 1870-1871, les Allemands, au dire de von der Goltz, éprouvèrent de grands mécomptes pour la chaussure. On n'avait pas prévu une campagne aussi longue et aussi pénible que celle à laquelle la retraite de Chanzy obligea l'armée allemande, et l'on n'avait pas emporté d'approvisionnements de chaussures. Cet oubli volontaire faillit avoir, dit l'auteur allemand, les conséquences les plus fâcheuses. « En décembre 1870, on vit quelques soldats allemands, « pendant cet hiver si froid, sur les chemins boueux, marcher nu-« pieds, beaucoup en sabots et en pantalons de treillis. Dans le « corps du grand-duc de Mecklembourg, il y avait, dans un grand « nombre de compagnies, dont l'effectif était pourtant faible, qua-« rante hommes et plus sans chaussures, après les marches fati-« gantes faites depuis le milieu de novembre. » Et le chef d'état-major de l'armée de Frédéric-Charles rendant compte, au grand quartier général, du mauvais état de la chaussure, ajoutait : « Beaucoup d'effets d'équipement des corps, du 10ᵉ par exemple, « sont entassés à Lagny, sans qu'il ait été possible, jusqu'ici, de « les faire amener[1]. »

Il est donc nécessaire de faire suivre les troupes d'une réserve

---

1. Derrécagaix, *la Guerre moderne*, t. II, p. 468; *la Nation armée*, p. 411.

d'effets; on a, en conséquence, ajouté à chaque train régimentaire un fourgon contenant quelques effets, dont 150 paires de chaussures, et au convoi administratif du quartier général du corps d'armée, 8 voitures contenant ensemble, entre autres effets, 1,620 paires de chaussures. De grands approvisionnements sont réunis aux stations-magasins, non seulement pour subvenir aux remplacements, mais en prévision de circonstances où il deviendrait nécessaire, pour prévenir les maladies ou pour arrêter les épidémies, de distribuer des effets supplémentaires de diverse nature. Une sage prévoyance peut épargner au soldat de nombreuses causes de maladie. Les prescriptions hygiéniques dictées par plusieurs généraux au moment d'entrer en campagne, sont une bonne chose quand elles sont exécutées, ce qui dépend beaucoup des officiers. On peut citer, comme exemples, les ordres du jour du général Montauban, débarquant en Chine, au printemps de 1860, de sir Wolseley, au début de la campagne contre les Ashantis, en 1873[1]; mais de bonnes chaussures et des ceintures ou gilets de flanelle font encore mieux.

Il nous reste à dire deux mots des dépôts de remonte mobiles. Napoléon s'est toujours beaucoup préoccupé des moyens d'entretenir les effectifs en chevaux de ses régiments de cavalerie, qu'il ne ménageait pas et auxquels il demandait, surtout à ceux de cavalerie légère, tout ce qu'ils pouvaient donner, et malgré les prises faites sur l'ennemi, il y éprouvait de grandes difficultés : « J'ai « grand besoin de chevaux; dites que tous ceux qu'on pourra me « fournir, je les paierai..., j'en prendrai autant qu'on m'en four-« nira de bons », écrivait-il, en 1805, à son ministre en Bavière[2]. Toute sa correspondance est pleine d'instructions pour l'établissement de dépôts, où les chevaux malades allaient se refaire et où les cavaliers démontés étaient envoyés pour se remonter. Pour l'armée d'Allemagne, ces dépôts étaient sur le territoire ennemi. On peut lire, dans l'*Histoire du Consulat et de l'Empire* de Thiers, les soins pris, après Iéna, pour l'installation à Spandau d'un grand dépôt de cavalerie, sous le commandement du général Bourcier.

---

1. Canonge, *Histoire militaire contemporaine*, t. I, p. 192.
2. *Études sur la cavalerie* du colonel Lichtenstein, déjà citées.

Pendant l'hiver de 1806-1807, d'autres dépôts plus rapprochés de l'armée furent créés à Breslau, Culm, etc. Pour la campagne de 1809, le dépôt fut installé à Braunau. Pour l'armée d'Espagne, les dépôts étaient en France, près de la frontière : « L'Empereur », écrivait le major général à Marmont, « vous ordonne d'envoyer à « Bayonne les hommes à pied, soit de la cavalerie, ou du train « d'artillerie ou des équipages militaires ; l'Empereur a formé dans « les départements du midi de la France, des dépôts où il y a des « chevaux, des équipements et tout ce qui est nécessaire pour re- « monter promptement ces hommes[1]. »

« Pendant la guerre de 1870, on établit aux étapes de l'armée « allemande », dit von der Goltz, « de grands dépôts pour les che- « vaux malades ; des bêtes, en grand nombre, y furent guéries et « rendues au service, qui, sans cela, eussent été perdues. »

En France, la nouvelle organisation des armées en campagne comporte, pour chaque corps d'armée, un dépôt de remonte mobile qui compte normalement 100 chevaux. En outre, il est établi, lorsqu'il en est besoin, un dépôt de chevaux malades de campagne.

Enfin, nous aurons terminé tout ce que nous avons d'essentiel à exposer à propos de l'administration des armées en campagne, quand nous aurons dit qu'auprès du généralissime commandant plusieurs armées réunies, se trouve un intendant général, portant le titre d'inspecteur général des services administratifs, dont le rôle n'est pas très bien déterminé par les règlements mais qui, d'après l'article 11 du décret de 1883, doit exercer la direction du service de l'intendance des armées ; cette direction n'implique ni délégation de fonds ni opérations administratives et devra se borner sans doute à une impulsion d'ensemble. Nous avons dit, au chapitre précédent, à propos de l'organisation des armées, ce que nous pensons de ces inspections générales.

SERVICE DE SANTÉ.

Jusqu'à ce qu'ils aient enfin réussi, après la dernière guerre, à conquérir leur autonomie, les médecins militaires n'ont cessé de

---

[1]. *Mémoires de Marmont*, t. IV, p. 104.

protester contre la subordination du service de santé à l'administration et contre l'autorité exercée sur eux par les fonctionnaires de l'intendance. Ils auraient pu, pour appuyer leurs prétentions, se targuer d'une noble origine, car ils ne sont rien moins que les successeurs des hospitaliers de Saint-Jean de Jérusalem, devenus plus tard les chevaliers de Rhodes et de Malte. Les souffrances endurées par les armées des premières croisades avaient donné naissance à cet ordre dont les membres, à la fois soldats, médecins et infirmiers, avaient pour double mission de protéger les pèlerins et de soigner les malades et les blessés. Mais la gloire du combattant l'emporta peu à peu sur l'honneur plus modeste du médecin, et les Hospitaliers furent détournés de leur destination primitive. Il faut alors descendre jusqu'à Henri IV pour trouver la première organisation des hôpitaux et ambulances militaires, à laquelle ce roi et son ministre Sully donnèrent les plus grands soins. Ils établirent même, à Paris, rue de l'Ourcine, une maison de refuge pour les vieux soldats infirmes, qui ne leur survécut pas, mais qui inspira certainement à Louis XIV et à Louvois l'idée de l'hôtel des Invalides. Richelieu créa les médecins de régiment. Enfin, Louvois, dont le nom est attaché à tant de réformes militaires, développa le service sanitaire et institua le conseil de santé des armées en désignant, chaque année, les médecins et les chirurgiens réputés les meilleurs, pour inspecter les hôpitaux et les ambulances, mais il ne put supprimer le vice essentiel de l'organisation, le système de l'entreprise. Les établissements hospitaliers appartenaient à des entrepreneurs qui, traitant les soldats à la journée, n'avaient aucun intérêt à les bien soigner ni moins encore à les voir se guérir. Les mémoires et les correspondances du temps donnent les détails les plus navrants sur la situation des hôpitaux d'alors: au moment de la prise de Mayence, en 1689, un intendant, chargé de visiter les troupes du maréchal de Duras, pour juger de leur état, écrivait à M. de Louvois, le 2 septembre, avoir vu, à l'hôpital de Strasbourg, la plupart des malades à trois dans un même lit, c'est-à-dire par terre sans matelas, sur une paillasse... Et le 29 octobre suivant, le maréchal de Lorge écrivait au ministre : « Les soldats ne sont couchés que sur « la paille, trois dans le même lit ; les chirurgiens sont des igno-

« rants, fort paresseux à soigner les malades, et à la moindre
« chose qu'ils ont, ils coupent bras et jambes sans nécessité. Il
« y a un capitaine qui doit visiter tous les jours les hôpitaux. Ce-
« pendant, l'abus est que le capitaine, crainte de prendre la maladie,
« ne visite pas les malades ; je crois que le commissaire ne va pas
« plus avant que le capitaine [1]. » Le service médical était pourtant
fait dans ces maisons par les médecins des régiments ou par des
médecins civils. C'est seulement, paraît-il, à partir de 1708 qu'il
y eut des médecins militaires spécialement affectés aux hôpitaux.
Ils furent placés, de la façon la plus absolue, sous l'autorité des
commissaires des guerres. D'ailleurs, sous l'ancien régime, la position de médecin et de chirurgien militaire, peu brillante au point
de vue pécuniaire (un chirurgien de régiment avait dix sous de
solde par jour [2]), était des plus précaires. Les colonels de régiment
les faisaient destituer aussi facilement que nommer. En leur refusant le droit à la croix de Saint-Louis, le Gouvernement leur déniait
l'état d'officier. Et cependant, la chirurgie militaire compta, dès
cette époque, dans ses rangs, les hommes les plus distingués, tels
que Louis, chirurgien en chef des armées du Roi, inspecteur général des hôpitaux militaires du royaume, secrétaire perpétuel de
l'Académie royale de chirurgie, membre de toutes les sociétés
savantes du temps, né à Metz en 1723, élève et protégé des célèbres
La Peyronie et Lamartinière, mort à Paris en 1792 [3].

L'ordonnance du 20 juillet 1788 avait réglé tous les détails du
service des ambulances et des hôpitaux dans les armées actives.
Les ambulances étaient désignées sous le nom d'hôpitaux ambulants et pourvues de chariots à quatre roues pour le transport des
malades et blessés ; les hôpitaux ambulants pouvaient être partagés
entre les diverses divisions de l'armée.

La Révolution valut enfin aux chirurgiens des armées et aux
médecins militaires la qualité d'officier et bientôt même l'assimilation des grades. C'est alors que fut consacré définitivement le
partage en trois branches du corps de santé militaire : médecine,
chirurgie et pharmacie. C'est alors que s'illustrèrent, par les ser-

---

1. Camille Rousset, *Histoire de Louvois*, p. 238.
2. Dussieux, *l'Armée en France*, t. II, p. 333.
3. Bégin. *Biographie de la Moselle*. t. II. p. 554.

vices rendus sur les champs de bataille et aux armées, plusieurs médecins et chirurgiens militaires. Il nous suffira de citer Percy, Larrey, Desgenettes ; Percy, qui fut le chirurgien en chef des armées de Sambre-et-Meuse sous Jourdan, du Rhin sous Moreau, qui institua le corps des chirurgiens mobiles chargés d'opérer sur les champs de bataille et dont Lecourbe a parlé ainsi : « Nous « devons tous un tribut d'éloges au corps mobile des chirurgiens, à « cette institution créée par le citoyen Percy, le père et le soutien « de la chirurgie militaire. Les officiers de ce corps ont porté des « secours, même sur le champ de bataille ; le soldat les vénère et « se console lorsqu'il est blessé, parce que les premiers secours lui « sont donnés avec une rapidité surprenante » ; Larrey, qui fut le chirurgien en chef de l'armée d'Égypte, où il institua les cacolets et le transport des blessés à dos de mulet, et celui de la Grande-Armée, depuis Austerlitz jusqu'à Waterloo, où il fut blessé et fait prisonnier, Larrey, surnommé la Providence des soldats, cité par un de ses biographes comme l'expression la plus haute et la plus complète de la chirurgie militaire, qui opérait sur le champ de bataille avec autant de sang-froid et de sûreté de main que dans une salle d'hôpital, et qui, aussi intègre administrateur qu'habile chirurgien, a mérité d'être cité par Napoléon dans son *Testament de Sainte-Hélène* comme le plus honnête homme qu'il ait connu ; Desgenettes, le médecin en chef de la Grande-Armée, qui passe pour avoir fait, au général Bonaparte, lui demandant de donner de l'opium aux malades abandonnés dans l'hôpital de Jaffa, cette réponse célèbre : « Mon devoir est de guérir et non de tuer [1] », et qui, pour dissiper les craintes de l'armée, ne craignit pas de piquer d'une lancette le bubon d'un pestiféré, pour se piquer ensuite lui-même [2], Desgenettes qui, fait prisonnier en Russie, fut immédiatement relâché par l'empereur Alexandre, à la seule audition de son nom...

La tâche dévolue à ces hommes célèbres et au dévouement de leurs subordonnés fut difficile au milieu des campagnes si rapides et si meurtrières de l'Empire, et malgré la part prise à leurs efforts

---

1. Thiers, *Histoire du Consulat et de l'Empire*, t. IX, livre XXXIII.
2. Desgenettes, *Histoire médicale de l'armée d'Orient*, cité par M. le marquis de Colbert (*Traditions et Souvenirs*, t. I, p. 391).

par les administrateurs dont ils dépendaient, l'honneur principal leur en est resté. Napoléon lui-même, dans mainte occasion, a rendu pleine justice au corps médical par des témoignages flatteurs et des récompenses. Des croix de chevalier, d'officier et même de commandeur furent données à des médecins ; Larrey, Percy et Desgenettes furent nommés barons de l'Empire.

Le corps de santé tout entier a été récompensé par ces paroles du général Foy : « La patrie doit une reconnaissance sans bornes « aux services modestes des officiers de santé. » Mais en pénétrant dans les détails, on voit encore, malgré la vigilance de Napoléon et les soins des hommes illustres que nous venons de citer, plus d'un fait désolant : pendant la campagne d'Égypte, alors que la peste sévissait dans Alexandrie, un chirurgien, chargé des blessés, refusa de donner des soins à des blessés qui avaient été en contact avec des malades supposés atteints de la maladie contagieuse : il fut condamné à être promené sur un âne dans les rues d'Alexandrie, habillé en femme avec un écriteau sur le dos, portant : « Indigne d'être citoyen français, il a peur de mourir », après quoi il fut mis en prison et renvoyé en France[1]. En 1808, au siège de Saragosse, le général Harispe, chargé de visiter les hôpitaux, trouva à Alagon un hôpital infect, où il n'y avait que du linge pourri, sans vivres ni médicaments. Les administrateurs coupables de négligence furent sévèrement punis[2]. Le général Curély raconte, dans l'itinéraire de ses campagnes, qu'une épidémie sévissant en 1811 à l'armée de Catalogne, il se garda bien d'envoyer les malades de son régiment à l'hôpital où ils auraient été entassés sur la paille. Lorsque, dans la retraite de Russie, la Grande-Armée retrouva à l'hôpital de Kolotskoi les blessés de la Moskowa, les moyens d'évacuation manquèrent pour emmener ceux qui étaient transportables. On connaît le triste état de ces malheureux, que Napoléon fit placer sur les voitures des cantiniers et qui, pour la plupart, furent abandonnés dans les fossés qui bordaient la route[3].

Napoléon était d'ailleurs d'avis que les médecins des corps de troupe devaient être chargés de soigner, dans les hôpitaux militai-

---

1. *Correspondance militaire de Napoléon I*[er]*,* t. II.
2. Thiers, *Histoire du Consulat et de l'Empire,* t. IX, p. 564.
3. De Ségur, *Histoire de la Grande-Armée en Russie.*

res, les soldats appartenant à leurs corps respectifs. « Que vaut « donc un médecin en chef par corps d'armée? » écrivait-il le 21 décembre 1806 : « c'est un privilège donné pour ne rien faire. »

Le gouvernement de la Restauration traita moins bien les médecins militaires que ne l'avait fait Napoléon, et leur refusa de nouveau la qualité d'officiers, en les déclarant inaptes à recevoir la croix de Saint-Louis. La loi du 19 mai 1834 répara définitivement cette injustice en classant les médecins, les chirurgiens et les pharmaciens parmi les militaires à qui elle conférait les droits inhérents à la situation d'officier, mais ils restèrent subordonnés à l'intendance militaire, même pour l'avancement et les récompenses.

Leurs réclamations incessantes et souvent passionnées commençaient cependant à frapper l'opinion publique, et au lendemain de la Révolution de 1848, un décret du Gouvernement provisoire, en date du 3 mai, leur rendit, ou plutôt leur donna pour un instant, l'indépendance complète. Mais ce décret fut abrogé un an après. Une haute commission, composée de généraux, de fonctionnaires de l'intendance et de médecins, fut chargée, sous la présidence du maréchal Vaillant, d'étudier la question. Les médecins y furent battus. « Le principe d'autorité prévalut et le décret du 23 mars « 1852 », au dire d'un intendant militaire renommé, « trancha *en* « *faveur des saines doctrines*, de graves et délicates questions, « longtemps et tristement controversées [1]. » C'est sous l'empire de ce décret, modifié dans quelques détails, que le service de santé a fonctionné jusqu'en 1870. Il mérite donc d'être résumé en quelques mots, pour permettre de mieux apprécier la transformation complète, récemment opérée.

Aux termes de ce décret, le corps de santé était partagé en deux branches: la médecine, à laquelle était rattachée la chirurgie, et la pharmacie; la hiérarchie était assimilée, grade par grade, à celle des officiers de l'armée, depuis le médecin ou pharmacien inspecteur, assimilé au général de brigade, jusqu'à l'aide-major de 2ᵉ classe, ayant rang de sous-lieutenant. Jusqu'en 1850, le recrutement avait été assuré par des élèves admis dans les hôpitaux

---

1. Vauchelle, *Cours d'administration*, t. I, p. 87.

d'instruction de Metz, Lille et Strasbourg, établis à l'instar des amphithéâtres qui existaient avant 1789 dans les mêmes hôpitaux, où ils restaient deux ans et d'où ils sortaient pour venir, après concours, passer un an à l'hôpital de perfectionnement du Val-de-Grâce et être enfin, à la suite d'un nouveau concours, nommés aides-majors. Les écoles de Metz, Lille et Strasbourg furent supprimées en 1850 et l'on dut, en vertu du décret de 1852, ne recruter le corps de santé que parmi les docteurs en médecine et les maîtres en pharmacie, admis, à la suite d'un concours, à faire un stage d'un an à l'école du Val-de-Grâce. L'expérience démontra bientôt qu'il était absurde de penser que des jeunes gens, pourvus du diplôme, viendraient se remettre sur les bancs d'une école en nombre suffisant pour recruter le corps médical, et l'on fut obligé, en 1864, de rétablir l'école de Strasbourg, où les étudiants venaient passer quatre ans avant d'être admis au Val-de-Grâce. Le corps de santé avait ainsi un double recrutement.

Le décret de 1852 consacrait d'ailleurs, comme nous venons de le dire, la subordination complète des médecins et pharmaciens des hôpitaux à l'intendance militaire. Ceux des corps de troupe ne dépendaient que du commandement, mais ils ne prononçaient pas directement l'admission des militaires malades dans les hôpitaux ; ce qu'on appelait le billet d'hôpital n'était rendu valable que par le visa du sous-intendant militaire. Les médecins des régiments soignaient, à l'infirmerie du corps, les hommes atteints de maladies légères ; aucun personnel n'était désigné par les règlements pour les y aider, ils n'avaient même pas le droit de modifier la nourriture des malades, astreints à vivre de l'ordinaire.

Chaque hôpital était sous la police spéciale d'un sous-intendant militaire, ayant sous ses ordres les officiers de santé, les officiers d'administration et les infirmiers. L'intendant militaire d'une division avait la police supérieure de tous les hôpitaux établis dans sa division ; il devait visiter au moins une fois l'an tous les hôpitaux situés dans l'étendue de la division, parcourir alors toutes les salles pour s'assurer des soins donnés aux malades ; ses investigations devaient s'étendre sur la manière de servir de chacun des officiers de santé ou d'administration, afin de leur donner des notes et d'établir des mémoires de proposition pour l'avancement et la décoration. Les officiers d'administration comptables et les pharmaciens ne dépendaient que de l'intendance. Les infirmiers dépendaient de l'officier d'administration, qui réglait leur service[1]. Il est impossible d'imaginer pour les médecins une subordination plus absolue et une position plus subalterne.

Le cadre du corps de santé comprenait 1,147 médecins et 159 pharmaciens, dont 7 médecins et 1 pharmacien inspecteurs. Depuis le décret de 1852, le service de santé aux armées était assuré à l'aide d'*ambulances,* d'*hôpitaux temporaires* et de *dépôts de convalescents*. On distinguait deux sortes d'ambulances : celles d'infanterie et celles de cavalerie ; les premières étaient plus fortes que les autres en personnel et en matériel. Chaque division avait une ambulance de son arme, chaque quartier général de corps d'armée avait une ambulance de cavalerie pour le service du quartier général, plus une réserve en personnel d'officiers de santé, correspondant à deux ambulances, une de cavalerie et une d'infanterie, enfin le quartier général d'une armée recevait le personnel de six ambulances, plus une très forte réserve. La direction supérieure du service était confiée à une sorte de conseil composé du médecin en chef et du pharmacien en chef, sous la présidence de l'intendant général. Les ordres donnés par les deux chefs du service de santé, même pour les détails techniques, n'avaient de valeur qu'après avoir reçu l'approbation de l'intendant général. Un officier d'administration dirigeait, pour toute l'armée, le matériel des ambulances et le service des infirmiers.

En cas de combat, chaque ambulance se partageait en *ambulance volante,* dirigée sur les points où l'action prenait le plus de vivacité, pour y porter les premiers secours, et en *dépôt d'ambulance,* sur lequel tous les blessés étaient dirigés ou transportés pour y être pansés immédiatement. L'emplacement des ambulances était déterminé par le chef d'état-major général. L'enlèvement des blessés était confié au train des équipages pourvu, à cet effet, depuis 1854, de caissons légers. L'intendant général avait la direction supérieure de toutes les ambulances. Quant aux médecins des corps de troupe, ils étaient chargés des premiers secours à donner aux blessés dans

---

1. Vauchelle, *Cours d'administration,* t. II, livre IV.

la chaleur de l'action, à l'aide des cantines d'ambulance régimentaire.

Les hôpitaux temporaires étaient disposés sur plusieurs lignes perpendiculaires à la base d'opérations, pour recevoir les militaires évacués des ambulances ; ils étaient calculés sur la proportion de un malade pour 10 hommes comptant à l'effectif de l'armée. On adoptait autant que possible le système d'hôpitaux nombreux recevant peu de malades. Il y a longtemps que les militaires expérimentés préconisaient ce système. On lit à ce sujet, dans les *Mémoires* de Marmont, des observations fort intéressantes : « A l'armée, » dit-il, « les grands accidents sanitaires sont presque toujours le « résultat de la disproportion des moyens de traitement avec le « nombre des malades. La première condition est donc de propor- « tionner le nombre des lits des hôpitaux au nombre présumé des « malades et de placer les établissements à portée des troupes pour « éviter les évacuations..., les maladies légères étant généralement « guéries par des secours prompts, je fis établir de petits hôpitaux « à une distance des corps telle qu'en un jour les malades pou- « vaient y arriver. Cette disposition prévint tout encombrement [1]. » Nous devons dire cependant, qu'en général, les médecins militaires ne sont pas partisans des petits hôpitaux : ils disent que cela rend la surveillance plus difficile et la journée d'hôpital plus chère. Mais, d'un autre côté, les grandes agglomérations de malades engendrent les épidémies et surtout le typhus. En 1813, à Mayence, il mourut 300 hommes en un seul jour dans un seul hôpital et l'épidémie s'étendit à la population civile. « Nous avons un grand « nombre de malades », écrivait Marmont à l'Empereur, le 19 novembre, « dont le nombre augmente avec une rapidité inouïe. « Les habitants éprouvent des maladies encore plus générales et « plus graves que les soldats. Jusqu'ici la mortalité n'est pas très « forte dans les troupes ; elle est extraordinaire chez les habitants, « et cela à Mayence et sur toute la ligne [2]. » Quant aux dépôts de convalescents, dont le nom seul indique la destination et dont Napoléon fit un si grand usage dans toutes ses guerres, ils étaient

---

1. *Mémoires*, t. IV, p. 3.
2. *Mémoires*, t. VI, p. 82.

généralement établis dans des casernes ou de grands locaux à proximité des frontières ou en arrière des cantonnements, dans les pays occupés. C'est ainsi qu'en 1805, des dépôts de convalescents furent établis, pour l'armée des côtes de l'Océan, à Boulogne, à Ostende et à Montreuil ; en 1806, à Strasbourg et à Mayence, pour la Grande-Armée.

La lente conquête des trois provinces de l'Algérie et les expéditions incessantes auxquelles cette conquête donna lieu furent pour le corps de santé l'occasion d'acquérir des droits incontestables à l'autonomie qu'il avait réclamée avec tant d'insistance. Dans ces expéditions, les engagements meurtriers peuplaient souvent moins les ambulances et les hôpitaux militaires que ne le faisaient la fièvre, la dysenterie et toutes les maladies causées par l'intempérie des saisons. L'armée ne pouvait y laisser derrière elle ni malades ni blessés, et, faute de routes carrossables, il fallait transporter les uns et les autres à dos de mulet. De là d'interminables convois et des difficultés de toutes sortes que les médecins militaires surmontèrent à force de zèle et de dévouement. Le séjour en Algérie fut pendant de longues années le stage obligatoire des médecins sortant de l'école du Val-de-Grâce. La guerre de Crimée ne fit qu'accroître l'antagonisme entre les médecins et les fonctionnaires de l'intendance. Dans cette guerre qui, pour son absence de préparation, peut être citée à tous les points de vue comme un type d'imprévoyance, les approvisionnements du service de santé firent défaut au début comme tout le reste, et la première épidémie de choléra prit l'administration complètement au dépourvu. Les médecins ne se privèrent pas de récriminer contre ceux qui, en les tenant sous leur tutelle, assumaient une grave responsabilité. A la fin de la guerre le typhus fit encore plus de victimes que le choléra n'avait enlevé de monde au commencement ; les médecins eurent alors avec l'intendance une foule de conflits, dans lesquels l'opinion de l'armée, prédisposée en leur faveur, donna tort aux intendants. Le nombre des médecins militaires victimes de cette épidémie dépassa toutes proportions et leur dévouement qui ne se démentit pas les entoura d'une auréole de popularité, tandis que des plaintes injustes ou tout au moins exagérées éclataient contre l'intendance. La guerre d'Italie, où rien n'aurait dû manquer, mais où trop de choses manquèrent faute de moyens de transport, accentua encore cette disposition d'esprit.

Lorsque la guerre éclata, en 1870, un grand fait s'était produit à propos des militaires blessés. Déjà, à l'armée du Rhin, en 1796, le chirurgien en chef Percy, devançant son temps de 60 années, avait obtenu de Moreau qu'il fît au général en chef de l'armée autrichienne la proposition de neutraliser les blessés et le personnel chargé de les soigner. Cette proposition fut repoussée, et depuis lors il ne fut plus question de rien de semblable jusqu'à ce qu'intervînt la convention signée à Genève, le 22 août 1864, entre toutes les puissances. Tout le monde connaît cette convention, aux termes de laquelle les ambulances et hôpitaux militaires sont neutralisés, sous la condition de ne pas être gardés par une force militaire; le personnel de santé participe au bénéfice de cette neutralité et peut continuer ses fonctions ou être reconduit aux avant-postes; le matériel des ambulances doit être rendu, les blessés, après guérison, le sont également, sous la condition de s'engager à ne pas reprendre les armes dans le cours de la guerre. Tout le monde également connaît le signe distinctif des établissements du matériel et du personnel admis à profiter de la neutralité : une croix de Malte rouge sur un drapeau ou un brassard fond blanc; le drapeau national doit toujours accompagner le drapeau de neutralité.

Pendant la guerre de 1870, la convention de Genève a été généralement respectée par les deux partis. Toutefois, les Allemands se sont refusés à restituer le matériel des ambulances, et les médecins eux-mêmes n'ont été rendus à la liberté qu'après de longs pourparlers; dans les environs de Dijon, des médecins ont été massacrés auprès de leurs malades ainsi que les infirmiers [1].

C'est pendant la guerre de 1870-1871 que le corps des médecins militaires a reçu une première satisfaction. La direction générale du service médical fut alors confiée au docteur Robin, membre de l'Institut et savant bien connu; l'intendance conserva le contrôle général. Le personnel du corps de santé avait presque disparu avec l'armée de 1re ligne ou était enfermé dans Paris; le service des hôpitaux fut assuré par des médecins civils, 368 médecins et

---

1. Freycinet, *la Guerre en province*, p. 45.

pharmaciens furent commissionnés pour marcher avec les corps d'armée. Il restait à peine en dehors de Paris le matériel d'une ambulance. En peu de temps, on parvint à approvisionner tous les corps d'armée dans les conditions réglementaires et à avoir une réserve disponible pour six autres corps. Les souscriptions et les subventions permirent d'organiser 105,000 lits en sus des hôpitaux ordinaires... On voit que, dans cette malheureuse guerre de 1870, le service de santé et l'intendance, qui en dirigeait la partie matérielle, ont déployé autant d'efforts et obtenu autant de résultats que les autres services. Le temps est venu où l'on commence à rendre justice aux véritables prodiges qui furent alors accomplis. Lorsque les petites passions qui, au premier moment, ont inspiré bien des critiques ou des dédains auront complètement disparu, l'histoire sera encore plus juste pour les hommes qui, après la destruction presque complète des armées de Metz et de Sedan, n'ont pas désespéré de la France et l'ont assez bien défendue pour qu'après la plus écrasante des défaites elle ait encore obtenu le respect des autres nations...

Les fonctions du docteur Robin cessèrent avec la guerre, mais l'idée qui avait présidé à sa nomination fit son chemin. Bientôt la loi du 24 juillet 1873, sur l'organisation générale de l'armée, posa nettement le principe de l'autonomie du service de santé, distingué des services administratifs et devant avoir auprès de chaque commandant de corps d'armée son directeur spécial. Une fois le principe posé, il fallut encore neuf ans de discussions pour arriver à son développement, dont les conditions sont déterminées par la loi du 16 mars 1882 sur l'administration de l'armée et par les instructions qui en sont la conséquence.

Le cadre du corps médical comprend 1,300 médecins, dont un inspecteur général, ayant le rang de général de division, et neuf inspecteurs, généraux de brigade ; les pharmaciens sont au nombre de 185, dont un inspecteur. Il est institué au ministère une direction spéciale du service de santé et un comité consultatif, remplaçant le conseil de santé. L'intendance garde dans ses attributions l'ordonnancement des dépenses, la vérification de la gestion des officiers d'administration, enfin, la formation et la garde des approvisionnements, les voitures restant toutefois sous la garde du service d'artillerie, chargé de leur construction ; l'intendance conserve aussi le commandement supérieur des sections d'infirmiers, disposition dont nous avons fait remarquer l'anomalie.

Un médecin en chef, placé sous l'autorité directe du commandant de corps d'armée, est directeur du service pour chaque corps d'armée. Dans chaque corps de troupe, un médecin est chef de service. Placé sous l'autorité du chef de corps, il ne reçoit au point de vue technique d'autres ordres que celui du médecin directeur. Il dirige et administre l'infirmerie régimentaire, assisté d'un maréchal des logis dans l'artillerie, d'un caporal ou brigadier dans les autres armes, et d'un certain nombre d'infirmiers compris dans le cadre. Au point de vue administratif, il remplit vis-à-vis du conseil d'administration le rôle d'un commandant de compagnie. Par une innovation heureuse et à l'imitation de ce qui se pratiquait dans certains régiments d'artillerie, il règle comme il l'entend la nourriture des hommes malades, dont les centimes d'ordinaire lui sont remis à cet effet.

Le service de l'hospitalisation comprend des hôpitaux militaires, des hôpitaux mixtes et des hôpitaux civils. Aux termes d'une loi rendue dans un but d'économie qui n'a peut-être pas été complètement atteint, les communes sont obligées à recevoir dans leurs hôpitaux les militaires malades ou blessés, au prix réglé pour la journée d'hôpital de concert entre l'État et les commissions administratives des hospices. Ces malades doivent, en principe, être soignés par des médecins militaires. Dans la pratique, il arrive que les commissions arguent du défaut de place pour mettre l'État dans l'obligation de construire, sur un terrain dont il n'est pas le propriétaire, des salles supplémentaires ou tous autres locaux reconnus nécessaires pour le service. Il arrive aussi qu'elles mettent par leurs exigences obstacle à l'entrée des médecins militaires. Il est au contraire certaines localités où une partie de l'hôpital peut, moyennant location, être mise à la disposition complète du corps de santé militaire qui fonctionne comme dans les établissements militaires ; ainsi sont formés les *hôpitaux mixtes*.

Dans les hôpitaux militaires, le médecin en chef exerce une autorité pleine et entière sur tous les détails du service ; cette autorité s'étend sur les pharmaciens et les officiers d'administration.

Il a, pour les approvisionnements, l'initiative des demandes auxquelles, après appréciation du médecin directeur, il est donné suite par l'intendance.

En campagne, on distingue le *service en première ligne* qui comprend : le service régimentaire, les ambulances et les hôpitaux de campagne, et le *service de l'arrière*, comprenant l'hospitalisation et l'évacuation.

Pour le service régimentaire, chaque bataillon d'infanterie, chaque régiment de cavalerie ou groupe de batteries possède une voiture à un cheval, chaque médecin dispose d'un sac ou d'une paire de sacoches portées par un homme qui l'accompagne. Il existe, en outre, dans tous les corps, sauf dans la cavalerie qui est pourvue de voitures spéciales pour le transport des blessés, un certain nombre de brancardiers et d'infirmiers.

Chaque quartier général de corps d'armée dispose d'une ambulance, comprenant 27 voitures, 40 infirmiers et 184 brancardiers, et de six hôpitaux de campagne, comportant chacun 10 voitures et 54 infirmiers. Chaque division d'infanterie a son ambulance de 21 voitures ; l'ambulance de la brigade de cavalerie du corps d'armée n'a que 8 voitures, celle de la division de cavalerie indépendante, 12 voitures. Parmi ces voitures, un certain nombre sont destinées aux transports des blessés, voitures légères pouvant, sur deux brancards, transporter 2 blessés couchés ; voitures omnibus pour 4 blessés couchés ou 10 assis.

Pour les combats, le service régimentaire organise des postes de secours immédiatement en arrière des troupes, les musiciens sont requis pour assister les brancardiers, il est sévèrement interdit à tout autre homme de transporter des blessés ; les ambulances sont établies plus en arrière sur l'emplacement indiqué par les médecins chefs. L'ambulance du quartier général ne fonctionne toutefois que sur l'ordre du commandant du corps d'armée. Toutes les ambulances sont couvertes par le fanion de Genève et le fanion national ; le personnel porte le brassard, les brancardiers, qui n'ont pas le bénéfice de la neutralité, ont un brassard particulier.

Les hôpitaux de campagne sont généralement laissés en arrière à proximité de la tête d'étapes, quelques-uns cependant peuvent marcher avec les corps d'armée. Quant aux hôpitaux temporaires, aux dépôts de convalescents et aux trains d'évacuation, les dispositions minutieuses dont ils sont l'objet ne donnent lieu à aucune observation. Nous ne dirons rien non plus de la Société française de secours aux blessés, autorisée par décret du 3 juillet 1884 à seconder en temps de guerre le service de santé militaire et à faire parvenir aux malades et blessés les dons qu'elle reçoit de la générosité publique, Société dont l'intervention charitable est bien faite pour adoucir les maux de la guerre, ni des aumôniers dont le rôle et la nécessité sont suffisamment indiqués et que nous nous étonnons de ne pas voir figurer dans le cadre des hôpitaux de campagne. Pour se faire une idée de l'importance du service de l'hospitalisation en campagne, il suffira de savoir que pendant la guerre de 1870-1871, les hôpitaux de l'armée allemande ont reçu 100,000 blessés et 400,000 malades[1]; leur armée était cependant victorieuse et la France est un pays exceptionnellement sain.

Aussi bien nous en avons dit assez long sur l'administration, quoique nous ayons à dessein omis des détails qui trouveraient leur place dans un manuel mieux que dans un livre de généralités comme celui-ci; mais nous avons cherché, sans y réussir peut-être, à rendre ce sujet qui est un peu aride de sa nature, intéressant même pour les lecteurs étrangers au métier militaire. Il serait bon que le pays qui fait tant de sacrifices pour son armée connût un peu tous les soins que l'on prend d'elle. C'est en administration surtout qu'il a été réalisé dans ces temps derniers d'énormes progrès. Tout ce qui est règlement de détails pour les subsistances et le service de santé est presque parfait. Le service de l'arrière, sur lequel nous reviendrons à propos des étapes et des chemins de fer, sans être tout à fait nouveau puisqu'il était déjà une des grandes préoccupations de Napoléon, a été organisé sur des bases nouvelles et bien entendues. La création des trains régimentaires et des officiers d'approvisionnement, essayée avec succès dans les grandes manœuvres, supprime ou atténue cette difficulté des distributions qui était le grand écueil de la nourriture des troupes. Les boulangeries de campagne, avec leurs fours roulants, assurent la fabrication si importante du pain. La disposition des postes de secours, des ambu-

---

[1]. Von der Goltz.

lances et des hôpitaux de campagne, l'institution des brancardiers, l'admission de la Société de secours aux blessés sont de nature à donner confiance au soldat, certain de ne plus être abandonné sur le champ de bataille attendant indéfiniment, en proie à la soif et à la souffrance, les soins auxquels il a droit.

Resteraient à discuter les grandes questions de principe et la manière dont elles ont été résolues. Ici, la critique l'emporterait peut-être sur l'éloge. Comme nous le disions déjà à propos de l'état-major, nos règlements valent toujours mieux que nos lois, auxquelles les discussions souvent confuses du Parlement donnent immanquablement une certaine incohérence. En passant de commission en commission, du Sénat à la Chambre et de la Chambre au Sénat à travers des flots d'amendements, tantôt adoptés, tantôt rejetés, tantôt acceptés avec correction, une loi perd presque toujours son unité et tombe dans les anomalies ou les contradictions. D'où il faut conclure qu'une loi militaire doit se borner à tracer les lignes principales et à fixer les points essentiels, laissant aux règlements le soin des détails.

Sans être aussi mauvaise que la loi sur l'état-major, la loi du 16 mars 1882 n'est pas viable. Le commandement a été chargé d'une responsabilité exagérée, qui le détourne de ses véritables devoirs en même temps qu'une décentralisation excessive paralyse l'action du ministre et que les intendants tenus en tutelle ne sont pas encouragés à l'initiative. Le règlement sur le service en campagne a, mieux que la loi, délimité les rôles respectifs de l'administration et du commandement; mais le règlement n'est pas officiellement applicable pendant la paix, et il faudra de part et d'autre du tact et du dévouement pour qu'il serve en tout temps de commentaire à la loi. Le corps de santé a été rendu trop ou pas assez autonome. Du moment où vous transformiez vos médecins en administrateurs, il fallait aller jusqu'au bout et leur laisser, par exemple, le soin de constituer les approvisionnements, car c'est là un point bien important. Nous nous en sommes aperçu en Turquie lorsqu'il a fallu, par exemple, dans la Dobrutscha subir le choléra avec des ambulances qui manquaient de tout. Un médecin nous y disait un jour: Vous nous envoyez vos malades, mais nous ne pouvons leur donner que des consolations; c'est tout ce que nous avons en fait de médicaments, et il maudissait l'intendance ! Enfin, pourquoi un médecin ne serait-il pas ordonnateur aussi bien qu'un ingénieur des poudres et salpêtres ou qu'un colonel d'artillerie ?... Donnez-lui donc la direction du service, en laissant la gestion partagée entre l'officier comptable et le pharmacien. Au point de vue de l'administration des corps de troupe, pourquoi un double contrôle ? Pourquoi des revues d'effectif de l'intendance puisque les contrôleurs doivent en passer ? Pourquoi cette tutelle continue puisque le contrôle viendra redresser ce qui serait mal ? Pourquoi enfin laisser les corps s'administrer eux-mêmes, si d'eux-mêmes ils n'ont le droit de rien faire ? Donnez donc aux conseils d'administration des corps de troupe la direction complète, et aux majors, trésoriers et officiers d'habillement, la gestion. Donnez de même la direction des services administratifs à l'intendance et la gestion réelle aux officiers d'administration de chaque service, et que le tout soit contrôlé de telle façon que l'action du contrôle soit acceptée sans-arrière pensée. Mais, dira-t-on, vous réduisez singulièrement le rôle de l'intendance. Nous répondrons à cela que l'intendance, héritière à la fois de l'inspection aux revues et du commissariat, composée de fonctionnaires distingués et ayant compté dans ses rangs à diverses époques des administrateurs éminents, a justifié le vieux proverbe : « Qui trop embrasse, mal étreint » et que du jour où a été créé le corps du contrôle, on peut dater la réalisation d'un autre dicton : « Ceci tuera cela. » La vraie manière pour l'intendance de s'en tirer avec honneur, c'est d'accepter franchement le principe de l'incompatibilité entre les fonctions administratives et le contrôle. Assurer la solde, l'habillement, l'équipement, la subsistance de 1,500,000 hommes au milieu des péripéties rapides de la guerre moderne, faire vivre par-dessus le marché 200,000 chevaux, est une besogne assez importante pour qu'on se tienne satisfait de s'en bien acquitter.

Est-ce à dire pour cela que nous approuvions l'idée d'un *corps de contrôle* et surtout du corps de contrôle tel qu'il a été institué par la loi du 16 mars 1882. Non, certes !...

Les contrôleurs actuels, sauf ceux qui proviennent du grade le plus élevé de la hiérarchie dans chaque service, auront nécessairement moins d'expérience que ceux qu'ils sont chargés de contrôler ;

par suite du recrutement de ce corps, il s'opérera entre les fonctionnaires d'un même service une sorte de bifurcation ; d'un côté resteront ceux qui seront chargés d'agir, de l'autre côté iront ceux qui n'auront qu'à critiquer et qui auront une tendance fatale, pour nous servir d'une locution vulgaire, à *mettre des bâtons dans les roues*. Le corps du contrôle, composé de ces derniers, sera impopulaire, coûtera cher et ne rapportera pas à l'État un bénéfice appréciable. Le principe c'est que celui qui administre ne peut pas se contrôler lui-même, mais une administration peut être contrôlée par des fonctionnaires pris dans son propre sein, ayant l'autorité qui résulte de cette triple condition : supériorité de grade, capacité notoirement constatée, expérience acquise dans la pratique.

En résumé, ce que nous voulons c'est que le contrôle de chaque service, administration, artillerie, génie, soit exercé sans cumul par les plus hauts fonctionnaires de ce service. Quant à l'administration intérieure des corps, nous demandons qu'elle ne soit pas tenue sous une tutelle permanente, tutelle inefficace, puisqu'elle ne dégage pas la responsabilité des conseils d'administration, et que les corps de troupe soient contrôlés comme les autres services.

Nous ne saurions entrer ici dans les détails d'une organisation dont nous ne pouvons indiquer que les grandes lignes.

Nous voudrions d'ailleurs que l'intendance eût vis-à-vis du commandement une position plus digne et plus nette. Il y a des détails qui amoindrissent le commandement et qui relèvent au contraire l'administration lorsqu'elle les règle à la satisfaction de l'armée en même temps qu'au mieux des intérêts de l'État. Nous ne demandons pas pour elle l'indépendance quant au but à atteindre ; c'est au commandement à bien déterminer ce but ; mais pour les moyens d'exécution, elle doit avoir les coudées plus franches. Autrement vous risquez d'avoir des commandants de corps d'armée qui se trompent ou qu'on trompe, ce qui serait pis encore. Le règlement sur le service en campagne a d'ailleurs bien déterminé les rôles. Le commandement prévoit et ordonne, l'administration exécute et pourvoit.

CHAPITRE XII

ARMEMENT, HABILLEMENT, ÉQUIPEMENT.

Armement de l'infanterie. — Opinion de Napoléon sur le fusil à baïonnette. — Mousquet, pique. — Invention du fusil. — Vauban. Invention de la baïonnette à douille. — Premier modèle de fusil. — Les cartouches. — La baguette en fer. — Modèles 1777, 1802, 1822. — Fusil de voltigeur. — Armes à percussion. — Fusil modèle 1842. — Armes rayées. — Anciennes carabines. — Chasseurs tyroliens. — Carabine Delvigne. — Les chasseurs à pied. — Carabine de munition. — Fusil de rempart allégé. — Carabine à tige. — Balle à culot évidé. — Fusil modèle 1857. — La campagne de 1859. — Chargement par la culasse. — Fusil Dreyse. — Armes de petit calibre. — Guerre de 1866. — Fusil modèle 1866 ou Chassepot. — Fusil modèle 1874. — Fusil Mauser. — Cartouches métalliques. — Armes à répétition. — La guerre de 1870 et les carabines Winchester. — Armes à magasin. — Chargeurs. — Fusil Kropatschek. — Nécessité d'adopter les armes à répétition. — La baïonnette ne peut être supprimée. — Combats à la baïonnette : Frédéric II à Hohenfriedberg. Masséna à Loano. Bataille de la Trebbia. Combats d'Amstetten et de Hollabrunn. Eylau. Neumarkt. Aspern. Alba de Tormès. Valoutina. Étoges. Ligny. Inkermann. Tracktir. Palestro. — Armes à feu de la cavalerie. — Fusil de dragon. — Mousqueton. — Carabine modèle 1866. — Carabine modèle 1874. — Encore la cuirasse. — Récit de la bataille d'Eckmühl par le général Marbot. — Opinion de la Roche-Aymon. — Motifs allégués par le comité de la cavalerie. — Pistolet. — Revolver. — Sabre. — Différents modèles. — Sabre à la Montmorency, le 2ᵉ de chasseurs. — Modification de 1882. — Suppression des lames courbes. — Raccourcissement du sabre. — Armement des troupes du génie, d'artillerie, du train et de la gendarmerie. — Les servants des batteries montées doivent-ils avoir une arme à feu ? — Exemples pris à l'étranger.

Progrès de l'artillerie. — Système Vallière. — Gargousses. — Le maréchal de Saxe. — Canons à la Rostaing. — Gribeauval. — Difficultés qu'il rencontre. — Séparation de l'artillerie de siège et de l'artillerie de campagne. — Innovations dues à Gribeauval. — Système de l'an XI. — Tables de construction. — Inconvénients du matériel Gribeauval. — L'artillerie anglaise dans les guerres d'Espagne. — Matériel de 1827. — Indépendance des deux trains. — Mode d'attelage. — Obusiers. — Système de 1853. — Canons-obusiers. — *Shrapnels* ou obus à balles. — Canons rayés. Système Treuille de Beaulieu. — Campagne de 1859. — Canons de 4, de 8 et de 12 rayés. — Pourquoi l'artillerie française n'avait-elle pas de canons se chargeant par la culasse en 1870. — Les canons à balles. — Supériorité de l'artillerie allemande pendant la guerre de 1870-1871. — Les fusées fusantes, principale cause de notre infériorité. — Effets méconnus des canons à balles. — Récits prussiens. — Bataille de Rezonville. — Avis des généraux d'Aurelles et Chanzy. — Batailles de Coulmiers et de Chevilly. — Combat de Saint-Jean-sur-Erve. — Exemples de batailles et de combats meurtriers comparés à la bataille de Rezonville. — Lutzen, Auerstædt, la Moskowa, Valoutina, Seneffe, Malplaquet, Eylau, Essling, Kollin, Kunersdorf, Inkermann, Plewna. — Conditions à remplir dans un système d'artillerie de campagne. — Nécessité d'employer l'acier. — Poids maximum à donner à la pièce montée sur avant-train avec coffre chargé. — Matériel provisoire. Système Reffye. Canons de 7 et de 5. — Système de Bange. Mécanisme de fermeture. Canons de 90ᵐᵐ et de 80ᵐᵐ. — Obus à balles. — Coffre à munitions. — Canon de 95ᵐᵐ. Système Lahitolle. — Tableau comparatif des pièces de campagne depuis Gribeauval jusqu'à nos jours. — Comparaison de l'artillerie française aux artilleries étrangères. — Excès de pesanteur du matériel de 90. — Transport des canonniers servants sur le champ de bataille — Problème à poser aux inventeurs. — Transport des cartouches d'infanterie.

Artillerie de montagne. — Ancien matériel. — Obusier de 12ᶜ. — Les batteries de montagne en Algérie. — Faut-il atteler ou porter ? — La Kabylie en 1857. — Canon de 4 rayé de montagne. — Système actuel. — Canon de 80 de montagne. — Affût démontable.

Artillerie de siège, de place et de côte. — Système Gribeauval. — Canons de 24, de 16, de 12 et de 8. — Obusier de 8 p°. — Mortiers de 32ᶜ, 27ᶜ et 22ᶜ. — Pierriers. — Mortiers à la Gomer. — Pièces en fer pour les batteries de côte. — Système de l'an XI. — Canons de 24ᶜ court. — Matériel de 1827. — Mortier de 15ᶜ. Obusier de 22ᶜ en bronze. Obusier de 22ᶜ en fer. — Canons à la Paixhans. — Système de 1858. — Canons de 24 et de 12 rayés. — Nouveau canon de 24 rayé de siège et de 24 court. — Tableau de l'artillerie de siège, place et côte en 1870. — Artillerie actuelle : canons de 220ᵐᵐ, de 155ᵐᵐ long et court et de 120ᵐᵐ. — Mortiers de 270ᵐᵐ et de 220ᵐᵐ. — Pièces de côte : 32ᶜ, 27ᶜ, 24ᶜ, 19ᶜ, 16ᶜ. — Canon de 30. — Canons en acier de 240ᵐᵐ et de 270ᵐᵐ. — Inefficacité des obus. — Obus explosifs. — *Substances brisantes.* — Dynamite. — Coton-poudre. — Emploi à la guerre. — Les destructions doivent être faites avec prudence. — Les ponts sur la Moselle en 1870. — *Les nouvelles poudres à canon.* — Le chargement par la culasse entraîne l'emploi de poudres lentes et progressives. — Poudres vives ; leur danger. — Rapport de la vivacité de la poudre avec le calibre. — Poudres C, SP, SP₂ SP₃.

Habillement et équipement. — Mot de Frédéric sur l'armée française. — L'uniforme date de Louis XIV. — Premier *uniforme de l'infanterie.* Justaucorps. Veste. Culotte. Guêtres. Bissac. Ceinturon. Chapeau rond. — Utilité des collets et des parements. — Uniformes sous Louis XV. — Vêtements étriqués. — Le tricorne. — Les buffleteries en croix. — La giberne. — Le havresac. — Bonnet à poil. — Schako. — Casque des chasseurs à pied. — L'habit blanc. — Costume des volontaires de la République. — L'habit bleu. — Imitations de l'Autriche. — La grande capote. — Le bonnet de police. — La manie du panache. — Uniformes sous l'Empire. — Leur complication. — On se battait en grande tenue. — La Restauration. — L'habit boutonné. — Les chasseurs à pied. — La tunique. — Retour au ceinturon. — Cartouchière. — Uniforme de l'infanterie à la fin de l'Empire. — Tunique à deux rangs de boutons adoptée après 1870. — La manie du dolman. — Officiers n'ayant pas le même costume que leur troupe. — Chargement du soldat. — Suppression de la tente-abri et de la couverture. — *Uniforme de la cavalerie.* — Il passe par les mêmes phases que celui de l'infanterie. — Le buffle. — La culotte et les bottes. — Les dragons. — Les hussards. — Le schako rond. — Les chasseurs à cheval. — La cavalerie sous l'Empire. — Les lanciers, le schapka et le gourka. — Abandon de la grande botte. — Pantalon basané. —

Pantalon à la Lasalle. — Nouvel uniforme. — Le dolman des dragons. — Retour à la culotte et à la botte. — Uniforme de l'artillerie. — Harnachement. — Paquetage à la française. — Les hussards, la schabraque. — Poids porté par les chevaux de cavalerie. — Tendance à le diminuer. — Paquetage actuel. — Suppression du portemanteau. — Abaissement de la taille du cavalier. — *L'excès en tout est un défaut*.

« Le fusil d'infanterie avec sa baïonnette », a dit Napoléon à Sainte-Hélène, « est l'arme la plus parfaite qu'aient inventée les « hommes[1]. » — « Elle serait parfaite », écrivait de son côté le général Morand, en 1829, « si un mécanicien habile trouvait le moyen « de le charger par la culasse. » Napoléon, lui-même, entrevoyait non seulement le fusil se chargeant par la culasse, mais le fusil à répétition, proposé déjà par le prince de Ligne en 1775[2]. Depuis 1829 des perfectionnements considérables ont été apportés au fusil, mais il a conservé son caractère essentiel, celui d'être à la fois une arme de tir et une arme de main.

Si l'on se reporte à l'époque à laquelle le fusil fut inventé, c'est-à-dire au milieu du dix-septième siècle, on verra que l'infanterie comprenait alors deux sortes de combattants, armés, les uns de piques ou de hallebardes, les autres de mousquets. Le mousquet, qui avait remplacé l'arquebuse et qui n'en différait guère que par la forme de la crosse, droite au lieu d'être courbe, était trop lourd pour être tiré à la main et nécessitait l'emploi d'une fourchette que le soldat portait avec lui. Le chargement et le tir en étaient compliqués. Il fallait, en effet, piquer la fourchette en terre, y appuyer le mousquet, mettre de côté, de crainte d'accident, la mèche allumée, verser la charge de poudre dans le canon, la bourrer, prendre la balle, l'introduire à son tour dans le canon et bourrer de nouveau, puis verser dans le bassinet le pulvérin de l'amorce, reprendre la mèche, la secouer pour activer le feu, la fixer au serpentin, viser et presser sur la détente afin d'amener la mèche au contact de l'amorce.

Gustave-Adolphe, qui dans presque toutes les parties de l'art militaire devança son temps, supprima l'usage de la fourchette en

---

1. *Projet d'une nouvelle organisation de l'armée* (Sainte-Hélène).
2. *Fantaisies militaires*, p. 9. Ce que proposa le prince de Ligne n'est pas à proprement parler le fusil à répétition, mais un fusil se chargeant par la culasse et muni d'un magasin dans la crosse pour le transport des cartouches.

donnant à son infanterie un mousquet à la fois plus long et plus léger que celui en usage jusqu'alors. Tel fut également le fusil inventé en 1630 par les Espagnols et qui différait surtout du mousquet par la mise de feu ; le serpentin et sa mèche y étaient remplacés par le chien et sa pierre ; le danger se trouvait ainsi écarté, mais les ratés étaient plus fréquents qu'avec la mèche. Aussi, malgré sa commodité et la sécurité qu'il présentait, le fusil ne fut-il pas adopté d'emblée. Les capitaines de compagnie, alors chargés de pourvoir à l'armement de leurs soldats, penchaient pour la nouvelle arme, qui était moins coûteuse et plus légère que le mousquet ; la plupart des généraux, ainsi que Louvois et Louis XIV, tenaient pour l'ancien armement.

En 1671 cependant, le fusil fut admis pour les grenadiers, au nombre de quatre par compagnie, et affecté à l'armement complet du régiment qui venait d'être créé pour la garde de l'artillerie, sous le nom de *Régiment des fusiliers*. Mais pas plus que le mousquet, le fusil n'était une arme de main ; il fallait donc conserver la pique pour laquelle on trouvait difficilement à enrôler des soldats, et bien qu'on eût réduit la proportion des piquiers, d'abord au tiers, puis au quart de l'effectif total, les injonctions et les inspections les plus sévères ne parvenaient pas à faire maintenir cette proportion, ni même à faire conserver une arme dont le fantassin ne voulait plus. Enfin Vauban imagina, en 1688, la baïonnette à douille, qui, placée à l'extrémité du canon du fusil, le transformait en arme de main sans lui ôter ses propriétés d'arme de tir [1]. L'armement de l'infanterie moderne était ainsi créé, grâce à l'idée pratique d'un homme de génie. A la bataille de Steinkerque en 1691, les soldats français jetèrent là leurs piques pour prendre les fusils des ennemis tués ou blessés. Louis XIV céda enfin, et la guerre de la succession d'Espagne commença en 1703 avec une infanterie définitivement armée du fusil à baïonnette.

Après cette guerre, le soin de fournir l'armement des soldats fut retiré aux capitaines de compagnie et réservé à l'État ; le premier modèle réglementaire de fusil fut alors établi en 1715. Un

---

1. Depuis 1668 on se servait, dans certaines armes, de baïonnettes, mais à manche plein entrant dans le canon du fusil et empêchant par conséquent de tirer avec la baïonnette au fusil.

perfectionnement considérable fut apporté bientôt, sinon à l'arme elle-même, du moins à son mode d'emploi, par l'invention des cartouches, due au savant artilleur Bélidor, et par l'adoption de la baguette en fer, mise en usage dès 1738 par Léopold de Dessau, le grand organisateur et instructeur de l'infanterie prussienne. Cette infanterie fut exercée de manière à tirer jusqu'à trois et même quatre coups à la minute. Depuis lors, pendant plus d'un siècle, le fusil n'a subi que des modifications de détail, et le modèle de 1777, calqué sur le fusil prussien, fut, jusqu'à la fin du xviii° siècle, le dernier mot de l'armement de l'infanterie. L'adoption d'une poudre plus fine et par conséquent plus vive que la poudre à canon pour le chargement des cartouches, permit d'augmenter le poids de la charge et celui de la balle ; le vent[1] fut diminué, la portée et la justesse devinrent plus grandes et le fusil modèle 1802 (ou 1777 corrigé), avec lequel ont été faites toutes les guerres de l'Empire, très meurtrier jusqu'à 240 mètres, frappait encore à 600. Le calibre, comme on le sait, est de $17^{mm},5$, la longueur du canon, 42 pouces ($1^m,137$), celle du fusil, $1^m,529$, son poids, $4^k,375$, la longueur de la lame de baïonnette, 15 pouces (406 millimètres), le poids des balles, 18 à la livre, celui de la charge, 10 grammes (en nombres ronds) ; on pouvait tirer jusqu'à 60 coups en 20 minutes, sans avoir besoin de laver l'arme ; c'est là toutefois une limite extrême. En 1816, les voltigeurs et l'infanterie légère reçurent un fusil plus court et plus léger que celui de l'infanterie de ligne (longueur sans baïonnette, $1^m,421$; poids, $4^k,218$). Le dernier mot du fusil à pierre fut le modèle 1822, plus court que les précédents ($1^m,471$ et $1^m,417$) ; ce qui distingue surtout ce modèle, c'est l'emploi de l'acier pour certaines pièces telles que la noix, la gâchette, la détente, la bride de noix, etc.

Cependant l'inconvénient reproché dès le début au fusil à pierre subsistait toujours ; le nombre des ratés était, dans les circonstances ordinaires, d'environ un sur six ou sept coups, et par les très mauvais temps l'infanterie pouvait se trouver désarmée. Le 27 août 1813, à Dresde, l'aile gauche de l'armée autrichienne fut détruite par la cavalerie de Murat presque sans pouvoir, à la fin de la

---

1. C'est-à-dire la différence entre le calibre de l'arme et celui de la balle.

bataille, sous une pluie torrentielle, tirer un coup de fusil. Le même jour et le lendemain à la Katzbach, l'infanterie de Macdonald, poursuivie par les cavaliers de Blücher, ne put faire feu pour les repousser. Le soir de la bataille de la Rothière, le 1er février 1814, on ne combattit presque plus qu'à l'arme blanche, et les feux de l'artillerie durent suppléer à ceux de l'infanterie, empêchés par la neige qui tombait à gros flocons. Il était donc urgent d'appliquer aux fusils de l'infanterie le perfectionnement déjà mis en usage pour les armes de chasse et, dès 1817, un armurier proposa un modèle de fusil à percussion, mais les essais de cette arme ne donnèrent pas de bons résultats. Il y avait, pour l'application du système à percussion aux armes de guerre, deux inconvénients à faire disparaître, la presque impossibilité où se trouvait le soldat de saisir la capsule avec des doigts raidis par le froid, et le peu de solidité du fulminate qui se désagrégeait dans les transports. On remédia à ces deux défauts par l'emploi d'un fulminate plus consistant et d'un vernis résistant, en même temps que l'on rendit le maniement de la capsule plus facile en augmentant fortement son diamètre et en lui donnant un large rebord. Le système à percussion fut adopté en 1840 et définitivement appliqué à tous les modèles d'armes à feu en 1842.

Ce n'était là qu'un premier pas dans la voie du perfectionnement; un second progrès, plus important, ne tarda pas à être accompli par l'adoption des armes rayées. La question n'était pas nouvelle, car déjà, sous Louis XIV, des cavaliers d'élite avaient été armés d'une carabine rayée à balle forcée, des troupes légères à pied, telles que les légions de Fischer et de Grassin, avaient reçu au XVIIIe siècle des armes rayées; les carabines des chasseurs tyroliens étaient bien connues d'ailleurs. En 1793, deux modèles de carabines à rayures et à balle forcée avaient été établis, l'un pour les carabiniers à cheval, l'autre pour les chasseurs à pied, on y avait renoncé parce que le chargement de ces armes exigeait l'emploi du maillet. Napoléon posa bientôt en principe l'unité de l'infanterie : « Il ne faut », disait-il, « qu'une seule espèce d'infanterie et pour cette infanterie, qu'une seule arme. »

Plus tard cependant, établissant dans ses loisirs de Sainte-Hélène un projet d'organisation de l'armée, il y admettait, pour un certain nombre de tireurs, des carabines rayées à canon court[1] ; Gouvion-Saint-Cyr avait voulu, d'autre part, dans sa réorganisation de l'armée, en 1818, composer ses légions départementales de bataillons d'infanterie de ligne et de bataillons de chasseurs. Cette idée fut reprise après 1830 par le maréchal Soult, en même temps que les études sur les armes à longue portée. Déjà un fusil de rempart à canon rayé de gros calibre, se chargeant par la culasse, avait été adopté en 1831, mais la question du forcement n'était en aucune façon résolue dans cette arme, très défectueuse d'ailleurs. M. Delvigne, ancien officier de la garde royale, imagina plus tard un mode de forcement de la balle sphérique dans un fusil se chargeant par la bouche, compatible avec l'emploi de la baguette ordinaire sans maillet[2]. Une arme établie en 1838 sur ce principe par le colonel Pontcharra, inspecteur des manufactures d'armes, fut mise en expérience dans le bataillon de chasseurs formé lui-même à titre d'essai, sur l'initiative prise par le duc d'Orléans. L'essai réussit à tous les points de vue et aboutit, en 1840, à la création de dix bataillons de chasseurs à pied, ainsi qu'à l'adoption d'une arme dite carabine de munition, avec un sabre-baïonnette en forme de yatagan. Le tir de cette carabine était efficace jusqu'à 550 mètres; cela ne fut pas jugé suffisant, et l'on arma les compagnies d'élite des bataillons de chasseurs d'un fusil de rempart allégé du même système, mais d'un calibre supérieur ($20^{mm},5$ au lieu de 17^{mm}) et d'un poids plus considérable (5 kilogr. sans sabre-baïonnette au lieu de $4^k,6$); la balle pesait 48 grammes au lieu de 25,6. Le nombre de balles mises dans une cible carrée de 2 mètres de côté, sur cent coups tirés à 500 mètres, était de 9,4 au lieu de 1,5[3].

Cette dualité d'armement et surtout de calibres dans un même corps de troupe était pleine d'inconvénients; on y remédia en adoptant en 1846, sur la proposition du colonel d'artillerie Thou-

---

1. 24 pouces au lieu de 42 pouces et demi, longueur du canon du fusil de l'infanterie.
2. La chambre à poudre était d'un diamètre plus petit que celui de l'âme et la balle poussée par la baguette s'aplatissait finalement sur le ressort formé par cette différence de diamètre.
3. Ces renseignements sont empruntés en partie au livre intéressant de M. le duc d'Aumale intitulé : *Zouaves et chasseurs à pied,* et pour le reste à l'*Aide-mémoire de l'artillerie.*

venin, la carabine dite à tige, dans laquelle le forcement d'une balle cylindro-conique s'obtenait par la pression contre une tige vissée au fond de l'âme dans la culasse. Enfin, après l'adoption provisoire d'une balle évidée, due à M. le colonel Nessler, les études de MM. Minié et Tamisier aboutirent à un mode de forcement plus simple, résultant de la forme même de la balle à culot évidé, et qui fut appliqué d'abord, en 1854, au modèle de fusil destiné à la garde impériale, puis, en 1857, au fusil d'infanterie, enfin, en 1859, à la carabine de chasseurs. Le fusil fut ramené, en 1857, à la longueur du fusil de voltigeur, et il n'y eut plus qu'un seul modèle pour toute l'infanterie. Pour compenser cette diminution de longueur de l'arme, on augmenta la longueur de la baïonnette, qui fut portée à 510 millimètres. Les nouvelles armes l'emportaient par la portée et par la justesse sur celles des modèles précédents (le fusil d'infanterie, modèle 1857, avec la cartouche adoptée en 1863, donnait 84 p. 100 dans la cible de 2 mètres de côté à 400 mètres, tandis que la carabine modèle 1840 donnait 5,1); elles ne se montrèrent pas cependant supérieures, dans la campagne d'Italie de 1859, au fusil autrichien, du moins aux grandes distances.

Napoléon III avait dit aux troupes, dans son ordre du jour au début de la guerre : « Les armes de précision ne sont dangereuses que de loin. » L'auteur du récit de cette guerre par le grand état-major prussien fait observer que ce n'était pas le fusil autrichien qui n'était dangereux que de loin, mais bien plutôt le fusil français qui ne l'était que de près ; ayant un calibre plus fort et une charge de poudre relativement plus faible, il avait une vitesse initiale moindre et par suite une trajectoire plus courbe, ce qui diminuait la probabilité d'atteindre le but aux distances éloignées, en subordonnant davantage cette probabilité à l'appréciation des distances.

Cependant l'idée d'appliquer au fusil de guerre le chargement par la culasse, déjà usité pour les fusils de chasse, afin d'obtenir à la fois un chargement plus commode et un tir plus rapide, faisait son chemin. Dès l'année 1853 la Prusse avait commencé des études sur un fusil à chargement par la culasse. On établit en France plusieurs modèles d'armes analogues, et l'on mit en essai dans plusieurs corps de troupe deux de ces modèles, mais ces fusils étaient toujours du calibre de 18 millimètres, et l'expérience, d'accord avec la théorie, avait montré que l'on ne peut obtenir un tir suffisamment efficace avec des armes d'un aussi fort calibre. On était arrivé à cette conclusion que, pour donner les meilleurs résultats dans le tir, la balle oblongue devait avoir une longueur double de son diamètre à la base et qu'en raison des limites imposées pour le poids, le calibre le plus avantageux était celui de 11 millimètres. On entreprit, en conséquence, une série d'études sur deux modèles de fusils de ce calibre, se chargeant l'un par la bouche, l'autre par la culasse. Un certain nombre d'armes de ces modèles furent fabriquées et essayées à l'école de tir de Châlons au mois de juillet 1866. Sur ces entrefaites le succès des Prussiens contre les Autrichiens vint hâter la solution de la question. Ce succès fut attribué avec une certaine exagération au fusil rayé, récemment adopté par les Prussiens et qui n'avait pas empêché leur premier corps d'armée d'être complètement battu à Trautenau par le général Gablenz. Sous la pression des événements et de l'opinion publique, le fusil modèle 1866, plus connu sous le nom de Chassepot[1], fut adopté comme d'urgence.

Les premières armes grossièrement fabriquées après l'invention de la poudre à canon, se chargeaient par la culasse. L'imperfection du mode de fermeture et les nombreux accidents qu'elle occasionnait avaient fait abandonner ces armes, mais on les retrouve à l'état de projet ou d'utopie dans un grand nombre d'écrits des xvie, xviie et xviiie siècles. Le prince de Ligne, dans ses *Fantaisies militaires*, donne même le dessin d'un fusil se chargeant par la culasse, dont le système de fermeture est tout à fait analogue à celui du fusil de rempart, modèle 1831, et Napoléon lui-même, à Sainte-Hélène, parlait d'un fusil d'infanterie amorcé par le fulminate, tirant de 13 à 14 coups sans être rechargé. En 1866 on n'en était pas encore au fusil à répétition, mais le chargement par la culasse était définitivement adopté en France dans des conditions d'une grande supériorité vis-à-vis des autres puissances, et en particulier à l'égard de la Prusse qui, après avoir essayé, dès 1858, d'après des études

---

1. Du nom d'un contrôleur d'armes qui avait pris un brevet pour le système d'obturation.

remontant à 1848, un fusil à aiguille, avait donné à son infanterie, en 1865, le fusil Dreysse[1].

Ces deux armes (Dreysse et Chassepot) appartiennent au même système, chargement à verrou avec aiguille et cartouche en papier, portant son amorce. Mais le Dreysse est du calibre de 15 millimètres, l'obturation y est très défectueuse, son poids est de $5^k,470$, la balle pèse 21 grammes, et une charge de poudre de $4^{gr},80$ lui imprime une vitesse initiale de 350 mètres, son tir est assez juste jusqu'à 600 mètres. Le fusil modèle 1866 est du calibre de 11 millimètres, son poids de $4^k,795$, la balle en plomb comprimé pèse 25 grammes, la charge de poudre est de $5^{gr},50$, la portée efficace est de 1,600 mètres, le tir ayant jusqu'à cette distance une justesse notable. La vitesse à 25 mètres de la bouche est de 403 mètres.

Si la grande supériorité du fusil modèle 1866 n'a pas donné, en 1870, la victoire à l'armée française, cela tient à diverses causes, les unes de l'ordre moral, les autres de l'ordre matériel, mais cette supériorité s'est manifestée d'une manière éclatante sur les champs de bataille. Il suffit de rappeler, pour avoir une idée des effets du tir de notre infanterie, les pertes subies, le 18 août 1870, par la 38e brigade prussienne au débouché des bois de Tronville, et surtout celles de la garde royale prussienne à l'attaque de Saint-Privat, le 18 août. Le maréchal Canrobert, qui défendait Saint-Privat, n'avait qu'une artillerie peu nombreuse, pouvant à peine tirer faute de munitions, et cependant la garde prussienne, obligée d'avancer sur un terrain découvert, perdit, en dix minutes, 6,500 hommes et 240 officiers.

L'expérience avait pourtant signalé plusieurs défauts graves dans le fusil de 1866 ; la fragilité de l'aiguille qui, en se brisant, pouvait mettre l'arme hors de service au moment le plus critique, le peu de solidité de sa cartouche en papier, qui était d'une confection difficile et qui ne résistait pas au transport, par le mauvais temps, dans les musettes-sautoirs où nos fantassins avaient l'habitude de les mettre, enfin, la fréquence des ratés du premier coup, provenant du glissement de la cartouche dans son logement, incon-

---

[1]. Les autres puissances étaient encore à la recherche d'un fusil se chargeant par la culasse.

vénient des plus graves qui enlevait aux hommes la confiance qu'ils auraient dû avoir dans leurs armes.

Il était donc nécessaire de remplacer ce fusil par une arme à cartouche métallique. Dans les études qui furent entreprises à ce sujet presque aussitôt après la guerre, on s'imposa la condition de pouvoir, au besoin, obtenir la nouvelle arme par une transformation du fusil modèle 1866. Après une première série d'expériences, le choix fut limité entre le fusil Beaumont, aujourd'hui en service dans l'armée hollandaise, et le modèle proposé par le chef d'escadron d'artillerie Gras. Ce dernier fut enfin adopté à la suite d'une longue discussion, sur le rapport d'une haute commission présidée par M. le maréchal Canrobert. De son côté et dès l'année 1871, la Prusse avait adopté le fusil Mauser. Nous n'avons pas à décrire ici ces deux armes, dont la première est connue de tout le monde en France. Le modèle de cartouche, arrêté en même temps que celui du fusil, laissait à désirer ; cette cartouche a été remplacée, en 1879, par une autre cartouche, dont la confection donne lieu aux soins les plus minutieux, et avec laquelle les résultats du tir sont excellents. Il est seulement à regretter que des motifs impérieux d'économie n'aient pas permis de démolir les anciennes cartouches et que leur emploi dans les tirs d'exercice trompe parfois les troupes d'infanterie sur la valeur réelle de leur arme. La portée totale du fusil 1874 est un peu supérieure à celle du fusil 1866, sa justesse est sensiblement plus grande, sa hausse est graduée jusqu'à 1,800 mètres. Le fusil modèle 1874 et le fusil Mauser se valent à très peu près, le calibre est le même : 11 millimètres, ainsi que le poids de la balle : 25 grammes ; la vitesse initiale dans le fusil allemand est de 440 mètres, dans le fusil français, la vitesse restante à 25 mètres est de 430 mètres ; la justesse des deux armes est la même, ainsi que la rapidité du tir, un coup en quatre secondes ; les trajectoires des deux fusils sont aussi également à peu près tendues ; la flèche du fusil modèle 1874 n'est que de $0^m,07$ lorsqu'on tire à 100 mètres, $0^m,36$ pour le tir à 200 mètres, $1^m,75$ pour le tir à 400 mètres. Le poids de l'arme avec l'*épée-baïonnette* est de $4^k,780$ pour le fusil français et de $5^k,230$ pour le fusil allemand.

Il reste un dernier pas à franchir dans le perfectionnement du fusil, le tir à répétition. Des armes à répétition avaient été mises en service en Amérique pendant la guerre de la Sécession, quelques-unes de ces armes, en petit nombre (Winchester), étaient comprises dans les achats faits en 1870 par la commission d'armement et furent délivrées à des corps francs. Un faible détachement, armé de fusils Winchester, put défendre, au mois de janvier 1871, le pont de Nuits-sous-Ravières, près de Montbard, contre des troupes très supérieures en nombre, en exécutant un feu si nourri que les assaillants ne pouvaient se l'expliquer. Depuis la guerre, on n'a cessé de faire sur le fusil à répétition des études qui, dans ces dernières années, ont abouti à des essais sérieux, sans toutefois que ce système d'arme soit adopté ailleurs qu'en Suisse et en Norwège, pour toute l'infanterie, en Italie et en Autriche pour quelques troupes spéciales, en France pour les troupes de la marine. Des corps de troupe de l'armée de terre ont reçu, pour l'expédition du Tonkin, des fusils du modèle adopté pour la marine, mais ce modèle a été établi de manière à employer la cartouche du fusil 1874, dont le calibre est évidemment trop fort pour une arme à répétition. La rapidité du tir étant doublée, la consommation de munitions peut elle-même devenir si rapide que les approvisionnements, tels qu'ils sont calculés pour le fusil modèle 1874, ne seraient plus suffisants. Il est donc indispensable de diminuer considérablement le poids de la cartouche en réduisant le calibre. Cette réduction, qui donne en même temps à l'arme une justesse plus grande, a été, comme nous le verrons, poussée jusqu'à 8 millimètres dans des essais récents[1].

On sait d'ailleurs qu'il y a deux systèmes complètement distincts de tir à répétition : l'un dans lequel on emploie des chargeurs mobiles, s'appliquant à volonté à la culasse du fusil, l'autre dans lequel le fusil lui-même porte un magasin fixe. Le chargeur présente des avantages réels sur l'autre système : on a plus vite fait de le placer que de remplir le magasin ; lorsqu'il n'est pas en place, le soldat est armé comme d'un fusil ordinaire et ne peut passer au tir à répétition sans que tout le monde s'en aperçoive ; d'un autre côté, le chargeur est gênant pour le tir et change l'équilibre de l'arme. Le magasin peut d'ailleurs être placé dans la crosse ou

---

[1]. *Journal des Sciences militaires*, 9ᵉ série, t. XX (année 1885, 4ᵉ année).

dans le fût et sous le canon. Le fusil Kropatschek, en service dans la marine française, est de ce dernier système, il peut tirer un coup en deux secondes, mais cette rapidité de tir ne se soutiendrait pas longtemps, à cause de la fatigue des tireurs; il faut d'ailleurs recharger l'arme après neuf coups. Tous les fusils à répétition sont munis d'un mécanisme permettant à volonté le tir ordinaire avec chargement à chaque coup. Les discussions auxquelles a donné et donne encore lieu la question du fusil à répétition portent principalement sur le poids de l'arme et sur la consommation des munitions.

Le fusil, système Kropatschek, en service dans la marine, pèse $4^k,400$, tandis que le fusil modèle 1874 pèse $4^k,200$ (sans baïonnette); mais ce que l'on ne dit pas lorsqu'on fait la comparaison entre les deux armes, c'est que le fusil 1874, chargé, porte une cartouche qui augmente son poids de $43^{gr},8$ et que le fusil à répétition, chargé complètement, porte neuf cartouches, c'est-à-dire une augmentation de poids de 394 grammes, de sorte que la différence de poids entre les deux fusils chargés n'est pas de 200 grammes, mais bien de 550 grammes. La fatigue résultant du tir est donc fortement augmentée avec le fusil à répétition; c'est un motif de plus pour chercher à réduire le calibre. On a essayé des fusils du calibre de 8^{mm} qui ont donné d'excellents résultats et dont la cartouche ne pèse que $21^{gr},70$. Un fantassin est actuellement chargé de 78 cartouches à $43^{gr},8$, soit $3^k,416$; à poids égal on pourrait lui faire porter 156 cartouches. L'approvisionnement du caisson de bataillon pourrait être augmenté dans les mêmes proportions. On voit que l'objection résultant de l'augmentation de poids et de l'exagération de la consommation des munitions est facile à lever. Mais on objecte également la complication de l'arme et les soins qu'elle exige, soins que l'on n'obtiendrait pas toujours de soldats inexpérimentés. Les officiers d'infanterie seraient plus compétents que nous pour répondre à cette nouvelle objection et pour dire si, par une direction bien entendue de l'instruction des jeunes soldats, il ne serait pas possible, même avec le peu de temps que certains d'entre eux doivent passer sous les drapeaux, de les familiariser avec les détails de l'arme la plus compliquée. Nous le croyons pour notre part, mais seulement à la condition que l'on aura de bons cadres de sous-officiers; car nous retrouvons dans toutes les études relatives à l'armée, cette question des cadres de laquelle dépend ainsi absolument notre avenir militaire. Au moment même où ces pages sont sous presse, les journaux annoncent qu'un modèle de fusil à répétition est adopté pour l'armée allemande.

A côté du fusil, l'arme blanche de l'infanterie présente peu d'intérêt; les anciens mousquetaires avaient une longue épée qu'ils dégainaient pour marcher à l'ennemi avec le mousquet en bandoulière; cet usage persista dans l'armée autrichienne même après l'adoption du fusil à baïonnette [1]. Un certain nombre des soldats armés du fusil ont ensuite reçu de petits sabres ou briquets, qui n'ont jamais guère servi qu'à distinguer les corps et les compagnies d'élite ou à tenir lieu de la hache dans les travaux du bivouac. Napoléon considérait ce sabre-briquet comme tellement inutile, qu'en 1809 il ordonna que le briquet fût supprimé dans les compagnies de grenadiers et de voltigeurs, et que les sapeurs et canonniers portassent au baudrier en guise de sabre: la 1re escouade de chaque compagnie, des haches, la 2e, des pics-hoyaux, la 3e, des pioches et la 4e des pelles. Les sous-officiers d'infanterie ont conservé longtemps la hallebarde, ils s'en servaient pour pousser en avant les retardataires et pour régler le tir en abaissant les canons de fusil au même niveau [2]. Les officiers avaient l'esponton, sorte de pique en raccourci. Ce n'est que plus tard qu'ils ont pris l'épée, remplacée ensuite par le sabre. Dans les armées de la République, les sous-officiers et même les officiers ont reçu le fusil, mais les capitaines l'ont conservé peu de temps; il fallut des instructions sévères et des ordres réitérés pour le faire porter aux lieutenants et sous-lieutenants, les capitaines devaient avoir le pistolet. On sait que tous les officiers, ainsi que les adjudants et les sergents-majors, ont aujourd'hui le sabre et le revolver, les tambours sont également armés du revolver. Il semble y avoir une tendance à supprimer le revolver ou du moins à le rendre facultatif pour les officiers (*facul-*

---

1. Jomini, *Traité des grandes opérations militaires*, t. I, p. 234, récit de la bataille de Prague.
2. Des gravures ou des tableaux du XVIIIe siècle représentent souvent un peloton de soldats ayant l'arme en joue et un sergent sur le côté du premier rang appuyant sa hallebarde sur toute la rangée de fusils, et appuyant probablement plus ou moins suivant la distance.

tatif est un mot qui ne devrait pas exister dans le vocabulaire de l'armée). Certains officiers sont tellement convaincus de la supériorité écrasante du feu de l'infanterie qu'ils repoussent toute idée de lutte rapprochée et réclament la suppression du revolver. Nous croyons, en effet, que le revolver est une arme dangereuse pour les amis de ceux qui s'en servent, mais avec la portée du canon et du fusil, toutes les armes ont cet inconvénient. Les exemples de troupes ayant tiré sur les leurs sont fréquents dans l'histoire de la guerre, quoiqu'on ne cite certainement qu'un bien petit nombre de ceux qui se sont présentés réellement. Que sera-ce donc avec des obus portant à 6,000 mètres et des balles allant jusqu'à 2,500 mètres ?

En raison de la puissance du tir, on va même jusqu'à parler de supprimer la baïonnette. Les engagements à la baïonnette sont, dit-on, un mythe ; d'autre part, la baïonnette augmente le poids à porter par le soldat ; pour la mettre au canon il faut arrêter le feu au moment où son intensité est le plus nécessaire ; enfin, son poids influe d'une manière fâcheuse sur le résultat du tir. Il est certain que les vrais engagements à la baïonnette, c'est-à-dire les combats de toute une ligne se battant contre une autre ligne avec la baïonnette ont été fort rares ; enlever une position à la *baïonnette*, voulait dire généralement marcher à l'attaque de cette position sans faire feu. C'est tellement vrai qu'à la bataille de Coulmiers, les mobiles de Loir-et-Cher ont chargé à la baïonnette avec des fusils Remington, sans baïonnettes [1] ; mais ils ont enlevé ainsi un village que les Bavarois avaient abandonné sous l'action de l'artillerie. Dans la plupart des cas, l'effet moral en vertu duquel, de deux troupes qui allaient s'aborder, l'une battait en retraite avant le moment du contact, se serait bien rarement produit si cette troupe n'avait pas vu les baïonnettes briller au bout des fusils. L'histoire des guerres même récentes est pleine de combats corps à corps, dans lesquels il faut bien admettre l'emploi de la baïonnette ; les citer tous serait trop long, mais, pour en rappeler un certain nombre, on n'a pour ainsi dire que l'embarras du choix.

---

1. Ces fusils avaient été ainsi livrés par la fabrique américaine des Remington et les baïonnettes qui se fabriquaient en France n'étaient pas encore terminées.

L'ordre du jour adressé par Frédéric II à ses troupes pour la bataille de Hohenfriedberg se terminait ainsi : « L'infanterie prus-
« sienne marchera au pas redoublé et, pour peu que les circons-
« tances le permettent, *elle fondra sur l'ennemi à la baïonnette*, s'il faut
« faire feu, elle ne tirera qu'à cent cinquante pas. » Cet ordre peut à la vérité s'interpréter comme une défense de tirer inutilement, mais que dire de celui-ci donné par Masséna aux troupes de sa division pour la bataille de Loano ? Il leur défendit de faire dans les attaques usage de leurs cartouches, les soldats de l'armée d'Italie devaient aborder franchement l'ennemi à la baïonnette, le jour même, cette arme serait mise en bon état et *la pointe aiguisée*[1]. A la bataille de la Trebbia, le 19 juin 1799, les munitions venant à manquer, les divisions du centre de l'armée française chargèrent les Russes à la baïonnette ; le combat, lit-on dans le récit de la bataille, ne fut plus qu'une véritable boucherie, les soldats se prenaient pour ainsi dire corps à corps et ne cédèrent qu'en perdant la vie[2]. Dans la campagne de 1805, une lutte à la baïonnette s'engagea à Amstetten entre les grenadiers d'Oudinot et les Russes (5 novembre), et un autre combat encore plus caractéristique eut lieu entre les mêmes troupes à Hollabrunn, le 16 novembre. A Diernstein, les 100ᵉ et 103ᵉ régiments, de la division Gazan, cernés par les Russes avec le maréchal Mortier, luttèrent corps à corps à deux reprises différentes. A Eylau, le bataillon de la vieille garde, commandé par Dorsenne, repoussa les Russes à la baïonnette. Nous rappellerons : en 1809 la division Molitor à Neumarck, la division Legrand à Ebersberg, la division Molitor à Aspern, la division Boudet à Essling, en 1810 les Anglais à Busaco, les troupes de Suchet à l'assaut de Tarragone, les défenseurs de Badajoz lors de l'assaut furieux de cette ville par l'armée de Wellington, la division Maucune à la bataille d'Alba-de-Tormès, gagnée par le général Kellermann et terminée, dans une nuit profonde, par un combat à la baïonnette au milieu des rues de la ville d'Alba, Gudin à Valoutina, Compans à la tête du 57ᵉ (le Terrible) à la Moskowa, les divisions Brenier et Ricard, ainsi que la jeune garde, à Kaya

---

1. *Souvenirs militaires du général Roguet*, t. I, p. 191.
2. *Victoires et conquêtes*, t. X, p. 346.

(bataille de Lutzen), les brigades Quiot et de Reuss à Culm, la division Bonnet dans Schœnfeld (bataille de Leipsick), Friant et ses grenadiers à Montmirail, Oudinot à la Rothière, Marmont à la surprise de nuit d'Éloges (bataille de Vauchamps) où le général Orousoff, qui commandait les troupes russes, fut blessé d'un coup de baïonnette [1]; Gérard à Mormant, les grenadiers de la vieille garde à Ligny. En Crimée, on peut citer, entre autres exemples, la bataille d'Inkermann : il y eut entre le 3ᵉ bataillon de chasseurs à pied et un bataillon russe du régiment de Sélinghinsk, une rencontre soudaine de laquelle, dit M. Camille Rousset, « jaillit un « de ces chocs à la baïonnette dont on parle si souvent et qui sont « par le fait si rares. Celui-ci fut violent ; quand il prit fin par la « retraite du bataillon russe, les chasseurs n'avaient guère plus « qu'un tiers de leurs officiers, le corps d'un jeune lieutenant fut « relevé avec 22 coups de baïonnette dans la poitrine ; la place « en reçut le nom d'abattoir [2]. » La bataille de Tracktir fut aussi marquée par une lutte sanglante à la baïonnette entre le 95ᵉ de ligne et les Russes, près du pont même de Tracktir [3]. Le 3ᵉ régiment de zouaves n'a-t-il pas, à Palestro, attaqué les chasseurs autrichiens à la baïonnette ? Nous lisons à ce sujet dans l'histoire de la campagne d'Italie, en 1859, par l'état-major prussien : « Les « zouaves se jetèrent dans l'eau jusqu'à la poitrine, passèrent à « gué le Cavoscotti, et, leurs munitions étant mouillées, ils se « lancèrent à la baïonnette dans le dos des Autrichiens les plus « avancés. » Le récit officiel français de la campagne dit également que le bataillon de chasseurs autrichiens est abordé à la baïonnette, de front et de flanc, par le 1ᵉʳ bataillon de zouaves. A la bataille du Mans, dans la dernière guerre, le plateau d'Auvours a été enlevé par le général Gougeard à la suite d'une action dans laquelle les volontaires de l'Ouest s'étaient montrés héroïques, dit le général Chanzy ; ils avaient soutenu sans hésitation la terrible fusillade qui les accueillit et s'étaient battus

---

1. *Mémoires de Marmont*, t. VI, p. 60.
2. Camille Rousset, *Histoire de la guerre de Crimée*, t. I, p. 383.
3. Nous pouvons invoquer pour ce fait non seulement le témoignage de M. le commandant Canonge (*Histoire militaire contemporaine*, t. I, p. 80), mais encore celui de plusieurs de nos camarades qui ont assisté à cet engagement et nous ont donné à ce sujet les détails les plus précis.

corps à corps[1]. Et les surprises d'avant-postes les fera-t-on à coups de fusil?... En 1809, lorsque Soult se retirait du Portugal, après la surprise d'Oporto, à travers des montagnes presque inaccessibles, il fut prévenu que le pont de Ponte-Nuovo sur le Cavado était occupé par des troupes portugaises qui travaillaient à le détruire. Comme c'était la seule issue par laquelle il pût se soustraire à la poursuite de l'armée anglaise, il envoya le major Dulong avec un détachement de 100 hommes d'élite, pour essayer de s'emparer du pont avant qu'il ne fût complètement détruit. Lorsque le détachement arriva, il ne restait plus à enlever que la dernière solive, les travailleurs fatigués se reposaient. A la faveur du bruit des eaux du torrent, vingt-cinq voltigeurs poussèrent jusqu'à l'emplacement du pont, se glissèrent à plat ventre sur l'unique solive et, se précipitant sur l'avant-poste, composé d'une trentaine d'hommes, les tuèrent tous à coups de baïonnette[2]. Lorsque dans la nuit qui précéda la bataille de Laon, à la fin de la campagne de 1814, l'avant-garde de Ney, franchissant le défilé d'Écouvelles par où devait déboucher l'armée, surprit et, suivant une vieille expression, passa au fil de l'épée le poste avancé qui gardait le défilé, cette avant-garde s'avisa-t-elle d'avertir l'ennemi par une vive fusillade? Tout récemment, quand les chasseurs des Vosges, au mois de janvier 1871, firent sauter le pont de Fontenoy, ils commencèrent par tuer ou faire prisonniers les hommes du poste de la gare; il est probable que, pour ne pas donner l'alarme, ils firent le moins de bruit possible. Le général Lewal l'a parfaitement dit : « La baïonnette est essentiel-
« lement l'arme des surprises de nuit. » Enfin, l'expérience a montré qu'une infanterie qui ne pouvait plus tirer pouvait encore tenir en respect la cavalerie avec ses baïonnettes; c'est ainsi que l'aile gauche des Autrichiens résista quelque temps, à la bataille de Dresde, aux cuirassiers de Latour-Maubourg... Nous ne pensons pas, d'ailleurs, qu'il soit question de sitôt de supprimer la baïonnette, mais on pourrait probablement remplacer sans inconvénient l'épée-baïonnette par un poignard-baïonnette qu'on laisserait au canon

---

1. *La deuxième armée de la Loire*, page 337.
2. *Victoires et Conquêtes*, t. XXV, p. 67.

pendant le tir. C'est ce qui a été fait, dit-on, pour le fusil à répétition adopté ou près d'être adopté en Allemagne.

La cavalerie ne saurait avoir, comme l'infanterie, une arme à deux fins : il lui faut une arme blanche et une arme à feu. Il y a eu longtemps, d'ailleurs, deux sortes de cavalerie, ou plutôt, comme nous l'avons vu, il existait une troupe intermédiaire entre la cavalerie et l'infanterie, les *dragons*, sorte de fantassins montés, successeurs des arquebusiers et mousquetaires, qui étaient les soldats d'élite de l'infanterie et auxquels on donnait des chevaux pour se transporter rapidement sur le lieu où ils mettaient pied à terre pour combattre. Les dragons reçurent, en même temps que l'infanterie, le fusil à baïonnette. C'est seulement en 1777 qu'on établit un modèle spécial de *fusil de dragon*. Outre ce fusil, les dragons avaient un pistolet et un sabre. Devenus peu à peu une vraie cavalerie, les dragons conservèrent cet armement. Le fusil de dragon suivit les phases du fusil d'infanterie : transformé en 1842 au système à percussion et en 1857 en fusil rayé, tirant la balle à culot évidé, il fut, en 1869, remplacé par la carabine de cavalerie, modèle 1866, enfin la carabine 1874 est devenue, comme nous allons le voir, l'arme à feu de toute la cavalerie, sauf des cuirassiers.

Quant aux autres cavaliers, armés d'abord d'un mousquet plus court que celui des fantassins, de deux grands pistolets et d'une épée, ils remplacèrent, au commencement de la guerre de la succession d'Espagne, l'épée par un sabre et le mousquet par un fusil court, qui conserva le nom de mousqueton ; ils avaient, en outre, deux pistolets dans les fontes. Les meilleurs tireurs de chaque compagnie, au nombre de quatre, reçurent une carabine et prirent le nom de carabiniers. Louis XIV, vers 1690, réunit tous les carabiniers en un seul corps de plusieurs brigades, dont il nomma son fils, le duc du Maine, colonel général. Le corps des carabiniers fut, par excellence, la troupe d'élite de la cavalerie, ils le prouvèrent surtout à Neerwinden, à Fontenoy et à Créfeld ; ils finirent par être armés comme les autres régiments. Les hussards et les chasseurs, de création plus moderne, reçurent un mousqueton, deux pistolets et un sabre, les chevau-légers lanciers, créés en 1811, eurent le même armement, en outre de leurs lances. Comme armes défensives, les anciennes compagnies d'ordonnance, formant la maison du Roi et la gendarmerie, avaient quitté la cuirasse. La cavalerie dite *légère* ne l'avait jamais portée, à l'exception d'un seul régiment, celui des *cuirassiers du roi* qui l'a conservée jusqu'à présent (il est devenu, en 1802, le 8ᵉ de cuirassiers); tous les autres régiments de cavalerie portaient, sous leur habit et sur la veste en cuir qui formait leur vêtement de dessous, un plastron en fer, qui fut supprimé en 1776. Les officiers de cavalerie conservèrent la cuirasse plus longtemps que la troupe, mais il fallut des règlements sévères pour la leur faire garder, et ils finirent par ne plus la porter.

Nous ne reviendrons pas sur la question des cuirassiers, que nous avons déjà traitée au chapitre de la cavalerie, nous rappellerons seulement les longues discussions qui ont été soutenues par les partisans de la cuirasse-plastron et ceux de la cuirasse à dos, autrement dit de la cuirasse simple et de la cuirasse double. Nous avons cité le récit de la bataille d'Eckmühl, où cette question fut vidée pour ainsi dire en champ clos, entre les cuirassiers français et les cuirassiers autrichiens, récit emprunté au général Pelet. Le récit du général Marbot, répondant aux critiques de Rogniat, est encore plus concluant : « Les cavaliers légers des deux partis », dit-il, « se
« jetèrent de côté pour ne pas être écrasés entre ces deux formida-
« bles masses de cuirassiers qui, s'avançant l'une sur l'autre, se
« traversèrent et ne formèrent bientôt qu'une immense mêlée des
« plus épaisses. Les Français et les Autrichiens voulaient à tout prix
« rester maîtres du champ de bataille ; des deux côtés, même cou-
« rage, même ténacité, à peu près même nombre mais non pas
« égales armes défensives, par conséquent succès bien différent.
« Les cuirassiers autrichiens avaient, ainsi que les nôtres, la tête
« et la poitrine garanties, mais leur dos était à découvert, de sorte
« que, dans la mêlée, ils recevaient de grands coups de pointe
« dans les reins de la part des cuirassiers français qui, n'ayant rien
« à craindre pour leur compte, ne s'occupaient que de frapper,
« tuaient un grand nombre d'ennemis et ne perdaient presque per-
« sonne ; un *combat aussi inégal ne pouvait durer longtemps*,
« aussi, au bout de quelques minutes, les Autrichiens, dont les
« pertes étaient déjà immenses et allaient toujours croissantes,
« furent-ils forcés, malgré leur bravoure extrême, de céder le ter-
« rain et de se retirer. Mais, dès qu'ils eurent fait volte-face, ils

« sentirent encore bien plus nettement combien il est vicieux de
« n'être pas cuirassé par derrière lorsqu'on le peut, car le combat
« ne fut plus qu'une boucherie. Nos cuirassiers poursuivirent les
« ennemis en leur enfonçant leurs grands sabres dans le dos, et
« pendant plus d'une demi-heure la terre fut jonchée de blessés et
« de cadavres des cuirassiers autrichiens... On releva, pendant la
« nuit, une grande quantité de blessés des deux partis; mais le
« nombre des blessés autrichiens était à celui des français, d'après
« le calcul qu'en fit un officier d'état-major, comme 8 est à 1. Il
« faut encore observer que les blessés français l'étaient pour la
« plupart légèrement, parce que leurs bustes ayant été garantis de
« tous côtés par leurs cuirasses, leurs bras et leurs visages avaient
« été seuls atteints, tandis que les Autrichiens avaient presque tous
« des blessures mortelles, provenant des coups de pointe qu'ils
« avaient reçus dans les reins... Le lendemain on visita le terrain
« où la mêlée avait eu lieu; le nombre des Autrichiens morts était,
« à celui des Français, comme 13 est à 1[1]. » Et, après avoir reproduit, dans ses *Études tactiques*, tout le récit du général Marbot, dont nous ne donnons ici qu'un extrait, le général Ambert ajoute:

« Que fussent devenus les cuirassiers autrichiens si, au lieu
« d'avoir la poitrine protégée par une cuirasse et la tête coiffée
« d'un casque, ils eussent été vêtus du spencer et coiffés du képy[2]?»

Plus nous y réfléchissons et plus nous nous étonnons qu'on ait voulu, il y a quelques années, supprimer la cuirasse. Assurément, l'objet principal de la cavalerie doit être désormais d'éclairer la marche de l'armée, mais il n'est aujourd'hui personne qui n'admette que l'accomplissement de cette mission peut aboutir, d'un moment à l'autre, à des chocs violents de masses de cavalerie, essayant de part et d'autre de percer par la force le rideau qu'elles n'auraient pu pénétrer par la ruse. Ces combats ne seront pas seulement des épisodes d'avant-garde, la cavalerie vaincue pourra être rejetée en désordre sur son armée et y apporter, surtout au début de la guerre, le germe de la démoralisation. La victoire, en ces rencontres, est donc d'un intérêt suprême, et l'on dirait qu'en

---

1. *Remarques sur l'ouvrage du lieutenant général Rogniat*, p. 287 et suiv.
2. *Études tactiques*, page 484.

adressant au roi de Prusse, en 1807, son *Mémoire relatif à l'organisation de la cavalerie*, le général de la Roche-Aymon ait écrit pour la situation actuelle quand il dit : « Quelque bonne que soit « une ordonnance de manœuvre, elle ne peut mettre *des cavaliers* « *sans cuirasses* en état de résister à des cavaliers couverts d'armes « défensives, pas plus qu'offrir à la cavalerie légère la possibilité « d'attaquer, avec quelque chance de succès, des cuirassiers ou des « masses d'infanterie. »

Quant à dire que, si la cuirasse protège le cavalier contre les feux de mousqueterie, elle ne protège pas le cheval, et que le cheval étant frappé, le cavalier est hors de combat, que par conséquent il est inutile de protéger le cavalier, cela n'est qu'à moitié vrai, car, d'une part, la grande force des cuirassiers tient à la confiance qu'ils ont en eux-mêmes, et cette confiance sera toujours moins ébranlée par la crainte de voir blesser leurs chevaux que par la presque certitude de l'être eux-mêmes ; d'autre part, un cheval frappé mortellement par une balle ne s'arrête pas sur le coup, et il peut très bien finir la charge tout blessé qu'il est.

En 1803, les carabiniers, formant alors deux régiments, reçurent la cuirasse ainsi que huit autres régiments de cavalerie ; quatre régiments (y compris le 8e) l'avaient déjà depuis 1802 ; le nombre des régiments cuirassés se trouva ainsi porté à quatorze. Ce furent, sous l'Empire, les seuls régiments n'ayant pas le mousqueton ou le fusil de dragon. L'Empereur voulait, en 1811, leur donner un mousqueton court, il y eut même à ce sujet un décret rendu, comme nous l'avons dit au chapitre de la cavalerie, mais ce décret ne paraît pas avoir reçu sa complète exécution[1]. Les chasseurs d'Afrique, à leur création, portèrent le mousqueton de cavalerie ; quelques-uns de leurs escadrons furent armés de lances, mais cet armement ne tarda pas à être échangé contre le fusil de dragon, qui fut donné également à tous les régiments de cavalerie légère envoyés en Algérie, et plus tard en Crimée, puis en Italie et au Mexique. Enfin, toute la cavalerie, sauf les cuirassiers et les lanciers, fut armée, en 1869, de la carabine modèle 1866. Cette mesure ne fut pas adoptée sans discussion ; quelques officiers pensaient,

---

1. Voir chapitre IV.

et l'empereur Napoléon adopta avec ardeur leur avis, qu'une carabine du système Remington serait préférable pour la cavalerie. Cette arme présentait, en effet, un double avantage ou, pour mieux dire, elle ne présentait pas le double inconvénient de la carabine modèle 1866, un verrou rendant l'arme difficile à porter à cheval et une cartouche trop fragile pour bien supporter le même transport. Mais il aurait fallu, pour la fabriquer, introduire un nouvel outillage dans les manufactures de l'État et, par conséquent, perdre beaucoup de temps avant de pouvoir armer la cavalerie. En outre, il importait de n'avoir qu'une seule et même cartouche pour l'infanterie et pour la cavalerie, afin de simplifier les approvisionnements. Ces raisons finirent par prévaloir sur les autres, et l'Empereur voulut bien s'y rendre assez à temps pour que la cavalerie fût armée avant la guerre de 1870. Depuis la guerre, la carabine modèle 1866 a été remplacée par celle du modèle 1874. Les deux pistolets de chaque cavalier, depuis longtemps réduits à un seul, ont été remplacés par le revolver modèle 1873 à six coups, donné seulement aux officiers, aux sous-officiers et aux cavaliers qui n'ont pas la carabine.

Quant aux armes blanches, nous n'avons plus à revenir ici sur la suppression de la lance ; le sabre, avons-nous dit, a été substitué à l'épée au commencement de la guerre de la succession d'Espagne. Le premier modèle connu date de 1763; il était à fourreau de cuir, et la lame n'avait que 34 pouces de longueur, ce qui donnait à nos cavaliers un grand désavantage vis-à-vis des Allemands, dont le sabre avait une lame de 38 pouces ; aussi, on augmenta progressivement la longueur du sabre de la cavalerie française jusqu'à 38 pouces. En 1790, on établit cinq modèles de sabre : les *sabres de cavalerie, de dragon et de carabiniers,* ayant tous la lame droite de $0^m,975$ de longueur, une garde à trois branches et un fourreau de cuir; le *sabre de chasseur,* à lame courbe, de $0^m,920$ avec $24^{mm},80$ de flèche, garde à trois branches et fourreau en cuir; le *sabre de hussard,* de $0^m,812$ avec $58^{mm},7$ de flèche et garde à une branche, avec deux oreillons et fourreau en bois. Ces modèles furent modifiés en 1801 et 1803, le fourreau de tôle fut substitué au fourreau de cuir, presque toute la cavalerie légère reçut un sabre courbe de $0^m,88$ avec flèche de $51^{mm},9$, mais ce sabre étant trouvé trop courbe, on donna à quelques régiments le sabre dit *à la Montmorency*, dont la lame avait 0^m,975 de longueur avec 18^{mm} de flèche, dont le fourreau était en cuivre et la poignée en fer poli. Le 2e régiment de chasseurs à cheval avait le privilège de porter ce sabre depuis la bataille de Calcinato, en 1706, dans laquelle les anciens *dragons de Belle-Isle*, dont il descendait, avaient surpris et fait prisonniers trois régiments de cuirassiers autrichiens. Il leur fut accordé, par le roi, de porter, en souvenir de cette action d'éclat, les sabres dont ils s'étaient emparés. Bonaparte, premier consul, autorisa le 2e régiment de chasseurs, qui s'était distingué entre tous à l'armée de Rhin et Moselle, à conserver son armement [1].

Après plusieurs modifications successives, dont la fréquence montre combien il est difficile de trouver un modèle satisfaisant, on en était arrivé à donner, en 1854, aux carabiniers, aux cuirassiers et aux dragons, un sabre droit, à lame de 1 mètre de longueur pour la cavalerie de réserve et de 0^m,975 pour les dragons. La cavalerie légère conservait le sabre qu'elle avait reçu en 1822, à lame courbe de 0^m,920 de longueur.

Ce sont ces modèles de sabre qui ont été modifiés en 1882, après une longue discussion. Le règlement actuel sur les manœuvres recommande aux cavaliers de pointer plutôt que de sabrer; les coups de pointe ont toujours fait, d'ailleurs, la force de notre cavalerie, au dire du général de Brack; c'est en pointant que nos dragons d'Espagne se sont rendus redoutables à la cavalerie anglaise. On a donc cru devoir supprimer la courbure des sabres de cavalerie légère, et tous nos sabres de cavalerie sont actuellement à lame droite. On a pris, en même temps, une mesure plus grave. Les chefs de notre cavalerie, préoccupés avant tout de diminuer la charge du cheval, se sont attachés à faire abaisser la taille du cavalier. La conséquence de cette diminution de taille a été la réduction de la longueur et du poids du sabre, proportionnés à la force du cavalier. La longueur de la lame a été fixée à 0^m,950 pour les cuirassiers, 0^m,925 pour les dragons et 0^m,870 pour la cavalerie légère. Le poids a été abaissé de 2^k,350 à 1^k,850 pour les cuirassiers, de 2^k,310 à 1^k,820 pour les dragons, de 2^k,155 à 1^k,750 pour

---

[1] Susane, *Histoire de la cavalerie*, t. III.

la cavalerie légère; le poids a été en outre réparti de façon à rapprocher le centre de gravité de la poignée, ce qui met le sabre mieux en main. Nous comprenons toute l'importance qu'il peut y avoir à diminuer la charge du cheval, mais comme il faut toujours en venir au combat individuel, nous craignons qu'on n'ait un peu trop sacrifié le cavalier au cheval; on paraît du reste être revenu, sur cette question de la taille du cavalier, à des idées plus modérées.

Les modifications apportées aux sabres de la cavalerie portent sur deux points : 1° diminution de la longueur et, par suite, diminution du poids; 2° suppression de la courbure du sabre. S'il était permis à un profane de discuter ces questions, nous nous permettrions de faire observer que la diminution de la longueur du sabre, sans avoir une importance extrême, est cependant une cause d'infériorité dont notre cavalerie a souffert dans les guerres du xviiie siècle. Quant à la courbure, nous dirons que si les coups de pointe sont, en effet, les plus dangereux, ils ne sont pas toujours les plus faciles à donner, et qu'en armant nos cavaliers d'un sabre avec lequel ils ne peuvent frapper de taille, pour les forcer à donner des coups de pointe, on leur assure, pour certains cas, une infériorité incontestable vis-à-vis de leurs adversaires. Avec le sabre courbe on tue moins qu'avec le sabre droit, mais on blesse davantage. Le général Marbot, qui avait reçu, dans des combats de cavalerie, de nombreux coups de sabre, a écrit, sur cette question, quatre à cinq pages, dont nous recommandons la lecture à tous ceux que peut intéresser une question de cette importance [1].

L'armement des autres troupes présente peu d'intérêt : les soldats du génie sont naturellement armés comme ceux de l'infanterie; ils ont été, pendant quelque temps, munis de fusils dits à tabatière ou modèle 1867, qui n'étaient autres que d'anciens fusils modèle 1857 transformés au chargement par la culasse suivant un système particulier et tirant une cartouche métallique, mais cette arme, qui n'était qu'un expédient de circonstance, n'a pas tardé

---

[1]. Nous nous sommes amusé à vouloir compter les coups de pointe cités par Curély, qui passe pour avoir tué à lui seul la valeur d'un régiment de uhlans (au dire du général Édouard Colbert, dont il avait été l'aide de camp). Nous n'avons trouvé dans ses récits que des coups de taille et des coups de pistolet.

à être remplacée par le fusil modèle 1866 et plus tard par le fusil modèle 1874.

Quant à l'artillerie, c'est une question de savoir si les servants à pied des batteries de campagne doivent avoir une arme à feu et si, dans le cas de l'affirmative, il ne leur suffirait pas d'un revolver. En France, ils ont un mousqueton court à sabre-baïonnette, qui a passé, comme le fusil de dragon, par les mêmes phases que le fusil de l'infanterie. L'ancienne artillerie à pied avait même le fusil de dragon. C'est lorsqu'on a créé les batteries montées qu'on a donné à tous les servants à pied un mousqueton assez court pour pouvoir être porté en bandoulière, les servants étant assis sur les coffres. Tous les hommes montés de l'artillerie portent le revolver et le sabre de cavalerie légère ancien modèle; ils avaient autrefois un sabre spécial plus court et à une seule branche, c'était une assez mauvaise arme, peut-être suffirait-elle cependant aux conducteurs, pour qui l'ancien sabre de cavalerie légère, à lame de $0^m,920$, est un peu embarrassant? En Allemagne, les servants des batteries montées n'ont qu'un sabre droit, les officiers, les servants à cheval et les conducteurs ont un revolver et un sabre courbe. En Angleterre, tous les servants des batteries montées n'ont qu'un sabre-baïonnette, les conducteurs ont un ceinturon sans sabre, les autres hommes montés ont un sabre de cavalerie; par une singulière disposition, chaque batterie possède 12 carabines avec sabres-baïonnettes, transportées sur les avant-trains des pièces avec un approvisionnement de cartouches; les sabres mêmes des hommes montés sont ainsi disposés dans les marches. En Italie, tous les canonniers montés ou non montés n'ont qu'un sabre-baïonnette, les sous-officiers, caporaux et trompettes ont un sabre d'artillerie et un revolver; quelques hommes à pied, dans les parcs, portent le mousqueton. En Autriche, tous les hommes des batteries à cheval et les sous-officiers montés dans les autres batteries ont un sabre long et le revolver, les sous-officiers non montés, les servants et les conducteurs des batteries montées ont un sabre de pionnier. En Russie, tous les hommes ont un sabre de cavalerie de ligne, les sous-officiers, trompettes et servants ont, en outre, un revolver.

Le motif qui a fait, en France, conserver l'armement des canonniers dans les batteries montées est probablement l'idée de maintenir l'esprit militaire ; il convient d'ailleurs d'ajouter que, sans être fréquents, les cas où une batterie envahie a été défendue par ses propres canonniers se sont présentés quelquefois à la guerre. A Heilsberg, le 10 juin 1807, le chef d'escadron Séruzier, commandant l'artillerie de la division Saint-Hilaire, voyant ses batteries près d'être envahies par une charge de la cavalerie russe, fit coucher les servants à pied sous les avant-trains et sous les caissons, d'où ils accueillirent la cavalerie à coups de fusil[1]. A la bataille de Hanau, le 30 octobre 1813, le général Drouot, s'étant porté en avant avec toute l'artillerie de la garde, vit fondre sur lui la masse énorme de la cavalerie austro-bavaroise ; il disposa une partie de ses canonniers en avant et dans l'intervalle des pièces, pour recevoir cette cavalerie à coups de fusil et parvint à la repousser par une résistance acharnée[2]. Dans la dernière guerre, au combat de Languichère, le 7 décembre 1870, à la deuxième armée de la Loire, une batterie du corps du général Camô, raconte le général Chanzy, fut assaillie par les tirailleurs bavarois et aurait été enlevée sans l'énergie de ses canonniers, qui la défendirent à coups de mousqueton ; ils purent ainsi tenir bon jusqu'au moment où les chasseurs à pied du 16e bataillon, qui leur servaient de soutien, vinrent les dégager complètement[3]. A la même armée, quelques jours plus tard, une batterie de 12 de la réserve d'artillerie du 16e corps, après avoir été détachée auprès d'une division d'infanterie, regagnait, sans escorte et les servants montés sur les coffres, le groupe dont elle faisait partie ; surprise dans un chemin creux, elle fut enlevée par les Prussiens, malgré la résistance énergique d'une demi-compagnie du génie qui se trouvait là par hasard. Si les servants avaient été à pied ou s'ils avaient sauté rapidement en bas des coffres, ils n'eussent pas été sabrés avant de pouvoir se mettre en état de défense, et la batterie eût été sauvée[4].

Les conducteurs et les brigadiers du train des équipages sont

---

1. *Mémoires du colonel Séruzier.*
2. Voir tous les récits de la bataille de Hanau et notamment celui du général russe Lachmann (*Journal des sciences militaires*, janvier 1886).
3. *Deuxième armée de la Loire*, p. 125.
4. Au moment où cette page est sous presse, le désarmement des servants des batteries montées vient, paraît-il, d'être décidé avec cette facilité qui fait croire à tant de gens que faire beaucoup est la même chose que faire bien.

armés de la carabine de cavalerie, comme ils l'étaient autrefois du mousqueton et plus tard du fusil de dragon, les sous-officiers, les trompettes, maréchaux-ferrants et ordonnances d'officiers sans troupe ont le revolver. L'armement des cavaliers du train s'explique par la nécessité de défendre les convois.

La gendarmerie a son armement spécial, fondé sur les besoins de son service. Les officiers, adjudants et maréchaux des logis chefs n'ont que le sabre et le revolver; tous les hommes montés ou non montés, y compris les maréchaux des logis, ont la carabine et le revolver, les hommes montés ont le sabre et la baïonnette à lame quadrangulaire, les hommes non montés ont le sabre-baïonnette; les douaniers ont la carabine de gendarmerie, les forestiers sont armés de mousquetons.

PROGRÈS DE L'ARTILLERIE.

La première organisation régulière du matériel de l'artillerie remonte à l'année 1732, date à laquelle M. de Valière, lieutenant général de l'arme, réglementa les calibres et les dimensions des pièces et des projectiles, ainsi que la construction des affûts, voitures et agrès. Dans ce système, qui prit le nom de son auteur, aucune distinction n'est établie entre l'artillerie de campagne et l'artillerie de siège, comprenant ensemble des canons des calibres de 24, de 16, de 12, de 8 et de 4, des mortiers de 12 pouces et de 8 pouces, un obusier court de 8 pouces, enfin, un *pierrier* de 15 pouces[1]. Les dimensions de ces bouches à feu, toutes en bronze, étaient exactement déterminées par des *tables de construction*, auxquelles les fondeurs étaient astreints à se conformer. Les canons, beaucoup moins pesants que ceux en service jusque-là, étaient encore fort lourds; ils pesaient plus de 250 fois le poids du boulet, ce qui donnait pour le canon de 24 un poids de plus de 3,000 kilogr.; leur longueur était de même très grande, ils se tiraient à la charge des deux tiers du poids du boulet. Les affûts, de modèles déter-

---

[1]. On sait que le calibre d'un canon se désignait autrefois par le poids du boulet plein sphérique tiré ou pouvant être tiré dans le canon. Les calibres sont désignés aujourd'hui par le diamètre de la pièce exprimé en millimètres.

minés, à deux flasques, étaient massifs et solides. Placés pour la route sur des avant-trains à brancards, sellette et cheville-ouvrière, dont les roues passaient librement sous le corps de l'affût, ils avaient un tournant illimité et s'attelaient à la française, c'est-à-dire avec des chevaux en file. Les poudres en barils, les projectiles en vrac et les armements tels qu'écouvillons, refouloirs, lanternes, coins de mire, étaient transportés sur des charrettes à la suite des pièces. Pour tirer un coup de canon, il fallait enlever l'avant-train, opération des plus pénibles à cause du poids de la pièce et de son affût, nettoyer le fond de l'âme avec l'*écouvillon*, défoncer un baril, y puiser la poudre à l'aide d'une *lanterne* en cuivre, emmanchée d'une longue hampe [1], introduire la lanterne avec précaution jusqu'au fond de l'âme, la retourner pour verser la poudre, la retirer, introduire un premier bouchon, le refouler jusque sur la charge de poudre, retirer le *refouloir*, placer le boulet, puis un second bouchon et refouler de nouveau, verser la *poudre d'amorce* dans le *canal de lumière* à l'aide d'une poire à poudre, pointer en se servant du coin de mire pour soulever ou abaisser la culasse, enfin, mettre le feu avec une mèche enroulée autour du *boutefeu*. On voit que le tir de l'artillerie ne devait pas être très rapide.

Un premier perfectionnement fut apporté pendant la guerre de Bohême, en 1741, sinon au matériel lui-même, du moins à son mode d'emploi, par l'adoption de charges préparées à l'avance dans des gargousses en papier. Le maréchal de Saxe fit adopter, vers la même époque, une pièce légère du calibre de 3, dite à la *suédoise* en souvenir des canons de Gustave-Adolphe, ou à la *Rostaing*, du nom de l'officier général qui en avait établi le modèle. La première pièce légère de Gustave-Adolphe était formée par un tube de cuivre battu, très mince, resserré par quatre frettes en fer et enveloppé de cordes, le tout entouré d'une enveloppe en cuir bouilli. Cette pièce ne pouvait pas tirer plus de douze coups de suite sans qu'on fût obligé de la laisser refroidir. Gustave-Adolphe

---

1. Cette lanterne était déjà un perfectionnement; dans les premiers temps, au lieu de mesurer ainsi la charge de poudre, on la pesait à l'aide d'une balance portée sur un camion.

la remplaça par un canon en fer, traîné par deux chevaux, ayant seize calibres de longueur et ne pesant pas plus de 312 kilogr. La pièce dite à la Rostaing fut destinée à l'artillerie de bataillon; chaque bataillon d'infanterie devait en recevoir deux; par le fait il n'y en eut jamais que la moitié.

La guerre de Sept ans démontra l'infériorité de notre artillerie de campagne vis-à-vis de celle des autres puissances. « Ni nom-« breuse, ni brillante », dit un auteur allemand, « elle se trouvait « placée au dernier échelon[1]. » C'est Gribeauval qui la fit sortir de cet état d'infériorité. C'est à lui, dont le nom, presque inconnu des officiers de la génération actuelle, était déjà pour la nôtre synonyme de vieillerie passée de mode, que l'artillerie française doit d'avoir pu jouer un rôle si brillant et si décisif sur les champs de bataille de Valmy, de Castiglione, de Marengo, de Friedland, de Wagram, etc...

Dès l'année 1758, n'étant encore que lieutenant-colonel, Gribeauval avait proposé tout un système nouveau, basé sur les expériences de Bélidor et autres savants artilleurs; il ne réussit qu'à soulever contre lui tous les chefs de l'arme. L'auteur du système de 1732, après avoir commandé l'artillerie dans vingt batailles ou combats, avait été remplacé, en qualité de directeur, par son fils, qui ne voulut pas que l'on touchât à l'œuvre de Valière. Gribeauval, disgracié, passa au service de l'Autriche, où il fut nommé général commandant l'artillerie, puis feld-maréchal-lieutenant après s'être, au témoignage de Frédéric II, couvert de gloire en dirigeant la défense de Schweidnitz. Il rentra en France après la guerre de Sept ans; ses propositions furent alors écoutées avec la faveur qui ne manque jamais d'accueillir les inventions exotiques et, à la suite de discussions passionnées, son système fut adopté en 1765, mais un retour offensif de ses adversaires l'écarta encore une fois pour quelque temps, quelques-uns de ses partisans furent même poursuivis avec acharnement. Enfin Gribeauval, nommé, en 1777, premier inspecteur général de l'artillerie et membre du célèbre comité de la guerre dont Puységur fut un des membres et Guibert le secrétaire, fit définitivement triompher ses idées.

---

1. Decker, *Batailles et Combats de la guerre de Sept ans.*

Gribeauval sépara nettement l'artillerie de siège de l'artillerie de campagne ; il donna à cette dernière des canons de trois calibres : le 4, le 8 et le 12, ainsi qu'un obusier court du calibre de 6 pouces. Les canons de campagne, modèle Gribeauval, dont un grand nombre, des calibres de 12 et de 8, existent encore à l'état de canons rayés, étaient beaucoup plus courts et plus légers que les canons de Valière ; ils pesaient seulement 150 fois le poids du boulet et se tiraient à la charge du tiers de ce poids. Les affûts, relativement légers, portaient entre les deux flasques un coffret à munitions, contenant 9 coups pour le canon de 12, 15 pour celui de 8, ou 18 pour celui de 4. L'avant-train à timon, sassoire circulaire et roues élevées, ne permettait qu'un tournant très allongé. Commun à toutes les voitures de campagne, il s'attelait à l'allemande (deux chevaux de front) sur volée fixe pour les chevaux de derrière et volées mobiles pour les autres chevaux. Un caisson, muni d'un long coffre compartimenté à couvercle en forme de toit, portait un fort approvisionnement de munitions. Il y avait en outre, comme voitures de campagne, un chariot pour rechanges et approvisionnements, et une forge. Le principal inconvénient de ce matériel, après sa pesanteur, était la dépendance des deux trains, presque complète dans le sens horizontal, absolue dans le sens vertical. Le canon pouvait prendre deux positions différentes sur l'affût, l'une pour le tir, l'autre pour la route, de sorte que, pour faire feu, il fallait non seulement ôter l'avant-train, mais encore faire passer les pièces de la *position de route* à la *position de tir*. Aussi, une fois l'avant-train ôté, on ne le remettait plus guère, et l'on manœuvrait la pièce, soit à bras à l'aide de bricoles, soit avec les chevaux en reliant l'avant-train à l'affût par un long câble, appelé *prolonge*. La manœuvre à la prolonge sur des terrains accidentés produisait des soubresauts très pernicieux pour le matériel et ne permettait que des tournants très allongés. Le caisson suivait difficilement la pièce dans les mauvais terrains ; il portait dans un seul coffre jusqu'à 120 kilogr. de poudre (92 cartouches de 8 à la charge de $1^k,310$), ce qui, en cas d'explosion, pouvait amener des accidents graves. On sait qu'à Valmy l'explosion de plusieurs caissons dans la batterie du Moulin mit en déroute presque tous les attelages et les canonniers de cette batterie et que, si l'artillerie à cheval n'était pas accourue au galop, l'armée de Kellermann eût été très compromise. A Möckern, le 16 octobre 1813, 84 bouches à feu, disposées sur une seule ligne, arrêtaient depuis plusieurs heures tous les efforts de l'ennemi, lorsque l'explosion d'un caisson dans une batterie de 12 produisit un désordre dont la cavalerie prussienne profita pour envahir la batterie et enlever 27 canons. Cet incident décida la défaite du corps d'armée de Marmont.

Gribeauval mit d'ailleurs en pratique plusieurs innovations heureuses, la vis de pointage, la hausse, les cartouches à boulet, les boîtes à mitraille, les étoupilles en roseau, la lance porte-feu, les essieux en fer. C'est à lui également qu'est due l'organisation du matériel de campagne en *divisions*, composées d'un certain nombre de pièces avec les caissons et voitures correspondants, ce que nous appelons aujourd'hui : *batterie*. Jusque-là, toutes les bouches à feu d'une armée étaient réunies en un seul parc et distribuées par *brigades*, les jours de combat, sur les différentes parties de la ligne. Dans la retraite de Prague, le maréchal de Belle-Isle qui, sur les conseils de Folard, dit-on, avait partagé son armée en plusieurs divisions, attacha à chacune d'elles un certain nombre de pièces dont l'ensemble constituait une division d'artillerie. L'organisation proposée par Gribeauval n'était que la réglementation de cet état de choses. Nous y reviendrons en parlant du matériel des armées [1].

Le système Gribeauval reçut une première atteinte en 1803, autrement dit en l'an XI ; les critiques qui lui étaient adressées étaient en partie justes, mais les dispositions que l'on adopta pour remédier aux inconvénients signalés n'étaient pas assez mûries pour pouvoir résister à l'expérience, d'ailleurs la paix dont on avait profité pour faire des études ne fut pas de longue durée, et le système dit de l'an XI ne reçut qu'une application très passagère, sauf sur un point. La pièce de 4 avait été trouvée insuffisante, celle de 8 trop lourde ; on leur substitua une seule pièce, celle du calibre de 6, non pas seulement parce que ce calibre tenait la moyenne entre celui de 8 et celui de 4, mais encore parce que la conquête

---

[1]. Voir chapitre XIII.

de la Hollande et du Piémont avait fait tomber au pouvoir de l'armée un grand nombre de canons et de boulets de 6. En outre, le système de l'an XI comprenait un obusier de plus petit calibre que celui de 6 pouces et dénommé obusier de 24[1]. En définitive, il y eut sous l'Empire des canons de 12, de 8 et de 6, des obusiers de 6 pouces et de 24 ou 5 pouces 6 lignes. Après la chute de l'Empire, l'artillerie de campagne ne compta plus que deux canons, le 12 et le 8, et deux obusiers. En 1829, ces obusiers courts furent remplacés par deux obusiers longs de même calibre, dont le tir était plus efficace. On en était resté d'ailleurs, pour les formes et dimensions des canons, au système de Gribeauval, le tracé adopté en l'an XI ayant été à peine appliqué à quelques pièces neuves.

Un des plus grands services rendus par Gribeauval est d'avoir établi les *tables de construction* du matériel ; les formes et dimensions de toutes les parties en bois et en fer des affûts, voitures et attirails avaient été déterminées d'une façon si précise qu'une pièce de rechange provenant d'un arsenal quelconque, de celui d'Auxonne, par exemple, pouvait, sans préparation préalable, s'appliquer à un affût construit dans tout autre arsenal, dans celui de Toulouse ou de Rennes, par exemple. Sans cette disposition, il eût été difficile de promener l'artillerie d'Italie en Égypte, de Cadix à Moscou... Tout cela nous semble bien simple aujourd'hui parce que nous y sommes habitués, mais en voyant quel fut le point de départ de Gribeauval, en songeant au mauvais vouloir qu'il eut à vaincre et aux obstacles qu'il surmonta, on se sent pris d'admiration et de reconnaissance pour la mémoire de l'illustre défenseur de Schweidnitz. Cependant l'épreuve du champ de bataille, et jamais il n'en fut fait sur une pareille échelle, avait montré les défauts du matériel de Gribeauval. Les officiers d'artillerie qui avaient appartenu aux armées d'Espagne avaient été, en outre, frappés de la mobilité du nouveau matériel de l'artillerie anglaise. Ils avaient vu les artilleurs anglais, au lieu de manœuvrer à la bricole ou à la prolonge, remettre les pièces sur les avant-trains avec une extrême facilité et disparaître avec leurs batteries au moment où notre cavalerie

---

[1]. Parce qu'il avait le même calibre que le canon de 24, 5 pouces 6 lignes ou 15ᶜ.

croyait déjà tenir leurs canons. On sait d'ailleurs de quelle remarquable façon toutes les questions militaires furent étudiées pendant les longues années de paix de la Restauration et de la monarchie de Juillet par des généraux et des officiers dont la science pratique s'était formée au milieu des circonstances les plus variées. Le comité de l'artillerie, en particulier, était composé d'hommes qui avaient exercé pendant nos grandes guerres les plus hautes fonctions. Valée, premier inspecteur général de l'arme, avait commandé l'artillerie de l'armée d'Aragon, Ruty, celle de l'armée d'Andalousie, puis toute l'artillerie de l'armée dans la campagne de 1814, Danthouard, en Italie, Charbonnel, en 1813, au corps du maréchal Ney, Tirlet, Neigre, Le Noury, Berge, Bouchu à la Grande-Armée s'étaient fait une réputation de savoir et d'expérience pratique... Sous l'impulsion du général Valée, à la suite d'études dont la partie scientifique fut confiée au capitaine Piobert, tout un nouveau système de matériel fut créé et mis en essai dans les régiments et les écoles d'artillerie. Ce système fut enfin adopté en 1827, d'après le rapport du comité de l'artillerie. Malgré les transformations considérables survenues en 1858 et après 1870, il existe encore dans ses parties les plus essentielles. Ce qui caractérise le matériel de 1827, c'est dans toutes les voitures de campagne l'indépendance presque absolue des deux trains dans le sens vertical et le tournant le plus court possible dans le sens horizontal. Les roues de devant ayant la même hauteur que les roues de derrière, on a, pour réaliser ces deux conditions, composé l'affût de deux flasques courts dans lesquels s'encastrent les tourillons et qui embrassent entre eux la partie supérieure d'une longue flèche supportant la culasse. Les deux roues et l'extrémité de la flèche, c'est-à-dire la crosse, forment les trois points d'appui de l'affût sur le sol. La crosse se termine par une lunette dans laquelle, lorsque les deux trains sont réunis, pénètre un crochet cheville-ouvrière fixé au corps d'essieu de l'avant-train. Cet avant-train est formé de l'essieu avec les deux roues, du corps d'essieu, de deux armons, d'une volée fixe et d'un timon ; il est commun, ainsi que le mode de réunion des deux trains, à toutes les voitures de campagne, affûts, caissons, forges et chariots. Le poids du timon, auquel rien ne fait équilibre, est supporté par les deux chevaux de l'attelage de derrière. Les autres chevaux sont attelés trait sur trait. Un coffre à munitions à couvercle plat est placé sur l'avant-train de l'affût et sur celui du caisson, l'arrière-train du caisson en porte deux. Trois canonniers servants peuvent s'asseoir sur chaque coffre. Modifié en 1840, puis plus tard légèrement allongé, ce coffre est encore en service dans les parcs, quoique remplacé depuis cinq ans dans les batteries par un autre modèle.

Le principal défaut du matériel de 1827 est bien connu, il consiste surtout dans son mode d'attelage ; les avantages que présente l'indépendance des deux trains ont fait passer sur ce défaut dont une des conséquences, la rupture des traits des chevaux de derrière, supportant l'effort de tout l'attelage, a été atténuée par l'adoption de traits en cuir d'une très grande solidité. Outre ce défaut, le matériel de 1827 a celui d'être évidemment moins résistant que le matériel Gribeauval. Aussi, dans le début, avons-nous entendu les vieux officiers d'artillerie exprimer hautement leurs regrets et leurs critiques. Il est probable, en effet, que le matériel de 1827 n'aurait pas supporté victorieusement les épreuves par lesquelles est passée pendant vingt-trois ans l'artillerie de Gribeauval sur toutes les routes et tous les champs de bataille de l'Europe.

On n'avait touché, en 1827, qu'au matériel proprement dit, affûts et voitures, les pièces, en usage depuis 1765, avait été conservées. On modifia seulement, en 1829, les deux modèles d'obusiers, et en 1839 on mit les tables des dimensions en rapport avec le système métrique. Mais on peut dire qu'en 1853, l'artillerie avait encore les mêmes canons qu'en 1765. On fit ainsi la guerre d'Alger et celle d'Anvers ; on reconnut que le tir des canons de 12 et de 8, à la charge du tiers du poids du boulet, fatiguait beaucoup les affûts du nouveau modèle. D'autre part, il s'était présenté, dans les guerres du premier Empire, des circonstances où le mélange des canons et des obusiers n'avait pas été sans inconvénients. A la bataille de Waterloo, par exemple, on avait perdu beaucoup de temps à réunir les obusiers de plusieurs batteries pour incendier la ferme d'Hougaumont, tandis qu'ailleurs les obusiers avaient été inutiles, comme à Ratisbonne, en 1809, et à Smolensk, en 1812, où il s'agissait de faire brèche dans des murailles. Gribeauval n'avait admis les obusiers que dans la proportion de 4 p. 100 ; l'organisa-

tion de 1827 avait porté cette proportion à 33 p. 100, en composant les batteries, comme nous le verrons plus loin, de 4 canons et 2 obusiers. Les obusiers exigeaient l'emploi de deux charges distinctes, suivant la distance, enfin les approvisionnements de campagne devaient comprendre des munitions de quatre sortes. Or, Marmont l'a très bien dit : « L'artillerie la plus simple est la meil-
« leure ; si le même calibre pouvait satisfaire à tous les besoins et
« qu'une même voiture pût servir à tous les transports, ce serait la
« perfection. » Pour tous ces motifs, on adopta, en 1853, d'après les idées de l'empereur Napoléon III, une bouche à feu unique, le canon-obusier de 12, pouvant lancer des obus aussi bien que des boulets. Plus légère que le canon de 12, cette pièce pesait 600 kilogr., c'est-à-dire 100 fois le poids du boulet, elle se tirait à la charge du quart (1^k,400). Provisoirement, on affecta aux batteries à cheval un canon-obusier de 12 léger, qui n'était autre que le canon de 8, foré au calibre de 12, lançant les mêmes projectiles que le canon-obusier de 12, mais à la charge de 1 kilogr. seulement. Aux projectiles déjà en usage, on en ajouta un nouveau, l'*obus à balles ou shrapnel*, sorte de mitraille à grande distance. Ce projectile, inventé en Angleterre, était encore dans l'enfance de l'art. En lui, pourtant, résidait l'avenir de l'artillerie.

C'est avec ce matériel inconnu aux troupes de l'artillerie, au commencement du mois d'avril 1854, que fut faite la guerre de Crimée, et la phrase célèbre par laquelle débutait la lettre du maréchal Saint-Arnaud, après la bataille de l'Alma : « Sire, le canon
« de Votre Majesté a parlé », était une phrase à double sens, un jeu de mots dans le genre noble. Dans le fait, le canon-obusier de 12 avait bien parlé à l'Alma et devait compenser encore davantage à Inkermann l'infériorité du nombre. Mais l'adoption des canons-obusiers de 12 était une réforme insuffisante, bien au-dessous de ce que devaient amener les progrès de la science et de ce que réclamait l'opinion publique. La question des canons rayés s'imposa bientôt pour mettre l'artillerie à hauteur des progrès réalisés dans l'armement de l'infanterie. Déjà, avant la fin du siège de Sébastopol, on raya quelques canons de 24, dont les événements ne permirent pas de faire usage. Après la paix, les études furent poussées avec ardeur par plusieurs officiers, mais l'honneur de

résoudre le problème était réservé au colonel, depuis lors général, Treuille de Beaulieu. Dans son système de canons rayés se chargeant par la bouche, le projectile entré librement dans l'âme, était, lors du tir, guidé dans son mouvement à l'intérieur de la pièce par des ailettes, sortes de tenons en zinc qui, en s'appuyant sur le flanc des rayures hélicoïdales, lui imprimaient le mouvement de rotation. Une canon de 4 rayé de montagne, établi d'après ce principe, fut essayé pendant l'expédition de 1857, dans la Grande-Kabylie et donna d'excellents résultats, le système fut définitivement adopté en 1858. Il comprenait, pour l'artillerie de campagne, deux canons : celui de 4 rayé, pesant 330 kilogr., destiné aux batteries à cheval et aux batteries montées divisionnaires et le canon de 12 rayé, qui n'était autre que le canon-obusier de 12, rayé, pesant par conséquent 600 kilogr., affecté aux batteries montées de réserve. Plus tard, on raya dans les mêmes conditions le canon de 8, qui donna d'excellents résultats. Les batteries de 12 et de 8 conservèrent les affûts et voitures du modèle 1827, le matériel de 4 fut établi dans les mêmes conditions, mais avec de moindres dimensions. Les canons rayés de ce système lancent, outre la boîte à mitraille, deux sortes de projectiles, l'obus ordinaire et l'obus à balles (adopté pour le canon de 4 en 1864 seulement), mais ne comportent plus de projectile plein ou boulet. Ainsi, l'artillerie de campagne avait commencé par ne lancer que des boulets pleins, puis on avait inventé des boulets creux, autrement dits *obus*, tirés dans des pièces spéciales, les obusiers, puis, en 1854, on avait adopté une pièce (le canon-obusier de 12) susceptible de lancer à volonté des obus et des boulets, enfin on supprimait le boulet et, toutes les bouches à feu de campagne rentrant dans une seule catégorie, le canon ne lançait plus que des projectiles creux. Toutefois, il y avait encore deux sortes de projectiles creux, l'obus ordinaire et l'obus à balles. Le premier finira par disparaître, et il ne restera plus que l'obus à balles.

La charge réglementaire du canon de 4 est de 550 grammes; l'obus ordinaire chargé pèse 4 kilogr.

La charge du canon de 12 est de 1 kilogr.; l'obus pèse $11^k,450$.

La charge du canon de 8 est de 800 grammes; l'obus pèse $7^k,250$.

Le tir était réglé, pour les canons de 4, de 8 et de 12, jusqu'au delà de 3,000 mètres ; l'éclatement de l'obus ordinaire était obtenu à l'aide de fusées métalliques de deux espèces tout à fait différentes, savoir : une fusée percutante, détonant au choc du projectile sur le sol ou sur tout autre obstacle, et la fusée fusante détonant, suivant le réglage, de 1,400 à 1,600 mètres ou de 2,750 à 2,950 mètres pour le 4, de 1,350 à 1,550 mètres ou de 2,650 à 2,850 mètres pour le 12. Le réglage s'obtenait en débouchant un des deux évents percés sur la tête de la fusée ; l'évent correspondant à la grande distance se trouvait naturellement débouché lorsqu'on décoiffait la tête de la fusée.

Ces pièces étaient évidemment très supérieures aux pièces lisses, et les Autrichiens ne manquèrent pas de leur attribuer l'issue de la campagne de 1859. La longue portée des canons français fut, en effet, mise à profit dans quelques circonstances. Tel fut le tir à grande distance des batteries de la division Bourbaki, lors du passage de la Sesia, le 31 mai, et celui de la réserve d'artillerie du 1er corps, à Solférino, dirigé par le général Forgeot à 1,600 mètres, contre les colonnes autrichiennes qui tournaient le flanc droit de l'armée piémontaise. Il ne paraît pas cependant que l'effet de l'artillerie française ait été foudroyant ; en tous cas, le résultat du tir des canons du système 1858 fut peut-être un mal plutôt qu'un bien, car il fit regarder comme un progrès suffisant l'adoption des canons rayés se chargeant par la bouche, tandis que le chargement par la culasse pouvait seul assurer un tir réellement efficace en permettant le forcement du projectile et la suppression du vent, sans parler de ses autres avantages, rapidité du tir, facilité de la manœuvre, etc...

Le système de 1858 avait d'ailleurs, on vient de le voir, un défaut des plus graves ; l'éclatement des obus possible à deux distances seulement, ce qui plaçait nos batteries dans l'alternative de tirer comme à projectiles pleins, tir sans efficacité eu égard à la courbure de la trajectoire [1], ou de voir ses projectiles impuissants éclater en l'air, à moins que l'ennemi ne fût précisément à l'une

---

[1] Avec une trajectoire très courbe, un projectile plein ne produit d'effet qu'au point sur lequel il tombe ; tandis que le projectile qui éclate peut tuer et blesser tout autour du point de chute. Au contraire, avec une trajectoire très tendue, le projectile plein est meurtrier sur un long espace.

des deux distances d'éclatement. Il eût été facile de remédier à cet inconvénient en n'armant les projectiles que de fusées percutantes, détonant au choc, ou tout au moins à l'arrêt du projectile, indépendamment de la distance. Le modèle de ces fusées existait ; il réussissait parfaitement, et l'expérience de la guerre du Mexique avait prouvé que leur emploi ne présentait pas de danger dans le transport. Une batterie avait traversé tout le pays, de Mazatlan à la Vera-Cruz, sur de mauvais chemins avec ses coffres chargés de projectiles armés de fusées percutantes, et elle avait ainsi parcouru, sans accident, quinze cents kilomètres. Cette première expérience aurait dû engager du moins à en faire d'autres sur une plus grande échelle. Cela fut demandé, mais on jugea en haut lieu l'épreuve dangereuse ou condamnée d'avance, et l'on se contenta de placer dans les coffres quelques fusées percutantes de rechange. Ainsi fut consacrée, sans rémission, une des principales causes d'infériorité de notre artillerie vis-à-vis de celle des Allemands, comme le prouvèrent les batailles de Frœschwiller, de Sedan, de Rezonville et de Saint-Privat. L'expérience de la seconde partie de la guerre, pendant laquelle les armées de la Loire et de l'Est n'employèrent que des fusées percutantes, fit croire un instant, à l'ennemi, que nous avions une nouvelle artillerie [1]...

Ici se présente une question intéressante. Comment se fait-il que l'artillerie française se soit ainsi laissé devancer et qu'aux approches d'une guerre qui, depuis l'année 1867, ne faisait plus de doute pour personne, l'empereur, le ministre et le comité de l'artillerie n'aient pas employé tous leurs efforts à créer un matériel capable de lutter avec celui des Prussiens. On était cependant bien et dûment averti par les rapports du colonel Stoffel, attaché militaire à Berlin, et par ceux du colonel Berge qui, envoyé en mission à Bruxelles, avaient pu, l'un comparer les deux artilleries et l'autre recueillir les avis des officiers belges, qui faisaient cette comparaison depuis longtemps déjà. On poursuivait d'ailleurs des études

---

1. C'est ce que dit, après la bataille de Coulmiers, un colonel bavarois à un colonel d'artillerie en retraite chez qui il était logé. Vous aviez, ce sont ses propres termes, une bien meilleure artillerie qu'au commencement de la guerre ; or les pièces étaient les mêmes, le personnel ne pouvait être supérieur. Seul, le changement de fusées avait pu motiver une pareille appréciation.

sur des canons se chargeant par la culasse, de divers systèmes et notamment sur deux canons prussiens. Enfin, l'artillerie de marine avait, dès 1858, appliqué ce mode de chargement à un canon du calibre de 16°. Comment donc se fait-il que l'on ait commencé la guerre de 1870 avec des canons se chargeant par la bouche?

Pour peu qu'on ait été à même de voir ce qui s'est passé depuis 1860 jusqu'en 1870, il n'est pas difficile de répondre à cette question. Nous avons déjà vu, au chapitre IV, quelles furent, à cette époque, les causes de notre infériorité numérique. Quant à notre infériorité au point de vue technique, elle tient à ce que les études sur les canons se chargeant par la culasse n'aboutirent pas avant l'année 1870, et ces études elles-mêmes n'aboutirent pas parce que:

1° On compliqua la question du chargement par la culasse de celle de la substitution de l'acier au bronze;

2° Ayant adopté, en 1858, un système dont on s'était bien trouvé pendant la guerre de 1859, on ne sentait pas assez fortement la nécessité d'abandonner ce système pour en adopter un meilleur;

3° On venait de dépenser 113 millions pour transformer l'armement de l'infanterie, et l'on ne voulait pas trop vite adresser au Corps législatif de nouvelles demandes de crédit, qui auraient entraîné un autre emprunt après celui de 1868;

4° Enfin et surtout, l'empereur croyait posséder, dans la supériorité du fusil modèle 1866 et dans les *canons à balles*, ou mitrailleuses, engin mystérieux connu presque de lui seul et de l'inventeur (M. le commandant de Reffye), le moyen assuré de vaincre l'armée prussienne. Les canons à balles étaient, à la vérité, susceptibles de produire, dans certaines circonstances, des effets meurtriers, mais ils ne pouvaient ni suppléer l'artillerie ni tenir contre les canons, leur tir efficace étant limité à la distance de 1,800 mètres. Étudiée et pratiquée en secret, dans les ateliers de Meudon, la fabrication de ces engins absorba tous les fonds dont on pouvait disposer régulièrement ou irrégulièrement. Deux ou trois officiers seulement les avaient aperçus avant la guerre. Quelques commandants de batterie furent convoqués à Meudon, dans les premiers jours du mois de juillet, pour être initiés à la manœuvre et au tir des canons à balles, mais, par suite des changements successifs apportés à la composition de l'armée, ce ne furent précisément pas ces officiers qui eurent à commander des batteries de canons à balles.

On avait tant parlé à l'avance de l'effet terrible *des mitrailleuses*, qu'après l'épreuve de la guerre on est tombé dans l'excès opposé, et on leur a refusé toute espèce de valeur. Il en est ainsi presque toujours des engins imaginés au moment d'une guerre, et que l'on veut entourer d'un secret mystérieux. Au début de la guerre de Sept ans, les Russes entrèrent en Allemagne avec des obusiers d'un nouveau modèle, appelés *Schuwalow*, desquels on disait merveilles et qui ne produisirent aucun effet extraordinaire. On y attachait tant d'importance dans l'armée russe, que la bouche de chaque obusier était entourée d'une enveloppe fermant à cadenas. L'historien Decker fait observer à ce sujet : « Tout ce qui tient au mystère « en fait d'armes à feu, est toujours d'un résultat problématique à « la guerre. L'ennemi ne les craint pas, parce qu'elles lui sont in- « connues et souvent, faute de pratique, on ne sait pas s'en servir « soi-même : la précaution prise par les Russes ne fit qu'exciter la « curiosité sans satisfaire la science. » Du reste, on a beaucoup exagéré, en 1870, l'infériorité de notre artillerie et surtout les résultats de cette infériorité. Le travers de la nation française a été, de tout temps, d'attribuer ses défaites à des causes matérielles et de ne jamais s'avouer à elle-même les causes morales de ses revers. Évidemment, l'artillerie allemande était pourvue d'un matériel supérieur à celui de l'artillerie française, mais l'infanterie française avait un fusil bien autrement supérieur au fusil allemand, et ces causes diverses de supériorité et d'infériorité d'armement auraient dû se compenser. La perte de toutes les batailles s'explique facilement par des considérations d'un tout autre ordre. D'ailleurs, la fin de la guerre, au dire même des généraux qui commandaient nos armées, a prouvé que l'artillerie française pouvait soutenir la lutte, et si nous interrogeons les récits allemands des batailles sous Metz, nous verrons que l'action de nos batteries de canons et de mitrailleuses est loin d'y avoir été nulle. Consultons, en particulier, le récit d'un officier d'artillerie, le capitaine Hoffbauer : « Au « début de la bataille du 16 août, une batterie, située au sud-ouest « de Flavigny, subit des pertes sensibles par le feu de l'artillerie

« ennemie et surtout des mitrailleuses ; les sept batteries (42 piè-
« ces) réunies plus tard à l'aile droite, se trouvaient dans une situa-
« tion très pénible ; sans parler du feu des mitrailleuses et de la
« mousqueterie, ces batteries eurent beaucoup à souffrir des obus
« lancés par l'artillerie ennemie..... le 24ᵉ régiment d'infanterie
« prussienne, en débouchant des bois de Tronville, subit des per-
« tes considérables, causées par l'artillerie, les mitrailleuses et la
« mousqueterie..... Le feu des batteries françaises causa de grandes
« pertes à l'artillerie du 10ᵉ corps. Les batteries prussiennes, éta-
« blies pour tirer contre la division de Cissey, souffrirent surtout
« de la mousqueterie, mais l'artillerie leur occasionna aussi de
« grandes pertes, etc.¹ » Le général Frossard, dans la narration
qu'il a donnée du rôle joué par le 2ᵉ corps, constate que, dans la
lutte violente d'artillerie engagée sous ses yeux, la puissance supérieure des batteries prussiennes dominait notre feu, mais les Allemands admettent que nos batteries à nous écrasèrent le village de
Vionville sous un feu terrible². Dans la bataille du 18, encore au
dire du capitaine Hoffbauer, l'artillerie prussienne, opposée aux
batteries françaises de Montigny-la-Grange, eut beaucoup à souffrir des obus, des shrapnels, du feu des mitrailleuses et de la
mousqueterie. Une batterie perdit, en une demi-heure, deux officiers, les trois quarts de ses hommes et tous ses chevaux, à l'exception de huit ; les mitrailleuses françaises, placées derrière un
masque de terrain et éloignées de 900 pas environ, avaient produit cette œuvre de destruction. « Pendant cette première période
« de la bataille », ajoute l'officier prussien, « l'artillerie du 9ᵉ corps
« et de la 18ᵉ division d'infanterie avait éprouvé des pertes exorbi-
« tantes, causées en grande partie par les mitrailleuses et les chasse-
« pots³... » Nous pourrions citer vingt autres passages du même livre,
où l'auteur parle de la lutte prolongée des deux artilleries. Sans
doute, l'artillerie allemande prend le dessus, mais son succès est
chèrement acheté, et si la bataille du 18 août avait été autrement di-

---

1. Hoffbauer, *Opérations de l'artillerie allemande dans les batailles sous Metz*, deuxième partie, *passim*.
2. *La Guerre franco-allemande*, 1ʳᵉ partie, p. 513. Voir *La Bataille de Rezonville*, excellente étude, publiée par M. Duguet dans la *Nouvelle Revue*, tome XXXI, p. 460.
3. Hoffbauer, 3ᵉ partie, *passim*.

rigée, c'est-à-dire si elle avait été dirigée, le dévouement de l'artillerie française n'eût pas été inutile ; si la réserve générale avait été envoyée au secours du maréchal Canrobert, presque privé d'artillerie, qui sait ce qui serait arrivé ? Mais nous sortons des limites de notre cadre. Bornons-nous à constater que l'effet des mitrailleuses n'a pas été nul. Nous trouverons des preuves analogues dans les récits de la seconde partie de la guerre. A la bataille de Loigny et au combat de Poupry, le 2 décembre, à la bataille de Chevilly, le 3, c'est le général d'Aurelle qui constate les services rendus par les canons à balles[1] ; à Loigny, l'amiral Jauréguiberry arrête le mouvement tournant des Allemands avec une batterie de mitrailleuses qu'il avait sous la main ; à Poupry, la réserve d'artillerie se porte en avant du village d'Autroches, ouvre son feu avec deux batteries de 8 et utilise avec intelligence dix mitrailleuses qui venaient d'arriver ; « la supériorité de nos batteries de 8 et nos mitrailleuses « surtout produisirent de grands ravages chez l'ennemi ; en moins « de trois quarts d'heure, les pièces prussiennes furent démontées et « réduites au silence ». A la bataille de Chevilly, un correspondant anglais attribue les pertes sensibles de l'armée allemande *aux balles du chassepot*. Le général d'Aurelle est d'avis que le correspondant anglais se trompe ; il croit que « ces effets furent dus surtout « aux batteries de *mitrailleuses*, dont le colonel Chappe sut se ser« vir avec tant d'intelligence et d'à-propos ».

De son côté, le général Chanzy nous montre, à la fin de la campagne, les mitrailleuses suppléant plus d'une fois une infanterie épuisée et démoralisée par une série de revers persistants. Au combat de Saint-Jean-sur-Erve, le 15 janvier 1871, pendant la retraite du Mans sur Laval, deux batteries de canons à balles infligèrent des pertes sérieuses à l'ennemi, arrêtèrent ses colonnes et contre-battirent avec succès son artillerie. « Les mitrailleuses du « capitaine Perret », dit encore Chanzy, « tiraient sur l'infanterie « qui, écrasée par le feu, dut s'arrêter... Les mitrailleuses du capi« taine Delahaye arrêtaient également la marche des colonnes « ennemies et les obligeaient à se déployer... L'amiral, ne pouvant « renforcer sa droite, la fit soutenir par les mitrailleuses, dont le

---

1. *La Première armée de la Loire*, par le général d'Aurelle, livre V.

« tir (377 coups) fut très efficace... Nos canons à balles avaient, par
« une seule décharge, réduit au silence une section de montagne
« que l'ennemi avait audacieusement établie devant eux et à bonne
« portée [1]. »

Les canons à balles ne sont donc pas aussi insignifiants qu'on a bien voulu le dire. On ne les a cependant pas conservés dans la composition de l'artillerie de campagne ; on a eu raison, parce que leur portée n'est pas suffisante et surtout parce que les obus à balles, perfectionnés comme ils l'ont été depuis 1870, produisent un effet aussi meurtrier à de bien plus grandes distances.

Quoi qu'il en soit, les grandes batailles de 1870 sont les premières dans lesquelles on ait pu juger de l'effet meurtrier des canons et des fusils se chargeant par la culasse, car dans la campagne de 1866 ces engins n'existaient que d'un côté, et le fusil Dreyse était bien inférieur au fusil Chassepot.

Il peut donc être intéressant de comparer les pertes éprouvées dans ces batailles à celles que l'histoire ou les comptes rendus officiels nous ont transmises pour les guerres antérieures, en proportionnant, bien entendu, les pertes aux effectifs engagés.

La bataille la plus meurtrière de la guerre a été celle du 16 août ou de Rezonville :

L'armée allemande, sur 90,050 hommes en ligne, a eu 10,821 tués ou blessés, soit 11 p. 100. L'armée française, sur 136,900 hommes en ligne, a eu 11,487 tués ou blessés, soit 7 p. 100 [2]. Le corps qui a éprouvé les pertes les plus considérables est le 3e corps prussien, qui a perdu 21 p. 100.

Or à la Moskowa, l'armée française a eu de 9,000 à 10,000 tués et 21,000 blessés, en tout 30,000 sur 127,000 en ligne, soit 24 p. 100. L'armée russe a eu hors de combat 60,000 sur 140,000, soit 43 p. 100 [3].

A Lutzen, le corps du maréchal Ney a eu hors de combat 13,045 hommes sur 48,605, soit 28 p. 100 [4].

---

1. *La Deuxième armée de la Loire*, par le général Chanzy, livre IV.
2. Canonge, *Histoire militaire contemporaine*, tome II, pages 124 et 125.
3. Thiers, *Histoire du Consulat et de l'Empire*. D'après le général Pelet (*Spectateur militaire*, tome VIII), les pertes seraient de 21,000 en tout pour l'armée française et 65,000 pour l'armée russe, non compris les prisonniers.
4. Rousset, *la Grande-Armée de 1813*.

A Auerstædt, le corps de Davout, 7,000 sur 26,000, soit 26 p. 100.

A Eylau, les Russes 26,000 sur 72,000, soit 36 p. 100.
— les Français 10,000 sur 54,000, soit 30 p. 100.

A Essling, en deux jours, les Français, 16,000 sur 60,000, soit 27 p. 100, les Autrichiens, 26,000 sur 90,000, soit 29 p. 100.

A la bataille d'Albuera, livrée par le maréchal Soult en 1811, l'armée d'Andalousie eut 6,500 hommes hors de combat sur 18,000 hommes, soit plus de 33 p. 100, l'armée anglaise 10,000 sur 31,000 hommes, soit un peu plus de 33 p. 100. Les pertes de l'armée anglaise furent occasionnées surtout par l'artillerie, réunie au nombre de 42 bouches à feu, sous le commandement supérieur du général Ruty [1].

A Leipsick, en deux jours, il y eut dans les deux armées 100,000 hommes hors de combat sur 500,000, soit 20 p. 100 [2].

A Valoutina, le corps de Ney perdit 7,000 hommes sur 20,000, soit 36 p. 100.

A Möckern, le 14 octobre 1813, le corps prussien de Kleist, 6,000 sur 22,000, soit 27 p. 100 [3].

En remontant plus haut, les batailles les plus meurtrières du règne de Louis XIV furent :

Seneffe, où les Anglo-hollandais perdirent 12,000 hommes sur 50,000, soit 24 p. 100, et les Français 7,000 hommes sur 40,000, soit 18 p. 100 ;

Malplaquet, où les alliés eurent en tués et blessés 22,000 sur 90,000, soit 24 p. 100.

Dans la guerre de Sept ans :

A Kollin, les Prussiens perdirent (y compris un petit nombre de prisonniers), 14,000 sur 30,000 [4] ;

A Torgau, les Autrichiens et les Prussiens, 11,000 hommes sur 45,000, soit 23 p. 100.

A Kunersdorf, les Prussiens perdirent (y compris les prison-

---
1. *Victoires et conquêtes*, tome XX, page 148.
2. Thiers, *Histoire du Consulat et de l'Empire*, tome XVI.
3. *Mémoires de Marmont*, tome V.
4. Jomini. Napoléon dit textuellement dans son *Précis des guerres de Frédéric II* : « Sur deux hommes de son armée, Frédéric en eut un hors de combat. »

niers qui ne furent pas très nombreux) 20,000 hommes sur 45,000, soit 44 p. 100;

A Inkermann, en 1854, les Russes : 9,138 sur 36,000 hommes, soit 25 p. 100[1].

Au premier combat de Plewna, le 20 juillet 1877, avec des armes à tir rapide et dans une lutte acharnée, la division russe Schilder perdit 2,000 hommes sur 7,000, soit 28 p. 100, c'est-à-dire une perte moindre que celle de l'armée russe à la Moskowa, du corps de Ney à Lutzen, des Russes à Eylau, des Autrichiens à Essling, du corps de Ney à Valoutina, des Prussiens à Kollin et à Kunersdorf. On voit que l'humanité n'a pas eu jusqu'ici trop à gémir du perfectionnement des engins de guerre. Mais il ne faut pas prendre au pied de la lettre la conclusion qui a été quelquefois tirée de ces faits, à savoir que, plus les armes sont meurtrières de loin, moins les troupes s'approchent et par conséquent moins les pertes sont considérables. Elles le sont en tout cas beaucoup plus qu'autrefois sur le point où la bataille se décide et où les troupes d'infanterie s'approchent à la distance qui correspond à l'effet maximum de la fusillade. Il est peu d'exemples, s'il y en a, d'une troupe ayant perdu autant de monde en si peu de temps que la garde royale prussienne en a perdu en une heure et demie à l'attaque de Saint-Privat, où sur 23,000 hommes présents, elle a eu 6,500 hommes et 240 officiers hors de combat par le seul fait du tir de l'infanterie. Ajoutons à cela que les projectiles de l'artillerie sont, comme nous allons le voir, infiniment plus meurtriers que par le passé.

Quoi qu'il en soit, l'expérience de la guerre de 1870-1871 ne permettait pas, aussitôt la paix conclue, d'ajourner la réforme radicale de notre artillerie de campagne. Indépendamment de la justesse et de la rapidité du tir, le calibre de 4 s'était montré insuffisant, et tous les généraux n'avaient cessé de réclamer des batteries de 12 et de 8 pour leurs divisions. D'ailleurs, l'artillerie allemande avait, pour ses canons lourds, le calibre de 88 millimètres et pour ses canons légers, le calibre de 78,5. C'était une raison suffisante pour adopter des calibres au moins égaux à ceux-là. On

---

[1]. Camille Rousset, *Histoire de la guerre de Crimée*, tome I, page 388.

s'arrêta à 90 millimètres pour les pièces les plus lourdes, à 80 millimètres pour les pièces les plus légères. Ces données étant admises, les détails du système à établir étaient commandés par une condition de poids. Il ne faut pas, en effet, que le poids total de la pièce, de l'affût et de l'avant-train avec coffre à munitions chargé, augmenté du poids de trois et même s'il est possible de cinq canonniers transportés sur le coffre d'avant-train et au besoin sur les sièges d'affût, dépasse d'une manière sensible la limite des forces d'un attelage à six chevaux ou, dans des circonstances passagères, d'un attelage à quatre chevaux, car un cheval peut être mis hors de combat sur le champ de bataille. On estime que cette condition est remplie quand le système entier ne pèse pas plus de 2,000 ou 2,250 kilogrammes, y compris trois servants, dans les batteries montées, et 1,600 à 1,800 kilogrammes dans les batteries à cheval, qui doivent soutenir, dans de mauvais terrains et quelquefois pendant assez longtemps, les allures les plus vives. Or, le tir produit, d'une part, des effets utiles, c'est-à-dire la vitesse initiale et le mouvement de rotation imprimés au projectile et, d'autre part, des effets nuisibles, soit le recul de l'affût et l'action destructive exercée sur la pièce. Les données qui influent sur ces effets sont le poids du projectile, c'est-à-dire sa longueur pour un calibre déterminé, la longueur de l'âme dont dépend le temps pendant lequel le projectile est soumis à l'action des gaz de la charge de poudre, le poids de cette charge, la nature de la poudre qui peut être plus ou moins vive, la dimension de la chambre destinée à recevoir la charge et dans laquelle les gaz se développent jusqu'à ce qu'ils aient assez de force pour mettre le projectile en mouvement ; dans les pièces se chargeant par la culasse, le vent est supprimé ; et une charge trop forte ou composée d'une poudre trop vive, ou renfermée dans un espace trop restreint, pourrait amener la rupture de la pièce, tandis que si, pour quelqu'une de ces trois données, on tombait dans l'excès opposé, on risquerait d'obtenir des effets insuffisants. En outre, la pièce doit être assez lourde pour ne pas transmettre à l'affût une action trop forte, et l'affût lui-même doit être assez lourd pour ne pas avoir un recul trop considérable, assez solide pour supporter la réaction qui résulte de la transmission du mouvement. Le problème à résoudre dans l'établissement d'un système d'artillerie consistait à compenser, dans une juste mesure, ces diverses conditions, qui imposèrent tout d'abord l'emploi de l'acier comme métal de la bouche à feu. Il eût certainement été avantageux de pouvoir employer encore le bronze en raison des approvisionnements considérables de pièces anciennes de ce métal existant en France, mais le bronze est trop susceptible de se comprimer sous l'action des gaz de la poudre pour conserver longtemps les dimensions intérieures de la pièce lorsqu'on tire aux fortes charges, nécessaires pour obtenir les vitesses initiales et les portées actuellement demandées à l'artillerie ; on ne connaissait pas encore, d'ailleurs, le procédé usité en Autriche pour augmenter par la compression la dureté et la ténacité du bronze, l'acier fut donc adopté.

Cependant les études et les essais de nouveaux canons en acier pouvant se prolonger et des craintes très sérieuses de guerre s'étant manifestées, on ne voulut pas être exposé à entrer de nouveau en campagne avec des canons se chargeant par la bouche, et l'on se décida à mettre provisoirement en service des pièces rayées en bronze de deux calibres (7 et 5) se chargeant par la culasse, proposées par M. le colonel de Reffye et déjà essayées avant l'année 1870. C'était, au point de vue de la dépense, une grosse affaire, car il ne s'agissait de rien moins que de construire 300 batteries complètes, pièces, affûts et projectiles, les autres voitures pouvant servir. Or, chaque batterie exigeant pour son approvisionnement 600 projectiles par pièce ou 3,600 pour les six pièces, il fallait 1,080,000 projectiles, qui, en les supposant moitié du calibre de 7, moitié du calibre de 5, donnaient une dépense approximative de 2,500,000 francs ; 300 batteries demandaient 540,000 charges de 7, exigeant 610,000 kilogr. de poudre, 540,000 charges de 5, 470,000 kilogr. de poudre, en tout 1,100,000 kilogr. à 1 fr. 50 c., soit 1,650,000 fr., 2,400 affûts à 4,680,000 fr., 1,200 pièces de 7 à 3,100,000 fr. ; 1,200 pièces de 5 à 2,400,000 fr., soit une dépense de 14 millions, sans compter une foule de détails, tels que fusées et charges intérieures de projectiles creux, armements, sachets... mais en 1873 on mettait dans les dépenses relatives à la réorganisation des forces défensives de la France autant de prodigalité qu'on y avait apporté de parcimonie avant 1870, et le directeur de l'artillerie,

M. le colonel Berge put, sans crainte de se voir rien refuser sur les crédits demandés par lui, apporter à l'organisation de ces 300 batteries d'artillerie, toute son activité et toute sa force de volonté.

Les deux canons du système Reffye étaient, en vieux style, des calibres de 7 et 5, soit en millimètres 85 et 75. Le mode de fermeture de culasse employé était la vis à filets interrompus du général Treuille de Beaulieu. On connaît ce procédé ingénieux qui consiste à fermer la culasse à l'aide d'une pièce de métal légèrement tronconique, dont la surface extérieure est partagée en six secteurs égaux, alternativement lisses et filetés en vis; la surface intérieure de la culasse présente la même disposition, les secteurs étant alternativement lisses et filetés en écrous. Lorsque, la vis étant poussée, ses filets correspondent aux secteurs lisses de l'écrou (et il suffit de la pousser pour l'introduire presque à fond), on lui imprime, à l'aide d'une manette ou d'une poignée, un mouvement de rotation du sixième de la circonférence; les filets de la vis correspondent alors à ceux de la culasse, autrement dit, l'adhérence de l'écrou et de la vis se trouve maintenue, la culasse est fermée; il ne reste plus qu'à établir un système de sûreté pour l'empêcher de se dévisser sous l'action des gaz de la poudre. Dans les canons du système Reffye, la vis est en acier; elle entre dans une bague du même métal qui forme l'intérieur de la culasse et dans laquelle son mouvement est dirigé par trois coulisses guides. Le canal de lumière, dont l'orifice est à la partie postérieure et supérieure du canon, débouche obliquement dans un godet pratiqué sur la tête de la vis. Les rayures sont hélicoïdales, au nombre de 14, allant de droite à gauche du fond de l'âme à la bouche. Le canon de 7 pèse 650 kilogrammes, celui de 5, 460 kilogrammes. La charge réglementaire est de $1^k,130$ pour le 7 et de $0^k,870$ pour le 5. La disposition de cette charge est un des caractères essentiels du système; elle est renfermée dans une gargousse cylindrique dont le culot produit l'obturation à la culasse; elle se composait, dans le principe, de rondelles de poudre comprimée, tenant lieu d'une poudre lente et progressive; on a depuis quelque temps substitué à ces rondelles la poudre en usage pour les canons de campagne du nouveau système. L'affût de 7 est pourvu de sièges, reposant à gauche et à droite sur l'essieu et pouvant recevoir chacun un servant. Les projectiles sont: un obus ordinaire, un obus à balles et une boîte à mitraille; l'obus est entouré, dans sa partie cylindrique, d'une enveloppe de plomb qui assure son forcement dans les rayures.

Pendant que l'on organisait de la sorte le matériel des brigades d'artillerie, on procédait à des expériences comparatives sur deux systèmes de canons en acier, dus à deux officiers d'artillerie, MM. de Lahitolle et de Bange. Le système de M. de Bange, plus simple et donnant dans le tir des résultats supérieurs, fut définitivement adopté le 16 décembre 1873, c'est celui qui est encore actuellement en service. Il comporte, comme on le sait, deux canons, ne différant l'un de l'autre que par les dimensions, l'un du calibre de 90^{mm} pour les batteries montées, l'autre de 80^{mm} pour les batteries à cheval. Le corps du canon est formé d'un tube en acier, renforcé à sa partie postérieure par six frettes du même métal. La chambre à poudre est d'un diamètre très peu supérieur à celui de l'âme; le raccordement entre l'âme et la chambre est tronconique et forme la *butée* du projectile; le nombre des rayures, allant de gauche à droite, est de 28 pour le canon de 90^{mm} et de 24 dans le canon de 80^{mm}; elles sont progressives, c'est-à-dire que le pas de l'hélice augmente en allant vers la bouche. Le mode de fermeture est la vis **Treuille de Beaulieu**; le mécanisme qui sert à manœuvrer cette vis est aussi simple qu'ingénieux, il est fondé sur l'emploi d'un volet qui supporte la vis quand elle n'est pas dans la culasse; une tête mobile traversant la vis dans toute sa longueur, porte à sa partie antérieure un obturateur plastique, maintenu par une tête en forme de champignon; cette tête mobile est traversée en long par le canal de lumière, dont l'orifice est dans l'axe de la tige de la tête mobile et qui débouche au fond de l'âme sur le champignon dans un grain de cuivre; le logement de l'étoupille est à la partie postérieure de la tige. Le canon de 90^{mm} pèse 530 kilogr.; celui de 80^{mm}, 425 kilogr. La charge de poudre est de 1^k,900 pour le 90 et de 1^k,500 pour le canon de 80^{mm}. La poudre est à gros grains, lente et progressive. Les projectiles primitivement employés étaient un obus ordinaire, un obus à balles et une boîte à mitraille; le poids de l'obus ordinaire chargé, avec sa fusée, est de 9^k,50 pour le 90^{mm}, et 5 kilogr. pour le 80^{mm}. Les fusées sont de deux sortes: la *fusée percutante* et la *fusée à* *double effet* qui, outre le système percutant, porte un système fusant, dont les durées par dixième de seconde sont facilement réglées au moment du tir, d'après l'appréciation de la distance du but. Les affûts, entièrement métalliques, sont en tôle cornière, les avant-trains sont également en fer.

La mise en service des pièces du système de Bange a fait ressortir plusieurs inconvénients :

1° Le défaut de solidité des affûts ; il y a été remédié par quelques modifications ;

2° La défectuosité de la tête mobile et la non-obturation du canal de lumière ; les accidents produits par la rupture des têtes mobiles étaient fréquents et graves ; on les a prévenus par un épaulement qui empêche la tige rompue d'être lancée en arrière de la pièce, mais on n'a pas remédié à la rupture elle-même, dont la cause n'est pas bien connue. Le seul remède à cet inconvénient paraît être de changer le mode de mise de feu et de pratiquer un canal de lumière oblique, ayant son orifice extérieur à la partie supérieure de la pièce et son orifice intérieur au-dessus de la chambre. On préviendra du même coup les projections d'étoupilles en arrière.

3° Le peu d'effet des obus à balles et surtout la difficulté d'en régler l'éclatement. La gerbe produite par les éclats de l'obus et par les balles formait un cône très élargi en raison de la force de rupture. A la suite de longues études et de nombreux essais, on lui a substitué un *obus à mitraille*, à gerbe étroite, dont le modèle avait été établi à l'École de pyrotechnie et qui a été introduit dans le chargement des coffres pour une forte proportion. L'ancien obus à balles a remplacé dans les coffres l'obus ordinaire. L'effet meurtrier des nouveaux obus s'étend sur une zone très allongée, en sorte que le réglage exact du point d'éclatement n'a plus qu'une importance secondaire pourvu que l'obus éclate en avant du but.

Dans le principe, le coffre à munitions du système de Bange était l'ancien coffre à munitions, modèle 1840, allongé. Ce coffre présentait l'inconvénient de ne pouvoir s'ouvrir lorsque le couvercle était chargé, soit d'avoine, soit des sacs des servants. Le port des sacs sur les coffres étant devenu réglementaire, on a adopté

les obus et les charges sont disposés de manière à pouvoir être pris très commodément sans déranger en quoi que ce soit le chargement. Ces coffres ont toutefois l'inconvénient de porter un nombre de charges inférieur à celui des charges du coffre ancien modèle (76 coups par caisson de 90 au lieu de 81), de coûter très cher et d'avoir un compartimentage compliqué dont les différentes parties seront sujettes à se perdre sur le champ de bataille ; il y a du reste deux modèles de coffres, l'un pour l'avant-train et l'autre pour l'arrière-train du caisson qui ne porte plus qu'un coffre au lieu de deux.

Avant les expériences comparatives qui devaient aboutir à l'adoption des canons du système de Bange, un modèle de canon du calibre de 95^{mm} avait été établi par M. le commandant de Lahitolle et arrêté dans tous ses détails. Or, si rapidement que fussent conduites les expériences, elles demandèrent une certaine période de temps pendant laquelle les circonstances devinrent pressantes. On ne voulut pas s'exposer à faire de nouveau la guerre avec une artillerie trop inférieure, et l'on crut devoir adopter transitoirement le canon de 95^{mm} pour des batteries destinées, au nombre de deux par brigade, à renforcer l'artillerie des corps d'armée, composée de batteries de 7 et de 5. Ces deux batteries, très appréciées des officiers d'artillerie et des commandants de corps d'armée, furent conservées quelque temps encore après la mise en service du 90 et du 80. On les a retirées enfin de l'artillerie des corps d'armée, mais on en a conservé un certain nombre pour les réserves générales.

Le canon de 95^{mm} est, comme ceux du système de Bange, formé d'un tube d'acier renforcé par des frettes ; il présente 28 rayures progressives, allant de droite à gauche ; la partie rayée est reliée à la chambre à poudre par un cône de forcement. Le mode de fermeture est le même en principe, avec un mécanisme un peu différent, moins simple et moins ingénieux. La tête mobile, portant un obturateur, n'est pas percée pour le passage du canal de lumière qui, ayant son orifice extérieur sur la partie supérieure du canon, débouche obliquement au fond de la chambre. L'affût, beaucoup plus solidement établi que celui du système de Bange, en diffère essentiellement par l'appareil de pointage, qui, au lieu d'être mû par une vis à manivelle, est mis en action par une vis sans fin, formant l'axe de deux petites roues latérales. Le poids du canon de 95^{mm} est de 706 kilogr.; il lance quatre sortes de projectiles: l'*obus ordinaire*, l'*obus à balles*, l'*obus à double paroi*, la *boîte à mitraille*. Le poids de l'obus à balles, chargé, est de 11 kilogr.; la charge de poudre est de 2^k,100.

Quoique ce canon soit un peu lourd, c'est une excellente pièce de réserve.

Le tableau suivant peut donner une idée des progrès de l'artillerie depuis Gribeauval jusqu'à nos jours:

BOUCHES à feu.	LONGUEUR en calibres.	POIDS de la pièce en kilogr.	NOMBRE de coups transportés avec la batterie de combat.	POIDS de la pièce sur affût avec avant-train chargé.	VITESSE initiale.	LIMITE de tir efficace.
Syst. Gri- (De 12..	16.82	880	77	2,300	430	1,000
beauval. (De 8...	16.82	580	107	1,700	424	»
Canons. (De 4...	16.82	304	168	1,100	430	»
Syst. 1827. (De 12..	16.82	880	92	2,162	430	»
Canons. (De 8...	16.82	580	128	1,306	424	»
Syst. 1853. (De 12..	15.25	620	112	1,848	458	1,400
Canons-ob. (De 12 lég.	14.67	540	112	1,751	394	1,200
Syst. 1858. (De 4 rayé	16.18	330	132	1,272	325	3,000
Canons. (De 8...	16.45	570	96	.....	330	3,800
(De 12..	14.96	610	72	1,937	307	3,500
Syst. Reffye (De 7...	22.12	650	120	2,081	390	4,900
Canons. (De 5...	24.98	460	160	1,560	417	3,900
S. de Bange (De 90..	21.93	530	100	2,010	455	7,000
Canons. (De 80..	25.97	425	116	1,595	490	7,000
Système Lahitolle. Canon de 95....	23.83	706	90	2,291	443	7,000

Si l'on veut comparer notre système d'artillerie à ceux des principales armées européennes, on peut consulter le tableau suivant, indiquant, pour chacune de ces armées, les calibres en usage, la vitesse initiale, le poids de l'obus ordinaire, le poids de la pièce sur affût et avant-train chargé, le poids du caisson avec avant-train et coffres chargés, enfin le nombre de coups composant l'approvisionnement de première ligne. Les premiers nombres de chaque colonne se rapportent à la pièce la plus légère, les seconds à la pièce la plus lourde, s'il n'y en a que deux ou à la pièce moyenne s'il y en a trois, enfin les troisièmes nombres, quand il y en a, concernent la pièce la plus lourde.

ARMEMENT, HABILLEMENT, ÉQUIPEMENT.

ARTILLERIES.	CALIBRE. en millimètre.			VITESSE initiale.			POIDS de l'obus.		
Française.......	80	90	95	490	455	443	5k,6	8k	10k,9
Allemande......	78,5	88	»	465	444	»	5k,089	7k,019	»
Anglaise.......	76,2¹	76,2	91,4¹	424	522	413	4k,119	5k,670	7k,341
Autrichienne....	75	87	»	422	448	»	4k,325	6k,362	»
Italienne.......	75	87	»	421	454	»	4k,250	6k,630	»
Russe	87	87	100,7	411,5	442	373,4	6k,879	6k,879	12k,489

1. Pièces se chargeant par la bouche.

ARTILLERIES.	POIDS DE LA PIÈCE sur affût avec avant-train.			POIDS du caisson.			APPROVISIONNEMENTS de 1re ligne.		
Française.......	1,585	2,010	2,292	1,840	2,290	2,470	160	154	126
Allemande......	1,880	1,940	»	1,884	2,116	»	154	136	»
Anglaise.......	1,785	1,936	2,166	2,076	2,076	»	148	100	»
Autrichienne....	1,552	1,915	»	1,949	2,174	»	152	128	»
Italienne.......	1,280	1,940	»	1,380	2,130	»	142	130	»
Russe	1,665	1,863	2,104		2,146		165	165	126

On voit que l'artillerie française est la plus lourde de toutes. Si on la compare, par exemple, à l'artillerie allemande, au point de vue du poids total à transporter et non plus du poids du matériel seul, l'infériorité s'accentue encore davantage. En effet, les nombres ci-dessus, relatifs aux poids de la pièce et du caisson, ne comprennent ni les servants, ni leurs sacs, ni le fourrage. Or, l'avant-train de la pièce de 90^{mm} porte trois servants ; le caisson porte 6 servants et 9 sacs. On peut donc évaluer le poids à traîner sur le champ de bataille, à 2,313 kilogr. pour la pièce et 2,716 kilogr. pour le caisson, non compris le fourrage.

Ce qui augmente encore cette infériorité, c'est que nos chevaux d'attelage ne valent pas, en général, ceux des Allemands. Il est permis de penser que, dans l'artillerie française, on a trop sacrifié la mobilité à la puissance, du moins pour les batteries de 90. On a été peut-être trop impressionné par le souvenir de la dernière guerre, où l'artillerie allemande, manœuvrant fort peu, se contentait de choisir de bonnes positions d'où elle contre-battait assez avantageusement nos batteries, inférieures en nombre et moins bien armées et d'où elle écrasait notre infanterie, mais cette tactique ne sera évidemment plus la meilleure, avec une artillerie égale, sinon supérieure, en nombre et en armement. Il faudra, sans multiplier des mouvements pendant lesquels le feu est suspendu, du moins se mouvoir rapidement pour se rapprocher de l'ennemi. Des batteries trop lourdes dans des terrains détrempés, outre qu'elles seront plus lentes et perdront plus de temps pour se déplacer, seront plus exposées à se faire prendre, comme il arriva, par exemple, aux deux batteries attaquées et enlevées à Waterloo, par les dragons de Ponsonby. Nous nous souvenons trop d'hier et pas assez d'avant-hier. A Neuwied, à Castiglione, à Friedland, à la Moskowa et dans vingt autres occasions, pendant nos grandes guerres, l'artillerie française a dû ses succès à l'audace avec laquelle elle s'est portée au-devant de l'artillerie ennemie. Il sera peut-être difficile de déployer la même audace avec des chevaux qui auraient 125 kilogr. à porter et environ 375 kilogr. à tirer dans des terres labourées, peut-être même 445, s'il y a des chevaux tués. Quel serait le remède à cette situation que, pour notre compte, nous n'hésitons pas à regarder comme inquiétante ? Nous avons vu, en Crimée, dans une reconnaissance faite, le 30 décembre 1854, par la cavalerie, une batterie à cheval avec son matériel de canon-obusier de 12 léger, dont la pièce pesait seulement 1,751 kilogr., embourbée par le dégel dans la plaine de Balaklava, mettre plus de deux heures pour parcourir une distance de deux kilomètres, et nous savons qu'à Montretout, le 19 janvier 1871, les pièces de 12 se trouvèrent dans l'impossibilité de marcher. Il n'y a pas à changer notre matériel, la faute est commise, et l'on reculerait peut-être devant la dépense nécessaire pour la réparer. Mais ne pourrait-on pas augmenter, dans les brigades d'artillerie, la proportion des batteries de 80 ? L'artillerie allemande et l'artillerie française sont les seules dans lesquelles toutes les batteries montées soient armées du matériel le plus lourd. En Autriche, en Italie, en Russie, en Angleterre, les brigades attachées aux divisions ou formant l'artillerie de corps sont compo-

sées de batteries lourdes et de batteries légères, dans des proportions qui varient d'une armée à l'autre. Quelle que soit la combinaison que l'on adopte, elle nous épargnerait d'amers regrets, que nous ne manquerions pas d'éprouver le jour où l'immobilité de nos batteries de 90, dans des terrains gras, marécageux ou défoncés par les pluies, priverait nos divisions d'infanterie du concours indispensable de leur artillerie. Un historien de la guerre de Sept ans, officier dans l'artillerie prussienne [1], a dit, à propos de la bataille de Kay, gagnée, le 23 juillet 1759, par les Russes : « La meilleure volonté, dont certes l'artillerie prussienne a donné,
« de tout temps, des preuves éclatantes, cesse du moment où les
« chevaux sont enfoncés dans la fange jusqu'au ventre et les roues
« jusqu'à l'essieu. »

Le système de Bange est parfait, soit, ou plutôt il était parfait pour le moment où il a été adopté, mais on était pressé par le temps, et avec une étude approfondie n'aurait-on pas trouvé mieux ? Il y a un élément que l'on a pris tel qu'il était donné, sans chercher en lui la solution du problème : *la poudre*. Ne serait-il pas possible d'obtenir une même puissance d'effet en diminuant les causes destructrices, de manière à avoir une pièce de même calibre, beaucoup plus légère que notre 90 ? Si nous étions gouvernement ou seulement ministre de la guerre, voici une question que nous voudrions mettre au concours :

« Établir un projet de canon de 90^{mm} tel que l'ensemble du système (pièce, affût, avant-train, coffre chargé) ait pour poids maximum le poids actuel du 80 et qui ait sensiblement la même efficacité de tir que notre 90 actuel, sauf à diminuer un peu le poids du projectile. »

L'officier, l'ingénieur ou l'industriel, à qui l'on devrait la solution pratique de ce problème, assurerait le triomphe de notre artillerie.

Sans prendre la question de si haut, il y a d'ailleurs des objections qu'il est nécessaire de lever. La batterie de combat se compose de six pièces et trois caissons ; c'est assez pour transporter rapidement 36 servants ; mais avec six servants et neuf sacs, sans

---

[1] Decker, *Batailles et combats de la guerre de Sept ans*.

compter l'avoine, le caisson pèse près de 2,700 kilogr., soit 475 kilogr. par cheval. Ces trois caissons pourront-ils suivre les pièces? On peut répondre hardiment non ! cinq fois sur dix. Il faut donc que les pièces se suffisent à elles-mêmes. L'affût de Bange ne se prête pas à recevoir des sièges d'affût, il semble alors qu'on devrait adopter une disposition permettant de faire monter, à l'occasion, les servants sur les sous-verges. L'invention ne serait pas nouvelle, car elle date de la guerre de Sept ans. « En 1762 », raconte Gassendi, « M. de Clausen, campé vers Wolfenbüttel, « ayant une expédition à faire qui exigeait une grande célérité, « demanda à M. de Vrégilles, officier d'artillerie distingué, de le « seconder dans son opération. M. de Vrégilles ne prit qu'un cais-« son par pièce, doubla ses attelages (on avait alors les lourdes « voitures du système Valière, attelées à la française), fit monter « sur leurs chevaux les canonniers, partit, arriva à dix heures du « matin, fut trois heures en batterie et revint, ayant fait seize « lieues dans la journée. L'artillerie à cheval la mieux exercée ne « serait pas plus célère (sic). Cet officier parla depuis de cette « opération à M. de Gribeauval et du projet d'organiser une artil-« lerie à cheval en conséquence. Ce général lui répondit : Vous « voyez la peine que j'ai à détruire d'anciens préjugés et les enne-« mis que m'ont suscités les changements que j'ai opérés. Un jour « nous exécuterons votre projet, préparez-le ; pour le moment, c'est « trop vouloir [1]. »

...Ce n'est pas ici le lieu d'entrer dans les détails de la disposition dont il s'agit ; il y aurait un moyen plus simple d'augmenter un peu la mobilité de nos batteries de 90 : ce serait de les atteler avec des chevaux ayant à la fois plus de vitesse et plus de vigueur. Mais nous citions tout à l'heure un mot de Gribeauval, sur la peine que l'on a souvent pour détruire un préjugé. Qui sait si l'on pourra jamais détruire celui qui règne dans la cavalerie, que pour faire un bon cheval d'artillerie il suffit de prendre un mauvais cheval de dragon ?... Nous avons connu cependant, autrefois, quelques régiments (le 13e, par exemple, en garnison à Metz [2]) montés en che-

---

1. Gassendi, *Aide-mémoire de* 1809, p. 1169.
2. En 1847 et dans des conditions trop longues à expliquer ici, nous avons eu occasion de faire, avec un détachement de 120 chevaux de ce régiment traînant

vaux bretons, un peu petits mais râblés, vigoureux, vites et résistants, galopant sur tous les terrains en traînant des pièces de 8 qui pesaient 1,806 kilogr. (sans compter les trois servants assis sur le coffre). Cette race aurait-elle disparu dans l'amélioration générale ?...

Si nous tenons à avoir une artillerie très mobile, nous regarderions comme également avantageux d'avoir en petit nombre, dans une armée, des batteries de position d'une puissance exceptionnelle; ces batteries seraient excellentes pour créer des points d'appui à nos longues lignes, comme, par exemple, la batterie de 18 pièces placée, à la bataille d'Austerlitz, sur la hauteur du Santon pour appuyer l'aile gauche de l'armée. L'armée anglaise avait avec elle, en Crimée, des batteries de canons de 16, dont les pièces étaient traînées par neuf chevaux sur trois de front. Croit-on, par exemple, que si, le 18 août 1870, le corps du maréchal Canrobert avait été appuyé à sa droite par une batterie d'une vingtaine de canons de 24 courts, tirés de la place de Metz, où se trouvait tout un équipage de siège qui ne servit jamais de rien, ce corps d'armée eût été forcé, après une résistance héroïque, de se replier sur Metz? Et du moment où le commandant en chef de l'armée voulait s'établir devant la place, n'était-il pas élémentaire pour lui d'appuyer ses ailes à de fortes positions? Mais il aurait fallu, pour y penser, connaître la guerre. Les circonstances dans lesquelles une armée, occupant une position défensive, s'est appuyée sur une de ses ailes ou sur toutes les deux à de fortes batteries, ne sont pas rares; et il serait facile d'établir le modèle d'un canon de 120^{mm} court, susceptible non pas de manœuvrer sur le champ de bataille mais de suivre l'armée sur les routes. Vingt ou trente pièces de ce modèle suffiraient à une armée et ajouteraient beaucoup à sa force. Nous y reviendrons en traitant de la tactique de l'artillerie.

Artillerie de montagne. — Quoi qu'il y ait actuellement bien peu de pays en Europe où l'artillerie de campagne ne puisse passer

---

30 voitures, une route de trois mois dans la mauvaise saison et par des temps épouvantables, nos chevaux sont rentrés à Metz dans un meilleur état que s'ils étaient restés dans la garnison. A côté de nous, un détachement d'un autre régiment faisait la même route avec de grands et forts chevaux achetés dans le nord ; quand il rentra à Metz, ses chevaux n'étaient plus que des squelettes ambulants, et cependant ce détachement était mieux commandé que le nôtre.

presque partout, on ne saurait songer à faire la guerre dans les Alpes, dans les Pyrénées ou même dans les Vosges et certaines parties du Jura, sans artillerie de montagne. Et cependant l'organisation d'un matériel spécialement affecté à la guerre de montagne est d'une date relativement récente. Le prince de Rohan, dans sa fameuse campagne de la Valteline, n'avait pas d'artillerie. Le maréchal de Maillebois, dans la campagne d'Italie, en 1745, avait employé de petites *bombettes*, portées sur une fourchette et tirées à l'épaule. Pour la guerre de Corse, en 1772, on construisit un certain nombre d'affûts-traîneaux, destinés au transport des pièces à la Rostaing. Lorsque Bonaparte vint prendre, au mois d'avril 1796, le commandement de l'armée d'Italie, l'artillerie ne comprenait que des batteries de montagne, mais composées de pièces de tous calibres. Il y avait jusqu'à des canons de 12 et de 8, des obusiers et des mortiers de six pouces, destinés, il est vrai, à l'armement des postes et des châteaux; le reste consistait en canons de 3 et de 4. On employait toutes sortes d'affûts; généralement la pièce, montée sur affût, était posée sur un traîneau et tirée par des mulets. Pour le tir, on plaçait l'affût sur une chevrette. D'après le détail d'un équipage de montagne, donné par Gassendi, il fallait par pièce : 6 mulets de trait pour la pièce et son affût, 5 mulets de bât pour les caisses à munitions, 2 pour les armements et agrès, 1 pour les sacs des canonniers [1], soit en tout 14. Le système de l'an XI comprenait une artillerie de montagne, composée de canons de 3, de 4 et de 6, ainsi que d'obusiers. Le poids d'un canon de 4 avec son affût était de 265 kilogr.; celui d'un obusier de 6^{po}, de 344 kilogr. Rien ne fut exécuté à ce sujet pendant les guerres de l'Empire, et l'artillerie de montagne fit défaut là où, peut-être, on en aurait eu besoin, comme en Catalogne, où Gouvion Saint-Cyr, on le sait, livra et gagna la bataille de Walls sans artillerie.

En 1828, on créa, pour l'artillerie de montagne, une pièce spé-

---

1. C'est là une question qui a été et est encore très controversée. Faut-il que les servants des batteries de montagne portent leurs sacs sur le dos ou faut-il les faire porter par des mulets? On voit que, sous la première République, cette question était tranchée dans le dernier sens. Il est bien difficile, en effet, à des canonniers qui portent leurs sacs de faire les manœuvres qu'exige le matériel de montagne.

ciale : l'obusier de 12°; tout le matériel, pièce et affût, était disposé pour être porté à dos de mulet, un mulet portait la pièce et la limonière, un autre l'affût et les roues. Une batterie de ce système fit partie, en 1829, de l'expédition de Morée, une autre fut attachée, en 1830, au corps expéditionnaire d'Alger. Toutes les guerres d'Algérie, de 1830 à 1857, furent faites avec des batteries d'obusiers de 12°, tantôt attelées, tantôt portées. La question de savoir s'il était préférable d'atteler les pièces ou de les porter à dos de mulet, a donné lieu à bien des discussions. Évidemment, le mode à préférer dépendait de la nature du pays ; généralement, dans la province d'Alger, on préférait marcher avec les pièces attelées, dans la province de Constantine, au contraire, on employait le transport à dos. Ce dernier mode exigeait, chez les canonniers, une grande habitude du transport, et certaines batteries possédaient cette habitude d'une façon remarquable.

L'artillerie de montagne devait évidemment suivre les progrès de l'artillerie de campagne. L'obusier de 12° pesait 100 kilogr., son affût avait le même poids. Le projectile employé était l'obus ordinaire de 12°, tiré à la charge de $0^k,270$, la vitesse initiale était de 244 mètres ; on lui substitua, en 1858, un canon rayé du système Treuille de Beaulieu qui, essayé en 1857, pendant la campagne de la Grande-Kabylie, avait donné d'excellents résultats, il lançait les mêmes projectiles que le canon de 4 rayé de campagne, avec une charge de $0^k,330$, une vitesse initiale de 225 mètres et une portée maxima de 2,000 mètres. Un certain nombre de batteries de ce système ont été organisées pendant l'hiver de 1870-1871 et ont rendu des services sur les terrains détrempés où, par les temps de dégel, on avait peine à manœuvrer avec les pièces de campagne.

Le nouveau système d'artillerie comprend un canon de 80^{mm} de montagne de $1^m,200$ de longueur, pesant 105 kilogr. ; il lance, à la charge de $0^k,400$ et avec une vitesse initiale de 257 mètres, l'obus de 80^{mm}. L'affût avait été primitivement établi pour être, comme celui du canon de 4 rayé, porté avec les roues par un seul mulet, mais il était trop léger, ce qui rendait le recul trop considérable ; il arrivait même, parfois, que l'affût se renversait complètement en arrière. On essaya de diminuer la charge, l'effet balistique de la bouche à feu devint insuffisant ; alors on adopta un affût composé de deux parties, dont l'une, appelée *rallonge* et comprenant le bout de flèche et la crosse, se sépare de la partie antérieure pour le transport. L'affût entier pèse 199 kilogr. dont $52^k,50$ pour les deux roues et 29 kilogr. pour la rallonge de flèche ; ce qui, avec les 105 kilogr. de la pièce, donne un poids total de 304 kilogr. Un mulet porte la pièce, soit 105 kilogr., un autre l'affût sans roues ni rallonge, soit $117^k,50$, et un troisième les roues, la rallonge et la limonière, $97^k,50$.

Les munitions des batteries de montagne ont toujours été transportées dans des caisses à dos de mulet. Chaque caisse pour obusier de 12^c portait 8 cartouches à obus ordinaire, 1 à obus à balles et 1 à boîte à mitraille. La caisse pour canon de 4 rayé portait 9 coups de canon, dont 7 à obus ordinaire, 1 à obus à balles et 1 à boîte à mitraille. La caisse de droite du canon de 80^{mm} contient 7 coups dont 3 obus ordinaires et 4 obus-à balles ; dans la caisse de gauche un obus à balles est remplacé par une boîte à mitraille. Dans les batteries de montagne organisées pour la France, une partie seulement des munitions est portée à dos de mulet ; le reste est sur des chariots de parc.

Outre les affûts et les caissons, l'artillerie de campagne comprend une forge, un chariot de batterie, un chariot de parc (exclusivement réservé pour les parcs et pour certaines batteries de montagne) et un chariot-fourragère.

Les caissons et les coffres à munitions pour les cartouches d'infanterie ont toujours été les mêmes que les caissons d'artillerie. On s'en est tenu, cependant, pour les coffres, aux modèles 1858 et 1840 allongé. Pendant quelque temps on s'est servi, pour transporter les cartouches d'infanterie sur le champ de bataille, d'un caisson à deux roues et à un seul coffre, que l'expérience de la guerre de 1870 a fait condamner.

Le nombre de cartouches transportées par un caisson a nécessairement varié avec le modèle des cartouches. Actuellement, le caisson modèle 1858 contient 13,144 cartouches modèle 1874, et chaque coffre peut recevoir 11,286 cartouches de revolver.

Pour terminer ce qui a rapport à l'artillerie de campagne, il reste à dire deux mots du *matériel de pontage*. Avant la Révolution, le matériel spécial pour les ponts comprenait des *pontons* en cuivre, des bateaux et des *haquets*. En 1803, les pontons furent supprimés et remplacés par des bateaux légers, de sorte que pendant l'Empire il y eut des bateaux légers ou d'avant-garde, des grands bateaux réservés spécialement pour les ponts à demeure, des nacelles pour la navigation et des haquets de deux modèles, correspondant aux deux modèles de bateaux. Après de longs tâtonnements, on finit par adopter, en 1853, un matériel de pontage, comprenant un seul modèle de bateau, une nacelle et un haquet. Ce haquet ayant été trouvé, lors de l'expérience de la guerre de 1859, en Italie, trop embarrassant et surtout d'un tournant trop difficile dans les rues d'une ville ou d'un village, on créa, pour les équipages de pont de corps d'armée, un bateau et un haquet particuliers, dits du modèle 1866. Le bateau pouvait se partager en deux demi-bateaux susceptibles d'être employés à la construction de passerelles pour l'infanterie. Ces bateaux et ces haquets ont été complètement abandonnés après la guerre de 1870. Il ne reste plus que les bateaux et les haquets adoptés en 1853, avec un chevalet à deux pieds en service depuis la même époque.

Le *matériel de siège, de place et de côte*, a subi des transformations correspondantes à celles du matériel de campagne. Nous n'avons ici qu'à les indiquer très sommairement en distinguant, d'après ce qui précède, le système Valière, le système Gribeauval, le matériel modèle 1827, le matériel modèle 1858, et enfin le matériel actuel.

Le matériel de Valière comprenait, avons-nous vu, des canons de 24, de 16, de 12, de 8 et de 4, sans distinction d'artillerie de campagne et d'artillerie de siège. Ces canons et leurs affûts étaient excessivement lourds ; les poids étaient en effet de 2,700 kilogr. pour le 24, 2,100 kilogr. pour le 16, 1,600 kilogr. pour le 12, 1,150 kilogr. pour le 8, 575 kilogr. pour le 4 ; il y avait, en outre, un mortier de six pouces.

Gribeauval affecta au service des sièges et des places :

Un canon de 24, pesant 2,814^k ; un canon de 16, pesant 2,055^k ; un canon de 12, pesant 1,592^k ; un canon de 8, pesant 1,087^k.

Un mortier de 12 pouces (32°), deux de 10 pouces (27°), l'un à grande, l'autre à petite vitesse, un de 8 pouces (22°), pesant respectivement 1,575 kilogr., 1,025, 800ᵏᵍ,275, un pierrier du calibre de 5 pouces, pesant 750 kilogr.

Un obusier de 8 pouces (22ᶜ), à trois calibres seulement de longueur d'âme, pesant 548 kilogr.

Toutes ces pièces étaient en bronze. La vitesse initiale dans les canons de 24 et de 16ᶜ tirés à la charge de moitié du poids du boulet (tir en brèche) était de 460ᵐ pour le 24 et de 480ᵐ pour le 16.

Pour l'armement des batteries de côte, on employait des canons de la marine en fonte de fer, des calibres de 36, 24, 18, 16, 12, 8 long, 8 court, 6 long, 6 court. Le canon de 36 pesait 3,595, celui de 24, 2,558, de 18, 2,106 kilogr.

Les affûts étaient distingués en affûts de siège (deux nᵒˢ pour le 24 et le 16).

Affûts de place (quatre nᵒˢ, le 24, le 16, le 12 et le 8).

Affûts de côte (cinq nᵒˢ).

Affûts de mortier (cinq nᵒˢ).

Les mortiers étaient à chambre cylindrique, d'un diamètre beaucoup plus petit que celui de l'âme. On les remplaça plus tard par les mortiers *à la Gomer*, à chambre tronconique. En 1827 on adopta un obusier de siège de 22ᶜ, en 1838, un mortier de 15ᶜ. Le pierrier fut supprimé en 1854.

Les affûts de siège furent modifiés en 1825 et reçurent une forme analogue à celle des affûts de campagne. Les affûts de place, pour les canons de 24, 16 et 12, furent complètement modifiés en 1828 et devinrent affûts de place et côte; un affût de côte en fonte fut créé en 1847, un affût de casemate de côte en 1852.

En 1847 on adopta pour les places un obusier de place de 22ᶜ en fonte, ainsi qu'un canon de 24 et un canon de 16 également en fonte.

On supprima en principe le mortier de 32ᶜ, sous prétexte que les effets du mortier de 27ᶜ étaient bien suffisants, mais pendant le siège de Sébastopol on ne cessa de demander des mortiers de 32ᶜ.

Après avoir longtemps employé, pour les batteries de côte, des bouches à feu de la marine, on adopta pour cet armement : en 1847, les canons de 24, de 16 en fonte ; en 1850, l'obusier de côte de 22ᶜ, le canon-obusier de 80, d'après le système du général Paixhans, ainsi qu'un canon de 30 long et le mortier de 32ᶜ en fonte avec un affût spécial.

En 1858, on appliqua le système de rayage du colonel Treuille de Beaulieu au canon de 24, qui devint provisoirement le canon de 24 rayé de siège et de place, et au canon de campagne de 12, qui devint le 12 rayé de siège. Plus tard, en 1869, le général Treuille de Beaulieu établit le modèle d'un canon rayé du calibre de 24, très court, auquel il affecta un affût en fer; la pièce présente cela de particulier qu'elle est presque en équilibre sur l'axe des tourillons et que l'effort le plus léger suffit pour abaisser et élever la culasse. Le canon et son affût furent adoptés sous le nom de 24 rayé de siège. Le canon de 24 long resta simplement canon de 24 rayé de place. On imagina aussi un obusier long du calibre de 24, nommé obusier de 80, mais qui ne fut pas mis en service.

En somme l'artillerie de siège, place et côte, comprenait, au moment de la guerre de 1870, les bouches à feu ci-dessous désignées :

Canon de 24 rayé de siège, avec affût en fer;
Canon de 12 rayé de siège, avec affût de campagne;
Canon de 24 rayé de place, avec l'affût de siège modèle 1825 ou l'affût de place et côte modèle 1828;
Canon de 24 lisse, avec l'affût de siège modèle 1825 ou l'affût de place et côte modèle 1828;
Canon de 16 lisse, avec l'affût de siège modèle 1825 ou l'affût de place et côte modèle 1828;
Canon de 12 de place lisse, avec l'affût de place et côte;
Obusier en bronze de 22°, avec l'affût de siège modèle 1825;
Ancien obusier de campagne de 16°, avec l'affût de campagne ou un affût de place et côte modifié;
Mortiers en bronze de 32°, de 27°, de 22° et de 15°;
Obusier de 22° de place en fonte, avec affût de place et côte;
Obusier de 22° de côte en fonte, avec affût de côte en fer;
Canon de 80 en fonte, avec affût de côte en fer;
Canons de 24 et de 16 en fonte, avec affûts de place et côte.

Cette artillerie s'étant montrée très inférieure à celle des Allemands pendant les sièges de 1870, il y avait nécessité d'appliquer aux canons de siège, de place et de côte, comme à ceux de campagne, le chargement par la culasse. La première mesure prise dans ce sens fut l'adoption d'un canon du système Reffye, du calibre de 138^{mm}, qui n'était autre que le canon de 16, rayé et pourvu à la culasse d'une bague en acier comme les canons de 7 et de 5 en bronze. Mais ce n'était là qu'une disposition transitoire, les deux calibres adoptés pour les canons rayés de siège et place, système de Bange, furent le 155^{mm} et le 120^{mm}. On établit plus tard un autre canon de 155^{mm} du même système, mais plus court et plus léger, destiné au tir sous de grands angles, et comme canon à grande puissance, le canon de 220^{mm}. On affecta au siège et place le canon de 95^{mm}, retiré presque totalement des équipages de campagne, et, après de longs essais, on adopta deux mortiers rayés de 270^{mm} et de 220^{mm}. Quant aux bouches à feu des batteries de côte, il y eut pendant quelque temps une assez grande confusion de modèles, mais on s'en est tenu définitivement aux canons de 32^c, de 27^c, de 24^c, de 19^c et de 16^c. Les pièces que l'on avait employées à titre d'expédient, c'est-à-dire le canon de 30 rayé et l'obusier de 22^c rayé et fretté se chargeant par la bouche, tendent à disparaître au fur et à mesure que l'on dispose de pièces et d'affûts des calibres ci-dessus.

Ce serait sortir des limites de notre cadre que d'entrer dans de plus grands détails sur l'artillerie de siège, place et côte, nous nous bornerons à donner la nomenclature des bouches à feu qui composent aujourd'hui cette artillerie, soit à titre régulier, soit à titre d'emploi des ressources existantes.

ARTILLERIE DE SIÈGE.

	Poids.	Projectiles.	Affûts.
	kilogr.		
Canons en acier rayés de 95^c	700	(Voir à l'artillerie de campagne.)	Affût de campagne spécial, affût de siège et de place, pour bouches à feu de petit calibre.
— de 120^{mm} . . .	1,200	Obus ordinaire. Obus à balles. Boîtes à mitraille.	Affût spécial pesant 1,570 kil.
— de 155^{mm} long.	1,530	Id.	— — 2,685 —
— de 155^{mm} court.	1,023	Id.	— — 1,123 — sans roues.
— de 220^{mm} . . .	6,027	Obus ordinaire.	— — 5,653 kil. avec roues.
Mort^s en acier rayés de 220^{mm} . . .	2,000	Id.	— — 2,172 kil.
— de 270^{mm} . . .	»		»
Mortier lisse en bronze, se chargeant par la bouche de 15^c	70	Obus de 15^c. Appareil Moisson 7 boîtes pleines de grenades.	— 66 —
A l'étude : mortier rayé de 90^{mm} . .	70	»	— 79 —

Les canons de 120^{mm} et 155^{mm} sont du système de Bange à rayures progressives au nombre de 48 pour le 155^{mm} et de 36 pour le 120^{mm}.

L'obus ordinaire chargé pèse 18^k,300 pour le 120^{mm}, 40 kilogr. pour le 155^{mm}. (Ces obus ne contiennent, le premier, que 0^k,800, le second, 1^k,400 de poudre; cette charge intérieure est trop faible.)

La charge maxima est de 4^k,500 pour le 120^{mm}, 9 kilogr. pour le 155^{mm}.

L'obus de 220^{mm} pèse 98 kilogr. tout chargé pour mortier et 90 kilogr. pour canon; la charge intérieure de poudre est de 6 kilogr. pour mortier et de 4^k,800 pour canon. Cette charge est insuffisante pour les effets que l'on veut produire. La charge maxima est de 6^k,350 pour mortier.

ARTILLERIE DE PLACE

Toutes les pièces de siège, sauf les canons de 220^{mm} et les mortiers de 270^{mm}, plus les suivantes :

	Poids.	Affûts.	Poids.
	kilogr.		kilogr.
Canon en bronze rayé, du système Reffye, de 138^{mm}............	1,940	Affût à soulèvement...	1,397
		Affût de siège approprié.	1,529
		Affûts de place de 24^c et de 16^c appropriés..	1,127
Canon en bronze rayé, du système Reffye, de 7^c et de 5^c (Voir à l'artillerie de campagne).	»	Affût de place pour bouches à feu de petit calibre..........	497
Canon-revolver............	531	Affût métallique spécial.	614
Canon à balles (voir à l'artillerie de campagne).	»	»	»
Mortiers lisses de 32^c, 27^c et 22^c (voir plus haut).	»	»	»

Note. — On emploie aussi des affûts à freins hydrauliques.

Après avoir pendant plusieurs années conservé, pour le flanquement des fossés, des canons à balles et des obusiers lisses de 16^c, on a enfin adopté, pour cet objet, le canon-revolver qui lance, à la charge de 90 grammes de poudre, une boîte renfermant 24 balles sphériques. Le pointage du canon-revolver se fait une fois pour toutes sur chaque point où l'on veut l'employer; il reste ensuite fixe, et l'arme est toujours prête à tirer sans que l'obscurité ou la fumée gênent son action. Il peut tirer soixante coups à la minute.

ARTILLERIE DE CÔTE.

	Poids.	Projectiles.	Affûts.
	kilogr.		
Canons en fonte rayés, tubés et frettés, se chargt par la culse, de 19c.	7.850	Obus ordinaire. Obus de rupture.	Affûts à frein hydraulique.
Id. de 24c.	16.200	Obus à balles.	Affûts à frein et à lames.
Id. de 27c.	23.200	»	»
Canon en acier rayé et fretté, se chargt par la culasse, de 32c.	39.000	»	»
Id. de 240mm	13.780	»	»
Id. de 270mm	»	»	»
Canon en fonte rayé et fretté, se chargt par la culasse de 16c.	3.650	Obus ordinaire. Obus à mitraille.	Affût marin et affût de côte en fonte.
Canon en fonte rayé, se chargeant par la bouche, de 30c.	3.000	Id.	Affût de côte en fonte, affût de casemate, affût en bois.
Obusier en fonte rayé, se chargeant par la bouche, de 22c.	3.700	Obus ordinaire. Obus à double paroi et à balles. Boîtes à mitraille.	Affût marin, affût de côte, affût de casemate de côte.
Mortier à plaque . . . . . de 32c.	4.280	Bombe sphérique.	Affût spécial.

Les obus ordinaires pèsent tout chargés :

Celui de 19c. . . . $75^k,400$; 24c, $121^k,650$; 27c, 180^k ; 32c, $286^k,500$
Charge intérieure. $4^k,050$; — $6^k,650$; — 11^k ; — 17^k ,
Charge de poudre. 16^k » ; — 28^k » ; — 42^k ; — 80^k ,

L'obus de 16c chargé pèse. . $31^k,490$ Charge intérieure. . $1^k,300$
— de 22c — . . $79^k,800$ — . . 4^k ,
La bombe de 32c chargée pèse. 94^k »   — . . $3^k,615$

Le tir des nouvelles bouches à feu de siège, de place et de côte est remarquable par sa justesse et sa portée.

Le tableau suivant permet de comparer, au point de vue de la vitesse initiale, avec la charge maxima, nos pièces de siège, de place et de côte à celles des calibres correspondants des diverses artilleries étrangères :

FRANCE.
Canon de 120mm . . . 481m,2
Canon de 155mm long. 464m
Mortier de 220mm . . 260m

ALLEMAGNE.
Canon lourd de 12c. . . 430m
Canon de 15c fretté. . . 485m
Mortier de 21c. 214m

AUTRICHE.
Canon de 12c 510m
Canon de 15c 482m
Mortier de 21c 238m

RUSSIE.
Canon de 24l en acier fretté. 480m
Mortier de 8po. 343m

ITALIE.
Canon de 12c 508m
Canon de 15c 510m
Mortier rayé de 24c . . 200m

ARTILLERIE DE CÔTE.

FRANCE.	ALLEMAGNE.	AUTRICHE.
Canon de 240mm . . . 485m	Canon de 28c 473m	Canon de 24c 443m
Canon de 19c 438m	Canon de 21c 446m	

RUSSIE.	ITALIE.
Canon de 9po 440m	Canon de 24c 410m

Pour le poids des projectiles :

FRANCE.			ALLEMAGNE.			AUTRICHE.		
OBUS.	POIDS total.	Charge intérieure.	OBUS.	POIDS total.	Charge intérieure.	OBUS.	POIDS total.	Charge intérieure.
De 120mm .	17k,800	0k,800	De 12c . . .	15k,100	1k,125	De 12c . . .	16k,700	0k,950
De 155mm .	40k,910	1k,600	De 15c . . .	27k,750	1k,900	De 15c . . .	31k,500	1k,750
De 220mm .	98k »	3k »	De 21c . . .	80k »	4k,750	De 21c . . .	87k,200	3k,750
De 270mm .	180c »	10k,980	De 28c . . .	208k »	7k,300	De 28c . . .	221k »	11k,500
De 240mm .	155k »	5k,600	De 21c . . .	79k »	5k »	De 24c . . .	118k,500	6k,800

Si ce matériel laisse à désirer, c'est plutôt par les effets des projectiles que par le tir en lui-même. Il est difficile, ou plutôt impossible, d'augmenter la charge intérieure de poudre, mais il est possible de substituer à la poudre une substance plus énergique. Jusqu'à présent cette substitution avait paru difficile et pleine de dangers ; on avait seulement fait des études sur les moyens d'augmenter la force brisante de la poudre en y ajoutant certaines substances telles que le picrate d'ammoniaque. Les Allemands sont arrivés à charger intérieurement, avec le coton-poudre, des projectiles dont l'effet destructeur est véritablement effrayant. Avec des pièces d'un calibre moyen, pouvant être facilement amenées devant un fort d'arrêt, il suffirait d'un nombre de coups peu considérable pour ruiner complètement les défenses de ce fort, rompre toutes les voûtes et les rendre inhabitables. Grâce à la commission du budget et aux journaux, tout le monde sait aujourd'hui qu'après une série d'expériences *secrètes* l'artillerie française est arrivée au même résultat que l'artillerie allemande.

Cela nous conduit à dire quelques mots des substances explosives employées depuis quelque temps à la guerre. Autrefois on se servait seulement de poudre pour faire sauter les ponts, les murs, les palissades, les mines, etc. Ces destructions sont fréquentes en campagne, lorsqu'on veut se couvrir d'un cours d'eau, sans arrière-pensée de le traverser pour revenir à l'ennemi, en faisant sauter les ponts qui pourraient donner passage à celui-ci ; lorsqu'on veut pénétrer dans une enceinte fermée, en brisant la porte à l'aide d'un pétard, etc. Mais l'importance des chemins de fer et la possibilité d'y intercepter le passage sur un point quelconque par la destruction des rails, tandis qu'une route ordinaire ne peut être coupée instantanément qu'en détruisant un pont, a augmenté dans une forte proportion les occasions de destruction qui se présentaient à la guerre. Incommode à transporter, la poudre exige un fort bourrage pour produire des effets brisants. Avec des substances telles que la dynamite, le coton-poudre, la palléine, on peut obtenir l'explosion sans bourrage ou du moins avec un bourrage insignifiant. Les différents explosifs de cette nature se valent à peu près sous le rapport de l'effet brisant. La dynamite, comme on le sait, est un mélange de nitroglycérine, corps liquide et violemment explosif au simple choc, avec une matière inerte et poreuse, ou avec une matière active, susceptible elle-même de déflagration, mais la dynamite à base inerte paraît seule susceptible d'être employée pour les usages de la guerre. Elle présente trois inconvénients : elle détone au choc de la balle, elle se congèle à la température de 8° au-dessus de zéro, et elle s'altère à l'humidité ou à la chaleur par l'exsudation ou par la décomposition de la nitroglycérine ; dans le premier cas elle détone au choc, dans le second cas elle peut détoner spontanément. Le coton-poudre a un grave inconvénient : il ne peut détoner qu'à l'état sec et ne peut être conservé qu'à l'état humide ; toutefois le coton-poudre humide détone lorsqu'il est amorcé avec du coton-poudre sec. On a préféré pour le service de l'armée de terre la dynamite, parce qu'on a trouvé, à l'aide d'une amorce fulminante assez forte, moyen d'en assurer la détonation, même lorsqu'elle est gelée et que les procédés de fabrication lui donnent une fixité suffisante. Reste l'inconvénient de détoner au choc de la balle, même à une certaine distance. On a mis en essai depuis quelque temps une variété de dynamite nommée *palléine*, qui est insensible à la balle. Le coton-poudre est employé par la marine pour les torpilles. Si une autre substance était susceptible de remplacer avantageusement la dynamite, ce serait probablement la *mélinite*, dont on parle beaucoup depuis quelque temps et qu'on dit à la fois plus énergique et moins dangereuse. Quoi qu'il en soit, l'emploi des explosifs brisants est tout à fait accepté à la guerre. Il est surtout beaucoup plus commode que celui de la poudre, en raison de la facilité du transport de ces substances. Un peloton de 25 cavaliers, par exemple, dont chaque homme porte un pétard de 100 grammes, dispose ainsi de $2^k,5$ de dynamite, avec lesquels on pourra mettre hors de service une longueur de voie de près de 500 mètres.

La dynamite est généralement employée sous forme de pétards plats et allongés, comprenant 100 grammes de matière explosive, et tout prêts à recevoir leurs amorces qui sont portées à part. Chaque cavalier est porteur d'un de ces pétards. Les voitures d'artillerie et du génie portent des approvisionnements de réserve. Il existe, pour le service du génie, des pétards cylindriques ne pesant que 25 grammes et des cartouches de dynamite qui, n'étant pas faites pour recevoir des amorces de fulminate, sont employées à compléter les charges amorcées par un petit pétard.

Le danger de tous ces explosifs, c'est de mettre pour ainsi dire la destruction à la portée de tout le monde. Un peloton de cavalerie qui intercepterait mal à propos une voie ferrée pourrait arrêter les opérations de l'armée, et l'on a éprouvé plus d'une fois combien la destruction d'un pont pouvait être fatale. L'explosion prématurée du pont de Leipsick, due à l'erreur d'un caporal du génie, a transformé la défaite de Napoléon en un désastre sans pareil. La destruction des ponts de Longeville et d'Ars, près de Metz, en août 1870, a singulièrement nui au passage de l'armée sur la rive gauche de la Moselle en ne lui laissant plus que deux ponts. D'un autre côté, la bataille d'Austerlitz n'aurait pas eu lieu si, au mois de novembre 1805, un sergent autrichien eût mis le feu au tablier du pont sur le Danube, et les armées allemandes n'auraient pas devancé les colonnes de l'armée française sur la route de Verdun, le 16 août 1870, si l'on avait eu l'idée de détruire les ponts de

Pont-à-Mousson et de Novéant. Que le gouverneur de Soissons, en 1814, eût exécuté l'ordre qu'on lui avait donné de faire sauter le pont sur l'Aisne, et Blücher, atteint par Napoléon après le combat de Gué-à-Trème était perdu sans retour !...

Le général en chef seul doit pouvoir ordonner des destructions importantes. En 1870, le général Crouzat, commandant l'armée des Vosges, envoyait des bords de l'Ognon, où il s'était retiré avec son armée, au gouvernement de Tours la dépêche suivante : « Le « génie fait sauter tous les ponts des environs ; ce qui m'empêche « de faire aucun mouvement en avant. Je proteste contre ces des- « tructions. *Laissons à l'ennemi le soin de couvrir de ruines le sol de* « *la patrie.* » Sous une forme pittoresque, le général proférait une vérité élémentaire : c'est qu'il ne faut pas détruire à tort et à travers, autrement dit qu'il faut user de la dynamite, comme de beaucoup de choses en ce monde, avec modération.

Non seulement on fait usage aujourd'hui, dans les armées, de substances explosives dont nos pères n'avaient pas la moindre idée, mais la poudre elle-même n'est plus ce qu'elle a été pendant des siècles. Depuis que le dosage de la poudre de guerre avait été fixé à 75 de salpêtre, 12.5 de charbon, 12.5 de soufre, qu'on avait eu l'idée de grener la pâte faite avec ce mélange préalablement trituré, et de lisser les grains pour les rendre plus durs, aucune modification n'avait été apportée à la fabrication de la poudre. On pouvait encore, en 1854, pour charger un des canons qui faisaient feu devant Sébastopol, puiser la poudre dans un baril fermé depuis le règne de Louis XIV... Quelques faits cependant avaient déjà attiré l'attention sur les propriétés brisantes de la poudre à canon et sur la nécessité de se prémunir contre leurs effets. Sous la Restauration, le général Ruty, directeur général des poudres et salpêtres, ayant voulu livrer à l'artillerie de la poudre fabriquée suivant un nouveau procédé, celui des meules, qui assurait une trituration plus complète du mélange que le vieux procédé des pilons, plusieurs canons furent mis rapidement hors de service. On reconnut que cette poudre était trop brisante ; on en proscrivit l'emploi dans les bouches à feu. On constata en même temps que des canons de siège chargés avec de la poudre à canon ordinaire étaient, par l'emploi trop répété de fortes charges, promptement détériorés.

On comprit alors que, si les gaz de la poudre n'ont pas un espace suffisant pour se développer en arrière du projectile avant que ce projectile se mette en mouvement, ils agissent violemment sur le métal de la pièce. Mais avec *le vent*, tel que nous l'avons défini plus haut, ces gaz trouvaient au moins une issue, et pour une pièce en bronze, le mal se bornait à une forte dépression dans le métal de la pièce à l'emplacement du boulet. Il n'en fut plus ainsi avec les pièces en acier se chargeant par la culasse, et l'on ne tarda pas à reconnaître, par l'expérience comme par le raisonnement et le calcul, l'importance d'approprier la nature de la poudre à celle de la bouche à feu, ainsi que la nécessité d'avoir, pour ainsi dire, autant de poudres différentes les unes des autres que l'on avait de pièces de modèles et de calibres différents.

En un mot, on distingue la vivacité de la poudre de sa force : une poudre est plus forte qu'une autre quand elle produit un effort plus considérable; elle est d'autant plus vive que son effort maximum met moins de temps à se produire à partir de la mise de feu; une poudre est dite *progressive* quand l'effort produit par son explosion n'arrive que progressivement à son maximum, et comme cet effort est d'autant plus puissant, pour une même poudre, que la charge est plus forte, une poudre a d'autant plus besoin d'être progressive, toutes autres conditions égales d'ailleurs, que le calibre est plus fort.

Nous ne reviendrons pas sur ce que nous avons dit plus haut de l'influence des divers éléments de la bouche à feu, n'ayant point à faire ici un cours d'artillerie ; nous dirons seulement que la vivacité de la poudre dépend de son degré de trituration, de sa densité, de la forme et de la grosseur de ses grains, et que, ne pouvant avoir autant d'espèces de poudre que de calibres et de modèles de bouches à feu, on s'est arrêté à trois ou quatre numéros de poudre appartenant à un même type de fabrication; l'une, la poudre C_1, pour les canons de petit calibre, 90^{mm}, 80^{mm}, 95^{mm}, 7^c et 5^c; la 2e poudre, SP_1, pour les canons de siège, 155^{mm}, 120^{mm}, 220^{mm}, 16^c, 19^c; mortiers de 220^{mm}; la 3e, SP_2, pour les gros canons de côte, 24^c, 27^c. On emploie même une poudre SP_3 pour les très gros canons, comme celui de 32^c. Il suffit, pour qu'une même poudre puisse servir à deux ou trois calibres différents, qu'on donne à la charge un emplacement d'autant plus grand relativement à son poids (en termes techniques, une *densité de chargement* d'autant moindre) que le calibre est plus fort.

Nous prions le lecteur d'excuser ces détails. On trouvera sans doute que nous en avons dit à cet égard trop ou trop peu. Mais en dire davantage nous eût entraîné bien loin et en dire moins eût été passer sous silence une des transformations les plus considérables de l'artillerie. On croyait la poudre inventée depuis longtemps, on pourrait presque dire maintenant qu'on l'invente tous les jours ou plutôt qu'elle n'est pas encore inventée.

HABILLEMENT ET ÉQUIPEMENT.

Quoique l'habillement et l'équipement des troupes soient loin d'avoir à la guerre la même importance que leur armement, il est évident pourtant que la manière dont un soldat est vêtu exerce une grande influence sur son aptitude à supporter la marche, la fatigue, les mauvais temps, les températures excessives ou variables, à manier ses armes, à pourvoir à ses besoins. C'est donc un problème intéressant que de rechercher la meilleure manière de vêtir, chausser, coiffer, équiper le fantassin et le cavalier, en comprenant dans l'équipement du cavalier le harnachement de son cheval. En outre, un costume uniforme étant nécessaire pour distinguer le soldat du bourgeois, le soldat d'un pays de celui d'un autre pays, et jusqu'à un certain point le soldat d'un régiment de celui d'un autre régiment, il a fallu imaginer des variétés de formes et de couleurs à l'aide desquelles, au temps de l'enrôlement volontaire, on cherchait à flatter la vanité humaine pour attirer des recrues.

Pour décrire toutes les modifications qu'a subies en France le costume militaire, le crayon et le pinceau vaudraient infiniment mieux que la plume et nous pourrions renvoyer nos lecteurs aux nombreux albums dans lesquels se trouve reproduite la série des changements d'uniforme ou les inviter à visiter certaines salles du musée de Versailles. Nous nous bornerons ici à indiquer les changements les plus importants, en faisant remarquer qu'aux termes de la loi de 1873 sur l'organisation générale de l'armée, les uniformes ne peuvent plus être changés sans le vote préalable d'un crédit législatif. On a voulu sans doute mettre ainsi un frein à la manie de changement qui caractérise l'armée française et les ministres de la guerre.

On raconte que, déjà du temps de Frédéric II, cette manie existait, et que le roi guerrier ayant fait peindre, pour une galerie du château de Potsdam, une collection de soldats de toutes les armées de l'Europe avec leurs costumes distinctifs, l'armée française y était représentée par une académie aussi peu vêtue que l'était Adam au paradis terrestre, et que, montrant cette galerie à l'ambassadeur de France, le roi lui dit : « Pour le soldat français, j'attends qu'on se soit décidé. »

Quoi qu'il en soit, l'origine de l'uniforme militaire ne date que du milieu du règne de Louis XIV et du ministère de Louvois. Jusque-là, les soldats, habillés par les soins et aux frais des capitaines de compagnies, portaient le costume qui leur était le plus commode et qui comprenait généralement pour l'infanterie, dont nous nous occupons d'abord, un habit justaucorps à collet rabattu, pouvant se relever pour garantir le col et le derrière de la tête, à larges parements pouvant se rabattre sur les mains, à poches profondes, recouvertes d'une patte ; sous cet habit une veste couvrant le ventre, une large culotte, des guêtres montant jusqu'au genou et des souliers ; pour coiffure, le chapeau rond à large bord des gens de la campagne ; un ceinturon sous la veste, portant l'épée ; une banderole allant de l'épaule gauche à la hanche droite pour porter le *fourniment* ou poire à poudre ; sur le dos, une sorte de sac en toile à deux poches renfermant les effets nécessaires. La première réglementation du costume, conservant les formes en usage, porta sur les dimensions et les couleurs, et pour assurer l'uniformité de la tenue, le roi fournit le drap et les autres étoffes aux capitaines de compagnies, qui ne furent plus chargés que de la façon des effets. L'infanterie fut vêtue de drap gris bleu ; la veste, le collet, les parements et les pattes de poche, ainsi que la doublure de la jupe, varièrent de couleur d'un régiment à un autre et servirent à les distinguer entre eux. Des boutons de métal relevèrent la tenue et servirent aussi de signe distinctif. Les bords du chapeau furent relevés pour former le *tricorne* et ornés d'un galon de couleur; le chapeau lui-même reçut un nœud de rubans aux couleurs du colonel, qui devint plus tard la cocarde. Vers la fin du règne, le luxe s'introduisit dans le vêtement des troupes et nous avons déjà vu que, pour faire briller leurs régiments et leurs compagnies dans les camps honorés de la présence du monarque, nombre de colonels et de capitaines se ruinèrent.

Sous le règne de Louis XV, quand la manie d'imitation de la Prusse s'empara de l'armée française (nous parlons de 1740 et non de 1872), on releva les pans de la jupe en les agrafant pour faciliter les mouvements du maniement d'armes, on replia également les revers sur la poitrine, on ne fit plus du collet, des parements et des pattes de poche que des ornements sans destination possible, on remplaça le bissac, si commode, par un havresac rigide recouvert d'une peau et le ceinturon par une buffleterie se croisant sur la poitrine avec celle qui portait la giberne; on chercha à remplacer le chapeau par un bonnet à poil, un casque, un shako. Une ordonnance du 1er octobre 1786 donne la description minutieuse de l'uniforme : habit à la française, veste et culotte, revers agrafés jusqu'au tiers de leur longueur, chapeau bordé d'un galon noir; tous les régiments français avaient l'habit blanc, les chasseurs à pied portaient l'habit vert et, au lieu du chapeau, le casque en cuir bouilli avec chenille noire. En 1791, les volontaires prirent l'habit bleu des gardes nationales, tandis que les vieux régiments conservaient l'habit blanc; mais en 1794, le bleu devint la couleur de l'infanterie. En 1806, on essaya de revenir au blanc, mais après la première bataille, on y renonça tant on avait trouvé hideux le spectacle des habits blancs tachés de sang. Pendant les guerres de la République, le costume militaire redevint pour un instant plus commode que sous Louis XV : on emprunta aux Autrichiens la grande capote dont les troupes ne voulurent pas se séparer, la veste fut allongée de nouveau, de manière à descendre sur le ventre; le bonnet de police, haut et mou, se rabattant sur les oreilles et sur le cou forma une excellente coiffure pour les nuits de bivouac. Le chapeau tricorne fut remplacé sous la République par le bicorne, sur lequel pendait un panache en plumes de coq, qui fit place lui-même au shako, élevé et évasé par le haut, surmonté d'un haut plumet. Les grenadiers reprirent le bonnet à poil dont on les avait délivrés vers la fin de la monarchie ; chose singulière, c'est de la République que datent les plumets, les panaches et le luxe criard des uniformes. On se demande comment faisait le soldat d'infanterie pour marcher et pour enlever des hauteurs occupées par l'ennemi, avec le briquet qui lui battait les jambes et cette haute coiffure donnant prise au vent. Le besoin de parader dans les revues compliqua la tenue sous le Consulat et au commencement de l'Empire. D'après le général Roguet, qui commandait alors le 33ᵉ régiment d'infanterie, les officiers de ce régiment n'avaient pas moins de huit à dix tenues [1]. Les sous-officiers avaient trois tenues d'été et trois tenues d'hiver. Pour les soldats, il y avait cinq tenues différentes... Comment s'y reconnaissait-on et comment payait-on toutes ces tenues ?

Les troupes n'emportaient pas tout en campagne, mais elles avaient la capote et la veste, et la grande tenue, que l'on mettait les jours de bataille. Pour le passage du Rhin à Lauterbourg, le 25 septembre 1805, le maréchal Ney avait prescrit de prendre la grande tenue. Après l'Empire, les culottes et les guêtres furent remplacées par le pantalon et les demi-guêtres ; le shako perdit sa forme évasée ; l'habit fut étriqué autant que possible, les revers supprimés, les parements raccourcis et rétrécis ; le col sanglé remplaça la cravate, au grand détriment de la santé des soldats [2]. On adopta la couleur garance pour les pantalons, les collets, la doublure et les retroussis des pans de l'habit. Il est difficile d'imaginer quelque chose de plus laid et de plus incommode que le costume de l'infanterie pendant les dix premières années du

---

1. Savoir : 1° de parade en hiver, habit bleu, veste et culotte de drap blanc, guêtres blanches, dragonne d'or ; 2° même tenue en été, avec la veste et la culotte de basin blanc ; 3° de service en hiver, veste et culotte de drap, bottes à l'anglaise avec retroussis jaunes, dragonne en fil blanc ; 4° en été, même tenue, veste et culotte de basin au lieu de drap ; 5° dans le monde, en hiver, bas de coton, souliers et boucles uniformes, veste et culotte de drap, dragonne en or; 6° dans le monde, en été, même tenue, veste et culotte en basin ; 7°, 8°, 9° et 10° en petite tenue journalière, l'habit-frac, fermant au moyen de deux gros boutons, parements et collet bleus, agrafé sur toute sa hauteur avec pattes rouges ; l'hiver, pantalon bleu et bottes russes ou culotte et bas noirs, souliers et boucles d'argent ; en été, pantalon de nankin avec bottes russes ou culotte de nankin avec bas de coton blanc.

2. Une épidémie de mal d'yeux s'étant déclarée vers 1840 dans l'armée belge, il fut reconnu que cette épidémie avait été occasionnée par la compression de l'agrafe du collet de l'habit sur le cou.

règne de Louis-Philippe. La tenue donnée aux bataillons de chasseurs à pied en 1840, sous l'influence du duc d'Orléans, marqua enfin le retour à des idées plus saines en fait de costume militaire; l'habit remplacé par une tunique dont la jupe couvrait les hanches, le ventre et les cuisses, un ceinturon au lieu de buffleteries en croix, mais toujours pour coiffure cet affreux shako ne garantissant ni les yeux, ni la tête, ni le cou, remplacé en campagne par le képi qui n'est pas une coiffure et qui devait tenir lieu à la fois de shako et de bonnet de police... Un instant, vers la fin de l'Empire, on essaya de changer la tenue de l'infanterie en parodiant le costume pittoresque donné en Afrique aux zouaves et qui consiste en un pantalon-jupe à long plis, serré à la taille par une large ceinture et retombant à mi-jambe sur des jambières prolongées par les guêtres, un gilet sous la ceinture, une veste sans collet ouverte sur la poitrine et le cou dégagé, pour coiffure la chechia et le turban. On donna à l'infanterie un pantalon demi-large et une veste-tunique, serrée à la taille par un ceinturon qu'elle ne dépassait que de quelques doigts, ne garantissant par conséquent ni le ventre, ni les cuisses. Qu'on ajoute à cela un petit shako pointu terminé par une houpette en crins rouges, verts ou jaunes.

Après la guerre de 1870, on reprit la tunique et le pantalon (tunique croisée sur la poitrine avec deux rangées de boutons). Depuis quelques années, on a donné aux officiers une tenue entièrement différente de celle de la troupe; le dolman est porté maintenant par les généraux, les officiers d'infanterie, d'artillerie, du génie, de dragons, de chasseurs, de hussards, du train, les médecins, les vétérinaires, les officiers d'administration, les adjoints du génie, les gardes d'artillerie, les contrôleurs d'armes, les intendants, les contrôleurs, les préfets, les sous-préfets, les conseillers de préfecture, tout le monde enfin, excepté les officiers de cuirassiers et ceux de gendarmerie. C'est sans doute un vêtement commode, mais alors pourquoi ne pas le donner aux soldats?... et pourquoi ne pas donner aux uns et aux autres une coiffure plus rationnelle que le képi? L'équipement a été plus heureusement modifié que l'habillement. Non seulement le ceinturon des soldats de Louis XIV valait mieux que les buffleteries en croix des troupes de Louis XV et de Napoléon Ier, mais la cartouchière molle a remplacé avantageusement cette espèce de boîte dure qu'on appelait la giberne et qui avait cependant sa raison d'être avec les cartouches en papier. On sait comment est venue l'idée de la cartouchière. Des soldats qui, en Algérie, un beau jour que l'on manquait de bois pour se chauffer, se sont avisés de prendre celui de leurs gibernes et d'en faire un *auto-da-fe* à la flamme duquel les généraux vinrent se reconforter, sans se douter *de quel bois ils se chauffaient*. Cette cartouchière a été dédoublée et placée en avant, ce qui la rend infiniment plus commode. On est revenu aussi au petit bidon et à la besace que portaient en sautoir les soldats de Louis XIV, et, enfin, on s'est attaché à diminuer la charge du soldat qui avait toujours été en augmentant. Déjà, dans les armées du premier Empire, le soldat roulait et plaçait sur le sac les effets dont il n'était pas vêtu. Quand vinrent les guerres d'Algérie, on roula encore par là-dessus la couverture et le sac de campement. Grâce à l'initiative du soldat, toujours ingénieux quand il est depuis quelque temps en guerre, on diminua la couverture de campagne, mais on fit du sac de campement le sac tente-abri, auquel il fallut ajouter des grands et des petits piquets. Avec tous ses effets, sa tente, sa demi-couverture, ses quatre jours de vivres, ses 60 cartouches, quelquefois un fagot qu'il emportait, sachant ne pas trouver de bois le soir pour le bivouac, le fantassin français était passé à l'état de bête de somme. Nous avons vu que, dans la campagne de 1859, en Italie, l'armée fit en moyenne trois lieues par jour, depuis Magenta jusqu'à Solférino, parce que les soldats étaient trop chargés pour supporter la marche et la chaleur. Dans les combats d'Algérie, on fut souvent obligé de mettre les sacs à terre; ce n'était pas une pratique possible dans les guerres du continent, car lorsque le soldat n'a plus son sac, il est privé de tout, soit que, l'armée battue, il laisse ses sacs au pouvoir de l'ennemi, comme il arriva aux Russes le soir de la bataille d'Austerlitz, soit que victorieux, il poursuive l'armée vaincue, à moins que, pour ne pas abandonner les sacs, on ne poursuive personne, comme on le fit en Crimée après la bataille de l'Alma. D'un autre côté, dans une guerre européenne, le bivouac est une exception, la règle est le cantonnement; on a donc supprimé la tente-abri avec ses piquets et la demi-couverture.

Malgré tout, avec 78 cartouches qui pèsent $3^k,354$, le fusil qui pèse 4ᵏ,760, les deux jours de vivres, le linge, les effets de propreté et d'habillement, notre soldat d'infanterie porte encore plus de 28 kilogr. Il est un des plus chargés parmi tous les fantassins des armées européennes.

La charge est à peu près la même pour les fantassins français (28ᵏ,750), allemands (28ᵏ,500) et russes (29ᵏ,032), mais elle est beaucoup plus faible dans l'armée autrichienne (24ᵏ,320) et surtout anglaise (22ᵏ,250)[1].

L'armée anglaise ne saurait être prise pour terme sérieux de comparaison, en raison du genre de guerre auquel est le plus souvent employée cette armée sous des climats chauds et énervants, mais s'il y a, dans ces conditions, un intérêt supérieur à diminuer la charge du soldat, il en résulte des convois considérables. Le soldat anglais porte moins que ceux des autres armées, il a cependant plus de besoins à satisfaire, buvant et mangeant davantage, il faut donc faire porter sur des voitures ou à dos d'éléphants et de chameaux ce qu'il ne peut porter lui-même. Aussi, nulle armée n'a d'*impedimenta* comparables à ceux de l'armée anglaise. Quant à l'armée autrichienne, nous avons vu, en 1859, dans les marches qui précédèrent la bataille de Solférino, l'empereur François-Joseph donner l'ordre de placer les sacs de l'infanterie sur les voitures qui marchaient à la suite des colonnes, puis faire déposer ces sacs dans les places fortes. Peut-être usera-t-on à l'avenir de ce dernier procédé dans les circonstances exceptionnelles où un corps d'armée aurait à exécuter une marche dont la rapidité seule pourrait assurer le succès. Avec une très bonne paire de brodequins aux pieds, une paire de souliers au besoin dans l'étui-musette, ses vivres et ses cartouches, un soldat peut marcher quelques jours, surtout s'il est cantonné chaque soir. Les *impedimenta* ont atteint, dans notre armée, nous le verrons, le maximum du possible, et la charge du soldat est plutôt exposée à être augmentée que diminuée par l'adoption du fusil à répétition qui accroîtra le nombre des cartouches à faire porter par l'homme[2]. Que faire? Il faut

---

1. *Journal des sciences militaires: l'Alimentation du soldat* (juin 1884), *les Fusils à répétition*, décembre 1885. Brialmont donne des chiffres différents, savoir: 25,5 en France, 26 en Autriche et en Allemagne, 28 en Russie.

2. Peut-être bien, objectera-t-on, la consommation totale des munitions ne sera-t-elle pas augmentée et le chiffre de l'ensemble des approvisionnements ne

bien se résigner à admettre que, par suite d'habitudes de mollesse prises dans toutes les classes de la société, nos soldats ne sont plus ce qu'ils étaient autrefois. Dans la marche sur Moscou, les soldats du corps d'armée de Davout, qui était à beaucoup près le corps le mieux tenu de l'armée, portaient un poids total de 29 kilogr.; le sac contenait 2 chemises, 2 paires de souliers avec des semelles et des clous de rechange, un pantalon et des demi-guêtres de toile, quelques ustensiles de propreté, une bande de pansement, de la charpie, 60 cartouches, 4 biscuits de 500 grammes chacun et un sac long et étroit rempli de 5 kilogr. de farine, surmonté de la capote roulée, pesant 18 kilogr. Chaque homme portait, en outre, en bandoulière, un sac de toile contenant deux pains de $1^k,500$ chaque. L'homme, chargé de 29 kilogr., avait donc sur lui 4 jours de pain, 4 jours de biscuit, et 60 coups de fusil à tirer; jamais on ne posait les sacs ni on ne les faisait porter. Aujourd'hui, il ne faudrait certainement pas compter sur nos fantassins, chargés comme ils le sont, pour se porter en avant avec la rapidité qu'exige la tactique moderne. Il faudrait donc laisser en arrière, pour un jour de bataille, la plus grosse partie de ce que porte le fantassin, non pas à terre, mais sur des voitures à proximité ou dans quelque dépôt voisin. C'est là une question qui ne nous semble pas suffisamment étudiée.

Cavalerie. — L'uniforme de la cavalerie a subi à peu près les mêmes variations que celui de l'infanterie. A la fin du règne de Louis XIV, les cavaliers portaient sous l'habit à la française un buffle, c'est-à-dire une veste en cuir de bœuf, descendant bas sur le ventre et qui était leur seul vêtement pour les manœuvres et les corvées; le ceinturon à deux bélières pour le port du sabre était également sous l'habit. La cavalerie proprement dite avait la botte forte garantissant le genou et une culotte en peau. Par-dessus le buffle et sous l'habit, les hommes, depuis que les compagnies de gendarmerie avaient quitté la cuirasse, portaient le plastron en tôle de fer, sorte de demi-cuirasse. Pour coiffure, ils avaient le

---

sera-t-il pas modifié, parce que les affaires seront plus vite décidées, mais elles le seront ainsi, parce qu'il y aura sur quelque point de la ligne un engagement violent et *décisif* dans lequel il ne faudrait pas exposer les hommes à manquer de cartouches ou à ralentir leur feu pour ne pas en manquer.

tricorne, avec une calotte en fer pour préserver la tête des coups de sabre. Les dragons portaient la bottine au lieu de la grande botte, leur coiffure était un bonnet de fourrure, d'une forme toute particulière. Plus tard, la botte forte fut remplacée dans la cavalerie par une botte demi-forte; les dragons prirent le casque en place du bonnet fourré. Les hussards furent caractérisés, dès leur origine, par le shako cylindrique sans visière à flamme de drap, le dolman, la pelisse, la culotte de drap, les demi-bottes à la hussarde; chaque régiment avait ses couleurs spéciales pour le dolman, pour la pelisse, pour la culotte, pour les tresses et les olives. Lorsque, sous la République et le premier Empire, on augmenta le nombre des régiments, certains d'entre eux prirent l'aspect de troupes étrangères et profitèrent heureusement de leur apparence pour traverser les avant-postes ennemis. Les chasseurs à cheval prirent, lors de leur formation, le dolman sans pelisse, uniformément vert à tresses noires et le casque en cuir bouilli qu'avaient déjà les chasseurs à pied, bientôt remplacé par le shako. Les carabiniers, sorte de grenadiers de la cavalerie, étaient coiffés du bonnet à poil. Sous la République, les régiments de cavalerie remplacèrent, comme l'infanterie, le tricorne par le chapeau de gendarme; le plastron en fer qui n'était déjà plus porté disparut tout à fait. Le 8ᵉ de cavalerie, ancien *cuirassiers du Roi*, continua à porter la cuirasse complète qui, comme nous l'avons vu, fut donnée en 1802 et en 1803, aux deux régiments de carabiniers et à onze autres régiments de cavalerie. Les régiments cuirassés ne tardèrent pas à prendre le casque au lieu du chapeau. Le dolman des chasseurs fut remplacé par l'habit aux pans courts, aux revers agrafés sur les deux tiers de la hauteur, laissant apparaître la veste ou gilet. Les lanciers polonais conservèrent leur costume national, sorte d'habit-veste à pans arrondis, sans couture dans le dos, nommé *gourka* et la coiffure originale bien connue sous le nom de *schapska*. Les *lanciers rouges* eurent le même costume avec des couleurs différentes. Les chevau-légers-lanciers, créés en 1811, furent coiffés du casque à chenille. Vers 1810, la culotte et la botte tendirent à disparaître (sauf dans les hussards) pour être remplacées par le *pantalon basané*, garni de cuir entre les jambes, sur le ventre et sur les fesses ou par le *pantalon à la Lasalle*, basané seulement aux jambes. Les

chasseurs, sous la Restauration et sous le règne de Louis-Philippe, remplacèrent, comme l'infanterie, l'habit à revers par l'habit-veste boutonné droit sur la poitrine. Les dragons gardèrent l'habit court à revers blancs, orange, jonquille ou rouges, suivant le numéro du régiment. Les régiments de lanciers, rétablis sous Louis-Philippe, prirent d'abord l'uniforme des lanciers rouges de la garde impériale, le schapska et le gourka rouge à plastron bleu de ciel ; ces couleurs furent remplacées plus tard par le bleu de roi pour le corps de vêtement et le jonquille ou le garance pour le plastron. Sous le deuxième Empire, les hussards furent débarrassés de leurs pelisses, mais gardèrent leurs couleurs distinctives, bleu de ciel, marron, gris argenté, vert... Les chasseurs furent uniformément vêtus du dolman vert. L'habit court des cuirassiers fut remplacé par la tunique dont les pans se retroussaient à l'aide d'agrafes. Après 1870, on donna à toute la cavalerie légère le dolman bleu céleste, à tresses noires pour les chasseurs, à tresses blanches pour les hussards ; l'habit des dragons fut échangé contre la tunique boutonnée droit sur la poitrine ; ils ont actuellement le dolman. Le casque des cuirassiers et celui des dragons ont été abaissés en diminuant surtout la hauteur des cimiers. Les hussards n'ont cessé de porter le shako qui, depuis longtemps, était pourvu d'une visière et dont la forme est passée progressivement du cylindre long au tronc de cône bas et évasé, bien préférable pour garantir la tête des coups de sabre ; les chasseurs ont aujourd'hui ce même shako, après avoir porté, dans les dernières années du règne de Louis-Philippe, le *colback* en peau d'ours, puis, sous l'Empire, le *talpack*, espèce de colback étroit en peau de mouton. Il est bien regrettable qu'on n'ait pas pu trouver un casque convenable pour la cavalerie légère et pour l'infanterie. Le général Morand a cependant formulé en peu de mots les conditions que doit remplir la coiffure du soldat ; « elle doit », dit-il, « être défensive ; elle
« doit être encore légère et peu élevée pour que son poids ne
« fatigue pas les muscles du col, pour ne pas laisser trop de prise
« au vent et pour résister au choc ; elle doit avoir une visière pour
« garantir les yeux contre la lumière et la pluie, une mentonnière
« pour défendre les tempes et le bas du visage, un garde-nuque
« à l'épreuve du sabre et qui en même temps sert à rejeter l'eau

« sur l'habit ou sur la capote. » N'est-ce pas là la description d'un casque léger?

L'uniforme de l'artillerie était autrefois celui de l'infanterie, avec le bleu de roi et l'écarlate pour couleurs distinctives; l'artillerie à cheval, à sa création, reçut un costume analogue à celui des chasseurs. L'uniforme de l'artillerie à pied suivit jusqu'en 1829 les variations de celui de l'infanterie; toutefois, l'habit conserva toujours son plastron. Après l'organisation de 1829, il n'y eut plus qu'un seul uniforme pour l'artillerie à pied, l'artillerie montée et l'artillerie à cheval, habit-veste bleu à plastron de même couleur, parements, passe-poils et retroussis écarlates, épaulettes écarlates, pantalon bleu à double bande écarlate, shako avec plumet en crins rouges retombant sur la visière. L'artillerie de la garde impériale, sous Napoléon III, reprit à peu près l'ancien costume de l'artillerie à cheval avec le talpack. Après la guerre de 1870, l'habit et les épaulettes furent remplacés par le dolman.

Quant au harnachement et à l'équipement de la cavalerie, ses chevaux étaient autrefois sellés à *la française* avec housse et fontes, le manteau roulé derrière la selle, les pistolets dans les fontes, les effets dans un bissac. Les hussards introduisirent en France la selle à la *hongroise*, le porte-manteau, le paquetage recouvert de la schabraque, dont l'usage ne tarda pas à se généraliser dans la cavalerie française, quel que fût le modèle de la selle. Lorsqu'un des deux pistolets fut supprimé, l'une des fontes, celle de gauche, fut remplacée par une sacoche. Plus tard, il n'y eut plus que deux sacoches, dont l'une, celle de gauche, contenait un corps de fonte pour recevoir le pistolet. Vers 1854, la schabraque fut complètement transformée: au lieu d'une seule pièce en peau de mouton ou plutôt de plusieurs morceaux cousus ensemble, recouvrant tout le paquetage, elle se composa de deux parties en drap, le *couvre-fontes* recouvrant tout le paquetage de devant et le *tapis* de selle, également en drap. L'équipement du cheval était complété par un porte-manteau, une besace à habit et un bissac retombant en arrière de l'assiette du cavalier. Après 1870, on supprima d'abord le tapis de selle, puis le couvre-fonte, et le paquetage du cheval comprit: le porte-manteau placé en arrière, le bissac toujours à la même place, les sacoches renfermant les bottes, les effets de pansage, etc... Le sac à distribution était roulé sur les sacoches avec le sac tente-abri, le pantalon de treillis et le manteau, lorsque celui-ci n'était pas porté en sautoir. Ce paquetage avait, entre autres inconvénients, celui d'être un peu lourd. Le revolver, au lieu d'être placé dans une fonte, était et est encore porté en sautoir dans un étui.

Sous Louis XV, on évaluait le poids transporté par le cheval de dragon à 312 livres (156 kilogr.), en supposant le poids du cavalier de 84 kilogr., tandis qu'il est aujourd'hui au maximum de 65 kilogr. Sous la Restauration, la charge moyenne d'un cheval de chasseur était de 95 livres 10 onces, non compris le cavalier, les vivres et l'avoine[1]. En 1884, l'*Aide-mémoire d'état-major* donnait, pour le poids porté par les chevaux : dans les dragons, 128 kilogr., dans les cuirassiers, 150. On s'est beaucoup préoccupé de diminuer ce poids en abaissant la taille réglementaire des hommes de la cavalerie et en réduisant le paquetage à son strict minimum. Une décision du 23 juillet 1884 a supprimé le porte-manteau, le filet à fourrages qui servait à porter de chaque côté un bottillon de paille et un bottillon de foin, la botte de carabine attenante à l'étrier droit. En revanche, on a mis en plus un étui porte-avoine, un sachet à cartouches et un baudrier porte-sabre. A cheval, en effet, le sabre du cavalier doit être fixé à la selle et non plus au ceinturon ; le manteau, quand il n'est pas porté en sautoir, est roulé derrière la selle comme dans l'ancien paquetage à la française ; le bourgeron et le pantalon de treillis, roulés dans l'étui porte-avoine, recouvrent les sacoches dans lesquelles sont le sachet à cartouches, les bottes, les chemises, etc... Une décision toute récente a supprimé le port du sabre à la selle pour les officiers et pour les hommes armés du revolver.

Quant à la diminution du poids du cavalier par l'abaissement de la taille, on semble s'être heureusement arrêté dans cette voie.

---

[1]. D'après M. le lieutenant-colonel de Vienne (Cours de l'École supérieure de guerre). — M. le capitaine Jacquinot de Presle, dans son *Cours d'art militaire*, indique seulement un poids total de 102^k,50, dans lequel le cavalier figure pour 65 kilogr.; il donne pour un cheval de grosse cavalerie 130 kilogr., dont 80 kilogr., poids du cavalier ; il y ajoute, il est vrai, 10 kilogr. pour les vivres, les cartouches, l'avoine et les ustensiles, ce qui revient à peu près aux chiffres donnés par M. de Vienne.

CHAPITRE XIII

MATÉRIEL, TRANSPORTS ET RAVITAILLEMENTS.

Les *impedimenta* ont toujours été croissant dans les armées. — C'est le succès qui fait les gros bagages. — Le luxe dans les armées. — Lois somptuaires. — Les premières armées de la République. — Armée d'Italie. Ordres de Bonaparte pour diminuer le nombre des voitures. — Guerres d'Espagne, Baylen, Vitoria. — Expédition de Russie. Quantité prodigieuse de bagages. — Campagne de 1813. — L'Algérie.

Réglementation du matériel. Artillerie. — Un équipage de campagne en 1740. — Artilleries prussienne, autrichienne et française pendant la guerre de Sept ans. — Gribeauval : *La division* d'artillerie. — Les parcs. — Matériel d'artillerie de l'armée d'Italie en 1797, de l'armée d'Allemagne en 1809 et en 1811, de l'armée du Nord en 1815. — Idées de Napoléon sur le parc d'artillerie. — Perte du grand parc en 1805. — Lettre au général Songis. — Organisation de 1827-1829. Composition des batteries de campagne et des parcs. — L'armée d'Orient en 1854. — L'armée d'Italie en 1859. — Nouvelle répartition des voitures de l'artillerie. — Réserves divisionnaires de munitions d'infanterie. — Parcs divisionnaires. — L'armée du Rhin en 1870. — Organisation actuelle. — Batteries, sections de munitions, parcs. — Équipage d'artillerie d'une armée de 135,000 hommes. — Consommations moyennes des munitions dans plusieurs batailles connues : Austerlitz, Iéna, Friedland, Talavera, Wagram, Lutzen, Leipzick, l'Alma, Inkermann, Traktir, Rezonville, Saint-Privat, Beaumont, Sedan. — Approvisionnement en munitions en 1809, en 1859 et actuellement.

Équipages de pont. — Passages de rivières dans les anciennes armées. — Pontons. — Bateau Gribeauval. — Équipage de pont réglementaire sous le premier Empire. — Équipage de pont modèle 1853. — Campagne d'Italie en 1859. — Équipage de pont modèle 1866. — Équipages actuellement réglementaires pour les corps d'armée et pour les armées.

Équipages du génie. — Anciennes voitures d'outils. — Ordres de Bonaparte à l'armée d'Italie. — Parcs du génie à la Grande-Armée, en 1807. — Organisation des parcs du génie à la Grande-Armée d'Allemagne, en 1809. — Armée d'Italie, en 1859. — Organisation actuelle.

Trésorerie, postes et télégraphie. — Organisation récente. — Règlement de 1867. — Composition actuelle.

Ambulances. — Variations du service des ambulances dans les armées de Napoléon. — Ambulances de régiments, de divisions et de quartiers généraux. — Matériel d'ambulance à l'armée d'Italie, en 1859. — Organisation des ambulances d'après le règlement du 15 janvier 1867 sur les transports. — Armée du Rhin, en 1870. — Organisation actuelle. — Service de régiment, de division et de corps d'armée. — Hôpitaux de campagne.

Subsistances. — Armées de Frédéric II. — Caissons de régiment et fours portatifs. — Pénurie des moyens de transport sous la première République. —

MATÉRIEL, TRANSPORTS ET RAVITAILLEMENTS. 175

— Détresse de l'armée d'Italie en 1795. — Campagne de Syrie. — Armée d'Allemagne en 1811. — Idées de Napoléon à Sainte-Hélène. — Armée d'Italie en 1859. — Règlement du 15 janvier 1867. — Application des dispositions de ce règlement à l'armée du Rhin en 1870. — Organisation actuelle. Trains régimentaires. Convois de corps d'armée et de division.

Bagages et cantiniers. — Ordonnances de 1777 et de 1788. — Simplicité de mœurs des premières armées de la République. — Les officiers le sac au dos. — La théorie et la pratique. — Un ordre du sixième corps en 1805. — Bagages d'un général en 1812. — Décret du 21 février 1813 sur les bagages d'officiers. — Règlement de 1823. — L'Algérie depuis 1830, la Crimée en 1854, l'Italie en 1859. — Décret du 21 février 1860. — Règlement du 15 janvier 1867. — Armée du Rhin. — Règlements actuels. — Dispositions minutieuses. — Calcul des bagages d'une armée de 135,000 hommes. — Nombre total des voitures et des chevaux de trait.

Équipages de siège. — Rappel de plusieurs équipages célèbres : Lille en 1708, Valenciennes et Mayence en 1793; Mantoue, Gaëte, Saragosse, Girone, Ciudad-Rodrigo. — Équipage de siège de l'armée d'Espagne en 1809. — Équipages théoriques de Vauban, Bousmard et Gassendi. — Équipage de siège de Sébastopol. — Équipage de siège de l'armée d'Italie en 1859. — Équipage réglementaire de 1867. — Équipages anglais, autrichien, prussien. — Équipage de siège actuel.

Ravitaillements et services de l'arrière. — Lignes d'opérations. Lignes d'étapes. Échelonnement des magasins en arrière des anciennes armées. — Instruction de Frédéric II à ses généraux. — Importance attachée par Napoléon à ses lignes d'étapes. — Campagne de 1805. — Changement de la ligne d'étapes. Campagne de 1806. Même changement. — Lignes d'étapes dans la guerre d'Autriche en 1809 et dans l'expédition de Russie en 1812. — Organisation méthodique de la ligne d'étapes de Bayonne à Madrid et des communications dans le Nord de l'Espagne. — Un ordre du général Dorsenne. Les commissions d'étapes. — Napoléon imité par les Allemands. — Guerre de 1870-1871. — Règlements actuels sur le service de l'arrière. — Étapes et chemins de fer. Zones en arrière de la zone d'opérations de l'armée. — Stations de transition. — Stations têtes d'étapes de guerre. — Têtes d'étapes de route.

Ravitaillement en munitions. — Les échelons du grand parc d'artillerie. — Les sections de munitions. — Les parcs de corps d'armée. — En-cas mobiles. — Ravitaillements exceptionnels.

Service du génie de l'arrière. — Les routes, les fortifications, les hôpitaux.

Ravitaillement en subsistances. — Cadres auxiliaires. — Rôle du service de l'intendance à l'arrière.

Service de santé de l'arrière. — Hôpitaux de campagne. — Hôpitaux de la Société de secours aux blessés. — Évacuation des blessés et malades. — Trains sanitaires.

Commandements d'étapes et agents de tous les services.

Une des principales causes de la perte des armées, chez les nations civilisées, a été l'énorme quantité de voitures et d'équipages de toute sorte qu'il leur a fallu traîner avec elles et dont le développement a été augmenté par des abus d'autant plus difficiles à réprimer que l'effectif des troupes devenait plus considérable.

L'artillerie, les munitions, les vivres, les fourrages, le service des télégraphes et des postes, les ambulances, les bagages indispensables, entraînent déjà bien assez d'*impedimenta* obligatoires pour qu'on puisse tolérer, de la part des généraux et des officiers, des infractions aux règles salutaires, posées pour contenir les équipages dans des limites raisonnables. Multipliées par le nombre des officiers dans les grandes armées, ces infractions ont plus d'une fois donné lieu à des désastres. Ce qu'il y a eu d'ordonnances royales, de décrets ou d'arrêtés conventionnels, directoriaux, consulaires, impériaux ou présidentiels, de décisions et de circulaires ministérielles, d'ordres de généraux en chef, opposés à l'abus des bagages est incalculable. Les répressions sont presque toujours restées impuissantes, et cela pour plusieurs motifs dont voici, suivant nous, un des plus marqués :

Les mesures édictées étaient purement restrictives ; on fixait un maximum qui ne devait pas être dépassé, mais on ne réglait pas d'une manière assez précise ce que chacun *devait* avoir, la composition exacte des équipages de l'armée et la place immuable de leurs divers éléments dans les colonnes de marche. « Dans des « circulaires trop fréquentes et bien souvent contradictoires », a dit le général Foy, « il était difficile de distinguer les dispositions « ayant encore vigueur de celles qui n'en avaient plus et de celles « qui n'en avaient jamais eu. En tout pays et surtout en France, « la différence est énorme entre le principe et l'action, entre ce « qu'on devrait faire et ce qu'on fait[1]. »

Une autre observation, qui nous est suggérée à cet égard par l'étude de l'histoire, c'est que le succès et la dispersion qui est souvent la conséquence forcée de la poursuite de l'ennemi, détruisent la discipline et laissent le commandement presque désarmé au moment où le butin recueilli par les troupes tend à grossir les bagages. Aussi, est-ce presque toujours à la suite d'une campagne heureuse que l'on a vu les *impedimenta* se multiplier. Dans les revers, au contraire, on les a perdus, mais plus d'une fois, en même temps, ils ont perdu l'armée. C'est en pillant la Hollande, dans la guerre de 1672, et le Palatinat, dans la campagne de 1689,

---

1. *Histoire de la guerre de la Péninsule*, t. I.

que les troupes de Luxembourg et de Duras ont commencé à s'embarrasser de ce luxe de bagages qui devait tant contribuer aux malheurs de la guerre de la succession d'Espagne. Les équipages que traînaient avec elles, pendant la guerre de Sept ans, les armées du duc de Richelieu, du comte de Clermont et du prince de Soubise, s'étaient formés pendant les glorieuses campagnes du maréchal de Saxe, en Flandre, après les victoires de Fontenoy, de Raucoux et de Lawfeld. Pour se convaincre de ce que nous avançons ou plutôt de ce que nous répétons après bien d'autres, il suffirait de comparer l'armée d'Italie, telle qu'elle était en 1796, le jour où Bonaparte vint en prendre le commandement et excita, par l'appât d'un riche butin, l'ardeur des soldats qui manquaient de tout, même de souliers, avec la même armée, au moment des préliminaires de Leoben, alors qu'un de ses divisionnaires, Augereau, nommé au commandement de l'armée du Rhin, provoqua dans Strasbourg, par son luxe, l'étonnement et le scandale... Trois jours après la déclaration de la guerre, au mois d'octobre 1806, notre cavalerie légère, au dire du bulletin officiel lui-même, était déjà toute cousue d'or, et lorsque la Grande-Armée quitta Moscou le 19 octobre 1812, les dépouilles recueillies dans l'incendie de cette capitale remplissaient jusqu'aux sacs des soldats[1].

Aussi loin que l'on remonte dans l'histoire militaire, on trouve des plaintes sur le luxe et le développement des bagages dans les armées. Le dénombrement des équipages de Darius, dans les guerres d'Alexandre, tel que nous l'a transmis Appien, est demeuré classique, et l'Orient a toujours eu le privilège de défrayer l'imagination des chroniqueurs avec ses multitudes, dans lesquelles les combattants disparaissaient au milieu de la foule des serviteurs et des conducteurs de chariots ou de bêtes de somme : éléphants, chameaux, bœufs, mulets, ânes, etc. A ce point de vue, les anciens rois de Perse ont trouvé de dignes successeurs dans les potentats anglais qui commandent à Calcutta. D'après Victor Jacquemont, qui nous a laissé sur l'Inde, il y a soixante ans, des lettres si intéressantes, le vice-roi lord Bentinck pouvait mettre sur pied une armée de 300,000 hommes, mais à la

---

1. Thiers, *Histoire du Consulat et de l'Empire*, t. XIV, p. 462.

condition d'employer, au transport des bagages de cette armée, 3,000 éléphants et 40,000 chameaux. Les équipages du vice-roi employaient, à eux seuls, 103 éléphants, 1,300 chameaux et 800 chars à bœufs [1]. Pour aller seulement de Calcutta à Simlah, sa résidence d'été, au pied de l'Himalaya, lord Bentinck emmenait avec lui 6,000 serviteurs [2].

Les armées européennes n'ont jamais été à hauteur de ce luxe. Louvois, dans une lettre datée de 1683, parle pourtant de capitaines de chevau-légers ayant trente chevaux et vingt ou vingt-cinq valets. L'austère Saint-Simon lui-même, simple mousquetaire du roi, avait un équipage de trente chevaux ou mulets. Mais c'est surtout au xviiie siècle que les bagages prirent dans l'armée française un développement funeste. Les maréchaux de Belle-Isle et d'Estrées, au début de la guerre de Sept ans, essayèrent inutilement d'arrêter les progrès du mal. Une ordonnance somptuaire, du 19 mars 1756, avait réglé les équipages et la table des généraux et des colonels. Cette ordonnance, quoiqu'elle fût beaucoup plus large que les précédentes, fut immédiatement transgressée. Elle accordait 30 chevaux à chaque lieutenant général, ils en eurent tous au moins 60; les colonels pouvaient en avoir 23, les plus modestes se contentèrent de 30 [3]. Tous les officiers, presque sans exception, avaient une chaise pour faire la route, beaucoup d'entre eux y joignirent même une berline. Lorsque, en 1757, l'armée du comte de Clermont évacua le Hanovre, elle rapporta de ce pays une foule d'objets pillés; il fallut, pour traîner tout cela, abandonner à Hameln l'équipage de pontons et renoncer à ramener les canons pris sur l'ennemi à la bataille d'Hastenbeck. Quant à l'armée du prince de Soubise, voici le tableau qu'en trace un auteur allemand [4] : « On vit
« une fois, à l'armée du prince de Soubise, douze mille chariots
« appartenant aux marchands, vivandiers, sans compter le train
« nécessaire pour les officiers. Parmi les gardes du corps, l'esca-
« dron du duc de Villeroy avait à lui seul une suite de 1,200 che-
« vaux, dont le plus grand nombre servait à traîner les bagages.

---

1. Jurien de la Gravière, *Campagnes d'Alexandre*, t. I.
2. *Correspondance de Victor Jacquemont*, t. II.
3. Camille Rousset, *le Comte de Gisors*.
4. Archenholtz, cité par M. le général Susane, *Histoire de l'infanterie française*, t. I, p. 244.

« Cette quantité immense de chariots rendait la subsistance des
« troupes beaucoup plus difficile. »

« Depuis l'officier général jusqu'au simple soldat », dit à ce sujet
M. Camille Rousset dans sa très intéressante notice sur le comte
de Gisors, « à tous les degrés de la hiérarchie militaire, l'influence
« du temps, le goût du bien vivre, avaient créé des nécessités
« auxquelles on ne savait plus se soustraire. » L'historien Tempelhof, racontant la surprise du quartier général de l'armée de Soubise dans la ville de Gotha, dit que « les Prussiens prirent grand
« nombre de secrétaires, valets de chambre, officiers de cuisine,
« comédiens, coiffeurs, marchands, etc.; les bagages des généraux
« français et saxons tombèrent également en leur pouvoir; on y
« trouva des caisses entières d'eau de lavande, de sans-pareille, des
« manchettes, des singes, des perroquets, etc... [1] » Les premières
armées de la République furent débarrassées de tout cet attirail;
les officiers d'infanterie y marchaient le sac au dos; tous manquaient souvent des objets les plus nécessaires. Marmont raconte,
dans ses mémoires, qu'il toucha un jour, à l'armée du Rhin, deux
chemises de soldat et une paire de bottes avec un bon visé par le
général en chef Pichegru.

Les abus reparurent avec le succès et la richesse. A peine le
général Bonaparte eut-il remporté ses premières victoires en Italie
qu'il fut obligé de faire paraître ordre sur ordre concernant les
voitures et les chevaux que possédaient les officiers et surtout les
employés de l'armée.

Le 11 mai 1796, il renouvela l'ordre déjà donné de ne plus
souffrir aucune voiture à la suite des colonnes : « Les généraux et
« officiers supérieurs », dit-il, « feront arrêter tout officier ou em« ployé qui dérogerait à cet ordre. Le général en chef fait égale« ment la défense expresse aux cavaliers d'avoir plus de chevaux
« que la loi ne leur en accorde. J'ordonne aux généraux de division
« et de brigade de veiller à ce que tous les officiers, auxquels la loi
« n'accorde pas de chevaux, n'en puissent avoir. » Le 28 mai,
il rappelle ces prescriptions : « Ceux qui auraient, soit des che« vaux, soit des voitures, sans être autorisés par les règlements

---

[1]. Jomini, *Traité des grandes opérations militaires*, t. I, p. 321.

« militaires, sont prévenus que les ordres les plus sévères vont
« être donnés pour saisir ces chevaux et voitures. » Un ordre du
28 mars 1797 interdit aux demi-brigades d'avoir plus de vivandiers que n'en comporte le règlement de campagne et aux vivandiers d'avoir plus de chevaux que ne leur en accorde le même règlement[1].

Après le départ de Bonaparte pour l'Égypte, les abus ne firent qu'augmenter. Par un ordre en date du 14 février 1799, Joubert menaça de punir très sévèrement les officiers qui se permettaient de se servir des équipages de l'ambulance de l'armée ou de requérir, pour leur service particulier, des chevaux et des voitures des agents généraux des transports.

Dans les campagnes de 1805 et de 1806, l'armée marchait trop vite pour traîner avec elle un nombre considérable de voitures; en tout cas, les corps d'armée et les régiments étaient pourvus très irrégulièrement, et chacun sans doute prenait ce qu'il trouvait. Aussi, pendant la guerre de 1805, la correspondance du major général est-elle pleine de recommandations semblables à celles du général Bonaparte, en 1796, pour renvoyer sur les derrières de l'armée les voitures excédant les proportions réglementaires[2].

Le train des équipages, comme nous l'avons vu[3], n'existait pas encore et une compagnie fournissait à l'entreprise les chevaux et les voitures nécessaires. Cette fourniture donnait lieu à de fréquents abus. Quoique le nombre des voitures fût peu considérable (500 pour toute l'armée, en 1806), les commandants de corps d'armée et les ordonnateurs en détournaient pour leur service particulier. Par une lettre en date du 10 septembre 1806, l'Empereur se plaint de voir deux chevaux de la compagnie Breidt au service d'un sous-inspecteur aux revues, huit autres employés par le maréchal Davout, un grand nombre pour les généraux qui se

---

1. *Correspondance militaire de Napoléon*, n°ˢ 38, 49, 161.
2. Un document, cité par le colonel de Lichtenstein dans sa note sur la cavalerie de la Grande-Armée, prouve que le nombre des *impedimenta* était même, pendant la campagne de 1805, plus considérable qu'on ne le croit généralement. La 2ᵉ division de dragons à pied, par exemple, avait 24 voitures pour les effets et l'ambulance, 12 pour les vivres et l'avoine ; ce qui n'empêchait pas un des régiments de cette division d'avoir 16 voitures, dont 8 de vivres, 1 de bagages, 2 pour l'état-major du régiment et une pour la cantinière.
3. Voir chapitre IV.

trouvaient à Augsbourg. Voici, du reste, comment devaient être répartis les 550 caissons fournis par l'entreprise :

Deux par chaque bataillon d'infanterie, pour porter 2,000 rations de vivres, soit, pour 120 bataillons, 240 caissons ;

Deux par chaque régiment de cavalerie pour le même usage, soit, pour 35 régiments, 70 caissons ;

Le reste pour le service des magasins centraux, soit 190 caissons.

Les ambulances et les voitures de bagages appartenaient aux régiments, qui recevaient à cet effet des allocations spéciales.

C'est en Espagne que les voitures traînées à la suite des divisions et des corps d'armée commencèrent à augmenter considérablement. L'emploi de ces voitures était souvent nécessité par le manque de subsistances dans le pays traversé par les troupes et par la nécessité de transporter avec soi les blessés qu'on ne pouvait abandonner, dans les provinces insurgées, à la férocité des populations. La division Barbou qui subit, sous le commandement de Dupont, le désastre de Baylen, était embarrassée par un convoi de 500 voitures (pour 6,000 hommes !), presque toutes chargées de blessés. En faisant la part de l'exagération des propos qui coururent à cette occasion, il paraît certain cependant que plusieurs de ces voitures portaient des objets provenant du pillage de Cordoue. Dans d'autres parties de l'Espagne, les bagages des corps d'armée ne furent que trop souvent augmentés pour le même motif, et d'illustres personnalités ont laissé une réputation malheureusement incontestable pour le butin rapporté dans les fourgons de l'armée. Lorsque, en 1813, les troupes françaises d'Espagne, réunies en une seule armée, sous le commandement du roi Joseph, battaient en retraite vers les frontières de France et furent attaquées par Wellington auprès de Vittoria, cette armée était suivie d'une longue colonne composée de 120 pièces d'artillerie, 400 caissons et 1,500 voitures de bagages, y compris tous les équipages de la cour. Mais c'est surtout dans l'expédition de Russie que se firent sentir cruellement les inconvénients des *impedimenta* de toute sorte. Dans cette armée colossale tout avait pris des proportions insensées.

« Quand le prince de Neuchâtel (Berthier) passa, à Wilna, la revue « du grand quartier général », nous raconte le duc de Fezensac, « on eût cru voir de loin une armée en bataille ; il comprenait,

« en effet, plusieurs milliers d'hommes et de chevaux, avec une
« quantité énorme de voitures. » Quant aux voitures destinées au
transport des vivres, elles étaient innombrables, mais, faute de
moyens de nourriture pour les chevaux, la plupart de ces voitures devinrent inutiles. Ce qui en resta, ajouté aux caissons d'artillerie, aux équipages de pont, aux ambulances, causa au retour
les plus sérieuses difficultés. Il y eut encore là d'énormes abus.
Un ordre de l'Empereur, en date du 24 novembre 1812, prescrivit
de brûler la moitié des voitures, cabriolets, fourgons, carrosses,
et de livrer, à l'artillerie, les chevaux ainsi rendus disponibles.
« Reitérez l'ordre à toute l'armée », écrivait Napoléon au major général, « qu'aucun individu du grade de colonel ou au-des-
« sous ne puisse avoir plus d'une voiture, soit cabriolet, soit
« fourgon[1]. »

L'abus des équipages nombreux se montra de nouveau dans la
campagne de 1813. « Napoléon donna l'exemple », dit Charras,
« il avait trente voitures et fourgons avec deux cents chevaux pour
« son service. Chacun de ses aides de camp avait une voiture,
« 4 chevaux de trait, 6 de bât et 12 de selle ; ses autres officiers
« civils et militaires étaient pourvus à proportion. Le quartier
« général impérial suffisait pour encombrer une route et dévorait
« chaque jour autant de fourrage qu'un gros régiment de cavalerie.
« Cette profusion d'équipages et de chevaux se retrouvait au quar-
« tier général de tout commandant de corps d'armée, de tout gé-
« néral... Il n'était pas jusqu'aux simples colonels qui n'eussent
« chacun sa voiture de voyage[2]. »

Le nombre des voitures augmenta dans une telle proportion qu'il
fallut en détruire un grand nombre. Lorsque l'armée fit son entrée
dans Dresde, le 12 mai, un officier du grand quartier général fut
placé à la tête du pont, sur l'Elbe, avec un fort détachement de
gendarmerie pour arrêter toutes les voitures qui n'appartenaient
pas régulièrement à un corps de troupe ou à un état-major, les
faire dételer et en remettre les chevaux à l'artillerie. Les chevaux
de selle des officiers ou employés, qui n'étaient pas réglementai-

---

1. *Correspondance de Napoléon I*er, t. VIII.
2. *Histoire de la campagne de* 1813.

rement montés, étaient versés à la cavalerie; un témoin oculaire dit avoir vu, à cette occasion, non seulement les capitaines et les lieutenants d'infanterie, mais encore des sergents-majors à cheval[1]. A la fin de la seconde campagne de 1813, quelques jours avant la bataille de Leipsick, 4,000 hommes étaient affectés à la garde du grand quartier général, avec lequel marchaient 2,000 voitures, dont 1,600, il est vrai, pour les parcs de l'artillerie et du génie[2].

Si nous en venons à des exemples plus récents, nous verrons les guerres d'Afrique développer démesurément les convois. C'était une nécessité et un mal inévitable. Des colonnes restant en expédition pendant plusieurs semaines dans un pays qui ne présentait aucune ressource, étaient obligées d'emmener avec elles tous leurs abris et leurs moyens de subsistance, souvent même de chauffage, et comme ces colonnes ne trouvaient pour ainsi dire jamais de routes de voitures, il s'ensuivait de longues files de bêtes de somme. L'attaque et la défense des convois ont joué un rôle considérable dans l'histoire de la conquête de l'Algérie. Dès le débarquement de l'armée à Sidi-Ferruch, les convois envoyés du camp aux troupes du siège eurent à compter avec les surprises et les embuscades des Arabes. La brigade Bertier, marchant de Staouéli sur le plateau de Sidi-Khalef, lors de l'investissement d'Alger, repoussait victorieusement les attaques de la masse des Arabes, mais derrière elle ses bagages étaient pillés et enlevés par leurs coureurs. C'est ce qui est arrivé dans une de nos dernières campagnes, le 18 mai 1881, au combat de Mellilah, dans le sud oranais : tandis que le colonel Innocenti, avec la tête de la colonne, infligeait une défaite aux Arabes, son convoi était pillé en queue, et la colonne se voyait privée de tous ses bagages et vivres.

Entre ces deux événements, de 1830 à 1881, que d'affaires occasionnées par les convois !

Dans la plupart des expéditions qui précédèrent la prise de commandement du maréchal Bugeaud, les convois comprenaient des milliers de bêtes de somme; il est vrai que les colonnes ne se bor-

---

1. *Cahiers du capitaine Coignet*, p. 369.
2. Thiers, *Histoire du Consulat et de l'Empire*, t. XVI, p. 369.

naient pas à emmener avec elles leurs bagages et les vivres destinés à leur propre subsistance. Le but même de l'expédition était souvent le ravitaillement d'une place cernée par les Arabes, et le ravitaillement de la seule ville de Milianah a donné lieu à trois ou quatre expéditions demeurées célèbres dans les fastes de la colonie. Dans celle qui fut dirigée par le général Baraguey d'Hilliers en 1841, le convoi ne comprenait pas moins de 4,300 chevaux ou mulets et 900 bœufs.

Quoi qu'il en soit, les difficultés résultant de la surabondance des *impedimenta* de toute sorte sont évidentes. D'un autre côté, il est des nécessités auxquelles il est indispensable de parer, et le manque de moyens de transport a souvent causé la perte ou du moins l'embarras de plus d'une armée.

Il y a donc, dans l'organisation des transports d'une armée, comme en toutes choses, une mesure raisonnable à saisir entre deux excès opposés. Cette mesure est subordonnée à la connaissance parfaite des besoins en matériel. Or, le matériel d'une armée comprend : 1° l'artillerie avec ses batteries, parcs et équipages de pont ; 2° le génie avec ses parcs de compagnies et de réserve ; 3° les services spéciaux, télégraphie et postes ; 4° les ambulances ; 5° les convois de vivres et approvisionnements d'effets de rechange ; 6° les bagages des corps de troupe et des états-majors (y compris les cantines). Nous allons examiner successivement ces divers éléments et chercher à voir comment on en est arrivé aux dispositions actuellement en vigueur, chefs-d'œuvre de complication et de régularité, où tout semble avoir été prévu et déterminé jusque dans les moindres détails.

MATÉRIEL D'ARTILLERIE.

Avant Valière, tous les canons d'une même armée ne formaient qu'un seul parc avec les chariots et charrettes portant les outils et rechanges, ainsi que les approvisionnements de guerre (boulets en vrac, poudres en barils, cartouches d'infanterie également en barils, armement des pièces, c'est-à-dire écouvillons, refouloirs, lanternes, coins de mire, etc.). Généralement, ce parc était divisé en trois brigades, une lourde et deux légères. Après Valière, c'est-à-dire à partir de 1732, on augmenta le nombre des brigades d'un parc en diminuant le nombre des voitures de chacune d'elles. Nous trouvons dans l'*Art de la guerre*, de M. de Quincy, lieutenant général d'artillerie, imprimé en 1740, un projet d'équipage de campagne pour 4 pièces de 24, 8 pièces de 8 et 50 pièces de 4, en tout 62 bouches à feu, correspondant à une armée de 40,000 hommes et exigeant 1,000 chevaux de trait. Cet équipage est réparti en 7 brigades, et comprend, en outre, une réserve ainsi que les équipages de l'état-major. Chaque brigade comprend un chariot d'outils à pionniers et deux chariots pour les bagages des officiers de la brigade; la 1re se compose de 4 pièces de 24, attelées à 12 chevaux, avec un affût de rechange, 3 chariots de poudre, 5 caissons de boulets, 5 de munitions d'infanterie (poudre, plomb, pierres à fusil); la 2e comprend les 8 pièces de 8, un affût de rechange, 4 chariots de poudre, 6 caissons de boulets et 5 chariots pour munitions d'infanterie; les 3e, 4e, 5e, 6e et 7e sont uniformément composées de 10 pièces de 4, un affût de rechange, 2 chariots de poudre, 3 caissons de boulets, 5 chariots pour infanterie. La réserve comprend 3 chariots d'outils de pionniers, 4 de grenades, 15 pour infanterie, 9 chariots de caisses d'approvisionnements, d'outils d'ouvriers et de mineurs, 2 forges; les équipages comportent 17 voitures. Soit en tout 218 voitures et 1,000 chevaux, dont 46 haut le pied.

Lorsque le général en chef demandait une brigade d'artillerie, on faisait marcher d'ordinaire celle qui était le plus à portée de l'endroit où sa présence était le plus nécessaire, à moins que le parc ne fût formé, auquel cas les brigades étaient désignées à tour de rôle, d'après l'ancienneté de leurs commandants. Généralement on faisait marcher une brigade d'artillerie par brigade d'infanterie, et le nombre des chariots pour munitions d'infanterie était égal à celui des bataillons de la brigade; les munitions d'artillerie emmenées sur le champ de bataille, non compris trente cartouches (coups à mitraille) placées sur les affûts, correspondaient à 100 coups par pièce, mais on ne mettait en ligne avec les pièces que les approvisionnements pour 30 coups; les détachements affectés au service et à la garde des canons étaient désignés en même temps que les brigades. Les soldats d'infanterie avaient sur eux des cartouches à raison de 10 par homme, on distribuait en outre à chaque bataillon 200 livres de poudre et autant de plomb. Le soir de la bataille on ramenait au parc les pièces et les voitures qui les avaient accompagnées[1].

Une pareille complication explique très bien la création des pièces de bataillon, sans lesquelles les troupes se seraient trouvées exposées à recevoir le feu de l'ennemi sans pouvoir y répondre.

Lors de la retraite de Prague, en 1742, le maréchal de Belle-Isle avait réparti les 30 bouches à feu qu'il emmenait en cinq divisions de 6 bouches à feu, accompagnées de tous les attirails nécessaires; chacune de ces divisions était attachée à l'une des cinq divisions de l'armée. (Voir chapitre IX.)

Pendant la guerre de Sept ans, l'artillerie autrichienne et l'artillerie prussienne avaient sensiblement la même organisation; elles se composaient, l'une et l'autre, de trois parties distinctes : artillerie régimentaire, artillerie de brigade, artillerie de réserve, mais les seules pièces pour lesquelles on eût adopté des proportions fixes étaient les pièces de l'artillerie régimentaire, à raison de deux par bataillon.

Dans la campagne de 1760, un corps d'armée prussien de 59 bataillons, formant 9 brigades et présentant un effectif de 50,000 hommes, avait 248 bouches à feu, dont 20 obusiers, ainsi réparties :

Aux 59 bataillons.	118	canons de petit calibre (3, 4 ou 6).
Aux 9 brigades d'infanterie des deux lignes d'attaque .	90	canons de tout calibre (10 par brigade, les deux brigades des ailes de la 2e ligne ayant les obusiers).
Au quartier général. . . .	10	canons servis par la batterie d'artillerie légère, récemment créée.
A la réserve	30	canons de gros calibre, répartis en trois divisions.
Total. . .	248	

Au camp de Lissa, en 1759, le feldmaréchal Daun, comman-

---

1. Quincy, *l'Art de la guerre*, édition in-12, t. II. p. 97.

dant l'armée autrichienne, avait ainsi composé son équipage d'artillerie :

Pour 78 bataillons.	156	canons, tous du calibre du 3ᵉ.
Pour 4 brigades de 1ʳᵉ ligne.	48	canons de calibres divers (irrégulièrement répartis entre les brigades).
A la réserve	40	canons ou obusiers.
Total. . .	244	pièces pour 55,600 hommes, dont 8,800 de cavalerie.

Le nombre des voitures accompagnant cette artillerie était d'environ une par pièce de bataillon et trois par pièce de brigade ou de réserve, soit 576 voitures. Nous sommes bien loin de là aujourd'hui.

En France, au début de la même guerre, les pièces de bataillon ou canons à la Rostaing, adoptés en 1745, faisaient un peu défaut ; ils ne furent mis que progressivement en service. A Minden, le maréchal de Contades avait pour 34,000 hommes ou 56 bataillons :

	112	pièces de bataillon.
	68	de réserve réparties en 7 brigades inégales.
Total. . .	180	avec environ 300 voitures.

Le duc de Broglie, commandant un corps séparé de 12,400 hommes (11 bataillons), avait :

	22	pièces de bataillon.
	22	de réserve en deux brigades.
Total. . .	44	pièces avec 90 voitures [1].

Les divisions d'artillerie organisées sur le papier par Gribeauval furent composées de 8 pièces, avec le nombre de caissons nécessaires pour porter l'approvisionnement en munitions à 200 coups, des effets de rechange, forges et chariots. Il y avait deux sortes de parc, les parcs divisionnaires et le grand parc, divisé lui-même en partie mobile, formée par les voitures attelées qui marchaient à la suite de l'armée, et partie fixe, conservée dans les

---

1. Decker. *Batailles et combats de la guerre de Sept ans.* Introduction.

places de dépôt. Dans le système proposé par Gribeauval et adopté par le conseil supérieur de la guerre, trois divisions de 8 pièces, c'est-à-dire 24 bouches à feu, devaient être affectées à une division de 8,000 à 9,000 hommes. Cette proportion, nous l'avons déjà vu, fut loin d'être suivie dans les armées de la République et de l'Empire, mais les principes de Gribeauval, pour la répartition des voitures d'artillerie, furent mis en pratique.

On appela *division d'artillerie* ce que nous désignons aujourd'hui sous le nom de batterie (au point de vue du matériel), mais la division n'eut pas la fixité de composition que présente la batterie; on voyait dans une armée des divisions de 8 pièces et des divisions de 6 pièces, des divisions composées de canons d'un seul calibre, d'autres comprenant des canons des divers calibres et des obusiers. On suivait toujours cependant des proportions fixes pour le nombre des voitures. Nous avons vu que les calibres en service dans l'artillerie de campagne étaient le 12, le 8 et le 4 jusqu'en 1803, le 6 à partir de cette époque, avec deux obusiers, l'un de 6 pouces (16e), l'autre dit de 24, du calibre de 5^p,7^l (15e); on employait en outre aux armées des pièces étrangères de divers calibres : l'armée d'Italie, par exemple, en 1796, avait des canons de 12, de 11, de 5, de 4 et de 3 et des obusiers de 5^p,6^l. Dans les armées de l'Empire, il ne se trouvait généralement que des canons de 12, de 6 et de 8 avec des obusiers de 5^p,6^l.

Une division de 6 pièces de 12 comprenait, sans les caissons d'infanterie, 28 voitures; — avec 8 pièces, 35.

Une division de 8 et de 6 comprenait, sans les caissons d'infanterie, 22 voitures; — avec 8 pièces, 27.

Une division de 4 comprenait, sans les caissons d'infanterie, 16 voitures; — avec 8 pièces, 19.

Une division d'obusiers comprenait, sans les caissons d'infanterie, 28 voitures; — avec 8 pièces, 35.

On y ajoutait, suivant les cas, 6 ou 8 caissons d'infanterie.

Les canons et un seul caisson par pièce accompagnaient les troupes. Les caissons de seconde ligne, les affûts de rechange, chariots et forges formaient le *parc*, avec lequel marchaient les divisions d'artillerie qui n'étaient pas attachées aux divisions d'infanterie ou de cavalerie, ce que plus tard on appela la *réserve* et ce que nous appellerions aujourd'hui, *l'artillerie de corps d'armée*, mais qui était alors beaucoup moins nombreuse.

Quant au grand parc d'une armée, sa composition était établie sur les bases suivantes :

Pièces montées sur affût : 1 à 10 du nombre des bouches à feu des divisions.

Affûts de rechange. . . 1 à 10 du même nombre.

Caissons d'artillerie. . . 1 à 5 du nombre des caissons des divisions.

Caissons d'infanterie . . 2 à 5 du nombre des caissons des divisions.

4 caissons de parc, 4 forges et 15 chariots par compagnie d'ouvriers d'artillerie.

Napoléon, dans sa correspondance si pleine de détails, recommandait toujours d'observer soigneusement ces règles, données par l'aide-mémoire de Gassendi.

Nous trouvons dans cette même correspondance les renseignements nécessaires pour calculer les équipages d'artillerie de l'armée d'Italie, réorganisée après les préliminaires de paix de Leoben. Cette armée, forte de 75,000 hommes, comprenait 8 divisions d'infanterie et 2 divisions de cavalerie, pourvues d'artillerie ainsi qu'il suit :

					Pièces.	Voitures.	Caissons d'infanterie.
1re div. Masséna	3 brig. d'infant.	1 div. d'art.	à pied. .	6	26	18
	1 brig. de caval.	1	—	à cheval.	6	19	»
2e — Augereau	3 brig. d'infant.	1	—	à pied. .	6	26	»
		1	—	à cheval.	6	19	18
3e — Bernadotte.	3 brig. d'infant.	1	—	à pied. .	6	26	»
		1	—	à cheval.	6	19	18
4e — Serrurier.	3 brig. d'infant.	1	—	à pied. .	6	26	»
		1	—	à cheval.	6	19	18
5e — Joubert	3 brig. d'infant.	2	—	à pied. .	12	52	10
6e — Baraguey-d'Hilliers.	2 brig. d'infant.	1	—	à pied. .	6	26	»
		1	—	à cheval.	6	19	18
7e — Delmas	2 brig. d'infant.	1	—	à pied. .	6	26	10
8e — Victor	2 brig. d'infant.	1	—	à pied. .	6	26	»
		1	—	à cheval.	6	19	18
1re de cavalerie Dugua.	2 brig. de caval.	1	—	à cheval.	6	19	2
2e de cavalerie Dumas.	2 brig. de caval.	1	—	à cheval.	6	19	2
Au parc		5	—	à pied. .	30	137	50
Totaux		14	—	à pied. .	132	533	182
		8	—	à cheval.			

Total 715 voitures.

A quoi il faut ajouter 2 divisions d'artillerie de montagne, ensemble 12 pièces, et 6 pièces de siège, de 16, approvisionnées comme les pièces de montagne, à 300 coups.

De la sorte, l'armée emmenait avec elle 45,000 coups de canon et 2,492,000 coups de fusil, non compris les 60 cartouches que chaque soldat d'infanterie devait avoir dans sa giberne, ce qui donnait en tout six millions de coups de fusil[1].

L'armée des côtes de l'Océan, en 1804, comprenant les camps de Saint-Omer, de Bruges et de Montreuil, et la réserve, formait un effectif total de 120,000 hommes. Le camp de Saint-Omer, pour 4 divisions d'infanterie, avait 44 pièces (8 à chaque division, 4 à la brigade de 1re ligne, 8 au parc); chacun des deux autres camps, pour 3 divisions d'infanterie, 36 pièces (8 à chaque division, 4 à la brigade de 1re ligne, 8 au parc); la réserve, 48 pièces (8 par division de cavalerie ou d'infanterie, 8 au parc). Soit en tout 164 pièces, dont 36 d'artillerie à cheval et 820 voitures[2] (y compris les pièces sur affût).

Le grand parc étant d'environ 500 voitures, cela suppose un total de 1,300 à 1,400 voitures.

L'armée d'Italie avait à la même époque : 41,355 combattants, 54 bouches à feu, 108 caissons, 12 chariots, 6 forges, en tout 180 voitures[3].

En 1809, la grande armée d'Allemagne avait en chiffres ronds, sans compter les corps d'armée étrangers, 229 canons et 2,000 voitures d'artillerie (y compris les caissons d'infanterie). En outre, il existait par régiment d'infanterie 6 voitures d'artillerie, savoir : 2 canons de 4, 3 caissons, 1 forge de campagne, ce qui, par le fait, augmentait le nombre des voitures d'artillerie de 450[4].

En 1811, l'armée de Davout, d'après un ordre de l'Empereur, daté du 23 février, comprenait : 4 divisions d'infanterie à 16 bataillons.

Cette armée devait donc avoir 64 pièces de bataillon, comportant. 192 voitures.
En outre chaque division d'infanterie possédait une batterie à pied et une batterie à cheval, chacune de 6 pièces, soit 12 pièces et pour les 4 divisions, 48 pièces.

A reporter. . . . . . 192 voitures.

---

1. *Correspondance militaire de Napoléon I*er*, t. I, lettre du 8 mai 1797 au général Lespinasse.
2. *Correspondance de Napoléon.*
3. *Mémoires de Masséna,* par le général Koch.
4. *Souvenirs militaires du général Roguet,* tome III.

Report.	192 voitures.
La division de cuirassiers, 2 batteries à cheval, 12 pièces. La réserve, 1 batterie à cheval et 2 batteries à pied, dont une de 8 pièces, soit 20 pièces. En tout 80 pièces comportant.	600 —
En outre pour les munitions d'infanterie, chaque bataillon avait un caisson, chaque division 20 autres caissons, et le parc en avait 80. Total.	224 caiss. d'inf.
Total général des voitures d'artillerie. . .	1,016 voitures.

pour environ 60,000 hommes.

D'après un projet établi pour toute l'armée, il devait y avoir 802 bouches à feu et environ 5,200 voitures.

L'armée du Nord, en 1815, pour 120,000 hommes avait 344 canons, 1,429 voitures d'artillerie et 458 caissons d'infanterie, en tout 1,887 voitures (y compris les pièces).

Napoléon estimait d'ailleurs que la partie mobile des parcs devait être réduite autant que possible. Au lieu de traîner à la suite de l'armée d'énormes quantités de voitures, il lui semblait préférable d'avoir des approvisionnements dans des places convenablement réparties sur les derrières de l'armée. Des parcs trop considérables étaient, en effet, incompatibles avec sa manière de faire la guerre. Au début de la campagne de 1805, lorsqu'il tourna l'armée autrichienne de Mack en traversant le Danube en aval du camp retranché d'Ulm, il laissa le grand parc d'artillerie et le trésor de l'armée sur la rive gauche, sous la garde des deux divisions de dragons à pied que commandait le général Baraguey d'Hilliers; il ne restait d'autre infanterie sur cette même rive que la division Dupont, dont la ferme contenance au combat d'Haslach empêcha l'armée autrichienne de s'échapper; un corps de 5,000 hommes, sous les ordres de Verneck, parvint cependant à sortir de la place, et tombant dans les lignes de communication de l'armée française, il s'empara du grand parc et d'une partie du trésor qui furent assez mal défendus, paraît-il. Le tout fut heureusement repris quelques jours après par Murat qui poursuivit à outrance, sur la route de Bohême, le corps de Verneck jusqu'à ce qu'il l'eût réduit à capituler. Il n'en est pas moins vrai que la cavalerie autrichienne, tombant sur les parcs et les équipages de la Grande-Armée, y avait occasionné une échauffourée regrettable. C'est sans doute sous l'influence du souvenir de cet événement, qu'au moment de commencer la guerre contre la Prusse, Napoléon écrivait, le 30 septembre 1806, au major général :

« Il est temps de prendre un parti réel pour le parc; je ne veux
« pas non plus avoir 1,100 ou 1,200 voitures à ma suite. Dites à
« Songis (le premier inspecteur général) que c'est autant de pris par
« l'ennemi. Je ne veux pas plus de 400 voitures; mais je n'entends
« pas que la moitié soit des caissons d'outils ou des effets d'artil-
« lerie des compagnies, etc., j'entends que ce soient des cartou-
« ches d'infanterie, des cartouches à canon pour réparer des pertes
« et avoir 20 ou 30 pièces de canon de plus en batterie le jour
« d'une bataille. Sur ces 400 voitures, je n'en veux pas plus de 30
« qui contiennent des objets de rechange de parc; le reste doit
« être en cartouches et en munitions. *Telle est ma volonté.* Un atelier
« de réparations sera établi dans la citadelle de Wurtzbourg et un
« dans la citadelle de Forchheim. Un magasin de cartouches à canon
« sera formé à Wurtzbourg et un autre à Forchheim. On peut même
« laisser à Augsbourg des munitions et des approvisionnements.
« A mesure que j'irai en avant, je choisirai un point central for-
« tifié et j'ordonnerai qu'on y fasse, avec les moyens du pays, des
« magasins; mais cela n'a rien de commun avec le parc mobile...
« Ainsi donc, mon parc doit être partagé en quatre : 400 voitures
« suivront l'armée avec une compagnie d'ouvriers, tous mes pon-
« tonniers et tout le personnel de l'artillerie ; un gros atelier de
« réparations sera formé dans la citadelle de Wurtzbourg et à
« Forchheim ; des ouvriers, des forges y seront envoyés, des ma-
« gasins de cartouches, de rechanges et d'effets de toute espèce y
« seront réunis, mais de manière cependant qu'il reste à Augsbourg
« au moins le tiers de ce que j'ai. Le parc réduit ainsi au simple
« nécessaire suivra l'armée. »

Il serait impossible de mieux faire ressortir le rôle du parc d'artillerie qu'en citant cette leçon du plus grand maître qui ait jamais existé pour l'organisation des armées. Dictant à Sainte-Hélène la composition d'une armée idéale, Napoléon a dit : On compte dans l'artillerie 5 voitures par canon et 5 chevaux par voiture avec 2 soldats du train. Une armée de 200,000 hommes, à 500 bouches à feu, aurait ainsi 2,500 voitures d'artillerie.

Lors de la double réorganisation de l'artillerie en 1827 et 1829, on donna le nom de *batterie* à l'ensemble du personnel et du matériel destinés au service de 6 bouches à feu de campagne. On donna aussi le nom de batterie au personnel seul, enfin l'usage a conservé le même nom pour le matériel seul. La composition de ce matériel fut déterminée réglementairement d'une manière précise. Il y eut, comme nous l'avons déjà dit, deux sortes de batteries quant au calibre, celles de 12, comprenant 4 canons de 12 et 2 obusiers de 16°, et celles de 8, comprenant 4 canons de 8 avec 2 obusiers de 15°. Les batteries de 12 furent uniformément composées de 30 voitures, dont 18 caissons d'artillerie. On distingua trois espèces de batteries de 8, celles qui marchaient avec les divisions d'infanterie, comprenant 30 voitures, dont 12 caissons d'artillerie et 6 d'infanterie, celles de division de cavalerie à 26 voitures, dont seulement 2 caissons d'infanterie, et celles de réserve, n'ayant que 24 voitures et pas de caissons d'infanterie.

Lorsque, en 1854, on substitua les canons-obusiers de 12 et les canons-obusiers de 12 léger aux canons et obusiers alors en service, on conserva la même composition pour les batteries. La composition des parcs avait été établie en 1829 sur les bases suivantes :

Deux sortes de parc : les parcs de corps d'armée et les grands parcs.

Pour toutes les pièces d'un corps d'armée, les approvisionnements partagés par moitié entre le parc de ce corps d'armée et le grand parc.

Pour les pièces de la réserve générale, la totalité des approvisionnements au grand parc :

Deux caissons par canon de 8 et obusier de 15° ou canon-obusier de 12, trois par canon de 12.

Affûts de rechange : un pour quatre pièces.

Chariots de parcs : de 6 à 8 à un parc de corps d'armée, de 12 à 16 à un grand parc.

Forges pour la réparation du matériel : 4 à un parc de corps d'armée, 8 à un grand parc.

En outre, pour le service des troupes du parc, des chariots de batterie à raison de 1 par 100 chevaux, et des forges pour le ferrage, une pour 200 chevaux.

Caissons d'infanterie, le nécessaire pour compléter l'approvisionnement roulant à 60 cartouches par homme d'infanterie, 20 par cavalier, 30 par canonnier.

Le nombre des voitures n'est plus de cinq par bouche à feu, comme l'indiquait Napoléon ; il est monté à huit.

Quant à la proportion des bouches à feu et à la répartition des batteries, il a été d'usage, depuis 1830 jusqu'à la guerre de 1870 (armée de Belgique en 1832, des Alpes en 1848, de Crimée en 1854, d'Italie en 1859, du Mexique en 1863), d'affecter deux batteries à chaque division d'infanterie et une batterie aux divisions de cavalerie, quel que fût l'effectif des divisions. La proportion générale des bouches à feu était de 2 par 1,000 hommes figurant à l'effectif, ce qui donnait 2 $^1/_2$ par 1,000 combattants. Les bouches à feu qui ne marchaient pas avec les divisions étaient ainsi réparties : deux tiers aux réserves de corps d'armée, un tiers à la réserve générale.

L'armée d'Orient en 1854-1855 a constamment varié dans son organisation ; la composition des équipages d'artillerie de campagne a subi des variations correspondantes. On peut, cependant, prendre comme exemple d'équipage d'artillerie à cette époque, la composition adoptée pour l'armée réorganisée après la prise de Sébastopol (situation au 15 novembre 1855). L'armée comprenait alors 3 corps d'armée dont un de réserve, de chacun 4 divisions à 9 bataillons et 2 batteries montées (effectif, 32,800). La cavalerie, à part des corps d'armée, comprenait 40 escadrons et 2 batteries à cheval (effectif, 4,800) ; les réserves d'artillerie de corps d'armée se composaient de deux batteries seulement, une à cheval et une montée pour le premier corps, deux batteries à cheval pour les deux autres ; enfin, la réserve générale comprenait 2 batteries à cheval de la garde et 4 batteries montées.

La composition en voitures est donnée par le tableau suivant :

	Batteries montées.	Canons-obusiers.	Voitures.	Batteries à cheval.	C.-obus. légers.	Voitures.	Voitures des parcs.	Totaux des voit.
1er corps. . . .	9	54	264	1	6	24	154	442
2e corps	8	48	240	2	12	48	178	466
Corps de réserve.	8	48	240	2	12	48	149	437
Cavalerie. . . .				2	12	52	»	52
Réserve générale.	4	24	96	2	12	48	»	144
Grand parc et partie mobile . .	»	»	»	»	»	»	626	626
Totaux. . .	29	174	840	9	54	220	1,127	2,071
	9	54						
Batteries . .	38	228	pièces.					

C'est-à-dire 38 batteries, 228 bouches à feu et 2,071 voitures pour un effectif de 103,200 hommes (infanterie et cavalerie). En outre, la partie non attelée du grand parc comprenait : 42 canons-obusiers de 12 et 714 voitures.

En 1858, l'adoption des canons rayés du système Treuille de Beaulieu n'apporta pas de changements sensibles dans la composition des batteries et des parcs.

Les batteries de 4 et de 12 rayé durent comprendre 30 voitures, dont 12 caissons d'artillerie et 6 caissons d'infanterie pour les premières, 18 caissons d'artillerie pour celles de 12. Les proportions adoptées pour les voitures des parcs étaient les mêmes.

L'équipage d'artillerie de campagne, en 1859, pour l'armée d'Italie, forte de 220,000 hommes, était composé ainsi qu'il suit (non compris 2 batteries de montagne et une batterie de fuséens) :

Batteries.		Pièces.	Voitures.
37	de 4 rayé	222	1,110
4	de 12 rayé	24	120
16	de canons-obusiers de 12	96	480
6	de canons-obusiers de 12 léger .	36	144
Total . . . 63		378	
5 parcs de corps d'armée environ			570
Un grand parc			480
Total			2,854 [1]

En appliquant ces proportions réglementaires à une armée idéale de 135,000 hommes, comprenant 3 corps d'armée égaux (à 3 divisions d'infanterie et 1 brigade de cavalerie), une division de réserve d'infanterie, une division de réserve de cavalerie de 3 brigades, une réserve générale d'artillerie, les troupes du génie et d'administration correspondantes, on avait un équipage d'artillerie de 40 batteries ou 240 bouches à feu, savoir :

Par corps d'armée : 6 batteries divisionnaires de 4, 2 batteries de réserve de 4, 2 batteries de réserve de 12, un parc de 115 voitures.

Pour 3 corps d'armée. { 18 bat. div. de 4, 540 voit.; 6 bat. de 12, 180 voit.; trois parcs, 345 voit.
{ 6 bat. de r. de 4, 144 —
Pour la cavalerie. . . . 2 batteries de 4, 52 —
Pour la réserve d'infant. 2 batteries de 4, 60 —
Pour la rés. générale . 4 batteries de 4, 96 — 4 bat. de 12, 120 voit. et 1 gr. parc, 387 voit.
Totaux . . . . 892 — 300 voit. 932 voit.
Total général . . . . 2,124 voitures [2].

---

1. Récit officiel de la campagne, rédigé au Ministère de la guerre.
2. Archives de l'artillerie.

La composition des batteries de campagne, telle qu'elle résultait des dispositions arrêtées en 1829, présentait des avantages réels à côté d'inconvénients notables. Les batteries se suffisaient à elles-mêmes et pouvaient marcher isolément, les nombreux attelages dont disposait en toute circonstance le capitaine commandant, lui permettaient d'avoir toujours une batterie de combat supérieurement montée, puisqu'il pouvait faire passer à la réserve les chevaux fatigués et les remplacer par des chevaux mieux reposés ; il avait de même, dans le personnel de la réserve, un véritable réservoir d'hommes. A ce point de vue, nos nouvelles batteries ne vaudront jamais les anciennes.

En revanche, l'administration et le commandement d'une troupe aussi nombreuse, composée d'éléments divers, n'ayant son analogie dans aucune autre arme, était un fardeau trop lourd pour la plupart des capitaines ; la complication de leur comptabilité, leur correspondance avec les fonctionnaires de l'intendance et les conseils d'administration centraux, leurs efforts pour se décharger de la responsabilité pécuniaire qui leur incombait dans des circonstances absolument indépendantes de leur volonté, absorbaient le meilleur de leur temps et leur en laissaient peu pour la partie militaire de leur commandement. D'autre part, le ravitaillement des batteries par leurs réserves respectives sur le champ de bataille présentait de grandes difficultés, et ces difficultés devaient augmenter avec le nombre des batteries, puisque toutes les réserves étaient indépendantes les unes des autres. En outre, le soin de diriger une batterie sur le champ de bataille est assez important et assez absorbant pour qu'on n'y ajoute pas l'obligation de ravitailler l'infanterie en munitions de guerre. Ces différentes considérations conduisirent le comité de l'artillerie à proposer et le ministre à adopter, le 17 décembre 1867, pour les batteries d'artillerie et leurs réserves, une combinaison différente.

On réduisit d'abord le nombre des voitures des batteries, en fixant ce nombre :

1° Pour les batteries de 4 rayé, à 18, dont 12 à la batterie de combat et 6 à la réserve ;

2° Pour les batteries de 12 rayé, à 22, dont 12 à la batterie de combat et 10 à la réserve.

L'approvisionnement de chaque batterie comprenait ainsi pour le 4 rayé : 212 coups, dont 164 à la batterie de combat, et pour le 12 rayé : 129 coups, dont 72 à la batterie de combat.

Les munitions d'infanterie, au lieu d'être réparties entre les batteries, furent, dans chaque division, réunies en un seul groupe dénommé *réserve divisionnaire de munitions d'infanterie* et comprenant : 14 caissons à deux roues (voiture mise en service depuis quelque temps pour suivre les troupes sur le champ de bataille et qui a été abandonnée après la guerre), cinq caissons à quatre roues et un chariot de batterie. Pendant le combat, les réserves des batteries de la division devaient se réunir à la réserve de munitions d'infanterie et former, sous les ordres d'un des capitaines en second, le *parc divisionnaire*.

Le personnel des batteries se trouvait ainsi fortement réduit, ce qui ramenait à des proportions plus convenables le travail imposé aux capitaines commandants (de 212 hommes et 204 chevaux, le personnel d'une batterie montée sur le pied de guerre descendait à 148 hommes et 110 chevaux; celui d'une batterie à cheval de 230 et 264 à 155 et 168).

De nouvelles proportions étaient en même temps adoptées pour la composition des parcs de campagne, savoir : pour les caissons d'artillerie, 4 par canon de 12 rayé ; 8 pour 5 canons de 4 ; pour les affûts de rechange, un sixième du nombre des bouches à feu ; pour les caissons d'infanterie, le nombre nécessaire pour porter à 150 cartouches l'approvisionnement de chaque fusil, y compris les 90 cartouches portées par l'homme lui-même. La moitié de toutes les voitures faisait partie des parcs de corps d'armée, l'autre moitié, du grand parc ; il va sans dire que toutes les voitures afférentes à la réserve générale d'artillerie et plus généralement aux troupes ne faisant pas partie du corps d'armée, étaient placées dans le grand parc. On adopta en même temps la proportion de 3 batteries montées par division d'infanterie, mais l'adoption mystérieuse des canons à balles réduisit en réalité cette proportion à 2, puisque la troisième batterie de chaque division devait recevoir le nouvel engin et n'était plus par le fait une batterie d'artillerie.

L'équipage de campagne de l'armée du Rhin comprenait, d'après ces règles et dans son organisation primitive :

	Batteries de 4.	Batteries de 12.	De canons à balles.	Réserves divisionn.	Parc.
Garde imp.	6	4	2	2	102 voitures.
1er corps.	12	4	4	4	185 —
2e —	8	4	3	3	154 —
3e —	12	4	4	4	185 —
4e —	8	4	3	3	154 —
5e —	8	4	3	3	154 —
6e —	15	4	1	4	185 —
7e —	8	4	3	3	154 —
Réserve de cavalerie.	5	»	1	»	»
Rés. génér. d'artiller.	8	8	»	»	» —
Le grand parc.					
Totaux...	90	40	24	26	1,273 voitures.

8 parcs de corps, un grand parc.

Les 90 batteries de 4 comprenaient.....	540 bouches à feu	1,620 voit.	
Les 40 batteries de 12	240 —	880 —	
Les 24 bies de can. à balles.	» —	432 —	144 can. à balles.
Les 26 réserves divisionnaires......	» —	520 —	
Les 8 parcs de corps d'armée........	» —	1,273 —	
Totaux...	780 bouches à feu	4,725 —	144 can. à balles.

Le grand parc, partie mobile, n'a pu être formé complètement; il aurait compris, d'après les proportions réglementaires, environ.................. 1,550

Total général... 6,275 voitures pour 924 pièces, y compris les canons à balles.

Ce qui donne à peu près la proportion de 8 voitures par bouche à feu.

Lors de la réorganisation de l'armée en général et de l'artillerie en particulier après la guerre, on a cherché à imiter le plus possible les Allemands, en créant des sections de munitions et en ne laissant aux batteries proprement dites qu'un nombre restreint de voitures; il n'y avait du reste, pour rester dans cette voie, qu'à suivre, en les modifiant légèrement, les errements adoptés en 1867.

La composition des batteries a peu varié; elle a été fixée, dès le principe, à 18 voitures, savoir: 6 pièces, 9 caissons, 1 forge, 1 chariot de batterie, 1 chariot-fourragère. Depuis lors, on a remplacé, dans les batteries à cheval de division de cavalerie indépendante, un des caissons d'artillerie par un caisson de cartouches d'infanterie, et l'on a doté une des trois batteries de chacune de ces divisions d'un chariot de dynamite. Quant aux sections de munitions, on a changé plusieurs fois de système. Au début, on avait affecté à chaque division d'infanterie deux sections de munitions, l'une d'infanterie, l'autre d'artillerie et à l'artillerie de corps deux sections de munitions d'artillerie, toutes attelées par des conducteurs d'artillerie (personnel fourni par le dédoublement de batteries désignées à l'avance); le parc d'artillerie était lui-même partagé en quatre sections correspondantes aux deux divisions et à l'artillerie de corps. Les sections de munitions affectées à chaque division étaient sous les ordres du général commandant cette division, par l'intermédiaire de l'officier supérieur commandant l'artillerie. Plus tard, et sous le prétexte que le général commandant l'artillerie d'un corps d'armée est responsable de l'approvisionnement et du ravitaillement de toutes les troupes du corps d'armée en munitions, on a fait de ces sections un premier échelon du parc divisé en quatre sections, correspondant aux quatre sections du deuxième échelon. Mais dans la nouvelle organisation, on est revenu sur cette mesure, et l'on a rattaché de nouveau les sections de munitions aux groupes qu'elles doivent servir.

Chaque section d'artillerie comprend 22 voitures; celles qui sont destinées à l'artillerie de corps comprennent, en outre, un canon. Le parc du corps d'armée se compose de quatre sections inégales, comprenant ensemble 175 voitures. Chaque section de munitions d'infanterie comporte 35 voitures. En sorte que, sans compter les voitures à vivres et à bagages, dont il sera question plus loin, l'artillerie d'un corps d'armée comprend:

1° 16 batteries à 18 voitures.	288	voitures.
2° 4 sections d'artillerie.	88	—
3° 2 sections d'infanterie	70	—
4° 1 parc.	175	—
Total. . .	621	voitures.

Une armée de 130,000 hommes, comprenant 4 corps d'armée, aurait donc d'abord, pour ces 4 corps d'armée, 384 pièces et 2,484 voitures; il faudrait y ajouter :

Trois batteries à cheval de division de cavalerie indépendante.....	18 pièces.	55 voitures.
Une réserve d'artill. de 8 batteries.	48 —	144 —
Deux sections de munitions d'artill.	» —	44 —
Un grand parc, partie attelée...	» —	356 —
	66 —	599 —
Pour les 4 corps d'armée . . .	384 —	2,484 —
Totaux. . .	450 pièces.	3,083 voitures.

Mais si l'on veut établir la comparaison complète entre le passé et le présent, il faut tenir compte des caissons de cartouches marchant avec l'infanterie à raison de un par bataillon, 25 par corps d'armée, 100 pour l'armée que nous prenons pour type. Cette armée aura donc en définitive 450 bouches à feu et 3,183 voitures d'artillerie pour 130,000 hommes, c'est-à-dire près de 4 bouches à feu par 1,000 combattants et sept voitures par bouche à feu au lieu de huit, proportion admise en 1854 et en 1859. Cette diminution tient à la réduction considérable opérée dans la partie attelée du grand parc par suite de l'emploi des chemins de fer qui permet de substituer à la plus grande partie des voitures de ce grand parc, des approvisionnements roulants sur wagons. La composition que nous avons donnée pour la partie attelée du grand parc n'a rien d'absolu, quoiqu'elle soit semi-officielle. Ce parc comprend autant de divisions distinctes qu'il y a de corps d'armée et, en outre, une partie commune composée de tout ce qui est nécessaire pour l'entretien du matériel. Les voitures de munitions ne consistent pas en caissons, mais en chariots de parc, sur lesquels les munitions renfermées dans des caisses blanches de double approvisionnement peuvent être transportées au fur et à mesure des besoins. Chaque division est partagée, à cet effet, en cinq échelons de composition identique ; on évalue à 29,000 kilogr., pour chaque division, le poids total des munitions d'un échelon. Les voitures affectées au grand parc et dites équipages de transport, ne peuvent recevoir que la moitié d'un échelon, c'est-à-dire le dixième de munitions.

Pour se faire une idée comparative des équipages d'artillerie dans le passé et dans le présent, il ne suffit pas de connaître le nombre des voitures marchant avec l'armée ; la comparaison ne peut être significative qu'à la condition de faire ressortir les munitions d'artillerie et d'infanterie transportées par ces voitures.

L'exemple que nous avons cité plus haut comme emprunté à un cours d'art militaire du commencement du xviii° siècle montre que l'on se contentait alors d'un approvisionnement de 100 coups par pièce. Le tir était en effet très lent ; il devint beaucoup plus rapide après les perfectionnements apportés par Gribeauval à l'artillerie, et dans certaines batailles du premier Empire, la consommation par pièce dépassa même le quadruple de ce chiffre ; il est assez difficile de connaître ces consommations et on ne les trouve formellement indiquées que dans un petit nombre de cas. Voici les quelques chiffres authentiques que nous avons pu trouver :

A Austerlitz, l'artillerie de la division Suchet, qui fut engagée pendant toute la bataille, avait 8 pièces, dont 6 de 8 et 2 de 12 ; elle consomma 920 coups de 8, 272 coups de 12, soit en tout 1,192 coups ou 149 coups par pièce. La division Caffarelli appartenant, pour ce jour-là, au même corps d'armée, celui de Lannes, consomma 1,166 coups, ce qui fait 146 coups par pièce [1]. Au combat de Saalfeld, par lequel débuta la campagne de 1806, 2 pièces de 4 attachées à l'avant-garde et soutenant le feu de 27 canons, tirèrent à elles deux 264 coups, 132 coups par pièce. 2 pièces de 8 et 2 obusiers, survenus à la fin de l'action, ne tirèrent en tout que 63 coups [2] ; à Iéna, l'artillerie du 5° corps, qui prit la part la plus active à la bataille, tira pour 24 pièces 1,764 coups, soit 74 coups par pièce [2] ; à Pultusk, l'artillerie du 5° corps tira 869 coups pour 16 pièces, un peu plus de 50 par pièce [2] ; à Friedland, les 36 pièces de Sénarmont tirèrent 2,556 coups, dont 699 à mitraille, soit 71 coups par pièce, dont près de 20 à mitraille. L'action, comme on le sait, ne dura pas deux heures [2] ; à Ocaña, 45 bouches à feu tirèrent 1,831 coups, soit 41 coups par pièce [3] ; à Talavera, 82 bouches à feu, appartenant aux 1er et 4° corps et à la réserve de l'armée d'Espagne, ont tiré 5,666 coups de canon, environ 70 par pièce,

---

1. Rapport du général Foucher, commandant l'artillerie du 5° corps.
2. Rapport du général Foucher, commandant l'artillerie du 5° corps.
3. Rapport de Sénarmont.

mais les pièces du 1ᵉʳ corps ont presque tout tiré ; celles du 4ᵉ corps ayant été empêchées de tirer et la réserve ayant été peu engagée, en sorte que les 36 bouches à feu du 1ᵉʳ corps ont dû tirer au moins 4,000 coups, soit 110 coups par pièce [1] ; à Almonacid, il a été consommé 2,359 coups de canon pour 24 bouches à feu, 97 coups par pièce [1]. Toutes ces consommations sont loin d'approcher celles que l'on cite généralement comme ayant été faites à Wagram, à la Moskowa, à Lutzen et à Leipsick ; à la première de ces deux batailles, il y eut 100,000 coups de canon de tirés pour 400 pièces en 45 heures ; à la Moskowa, 350,000 coups pour 563 pièces, 62 coups par pièce ; à Lutzen, dit le général Piobert dans son *Traité d'artillerie*, on tira 220 coups par pièce. Dans les deux journées de la bataille de Leipsick, il y eut des batteries qui tirèrent près de 400 coups par pièce ; d'autres batteries tirèrent 900 coups en six heures, c'est-à-dire 150 coups par pièce ; la retraite de Napoléon dans la matinée du 18 fut uniquement déterminée par le manque de munitions, ce qui lui faisait écrire au ministre Clarke pendant la campagne de 1814 : « Si le 18 octobre 1813 « j'avais eu 30,000 coups de canon à tirer, je serais aujourd'hui « le maître du monde. »

A la bataille de l'Alma, pour 68 bouches à feu, on tira 1,485 coups, soit 17 par pièce [2] ; à Inkermann, pour 24 bouches à feu, on tira 1,604 coups, soit 66 par pièce [2] ; à Traktir, pour 66 bouches à feu, on tira 4,074 coups, soit 64 par pièce [2] ; à Rezonville, le 16 août 1870, les 15 batteries du IIIᵉ corps prussien tirèrent en moyenne 126 coups par pièce [3] ; à Saint-Privat, le 18, les mêmes batteries ou du moins 10 d'entre elles, intervenant à la fin de la bataille, tirèrent seulement 46 coups par pièce [3] ; à la même bataille, les batteries du IXᵉ corps tirèrent 88 coups par pièce [3] ; à Beaumont, le 30 août, le Vᵉ corps d'armée allemand tirait 65 coups par pièce [4] ; dans les mêmes conditions, le IIᵉ corps d'armée allemand tirait 83 coups par pièce [4] ; à Sedan, l'artillerie de la garde prussienne tirait 66 coups par pièce [4].

---

1. Rapport de Sénarmont.
2. *Journal du siège de Sébastopol* (artillerie).
3. Hoffbauer.
4. Récit du grand état-major prussien.

Les chiffres suivants sont extraits d'un très bon travail sur le service à l'arrière dû à M. le commandant d'artillerie Ploix[1] :

Les Prussiens à Bautzen, 56 ; à Leipzig, 59 ; à Ligny, 42 ; à Waterloo, 41 ; à Wœrth, 42 ; à Rezonville, 94 ; à Saint-Privat, 56 ; à Sedan, 56.

Les Français, à Leipsick, 267 (en deux jours) ; à Solférino, 53 ; à Rezonville, 61 ; à Saint-Privat, 58.

Les Autrichiens à Magenta, 14 ; à Solférino, 29 ; à Kœniggrætz, 69.

Les consommations de munitions d'infanterie sont encore bien plus difficiles à établir : à Iéna, le corps du maréchal Lannes brûla environ 380,000 cartouches pour un effectif de 18,000 hommes, un peu plus de 20 cartouches par homme, et ce corps fut très fortement engagé[2]. A Talavera, la consommation totale fut de 167,560 cartouches pour 45,000 hommes[2] ; à Ligny, les Prussiens tirèrent 47 cartouches par homme. Ces renseignements n'ont pas grande importance, les nouvelles armes doivent donner des consommations très différentes de celles des anciens fusils, non pas toujours plus fortes comme on serait tenté de le croire, mais souvent plus faibles parce que l'effet cherché est plus vite obtenu. D'après le récit du grand état-major prussien, le 1er corps bavarois a consommé, du 1er novembre au 11 décembre 1870, 24 cartouches par homme et par journée de combat. D'après M. le commandant Ploix, les Français, qui à Solférino avaient tiré 50 coups de fusil par homme, n'en auraient tiré que 9 à Rezonville.

Voyons maintenant quels ont été les approvisionnements roulants à diverses époques.

D'après une lettre de Napoléon Ier, datée du 10 avril 1809, l'armée d'Allemagne avait à cette date, dans les caissons attelés, tant aux divisions qu'aux parcs, un double approvisionnement de munitions d'artillerie, c'est-à-dire 400 coups de canon par pièce. En outre, 200 coups en caisses blanches, susceptibles d'être transportées sur des charrettes du pays, se trouvaient en dépôt à Ulm, Donawerth et Ingolstadt. Lorsque l'armée marcha en avant, ce troisième approvisionnement fut reporté à Passau, un qua-

---

1. *Revue d'artillerie,* mars 1882.
2. Rapport des généraux commandant l'artillerie.

trième approvisionnement, préparé en arrière, fut alors amené à Ulm et à Donawerth. En munitions d'infanterie, chaque homme avait sur lui 50 cartouches, 60 autres étaient sur caissons attelés marchant avec les divisions, 60 de même au parc, enfin, 60 en caisses blanches dans les places de dépôt, soit, par homme, 170 cartouches avec l'armée, 60 en arrière.

A l'armée d'Italie, en 1859, les batteries avaient en moyenne 220 coups par pièce, les parcs de corps d'armée 110, le grand parc 110, soit en tout 440. Un troisième, puis un quatrième approvisionnement furent successivement préparés dans les places fortes. Pour les armes portatives, chaque homme avait sur lui 60 cartouches; il y en avait 60 par fusil dans les caissons; les approvisionnements en réserve dans les places comprenaient à peu près 150 cartouches par homme.

A l'armée du Rhin, en 1870, l'approvisionnement en munitions d'artillerie était encore de 440 coups, dont moitié aux batteries et moitié aux parcs. Pour les armes portatives, chaque homme avait sur lui 90 cartouches, la réserve divisionnaire en portait 24 par homme, le parc de corps d'armée 20, la partie attelée du grand parc également 20, soit en tout 154 cartouches. La partie non attelée du grand parc portait cet approvisionnement à 280 cartouches par homme. Ces porportions avaient été fixées par décision ministérielle du 13 octobre 1867.

Dans l'organisation actuelle, l'approvisionnement total comprend, en munitions d'artillerie, 291 coups pour le 80 (276 seulement dans les batteries à cheval des divisions indépendantes) et 258 coups pour le 90, répartis entre les batteries, les sections de munitions et les parcs de corps d'armée, savoir : un peu plus de moitié aux batteries, un cinquième environ aux sections, le reste aux parcs de corps d'armée. Le grand parc représente, en outre, un approvisionnement de 130 coups, dont un dixième environ susceptible d'être transporté par voitures d'artillerie. Il y a donc, en moyenne, 420 coups par canon de 80^{mm}, 388 par canon de 90^{mm}. Les canons de 95^{mm}, lorsqu'il y en a, sont approvisionnés à 176 coups.

Quant aux armes portatives, l'approvisionnement est ainsi fixé pour l'infanterie :

	78	cartouches portées par l'homme.
	18	— sur les caissons de bataillon.
	2	— dans les fourgons à bagages.
	46	— aux sections de munitions.
	33	— au parc de corps d'armée.
Total.	177	marchant avec le corps d'armée.

Le grand parc comprend, en outre, 54 cartouches par homme, ce qui porte le chiffre total à 231. Les autres corps (artillerie, train des équipages, sapeurs-conducteurs [1]) n'ont pas d'approvisionnements roulants, à l'exception des divisions de cavalerie indépendantes, qui ont avec elles trois caissons chargés, un tiers en cartouches de revolver, deux tiers en cartouches de carabine; cela donne environ 20 cartouches par homme. Dans la campagne de 1807, du 1er au 19 juin, la réserve de cavalerie de la Grande-Armée consomma 60,970 cartouches, pour un effectif d'environ 16,000 hommes armés du mousqueton ou du fusil de dragon, ce qui ne fait pas 4 cartouches par homme. Mais on ne saurait établir de comparaison entre des situations aussi différentes les unes des autres.

ÉQUIPAGES DE PONT.

Au matériel de l'artillerie, il convient d'ajouter les équipages de pont, qui s'y rattachent dans l'armée française. C'est seulement depuis la fin du xviie siècle que les armées traînent avec elles les moyens de passer les fleuves et rivières. Les équipages de pontons étaient usités déjà chez les Hollandais quand ils furent introduits dans l'armée française par Martinet, inspecteur de l'infanterie, honoré de la confiance de Louis XIV et de Louvois. L'emploi de ces équipages était presque exceptionnel. Lorsqu'on avait à effectuer le passage d'un grand fleuve, comme le Rhin, le Danube ou le Pô, on faisait recueillir sur ce fleuve tous les bateaux que l'on pouvait trouver ; au besoin on en construisait ; les compagnies d'ouvriers, qui étaient fort habiles, ne mettaient pas plus de huit

---

[1]. En 1885, les approvisionnements comportaient : pour la cavalerie, carabine, 36 cartouches; pour l'artillerie, mousqueton, 18; pour le train des équipages et les sapeurs-conducteurs, carabine, 56 ; pour la cavalerie, train des équipages et sapeurs-conducteurs, revolver, 30 ; pour tous les autres hommes armés du revolver, 18.

à neuf jours pour terminer un bateau et à l'aide des ouvriers empruntés à l'infanterie, on pouvait en construire un grand nombre à la fois. Certains écrivains prétendent, bien à tort, que l'on ne passait les rivières que sur les ponts fixes ou en bateau. Gassendi cite, au contraire, plusieurs exemples de construction de ponts qui sont restés célèbres. En 1734, pendant la guerre de la Succession de Pologne, deux ponts de 269 bateaux chacun et de 1,120 mètres de longueur, furent jetés sur le Pô, près de Guastalla. En 1746, cinq ponts de bateaux de 500 mètres de long furent jetés sous Plaisance en moins de huit heures; l'armée française était vivement poursuivie par les Autrichiens, les ponts furent brûlés après le passage. En 1743, un pont fut construit sur le Rhin, à Dusseldorf; il avait 480 mètres de long. Pendant la campagne de 1757, trois ponts de bateaux d'équipage furent jetés sur le Rhin, savoir : deux près de Wesel, le troisième près de Dusseldorf; les bateaux avaient été construits à Strasbourg et amenés par eau[1]. L'armée de Hanovre, en 1757, avons-nous vu, avait un équipage de pontons qui fut abandonné à Hameln et dont les 400 chevaux d'attelage furent pris pour traîner les bagages ; 400 chevaux supposent un minimum de 60 voitures et un maximum de 100.

Les premières guerres de la Révolution exigèrent un grand nombre de passages de rivières et de fleuves; on créa le corps des pontonniers et l'on ajouta au matériel des armées des équipages de pontons; mais les pontons faisant défaut et ne convenant que pour les passages de cours d'eau peu rapides et peu encaissés, ne pouvant servir d'ailleurs pour le transport des hommes, on employa de préférence les bateaux du modèle dû à Gribeauval. C'est avec des équipages de bateaux que furent construits les ponts sur le Rhin en 1796 et 1797, sur la Limmat en 1799. Le ponton fut décidément supprimé dans le système d'artillerie de l'an XI, et un modèle de bateau léger fut alors adopté. La composition de l'équipage de pont fut en même temps réglée. Cet équipage comprenait : 307 voitures, dont 66 haquets, portant 60 bateaux et 6 nacelles, suffisant au passage d'un cours d'eau de 300 mètres de large.

Les équipages de pont, étant lourds et encombrants, marchaient

---

1. *Aide-mémoire* de 1809, t. II, p. 1103.

généralement avec le grand parc d'artillerie. En cas de besoin, des fractions de l'équipage étaient détachées aux avant-gardes. « Un « parc d'artillerie sans pont », écrivait l'Empereur au major général, le 30 septembre 1806, « est une chose trop absurde. Si ceux de « Vienne ne valaient rien, il fallait en faire venir de plus légers. « J'ai ordonné au général Rapp de diriger les 25 pontons de Stras- « bourg sur Bamberg, ils y seront rendus le 25 octobre. »

Dans la campagne de 1809, les ponts jouèrent un rôle important; les équipages de pont étaient cependant peu considérables; c'est surtout avec les bateaux du pays et ceux que l'on construisit dans l'île de Lobau, que furent jetés les ponts sur le Danube. Dans l'armée, telle qu'elle fut d'abord organisée, les corps de Lannes, de Davout et de Masséna, l'armée d'Italie et l'armée de Dalmatie, eurent chacun 3 pontons sur haquets, munis de leurs poutrelles, madriers, ancres; l'équipage de pont, de 60 pontons et 60 haquets, marchait avec la garde impériale; il y avait donc en tout 60 pontons et 80 haquets. C'est bien peu pour l'armée qui devait livrer la bataille de Wagram, en exécutant le fameux passage du Danube. Plus tard, un second équipage de 60 pontons fut tenu en réserve à Vienne.

Dans la campagne de 1812, la Grande-Armée comprenait treize compagnies de pontonniers, dont quatre dans les corps d'armée avec des fractions d'équipages et neuf au grand parc pour trois équipages complets, sous le commandement supérieur d'Éblé. Le nombre des chevaux de trait était de 2,500, ce qui suppose 500 voitures [1]. En 1813, il y avait en Allemagne 16 compagnies de pontonniers avec 4 équipages de ponts qui furent tous pris par l'ennemi. En 1815, l'armée du Nord avait, au grand parc d'artillerie, un équipage de ponts, probablement à la composition réglementaire de 307 voitures.

Après de longues études et plusieurs modifications successives, le matériel de pontage et la composition de l'équipage de ponts furent fixés, en 1853, tels qu'ils sont à peu près encore aujourd'hui. L'équipage comprenait 77 voitures, dont 41 haquets, 32 chariots et 4 forges. Les supports mobiles et fixes consistaient en 32 bateaux et 8 chevalets à deux pieds; il y avait, en outre, 4 nacelles; l'équipage

---

1. *Revue d'artillerie*, mars 1882, M. le commandant Ploix.

pouvait suffire pour la construction d'un pont de 196^m,68 de long sans chevalets ou de 240^m,20 en employant les 8 chevalets aux endroits où la profondeur d'eau ne dépasse pas 2^m,60; il était partagé en quatre divisions, dont chacune pouvait fournir un pont de 52^m,68 ou de 63^m,78 (sans ou avec chevalets).

L'armée d'Italie possédait, en 1859, deux de ces équipages, qui furent utilisés dans plusieurs circonstances et notamment pour le passage du Tessin, à Turbigo, par le 2e corps et les voltigeurs de la garde, le 2 juin, et pour celui du Pô, par le 5e corps d'armée, à Casale-Maggiore, le 28 juin. Cette fois, la construction du pont ne se fit pas sans difficulté : la largeur à franchir était de 560 mètres. Les différentes parties du pont (portières) avaient été construites à Casale et furent amenées par eau. Comme elles ne suffisaient pas pour la largeur du fleuve, il fallut y joindre un certain nombre de bateaux du pays; déjà, le 30 mai, sur la Sesia, au début de la campagne, les ponts jetés par les pontonniers s'étaient trouvés trop courts par suite d'une crue subite[1]. On sait ce qui arriva au général Trochu pour les ponts jetés sur la Marne avant la bataille de Champigny. L'équipage de corps d'armée créé, comme nous l'avons vu, en 1866, comprenait 40 voitures attelées à quatre chevaux au lieu de six, 16 bateaux et 8 chevalets, le tout réparti entre 4 divisions; il pouvait servir à construire soit des ponts sur bateaux complets, soit des passerelles sur demi-bateaux, employées au passage de l'infanterie, de la cavalerie et même des canons de 4 rayé de campagne, traînés à bras. La longueur totale du pont, construit avec les 16 bateaux et les 8 chevalets, était de 104^m,75; celle de la passerelle, 176^m,72. En ne se servant pas de chevalets, la longueur du pont était réduite à 74 mètres. L'équipage modèle 1853 fut conservé comme équipage de réserve. Il fut décidé, en outre, que, dans chaque armée ayant un équipage de réserve, un des corps d'armée n'aurait pas d'équipage.

L'armée du Rhin reçut, en conséquence de ces diverses décisions : 2 équipages de pont de réserve et 5 équipages de pont de corps d'armée : ce qui augmenta de 354 le nombre des voitures d'artillerie.

Le 2e corps d'armée n'ayant pas d'équipage de pont, on lui

---

1. Récit officiel de la campagne de 1859.

envoya celui du 3ᵉ corps pour marcher sur la Sarre, au commencement du mois d'août, mais on le lui envoya sans attelages, en sorte que cet équipage tomba au pouvoir de l'ennemi après la bataille de Spickeren.

L'expérience ne s'est pas montrée favorable au matériel de l'équipage de pont de 1866 ; il a été définitivement supprimé et le matériel de 1853 a été seul conservé. La composition des divisions a été légèrement modifiée. Deux divisions, comprenant en tout 36 voitures, 16 bateaux et 4 chevalets, avec une réserve de 3 voitures et 2 voitures affectées au service du personnel, forment un équipage de pont de corps d'armée, qui comprend en tout 41 voitures ; un équipage d'armée est juste le double : 82 voitures.

Une armée, composée de 4 corps d'armée, a donc 4 équipages de pont de corps d'armée et un équipage d'armée, pouvant fournir en tout 700 mètres de pont. Le nombre des voitures de l'artillerie de l'armée est ainsi augmenté de 246.

ÉQUIPAGES DU GÉNIE.

Les troupes du génie n'existent, avons-nous dit, que depuis 1794. Antérieurement à cette date, les travaux de terrassement étaient exécutés par les troupes d'infanterie et par les compagnies de sapeurs qui faisaient partie des brigades d'artillerie. Les outils de pionniers transportés par le parc servaient à ces travaux ; chaque brigade d'artillerie avait généralement un chariot portant 300 outils. La brigade de réserve avait trois chariots portant 900 outils, ce qui donnait, pour une armée de 40,000 hommes environ, 3,000 outils à pionniers[1]. Ces outils marchaient souvent avec l'avant-garde. Turenne nous apprend, dans ses *Mémoires*, que le fameux général bavarois Mercy avait toujours, en tête de ses colonnes, les chariots chargés d'outils, en sorte que son premier soin, lorsqu'il s'établissait dans un camp, ne fût-ce que pour y passer la nuit, était de s'y fortifier solidement. Dumouriez raconte de même que, dans la défense des défilés de l'Argonne, il fit précéder la colonne du général Chazot, de cinq chariots d'outils à pionniers, pour lui permettre de fortifier le passage de la Croix-au-Bois.

Après la création des bataillons de sapeurs, on resta quelque

---

1. Quincy, *l'Art de la guerre*, tome II.

temps sans organiser de parcs pour le service de ces bataillons. Un ordre du général Bonaparte, en date du 19 septembre 1796, prescrivait au colonel Chasseloup-Laubat, commandant le génie de l'armée d'Italie, de donner à chaque division d'infanterie un chariot d'outils à 4 chevaux, destiné à ouvrir la marche des colonnes; les officiers du génie de la division disposaient de ces outils suivant les besoins. Plus tard, la mesure fut généralisée, sur la proposition du général Marescot, premier inspecteur général du génie.

Un ordre du 15 novembre 1803, concernant les préparatifs de l'expédition d'Angleterre, prescrivait au général Marescot de faire réunir, à Boulogne, 27,000 outils à pionniers, emmanchés et prêts à être embarqués sur la flotte au premier signal, ainsi qu'un nombre égal d'outils destinés à être embarqués sur la flottille de transport.

D'après un ordre du 16 septembre 1806, au moment de commencer la guerre contre la Prusse, chaque division devait avoir 400 ou 500 outils de pionniers sur une ou deux voitures, chaque corps d'armée une réserve de 1,500 outils sur cinq voitures. Au mois de janvier 1807, le grand parc du génie comprenait, en outre, 7,000 outils, ce qui suppose 24 voitures. L'Empereur donna ordre de porter l'approvisionnement du grand parc à 30,000 outils et 60 caissons; en attendant cette augmentation, l'armée comprenait:

Pour 18 divisions	18 voitures d'outils.
Pour 7 corps d'armée.	21 —
Au grand parc	14 —
Total	53 voitures d'outils.

Un ordre du 30 septembre 1806, rendu sur la proposition du premier inspecteur général, avait établi que les caissons seraient affectés en permanence aux bataillons de sapeurs.

D'après un ordre de l'Empereur, cité par le général Koch, dans les *Mémoires de Masséna*, voici quelle était la composition des parcs du génie à l'armée d'Allemagne, en 1809 :

Une décision du 23 mars avait fixé à 500 outils le chargement d'un caisson du génie ; le général Bertrand proposa le chiffre de 800, en y ajoutant 20 haches, 10 serpes et 1 scie.

Il dut y avoir par corps d'armée :

20 caissons du train à 4 chevaux.	6,000 outils.
4 caissons de sapeurs id.	1,200 —
1 forge à 6 chevaux.	
1 fourgon de cordages.	

MATÉRIEL, TRANSPORTS ET RAVITAILLEMENTS.

Et au grand parc : 40 caissons du train à 4 chevaux. 12,000 outils
       20 caissons de sapeurs   id.   6,000 —
       3 fourgons de mineurs   id.
       6 fourgons d'ouvriers   id.
       3 forges . . . . . à 6 chevaux.
       2 fourgons de cordages.

Soit en tout, pour les corps de Lannes, Davout et Masséna, avec le grand parc :

    100 caissons du train
    32 caissons de sapeurs   } 39,600 outils.
    6 fourgons d'ouvriers.
    3 fourgons de mineurs.
    6 forges.
    5 fourgons de cordages.

Soit 152 voitures pour une armée de 140,000 hommes (non compris les corps étrangers, saxons, bavarois, etc.).

En 1859, à l'armée d'Italie, chaque compagnie du génie avait 3 voitures, le grand parc en avait 40 ; le 5ᵉ corps, destiné à opérer isolément, avait un petit parc de 9 voitures.

C'était donc un total de 94 voitures seulement pour une armée de 128,000 hommes.

Les renseignements nous manquent pour les parcs du génie de l'armée du Rhin en 1870, parce qu'ils avaient été préparés à l'avance, comme ceux de l'artillerie.

L'organisation des parcs du génie est actuellement établie de la façon la plus régulière, comme celle de toutes les parties de l'armée :

Chaque division d'infanterie a une demi-compagnie du génie, avec . . . . 2 voitures et 2 mulets de bât.
Chaque corps d'armée a une compagnie de réserves, avec. . . . . 2 —
Le parc du corps d'armée comprend en outre. . . . . 11 — 2 —
Chaque corps d'armée de deux divisions a donc au total. . . . . 17 — 6 —
Soit pour quatre corps d'armée . . . . 68 — 24 —
Le grand parc de l'armée comprend. . 66 —
C'est donc un total de. . . . . 134 voitures et 24 mulets.
Auxquelles on peut ajouter, pour le matériel d'une compagnie d'ouvriers de chemins de fer. . . . . 12 —
    Soit au total. . . . 146 voitures et 24 mulets.

On pourrait ajouter à cette catégorie les mulets porteurs d'outils à pionniers, marchant avec les compagnies d'infanterie, à raison de 12 par régiment et 4 par bataillon de chasseurs, soit, pour un corps d'armée, 100, et pour quatre corps d'armée, 400.

TÉLÉGRAPHIE, TRÉSORERIE ET POSTES.

Dans les anciennes armées, le service télégraphique n'existait pas ; celui des postes était confié à des courriers spéciaux ou à des entrepreneurs qui se chargeaient, moyennant prix convenu, de fournir les voitures, estafettes et relais nécessaires. Le service du Trésor n'était pas régulièrement organisé, quoiqu'il exigeât souvent un nombre considérable de voitures.

D'après le règlement de 1867 sur les transports aux armées, le nombre et le modèle des voitures nécessaires pour assurer les services des postes, des télégraphes et du Trésor devaient être arrêtés de concert entre les ministères intéressés ; les chevaux et les voitures pouvaient être fournis par l'un ou l'autre de ces ministères, ils l'étaient le plus généralement par le ministère de la guerre.

Dans l'organisation actuelle, tout est minutieusement réglé :

Le service de trésorerie et des postes exige dans chaque division d'infanterie	3	voitures.
Soit pour deux divisions.	6	—
Pour un quartier général de corps d'armée.	8	—
Pour un corps d'armée.	14	—
Pour quatre corps.	56	—
Pour une division de cavalerie indépendante.	2	—
Pour un quartier général d'armée.	11	—
Total pour une armée de quatre corps. . .	69	voitures.

Pour donner une idée de l'importance du service des postes à l'armée, il suffit de citer les chiffres suivants, extraits de l'ouvrage du grand état-major prussien sur la guerre de 1870 :

Depuis le commencement de la guerre jusqu'au 31 mars 1871, il a été transporté par la poste de campagne de l'Allemagne du Nord seule, 89,659,000 lettres ou cartes-poste, 2,394,310 journaux, 43,023,460 thalers de fonds de service, 16,842,460 thalers d'argent particulier, 125,916 paquets de service, 1,853,686 paquets particuliers[1].

Quant à la télégraphie, une armée doit avoir 47 voitures, réparties entre la direction, la section de 1re ligne, le parc, la section de réserve et la section d'étapes et de chemins de fer. Enfin, il convient d'y ajouter 4 voitures-bureaux ou d'imprimerie.

En résumé, les divers services que nous venons d'énumérer ajoutent au matériel d'une armée de quatre corps d'armée, 120 voitures.

AMBULANCES.

En général, la correspondance de Napoléon, tout en donnant la plus haute idée de ce génie organisateur, démontre l'absence complète de règles fixes et nettement déterminées, auxquelles l'Empereur suppléait par une multitude d'ordres, admirables sans doute mais souvent contradictoires et dont un grand nombre probablement restèrent sans exécution. En ce qui concerne plus particulièrement le matériel des ambulances, il ressort des ordres de Napoléon que chaque corps de troupe avait son caisson d'ambulance, acheté par le corps lui-même avec des fonds spéciaux. Chaque division avait, en outre, des caissons d'ambulance primitivement fournis par l'entreprise des transports, mais plus tard livrés par l'administration et attelés par le train des équipages. Chaque division devait posséder ainsi quatre caissons d'ambulance, mais lorsqu'il n'y avait pas de malades ou de blessés à transporter, une partie de ces voitures étaient affectées au transport des vivres, de même qu'après un engagement dans lequel le nombre des blessés avait été considérable, une partie des voitures du service des vivres pouvaient être détournées de leur destination habituelle pour les ambulances. « Il faut », écrivait Napoléon à l'intendant général Daru en 1806, « qu'il y ait sur les 34 voitures de chaque « compagnie, 30 caissons pour le pain et 4 caissons pour l'ambu-« lance. Vous savez vous-même que le lendemain d'une bataille « on est obligé de se servir des caissons de pain pour évacuer les

---

1. Récit du grand état-major prussien.

« malades, et *vice versâ*. Mais il me semble que chaque division
« d'infanterie a déjà ses 4 caissons d'ambulance appartenant aux
« régiments et 4 caissons pris dans ceux des transports militaires
« et qui lui sont attachés. Elle en a alors suffisamment. » Les
ambulances de corps d'armée et celles du grand quartier général
ont eu une composition constamment variable.

Plus tard, l'Empereur manifestait, au contraire, l'intention d'avoir un bataillon du train spécialement affecté au service des ambulances (lettre du 26 mai 1813 à M. le comte Daru, directeur de l'administration de la Grande-Armée). Ce bataillon devait être composé de 12 compagnies, dont chacune attelait 50 voitures à 2 chevaux et 1 forge à 6 chevaux. Ces voitures étaient principalement destinées à retirer les blessés du champ de bataille, à raison de 4 hommes par voiture; elles portaient en même temps un coffret de linge, charpie, instruments et eau-de-vie. Il existait par bataillon d'infanterie une ambulance à dos de mulet. Une compagnie devait faire le service d'un corps d'armée (12 voitures par division, le reste au quartier général). Depuis la fin des guerres de l'Empire, cette question a été étudiée comme la plupart de celles qui se rattachent à l'organisation des armées en campagne, en tenant compte de la longue expérience acquise de 1792 à 1815. Après plusieurs essais, les bases suivantes furent adoptées pour les ambulances et le service médical des corps de troupe :

1° Par bataillon d'infanterie : un mulet avec une paire de cantines régimentaires ;

2° Par division d'infanterie : en Afrique, une ambulance légère pour 10,000 pansements; en Europe, 5 caissons d'ambulance contenant, en outre, chacun 2 caisses d'instruments et les objets nécessaires pour 2,000 pansements ;

3° Par corps d'armée : le matériel d'une division d'infanterie ;

4° Par quartier général d'armée : le matériel double.

C'est sur ces bases que fut calculé le matériel d'ambulances de l'armée d'Italie en 1859. Toutefois, on ne donna par division que 4 caissons, et l'on y ajouta une section d'ambulance légère d'Afrique comprenant 1,500 pansements portés par des mulets.

En résumé, l'armée d'Italie possédait :

Pour 232 bataillons : 232 paires de cantines, 232 mulets ;
17 sections d'ambulance légère d'Afrique ;
115 caissons d'ambulance.

Le corps expéditionnaire débarqué en Crimée le 14 septembre 1854 comprenait, pour 4 divisions et le quartier général :
40 voitures d'ambulance et 350 mulets de bât.

D'après le règlement sur les transports du 15 janvier 1867, le service des ambulances, en outre des mulets de bataillon, exigeait :

Par division d'infanterie, 5 caissons d'ambulance, 2 voitures de matériel ;
Par division de cavalerie, 2 caissons d'ambulance, 1 voiture de matériel ;
Par quartier général de corps d'armée, 5 caissons d'ambulance, 5 voitures de matériel ;
Par quartier général d'armée, 5 caissons d'ambulance, 6 voitures de matériel.

Calculées sur ces bases, les ambulances de l'armée du Rhin en 1870 devaient comprendre :

Pour 26 divisions d'infanterie.	130 caissons,	52 voitures de matériel.
Pour 11 divisions de cavalerie.	22 —	11 —
Pour 8 corps d'armée (y compris la garde)	40 —	40 —
Pour le quartier général . . .	5 —	6 —
Total. . .	197 caissons,	109 voitures de matériel.

L'organisation actuelle comporte :

Par régiment d'infanterie, 3 voitures médicales à 1 cheval ;
Pour 8 régiments d'infanterie, 24 voitures médicales à 1 cheval ;
Par ambulance de division d'infanterie, 15 voitures à 2 chevaux, 6 à 1 cheval, 33 mulets ou chevaux de bât ;
Pour deux divisions, 30 voitures à 2 chevaux, 12 à 1 cheval, 66 mulets ou chevaux de bât ;
Par ambulance de brigade de cavalerie de corps d'armée, 5 voitures à 2 chevaux, 3 à 1 cheval ;
Pour l'artillerie d'un corps d'armée, 5 voitures à 1 cheval ;
Par bataillon de chasseurs à pied, 1 voiture à 1 cheval ;
Par ambulance de quartier général de corps d'armée, 17 voitures à 2 chevaux, 10 à 1 cheval, 33 mulets ou chevaux de bât ;
Pour six hôpitaux de campagne, 60 voitures à 2 chevaux ;
Soit par corps d'armée, 112 voitures à 2 chevaux, 55 à 1 cheval, 99 mulets ou chevaux de bât :

Pour quatre corps d'armée, 448 voitures à 2 chevaux, 220 à 1 cheval, 396 mulets ou chevaux de bât ;

Pour l'ambulance d'une division de cavalerie indépendante, 12 voitures à 2 chevaux ;

Pour un groupe de trois batteries à cheval, 3 voitures à 1 cheval ;

Pour un quartier général d'armée (direction du service médical), 2 voitures à 2 chevaux ;

La réserve générale d'artillerie entraînerait en sus 3 voitures à 1 cheval ;

Soit pour toute l'armée 462 voitures à 2 chevaux, 226 à 1 cheval, 396 mulets ou chevaux de bât.

SUBSISTANCES.

Jusqu'en 1870, la composition des convois destinés à accompagner les armées, corps d'armée, divisions et corps de troupe pour le transport des subsistances, effets d'habillement, etc., n'a jamais été réglée d'une manière précise. Cette composition a varié avec la nature du pays, la longueur de l'expédition projetée, la rapidité de la marche,... mais surtout avec les ressources dont on disposait. Nous avons déjà fait ressortir au chapitre de l'administration les difficultés créées par l'absence de moyens de transport, non seulement pour faire suivre les troupes de leurs subsistances, mais encore pour assurer leur ravitaillement dans les cantonnements, camps, bivouacs. Sans revenir sur cette question, nous avons à l'envisager ici à un autre point de vue, celui des *impedimenta* traînés à la suite des armées.

Nous savons déjà que dans l'ancienne armée, la subsistance des troupes était surtout assurée par des magasins dont les armées s'éloignaient peu, en sorte que les moyens de transport affectés aux vivres consistaient en voitures de réquisition, faisant pour ainsi dire la navette entre l'armée et ses magasins, mais dont un très petit nombre accompagnaient les troupes dans leurs mouvements.

Nous avons dit que Frédéric II, le premier, s'était dégagé de la sujétion des magasins pour ses opérations stratégiques. D'après l'instruction militaire adressée par lui à ses généraux, les caissons des régiments portaient du pain pour huit jours, le commissariat avait, en outre, des caissons destinés à transporter des vivres pour un mois et des fours portatifs, mais il est probable que les caissons des corps marchaient seuls avec l'armée aux approches de l'ennemi, puisque Frédéric ajoute : « Dans toutes les expéditions qu'on veut entreprendre, il faut être pourvu de pain ou de biscuit pour dix jours. »

Les premières armées de la République française eurent peu de moyens de transport; les armées du Nord et du Rhin vivaient en général chez l'habitant, les armées des Pyrénées et des Alpes vivaient surtout de privations. Nous trouvons à ce sujet des détails intéressants dans les mémoires du temps et dans la correspondance de Napoléon.

A la suite de la bataille de Loano, le 28 décembre 1795, le citoyen Ritter, commissaire du Gouvernement auprès de l'armée d'Italie, écrivait au Directoire : « La division de Masséna gravis-
« sait depuis deux jours les rochers les plus escarpés et était bien
« souvent dans la neige jusqu'à la ceinture; elle avait consommé
« le pain et le biscuit qu'on lui avait donnés; l'ennemi fuyait tou-
« jours pendant que toute notre sollicitude devait se porter à pro-
« curer à nos héros le pain dont ils avaient le plus pressant besoin.
« Malgré tous nos soins et l'activité la mieux soutenue, des corps
« entiers ont été pendant deux jours sans subsistances, parce que
« nous manquions de transports pour leur en porter. Le courage
« de cette brave armée a donc été enchaîné par la friponnerie des
« agents des fourrages et des entrepreneurs des charrois qui s'é-
« taient donné le mot, les uns pour faire mourir de faim le peu de
« chevaux et de mulets qui nous restent, les autres pour pouvoir
« s'excuser sur le manque de fourrages de ce qu'ils ne remplissent
« pas les conditions de leur marché et ne fournissent point aux
« différents services le nombre de bêtes nécessaire. Comment
« faire avancer la troupe et lui faire faire pendant plusieurs jours
« des marches forcées, si l'on ne peut faire suivre les vivres et les
« distribuer au rendez-vous indiqué? Nous attendions avec impa-
« tience 1,500 mulets venus des Pyrénées-Orientales; ils ont pres-
« que tous péri de faim en route, et nous sommes toujours à la
« merci de la compagnie Lanchère qui a si bien servi jusqu'ici à
« affamer nos armées... Les transports par terre ou charrois sont

« n'a pas eu d'exécution cette année... Sans transports, point de
« vivres, point de munitions de guerre, point de caissons, et, sans
« ces moyens indispensables, point de victoires bien fructueuses.
« Nous en avons déjà fait la triste expérience à cette armée; avec
« le quart des transports que doit fournir la compagnie Lanchère,
« nous serions à Ceva et peut-être à Turin. »

Dans une pareille position, il n'est pas étonnant que, dès son arrivée à l'armée d'Italie, Bonaparte se soit préoccupé de la question des transports. Rien de régulier, toutefois, ne fut établi à ce sujet pendant le cours des hostilités, mais après la campagne, un ordre du 9 septembre 1797 affecta à chaque division active d'infanterie ou de cavalerie 10 caissons couverts fermant à clé, de la contenance de 1,000 rations chacun, pour le service des subsistances et 2 voitures pour les magasins d'effets d'habillement. Ces voitures étaient fournies par l'entrepreneur des transports.

Au début de l'expédition d'Égypte, les moyens de transport manquaient complètement; la flottille y suppléa tant bien que mal. Pour l'expédition de Syrie, organisée à loisir, on affecta au transport des vivres et de l'eau 3,000 chameaux, savoir : 1,000 chameaux pour les vivres de 14,000 hommes pendant 15 jours et la nourriture de 3,000 chevaux de cavalerie, d'artillerie et d'état-major; 2,000 chameaux pour l'eau.

Dans les premières campagnes de l'Empire, nous avons vu que 500 caissons fournis par la compagnie Breidt suffisaient à tous les transports de la Grande-Armée. L'armée d'Italie, commandée par Masséna en 1805, ne disposait, pour les transports administratifs de 6 divisions d'infanterie et 2 divisions de cavalerie, que de 92 caissons à quatre roues, 33 à deux roues, 6 wurtz[1], 2 chariots; en tout, 133 voitures.

L'organisation de 10 bataillons du train des équipages après la campagne de 1807 donna les moyens d'atteler 1,920 voitures. Dans la guerre de 1809, en Autriche, guerre qui ne saurait servir de modèle au point de vue des transports, parce que l'armée, suivant le cours du Danube, fit un grand usage de la navigation, chaque

---

1. Sorte de caisson à couvercle en forme de toit, organisé pour transporter

bataillon d'infanterie avait un caisson attelé à 4 chevaux, destiné au transport des vivres. Voitures, chevaux, harnais étaient achetés par les conseils d'administration, qui avaient aussi à se pourvoir de conducteurs. Ces caissons étaient indépendants de ceux du train des équipages, variant d'un corps d'armée à un autre.

Organisant, au mois de janvier 1811, l'armée d'Allemagne forte de 80,000 hommes sous Davout, et comprenant 20 régiments d'infanterie à quatre bataillons, Napoléon lui donnait, pour le transport des vivres et effets, 80 caissons de bataillon et 288 caissons attelés par 2 bataillons du train. Plus tard, l'armée étant réduite à 4 divisions d'infanterie et 64 bataillons, il y mettait 40 caissons de vivres par division, ce qui, avec les caissons de bataillon, donnait en tout 234 caissons.

Dans son projet idéal d'armée établi à Sainte-Hélène, Napoléon mettait pour 80,000 hommes, 548 voitures régulières et 180 de réquisition : pour 150,000 hommes, 900 voitures régulières et 300 de réquisition.

Il faisait là de la théorie et s'éloignait absolument des principes qu'il avait toujours suivis dans ses grandes guerres. C'est ainsi qu'à un corps d'armée de 30,000 hommes, il attachait 2 bataillons du train ayant ensemble 240 voitures, dont 174 chargées de vivres (chacune 450 rations de farines et eau-de-vie), 36 *destinées à porter les sacs de l'infanterie*, 12 pour les ambulances, 6 pour le Trésor, 12 pour le service du train (forges et prolonges).

A l'armée d'Italie, en 1859, le service des convois était organisé comme il suit :

Grand quartier général	190 voitures
Garde	135 —
Les cinq corps d'armée	160 —
Total	485 voitures.

D'après le règlement du 15 janvier 1867, le nombre des voitures de vivres et d'effets marchant avec les corps d'armée et divisions était variable et déterminé par le ministre, suivant les circonstances, au début d'une guerre. Toutefois, les règles suivantes étaient indiquées comme devant être le plus généralement

En supposant la division d'infanterie composée de. . . . . 10,000 rationnaires et 900 chevaux.
La division de cavalerie. . . . 3,000 — 2,500 —
Le quartier général d'un corps d'armée. . . . . 2,200 — 1,800 —
Le quartier général d'une armée. 3,000 — 2,500 —

En admettant, d'autre part, que l'on veuille emporter 8 jours de petits vivres, 4 jours de biscuit, lard salé et avoine, enfin en fixant le chargement d'une voiture à 10 quintaux :

Une division d'infanterie aurait eu (non compris les ambulances, mais en comprenant le transport des fours mobiles). . . . . 66 voitures.
Une division de cavalerie . . . . 56 —
Un quartier général de corps d'armée. . . . 58 —
Un quartier général d'armée . . . . 69 voitures.

A ce compte, l'armée d'Italie de 1859 aurait dû avoir :

Pour 15 divisions d'infanterie. . . . . . . 990 voitures.
Pour 2 divisions de cavalerie . . . . 112 —
Pour 6 quartiers généraux de corps . . . . 318 —
Pour 1 quartier général d'armée. . . . . . 69 —
                                    Total. . . 1,489 voitures.

En supposant l'armée du Rhin, en 1870, pourvue d'après ces bases, elle aurait eu :

Pour 25 divisions d'infanterie. . . . . . . 1,650 voitures.
Pour 8 divisions de cavalerie. . . . . . . 448 —
Pour 9 quartiers généraux de corps d'armée. 477 —
Pour 1 grand quartier général . . . . . . 69 —
                                    Total. . . 2,644 voitures.

Elle n'a eu en réalité qu'un nombre bien inférieur à celui-là.

Quant à l'organisation actuelle, nous avons déjà vu (chapitre XI) que le transport des subsistances à la suite des armées comprend deux parties distinctes : les *convois divisionnaires ou de corps d'armée* et les *trains régimentaires*. Ces trains comportent, pour un corps d'armée :

Par quartier général de corps d'armée. . . . . 5 voit.
Par quartier général de division, 2; pour 2 divisions . 4 —
Par régiment d'infanterie, 13 voitures; pour 8 régiments. 104 —
          et 1 pour réserve d'effets. . . 8 —
                A reporter. . . . . . 121 voit.

MATÉRIEL, TRANSPORTS ET RAVITAILLEMENTS.

Report. . . .	121 voit.
Pour un bataillon de chasseurs à pied.	4 —
Par régiment de cavalerie de corps d'armée, 12; pour 2 régiments	24 —
Par groupe de 4 batteries divisionnaires, 12; pour deux groupes.	24 —
Pour l'artillerie de corps.	27 —
Par section de munitions, 3; pour les 6 sections . . .	18 —
Pour le génie.	4 —
Pour l'équipage de pont	6 —
Pour le parc d'artillerie.	19 —
Total. . .	247 voit.
Soit pour quatre corps d'armée.	988 —
Pour une division de cavalerie indépendante, 6 régiments à 6 voitures, un quartier général à 1 voiture . . .	37 —
Pour un groupe de 3 batteries à cheval.	6 —
Pour une réserve générale de 8 batteries (comme l'artillerie de corps d'un corps d'armée).	27 —
Total. . .	1,058 voit.

Les convois comprennent, avec les fourgons régimentaires des compagnies du train :

Pour une division, 146 voitures; pour 2 divisions. . .	292 voit.
Pour un quartier général de corps d'armée.	237
Pour la boulangerie de campagne.	45
Pour les réserves d'effets (8 d'effets, 1 de vivres). . .	9
Total. . .	583 voit.
Pour 4 corps d'armée.	2,332 —
Le train et les convois additionnés donnent. .	3,390 voit.

Dans ce nombre ne sont pas compris les convois auxiliaires des subsistances, employés au ravitaillement, comme nous le verrons plus loin, à raison de 300 voitures par corps d'armée, ou 1,200 pour notre armée-type.

BAGAGES ET CANTINIÈRES.

Comme nous l'avons déjà dit, le luxe des bagages est le fléau des armées, et toutes les réglementations ont été impuissantes à réprimer ce luxe. L'ordonnance de 1777 sur le service en campagne des troupes de cavalerie et d'infanterie portait déjà des mesures restrictives pour les bagages marchant à la suite de l'armée. D'après cette ordonnance, les brigadiers et colonels avaient seuls droit à une voiture à deux roues, les chirurgiens-majors en avaient également une, mais destinée à porter au besoin 6 officiers blessés ou malades. Chaque régiment avait un chariot attelé à 4 chevaux, chaque compagnie, 2 chevaux de bât, affectés au transport des tentes, marmites, couvertures. Chaque bataillon avait un boucher et un boulanger, possédant ensemble un chariot à 4 chevaux, et 8 vivandiers ayant chacun un cheval de bât. Les brigadiers avaient droit à un équipage de 20 chevaux, les colonels 16, les colonels en second 10, les lieutenants-colonels 8, les majors 6, les capitaines en premier 5, les capitaines en second 4, les lieutenants 3, sous-lieutenants, 2, cadets 1. En dehors des troupes, un lieutenant-général avait 30 chevaux ou mulets, un maréchal de camp 20, un aide de camp 5.

Par l'ordonnance du 17 mars 1788, il était accordé à chaque officier général une berline et un chariot à 4 chevaux; les aides de l'état-major et les commissaires des guerres avaient chacun un cabriolet à 2 chevaux.

Au point de vue de la réduction des bagages, les premières armées de la République, dans lesquelles officiers et soldats marchaient le sac au dos, pourraient servir de modèle, mais cette simplicité spartiate ne dura pas longtemps : les voitures accordées aux corps de troupe pour diverses nécessités ne tardèrent pas à être chargées de bagages d'officiers et autres, des voitures furent requises pour le même objet dans les pays traversés par l'armée, et bien qu'aucune disposition réglementaire n'en fasse mention, il semble que cette pratique fut tolérée, car on trouve dans la correspondance de Napoléon Ier plusieurs lettres par lesquelles il prescrit de déposer les bagages des officiers dans une place forte, afin de rendre toutes les voitures disponibles pour un transport urgent de vivres. Pour l'expédition de Syrie, en sus des chameaux affectés, comme nous l'avons vu, au transport des vivres et de l'eau, Bonaparte avait donné l'ordre de rassembler 3,000 ânes, dont 1,710 furent répartis entre les soldats, à raison d'un âne pour 10 hommes; le reste fut employé au transport des bagages d'officiers, du Trésor, des effets d'habillement, etc. D'après une lettre écrite le 26 septembre 1805, de Lauterbourg, par le maréchal Ney au général Loison, commandant une des divisions de son corps d'armée, au moment de l'entrée en campagne, le nombre des voitures de bagages était fixé ainsi qu'il suit, dans le 6ᵉ corps de la Grande-Armée : le maréchal commandant en chef 3, le chef de l'état-major 1, le sous-chef et les officiers de l'état-major 1, l'ordonnateur 1, chaque général de division ou de brigade 1, l'état-major d'une division 1, le général commandant l'artillerie 1, le commandant du génie 1, chaque vivandière pourvue de patente 1, chaque bataillon d'infanterie 2, chaque escadron de cavalerie 1. L'ordre de marche du corps d'armée pour le 30 septembre, à Lauterbourg, porte, en outre, qu'il sera fourni aux généraux de division une voiture à 4 colliers pour leurs bagages et ceux de leur division[1].

Ce que nous voyons là pour un corps d'armée pris en particulier exista sans doute pour les autres corps d'armée ; les ordres des commandants de corps suppléaient les règlements absents. Faute de règlements, et en présence de nécessités évidentes qu'il aurait fallu prévoir pour mettre une digue aux abus, le nombre des bagages augmenta sans cesse. Le général Roguet, qui commandait pendant l'expédition de Russie, en 1812, une division d'infanterie de la garde, nous raconte qu'à l'entrée en campagne, il avait à lui seul une calèche, deux fourgons, douze chevaux, six domestiques ; « les autres officiers », ajoute-t-il, « étaient équipés à proportion, et « ce fut une des causes de nos désastres ». Lorsque, vers la fin de la retraite de Russie, l'armée, abandonnée par l'Empereur, quitta Wilna en désordre, les équipages, arrêtés à la sortie de la ville par une pente raide et couverte de glace, tombèrent entre les mains des Cosaques : ils contenaient encore une énorme quantité de bagages d'officiers.

La première disposition réglementaire relative à ces bagages fut le décret du 21 février 1813, ainsi conçu : « Il pourra y avoir pour « le transport des bagages des officiers, par bataillon d'infanterie, « quatre mulets ou chevaux de bât, par escadron de cavalerie, un « mulet ou un cheval de bât. » Cette disposition fut reproduite dans l'instruction provisoire du mois de février 1823 sur le ser-

---

1. *Souvenirs militaires*, du général Roguet, t. III, Pièces justificatives.

vice des troupes en campagne. Les conditions dans lesquelles se fit la guerre d'Afrique, à partir de 1830, développèrent outre mesure les bagages des officiers et de la troupe. On ne pouvait, en effet, s'enfoncer loin du littoral dans des pays dénués de tout, sans emporter avec soi les objets nécessaires pour préserver la troupe et les officiers des privations et les protéger contre de trop dures épreuves ; les mêmes exigences se reproduisirent pendant la guerre d'Orient en 1854 et en 1855 ; on obéissait d'ailleurs aux habitudes de l'Algérie, et nous nous rappelons avoir vu, au mois de mai 1854, la brigade de chasseurs d'Afrique quitter Gallipoli pour se rendre à Varna par voie de terre ; le défilé des chevaux de main et des bagages, en très bon ordre d'ailleurs, fut aussi long que celui de la brigade active. Tous les officiers qui ne connaissaient pas l'Algérie en furent frappés.

Les mêmes habitudes prévalurent pour la guerre d'Italie, et par un décret en date du 21 avril 1859, à la veille de cette guerre, il fut décidé que des mulets de bât seraient délivrés à titre gratuit pour le transport des bagages, des archives et des caisses de comptabilité dans les proportions suivantes :

Par état-major de régiment d'infanterie ou de cavalerie, 4 mulets ;
Par état-major de bataillon de chasseurs à pied, 2 mulets ;
Par compagnie ou demi-escadron, 1 mulet.

L'expérience de la guerre condamna ce mode de transport. Par un rapport daté du 21 février 1860, le ministre de la guerre exposa à l'Empereur qu'il serait préférable d'avoir en réserve des voitures toujours prêtes à être livrées aux officiers en cas de guerre et, sous la même date, un décret décida que les corps de troupe seraient pourvus, au moment d'entrer en campagne, de voitures attelées de deux chevaux, pour bagages d'officiers, caisses de comptabilité, cantines d'ambulance, médicaments et ustensiles vétérinaires, savoir :

Par état-major de régiment, une voiture ;
Par bataillon d'infanterie, bataillon de chasseurs ou deux escadrons de cavalerie, une voiture.

L'artillerie, le génie et le train des équipages militaires durent avoir des moyens de transport analogues, mais fournis par ces services eux-mêmes.

Enfin, le règlement du 15 janvier 1867 sur les transports militaires, que nous avons déjà cité, détermina ainsi qu'il suit les moyens de transport pour bagages d'officiers :

Par régiment d'infanterie de 3 bataillons à 6 compagnies, 11 voitures à un cheval ;

Par bataillon de chasseurs à pied à 6 compagnies, 3 voitures à un cheval ;

Par régiment de cavalerie de 4 escadrons, 6 voitures à un cheval.

Les batteries d'artillerie devaient être pourvues de moyens analogues de transport par les soins du service de l'artillerie. Les états-majors et officiers sans troupe recevaient une indemnité spéciale pour se pourvoir eux-mêmes.

Nous ne pouvons donc calculer qu'approximativement les bagages de l'armée du Rhin en 1870. Ils comprenaient pour les corps de troupe :

104 régiments d'infanterie.	1,144 voitures à 1 cheval.
52 régiments de cavalerie.	312 —
20 bataillons de chasseurs	120 —
Total. . .	1,576 voitures à 1 cheval.
A quoi il faut ajouter pour l'artillerie, environ.	150 —
Pour les états-majors (chiffre hypothétique)	180 —
Total approximatif. . .	1,907 soit 2,000.

Les règlements actuels déterminent exactement et minutieusement toutes les voitures de bagages de l'armée ; ces voitures sont en magasin, sur roues, toujours prêtes à être attelées. Les détails en sont donnés dans les aide-mémoire et les manuels spéciaux. Nous ne reproduirons ici que les chiffres nécessaires pour calculer les bagages de l'armée qui nous a servi de type dans les articles précédents, comprenant 4 corps d'armée, 1 division de cavalerie indépendante et une réserve de 8 batteries d'artillerie (nous y ajoutons toutes les voitures qui n'ont été comptées ci-dessus ni pour l'artillerie, ni pour le génie, ni pour les ambulances, ni pour les services divers, ni pour les vivres et effets).

Bagages, y compris les voitures des cantinières et les forges pour ferrage.

Pour un corps d'armée :

État-major du corps d'armée.	9
États-majors des deux divisions d'infanterie.	4
— des cinq brigades (infanterie et cavalerie).	5
Prévôté et force publique	8
État-major de l'artillerie	2
— du génie.	2
— de l'intendance	6
— du service de santé.	1
Dépôt de remonte mobile.	1
8 régiments d'infanterie	64
Bataillon de chasseurs.	3
2 régiments de cavalerie	16
Artillerie des 2 divisions.	8
Artillerie de corps.	8
Pour 6 sections de munitions	2
Parc d'artillerie.	3
Équipage de pont.	1
Génie.	3
Train des équipages.	16
Total	157
Pour 4 corps d'armée	628
— une division de cavalerie indépendante.	47
— trois batteries à cheval	3
— une réserve de 8 batteries	8
— un équipage de pont.	3
L'état-major général.	30
Total	719

Le nombre des fourgons à bagages et de voitures de cantinières pour notre armée-type est donc de 719.

Il ne nous reste plus maintenant, pour avoir une idée des *impedimenta* d'une armée, qu'à totaliser les nombres relatifs aux différents services, savoir :

Artillerie.	3,183
Équipages de pont.	246
Génie.	246[1]
Télégraphes, trésorerie, postes	120
Ambulances.	688
Trains régimentaires et convois.	3,390
Bagages et cantinières	719[2]
Total.	8,592

---

1. Y compris 100 voitures de bataillon d'infanterie chargées d'outils.
2. Dont 18 forges pour ferrage.

Ce chiffre général ne suffit pas toutefois pour donner une idée exacte des embarras de l'armée. Dans le total que nous donnons pour les voitures, il s'en trouve à 6, à 4, à 2 chevaux et même à 1 seul cheval. En décomposant à ce point de vue les nombres ci-dessus, nous trouvons :

```
Voitures à 6 chevaux, 2,790, soit  16,740 chevaux.
   —     4    —      1,114   —     4,456   —
   —     2    —      4,337   —     8,674   —
   —     1 cheval,     351   —       351   —
         Totaux. . .  8,592   —    30,221 chevaux.
```

L'armée ayant d'ailleurs plus de 12,000 chevaux de selle, on voit que l'effectif des chevaux dépasse 42,000.

Il pourrait être intéressant de comparer les *impedimenta* de cette armée à celles pour lesquelles nous avons fait des calculs analogues; mais, d'une part, les renseignements ne sont pas assez complets et, d'autre part, tous les éléments ne sont pas comparables : par exemple, à l'armée d'Italie, en 1859, les bagages d'officiers étaient transportés à dos de mulet; ils le sont actuellement sur des voitures à 2 chevaux; ils l'étaient à l'armée du Rhin, en 1870, sur des voitures à un cheval. L'artillerie présente seule des chiffres absolument comparables (non compris les équipages de pont) :

	Effectif.	Nombre de pièces.	Nombre de voitures.	Nombre de voitures par pièce.
Armée d'Allemagne en 1809	140,000	400	2,450	6
— du Nord en 1815	120,000	320	1,887	6
— d'Orient en 1854	103,200	228	2,071	8 à 9
— d'Italie en 1859	220,000	378	1,854	Près de 8
— du Rhin en 1870	270,000	924	7,275[1]	8
Organisation actuelle	135,000	450	3,083	Plus de 7

Les bagages de l'armée du Rhin, en 1870, comportaient, en chiffres ronds, 1,900 voitures à un cheval pour 270,000 hommes; ceux de l'organisation actuelle en exigent 701 à 2 chevaux pour 135,000 hommes.

---

1. Y compris le grand parc, qui n'a jamais été complètement formé.

ÉQUIPAGES DE SIÈGE.

Si l'armée que nous avons prise pour type avait à faire le siège d'une grande place, elle aurait, en outre des *impedimenta* que nous avons calculés, à traîner avec elle un équipage de siège. Ç'a été de tout temps une difficulté des plus grandes que d'amener, devant les places qu'on se proposait d'assiéger, le matériel nécessaire. Avec le développement donné aux moyens d'attaque et de défense, ces difficultés seraient devenues insurmontables sans les chemins de fer, mais il n'y a plus à se préoccuper des moyens de transport de l'équipage que depuis la station terminale jusqu'au parc. Encore pourra-t-on, entre le parc et cette station, faire usage des chemins de fer à voie étroite et continuer l'emploi des voies ferrées (système Decauville) dans l'intérieur du parc, quelquefois même depuis le parc jusqu'aux batteries. Il n'en est pas moins intéressant de voir à quel point se sont développés les équipages de siège.

L'équipage de l'armée du prince Eugène en 1708, pour le siège de Lille, comprenait : 110 canons, 50 mortiers; total : 160 bouches à feu.

En 1793, les Autrichiens, devant Valenciennes, avaient un équipage de 167 bouches à feu;

Les Prussiens, devant Mayence, 110 canons, 10 obusiers, 31 mortiers; total : 151 bouches à feu.

En 1793, Bonaparte assiégeait Mantoue avec 179 bouches à feu.

En 1806, Masséna, au siège de Gaëte, avait 80 canons, 6 obusiers, 23 mortiers; total : 109 bouches à feu.

En 1808, Lannes, à Sarragosse, avait 30 canons, 10 obusiers, 24 mortiers; total : 64 bouches à feu.

En 1809, Saint-Cyr, à Girone, avait 50 canons, 6 obusiers, 15 mortiers; total : 71 bouches à feu.

En 1810, Suchet, à Lerida, avait 24 canons, 6 obusiers, 10 mortiers; total : 40 bouches à feu.

En 1810, Masséna, à Ciudad-Rodrigo, avait 29 canons, 8 obusiers, 13 mortiers; total : 51 bouches à feu.

En 1812, Wellington, à Ciudad-Rodrigo, avait 37 canons, 23 obusiers, 8 mortiers; total : 68 bouches à feu.

Par un décret en date du 14 octobre 1809, Napoléon prescrivit, pour l'armée d'Espagne, la formation d'un équipage de siège, comprenant 95 bouches à feu approvisionnées à 600 coups, savoir : 30 canons de 24, 30 de 12, 15 obusiers, 20 mortiers, 450,000 kilogr. de poudre; 4,000 chevaux et mulets devaient être affectés au service de cet équipage, ce qui suppose un poids de près de 2,000 tonnes.

L'équipage destiné au siège de Riga, en 1812, comprenait 130 bouches à feu, savoir : 90 canons, 24 obusiers, 16 mortiers.

Avant cette époque, les principaux équipages de siège théoriques, c'est-à-dire admis en principe mais non formés en réalité, ont été ceux de :

Vauban, 112 canons, 24 mortiers, 15 pierriers; total : 160 bouches à feu.
Bousmard, 74 canons, 28 obusiers, 40 mortiers, 16 pierriers; total : 168 bouches à feu.
Gassendi, 100 canons [1], 24 obusiers, 24 mortiers, 12 pierriers; total : 160 bouches à feu.

Cet équipage de siège de Gassendi, donné dans les plus grands détails, comprenait 1,142 voitures d'artillerie, et, en y ajoutant un dixième de chevaux haut le pied, demandait, pour être attelé, 5,112 chevaux. Encore ne transportait-on ainsi qu'une partie de la poudre et des projectiles; le reste aurait demandé en sus, pour être amené successivement, 4,912 voitures à 4 chevaux. Les approvisionnements étaient considérables : 1,000 boulets par pièce de 24, 1,200 par pièce de 12, 800 bombes ou obus par mortier ou obusier, 51,000 outils à pionniers, 520,000 kilogr. de poudre, etc.

L'équipage de siège de Sébastopol eut d'abord des proportions modestes (trop modestes même). Formé en Turquie, le 3 août 1854, il ne comprenait que 58 bouches à feu; par des envois successifs, il fut porté, le 8 septembre 1855, à 366 bouches à feu, auxquelles vinrent s'ajouter 615 pièces en fer de la marine, 126 pièces turques, 53 pièces anglaises, 16 pièces russes, soit en tout 1,176 bouches à feu. Il y avait, à la même date, 811 affûts de l'artillerie de terre et 779 voitures Il avait été envoyé de France, pour le service des batteries de côte, 283,000 boulets, 285,000 obus, 512,700 bombes, 2,470,000 kilogr. de poudre. Le poids total du matériel français seulement s'élevait à 3,200,000 tonnes.

---

1. Dont 68 de 24 et 32 de 16.

L'équipage de siège de l'armée d'Italie, en 1859, destiné à l'attaque des places de Peschiera, Mantoue, Vérone, Legnago, était loin d'atteindre ces proportions formidables. Composé presque exclusivement de pièces du système rayé, il comprenait :

    200 canons de 12 rayé de siège, approvisionnés à 900 coups.
     50 mortiers de 27°   —   750 —
     20 — de 15°   —   1,000 —

Total : 270 bouches à feu, avec 806 voit. et 450,000 kilogr. de poudre.

L'équipage théorique admis avant l'adoption des canons rayés comprenait :

    40 canons de 24 approvisionnés à 900 coups.
    40 — de 16   —   1,080 —
    40 obusiers de 22° —   900 —
    20 mortiers de 27° —   750 —
    20 — de 22°   —   750 —
    15 — de 15°   —   1,000 —

Total : 175 bouches à feu, avec 500 voitures, 475,000 kilogr. de poudre et 35,000 outils à pionniers.

Le poids total de cet équipage était de 4,800,000 kilogr.

A la même époque, l'équipage de siège anglais comprenait : 91 canons, 17 obusiers, 20 mortiers, 17 pierriers ; total : 145 bouches à feu.

L'équipage autrichien : 80 canons, 23 obusiers, 62 mortiers, 13 pierriers ; total : 178 bouches à feu.

L'équipage prussien : 85 canons, 22 obusiers, 28 mortiers, 7 pierriers ; total : 142 bouches à feu.

En 1867, il fut organisé en France deux grands équipages de siège de 225 bouches à feu chacun, dont :

    60 canons de 24 rayé de siège.
    90 — de 12 —
    10 mortiers de 32°
    30 — de 27°
    10 — de 22°
    15 — de 15°
    10 obusiers-mortiers de 80 (pièce adoptée en principe et provisoirement remplacée par le canon de 24 rayé de place).

Le poids total de cet équipage s'élevait à 8,936,091 kilogr.

MATÉRIEL, TRANSPORTS ET RAVITAILLEMENTS.

L'équipage allemand destiné au siège de Belfort, en 1870, comprenait 139 bouches à feu, dont 99 canons (12 français, 87 allemands) et 40 mortiers (30 allemands, 10 français).

L'équipage de siège de Strasbourg, dans la même guerre, 273 bouches à feu (200 canons rayés, 73 mortiers lisses). Le poids du matériel transporté s'éleva à 12,000 tonnes.

L'équipage de siège, actuellement réglementaire, se compose de deux demi-équipages identiques, comprenant chacun :

4 canons de 220$^m/_m$.
20 — de 155$^m/_m$ long.
10 — de 155$^m/_m$ court.
30 — de 120$^m/_m$.
9 — de 95$^m/_m$.
4 mortiers rayés de 270$^m/_m$.
7 — de 220$^m/_m$.
6 mortiers lisses de 15°.

Total : 90 bouches à feu, avec 101 affûts et 327 voitures, 1,200,000 kilogr. de poudre.

Un demi-équipage pèse 6,500 tonnes et exige, pour son transport, 36 trains de chemin de fer.

RAVITAILLEMENTS ET SERVICES DE L'ARRIÈRE [1].

Quels que soient les moyens de transport dont dispose une armée et la quantité d'équipages de toute sorte qu'elle traîne à sa suite, quelque emploi qu'elle fasse, en outre, des ressources de la contrée dans laquelle elle marche, stationne ou combat, elle a besoin d'être constamment en communication avec son propre pays ou avec sa base d'opérations par l'intermédiaire de dépôts échelonnés en arrière de la zone qu'elle occupe, dans une direction qui prend, en stratégie, le nom de *ligne d'opérations* et à laquelle on donne, au point de vue qui nous occupe, le nom de *ligne d'étapes*.

La nécessité d'établir ces dépôts et magasins a existé de tout

---

[1]. Voir dans le *Journal des Sciences militaires*, année 1872, une remarquable étude de M. l'intendant Baratier sur le ravitaillement des armées, et dans la *Revue d'artillerie*, année 1882, un excellent travail de M. le commandant Ploix sur le même sujet, en ce qui concerne l'artillerie.

temps, mais autrefois les lignes d'opérations présentaient peu de profondeur. Lorsque, au début de la guerre de la succession d'Espagne, les armées françaises, se joignant à l'armée de l'électeur de Bavière, opérèrent sur le haut Danube, vers Donawerth, leurs magasins étaient échelonnés de Strasbourg à Donawerth ; des voitures de réquisition amenaient à l'armée les ressources c ces magasins par les soins des munitionnaires et des intendants. La perte de la bataille de Hochstædt, en 1704, fit tomber toutes ces ressources au pouvoir de l'ennemi.

Dans l'*Instruction militaire du roi de Prusse à ses généraux*, Frédéric II insiste sur l'établissement de magasins échelonnés sur une même ligne, en arrière du front d'opérations de l'armée. « Si « vous établissez ces magasins l'un derrière l'autre », dit-il, « vous « faites la guerre avec prudence, et un petit malheur ne peut pas « causer votre ruine entière. » — « On établit quelquefois », dit-il encore, « trois ou quatre dépôts de vivres sur une même ligne, « comme nous l'avons fait, l'an 1742, en Bohême ; il y avait un « magasin à Pardubitz, un à Nienbourg, un à Podjabrod et un « à Brandeis, pour être en état de marcher à hauteur de l'ennemi et « de le suivre à Prague, en cas qu'il se fût avisé d'y aller. Dans la « dernière campagne, Breslau fournissait à Schweidnitz et celui-ci « à Jaromicrz, et de là on transportait les vivres à l'armée[1]. »

Napoléon accordait des soins particuliers à l'établissement de ses lignes d'étapes. Les nombreuses instructions qu'il a données à ce sujet sont d'admirables modèles à suivre. Quoique l'emploi des chemins de fer ait profondément modifié dans les détails cette branche de l'art de la guerre, les grands principes sont restés les mêmes. On a surtout admiré l'art avec lequel Napoléon a changé, plus d'une fois, sa ligne d'étapes lorsque les événements l'ont amené à changer sa ligne d'opérations. C'est ainsi qu'en 1805, il avait d'abord dirigé ses convois par Stuttgard et Nordlingen, sur le Danube, utilisant, à cet effet, les diverses routes qui joignent les points principaux de la ligne Strasbourg-Spire-Mannheim-Wurtzbourg à ceux de la ligne Donawerth-Neubourg-Ingolstadt, savoir: la première route par Pforzheim, Stuttgard, Heidenheim pour Murat,

---

1. *Instruction militaire*, art. II.

Lannes et Ney ; la 2⁰ par Heilbronn, Hall, Ellwangen pour Soult ; la 3⁰ route par Heidelberg, Neckarelz, Ingelfingen pour Davout ; la 4⁰, Wurtzbourg, Anspach, Eichstœdt pour Bernadotte et Marmont. Après la capitulation d'Ulm, il donna à tous les corps la ligne plus directe et plus courte de Strasbourg à Ulm. C'est ainsi, également, qu'après la bataille d'Iéna, quittant la route Wurtzbourg-Forchheim, il reprit, pour ligne d'étapes, la grande route de Mayence, par Francfort, Eisenach, Erfurt, Weimar, Wittenberg.

Le général Mathieu Dumas a très bien fait ressortir l'importance que Napoléon attachait à ses lignes d'étapes « ainsi qu'à l'établisse-
« ment des grands dépôts, des arsenaux de construction pour l'artil-
« lerie, les équipages, les hôpitaux et ses manutentions sur des
« points judicieusement choisis. Indépendamment de ces grands
« dépôts, presque toujours installés dans des villes fortifiées ou
« mises à l'abri d'un coup de main, il en faisait établir de moins
« considérables à mesure que les colonnes pénétraient dans le
« pays. Il exigeait que ces derniers, plus ou moins importants, sui-
« vant l'utilité constante ou momentanée dont ils pouvaient être,
« fussent complètement organisés pour toutes les branches du
« service [1]. »

L'ordre donné au major général Berthier, en date du 3 octobre 1805, au début de la campagne d'Ulm, est un des documents les plus caractéristiques que l'on puisse citer en cette matière : « Or-
« ganiser la route du Rhin, depuis Spire jusqu'à Nordlingen ;
« régler les stations d'étape, de manière à ne faire que cinq à six
« lieues par jour. Placer dans chaque station un commandant
« d'armes, et de deux en deux stations, un adjudant avec un com-
« missaire des guerres pour donner les vivres. Organiser le service
« de la gendarmerie sur la route, de manière à assurer le service
« des détachements de conscrits, convois, évacuation d'hôpitaux et
« de prisonniers de guerre. »

A peine arrivé à Nordlingen, l'Empereur prescrivit les dispositions suivantes : Toute autre route que celle de Spire à Nordlingen était interdite. Le pont jeté à Lauterbourg, pour le passage du corps du maréchal Ney, était replié ; celui de Kehl était

---

1. *Précis des opérations militaires*, t. XIII, notes.

gardé. C'était donc à Spire qu'il fallait passer. Le général Rheinwald était investi du commandement de cette place ; on ne pouvait en sortir qu'en vertu d'une feuille de route signée de lui. La route était coupée de Spire à Nordlingen par des étapes de 5 à 6 lieues. Dans chaque station était un commandant d'armes (comme ci-dessus). L'Empereur recommandait de prendre, pour ces services, des officiers fatigués qu'il était avantageux de pouvoir remplacer dans leurs corps.

Napoléon écrivait encore, le 3 octobre, au général Songis, commandant l'artillerie de l'armée : « Réunissez sans délai un grand « approvisionnement à Spire, que nous pousserons ensuite à Heil- « bronn. L'électeur de Wurtemberg se chargera de me tenir plu- « sieurs centaines de voitures, qui iront de Spire à Heilbronn et « d'Heilbronn à Spire. Cela est préférable en ce que nos propres « voitures n'iraient qu'à Heilbronn pour s'approvisionner... » Plus tard, l'Empereur fit transporter à Augsbourg tout ce qui avait été amené à Heilbronn, et la place d'Augsbourg devint à peu près ce que nous appellerions aujourd'hui une station tête d'étapes de guerre[1] ; chaque corps d'armée y avait un dépôt, installé de manière à pouvoir y loger au moins 400 hommes. Les commandants des dépôts devaient veiller à ce que les hommes partant pour l'armée fussent armés et eussent bien leurs 45 cartouches. Par un ordre en date du 24 octobre, l'Empereur prescrivait de réunir à Augsbourg un million de rations de biscuit, d'y installer des fours pour pouvoir cuire 80,000 rations par jour et des farines en magasin pour 2 millions de rations, 300,000 boisseaux d'avoine, 100,000 pintes d'eau-de-vie.

« J'ai déterminé », dit Napoléon, « que ce serait le dernier « terme d'évacuation pour les malades et les blessés. C'est là qu'il « faudrait centraliser tous les magasins. » Le 31 octobre, le dépôt du quartier général fut installé à Salzbourg, dont l'Empereur nomma gouverneur le général de Lauriston. Pendant la suite de la campagne, la place de Braunau devint réellement la station tête.

L'année suivante, avant de commencer la guerre contre la Prusse, l'Empereur donnait l'ordre, le 30 septembre, au major

---

1. *Mémoires militaires* du général Roguet, t. III, pièces justificatives.

général, d'organiser deux places de dépôt à Wurtzbourg et à Forchheim. « Forchheim », disait-il, « va être dans cette nouvelle « campagne ce qu'a été Braunau l'année passée. » Après la bataille d'Iéna, il prescrivit de réunir tous les magasins à Erfurt, qui désormais devait être le pivot des opérations de l'armée. « Toute « la ligne d'étapes par Bamberg », écrivait-il à Berthier, « sera « repliée et établie sur la ligne d'Erfurt, Fulde et Mayence. Le « général qui commande à Wurtzbourg se rendra à Erfurt pour « commander la citadelle, la ville et la province. » Un ordre en date du 17 octobre fixait ainsi qu'il suit les étapes de Mayence à Erfurt : Francfort, 8 lieues, Hanau, 4, Gelnhausen, 6, Schlüchtern, 8, Fulde, 8, Hunfeld, 5, Vach, 6, Eisenach, 8, Gotha, 6, Erfurt, 6, en tout 65 lieues. Bientôt la tête est reportée à Wittenberg, puis à Spandau. « Erfurt, Wittenberg et Spandau », écrivait-il le 26 octobre, « voilà mes trois places de dépôt », et il ordonnait de réunir à Spandau tous les moyens pour les hôpitaux : un hôpital pour 1,000 blessés dans la citadelle, deux hôpitaux dans la ville pour 200 ou 300 malades chacun, des fours pour 60,000 rations par jour, de la farine et du blé pour nourrir l'armée pendant deux mois, 1,500,000 boisseaux d'avoine, de la bière et de l'eau-de-vie pour deux mois. Mais la marche de l'armée était trop rapide pour qu'on pût s'en tenir à ces dispositions. Custrin, Posen, Varsovie, devinrent successivement des places de dépôt. Pendant les quartiers d'hiver pris en Pologne, au mois de janvier 1807, la ligne d'étapes était tracée de Mayence à Varsovie, distance de 296 lieues, en 38 étapes et 7 séjours; les étapes étaient, en moyenne, de 6 lieues, plusieurs étaient de 12 lieues. Les séjours étaient fixés à Marbourg, Heiligenstadt, Magdebourg, Berlin, Custrin, Posen et Klodowa ; chaque gîte d'étapes avait un commandant, généralement du grade de major, et un commissaire des guerres ; il y avait des gouverneurs à Cassel, général Lagrange, Magdebourg, général Éblé, Berlin, général Hullin, Custrin, général Ménard, Varsovie, général Labruyère, et des ordonnateurs à Giessen, Heiligenstadt, Berlin, Posen et Varsovie.

En 1809, il y eut, au début de la campagne, plusieurs lignes d'étapes, parce que les troupes qui se concentrèrent sur la rive droite du Danube venaient les unes de France, les autres du nord de l'Allemagne. Bientôt les magasins de Magdebourg, Wurtzbourg, Kronach, Amberg et Forchheim, comprenant ensemble 13 millions de rations de biscuit, sont transférés à Donawerth, mais la ligne Wurtzbourg, Kronach, Amberg et Forchheim est conservée; les bagages du corps d'armée de Davout sont réunis à Wurtzbourg. Toutefois, la véritable ligne d'étapes est tracée de Strasbourg à Ulm et de là à Nuremberg pour le corps de Davout, à Augsbourg pour tous les autres. Des dépôts et magasins sont établis à Ulm, Augsbourg, Donawerth, Ingolstadt et bientôt à Passau, qui est occupée par une garnison de 10,000 hommes et destinée à servir d'appui à l'armée en cas de retraite. On organise successivement les stations de Linz, Nussdorf et Ebersdorf, vis-à-vis l'île de Lobau. Comme positions intermédiaires, on occupe Waldsee, Ips, Mölk, Steyer et Göttweig[1].

L'établissement des lignes d'étapes pour l'expédition de Russie comprit : 1° la ligne de Mayence à Dantzick et à Kœnigsberg, à travers l'Allemagne ; 2° la ligne en Russie même, au fur et à mesure de la marche en avant. La première avait été préparée de longue main par Napoléon qui, les yeux toujours fixés sur la carte, ne cessa de donner des ordres pour l'approvisionnement et la mise en état de défense des places choisies par lui. Deux années furent employées à ces préparatifs. Dès le mois de mars 1811, des ordres étaient donnés pour renforcer et approvisionner Stettin, Custrin, Glogau et Dantzick et pour réunir, dans la place de Modlin, les approvisionnements destinés aux troupes polonaises. Les magasins les plus rapprochés de la frontière furent installés à Gumbinnen, tout près de Kowno, où l'Empereur se proposait de franchir le Niémen, mais Kœnigsberg servit de point de départ pour tous les approvisionnements et renforts à envoyer à l'armée. En Russie, le premier dépôt considérable fut établi à Wilna, le 24 juin. La ligne d'étapes fut alors organisée et marquée par une série de petits postes avec magasins, hôpitaux, relais de chevaux, casernes ou blockhaus fortifiés ; les petites garnisons de ces postes fournissaient des patrouilles chargées de surveiller les communications. On organisa plus tard la ligne de Wilna à Smolensk, où

---

1. Général Roguet, *Souvenirs militaires*, t. IV, p. 587.

tout fut dirigé. De Smolensk à Moscou, la ligne fut établie par Doroghobouj, Wiasma, Gjat et Mojaïsk. Pendant le séjour à Moscou, les magasins étaient répartis, en arrière, sur six bases successives : 1° Smolensk, à 20 marches de Moscou ; 2° Minsk et Wilna, à 8 marches de Smolensk ; 3° Kowno, Grodno ; 4° Elbing, Marienwerder, Thorn, Plock, Modlin et Varsovie, à 50 jours de Moscou ; 5° Dantzick, Bromberg, Posen ; 6° Stettin, Custrin et Glogau. Ainsi, en deçà des frontières de Russie, Napoléon couvrait ses communications par les places du Niémen, de la Vistule et de l'Oder ; plus en arrière, il tenait la ligne de l'Elbe et enfin celle du Rhin. Ses magasins étaient donc aussi nombreux que bien abrités. L'éloignement et la difficulté des communications ne l'en conduisirent pas moins à un désastre.

La guerre d'Espagne présenta des difficultés d'un autre genre. Entre Bayonne et Madrid plus particulièrement, l'état d'insurrection du pays, le nombre et l'audace des bandes de guérillas rendaient les communications presque impossibles. Dès l'entrée de l'armée en Espagne, des postes de correspondance furent distribués sur les principales routes. « Les maisons fortifiées, dans les« quelles on logeait les détachements servant à la correspondance, « étaient ordinairement isolées des autres habitations », nous apprend le colonel de Gonneville, dans ses *Souvenirs militaires*, « on « les entourait d'un fossé palissadé, on plaçait un tambour devant « l'entrée ; elles étaient crénelées du rez-de-chaussée aux étages « supérieurs et pourvues de vivres et de munitions pour quinze « jours au moins ; elles se trouvaient ainsi parfaitement à l'abri « d'une surprise. Dans quelques-unes même, il y avait du canon. » En certains points, comme dans la Haute-Catalogne, il était même impossible d'établir des lignes de correspondance. « De Barcelone « à Ostalrich », lisons-nous dans un rapport du duc de Fezensac, envoyé en mission par le ministre de la guerre, dont il était aide de camp, « il était impossible de passer sur la route autrement « qu'avec toute l'armée », et nous voyons, dans l'*Itinéraire* de Curély, qu'un convoi de vivres, envoyé de Girone à Barcelone, était escorté par 5,000 à 6,000 hommes, qui furent obligés de livrer bataille pour pouvoir passer. Quant à la ligne de Bayonne à Madrid, elle dut être, en vertu d'un ordre de l'Empereur, daté du

20 janvier 1810, gardée par 16 escadrons de gendarmerie, forts de plus de 150 hommes chacun, placés dans les postes suivants: 1° Irun ; 2° Hernani ; 3° Tolosa ; 4° entre Tolosa et Vittoria ; 5° Vittoria ; 6° Miranda, sur l'Èbre ; 7° Briviesca ; 8° Burgos ; 9° Lerma ; 10° Aranda ; 11° entre Aranda et Somo-Sierra ; 12° Somo-Sierra ; 13° Buitrago ; 14° Cabanillas ; 15° Alcobendas ; 16° Madrid. Quatre escadrons de réserve étaient destinés à se porter partout où leur présence serait nécessaire ; 300 hommes d'infanterie, avec 4 canons, devaient être placés dans une redoute, à Somo-Sierra. Les magasins et les manutentions étaient établies à Burgos, Aranda et Buitrago. Cette ligne, écrivait Napoléon, sera désormais celle des opérations de l'armée d'Espagne.

En outre, la ligne directe de Burgos à Madrid, par Valladolid, Ségovie et la Guadarrama, était gardée par 8 postes, Valladolid était reliée avec Saragosse par 15 postes intermédiaires, par 8 postes avec Villafranca (route de Benavente et Astorga). En résumé, la communication avec la France était protégée par 50,000 hommes, 3 forteresses (Burgos, Pampelune et Saint-Sébastien) et 64 postes de correspondance. Ce qui n'empêchait pas le général Kellermann d'écrire au ministre de la guerre, le 20 octobre 1809 : « La difficulté des communications et le retard que « doivent éprouver les rapports qui viennent de Madrid, me déter« minent à vous tracer un court tableau du nord de l'Espagne et à « vous faire sentir la nécessité d'y envoyer de prompts renforts [1]. »

Des magasins, des hôpitaux, des manutentions étaient chaque jour créés dans le nord de l'Espagne à l'aide des ressources du pays et de ce qui arrivait de France. Aucun détachement ne pouvait être expédié de Bayonne à Madrid, sans compter au moins 400 hommes ; 8 colonnes mobiles, composées chacune de 200 chevau-légers polonais et 600 soldats d'infanterie, devaient sans cesse parcourir le pays dans la province de Burgos, où commandait le général Dorsenne. Non seulement des *lignes d'étapes* étaient organisées, mais des *commissions d'étapes* furent instituées dans chaque station, en vertu d'un ordre du général Dorsenne. Ces commissions devaient toujours tenir une quantité suffisante de voitures, chevaux

---

1. *Mémoires et correspondances du roi Joseph*, tome VI.

MATÉRIEL, TRANSPORTS ET RAVITAILLEMENTS.

et mulets parqués et prêts à partir. Elles fournissaient ces moyens de transport, soit sur le vu des feuilles de route constatant l'urgence, soit sur la réquisition du commandant de la place ou du commissaire des guerres ; ils ne servaient que pour une étape et devaient être renvoyés aux lieux où ils avaient été délivrés [1]. D'après le règlement de 1877, le commandant d'étapes se tient toujours prêt à fournir des relais de voitures ou d'attelages pour les transports... C'est bien à peu près la même chose. Ainsi nous croyons être les imitateurs de l'Allemagne et nous n'avons fait que reprendre chez eux ce qui venait de nous et dont nous avions perdu la tradition.

Les préceptes de Napoléon, et surtout ses exemples, ont été suivis avec fruit par les Allemands pendant la guerre de 1870-1871. Un service d'étapes, indépendant des commandements des corps d'armée et des divisions, a fonctionné pendant toute la durée de la guerre, de manière à maintenir toujours intactes les communications des armées avec leurs magasins et dépôts en arrière et à faire parvenir aux corps d'armée en marche ou en stationnement leurs ravitaillements en tous genres. Mais, tandis que sous Napoléon le service d'étapes était réglé pour chaque campagne par des ordres particuliers et souvent même par l'intervention directe de l'Empereur, qui attachait à ce service l'importance que nous venons de voir, il était, pour l'armée allemande, la conséquence d'une organisation régulière et méthodique. En outre, et c'est là la différence essentielle entre le système moderne et les anciens errements, différence qui tient, avons-nous dit, à la nécessité impérieuse de régler l'emploi des chemins de fer, tous les services de l'arrière étaient centralisés par une direction générale, sous les ordres directs du grand état-major général. La ligne des dépôts, établie en arrière des armées, s'avança en les suivant jusqu'au cœur de la France. Au début, ces dépôts étaient installés, pour les troupes de l'Allemagne du sud, à Meckesheim, Heidelsheim, Germersheim, Bruchsal, Ludwigshafen ; pour l'Allemagne du nord, à Fraulautern, Trèves, Kreuznach, Alzey, Worms, Mayence, Bingen (magasin de réserve). Dans la marche en avant de la 1re armée sur la

---

[1]. Général Roguet, *Souvenirs militaires*, tome IV.

Moselle, ses magasins de dépôt furent transférés à Boulay. Des magasins furent établis, pour la 2ᵉ armée, sur la ligne de la Sarre à Sarrebruck, Sarreguemines, Saar-Union, puis avancés jusqu'à Forbach, Saint-Avold et Faulquemont. Pour la 3ᵉ armée, les magasins furent transportés à Wissembourg et Soultz. Plus tard, Pont-à-Mousson devint tête d'étapes pour l'armée de la Meuse.

Les troupes mises à la disposition de l'inspection des étapes eurent bien peu de combats à livrer en proportion de l'étendue de pays sur laquelle se développaient les communications en arrière de l'armée et de la quantité des corps francs qui s'étaient formés. Sous ce rapport, la France est restée bien au-dessous de la Russie en 1812, de l'Allemagne en 1813 et de l'Espagne pendant toute la guerre de 1808 à 1813. (Voir tome Iᵉʳ, chap. VII.) C'est à peine si dans la campagne de 1870-1871 on peut citer la destruction du pont de Fontenoy, celle des ponts de La Roche et de Nuits-sous-Ravières, les combats de Formignies, Château-Villain, Châtillon-sur-Seine...

Si les Allemands organisèrent le service des étapes, les Français eurent pendant la guerre de 1870-1871 l'initiative des approvisionnements roulants sur wagons. On s'est demandé sur quelles considérations avait été fondée la création de ces approvisionnements, création qui, consacrée par les règlements actuels, a donné lieu aux *en-cas mobiles*. Nous pouvons affirmer qu'on y a été conduit en 1870 par la logique des faits. En ce qui concerne l'artillerie, par exemple, on avait constitué à grand'peine les réserves divisionnaires d'infanterie et les parcs des corps d'armée. Le personnel, le matériel, le harnachement faisaient également défaut pour organiser un grand parc d'artillerie mobile. L'armée de la Loire opérant à proximité du chemin de fer, on composa des trains de munitions dont la composition correspondait en cartouches à canon et cartouches d'infanterie à celle des différents corps d'armée. Ces trains, placés sous la direction d'inspecteurs de chemin de fer, revêtus de grades dans l'artillerie de la garde nationale mobile, stationnaient dans des gares où les parcs de corps d'armée allaient se recompléter après chaque affaire. Dans le principe, ces

rectement du ministère. Plus tard, à la deuxième armée de la Loire, l'état-major général en prit la direction supérieure, ce qui était infiniment préférable. On marchait peu à peu vers l'organisation actuelle, mais le défaut d'une direction d'ensemble se fit cruellement sentir. Il en résulta des tiraillements de toute sorte et un emploi défectueux des moyens de transport. Les trains amenaient des vivres quand il aurait fallu des munitions et réciproquement. Les employés des gares, tiraillés entre les exigences souvent inconciliables du commandement, des services administratifs et de l'artillerie, ne savaient à qui entendre [1].

Quoi qu'il en soit, c'est sur l'organisation prussienne qu'ont été calquées dans nos règlements actuels les dispositions relatives aux services de l'arrière, et, à part ce qui concerne les chemins de fer, cette organisation elle-même a été inspirée par les procédés de Napoléon Ier. Quel est, en effet, d'après la définition donnée dans le règlement de 1877, le but assigné à l'ensemble des services de l'arrière? Assurer la continuité et la facilité des échanges entre les armées et le territoire national; c'est exactement ce qu'ont fait, par exemple, pendant les guerres d'Espagne, les commandants des provinces situées entre Bayonne et Madrid. Et, avec plus de détails : « amener aux armées les ravitaillements dont elles ont be-
« soin, ramener en arrière les malades et les blessés, les prison-
« niers, le matériel inutile.... surveiller ou défendre toutes les
« communications du théâtre de la guerre en arrière des armées,
« pourvoir au logement et à tous les besoins des hommes et des
« chevaux qui séjournent dans les régions en arrière des armées
« ou traversant ces régions; emmagasiner, conserver et maintenir
« en bon état le matériel, les munitions et denrées de ravitaille-
« ment, assurer le service d'ordre et de police en arrière des
« armées, organiser et administrer le territoire ennemi occupé... »
Qu'on relise tous les ordres de Napoléon : c'est là ce qu'il y répète sans cesse.

A côté de cette mission générale, incombant aux services de l'arrière, il existe maintenant une attribution spéciale, celle de régler et d'assurer l'exploitation des lignes ferrées dépendant du

---

1. Souvenirs personnels de l'auteur.

commandement des armées. De là deux branches distinctes dans le service de l'arrière, celle des chemins de fer et celle des étapes, mais deux branches sans cesse en concordance l'une avec l'autre sous une impulsion unique, celle du *directeur général des chemins de fer et des étapes*, dont l'action s'étend sur l'ensemble des armées soumises à l'autorité du généralissime. Une ligne d'étapes, telle que nous avons vu Napoléon en établir dans toutes ses campagnes, se développe aujourd'hui pour la plus grande partie de sa longueur sur une voie ferrée, mais la dénomination de *ligne d'étapes* s'applique plus spécialement aux communications qui relient le point extrême de la voie ferrée à l'armée. Il y a donc, au point de vue des relations entre l'armée et le territoire national[1] : 1° une zone dans laquelle les voies ferrées sont exploitées par les compagnies nationales, sous la direction de la commission supérieure des chemins de fer ou plutôt de la commission exécutive déléguée par elle; au point de vue des échanges de personnel et de matériel, cette zone se termine à la base d'opérations; — 2° une seconde zone dans laquelle fonctionnent les compagnies de chemins de fer, mais sous la direction d'une délégation spéciale aux armées; cette zone aboutit aux *stations de transition*; — 3° une troisième zone dans laquelle les transports s'opèrent encore par chemin de fer, mais sous l'autorité de la direction des chemins de fer de campagne; le terme en est marqué par les stations têtes d'étapes de guerre; — 4° une quatrième zone sur laquelle les marches et transports s'exécutent par routes de terre — c'est à proprement parler la zone des étapes; — les lignes qui la traversent ont pour terme les têtes d'étapes de route, à deux marches environ du cantonnement du gros de l'armée; là commence enfin la zone d'opérations de l'armée. On comprend l'importance de ces deux points : *la station tête d'étapes de guerre et la tête d'étapes de route*. A la station tête d'étapes de guerre, tous les wagons sont déchargés et rechargés, s'il y a lieu, avec le matériel et le personnel à évacuer; à cette station sont toujours attachés un commandant de gare, un commandant d'étapes et un représentant de chacun des services de l'armée. La

---

[1]. Si une partie de ce territoire est occupée par l'ennemi, l'expression : territoire national, doit s'entendre ici de la partie non envahie.

remise du personnel et du matériel à faire voyager dans un sens ou dans un autre s'opère de l'un à l'autre des deux commandants. La distance entre cette station et la tête d'étapes de route, c'est-à-dire la ligne d'étapes, est coupée par des gîtes d'étape distants les uns des autres d'une journée de marche. Lorsque cette distance est grande, on organise, en outre, des *gîtes principaux d'étapes*, à chacun desquels se rattachent, sous une même autorité, trois ou quatre gîtes ordinaires. C'est absolument la manière de procéder de Napoléon. Nous avons trouvé à cet égard un document très curieux et dont les indications ne laissent aucun doute : un ordre, en date du mois de janvier 1807, imprimé et donnant l'organisation complète de la ligne d'étapes entre Mayence et Varsovie.

Reste à voir comment s'opère le ravitaillement pour chacun des services de l'armée en particulier. Les procédés varient suivant que l'armée est en stationnement ou en marche, nous ne pouvons donc donner ici que les règles générales, sauf à y revenir à propos des cantonnements et des marches.

1° *Artillerie et munitions.* — Les batteries et les corps de troupe, qui doivent toujours avoir leurs munitions au complet, se ravitaillent aux sections de munitions et celles-ci aux parcs de corps d'armée ; quelquefois, cependant, les sections de munitions vont se recompléter directement au grand parc. Dans tous les cas, les parcs de corps d'armée se ravitaillent au grand parc. Celui-ci composé, comme nous l'avons vu, de cinq échelons, a son premier échelon à hauteur des stations têtes d'étapes de guerre ou, quelquefois, aux têtes d'étapes de route, le deuxième, en avant des stations-magasins, le troisième, à ces stations mêmes, les quatrième et cinquième, dans les arsenaux du territoire ; cette répartition résulte de l'expérience des grandes guerres. Généralement, les parcs de corps d'armée envoient au grand parc ; quelquefois, cependant, le grand parc dirige ses voitures attelées sur des points plus avancés et situés dans la zone d'opérations. Dans l'un comme dans l'autre cas, le deuxième échelon du parc dirige sur la station tête d'étapes de guerre les munitions, placées d'avance sur des wagons et constituant ce qu'on appelle *des en-cas mobiles,* en quantités suffisantes pour remplacer les munitions qui ont été prises à cette station, et ainsi de suite, de proche en proche, jusque dans les arsenaux de l'intérieur. Après les grandes batailles, le ravitaillement en munitions exigera des mesures exceptionnelles, les arsenaux expédieront alors des trains complets ou des fractions de train qui transiteront sans se rompre.

Supposons, par exemple, comme nous l'avons fait jusqu'ici, une armée composée de quatre corps d'armée, il y aura généralement en arrière de cette armée deux lignes d'étapes ; le grand parc sera partagé entre ces deux lignes, et sur chacune d'elles les premiers échelons de deux divisions placés à la station tête d'étapes de guerre, possèderont 27 coups par pièce de 80, 25 par pièce de 90, 18 cartouches par homme d'infanterie, mais la moitié seulement de cet approvisionnement, c'est-à-dire 13 coups par pièce, 9 cartouches par homme, pourra être placée sur les voitures du grand parc. Ces chiffres sont bien au-dessous des consommations moyennes et surtout des consommations accidentelles de certains corps d'armée. Il faudra donc qu'après une bataille, la plus grande partie, sinon la totalité, des transports par réquisition dont pourront disposer le service des étapes et celui des chemins de fer soit employée pour le ravitaillement en munitions ; l'évacuation des blessés et des prisonniers fournira au transport en sens inverse.

2° *Génie*. — Les ravitaillements des parcs du génie se feront suivant les mêmes principes que ceux des parcs de l'artillerie, mais pour le génie, la principale mission du service des étapes consiste dans l'entretien, la réparation, quelquefois même la construction des routes, la direction des travaux de fortification destinés à protéger les gîtes et les stations d'étapes, les installations pour le logement des troupes et des malades. Des *chefferies* du génie sont établies à cet effet dans les stations têtes d'étapes de guerre et dans les gîtes principaux d'étapes de route.

3° *Intendance*. — Pour l'intendance, le transit se fait à la tête d'étapes de route à l'aide des convois auxiliaires, composés pour chaque corps d'armée d'au moins 300 voitures de réquisition, attelées par quatre compagnies du train territorial et réparties en quatre échelons. Des convois auxiliaires, qui ne font pas partie des corps d'armée, restent à la disposition du commandant en chef de l'armée. Un échelon du convoi auxiliaire du corps d'armée porte un jour complet de vivres ; il le porte aux points déterminés par le commandant, où les équipages de corps d'armée viennent le chercher, suivant le cas et les ordres qui ont été donnés. Le sous-intendant qui se trouve à la tête d'étapes de route provoque les envois de l'arrière, de telle sorte que cet approvisionnement soit toujours au complet. Il agit de même pour le parc de bestiaux, échelonné en sections sur la ligne d'étapes, et pour les réserves d'effets d'habillement et de chaussures. Les boulangeries de campagne, placées dans un gîte d'étapes de la ligne ou à la station tête d'étapes de guerre, concourent au ravitaillement dans les mêmes conditions.

4° *Service de santé*. — Le service de santé se fait à l'arrière, ainsi que nous l'avons vu plus haut, par les hôpitaux de campagne immobilisés. Les hôpitaux d'étapes et les hôpitaux auxiliaires que la Société de secours aux blessés peut établir, reçoivent les malades et les blessés qui, après avoir passé par l'ambulance, sont reconnus peu susceptibles d'être transportés. En sortant des hôpitaux de l'armée, ces malades ou blessés sont, suivant le cas, dirigés vers les dépôts de convalescents ou évacués vers l'intérieur du pays, soit par les voies ferrées, soit par les routes de terre, soit par des voies navigables lorsqu'il en existe. Les trains d'évacuation sont composés de voitures ordinaires, dont quelques-unes sont des wagons à marchandises spécialement aménagés pour les malades couchés. On se sert aussi de *trains sanitaires*, composés de voitures spéciales. Tout ce service, assez compliqué, est très nettement décrit dans les règlements *ad hoc*.

En dehors de ces services divers, le ravitaillement de l'armée en hommes et en chevaux exige de la part des directeurs et des commandants d'étapes des soins continus. A peine l'armée entrait-elle en campagne, que Napoléon se préoccupait des moyens d'entretenir son effectif en réparant les pertes occasionnées par les combats, les maladies et les fatigues. Les corps d'armée avaient leurs dépôts particuliers sur la ligne d'étapes. C'est ainsi que nous avons vu, dans la campagne de 1805, la place d'Augsbourg organisée de telle façon que chaque corps d'armée y eût un dépôt pouvant recevoir 400 hommes. Le gouverneur d'Augsbourg devait passer en revue tous les détachements partant pour rejoindre l'armée. A dater de 1806 et dans les campagnes de 1806, 1807, 1812, 1813, le maréchal Kellermann, investi d'un haut commandement à Mayence, y recevait les détachements venus de France, les gardait quelque temps pour les pourvoir de tout et perfectionner leur instruction ; il en formait ensuite des régiments de marche qui allaient rejoindre la Grande-Armée et qui, arrivés à la place de dépôt la plus avancée, versaient leurs hommes dans leurs corps respectifs. Le même service fonctionnait à Bayonne pour les armées d'Espagne, sauf celle de Catalogne dont le grand dépôt était à Perpignan, mais les circonstances et la nécessité où se trouvaient les commandants des provinces frontières de sans cesse combattre les bandes donna lieu, pour l'Espagne, aux abus les plus graves.

« Lorsqu'un régiment de marche », dit Marmont, « arrivait dans
« le nord de l'Espagne, le général qui y commandait, sous le pré-
« texte de besoins urgents, retenait le régiment. Puis, parce que
« ce régiment ne devait pas lui rester et se trouvait passagèrement
« sous ses ordres, il l'accablait de détachements, de service et de
« corvées. Ce corps, composé d'hommes pris au dépôt, commandé
« par des officiers fatigués et pas de choix, sous les ordres d'un
« chef provisoire qui n'avait ni la capacité ni l'autorité d'un véri-
« table chef, était bientôt désorganisé ; n'ayant point d'adminis-
« tration, point de masse, point de secours, il tombait prompte-
« ment dans un délabrement et une misère à faire horreur. »

Dans les guerres modernes, quelle que soit la distance à laquelle doivent opérer les armées, cette distance est abrégée par les chemins de fer. Les détachements destinés à un même corps d'armée peuvent être groupés sans qu'il soit besoin de former des régiments de marche, mais la centralisation de ces détachements, leur transport sur les chemins de fer, leur marche sur la ligne d'étapes, leur logement et leur subsistance dans les gîtes, constituent une des attributions les plus importantes de la direction générale des chemins de fer et des étapes.

L'entretien des effectifs en chevaux a fait l'objet constant des préoccupations de Napoléon, qui installait en arrière de la Grande-Armée de grands dépôts de remonte sous la direction d'officiers expérimentés tels que le général Bourcier, qui commanda pendant les campages de 1806 et de 1807 le grand dépôt de Spandau. Pendant les campagnes de 1812 et de 1813, le grand dépôt de remonte était à Hanovre. Ceux de l'armée d'Espagne étaient sur le territoire français. Le moyen préféré par Napoléon pour remonter sa cavalerie, moyen qui n'est pas à la portée de tous les généraux, était d'ailleurs de s'emparer des chevaux de l'ennemi.

Actuellement, le dépôt de remonte mobile qui marche avec chaque corps d'armée a surtout pour objet la remonte des officiers sans troupe, et il ne doit fournir qu'exceptionnellement des chevaux aux corps de troupe. Le service de l'arrière, en ce qui concerne la remonte de la cavalerie et de l'artillerie, consiste dans l'établissement et l'entretien des dépôts de chevaux malades. Les petits dépôts affectés à un seul corps d'armée sont toujours installés d'avance, de telle sorte que les troupes ne soient pas encombrées de chevaux indisponibles. Les grands dépôts sont installés sur l'ordre du général en chef.

Le mécanisme que nous venons de résumer exige qu'à tous les degrés et dans toutes les stations l'agent général du service des étapes soit assisté d'un agent particulier pour chaque service. Ainsi, près du directeur des étapes d'une armée se trouve le chef du service de l'artillerie des étapes (le directeur du grand parc), le chef du service du génie des étapes, le chef du service de l'intendance des étapes. Dans chaque commandement d'étapes, cette division et cette centralisation se reproduisent et, par l'intermédiaire de la direction générale des chemins de fer et des étapes, le généralissime exerce son action régulatrice sur tout l'ensemble des services de l'arrière. On ne verra plus se renouveler les désordres résultant de la diversité des efforts qui, au lieu de tendre vers un même but, se paralysaient les uns les autres en gaspillant les ressources et les moyens de transport, désordres dont les armées françaises en Espagne ont donné, sous le premier Empire, l'exemple le plus désastreux et qui, à un autre point de vue, se sont reproduits pendant la guerre de 1870-1871, comme nous l'avons dit plus haut.

Nous pouvons dire encore une fois à ce sujet que nos règlements valent mieux que nos lois. Le règlement sur le service des étapes est, d'ailleurs, un des plus complets et des mieux coordonnés que nous ayons.

CHAPITRE XIV.

CAMPS, BIVOUACS ET CANTONNEMENTS.

Opérations de la guerre. — Stationnement, marche, combat. — Conditions à remplir dans le stationnement : installation, disposition, subsistance, sécurité. — Changements apportés par la facilité des communications. — Camps des Romains. — Cantonnements modernes. — Quartiers d'hiver. — Turenne dans les campagnes de 1672 et 1674. — Surprises de cantonnements. Soubise à Gotha. — Camps sous Louis XIV. — Berwick en Espagne. — Surprises de camps. M. de Montclar. M. de Tilly. Bataille de Consarbrück. — Subsistance des troupes campées. — Camps retranchés. Berwick dans les Alpes. Fouqué à Landshut. Frédéric II à Olmütz. Troupes attaquées dans leurs camps. Batailles de Crefeld et d'Hochkirch. — Lignes de circonvallation et de contrevallation. Blocus de Mantoue en 1796. Batailles des Dunes, d'Arras, de Valenciennes et de Turin. Soult devant Badajoz. — Règlement du 25 juillet 1788. Service de sûreté et de découverte.

Guerres de la Révolution. — Camps de Maulde, de Famars, de César. — Camps de l'Argonne et de Sainte-Menehould. — Camp des Prussiens après la bataille de Valmy. — Lignes de Wissembourg en 1793. — Lignes de Mayence en 1794-1795. — Camps retranchés dans les Pyrénées. Camps de l'Union, de Truillas et de Figuières. — Pyrénées occidentales. Camp des *Sans-Culottes.* — Armées d'Italie et des Alpes avant Bonaparte. — Service de sûreté à l'armée d'Italie. — Camps des côtes de l'Océan de 1803 à 1805. L'instruction des troupes. — Stationnement du corps de Marmont en Styrie. — La Grande-Armée en Moravie. Surprise de Wischau. — Idées de Napoléon sur le service de sûreté. — Souffrances des troupes dans les bivouacs. — Habileté des soldats pour se créer des abris. — Cantonnements. Épuisement du pays. Changements fréquents.

Quartiers d'hiver de la Grande-Armée en 1807. — Première période : disposition des cantonnements en Pologne. Ligne trop étendue. Attaque des avant-postes par l'armée russe. Heureuse faute du maréchal Ney. — *Bataille d'Eylau.* — Nouveaux cantonnements sur la Passarge. — Disposition des corps d'armée en colonnes. — Points de ralliement. — La cavalerie au repos. — Grand dépôt de Thorn commandé par Rapp. — Instructions données à Rapp par l'Empereur. — Corps d'observation du général Zayoncheck. — Napoléon tenait à ce qu'on fît le plus de prisonniers possible. — Campement établi au printemps de 1807.

L'armée française dans l'île de Lobau en 1809. — Lignes de Torrès-Vedras. L'armée de Masséna devant ces lignes. — Surprises de Soult à Oporto, de Suchet à Lérida, de Girard à Arroyo de Molinos. — Les Anglais devant

CAMPS, BIVOUACS ET CANTONNEMENTS. 249

Almeida. — Murat à Winkowo. — Le général Bruno à Freyberg. — Combat du pont de la Guillotière en 1814. — Idées du maréchal Bugeaud. — Une troupe peut être *prise* sans être *surprise*.

Guerres d'Algérie. — L'armée française devant Alger. Le bataillon du 4e léger. — Camps retranchés de l'Algérie. — Attaque du camp de Boudaou. — Les chasseurs d'Afrique à Douera. — Défense du camp de Djemilah. — Difficultés de la subsistance des camps en Algérie. Ravitaillements. — Inconvénients de la multiplication des camps. — Bivouacs de marche. — Souffrances des troupes. — *Camp de la Boue* en 1836. — Invention de la tente-abri. — Les demi-couvertures. — Système du général Bugeaud, inspiré par le souvenir de la guerre d'Espagne.

Guerre de Crimée. — Séjour à Gallipoli et à Varna. — Comparaison de débarquement à Oldfort en 1854 avec celui de Sidi-Ferruch en 1870. — Installation des armées alliées sur le plateau de Chersonèse. Tentatives des Russes pour les en déloger. Combat de Balaklava. Batailles d'Inkermann et de Tracktir. — Constance de l'armée française. — Difficulté des transports. — Secours prêté à l'armée anglaise. — Choléra et typhus, mauvaise tenue des camps.

Guerre du Mexique. — Séjour à Orizaba. — Les convois de Vera-Cruz. — Surprise du Cerro del Borrigo.
Guerre de 1870. — Système du cantonnement. — Inconvénients reprochés au bivouac et au cantonnement. — Surprises du champ de bataille le soir du combat. Laon et Wagram. — Surprises de Wissembourg, de Vionville et de Beaumont. Oubli des règles les plus élémentaires. — Deuxième partie de la guerre. — Les francs-tireurs. — L'armée du général d'Aurelles devant Orléans. Activité des éclaireurs. Prisonniers faits à l'ennemi. — Période des revers. Surprises de Chambord et de Sombacourt.

Idées nouvelles. — Études faites après la guerre. — Système adopté en 1875. — Suppression de la tente-abri. — Règlement de 1883 sur le service en campagne. — Cantonnements et bivouacs. — Réseau des avant-postes. — Rôles respectifs de la cavalerie et de l'infanterie. — Séparation absolue du service de sûreté et du service d'exploration. — Subsistance des troupes pendant les stationnements.

Nous avons vu jusqu'ici de quels éléments se compose l'armée, comment ces éléments sont groupés, concentrés, amenés sur le théâtre de la guerre, administrés, pourvus des armes et du matériel nécessaires, en un mot prêts à engager les hostilités; nous avons suivi, en remontant aussi loin dans le passé qu'il le fallait pour bien juger des progrès accomplis, les transformations de l'armée à ces divers points de vue. Nous avons maintenant à étudier l'armée dans la guerre elle-même, pour apprécier par la comparaison avec le passé les dispositions de nos règlements actuels, ainsi que les méthodes qui ont fini par prévaloir pour les opérations de la guerre et par former pour ainsi dire un corps de doctrine. Or, toutes les opérations de la guerre se ramènent à ces trois ordres de fait :

Le stationnement,

La marche,

Le combat.

Aussi, un de nos écrivains militaires les plus distingués a-t-il présenté ses remarquables *Études de guerre* sous les trois rubriques: *Tactique de stationnement, tactique de marche, tactique de combat.* Nous n'avons pas à refaire ce que M. le général Lewal a si bien fait. Notre but, nous le répétons, n'est pas de professer, mais de raconter et d'apprécier, et surtout de montrer que tout n'est pas nouveau dans ce que nous voyons *inventer*.

Or, dans les stationnements d'une armée pendant le cours d'une guerre, il y a toujours eu quatre conditions essentielles à remplir:

1° Être installé dans les meilleures conditions pour le repos et le bien-être des troupes ;

2° Être disposé de manière à passer, sans perte de temps, de l'ordre défensif à l'ordre offensif ;

3° Assurer la subsistance de l'armée ;

4° Se préserver des surprises de l'ennemi.

La facilité des communications et l'emploi des chemins de fer ont profondément modifié la troisième de ces conditions et rendu possible le séjour prolongé d'effectifs considérables sur un même emplacement. Pour le reste, les règles ont peu varié. L'installation des camps date de loin, et de toutes les parties de l'art militaire des anciens, c'est assurément celle qui nous est le mieux connue. Végèce nous a laissé des détails précis sur la manière de camper des Romains. Leurs camps étaient toujours tracés méthodiquement et suivant des règles fixes, la rapidité avec laquelle ils les entouraient de retranchements est demeurée proverbiale. Ces retranchements, lorsque le camp devait durer pendant un certain temps, avaient un relief considérable ; on peut en juger par les vestiges qui en restent sur un grand nombre de points du territoire de la France. César lui-même nous apprend que son camp sur l'Aisne, dans la campagne contre les Belges, était entouré d'un rempart de 12 pieds de haut avec un fossé de 18 pieds de largeur ; les ouver-

tures étaient assez nombreuses pour permettre à l'armée de déboucher rapidement et de se former en bataille sur l'emplacement préparé en avant du camp. « En quelques lieux qu'ils portent la
« guerre », dit l'historien Josèphe en parlant des Romains, « ils ne
« sauraient être surpris par un soudain effort de leurs ennemis,
« parce qu'ils fortifient leur camp, non pas confusément ni légè-
« rement, mais d'une forme quadrangulaire. Le dedans de leur
« camp est séparé par quartiers où l'on fait les logements des offi-
« ciers et des soldats. On prendrait la face de dehors pour les
« murailles d'une ville, parce qu'ils élèvent des tours également
« distantes dans les intervalles desquelles ils posent des machines
« propres à lancer des pierres et des traits. Ce camp a quatre portes
« fort larges, afin que les hommes et les chevaux puissent y en-
« trer et en sortir facilement. »

Ainsi, les Romains avaient des camps retranchés garnis d'artillerie! Dans les temps modernes et en particulier depuis Louis XIV jusqu'à la Révolution française, les armées ont toujours campé sous la tente; les tentes étaient portées sur des voitures ou des chevaux de bât à la suite des bataillons. Les hostilités ne duraient d'ailleurs que pendant la belle saison. On se mettait en campagne aux herbes, dit Frédéric II, et l'on prenait ses quartiers d'hiver à l'automne; les troupes étaient alors cantonnées, quelquefois même elles rentraient dans l'intérieur du pays. En 1667, pour la conquête de la Flandre, Louis XIV entre en campagne le 24 mai et cesse les hostilités le 28 octobre. En 1672, pour l'invasion de la Hollande, la campagne commence à la fin d'avril; en 1673, le 11 mai; en 1675, le 17 avril. Il ne manque pas, il est vrai, à cette époque, d'exemples de campagnes d'hiver, ayant pour objet de surprendre l'ennemi dans ses quartiers ou d'investir à l'improviste une place qui ne s'attend pas à être attaquée. Les cantonnements étaient généralement très étendus, afin de faciliter la subsistance des troupes, ce qui rendait les surprises fréquentes. Une des plus célèbres est celle de Marienthal où le général surpris ne fut rien moins que Turenne. Après avoir quitté ses quartiers d'hiver, au mois de mars 1645, pour tomber sur l'armée de Mercy qu'il ne put atteindre, ce grand homme de guerre avait arrêté ses troupes fatiguées et les avait dispersées dans plusieurs villages. Mercy résolut de les écraser en détail en les attaquant à l'improviste. Informé par ses éclaireurs de la présence de l'ennemi quand il n'était plus qu'à deux lieues, Turenne rassembla quelques troupes à la hâte, mais ses forces étaient insuffisantes pour résister et il fut battu. Il n'est pas juste de dire qu'il fut surpris, mais Napoléon lui a reproché avec raison d'avoir pris un point de ralliement en avant de ses cantonnements au lieu de se rallier en arrière.

Le même Turenne a été, à son tour, un des généraux du temps qui ont le plus profité de la dissémination des armées ennemies dans leurs cantonnements. Une première fois, après la campagne de 1672, les armées de l'Empereur et de l'Électeur de Brandebourg, battant en retraite devant lui, avaient été se cantonner en Westphalie, sur les terres de l'évêque de Münster, allié de Louis XIV, et le rançonnaient. Turenne les surprit, à la fin de janvier, par une invasion si brusque qu'ils se hâtèrent de battre en retraite avec toute la précipitation d'une déroute ; ils repassèrent le Rhin dans une extrême confusion et l'Électeur de Brandebourg sollicita la paix. Turenne s'installa alors en pays ennemi et prit, suivant le dire de Feuquières, les précautions suivantes pour la sûreté de ses propres quartiers. « Tous ceux de la tête du côté du Weser étaient
« dans des villes fermées, et il y avait de la cavalerie et de l'infan-
« terie. Le plat pays de la dépendance de ces villes était partagé aux
« troupes tant pour la fourniture de la subsistance en nature que
« pour le traitement en argent, et toutes les troupes de la première
« ligne de l'armée étaient dans les quartiers de la tête ; celles de
« la seconde ligne de l'armée qui se trouvait plus proche de Lip-
« stadt, place de M. de Brandebourg et dans laquelle ce prince
« avait une assez forte garnison, étaient dans la même disposition
« que celles de la première ligne, sous réserve qu'elles prenaient
« pour leur sûreté des attentions particulières contre la garnison
« de Lipstadt. Outre ces précautions, M. de Turenne avait encore
« pris celle de reconnaître un champ de bataille qui était le rendez-
« vous général de tous les quartiers de l'armée qui, chacun en
« leur particulier, avaient reconnu des chemins pour se porter en
« diligence et sans confusion sur le terrain reconnu pour com-
« battre l'ennemi, en cas que, pendant la durée des quartiers d'hi-
« ver dans le pays, il eût tenté de repasser le Weser pour entre-

« prendre sur les quartiers qui, par ces sages précautions, furent
« toujours paisibles[1]. »

Turenne surprit encore les quartiers ennemis dans une circonstance plus mémorable que la campagne d'hiver de 1672. C'est en 1674, lorsque, après l'incendie du Palatinat, les Impériaux eurent surpris le passage du pont de Strasbourg avec la connivence des magistrats de cette ville, Turenne les battit à Entzheim ; mais affaiblis et non détruits, ils se retirèrent entre l'Ill et le Rhin, d'où ils tenaient encore la Basse-Alsace, et s'établirent à Schlestadt. Turenne, laissant quelques bataillons à Saverne et Haguenau, comme pour garder les défilés des Vosges, franchit ces défilés par le col de la Petite-Pierre en feignant de battre en retraite, partagea son armée en petits détachements qui, filant le long du revers occidental de la chaîne, vinrent se concentrer à Belfort. Les Allemands ne soupçonnèrent pas ce mouvement ; quand ils voulurent resserrer leurs cantonnements, il était déjà trop tard, leur cavalerie fut écrasée à Mulhouse.

Tous les quartiers n'étaient pas aussi bien gardés que ceux de Turenne dans l'exemple cité plus haut. Pendant l'hiver de 1688 à 1689, après la prise de Philipsbourg, l'armée française était cantonnée sur la rive droite du Rhin, le long du Necker, depuis Tubingen jusqu'à Mannheim, occupant par conséquent le pays situé entre le Necker et le Rhin, à la réserve de Stuttgard, résidence du duc de Wurtemberg. L'ancienne garnison de Philipsbourg, retirée à Ulm, était la seule troupe à proximité des Français dans un rayon de 60 lieues. « Cependant », dit Feuquières, « sur
« un faux avis de l'approche d'un gros corps de troupes, M. de
« Montclar leva si promptement ses quartiers de l'autre côté du
« Rhin, que ce fut plutôt une fuite honteuse d'une armée qu'une
« levée de quartiers faite avec ordre. » En général, les troupes s'attendaient si peu à être attaquées dans leurs cantonnements d'hiver, que les corps détachés offraient une proie presque assurée à qui voulait les surprendre ou tout au moins les prendre. Cette distinction entre la *surprise* et la *prise* est du maréchal Bugeaud qui fait remarquer avec raison qu'il ne suffit pas à un détache-

---

1. *Mémoires de Feuquières*, 4e partie, chap. CV.

ment de n'être pas surpris, s'il n'est pas à l'avance prémuni contre une attaque soudaine. Pendant la guerre de Sept ans, les généraux prussiens Finck et Fouqué n'ont été *surpris* ni l'un ni l'autre à Maxen et à Landshut, ils n'en ont pas moins été *pris* parce qu'ils n'avaient aucune ligne de retraite possible quand ils ont été attaqués par les Autrichiens avec des forces très supérieures aux leurs. Après cette campagne de 1759, dans laquelle le corps de Finck avait été détruit, la division prussienne du général Dierke occupait le poste de Meissen, sur l'Elbe, qui le séparait du gros de l'armée de Frédéric II. Soit qu'il eût replié le pont qui lui servait de communication pour l'empêcher d'être détruit par les crues, soit que ce pont eût été rompu, le général Dierke essaya en vain de le rétablir lorsqu'il fut attaqué par un corps autrichien, l'Elbe charriant d'énormes glaçons. Une partie de la division put traverser le fleuve sur des nacelles, le reste, au nombre de 2,000 hommes, fut obligé de mettre bas les armes.

Encore dans la guerre de Sept ans, lorsque le prince de Soubise et ses alliés, attaqués dans Gotha par la cavalerie de Seidlitz, s'enfuirent honteusement, ils n'avaient pas été précisément surpris, puisqu'ils avaient, au contraire, cherché eux-mêmes à surprendre Seidlitz avec une partie de leur cavalerie et de leurs grenadiers. Le général prussien s'était retiré devant des forces supérieures, les généraux en chef de l'armée alliée, Soubise et Hildburghausen, étaient alors entrés triomphalement dans Gotha, avaient placé leurs postes en avant de la ville et se mettaient tranquillement à table quand on vint leur dire que les hussards prussiens faisaient replier leurs avant-postes et que derrière ces hussards s'avançait un corps considérable de dragons. Seidlitz avait été, en effet, rejoint par un régiment de dragons et l'avait fait mettre sur un seul rang de manière à faire croire à une force considérable. Aucun ordre n'avait été donné dans l'armée alliée, Gotha était encombré, tous les bagages y étaient déjà accumulés. Soubise partit avec son état-major, et son armée battit en retraite dans le plus grand désordre, laissant aux mains de l'ennemi, avec tous les bagages, dit l'historien Tempelhof[1], la multitude de secrétaires, valets de chambre, cuisiniers,

---

1. Jomini, *Traité des grandes opérations militaires.*

comédiens, etc., qui marchaient avec le quartier général. On n'en finirait pas, si l'on voulait raconter toutes les surprises de cantonnements dont est remplie l'histoire des guerres du xvii° et du xviii° siècle. Nous rappellerons seulement encore, pendant la guerre de la succession d'Autriche, en 1745, M. de Montal qui occupait la ville d'Asti avec 10,000 hommes formant l'extrême gauche de l'armée gallo-espagnole ; il fut cerné dans cette ville avant d'avoir pu prendre aucune disposition de combat et forcé, au bout de quelques jours, de mettre bas les armes. Nous rappellerons enfin, pendant la guerre de Sept ans, le duc de Wurtemberg surpris par les troupes du duc de Brunswick dans la ville de Fulda au moment où il donnait un bal, n'ayant que le temps de s'échapper et laissant une partie de son arrière-garde aux mains de l'ennemi [1].

En dehors des quartiers d'hiver, le cantonnement n'était d'ailleurs qu'exceptionnel, et les troupes, pendant le cours de la campagne, campaient pour ainsi dire toujours sous la tente ; ce campement différait essentiellement de celui des Romains qui s'établissaient toujours en ordre serré, enfermés dans un retranchement d'où ils ne pouvaient sortir que par un certain nombre de portes pour se déployer, en cas d'attaque, sur une sorte d'esplanade pratiquée en avant du camp. Cette disposition aurait été impossible avec l'artillerie, l'armée pouvant être écrasée par le tir des canons avant d'être formée en bataille ; aussi, dans les camps modernes, le front a-t-il été sensiblement égal à celui de l'armée qui, souvent même dans les positions défensives, s'établissait sur le terrain où elle devait combattre. La bataille de Saint-Denis, livrée traîtreusement par le prince d'Orange après la signature de la paix de Nimègue qu'il feignit d'ignorer, eut pour théâtre le camp du maréchal de Luxembourg. Souvent les deux partis restaient en face l'un de l'autre dans leurs camps, et chacun s'efforçait de faire décamper son adversaire en cherchant à intercepter ses convois. Le maréchal de Berwick raconte dans ses *Mémoires* que, pendant la campagne de 1706, en Espagne, il ne fit pas moins de quatre-vingt-cinq camps, ayant parcouru presque toute la péninsule depuis Badajoz à travers les deux Castilles, les royaumes de

---

1. *Œuvres de Frédéric II*, t. II. *Seconde campagne de* 1757.

Valence et de Murcie, etc... L'armée de l'archiduc fit un assez long séjour sur la Tajana ; Berwick se porta en face d'elle pour lui barrer la route de Tolède qui était son objectif, il se contenta de l'observer en envoyant de tous côtés des partis pour enlever ses convois. La subsistance de cette armée devint si difficile qu'elle fut obligée de lever son camp et de renoncer à ses projets[1].

Les camps étaient généralement, comme l'armée elle-même, disposés sur deux lignes en échiquier, c'est-à-dire que les bataillons et les escadrons de la seconde ligne répondaient aux intervalles de ceux de la première ligne. Dans les positions défensives on se ménageait toujours un champ de bataille en avant du front. Pour la sécurité du camp, on plaçait une chaîne de grand'gardes d'infanterie, de cinquante hommes chacune, à une distance plus ou moins grande en avant du front et couvertes elles-mêmes par des avant-postes de cavalerie, disposés dans les endroits les plus découverts, de manière à ménager tout autour du camp un terrain étendu où les troupes pouvaient en sûreté aller au bois et à l'eau. Plus loin encore, étaient les troupes légères ou partisans, occupant toutes les avenues, allant à la découverte, éclairant les mouvements de l'ennemi, donnant la main aux déserteurs et aux espions, « au « moyen de quoi », dit l'auteur du cours d'art militaire que nous avons déjà cité, « il est impossible de surprendre l'armée dans son « camp, au point de ne pas lui donner le temps de prendre les « armes et de se mettre en bataille. »

Les camps étaient d'ailleurs presque toujours couverts par des retranchements. « Mercy », dit Turenne dans ses *Mémoires*, « em-« menait avec lui, préférablement à tout autre équipage, les voi-« tures qui portaient ses outils de pionniers, afin de pouvoir, « aussitôt arrivé sur l'emplacement de son camp, travailler à se « retrancher. »

Dans les armées de Frédéric II, les régiments d'infanterie devaient garder, par leurs troupes de piquet, le front de la première ligne, les piquets de la seconde ligne gardaient les derrières du camp, les piquets étaient protégés par des redans reliés entre eux par des tranchées, les villages situés sur les ailes ou défendant

---

1. *Mémoires de Berwick*, livre III, chap. 1er.

des passages jusqu'à une demi-lieue, devaient être occupés et protégés par de l'artillerie. Frédéric lui-même dit que cette disposition n'était pas sans inconvénients, à cause des incendies facilement allumés dans les villages, dont les maisons étaient en bois; l'incendie de Hochkirch contribua beaucoup, en effet, à la perte de la bataille de ce nom.

Les gardes de cavalerie étaient placées en avant des piquets de l'infanterie. Elles étaient, en général, peu nombreuses afin d'éviter à la cavalerie des fatigues inutiles. Sur 80 escadrons, par exemple, les gardes ne comprenaient que 300 cavaliers, sauf lorsqu'on était très près de l'ennemi. Des avant-gardes, composées de troupes de toutes armes (généralement 2,000 hussards, 1,500 dragons et 2,000 grenadiers), correspondant à nos divisions de cavalerie indépendantes, devaient envoyer des patrouilles pour être informées à tout moment de ce qui se passait dans le camp ennemi; une partie des hussards, conservés près du gros du camp et remplissant le rôle de nos brigades de cavalerie de corps d'armée, envoyaient leurs patrouilles sur les derrières et sur les ailes du camp.

Toutes ces précautions n'empêchaient pas les camps d'être surpris assez fréquemment. Les officiers généraux ne s'astreignaient pas à rester sous la tente, au milieu de leurs troupes; ils étaient ordinairement logés dans des maisons à proximité; plus d'un fut ainsi pris ou obligé de se sauver, sans même avoir eu le temps de s'habiller. M. de Montclar, qui passait cependant pour un habile chef de partisans, fut enlevé, en 1676, dans son quartier pendant la nuit et pris tout déshabillé dans son lit : « S'il avait », dit Feuquières, « mis plus de gens, tant aux avenues des deux quartiers
« que sur la hauteur des deux côtés, que ses troupes eussent fait le
« bivouac en disposition de soutenir les gardes et que de sa per-
« sonne il eût été plus vigilant, il ne serait pas tombé dans l'incon-
« vénient d'être pris déshabillé dans sa maison... »

En 1693, le comte de Tilly fut surpris près de la ville de Tongres par la cavalerie du duc de Luxembourg; prévenu tardivement, il put sauver sa personne et une partie de son camp, le reste fut pris. En 1694, ce même Tilly fut enlevé dans un château où il s'était logé et qui était séparé par un marais du camp placé sous son commandement. « Exemple qui prouve », fait remarquer Feu-

quières, « qu'un homme qui commande n'est jamais excusable de
« se loger pour sa commodité particulière, sans précaution pour
« sa sûreté et hors de distance de communiquer sans aucune diffi-
« culté avec le camp qu'il commande. » Nous verrons, tout à
l'heure, Napoléon regarder une pareille faute comme passible de
la peine de mort.

Feuquières cite encore l'exemple de M. de Vivans, campé, en
1707, avec un corps de cavalerie derrière l'armée du maréchal de
Villars, à Œttingen ; « surpris dans son camp par suite de négli-
« gence pour les précautions requises en pareil cas, il perdit toute
« sa cavalerie avec ses bagages. Le parti qui l'enleva venait des
« montagnes qui touchaient le camp de fort près et tomba sur son
« camp sans être aperçu, grâce à un épais brouillard. » M. de Vivans dormait tranquillement lorsque le camp fut envahi, et il ne
put se sauver qu'en chemise dans les vignes proches de sa maison, où il trouva à se cacher. C'est dans le même appareil que s'é-
chappa le maréchal de Broglie, surpris sur la Secchia, en 1734,
par l'armée impériale : il avait eu l'imprudence de se loger dans
une cassine située vis-à-vis d'un gué dont lui-même avait appris
l'existence aux Impériaux en y faisant passer ses reconnaissances.
Deux ou trois brigades furent assaillies dans leur camp avant d'a-
voir pu courir aux armes. En 1675, le maréchal de Créqui fut
complètement surpris et battu à Consarbrück par le duc de Zell,
qui commandait l'armée ennemie en attendant l'arrivée du duc de
Lorraine. Cette armée avait levé son camp devant Trèves et marché toute la nuit ; la moitié de la cavalerie de Créqui était au fourrage quand il aperçut des colonnes marchant de l'autre côté de la
Sarre ; il n'eut que le temps de faire prendre les armes à ce qui se
trouvait dans le camp, mais il n'avait pas assez de monde. En vain
quelques troupes se défendirent avec un courage héroïque, en vain
le maréchal lui-même chargea au plus fort de la mêlée, la déroute fut complète, toute l'artillerie, tous les bagages, tous les
magasins, tombèrent au pouvoir de l'ennemi.

En 1677, le maréchal de Créqui prit une sorte de revanche en
surprenant, vis-à-vis de Strasbourg, l'armée entière du duc de
Saxe-Eisenach, qui se tenait tranquillement sur la Kintzig, attendant
l'armée du duc de Lorraine. Le maréchal de Créqui passa le Rhin

avec tant de rapidité que le duc d'Eisenach fut contraint de se jeter dans une flo. Il y capitula quelques jours après.

La question des subsistances, toujours si importante pour les armées, devenait capitale dans ces camps retranchés, lorsque le séjour des troupes s'y prolongeait ; l'ennemi pouvait, en coupant les communications, les y prendre comme dans une souricière. Dans la campagne de 1743, le roi Georges d'Angleterre, affamé dans son camp d'Aschaffenbourg, sur le Mein, par le maréchal de Noailles, fut obligé d'en sortir et de franchir des passages sur lesquels le général français avait disposé, à l'avance, des troupes et des batteries postées pour détruire complètement l'armée anglo-hanovrienne. Le roi Georges fut sauvé par le mouvement intempestif d'une partie de l'armée française, et il gagna ainsi la bataille de Dettingen, mais il l'avait échappé belle, et sa victoire n'eut d'ailleurs d'autre conséquence que de l'empêcher de mourir de faim.

On peut lire, dans l'admirable chapitre des *Mémoires* de Berwick relatif à la guerre dans les Alpes, quelles furent les premières préoccupations de ce véritable homme de guerre, lorsqu'il fut envoyé sur cette frontière : « Mon premier soin », dit-il, « fut
« d'examiner l'état des magasins, et je trouvai que, loin d'en avoir
« pour la campagne, il n'y en avait pas pour la subsistance journa-
« lière des troupes jusqu'à la fin de mai ; sur quoi, je dépêchai un
« courrier à la cour pour représenter les dangers où le manque de
« vivres nous allait jeter, l'impossibilité de rassembler l'armée et
« par conséquent de nous opposer aux entreprises des ennemis...
« Comme pour toute réponse on me manda qu'on parlerait aux
« entrepreneurs et qu'on espérait qu'ils trouveraient le moyen de
« ne pas nous laisser manquer, je crus qu'il fallait chercher moi-
« même des expédients... Enfin, nous parvînmes à bout de nous
« assurer des grains pour une partie de la campagne en attendant
« la récolte... mais comme, à cause de l'éloignement, il nous fallait
« beaucoup de temps pour qu'ils pussent être mis dans les diffé-
« rents emplacements, nous ne pûmes jamais vivre qu'au jour la
« journée, toujours au hasard de manquer si le moindre accident
« arrivait à nos voitures... »

On sait comment Berwick entendit la défense des Alpes, comment, au lieu de disséminer ses troupes dans une foule de petits postes, contre chacun desquels l'ennemi serait toujours le plus fort s'il le voulait, il imagina « un emplacement dans lequel il se trou« verait à portée de tout et en état d'arriver partout avec toute « l'armée, ou du moins avec des forces suffisantes pour barrer le « passage aux ennemis », comment, enfin, Berwick choisit Briançon pour « le point fixe de ce centre où devait être le gros de ses « troupes et d'où il devrait les faire filer sur la droite ou sur la « gauche, selon les mouvements des ennemis. » Il fit établir aux points extrêmes de Tournoux, à droite, et de Barraux, à gauche, des camps retranchés, comme pour lui servir de magasins et de réservoirs de troupes, se campa avec le gros de son infanterie sous la ville de Monestier, à deux lieues de Briançon, détachant le reste avec la cavalerie dans les autres camps[1], etc. Bref, par la disposition habile de ses camps, il défendit si bien cette frontière qu'il put envoyer une partie de ses troupes aux autres armées.

Les camps retranchés ont donc une valeur considérable en pays de montagnes, où, ainsi que le dit très bien le maréchal de Berwick, lorsqu'on est maître des hauteurs, on arrête son ennemi, mais d'une manière générale et dans un pays ouvert où les camps retranchés peuvent être tournés et masqués, il est reconnu aujourd'hui qu'ils présentent plus de dangers que d'avantages; ils ont surtout cet énorme inconvénient d'exiger souvent, pour être conservés et défendus, plus de troupes que les événements de la guerre n'y en amènent. Un exemple remarquable à citer à cet égard est celui du camp de Landeshut sur les frontières de la Silésie, dans la campagne de 1760. Cette position était nécessaire à l'armée autrichienne qui se préparait à faire le siège de Glatz, pour assurer ses communications avec la Bohême. Frédéric II la fit occuper par M. de Fouqué avec des forces insuffisantes (17 bataillons et 14 escadrons). Ce général commit la faute de vouloir tenir toutes les hauteurs et toutes les redoutes qui embrassaient la position, au lieu de se borner à celles qu'il était en état de défendre efficacement. Attaqué par des forces quintuples des siennes, débusqué successivement de toutes les hauteurs, débordé et entouré de toutes

---

1. *Mémoires de Berwick*, livre IV, chap. Ier.

parts, coupé de ses communications par la nombreuse cavalerie des Autrichiens, Fouqué chercha vainement à se faire jour. Après un combat inégal, héroïquement soutenu, l'infanterie prussienne fut enfoncée et culbutée par les dragons autrichiens. Fouqué, trois fois blessé dans la mêlée, fut sauvé par le colonel des dragons, à qui il remit son épée. Tout son corps d'armée fut détruit et pris; 1,500 hommes seulement, presque tous des cavaliers, parvinrent à percer les masses ennemies; 7,500 prisonniers, dont un très grand nombre de blessés, restèrent au pouvoir de l'ennemi [1].

Au début de cette même guerre de Sept ans, en 1756, l'armée saxonne, enfermée dans le camp de Pirna, en fut chassée par la faim et réduite à capituler. En 1758, Frédéric était venu camper avec toute son armée devant Olmütz, sur les deux rives de la Morawa, et s'était couvert d'une ligne de circonvallation nécessaire pour se garder contre les nombreux corps de partisans qui accompagnaient l'armée autrichienne. Daun était en face de lui avec une armée supérieure en nombre et, temporisateur par excellence, il n'osa pas l'attaquer, mais un convoi destiné aux Prussiens et composé de plus de 4,000 chariots, fut attaqué et détruit par le général autrichien Laudon. Frédéric fut obligé de lever le siège et de battre en retraite. La levée de ce camp en présence de l'ennemi, supérieur en nombre, et d'une très forte garnison, présentait les plus grandes difficultés. Le maréchal Keith, chargé de tout diriger, prit ses mesures avec tant de célérité et de sagesse, que l'opération réussit parfaitement. Toutefois, le succès fut occasionné surtout par la négligence des Autrichiens qui, au lieu de s'opposer au mouvement des Prussiens, tirèrent trois salves générales d'artillerie et de mousqueterie, en signe de victoire pour la levée du siège. Il ne faut donc rien conclure de cet exemple; sortir de son camp avec un parc et des convois de 5,000 chariots, sans être attaqué par l'ennemi, peut être considéré comme la preuve d'un bonheur sans égal.

Comme exemple d'une troupe attaquée dans son camp, on peut citer la bataille de Crefeld, gagnée, le 23 juin 1758, par le duc de Brunswick et perdue par le comte de Clermont. Après avoir

---

1. Jomini, *Traité des grandes opérations militaires*, t. II.

évacué le Hanovre et franchi le Rhin, l'armée française avait continué sa route avec précipitation, puis elle avait fini par s'arrêter dans la position de Crefeld, qui semblait inexpugnable. Cette position était couverte par une sorte de rempart, nommé *landwehr*, et consistant en un remblai assez élevé et fort épais, sur lequel régnait une longue allée d'arbres, bordée de chaque côté par un fossé large et profond ; des ouvertures y étaient pratiquées de distance en distance pour la communication des villages. Couvert sur son front par cette ligne infranchissable, appuyé à droite à un marais, le camp avait cependant un côté faible : sa gauche, devant laquelle le landwehr, faisant un angle assez prononcé avec sa direction primitive, s'éloignait dans une direction presque perpendiculaire au front de l'armée, en sorte qu'il pouvait être franchi loin du camp par un ennemi, qui ne trouverait plus ensuite d'obstacle pour arrêter sa marche. En avant de la droite, le village de Crefeld servait de poste avancé au delà du landwehr. Saint-Antonis remplissait le même rôle au centre, mais le village qui couvrait la gauche, Amrath, était situé en deçà du landwehr, qui, sur toute la longueur du front, était d'ailleurs garni d'artillerie. Le duc de Brunswick put reconnaître et étudier à son aise le camp français du haut du clocher de Crefeld, un instant et imprudemment évacué par ordre du comte de Clermont. Il comprit bien vite que le point d'attaque était à gauche, et, amusant les Français par de fausses démonstrations contre Crefeld et Saint-Antonis, il franchit le landwehr et se porta avec le gros de ses forces sur Amrath, à la faveur des bois, en chassa les avant-postes, et, malgré les belles charges des carabiniers, il se trouva sur les derrières de l'armée avant qu'on eût pu y porter les réserves [1].

Il faut toujours, pour défendre une position, compter beaucoup plus sur l'armée elle-même que sur les obstacles naturels. La position de Crefeld, détestable avec un mauvais général et une armée sans vigilance, eût été excellente si les Français s'étaient gardés sur le front de leur aile gauche, si le commandant de l'armée, averti à temps de la manœuvre du duc de Brunswick, eût

---

1. Frédéric, Napoléon, Jomini et M. Camille Rousset dans sa *Notice sur le comte de Gisors*.

envoyé sa réserve au-devant de lui et si, franchissant le landwehr avec son centre et sa droite, il eût écrasé lo corps chargé de la fausse démonstration.

Le manque de vigilance est la cause des plus grands dangers que courent les armées séjournant dans un camp. La bataille de Hochkirch en est peut-être l'exemple le plus célèbre; Frédéric II était venu camper à proximité des Autrichiens, commandés par Daun, dans une position évidemment défectueuse : 1° parce qu'elle était dominée par le camp ennemi presque à portée de canon ; 2° parce que sur ses flancs elle n'était séparée des Pandours et des Croates que par des bois occupés par les avant-postes de ces troupes légères; 3° parce qu'elle était enfilée dans toute sa longueur par une hauteur, nommée le Stromberg, qui était au pouvoir des Autrichiens. Le général Retzow fut mis aux arrêts pour ne pas s'y être établi, mais cela ne changea rien aux affaires. La négligence de l'infanterie prussienne augmenta le mal; pendant plusieurs jours, les Pandours, sortant régulièrement des taillis vers cinq ou six heures du matin, venaient tirailler sur cette infanterie, qui finit par s'y habituer et n'y plus faire attention. « Il était donc très « possible », dit Tempelhof, « de changer un beau jour ces *pandou-* « *rades* en une grande bataille. » Frédéric connaissait bien le faible de sa position, et le maréchal Keith, qui devait être tué à Hochkirch, lui disait deux jours auparavant : « Si Daun nous laisse dans « cette position, il mérite d'être pendu » ; à quoi Frédéric répondit : « Il faut espérer qu'il aura plus peur de nous que de la corde. » Il projetait cependant de se retirer, mais il attendait pour cela des vivres et le retour d'une brigade qu'il avait envoyée à Dresde avec les hussards et tous les chariots disponibles pour y charger des farines. Il les attendit pendant 24 heures, c'est ce qui le perdit. Dans la soirée du 13 au 14 octobre, l'armée autrichienne se mit en mouvement sur quatre colonnes avec les précautions les mieux conçues pour faire réussir la surprise. Des hommes de chaque bataillon furent laissés en arrière pour entretenir les feux, les tentes restèrent dressées jusqu'au jour, les troupes marchèrent dans le plus grand silence. Depuis quelques jours on avait mis dans les bois un grand nombre d'ouvriers pour y couper des arbres, on leur recommanda de faire entre eux le plus de bruit possible, afin de couvrir celui des troupes. Les colonnes arrivèrent ainsi sur les avant-postes prussiens à la droite de l'armée. Au premier coup de feu, trois bataillons de grenadiers s'élancèrent hors de leurs tentes, à moitié habillés, et dans un brouillard épais marchèrent à l'ennemi. Ils furent immédiatement entourés et pris. Le maréchal Daun en personne et Laudon s'emparèrent du village de Hochkirch et d'une batterie de 10 pièces de 12 qui le défendait. A la première alerte, le roi monta à cheval, donna l'ordre de reprendre Hochkirch, mais le maréchal Keith fut tué à la tête des troupes et le prince Maurice mortellement blessé, le feu prit au village; quoique la lutte se prolongeât encore quelque temps, la bataille était dès lors perdue [1].

Quant aux retranchements à élever devant les camps et aux villages à occuper pour en protéger les flancs, le prince de Ligne a dit très spirituellement et très sensément : « Les rivières se pas-
« sent, les bois se tournent, les villages se brûlent; j'aime presque
« autant avoir ma liberté et ne dépendre que de moi. Où en est-on
« quand on perd l'appui de ses ailes et l'établissement de son
« centre ? Une armée préparée à tout se suffit presque à elle-même. »
Feuquières fait observer d'ailleurs que ni Turenne, ni Condé, ni Luxembourg ne retranchèrent leurs camps (il s'agit ici des camps temporaires dressés pour la nuit ou pour quelques jours au plus pendant les marches). Frédéric II entourait les siens de retranchements, mais pour un motif tout particulier, tenant à la composition de son armée, dans laquelle beaucoup de soldats avaient été enrôlés de force, et en général à la nature des soldats d'alors : sur un effectif de 280,000 hommes, la France comptait 3,000 déserteurs par an.
« Nous retranchons nos camps », disait Frédéric, « comme autrefois
« ont fait les Romains, pour éviter non seulement les entreprises
« que les troupes légères ennemies, qui sont fort nombreuses,
« pourraient tenter la nuit, mais pour empêcher la désertion, car
« j'ai observé toujours que, quand cette précaution avait été négli-
« gée, la désertion était plus considérable, c'est une chose qui,
« toute ridicule qu'elle paraisse, n'en est pas moins vraie. »

Il est cependant un cas où les retranchements étaient presque

---

1. D'après Napoléon, Jomini et Frédéric II.

toujours considérés autrefois comme indispensables, c'est celui des armées de siège, se couvrant dans leurs camps par des lignes de circonvallation et de contrevallation. Frédéric II était opposé à ces lignes. « Je leur préfère », disait-il[1], « les armées d'observation. » Il couvrit en effet par une armée le siège du camp retranché de Pirna en 1756, mais il s'entoura de lignes au siège d'Olmutz en 1758. L'exemple de Bonaparte au blocus de Mantoue, au mois de janvier 1797, est concluant à cet égard ; car, pendant qu'il était occupé à battre Alvinzi sur le plateau de Rivoli, le général Provera, marchant contre le corps de blocus, aurait pénétré dans la place, le 15 janvier, s'il n'avait pas été arrêté à Saint-Georges par la résistance que lui opposa derrière les lignes le général Miollis ; le lendemain 16, il fut pris entre ces lignes et le général Victor qui revenait de Rivoli, et forcé, comme on le sait, de mettre bas les armes. Sans les lignes et les ouvrages élevés à Saint-Georges, le blocus aurait été forcé et Wurmser sauvé de l'obligation de capituler.

Les lignes étant admises, on a beaucoup discuté jadis la question de savoir si, en cas d'attaque par une armée de secours, l'armée assiégeante doit combattre dans ses lignes ou en sortir pour prendre une bonne position de combat. Il est probable qu'à cet égard la règle ne saurait être absolue ni dans un sens ni dans l'autre ; on pourrait, sans doute, citer des exemples à l'appui des deux avis opposés, mais on trouve plus d'armées forcées dans leurs lignes que d'armées battues pour en être sorties. En 1657, Turenne força les lignes de l'armée espagnole devant Arras, malgré Condé ; l'année suivante, Condé à son tour força le camp du maréchal de La Ferté dans ses lignes devant Valenciennes et obligea ainsi Turenne à lever le siège ; mais lorsque, l'armée anglo-française assiégeant la même année la place de Dunkerque, Condé voulut faire lever le siège, Turenne sortit de ses lignes pour marcher au-devant des Espagnols et gagna la bataille des Dunes qui décida de la paix. En 1683, les lignes de l'armée turque, devant Vienne, furent forcées par Sobieski et le duc de Lorraine, l'armée turque fut complètement battue et perdit tous ses bagages. Un exemple

---

1. *Instruction à mes généraux.*

plus remarquable encore est celui de la bataille de Turin en 1706. L'armée française, commandée de nom par le duc d'Orléans, mais en fait par le maréchal Marsin, assiégeait la capitale du Piémont, lorsque le prince Eugène vint au secours de cette place. Philippe d'Orléans voulait aller le combattre au passage du Pô ou du Tanaro, Marsin fit prévaloir un avis contraire : l'armée resta dans ses lignes que le prince Eugène attaqua par le point faible et les Français furent complètement battus. Deux ans plus tard, le prince Eugène assiégeait Lille, il fut menacé par l'armée de secours que commandait le duc de Bourgogne; au lieu de se tenir dans ses lignes, il en sortit pour occuper en dehors une forte position où les conseillers du duc de Bourgogne n'osèrent pas l'attaquer. Pour prendre un exemple plus récent, le maréchal Soult, assiégeant Badajoz en 1811, n'attendit pas dans ses lignes l'attaque de l'armée espagnole; il préféra interrompre le siège et marcher au-devant de cette armée, qu'il battit complètement à la Gevora. D'un autre côté, on peut citer l'exemple de Bonaparte à Mantoue, rappelé plus haut. Mais, en général, il y a pour sortir des lignes de circonvallation deux motifs de premier ordre : d'abord le succès, dans le cas où l'ennemi est battu, devient plus décisif, ensuite on échappe au danger d'être bloqué et coupé de ses communications avec les magasins et dépôts situés en arrière. C'est ce qui arriva à l'armée française devant Turin en 1706, et si elle n'avait pas été battue par le prince Eugène, elle aurait été réduite, quelques jours plus tard, par la famine, l'armée ennemie s'étant établie sur la route de Suze où étaient les approvisionnements des Français, et s'étant déjà emparée d'un convoi de 1,500 sacs de farine.

Pour en finir avec l'ancien régime, sur lequel nous nous sommes peut-être un peu trop étendu, il nous reste à interroger le dernier document qui ait paru avant la Révolution sur la question du campement, c'est-à-dire l'ordonnance du 25 juillet 1788, portant règlement sur le service en campagne. Aux termes de ce règlement, les tentes et cordeaux étaient distribués par compagnies et devaient être portés à la suite des divisions sur des chevaux de bât ou sur des chariots, suivant la nature du théâtre de la guerre. Chaque cavalier était pourvu d'un piquet ferré pour attacher son

effets de campement. Les brigades, régiments et bataillons étaient campés dans leur ordre de bataille, sur deux lignes, séparées par un intervalle de 150 toises ; le bataillon campait d'ordinaire par peloton ou par demi-compagnie, sur un front de 55 toises. Les grand'gardes, placées sur le front et sur les flancs, devaient être retranchées ; des sentinelles volantes étaient ajoutées pendant la nuit aux sentinelles fixes, et des patrouilles, plus ou moins fréquentes, de trois hommes seulement, y compris le chef, parcouraient le front occupé par les sentinelles. Au petit point du jour, chaque poste envoyait à la découverte un bas-officier avec deux ou quatre fusiliers et, jusqu'au retour de *la découverte,* les officiers et leurs détachements bordaient le parapet des postes. L'instruction pour les grand'gardes de cavalerie, placées en avant des postes d'infanterie, était surtout remarquable.

L'objet d'une grand'garde de cavalerie, était-il dit dans cette instruction, était d'avertir et non de combattre ; « le commandant
« doit s'occuper de bien éclairer en avant de lui, d'instruire promp-
« tement et si le temps le permet, par écrit, de ce qui en vaudra la
« peine, le général, les postes d'infanterie et de cavalerie qui sont
« les plus proches de lui, etc... Lorsque l'ennemi arrivera sur lui
« en force à peu près égale à sa troupe, il retirera son petit corps de
« garde et les vedettes et se repliera lentement, sans s'amuser à
« escarmoucher, etc... »

Enfin, l'instruction sur le service des détachements porte la prescription suivante :

« Lorsqu'il sera ordonné au chef du détachement de pousser un
« corps que l'ennemi présenterait devant lui pour couvrir ses ma-
« nœuvres, sa marche ou sa retraite, *il doit l'attaquer* avec la totalité
« du détachement, et *le plus vivement possible, l'objet étant alors de*
« *percer le masque pour voir* ce que l'ennemi a ou ce qu'il fait au
« delà. »

Et plus loin : « Quand il sera chargé d'aller aux nouvelles ou
« de reconnaître la marche ou la position d'un ennemi, il doit
« marcher avec la totalité du détachement, jusqu'à une certaine
« distance de l'ennemi ; de là, il détachera des troupes à cheval,
« qui le soutiendront en échelons, il se portera légèrement avec
« les plus avancés sur quelque point d'où il puisse bien découvrir,

« et, après avoir observé ce qu'il a ordre de connaître, il repliera
« de même légèrement les troupes qu'il aura avancées et rejoindra
« le gros de son détachement, etc., etc... »

Pour dater d'avant la Révolution, il semble que tout cela n'est pas trop absurde, et que si nous sommes aujourd'hui en progrès sur l'ordonnance de 1788, il n'en a pas toujours été ainsi.

Au début des guerres de la Révolution, les errements de l'ancienne armée furent continués pendant quelque temps encore. Les troupes en marche étaient accompagnées de leurs tentes et dressaient leur camp chaque soir, à moins de circonstances particulières. Il y eut, en outre, surtout pendant la période défensive de la guerre, un grand nombre de camps permanents, destinés autant à rassembler les troupes pour leur instruction qu'à occuper les points les plus importants. Plusieurs batailles n'ont pas été autre chose que des attaques de camp, surtout dans les Alpes et dans les Pyrénées.

Un de ces camps permanents les plus célèbres, est celui de Maulde, dans lequel Dumouriez forma et disciplina ses bataillons de volontaires. Ce camp était situé près du confluent de la Scarpe et de l'Escaut, position à la fois défensive, parce qu'elle couvrait les inondations de ces deux rivières, et offensive, parce qu'elle formait pointe dans la Belgique, vis-à-vis la place de Tournay.

Après la bataille de Neerwinden, le général Dampierre réunit, au camp retranché de Famars, sous les murs de Valenciennes, les débris de l'armée battue. Ils n'y restèrent pas longtemps, et à la suite du combat dans lequel Dampierre fut blessé à mort, l'armée se retira dans le Camp de César, sur une ligne de hauteurs protégées par le cours de l'Escaut, entre Cambrai et Bouchain. Ce camp étant à son tour menacé par les alliés, Kilmaine, qui commandait provisoirement l'armée, battit en retraite sur celui de Gavazelle, appuyé en arrière de la Scarpe à Douai et à Arras.

Les camps installés en 1792 par Dumouriez, pour couvrir les passages de l'Argonne, étaient au nombre de cinq : celui de Grandpré, occupé par Dumouriez lui-même, avec le gros de ses forces, les deux camps voisins des Islettes et de La Chalade, sous les ordres du général Dillon, celui du Chêne-Populeux, occupé par le général Dubouquet, enfin le défilé de la Croix-au-Bois qui, jugé secondaire et gardé par un colonel avec quelques compagnies, imparfaitement couvert par des abatis, tomba au pouvoir de l'ennemi.

Dumouriez nous a laissé la description du camp de Grandpré, situé entre l'Aisne et l'Aire, la gauche appuyée au bourg de Grandpré, la droite au village de Marque. « C'est », dit-il, « un grand « amphithéâtre très élevé, au-dessus d'une plaine terminée par la « rivière d'Aire, qui sépare Grandpré du terrain du camp, courant « au bas du village de Marque et tout le long du front du camp. « Cet amphithéâtre est bordé par la forêt sur la droite et par la ri- « vière sur la gauche. Derrière ce camp est le village de Senacq, où « fut placé le parc d'artillerie... L'Aisne court derrière le camp et « est bordée de hauteurs plus élevées que le plateau du camp. Ce « camp peut passer pour inexpugnable, surtout lorsqu'il est dé- « fendu par la nombreuse et belle artillerie française. »

A la nouvelle de l'occupation de la Croix-au-Bois par les Autrichiens, qui faisait tomber toute la ligne de l'Argonne, Dumouriez leva son camp de Grandpré, mais, pour dissimuler son mouvement, il ne fit replier les tentes qu'une fois la nuit tombée. Comme après une journée de marche, il se préparait à les faire dresser de nouveau, il survint dans la colonne une effroyable panique, bientôt suivie d'une seconde, et les troupes, confondues les unes avec les autres, bivouaquèrent autour de grands feux, dans l'ordre où elles se trouvaient. Le lendemain, le camp fut de nouveau dressé au-dessus de Sainte-Menehould, dans un emplacement où il était adossé à celui des Islettes. Tous les officiers de l'état-major furent alors employés à tracer le camp de Beurnonville, qui arrivait de l'armée du Nord, et celui de Chazot, revenant du Chêne-Populeux; pendant ce temps, l'armée de Kellermann vint camper sur le plateau de Valmy, au lieu de s'établir sur les hauteurs de Gizaucourt, qui lui avaient été désignées. C'est dans cette position que fut livrée la bataille du 20 septembre, après laquelle les armées de Kellermann et de Dumouriez restèrent en présence de l'ennemi jusqu'au 2 octobre, Kellermann ayant toutefois quitté le plateau de Valmy pour les hauteurs de Gizaucourt.

Pendant tous ces stationnements, la subsistance des troupes présenta de grandes difficultés. Les magasins étaient à Châlons, les routes à travers l'Argonne étaient difficiles et défoncées par les pluies, les convois arrivaient à grand'peine à Grandpré et dans les autres camps.

Lorsque l'armée fut établie à Sainte-Menehould, les difficultés furent plus grandes encore, parce que les coalisés étaient interposés entre le camp des Français et leurs magasins de Châlons. Il fallut faire remonter les approvisionnements sur la Marne, jusqu'à Vitry-le-François et ouvrir une route entre cette ville et celle de Sainte-Menehould, mais cette route neuve fut défoncée par les pluies, et plusieurs fois le pain manqua.

Pendant ce temps, les alliés marchaient aussi avec leurs tentes et installaient leurs camps, successivement devant Longwy, devant Verdun et en face des camps français de Sainte-Menehould. Le temps était devenu affreux, et ils cantonnèrent le plus possible leurs troupes dans les villages. Eux aussi avaient des communications difficiles avec leur base d'opérations, puisqu'ils étaient venus se placer entre l'armée française et Paris. La manutention de leur armée était à Grandpré, et la forêt de l'Argonne était occupée par les Français « dont les hussards », raconte Gœthe dans son amusant récit de la *Campagne de France*, « nous firent une audacieuse
« et sournoise petite guerre. Nous avions les tentes, les voitures,
« les chevaux, mais pas la moindre nourriture. Au milieu de la
« pluie, on manquait d'eau. Quelques étangs étaient déjà corrom-
« pus par les cadavres des chevaux. Tout cela réuni faisait une
« situation affreuse. J'ai vu même des gens qui, pour apaiser leur
« soif insupportable, puisaient l'eau dans les traces laissées par
« les pieds des chevaux. On achetait le pain des vieux soldats qui,
« accoutumés aux privations, faisaient quelques épargnes pour se
« régaler d'eau-de-vie, quand ils en pouvaient trouver. »

Dans ces conditions, l'état-major prussien mit à l'ordre la recommandation de faire faire aux soldats une ample provision... de craie pour nettoyer leurs effets... « Cet ordre », dit encore Gœthe,
« donna lieu à quelques railleries. Plongé dans une boue effroya-
« ble, on devait se charger de moyens de toilette et de propreté ;
« on soupirait après le pain, et il fallut se contenter de poussière !...
« Une mesure de précaution un peu singulière pour combattre la
« famine fut aussi mise à l'ordre : on devait battre aussi bien que

« possible les gerbes d'orge que l'on trouverait, faire bouillir le
« grain dans l'eau jusqu'à ce qu'il crevât, puis essayer d'apaiser
« sa faim avec cette nourriture. Le biscuit trempé aiguisait la
« faim; les maladies, la misère, le découragement, pesaient du-
« rement sur cette grande masse de braves gens. »

Cependant, pour épargner aux troupes un surcroît de fatigue et
éviter des tueries inutiles, une convention avait été conclue entre
les généraux en chef, et toute tiraillerie fut suspendue aux avant-
postes. Il s'établit alors une sorte de familiarité entre les vedettes
et les postes avancés des deux partis. Ils convinrent, prétend
Goethe, « que ceux de l'un ou de l'autre parti qui recevraient le
« vent et la pluie au visage aurait le droit de se retourner et de
« s'envelopper de leurs manteaux, sans avoir rien à craindre du
« parti contraire. Bien plus, les Français avaient encore quelques
« vivres; les Allemands étaient dépourvus de tout; leurs ennemis
« partageaient avec eux [1] ! »

Ces relations irrégulières entre les avant-postes ont été assez
fréquentes dans les guerres du premier Empire, notamment en
Espagne, entre la cavalerie légère et celle des Anglais. Les mémoires particuliers nous donnent à ce sujet des détails étonnants :
des officiers s'engageaient réciproquement à boire ensemble, pour
échanger de l'eau-de-vie venue de France avec du rhum apporté
par les bâtiments anglais [2], etc... De pareilles irrégularités ne doivent être tolérées sous aucun rapport. Le soldat français, dit Napoléon, est si bon, si prêt à être ami, et nos officiers si faciles à
tromper !...

Quoi qu'il en soit, les alliés souffrirent autant de leur séjour au
camp que de leurs marches à travers la Champagne. « Le camp des
alliés », écrivait-on de Sainte-Menehould à Paris, « offre l'aspect
« d'un vaste cimetière. La dysenterie occasionnée par les fatigues,
« les pluies, la mauvaise nourriture et les raisins verts de la Cham-
« pagne, les avait décimés. On cite tel régiment qui avait perdu
« 400 hommes... »

Parmi toutes les positions occupées en permanence pendant les

---

1. *Histoire de la Campagne de France.*
2. *Mémoires* du commandant Parquin cités dans l'*Historique du 20e régiment
de chasseurs à cheval*, par M. le lieutenant Aubier.

guerres de la Révolution, il n'en est pas de plus célèbre que les lignes de Wissembourg et celles de Mayence. Les premières, destinées à couvrir la Basse-Alsace contre une attaque venue du Palatinat, avaient déjà joué un rôle dans les guerres de Louis XIV. Elles s'étendaient alors tout le long de la rive droite de la Lauter, depuis les montagnes d'où sort cette rivière à gauche, jusqu'au Rhin où elle se jette au-dessous de Lauterbourg, à droite. Lorsque l'armée du Rhin vint s'y installer en 1793, on restreignit la défense entre Wissembourg et Lauterbourg sur une ligne de 20 kilomètres, déjà trop étendue pour la force de l'armée, en conservant le camp retranché de Nothweiller situé à gauche dans la montagne, à 10 kilomètres de Wissembourg; ces lignes avaient devant elles la forêt de Bienwald, à l'abri de laquelle l'ennemi pouvait se concentrer sans être aperçu et qui a servi en 1870 à masquer le mouvement de l'armée allemande; elles pouvaient être tournées sur la droite par une armée qui aurait franchi le Rhin en amont de Lauterbourg : ces inconvénients étaient encore augmentés par l'incapacité des généraux improvisés. Les coalisés ne tardèrent pas à les mettre à profit en exécutant une attaque d'ensemble qui réussit parfaitement. L'armée du Rhin était alors commandée par un certain Carleng, désigné au hasard par les représentants du peuple et tiré du dépôt de son régiment où il était chef de bataillon; il abandonna les principales positions sans chercher à les défendre, et l'évacuation des lignes de Wissembourg jeta la terreur dans toute la France, où l'on croyait déjà voir l'ennemi au cœur du pays. La reprise des lignes de Wissembourg, deux mois plus tard, fonda la réputation de Hoche.

L'histoire des lignes de Mayence est plus triste encore que celle des lignes de Wissembourg. Après l'heureuse campagne de 1794, le comité de Salut public avait résolu de faire assiéger la place de Mayence; l'armée du Rhin fut chargée de l'investir sur la rive gauche, tandis que l'armée de Sambre-et-Meuse devait bloquer Cassel sur la rive droite, mais cette dernière armée n'apparut que tard et fut assez promptement forcée de se retirer. Trois divisions de l'armée du Rhin restèrent pendant onze mois en face de Mayence et presque à portée de canon de ses remparts, protégées par des lignes qui jusqu'à ces derniers temps étaient regardées comme les plus considérables que l'on eût jamais connues. Elles se développaient sur un arc de cercle de trois lieues dont le Rhin formait la corde, et consistaient sur une partie de leur longueur en retranchements continus, couverts par des ouvrages avancés, sur le reste en redoutes détachées; toute la ligne était précédée du côté de la place par plus de 3,600 trous de loup et armée de 260 bouches à feu, dont un très petit nombre avaient leurs attelages. Les troupes y furent baraquées dans des trous de cinq à six pieds de profondeur. Nous avons déjà vu ce qu'elles y souffrirent du manque de subsistances pendant un hiver des plus rigoureux. Cette pénurie de vivres fut causée par l'absence de moyens de transport, qui est presque toujours l'écueil des masses nombreuses séjournant longtemps sur le même point. « La manutention pour l'attaque « du centre », lit-on dans les mémoires de Gouvion-Saint-Cyr, « était à Alzey, distant de cinq lieues de nos camps; les caissons « de pain mettaient de six à sept jours pour faire le trajet sur « des routes défoncées, ils étaient attelés à 12, 16 et 20 chevaux... « On eut bien vite usé tous ceux de l'entreprise et ceux qu'on « se procura dans le pays par réquisition. Enfin, on eut recours à « ceux de l'artillerie, ils mouraient en si grande quantité que les « canons et les caissons furent bientôt sans attelages. » N'est-ce pas à peu près l'histoire de l'hiver de 1854 à 1855 devant Sébastopol? *Nil novum sub solem.*

Aux approches d'un nouvel hiver, on pensa à évacuer les lignes de Mayence, mais il fallait du temps pour enlever un matériel considérable pour lequel les attelages manquaient. On avait commencé cette opération quand Pichegru, devenu général en chef de l'armée du Rhin, la fit suspendre et ordonna de remettre toutes les pièces en batterie. « Le lendemain même du jour où le dernier ca- « non avait été replacé », raconte Marmont, alors chef d'état-major de l'artillerie à l'armée de blocus, « l'ennemi en chassa les troupes « françaises par une attaque générale. Le combat fut court, l'ennemi « dut son succès moins à son courage qu'au dégoût de l'armée, à « la résolution où étaient les soldats de ne point passer un second « hiver devant Mayence, et le combat ne fut qu'une déroute volon- « taire. » L'attaque avait été favorisée d'ailleurs par la disposition défectueuse qui sur la droite laissait un intervalle assez large entre les lignes et le Rhin... 180 canons et 700 caissons tombèrent au pouvoir de l'ennemi.

Attaquée par l'Europe coalisée, obligée d'opposer le plus gros de ses forces aux armées d'invasion sur les frontières ouvertes telles que celles du Nord, de la Moselle et du Rhin, la République se borna longtemps, dans les Alpes et dans les Pyrénées, à la défensive fondée sur l'occupation des points les plus essentiels. Dans les Pyrénées orientales, particulièrement, toutes les batailles importantes, celles de Perpignan, de Truillas, de Peyrestortes, du Boulou, de la Montagne-Noire, furent livrées sur l'emplacement des camps de l'un ou de l'autre parti.

Du côté des Français, les troupes étaient au début si peu organisées, si peu instruites, si peu pourvues du nécessaire, qu'il eût été presque impossible de les tenir en rase campagne. C'est ce que comprit très bien de Flers, le premier général en chef qui ait livré bataille sur cette frontière. La chute de Bellegarde avait surexcité les esprits dans Perpignan, où l'on croyait déjà voir arriver les Espagnols; de Flers sut résister aux déclamations des clubs et aux cris d'une population effarée. Il installa son armée, forte de 12,000 hommes à peine, dans le petit camp de l'Union, où des retranchements furent élevés sous la direction du capitaine Andréossy et armés de 50 canons. Bientôt le général espagnol Ricardos vint, le 17 juillet 1793, attaquer le camp avec 16,000 hommes et 100 bouches à feu de tous calibres. Laissant le général Dagobert opérer une diversion dans la plaine avec l'avant-garde, de Flers ne bougea pas ; ses 50 canons supérieurement dirigés par le colonel Lamartillière eurent raison de l'artillerie ennemie et, après plusieurs tentatives vaines pour percer la ligne française, Ricardos fut obligé de battre en retraite, laissant peu de monde sur le terrain, mais ayant perdu son ascendant moral. De Flers paya d'ailleurs de sa tête la sagesse dont il avait fait preuve. Mis en jugement pour ne pas avoir combattu l'ennemi en rase campagne, il fut condamné à mort et exécuté.

L'histoire doit enregistrer, dans la guerre des Pyrénées orientales, la prise des camps espagnols de La Perche, près Montlouis, et d'Olette par la division de Cerdagne que commandait Dagobert, la brillante victoire de Peyrestortes, remportée le 8 septembre 1793 par Daoust, qui enleva, avec le camp espagnol, 46 bouches à feu, 7 drapeaux, 500 prisonniers, la désastreuse bataille de Truillas dans laquelle Dagobert éprouva un échec sanglant devant un camp retranché couvert par plusieurs redoutes, la surprise manquée du camp du Boulou dans la nuit du 24 octobre, la prise de ce même camp par le général Dugommier lors de la bataille du 1ᵉʳ mai 1794, enfin l'attaque des lignes de Figuières, plus généralement connue sous le nom de bataille de la Montagne-Noire, qui dura quatre jours et dans laquelle les généraux en chef des deux armées furent tués.

L'armée espagnole, forte de 50,000 hommes, après avoir perdu Bellegarde, s'était établie entre cette ville et Figuières sur un front de cinq lieues, présentant une suite complète de fortifications. On y comptait plus de 90 redoutes construites avec soin, fraisées, flanquées, entourées de fossés et formant sur les hauteurs plusieurs lignes successives de défense. A droite, la ligne s'appuyait à la mer, à gauche elle était soutenue par un vaste camp retranché qui lui-même s'appuyait à l'un des forts de la place de Figuières. Dugommier, placé en face de cette armée, n'avait que 25,000 hommes ; la détresse de ses troupes l'obligea à tenter l'attaque, car il se trouvait dans cette alternative, ou mourir de faim en restant ou découvrir la frontière en se retirant. Le pays épuisé ne fournissait plus de vivres, il avait fallu abandonner le système des entreprises et lui substituer des réquisitions faites au loin avec des relais pour amener au camp les denrées requises. Les conducteurs de voitures montraient la plus mauvaise volonté. Ceux qui travaillaient loin du théâtre de la guerre, n'étant plus nourris, désertaient en foule, les autres qui, « sous « la pression de nos baïonnettes, avaient à traverser la grande « chaîne, n'avançaient qu'avec des peines inouïes ». Il n'y avait qu'un étroit passage où les convois d'aller et retour s'embarrassaient sans cesse et ne pouvaient rouler qu'avec un demi-chargement. Or le chargement habituel d'une voiture à deux chevaux ne dépasse pas 12 quintaux, on parvenait donc à peine, quoiqu'on eût enlevé une énorme quantité de voitures à l'agriculture, à amener 50,000 livres de farine par jour, c'est-à-dire les deux tiers du nécessaire [1]. Le manque d'argent causait aussi beaucoup d'embarras. Les soldats n'avaient pas de souliers ; pour leur en procurer, les représentants du peuple décrétèrent que les citoyens de l'intérieur ne marcheraient plus qu'en sabots, et l'on réquisitionna tous leurs souliers. Il fallait donc se battre ou mourir de faim. Dugommier suivit le premier parti : la prise des lignes de Figuières, suivie de la chute de cette place, décida du sort de la guerre.

Dans les Pyrénées occidentales l'attaque et la défense du *camp des Sans-Culottes* donnèrent lieu à une véritable bataille. Ce camp, formé vers la fin de 1793 sous les murs de Saint-Jean-de-Luz, avait, comme la plupart des camps installés à cette époque, un double objet : protéger un rassemblement de troupes capable de s'opposer aux progrès de l'ennemi et recevoir les recrues pour les y exercer par des escarmouches continuelles, suivant le système employé avec succès au camp de Maulde par Dumouriez. Le nom de camp des Sans-Culottes était d'ailleurs un terme générique, appliqué à tous les camps de cette espèce. La position de celui-ci était excellente. Établi en partie dans le vallon de la Nivelle et en partie sur une colline assez élevée qui n'était qu'à 1,600 mètres de la Bidassoa, il dominait par sa droite tout le terrain jusqu'à la mer, était défendu à gauche par un profond ravin et appuyé en arrière sur la ville de Saint-Jean-de-Luz. On y avait construit pour abris des baraques en bois et en paille, les fortifications étaient composées de trois redoutes, liées entre elles par des lignes continues avec places d'armes intermédiaires, et formant le dernier échelon d'une défense composée de redans ou même de simples épaulements en terre en retraite les uns sur les autres. Après plusieurs tentatives pour détruire ce camp, les Espagnols dirigèrent contre lui une attaque générale, le 5 septembre 1794. Leur armée, commandée par le général Caro et forte de 15,000 hommes, fut partagée en cinq colonnes, qui se mirent en marche à la pointe du jour. Les troupes du camp furent surprises à leur réveil par une vive canonnade, qui causa une confusion dont les Espagnols ne surent pas profiter. Le colonel d'artillerie Lespinasse, qui commandait par in-

---

1. Fervel, *Campagnes de la Révolution dans les Pyrénées occidentales*. Nous entrons dans ces détails pour montrer quelles étaient alors les difficultés du stationnement des armées.

térim, rétablit l'ordre et au lieu d'envoyer au secours des ouvrages de première ligne de petits détachements qui auraient été écrasés, il laissa les défenseurs de ces ouvrages se retirer lentement sur les redoutes principales. Les Espagnols, qui se croyaient déjà sûrs du succès, marchaient avec confiance, lorsqu'ils furent foudroyés par l'artillerie de la redoute de la *Liberté* et culbutés par les défenseurs qui sautèrent résolûment en bas des épaulements, leur reprirent successivement toutes les lignes échelonnées et les forcèrent à battre en retraite.

Sur la frontière des Alpes, du Saint-Bernard au col de Tende, la guerre qui, au début, aurait pu avoir de brillants résultats si l'on avait continué de marcher après la conquête de Nice, se borna jusqu'à la bataille de Loano, gagnée par Scherer en 1795, à des actions de détail. Les troupes françaises d'une part, les austro-sardes de l'autre, occupaient une foule de camps et de postes retranchés, avec cette différence que les camps ennemis ressemblaient à des villes abondamment pourvues de toutes les ressources nécessaires à la vie, tandis que les Français furent constamment dans une détresse inexprimable. Leurs camps furent installés d'ailleurs sur les positions où déjà, du temps de Louis XIV et du maréchal de Berwick, étaient campées les troupes chargées de la garde de cette frontière. L'armée d'Italie, après le siège de Toulon, comptait 15,000 à 16,000 hommes cantonnés ou campés à proximité de l'ennemi. Les camps étaient au nombre de huit et renfermaient des effectifs variant de 300 hommes à 2,500. Cette petite armée fit, au printemps et pendant l'été de 1794, sous le commandement de Dumerbion et sous la direction effective de Bonaparte, une campagne des plus brillantes dans laquelle furent enlevés successivement plusieurs camps piémontais et autrichiens, mais l'hiver de 1794 à 1795, si cruel pour les troupes du blocus de Mayence, fut particulièrement dur à passer. Payées en assignats qui n'avaient aucun cours dans le pays, les troupes manquaient de tout, elles campaient dans la neige et, faute de distributions de vivres, disputaient à coups de fusil aux Piémontais quelques châtaignes recueillies dans l'espace qui séparait les avant-postes. « Les troupes n'avaient plus de capotes, la « plupart des officiers et des soldats étaient couverts de haillons; « les malheureux officiers n'avaient plus le moyen d'acheter du

« tabac. J'ai vu de braves capitaines », raconte le général Roguet,
« se faire donner des souliers au magasin de l'armée et les vendre
« aux Génois pour avoir de quoi en acheter. Il n'y avait d'hôpitaux
« qu'à Nice et l'on y manquait de tout ; les hommes qui dans les
« camps tombaient malades ne pouvaient, faute de moyens de trans-
« port, être évacués sur Nice, ils mouraient dans les baraques
« au milieu de leurs camarades. Les abris des camps étaient des
« trous creusés dans la terre ; impossible de se procurer de la paille
« pour les couvrir ; on formait la toiture à l'aide de branches d'ar-
« bres apportées de fort loin et avec des peines infinies, on les
« couvrait du peu de thym qu'on pouvait se procurer, faute de
« paille, officiers et soldats couchaient sur la dure [1]. »

Ainsi vivaient les troupes dont Bonaparte vint prendre le commandement en 1796 ; leur attitude, leur persévérance, leur discipline, leur modération vis-à-vis des habitants, dont ils n'exigeaient
rien quoique manquant de tout, faisaient l'admiration des populations... Pendant les campagnes de Bonaparte et à part les divisions
chargées du blocus de Mantoue, l'armée fut constamment en marche et ne cessa de bivouaquer. Après la signature des préliminaires
de Léoben, les troupes furent enfin cantonnées dans les provinces
de terre ferme de la république de Venise, mais sans se départir
de la surveillance nécessitée par la perspective d'une rupture toujours possible. Le territoire fut partagé en huit arrondissements
ayant pour chefs-lieux Udine, Sacile, Bellune, Bassano, Mestra,
Vicence, Vérone, Brescia et occupés chacun par une division, dont
le général commandant était en même temps le chef militaire de
l'arrondissement. C'étaient, dans l'ordre indiqué ci-dessus, Bernadotte, Serrurier, Delmas, Joubert, Baraguey-d'Hilliers, Masséna,
Augereau, Balland. Les dépôts des corps de troupes étaient installés dans les chefs-lieux de division, les impositions étaient per-
çues par les municipalités des chefs-lieux d'arrondissement pour
l'entretien de l'armée, les généraux de division devaient requérir
tout ce qui était nécessaire pour leurs troupes, mais par l'intermédiaire des commissaires des guerres et des ordonnateurs [2]. Bona-

---

1. Roguet, *Souvenirs militaires*, tome II.
2. *Correspondance militaire de Napoléon Ier*, tome I.

parte, de son quartier général de Montebello, veillait à rétablir dans l'armée l'instruction et la discipline, un peu compromises l'une et l'autre par la rapidité des opérations de la guerre, et réorganisait tous les services, de manière à pouvoir rentrer en campagne au premier signal. Desaix, envoyé par Moreau à l'armée d'Italie pour régler certains détails d'accord avec Bonaparte, écrivait à Reynier, chef d'état-major général de l'armée du Rhin : « On est « riche ici, la moitié de l'ancienne solde est payée, l'armée va être « habillée à neuf ; néanmoins nous entendons mieux les détails. La « moitié des nouveaux venus à l'armée d'Italie tombent malades ; « le soldat n'est pas bien nourri, on lui donne du pain mal cuit, assez « mauvais parce qu'on le fait mal dans le pays. Tous les deux ou « trois jours de la viande, remplacée les autres jours par de l'huile « et des pois. On lui a donné souvent du vin, mais maintenant la « distribution de la demi-bouteille est plus rare. En Allemagne, nos « volontaires trouvent chez leurs hôtes des pommes de terre, du « lard et des légumes de toute espèce ; en Italie, les soldats se « plaignent fort qu'il n'y a que de la bouillie de maïs et des pay- « sans qui les traitent fort mal[1]. »

L'Autriche faisant traîner les négociations en longueur, Bonaparte, par un ordre du jour en date du 7 septembre, accorda à son armée vingt jours pour être prête à marcher le 27. Vingt jours ! Un pays dont l'armée entière en mettrait aujourd'hui la moitié à se mobiliser et à se concentrer, serait perdu ! Le service de sûreté paraît avoir été médiocrement organisé à l'armée d'Italie pendant la campagne de 1796, à en juger par les surprises bien connues de Valeggio, où Bonaparte faillit être pris par des cavaliers napolitains dans la maison où il avait installé son quartier général[2], et de Lonato, où un corps autrichien tomba à l'improviste, au milieu des divisions françaises, sur le général en chef qui n'avait avec lui que 1,500 hommes. Quoique le service fût mieux entendu à l'armée de Rhin et Moselle, au dire de Desaix, cela n'empêcha pas cette armée d'être surprise, le 11 septembre 1796, par le général Latour qui, à la faveur d'un brouillard épais, culbuta six bataillons du

---

1. Gouvion-Saint-Cyr, *Mémoires sur les campagnes de l'armée du Rhin et Moselle*, tome IV, notes.
2. 30 mai 1796, c'est à cette occasion que Bonaparte créa le corps des guides.

centre et s'empara du parc d'artillerie de l'aile droite à Dachau. Il était rare que les parcs d'artillerie fussent bien gardés. Celui de l'armée des Pyrénées-Orientales avait été surpris dans l'hiver de 1794, à Pla-el-Coto, par un détachement espagnol qui tourna complètement l'armée française et, tombant à l'improviste sur le parc, tua ou prit tous les canonniers, mais, une fois l'alerte donnée, ce détachement fut entouré à son tour et complètement détruit; ce qui prouve qu'il est plus facile au détachement chargé d'opérer un coup de main de ce genre de pénétrer dans les camps ennemis que d'en sortir. Dans la campagne de 1805, le parc d'artillerie de la Grande-Armée fut pris par la cavalerie autrichienne sortie d'Ulm pendant le combat d'Haslach; la position de ce parc était très compromise par le mouvement de flanc de l'armée et surtout par la négligence qui fut commise de ne laisser qu'une division sur la rive gauche du Danube.

Sous l'ancien régime, on attachait une importance particulière aux camps dans lesquels on rassemblait l'armée au début d'une campagne. Frédéric II, dans son *Instruction à ses généraux*, leur donna à ce sujet les conseils suivants : « Il faut qu'un général d'armée n'y « reste jamais oisif; il peut et il doit donner toute son attention aux « troupes pour que la discipline y reprenne vigueur. » Sous ce rapport, on peut prendre pour modèles les camps établis par Napoléon sur les côtes de l'Océan afin de préparer l'invasion de l'Angleterre. Ces camps n'étaient exposés, il est vrai, qu'à des attaques par mer, mais il fut prescrit d'y faire le service en tout et pour tout comme en guerre, et cet ordre fut strictement exécuté. Les campagnes de l'armée des côtes de l'Océan, en 1803, 1804, 1805, figurent d'ailleurs sur les états de service de tous les militaires qui ont séjourné dans les camps. Leur création date de 1803 et de la rupture du traité d'Amiens, l'organisation de l'armée des côtes fut réglée ainsi qu'il suit : à droite, le camp de Bruges, 3 divisions d'infanterie, une de cavalerie légère, commandant en chef Davout; au centre, camp de Saint-Omer, quatre divisions d'infanterie, une de cavalerie légère, commandant en chef Soult; à gauche, camp de Montreuil, trois divisions d'infanterie et une de cavalerie légère, Ney; réserves à Arras, Amiens, etc... Pour rapprocher les troupes de la

kerque, celui de Saint-Omer, à Boulogne, celui de Montreuil, à Étaples, mais ils conservèrent leurs anciens noms qu'ils échangèrent plus tard contre ceux de corps de droite, corps du centre et corps de gauche. Deux autres camps, formant l'extrême droite et l'extrême gauche, furent installés à Utrecht pour les troupes de Hollande, sous les ordres de Marmont, à Brest, pour les troupes de l'Ouest, sous le commandement d'Augereau. Un état-major général, dont le chef était Berthier, centralisait tout le service. Les tentes manquant, on installa les troupes sous des baraques uniformément construites, mais avec des matériaux qui différaient d'un camp à un autre, suivant les ressources du pays. A Ostende on employa des bois légers, de la paille et des roseaux ; à Saint-Omer et à Boulogne des charpentes plus fortes avec des murs de pierre sèche et une sorte de torchis[1]. A Utrecht, ou plutôt sur la bruyère de Zeist où fut établi le corps d'armée de Hollande, les troupes furent mises sous la tente. Dans tous les corps d'armée, les généraux de brigade étaient installés derrière leurs brigades ; à Utrecht, ils étaient, comme les généraux de division et comme le général en chef lui-même, logés sous la tente.

Partout les troupes furent occupées à des travaux considérables, qui eurent pour résultat d'éviter tous les inconvénients de l'oisiveté, de donner aux hommes la santé et la vigueur et d'assainir les camps. Des collines élevées furent rasées, des vallées comblées, des marais assainis, de vastes esplanades furent établies en avant des fronts de bandière et servirent de champs de manœuvre. « Ces « camps », dit Mathieu Dumas, « ne servirent pas seulement à « Napoléon pour former son armée, ils furent la meilleure école « de guerre qu'il fût possible de concevoir. » C'est dans les exercices de l'armée des côtes de l'Océan que fut régularisée la tactique suivie pendant les guerres de l'Empire et que l'on rectifia dans un sens pratique le règlement de 1791 sur les manœuvres de l'infanterie. Nous lisons dans les *Souvenirs militaires* du général Roguet qui commandait une brigade au camp de Montreuil : « Le « général Ney possédait la science des manœuvres, il exerçait son

---

1. Mathieu Dumas, *Précis des événements militaires*, tome XIV. Pièces justificatives

« corps d'armée avec autant de méthode que de facilité et dans un
« esprit tout à fait pratique ; il faisait exécuter à ces troupes réu-
« nies tous les mouvements des évolutions de première ligne,
« par régiments, brigades et divisions, pris successivement pour
« unité tactique[1]. »

Le duc de Fezensac, qui fut soldat, sous-officier et sous-lieutenant dans le même corps d'armée, prétend cependant que sa division fut à peine réunie trois fois et qu'elle manœuvra mal, qu'il
n'y eut point de manœuvre de brigade, le général ne venant jamais
au camp, que chaque colonel instruisait son régiment comme il
voulait, et qu'enfin le maréchal Ney commanda seulement deux
grandes manœuvres dans l'automne de 1804 et autant en 1805.
C'était, dit-il, un grand dérangement et une extrême fatigue. M. de
Fezensac ajoute que l'on ne construisit aucun ouvrage de campagne
et que « l'oisiveté régnait dans le camp, où l'on ne pensait qu'à
« s'enivrer quand on avait de l'argent et à bien dormir quand on
« n'en avait pas. »

En présence du témoignage du général Roguet pour le camp de
Montreuil, du général Morand pour celui de Boulogne[2], de l'histoire pour le camp de Bruges, en songeant aux qualités manœu-
vrières des troupes issues des camps des côtes de l'Océan et de
leurs généraux, il est permis de trouver un peu chargé le tableau
tracé par M. de Fezensac d'après ses souvenirs de sous-officier.
Lui-même reconnaît d'ailleurs que le séjour dans les camps eut
un excellent résultat, celui d'apprendre aux troupes et aux généraux à se connaître entre eux et à s'apprécier[3]. « Le maréchal
« Ney », dit-il, « mit à profit cette connaissance dans les campagnes
« suivantes. Il savait que tel poste était confié à un général sur le-
« quel il pouvait compter. Il ne s'en occupait plus et portait son
« attention sur des points occupés par des généraux ou chefs de
« corps qui lui inspiraient moins de confiance. Des liens de fra-
« ternité, ainsi qu'une noble émulation, existaient dans les divers

---

1. *Souvenirs militaires*, de Roguet, tome III.
2. Le général Morand n'était encore que général de brigade en 1805 et commandait une brigade au camp de Boulogne.
3. Ce serait une singulière façon pour des troupes d'apprécier leurs généraux
et de se faire apprécier d'eux que de s'enivrer et de dormir toute la journée...

« corps, etc. » D'autres témoins ajoutent que tout le monde profita de ce séjour pour s'instruire. Les officiers, les généraux n'avaient même pas le temps de lire pendant leurs rapides campagnes; de 1792 à 1800, on fit venir des livres, on joignit le savoir à la pratique, on comprit bien des choses que l'on ignorait jusque-là [1].

Une fois lancée sur les routes, la Grande-Armée ne s'arrêta plus guère, et c'est plutôt au chapitre des marches qu'à celui des cantonnements qu'il faut aller chercher son histoire. L'art avec lequel Napoléon dispersait ses troupes pour vivre et observer les mouvements de l'ennemi, avant de les concentrer pour combattre, est resté traditionnel. Après l'entrée de l'armée à Vienne, en 1805, le corps de Bernadotte observait à Iglau les débouchés de la Bohême, celui de Davout, disposé autour de Vienne, surveillait la Hongrie, Marmont, placé sur le faîte des Alpes de Styrie, surveillait la grande route de l'Italie, par où devait déboucher l'archiduc Charles. Les instructions envoyées à Marmont dans cette circonstance montrent comment l'Empereur entendait le rôle d'observation confié à un corps d'armée. « Il y a dans la vallée de la
« Mur », dit-il, « deux ou trois ponts qui, brûlés à propos et défendus
« par des postes, occasionneraient deux ou trois jours de retard
« à l'archiduc et vous donneraient le temps de réunir vos troupes
« pour marcher à sa rencontre avec précaution, avantage, et me
« mettre à même de vous envoyer des secours... Faites surveiller
« les débouchés de Rottenmann.... Il serait assez important de
« tenir cette route libre et de vous mettre en correspondance
« avec le général bavarois qui commande à Salzbourg..... En-
« voyez un parti sur Gratz, tant pour avoir des nouvelles que
« pour avoir des vivres. Maintenez-vous maître des hauteurs qui
« séparent Bruhl de Vienne... Ayez l'œil sur ce qui se passe en
« Tyrol. Ney devrait être à Inspruck, cependant je n'ai pas encore
« de nouvelles... Faites reconnaître aussi la route de Bruck à
« Saint-Polten; faites-en faire un croquis en règle, ainsi que de
« celle de Bruhl à Vienne par Neustadt, etc... Que les distances,
« les villages, les rivières, tout cela soit marqué sur une grande
« échelle. Faites-vous faire du biscuit, afin de pouvoir cinq ou six

---

1. *Souvenirs militaires* du général Roguet.

« jours manœuvrer librement, sans être embarrassé des subsis-
« tances....

« Emparez-vous de tous les revenus de la Styrie au compte de
« l'armée et nommez un commissaire pour les gérer, ainsi que
« toutes les branches de l'administration. Il ne sera pas difficile
« de vous procurer en abondance des souliers pour votre corps
« d'armée. Procurez-en aussi 12,000 pour les autres corps. » (Lettre du 13 novembre.)

« .....Votre position militaire est sur les hauteurs entre Léoben
« et Bruck, au pendant des eaux. C'est là que vous devez vous
« battre. Vous comprendrez facilement qu'aujourd'hui mon inten-
« tion n'est pas d'être l'agresseur dans la Styrie, au moins de quel-
« ques jours. Ne vous battez donc que dans la position que je vous
« ai indiquée, et plus tard vous serez attaqué, plus cela sera dans
« mes projets, car dans peu de jours vous deviendrez l'avant-
« garde d'une armée de 60,000 hommes, si cela devient néces-
« saire... Envoyez des parlementaires, dites que je négocie un
« arrangement et que l'on s'arrête de part et d'autre où l'on est,
« pour ne pas verser le sang. Gagnez du temps et, par ces commu-
« nications, que doit désirer le corps qui vous est opposé pour
« avoir des nouvelles, sachez qui vous avez devant vous. » (Lettre
du 14 novembre.) *Savoir* est pour Napoléon la moitié de l'art de
la guerre. Et, dans la circonstance qui nous occupe, l'excellente
cavalerie légère dont disposait Marmont ne faillit pas à la tâche qui
lui était dévolue, malgré la rigueur de la saison et les difficultés
des chemins dans des vallées étroites et profondes.

A la même époque, Murat devançant l'Empereur en Moravie,
avait établi, le 21 novembre, les cantonnements de sa cavalerie
en avant de Brunn, et était avec ses grand'gardes en avant de
Wirchau, où il avait placé 400 chevaux; il resta dans cette position jusqu'au 27, sans rien entreprendre de sérieux. L'avant-
garde, fournie par la cavalerie légère du corps de Soult, fut surprise à Wirchau dans la nuit du 27 au 28 par 6,000 Cosaques qui,
après avoir enlevé les grand'gardes, entourèrent la ville, la ca-
nonnèrent et sommèrent les Français de se rendre. Le général
commandant cette avant-garde n'eut que le temps de poster ses
hussards à pied aux portes de la ville pour se défendre à coups de

mousqueton. Le général Milhaud accourut au galop avec sa brigade de cavalerie légère et fut suivi par les divisions de dragons. Les Cosaques, ramenés par toute cette cavalerie, se retirèrent par échelons, emmenant avec eux une centaine de prisonniers. Dans le fait, cette surprise de Wirchau eut pour effet immédiat d'encourager l'ennemi à se porter en avant et pour conséquence la bataille d'Austerlitz; mais le général qui commandait la cavalerie du corps de Soult n'en avait pas moins commis une faute en plaçant sa brigade à cette distance de l'ennemi, dans une ville où elle pouvait être cernée, et en ne tenant pas ses grand'gardes assez loin pour se donner le temps de monter à cheval et de sortir de Wirchau en cas d'attaque imprévue.

Napoléon attachait cependant la plus grande importance au service de sûreté; il donnait le plus souvent lui-même les ordres pour la formation des grand'gardes, pour les patrouilles, les vedettes, etc. L'ordre du jour suivant, daté de Schœnbrunn, prouve à la fois les soins que Napoléon prenait pour la sûreté de son armée et le laisser-aller des troupes françaises, même dans la campagne modèle de 1805.

« Sa Majesté a remarqué, dans la tournée qu'Elle a faite à
« deux heures du matin aux avant-postes, beaucoup de négligence
« dans le service. Elle s'est assurée qu'il ne se faisait pas avec
« cette exactitude rigoureuse qu'exigent les ordonnances et les
« règlements militaires. Avant la pointe du jour, les généraux et
« les colonels doivent se trouver à leurs avant-postes, et la ligne
« doit se trouver sous les armes jusqu'à la rentrée des recon-
« naissances. On doit toujours supposer que l'ennemi a manœuvré
« pendant la nuit pour attaquer à la pointe du jour... L'Empereur
« rappelle aux soldats que cette trop grande confiance, en don-
« nant lieu à des surprises, leur a été souvent très funeste. Plus
« on obtient de succès, moins on doit se livrer à une dangereuse
« sécurité... »

Les troupes n'étaient d'ailleurs cantonnées que loin de l'ennemi ou pendant les suspensions d'armes d'une certaine durée; en dehors de ces conditions exceptionnelles, elles bivouaquaient toujours. Parlant des bivouacs de la Grande-Armée devant Ulm, en 1805, le duc de Fezensac s'exprime ainsi : « Le mauvais temps

« rendit nos souffrances plus cruelles encore. Il tombait une pluie
« froide ou plutôt de la neige fondue, dans laquelle nous enfon-
« cions jusqu'à mi-jambes, et le vent empêchait d'allumer des
« feux. Le 18 octobre, le temps fut si affreux que personne ne
« resta à son poste. On ne trouva plus ni grand'garde, ni faction-
« naires. L'artillerie même n'était pas gardée, chacun cherchait
« à s'abriter comme il le pouvait... Toutes ces causes dévelop-
« pèrent l'insubordination, l'indiscipline et le maraudage. Lors-
« que, par un temps pareil, les soldats allaient dans un village
« chercher des vivres, ils trouvaient tentant d'y rester. Aussi le
« nombre d'hommes isolés qui parcouraient le pays devint-il con-
« sidérable[1]. » Les souffrances furent bien plus grandes encore
dans les campagnes d'hiver. Le général Curély, par exemple, raconte que la cavalerie légère de Lasalle passa la nuit du 3 février
1807 au bivouac, près d'Allenstein, sur une hauteur couverte de
plus d'un pied de neige, et sans feu. L'Empereur, le major général et les commandants de corps d'armée avaient seuls des tentes
transportées avec les bagages et qu'on dressait pour eux quand il
n'y avait pas possibilité de s'installer dans quelque lieu habité.
Quant aux soldats, pour peu qu'un séjour dût se prolonger plus
de vingt-quatre heures, parfois même pour une nuit, ils étaient
ingénieux à se construire des abris avec du bois, des pierres sèches, de la terre. Pour s'abriter pendant une nuit, dit le général
Foy, on détruisait des villages entiers. Dans les longs stationnements qui suivaient la conclusion d'un armistice ou d'un traité
de paix, Napoléon étendait ses corps d'armée tout à fait au large,
pour leur permettre de bien vivre, sans toutefois négliger aucune
précaution pour le rassemblement de l'armée, au cas de reprise
des hostilités. La distribution des cantonnements suivait les fluctuations de la politique. Des changements fréquents étaient d'ailleurs motivés par la nécessité de ne pas épuiser indéfiniment les
mêmes localités[2].

---

1. *Souvenirs de Fesenzac*, page 79.
2. Si nous prenons pour exemple un régiment, le 7ᵉ de hussards, dont nous avons l'itinéraire détaillé depuis la signature de l'armistice, à Tilsitt, le 19 juin 1807, jusqu'au début de la guerre avec l'Autriche, en 1809, nous trouvons, dans ce laps de temps de vingt-deux mois, le 7ᵉ de hussards cantonné d'abord sur le haut Niémen jusqu'au 2 juillet, puis dans la Vieille-Prusse jusqu'au 16 août.

L'exemple de stationnement le plus remarquable et le plus digne d'étude pendant les guerres de Napoléon fut, sans contredit, le cantonnement de la Grande-Armée en Pologne et dans la Vieille-Prusse, pendant l'hiver de 1806 à 1807, ou plutôt pendant les cinq premiers mois de l'année 1807. C'est la seule fois que Napoléon soit resté immobile devant une armée ennemie, et ce long stationnement se divisa lui-même en deux parties bien distinctes : 1° quartiers d'hiver en Pologne, depuis la campagne Pultusk-Golymin jusqu'à l'attaque de la gauche de l'armée par les Russes ; 2° cantonnements en Prusse après la campagne d'hiver marquée par la bataille d'Eylau.

Les Russes avaient été chassés de la Pologne après les batailles de Pultusk et de Golymin ; mais le temps était affreux, les chemins n'étaient plus qu'un déluge de boue ; il était devenu impossible d'éclairer la marche de l'armée ; les troupes, qui n'avaient, pour ainsi dire, pas cessé de marcher depuis le 8 octobre jusqu'au 1ᵉʳ janvier, étaient exténuées. Napoléon se décida à prendre ses quartiers d'hiver sur une ligne s'étendant de Sierock et Varsovie, à droite, sur le Bug et la Vistule, jusqu'à Graudenz et Elbing, à gauche, sur la basse Vistule. La droite, composée des corps de Lannes, Augereau, Soult, Davout, était resserrée entre les affluents du Bug et la haute Vistule, en avant de Varsovie, où se trouvait le quartier général de l'Empereur, avec la garde. La gauche était formée par les corps de Ney et de Bernadotte, sous le commandement de celui-ci. Les troupes à cheval en première ligne, à cent kilomètres en avant, couvraient les cantonnements de la droite, savoir : au centre, les trois brigades de cavalerie

---

de là gagner les frontières de l'Autriche, en traversant toute la Pologne en seize jours de marche, séjournant ensuite, du 15 septembre au 18 octobre, à Radomsk, puis à Koniecpol sur la Pilica, jusqu'au 8 novembre, rentrer alors en Prusse, à travers la Silésie, par dix-neuf jours de marche, et être cantonné à Friedberg et environs du 27 novembre 1807 au 20 février 1808, c'est-à-dire trois mois, retraverser la Silésie en sens inverse, pour être cantonné, du 11 mars au 11 juillet (quatre mois) à Gleiwitz, du 13 juillet au 18 novembre (quatre autres mois) à Ratibor, quitter la Silésie le 19 novembre pour se rendre en Westphalie, par vingt-trois jours de marche, et enfin être cantonné à Aschersleben, dans cette province, du 12 décembre 1808 au 13 mars 1809, date à laquelle le régiment fut dirigé vers les frontières de Bohême, pour la guerre avec l'Autriche... Tous les régiments de l'armée du maréchal Davout firent à peu près le même métier pendant les deux années de la paix en Allemagne.

légère de la division Lasalle, avec la brigade de cavalerie du corps de Soult, soutenues par les divisions de dragons Klein et Milhaud et par les cuirassiers du général Nansouty, investi du commandement de toute la ligne, à droite, les brigades de cavalerie des corps de Lannes et de Davout, à gauche, celle du corps d'Augereau. Un certain nombre de compagnies de voltigeurs accompagnaient ces brigades de cavalerie. Quant à la gauche de l'armée, elle se trouvait séparée de la droite par un assez long intervalle, ayant son centre à Osterode, et le 6ᵉ corps occupant à Allenstein une ligne très étendue ; la brigade de cavalerie légère Colbert la couvrait avec l'appui de quarante compagnies de voltigeurs. L'infanterie était cantonnée dans les villages, la cavalerie, qui formait le rideau de protection, était abritée dans des cabanes qui furent promptement construites avec le bois des forêts de la Pologne.

Chaque corps d'armée avait, déterminés à l'avance, son point de concentration, son arrondissement de subsistance ; les dépôts et les hôpitaux étaient établis à Marienwerder pour Bernadotte, à Thorn pour Ney, à Plock pour Soult, à Viszogrod pour Augereau, à Pultusk pour Davout, à Varsovie pour Lannes. Les commandants d'artillerie de chaque corps d'armée devaient faire établir dans ces localités des ateliers de réparations d'armes et de matériel, l'intendance devait y installer des manutentions afin de subvenir à la subsistance journalière et de former des approvisionnements de guerre pour la reprise des hostilités. Des manutentions, magasins et ateliers généraux, indépendants des corps d'armée, devaient être organisés sur des points fortifiés, tels que Modlin, au confluent de la Narew et de la Vistule, et Thorn sur la Vistule. Les commandants de corps d'armée n'étaient autorisés à faire que les mouvements nécessaires pour assurer le repos de l'armée et se procurer des subsistances.

Ces premiers cantonnements, objet de dispositions si bien étudiées, ne furent pas longtemps conservés. Ils présentaient un grave inconvénient, la trop grande étendue de la ligne et le vide laissé entre le 6ᵉ corps à gauche et le 4ᵉ corps à droite. Cet inconvénient fut encore aggravé par les pointes que poussa le maréchal Ney en avant du territoire qui lui était affecté et qui était complètement

épuisé. « C'est un vrai cimetière », écrivait le maréchal au major général; « les troupes ne peuvent vivre », et il se porta en avant dans la direction de Kœnigsberg. Ce mouvement lui valut une forte semonce. « Monsieur le Maréchal », disait Berthier, « je vous
« réitère l'ordre de rentrer dans les positions qui vous ont été indi-
« quées pour vos quartiers d'hiver; l'Empereur est immuable dans
« ses plans, et sans des considérations politiques, il aurait fait men-
« tion à l'ordre du jour de la non-exécution de ses ordres par votre
« corps d'armée. L'Empereur, dans l'ensemble de ses projets, n'a
« besoin ni de conseils ni de plans de campagne; personne ne
« connaît sa pensée et notre devoir est d'obéir. Vous sentez assez
« que les mesures partielles nuisent au plan des opérations et
« peuvent compromettre toute une armée... L'intention de l'Em-
« pereur est que son armée se repose : ses cantonnements se rap-
« portent à des plans ultérieurs... »

On sait par quel heureux hasard cette faute de Ney devint le salut de l'armée. Le nouveau général en chef russe avait inauguré son commandement par un mouvement habilement conçu et vivement exécuté. Par une marche de flanc, que les forêts de la Pologne dérobèrent à la cavalerie française, il s'était porté rapidement sur l'aile gauche, se proposant de l'envelopper et de la détruire; son mouvement fut éventé par les avant-postes du général Colbert, dans lesquels il tomba sans s'y attendre. Bernadotte eut le temps de se concentrer à Mohrungen, Ney réunit son corps d'armée à Hohenstein, Napoléon porta sur le flanc gauche des Russes les corps de Davout et de Soult qu'ils avaient dépassés; Benningsen allait être pris comme dans une souricière sans la légèreté d'un officier d'état-major qui laissa tomber aux mains de l'ennemi une lettre dont il était porteur. Benningsen, averti, battit en retraite et la marche des deux armées aboutit, le 8 février 1807, à la sanglante bataille d'Eylau, à la poursuite de l'armée russe jusque sous les murs de Kœnigsberg et à la retraite définitive de l'armée française en arrière de la Passarge, où elle reprit ses quartiers d'hiver.

Cette fois, les dispositions furent complètement changées. La masse des troupes françaises fut reportée à gauche pour couvrir le siège de Dantzig et faire face à l'armée russe concentrée à Kœnigsberg. Le quartier général fut installé à Osterode, petite ville restée célèbre depuis lors et assignée comme centre de ralliement à tous les corps d'armée qui devaient pouvoir y être réunis en deux jours de marche au plus. Thorn était le point central de ravitaillement, des hôpitaux d'évacuation étaient répartis sur la route d'Osterode à Thorn. Les 1ᵉʳ, 3ᵉ, 4ᵉ et 6ᵉ corps (Bernadotte, Davout, Soult et Ney) devaient être placés sur des lignes à peu près parallèles, présentant à l'ennemi des têtes de colonne couvertes par la cavalerie légère. Tout le monde connaît, par la description qu'en a laissée M. Thiers, ce pays, théâtre des campagnes d'Eylau et de Friedland. C'est une espèce de rectangle dont les sommets sont Kœnigsberg au nord, Braunsberg à l'ouest, Allenstein au sud, Friedland à l'est, formé au nord-ouest par la mer, au sud-ouest par la Passarge, au sud-est et au nord-est par l'Alle qui coule d'abord parallèlement à la mer, pour prendre à Friedland une direction perpendiculaire. Un étroit espace ouvert sépare, au sud du rectangle, l'Alle de la Passarge; en arrière de ce vide est Osterode, couverte par la Passarge. Bernadotte était à gauche, ayant ses cantonnements couverts et gardés le long de la Passarge par une brigade d'infanterie et une brigade de cavalerie; tous les ponts et tous les gués devaient être gardés de manière à ne pouvoir être forcés par les partis ennemis. L'avant-garde de cette première colonne était à Braunsberg, le quartier général à Preuss.-Holland, le grand dépôt à Saalfeld. Venait ensuite le corps de Soult, formant une seconde colonne parallèle à la première, la tête à Wormditt, le quartier général à Mohrungen, les parcs à Liebemühl, la ligne des avant-postes sur la Passarge, de Spanden à Deppen. Ney venait après, gardant l'espace ouvert entre l'Alle et la Passarge, ainsi que le cours supérieur de l'Alle; il occupait Guttstadt et Allenstein, ayant ses parcs entre Allenstein et Osterode; Davout occupait, au sud et à droite, le prolongement de l'espace ouvert, ayant sa tête de colonne à Hohenstein et son parc à Gilgenbourg. Plus tard, le quartier général de l'Empereur fut transporté à Finkenstein, et le corps de Davout fut établi à Osterode. Ordre formel était donné de n'engager aucune affaire sérieuse; si l'ennemi se présentait en force, chaque maréchal devait réunir son corps d'armée sur sa réserve. Une division de dragons était attachée à chacun des corps de Bernadotte, Ney et Davout; le reste de la cavalerie était envoyé sur les derrières de manière à se refaire, mais à portée cependant de se réunir en deux marches à Osterode ; autour du quartier général étaient réparties la garde et la division des grenadiers d'Oudinot. Enfin le 5ᵉ corps, commandé successivement (Lannes étant tombé malade) par Savary et Masséna, était chargé de couvrir Varsovie contre le corps russe d'Essen, qu'il avait repoussé par la bataille d'Ostrolenka. L'armée occupa ces positions depuis le 20 février, date des ordres pour l'entrée en cantonnements, jusqu'au 5 juin, jour où les troupes russes commencèrent à les attaquer.

Les petites expéditions tentées pendant cette période peuvent être comparées aux sorties de la garnison d'une place forte. Malgré tous les changements apportés aux méthodes de guerre, il n'est pour ainsi dire pas une lettre écrite ou dictée par Napoléon, à cette époque, qui ne renferme un enseignement utile, même encore aujourd'hui.

Berthier écrit le 4 mars à Soult : « Aussitôt que vous croirez « ne pouvoir plus faire de mal à l'ennemi, l'intention de Sa Majesté « est que de ce jour-là on reprenne ses positions, mais Elle trouve « qu'il serait peut-être convenable de conserver une petite tête de « pont sur la Passarge, pour être maître de la passer quand on vou- « dra. » Il écrit le même jour à Bernadotte de jeter des ponts sur la Passarge. « Au moment même où vous ferez jeter vos ponts », ajoute-t-il, « il faudra avoir des ingénieurs avec des outils prêts « pour faire travailler aux têtes de pont, de manière qu'en vingt- « quatre heures on puisse être à l'abri et que dans quatre ou cinq « jours on y soit inexpugnable. L'effet de ces têtes de pont sera tel « que l'ennemi s'éloignera sûrement de la Passarge. »

La lettre suivante était écrite, le 12 mars, à Murat, toujours porté à trop disséminer sa cavalerie : « Sa Majesté trouve que 200 hommes « de cavalerie légère sont très peu de chose et que vous avez poussé « le 7ᵉ de hussards trop loin de vous. Avec la supériorité de cava- « lerie de l'ennemi, il faut toujours faire coucher 1,000 chevaux « ensemble. Sa Majesté se rappelle ce qui est arrivé au 9ᵉ de dra- « gons » (un escadron de ce régiment, surpris à Passenheim dans la nuit du 23 au 24 janvier par une forte avant-garde, avait perdu 40 hommes faits prisonniers); « Elle trouve qu'un parti de cavalerie « légère, lorsqu'il est de 500 à 600 chevaux et qu'il est bien mené,

« n'a rien à craindre, mais qu'un détachement de 200 chevaux qui
« couche à quatre ou cinq lieues de tous secours est nécessaire-
« ment en l'air. »

Rapp commandait le grand dépôt de Thorn ; l'Empereur lui écrit, le 12 mars, de passer en revue le 1ᵉʳ régiment provisoire qui doit arriver le 19, de lui donner un jour de repos, de pourvoir aux effets qui manqueraient, notamment aux souliers, de faire donner des armes et de compléter 50 cartouches par homme, enfin de diriger sur les dépôts des corps d'armée les compagnies de leurs régiments respectifs. Le major et les deux chefs de bataillon doivent repartir en poste pour Mayence, afin d'aller prendre le commandement d'un autre régiment provisoire et le ramener à l'armée.

Un corps d'observation polonais est formé sous les ordres du général Zayonscheck, pour couvrir la rive droite de l'Alle. Napoléon recommande à ce général, le 12 mars, d'envoyer des postes sur Passenheim et sur Ortelsburg, mais de ne pas les envoyer de moins de 250 chevaux, ayant un peu d'infanterie pour les soutenir, en se logeant soit derrière un bois, soit derrière un défilé.

Sur la nécessité de faire des prisonniers et d'enlever quelques personnages de marque pour avoir des renseignements, il faut lire cette lettre du 22 mars, également écrite au général Zayonscheck :

« L'Empereur approuve fort l'idée que vous avez de faire une
« nouvelle reconnaissance, mais Sa Majesté désire que cette re-
« connaissance, au lieu d'être de 300 hommes de cavalerie comme
« la dernière, soit forte de 1,600 chevaux, qui formeront 16 esca-
« drons sous la conduite d'un de vos meilleurs officiers. Vous
« mettrez 4 escadrons sous la conduite d'un colonel, ce qui ferait
« 4 colonels ; vous ferez soutenir cette cavalerie par le général
« Fischer, qui aura à ses ordres un régiment d'infanterie de 1,800
« hommes et 4 pièces de canon. Cette reconnaissance, marchant
« en masse, se porterait sur Passenheim. L'art consiste, Général, à
« marcher ensemble sans se faire éclairer, de manière que l'ennemi,
« du moment qu'il apercevra les premiers cavaliers, ait toute la
« troupe sur les bras. La compagnie d'élite (c'est-à-dire les hom-
« mes les mieux montés) serait en avant, soutenue par un second
« escadron, ayant en arrière le reste de la ligne de cavalerie, l'in-
« fanterie et l'artillerie. Du moment où l'on apercevrait quelques

« Cosaques, le premier escadron tomberait dessus, suivi du second,
« les 14 autres en arrière. Il est impossible que de cette façon on
« ne prenne pas quelques patrouilles de Cosaques. Il faudra tâcher
« de prendre le bailli de M*** et l'envoyer à Osterode, ayant tou-
« tefois pour lui des égards et le traitant bien. Si l'on ne peut pas
« avoir ce bailli, il faut tâcher d'en prendre un autre pour avoir
« des nouvelles de l'ennemi. »

Une lettre écrite à Masséna est encore plus explicite : « On dit
« que l'ennemi montre de l'infanterie sur l'Omulew. Si cela est,
« il serait convenable que le général Gazan fît, avec toute sa cava-
« lerie et sa division, une reconnaissance sur Ortelsburg, où il
« pourrait tenir toute son avant-garde pendant la nuit. Par le
« moyen de cette reconnaissance, on pourrait savoir à quoi s'en
« tenir. Si l'ennemi avait de l'infanterie dans Ortelsburg, il fau-
« drait l'attaquer; dans ce cas, les dragons marcheraient en masse,
« mettant à la tête 200 hommes des mieux montés, afin que, du
« moment où l'on apercevrait les Cosaques, ils s'élancent sur eux,
« soutenus par les autres escadrons. Il n'y a pas de doute qu'on ne
« fît des prisonniers, car les Cosaques ont avec eux de l'infanterie
« légère qui pourrait être prise. Mais Sa Majesté ne pense pas que
« l'on doive employer de petits postes, qui donnent l'éveil et qui
« se font ramener avec perte ; en changeant de méthode, l'ennemi
« sera attrapé. »

L'hiver tardif avait été rigoureux et s'était prolongé au delà des
limites ordinaires. Aux approches de la belle saison, il fut ordonné
de sortir les troupes des cantonnements et de les faire camper par
division sous des baraques ; ces camps étaient couverts par des
retranchements et par des abatis. « L'Empereur », écrivait le major
général à Masséna, le 14 mai, « désire voir camper les troupes
« parce qu'il pense que dans cette saison cela est plus sain, que
« cela les tiendra rassemblées et qu'il y a plus de facilité à les
« exercer. » Et le 16 mai il disait encore au même : « A la guerre, la
« nécessité de tenir ses troupes légères très en avant a pour but de
« s'éclairer, mais il n'est point nécessaire de s'éclairer aussi loin
« quand les troupes sont campées. Il n'en est pas de même quand
« l'armée est disséminée dans des cantonnements ; c'est alors qu'il
« faut s'éclairer fort loin. La grande quantité de troupes légères de

« l'ennemi nous rend inutile autant que désavantageuse la guerre
« de postes, que nous éviterons en campant. D'ailleurs, les troupes
« dans les camps sont plus sainement, plus aisées à nourrir, indé-
« pendamment que la discipline et l'instruction y gagnent. L'Em-
« pereur ne veut point placer son armée en cordon, il a adopté les
« camps par division. La ligne de l'Omulew, défendue par trois ou
« quatre colonnes mobiles d'infanterie et de cavalerie, se trouvera
« suffisamment garantie contre les Cosaques.... »

Ce n'est pas ici le lieu de rappeler comment les cantonnements de la Grande-Armée furent levés le 5 juin 1807 et comment les Russes, qui avaient attaqué ces cantonnements à l'improviste, furent arrêtés par la belle résistance de Ney à Deppen et à Guttstadt, jusqu'à ce que Napoléon, ayant réuni toutes ses forces, les refoulât sur Heilsberg, pour les battre définitivement à Friedland[1].

Pendant la guerre de 1809, l'échec subi par Napoléon à Essling, par suite de la rupture du grand pont sur le Danube, l'obligea à faire séjourner dans l'île Lobau une partie de son armée. Ce séjour fut surtout remarquable par les dispositions prises pour assurer dans de meilleures conditions le passage du Danube. La position des troupes dans l'île Lobau fut pendant quelques jours très difficile, le défaut de communication avec la rive droite empêchant de leur envoyer des vivres. On lit dans Thiers que les soldats y vécurent dans une sorte d'abondance, grâce au gibier des chasses impériales. Ce n'est pas précisément ce que racontent les témoins oculaires ; les chevaux de la cavalerie qui s'échappaient étaient impitoyablement dépecés et mangés par les soldats d'infanterie, on n'en retrouvait plus que la peau et les os à côté de la selle[2].

Comme exemple de stationnement désastreux, on a toujours cité à bon droit celui de l'armée de Portugal en 1810 et 1811 devant les fameuses lignes de Torrès-Vedras, à l'abri desquelles Wellington, disposant de toutes les ressources de Lisbonne et des environs, ayant ses communications libres avec la mer et la rive droite du Tage, attendait patiemment le jour où la faim forcerait l'armée

---

1. Tous les détails relatifs aux quartiers d'hiver de 1807 sont pris dans la *Correspondance de Napoléon* et dans les pièces justificatives des XVIII⁰ et XIX⁰ volumes du *Précis des évènements militaires* de Mathieu Dumas.
2. *Itinéraire d'un cavalier léger*, par Curély.

française à s'éloigner. Commencées en 1809 et terminées seulement en 1811, les fortifications de Torrès-Vedras formaient trois lignes successives, appuyées à gauche à la mer, à droite au Tage. La première de ces lignes n'avait pas moins de 12 lieues de développement; elle était protégée par 32 ouvrages (pour la plupart redoutes fermées avec fossés et palissades) armés de 140 bouches à feu; la seconde ligne, à portée de canon de la première, était défendue par 65 ouvrages et 150 bouches à feu, et enfin la troisième ligne, assez rapprochée des faubourgs de Lisbonne, était soutenue par 11 ouvrages et 96 bouches à feu. Les défenseurs de ces lignes étaient au nombre de 94,000, sur lesquels l'armée anglaise comptait pour 36,000, les autres Espagnols et Portugais, très susceptibles de bien se battre derrière des retranchements. L'armée française était forte de 35,000 hommes seulement; Masséna la disposa en un arc de cercle concentrique au développement des lignes anglaises, sur des hauteurs qu'un vallon séparait de ces lignes. A droite, le 2ᵉ corps, Reynier, s'étendait vers la mer, le 8ᵉ corps, Junot, formait le centre, Ney, commandant la gauche, avait ses avant-postes le long du Tage, auquel on ne pouvait s'appuyer complètement, non plus qu'à la mer, à cause du tir des chaloupes canonnières. La cavalerie, belle et relativement nombreuse, était disposée de manière à assurer les communications et à couvrir les derrières de l'armée, dont la concentration pouvait s'opérer en quatre heures.

Le blocus proprement dit dura six semaines; Wellington ne tenta aucune attaque, de peur sans doute que les Français ne pénétrassent dans les lignes sur les pas des colonnes d'attaque victorieusement repoussées; il adopta en conséquence le système de la temporisation absolue. Quant à Masséna, il est assez difficile de deviner quel était son espoir en s'attardant devant les lignes de Torrès-Vedras. Il n'avait en arrière de lui aucun magasin, ni centre de ravitaillement. Ses communications avec l'Espagne n'étaient pas assurées. Lorsque les vivres que l'on avait amenés avec soi furent consommés, la maraude devint la seule ressource de l'armée, les officiers eux-mêmes ne purent plus vivre qu'avec ce qui leur était donné par les maraudeurs. Comment la discipline se serait-elle maintenue dans une armée dont les chefs étaient à la merci des soldats? Peu à peu cependant, la maraude se régularisa, chaque corps de troupe envoyant des détachements chercher des subsistances qui étaient ensuite partagées entre les compagnies. On rétablit les moulins détruits par l'ennemi, chaque régiment avait le sien et avait aussi son petit magasin, qu'il administrait lui-même sans intervention du commandement supérieur. Celui-ci, qui ne s'occupait pas et ne pouvait guère s'occuper en effet des besoins de son armée, finit par être méprisé d'elle. Pendant quelque temps les détachements de maraude ramenèrent des troupeaux de bœufs, de moutons, de chèvres et de cochons, rapportèrent du blé, de l'orge, du vin, de l'eau-de-vie, mais les ressources environnantes ne tardèrent pas à s'épuiser, on étendit le rayon de la maraude, et des détachements furent pris par les milices, des hommes isolés tués par les habitants, le pays fut complètement mis à sec; il fallut battre en retraite [1]... Il n'était pas besoin de cet exemple pour prouver qu'une armée ne peut stationner sans avoir derrière elle des magasins et des moyens de ravitaillement.

Ce que l'on peut observer à l'honneur de l'armée de Masséna, c'est qu'avec cette dispersion causée par la maraude, elle ne fut cependant l'objet d'aucune de ces surprises honteuses, si fréquentes dans l'histoire militaire de notre pays et en particulier dans les guerres d'Espagne et du Portugal, sous le premier Empire. L'expédition de Masséna avait été précédée de celle de Soult qui, une fois maître d'Oporto, avait cherché à se maintenir dans le pays par des négociations dont le fond n'a jamais été bien connu, mais qui eurent tout au moins l'inconvénient de faire oublier à l'armée les précautions de sûreté les plus élémentaires. Lorsque Wellington débarqua en Portugal avec une armée anglaise et tomba à l'improviste sur les avant-postes en avant d'Oporto, le général Franceski, commandant de l'avant-garde de Soult, s'en tira à force de bravoure et de sang-froid; il se replia en bon ordre sur Oporto, et le général en chef fut informé par lui de l'approche des Anglais, ce qui ne l'empêcha pas d'être, le surlendemain avec son armée, victime d'une des surprises les plus extraordinaires que l'on puisse

---

1. *Victoires et conquêtes*, tome XIX; *Mémoires de Marmont*, tome IV; *Mémoires de Masséna*, par Koch, tome VII.

citer. Wellington put s'installer pendant la nuit dans le faubourg d'Oporto situé sur la rive gauche du Douro, sans que personne dans l'armée française s'en aperçût; des bateaux furent amenés sur cette rive, plusieurs bataillons traversèrent le fleuve par détachements successifs pendant la nuit et s'installèrent dans les bâtiments du Séminaire. Lorsqu'au jour la présence des Anglais fut reconnue, le général Foy marcha à la hâte avec un régiment pour les débusquer, mais ils étaient déjà en force. Un violent combat s'engagea, pendant lequel un corps d'armée pénétra dans la ville par les routes de la rive droite et prit en flanc les troupes de Soult; il fallut battre précipitamment en retraite.

Que d'autres exemples on pourrait citer, même au milieu des événements les plus glorieux! Au siège de Lérida, où une charge célèbre du 13º régiment de cuirassiers, le 22 avril 1810, culbuta toute l'armée espagnole, le général Suchet lui-même s'était laissé surprendre. « Un corps de 15,000 Espagnols, commandés par « O'Donnell », dit un témoin, « s'avançait pour porter secours à « la place, dont les assiégeants comptaient tout au plus 10,000 « hommes. La marche d'O'Donnell s'était effectuée tellement en « secret, qu'il était à une lieue de Lérida avant qu'on se doutât « de son approche. Il marchait en colonne par division, dans la « plaine de Martorell, lorsque le 13º de cuirassiers, qui se trou- « vait cantonné dans cette direction, s'élança sur la tête de cette « colonne, qui, le voyant arriver et le croyant suivi par d'autres « troupes, essaya de se déployer. Cette manœuvre, tentée avec « précipitation, amena une telle confusion, qu'il s'ensuivit une « terreur panique et un sauve-qui-peut général[1]. » Bref, l'armée de Suchet fut tirée d'un mauvais pas par un hasard heureux et par la vigueur d'un régiment de cavalerie. Au siège de Girone, en 1809, le même général O'Donnel était sorti de la place, en surprenant, pendant la nuit, la division Loison, dont le général avait failli être enlevé sous sa tente[2]. On connaît la surprise de Arroyo-de-Molinos, le 27 octobre 1811. Le général Girard, celui qui fut tué à Ligny en 1815, revenait avec sa division et deux bri-

---

1. *Souvenirs militaires* du colonel de Gonneville.
2. Belmas, *les Sièges d'Espagne*, tome II.

gades de cavalerie de Cacerès, où il avait été lever des contributions ; il s'arrêta pour passer la nuit à Arroyo-de-Molinos. Le temps était affreux, chacun ne s'occupa que de s'abriter le plus vite possible, sans prendre aucune des précautions réglementaires. Le général anglais Hill, bien informé de la situation des Français, marcha toute la nuit et, protégé par un épais brouillard, arriva jusque dans le village d'Arroyo, où le général Girard et presque toute sa troupe reposaient encore. La défense fut opiniâtre et glorieuse, mais la moitié de la division y resta. Napoléon s'en prit d'abord au général Briche, qui commandait la cavalerie légère ; il fut prouvé qu'au contraire ce général avait averti du danger le général Girard, qui n'avait tenu aucun compte de ses avertissements.

Dans toutes les armées, il est regardé comme une honte pour un général de se laisser surprendre. On a rarement été assez sévère dans l'armée française pour les accidents de ce genre, et l'héroïsme de la résistance a fait plus d'une fois pardonner la faute commise. Lorsque, en 1811, le général Brenier, investi dans Almeïda par les Anglais, fit sauter les fortifications de la place, étroitement bloquée, et rejoignit l'armée de Portugal en traversant les lignes ennemies, son arrière-garde seule fut attaquée, et le détachement laissé dans Almeïda pour mettre le feu aux poudres parvint même à gagner la campagne. Wellington fut, dit-on, plus affecté de cette aventure que d'une bataille perdue, et le général qui commandait la partie de la ligne franchie, se brûla la cervelle de désespoir.

Les Cosaques, pendant la guerre de 1812, trouvèrent plus d'une fois nos avant-postes en défaut. C'est ainsi que, dans la nuit du 14 juillet 1812, la division de cavalerie légère, commandée par Sébastiani, fut attaquée à l'improviste à Drissa par la cavalerie du corps de Wittgenstein et que, le 8 août suivant, Platow arriva jusqu'au milieu du camp de cette même division sans avoir été aperçu. Montbrun accourut avec les deux autres divisions de son corps d'armée et dégagea sa cavalerie légère, mais il ne put empêcher les Cosaques d'emmener plusieurs caissons et un certain nombre de prisonniers.

La surprise la plus célèbre de cette guerre fut celle de l'avant-garde de l'armée française, commandée par Murat, le 18 octobre, à Winkowo. Murat, envoyé sur la route de Kalouga, pour couvrir les cantonnements de l'armée, avec 20,000 hommes et une nombreuse artillerie, s'était placé derrière la Czerniwzna ; le 5ᵉ corps (Junot) occupait la droite, appuyé à la Nara, en arrière de Winkowo ; la gauche, à l'extrémité de laquelle se trouvait le 2ᵉ corps de cavalerie, commandé par Sébastiani depuis la mort de Montbrun, se trouvait en l'air, près d'un bois, que l'on n'avait ni occupé par des avant-postes, ni fouillé par des patrouilles. On se fiait sur une prétendue suspension d'armes, convenue verbalement. Soit que cette convention n'existât pas, soit que les Russes n'en tinssent aucun compte, Kutusof, dirigé par un chef d'état-major habile, résolut d'enlever Murat et son avant-garde. Les Cosaques avaient pu venir à leur gré dans le bois observer la cavalerie de Sébastiani, s'assurer de la position des troupes et de la négligence avec laquelle elles se gardaient. Pendant la nuit, les Russes, formés en trois colonnes, tournèrent le camp à la faveur du bois et, le 18, à la pointe du jour, au signal donné par un obus tiré en l'air, le comte Orlof, qui commandait une des trois colonnes, sortit à l'improviste du bois pour tomber sur les derrières du 2ᵉ corps de cavalerie. On fit sonner à cheval, les officiers essayèrent de courir à leurs postes, mais chacun se trouva entouré de toutes parts par une nuée de Cosaques. On y voyait à peine, il était impossible d'établir aucun ensemble, et ce ne fut pendant quelque temps qu'une mêlée, où la supériorité du nombre devait finir par l'emporter[1].

La cavalerie de Sébastiani parvint enfin à se former sur la route ; la cavalerie ennemie, soutenue par l'infanterie, cherchait à l'envelopper, mais pendant ce temps Murat, surpris en plein sommeil, était sauté à cheval et arrivait au galop avec sa réserve de cuirassiers ; il chargea deux fois, et après deux engagements remarquables par leur acharnement[2], la cavalerie russe fut écrasée. Murat se jeta sur l'infanterie, six bataillons de grenadiers russes se formèrent en carrés, les cuirassiers enfoncèrent ces carrés et sabrè-

---

[1]. *Mémoires militaires du colonel Serusier.*
[2]. Le général anglais Wilson, commissaire auprès de l'état-major russe.

rent les grenadiers L'armée russe repassa la Nara en désordre. Les Français perdirent dans cette affaire plus de 2,000 hommes tués, blessés ou faits prisonniers, dont 600 dans le 2ᵉ corps de cavalerie, c'était à peu près la moitié de son effectif; tous les bagages de ce corps tombèrent au pouvoir des Russes, ainsi que la presque totalité de son artillerie...

Toutes ces mésaventures ne corrigèrent pas notre cavalerie légère qui n'était plus, dans les dernières guerres de l'Empire, ce qu'elle avait été de 1806 à 1809, et les ordres du jour de Napoléon témoignent de plus d'une négligence commise dans la campagne de 1813. Le général Bruno, envoyé en reconnaissance par le maréchal Victor, ayant été surpris et enlevé dans la ville de Freyberg où il s'était installé pour passer la nuit, Napoléon écrivit à ce sujet au major général le 12 septembre : « Ce n'est pas par 4,000 hommes, « mais par 400 que le général Bruno a été enlevé ; il dormait tran- « quillement dans la ville avec tous ses hommes. Tant que les « troupes légères serviront aussi mal, il arrivera des malheurs. Il « faut réitérer l'ordre aux troupes légères de ne jamais passer la « nuit dans une ville ; elles doivent bivouaquer et changer de bi- « vouac le soir, de manière à coucher à une demi-heure ou à une « lieue de l'endroit où elles étaient au coucher du soleil... 200 à « 300 hommes de cavalerie ne doivent pas prendre position comme « un corps d'infanterie ; leur but est d'éclairer et non de com- « battre... » Un ordre du jour des plus sévères flétrit la conduite du général Bruno et celle du général Gobrecht, commandant les troupes légères du premier corps d'armée, qui était en position sur les flancs de l'armée sans grand'garde, avec tous les chevaux débridés...

« Tout officier et sous-officier », était-il dit dans cet ordre, « qui, « étant de grand'garde, négligera les précautions prescrites par les « règlements militaires, tout commandant, quel qu'il soit, de « troupes légères en reconnaissance ou détachées sans infanterie, « en corps volant, qui négligera de prendre lesdites précautions ; « tout général de cavalerie qui, flanquant la position de l'armée, « négligera de placer ses grand'gardes et l'exécution des règlements « militaires, sera traduit devant une commission militaire et con- « damné à mort. »

Les villes et villages continuèrent cependant à attirer les commandants de troupes légères ou autres, qui auraient dû passer la nuit à la belle étoile. Le général Curély raconte que, placé le 3 février 1814 avec le 10ᵉ régiment de hussards et deux canons pour garder le pont de la Guillotière au delà de Troyes, il devait être soutenu dans cette position par une brigade d'infanterie. « Ces messieurs », ajoute-t-il, « avaient préféré souper et coucher à Troyes. » Prévenu directement par Curély du mouvement des alliés, qui se préparaient à passer en forces le pont de la Guillotière, Napoléon accourut en toute hâte avec quelques troupes, et les alliés furent repoussés, mais cette affaire valut une vive réprimande à cinq ou six généraux.

Nous avons malheureusement peu de renseignements précis sur la manière dont se faisait le service de sûreté pendant les guerres de la Révolution et de l'Empire. Les divisions, paraît-il cependant, bivouaquaient le plus souvent en carrés[1]; elles se gardaient par des grand'gardes, des postes avancés, des sentinelles ou vedettes et par des patrouilles ou reconnaissances. Un ordre de l'Empereur, daté de Schœnbrunn, le 14 novembre 1805, nous apprend que les reconnaissances se faisaient la nuit autour des bivouacs. « Avant le point du jour », dit-il, « les généraux et les « colonels doivent se trouver à leurs avant-postes, et la ligne doit « se tenir sous les armes jusqu'à la rentrée des reconnaissances. « On doit toujours supposer que l'ennemi a manœuvré pendant « la nuit pour attaquer à la pointe du jour. »

Les indications les plus précieuses que nous possédions à cet égard sont celles que nous donne le général de Brack au livre des *Avant-postes de cavalerie légère*, chapitres des Cantonnements, des Bivouacs, des Grand'gardes et Patrouilles. Il faudrait citer ces chapitres entiers, qui se résument dans ces quelques aphorismes : « Le mécanisme de la guerre se borne à deux choses : *se battre et* « *dormir* ; user et réparer ses forces..... Il faut plus d'habileté sou- « vent pour rendre des forces à sa troupe que pour les user. »

Le maréchal Bugeaud, dans ses *Aperçus sur quelques détails de la guerre*, s'appuie sur divers faits dont il a été témoin pendant les

---

1. *Mémoires de Marmont*; — *Souvenirs militaires du général Roguet*.

guerres d'Espagne pour recommander tout un système de sûreté. Nous avons déjà rappelé la distinction essentielle qu'il établit entre une troupe *surprise* et une troupe *prise*. En 1809, à l'armée d'Italie, commandée par le prince Eugène, trois bataillons du 35e furent enlevés à Pordenone; malgré la plus active surveillance, et après une défense héroïque, ils furent forcés de mettre bas les armes. Ces bataillons étaient trop loin de Sacile où se trouvaient le corps principal et le prince Eugène, pour pouvoir être secourus. En 1813, un bataillon d'infanterie et un escadron de hussards étaient cantonnés dans le village de Palleja, à une lieue de l'armée de Catalogne; ce détachement était protégé par des avant-postes; brusquement assailli au milieu de la nuit, il fut presque complètement détruit dans les rues et les maisons avant de pouvoir former un seul peloton. Un bataillon d'infanterie italienne fut de même enveloppé et pris par le chef de guérillas Manso, à deux lieues d'une division. « Ces troupes se gardaient contre une surprise », observe Bugeaud, « mais de trop près pour pouvoir être prévenues « à temps de l'arrivée de l'ennemi. » Dans les mêmes conditions, le maréchal Suchet trouva moyen, en 1812, d'enlever, dans une attaque de nuit, six à sept mille hommes qui formaient devant Alicante la gauche de l'armée espagnole [1].

Les guerres d'Algérie, pour peu qu'on les étudie de près, sont pleines d'enseignements utiles, dont il semble que l'armée française ait bien peu profité. C'est ainsi que, dès le début de la conquête, nos troupes recevaient une leçon qui n'empêcha pas la faute commise de se renouveler plusieurs fois. L'armée du général Bourmont était campée sur le plateau de Sidi-Khalef. A l'extrême droite de la ligne, sur la crête du ravin qui bordait le côté sud du plateau, se trouvait le premier régiment de marche, composé d'un bataillon du 2e léger et d'un bataillon du 4e léger, appartenant à la brigade Poret de Morvan, division Berthezène. Le 27 juin au soir, de nombreux tirailleurs arabes avaient paru devant les avant-postes, tandis que des groupes de cavaliers venaient en caracolant reconnaître le terrain. Presque toute la nuit, la tiraillerie continua. On entendait s'approcher des bandes nombreuses. Au point du jour,

---

1. Bugeaud, *Aperçus sur quelques détails de la guerre*.

on vit en position 1,500 à 2,000 cavaliers, flanqués d'un grand nombre de gens de pied. Le feu commença vers 7 heures et devint très vif devant le bataillon du 4e léger, des pelotons de cavaliers se détachaient, sortaient de la masse, venaient décharger leurs fusils et rentraient dans la masse. Les hommes s'habituèrent à ces tirailleries et prirent une confiance excessive. Vers 9 heures, le feu ayant cessé presque complètement, le chef de bataillon prescrivit de démonter les armes pour les nettoyer, opération à laquelle il fut procédé, non pas successivement par compagnie, mais d'ensemble pour tout le bataillon. On y était tranquillement occupé, quand tout à coup des Kabyles, poussant des cris épouvantables, se précipitent à travers les ravins, gravissent en courant les pentes du plateau, et se jettent sur les avant-postes qui, débordés, se replient sur le gros du bataillon impuissant à se défendre. Les cavaliers arabes débouchent au galop, sabrent et massacrent les soldats désarmés... Heureusement les bataillons qui flanquaient à droite et à gauche celui du 4e léger, accoururent au pas de course et le dégagèrent; le combat reprit dans les conditions ordinaires, avec le concours de l'artillerie, et malgré leur acharnement, Arabes et Kabyles furent enfin repoussés.

Dix ans plus tard, le 3e léger, récemment débarqué de France, fut surpris et attaqué dans les mêmes conditions.

Lorsqu'une armée relativement peu nombreuse occupe un pays conquis et, en particulier, un pays comme l'Algérie où, dans le début du moins, très peu de localités habitées pouvaient servir de lieux de séjour aux troupes, cette armée a deux manières de garder le pays : les camps ou postes permanents et les colonnes mobiles. Jusqu'à ce que le maréchal Bugeaud prît le gouvernement général de l'Algérie, le système des camps fut employé dans une large mesure. Les troupes y furent installées sous la grande tente, protégées contre les coups de main audacieux des Arabes par des retranchements ou des palissades. L'histoire de l'Algérie n'a été longtemps qu'une suite de surprises, d'embuscades, d'attaques de poste ou de camp. Une des plus célèbres parmi ces attaques fut celle du camp de Boudaou, défendu par 900 hommes d'infanterie, 45 cavaliers et 2 obusiers, attaqué le 25 mai 1836 par 5,000 fantassins et autant de cavaliers arabes. Complètement cernée, la garnison du camp allait, après une lutte de près de six heures, succomber sous le nombre, lorsqu'une compagnie, accourue d'un poste voisin, fit entendre son tambour derrière les assaillants, qui, croyant voir survenir toute la division d'Alger, s'enfuirent au plus vite, laissant le terrain jonché de leurs morts; la perte des défenseurs du camp fut d'environ 150 hommes [1]. Une forte colonne commandée par le général Perregaux vint les dégager. On cite également la surprise de la garnison de Douera ou plutôt de la cavalerie de cette garnison, qui comprenait quatre escadrons de chasseurs d'Afrique. L'eau manquait dans la ville; on était obligé de mener boire les chevaux à 3 kilomètres. Peu à peu, on se départit des précautions les plus élémentaires : se rendre à l'abreuvoir en armes avec les chevaux sellés et bridés, s'installer militairement avec les vedettes et faire boire par peloton; les escadrons finirent par sortir sans armes, les chevaux en bridon : ils furent un jour entourés par plusieurs troupes d'Arabes et massacrés avant que l'infanterie, prévenue, ait pu les dégager.

La défense du camp de Djemilah par le 3ᵉ bataillon d'infanterie légère d'Afrique, sous les ordres du commandant Chadeysson, est restée comme un exemple à la fois des dangers auxquels les troupes étaient exposées dans les camps de l'Algérie et de l'héroïsme avec lequel ces troupes se défendaient. La garnison du camp de Djemilah comprenait 600 hommes; elle fut attaquée au mois de décembre 1838 par plusieurs milliers d'Arabes et de Kabyles qui l'envepèrent de toutes parts; le terrain du camp était dominé par les alentours et protégé par une simple palissade; les Arabes avaient détourné l'unique source qui alimentait le camp, en sorte que l'eau manquait. Heureusement, des Arabes restés fidèles allèrent à Sétif prévenir le colonel d'Arbouville qui, arrivant en toute hâte avec le 26ᵉ de ligne, dégagea et emmena avec lui le bataillon d'infanterie légère d'Afrique.

La question de subsistance des garnisons des villes et des camps occupés par nos troupes présentait les plus grandes difficultés : d'une part, le pays offrait peu de ressources, et, d'autre part, les détachements trop faibles qu'on aurait envoyés fourrager auraient

---

[1]. *Annales algériennes. Souvenirs d'un zouave.*

été neuf fois sur dix enlevés par l'ennemi. On fut donc obligé d'employer le système des ravitaillements. Lorsqu'un détachement d'une certaine force, bataillon, régiment ou même brigade, était envoyé sur un point qui devait être occupé en permanence, il était généralement accompagné d'une colonne plus forte, destinée à l'escorter et d'un long convoi portant les vivres qu'il devait garder pour lui. Les vivres épuisés, il fallait une expédition pour les remplacer. Plusieurs de ces ravitaillements, comme nous l'avons déjà dit, sont restés célèbres. En outre, les troupes renfermées dans les camps et dans les postes étaient complètement bloquées. Le maréchal Valée avait tellement multiplié les camps, que le tiers de l'armée était employé à les garder (10,000 pour la seule division d'Alger, sans compter les garnisons des villes), et cependant toutes les garnisons étaient trop faibles et ne pouvaient quelquefois sortir, même pour protéger la correspondance, sans s'exposer à être enlevées. Au camp d'Oued-Lallah, le 21 septembre 1838, un piquet qui avait été envoyé au-devant des cavaliers qui apportaient la correspondance, fut attaqué par 1,500 hommes. Le commandant du camp voulut sortir avec 132 hommes ; il fut entouré, forma le carré et regagna à grand'peine le camp, ayant plus de 108 hommes tués ou blessés, dont 2 officiers. On pourrait multiplier presque indéfiniment ces exemples.

Quant aux bivouacs de marche, comme il était impossible d'augmenter encore, en y ajoutant des tentes, les interminables convois qui suivaient les colonnes, il en résultait des souffrances inouïes pour les soldats, exposés pendant la nuit à des tourbillons de pluie, de neige ou de grêle, se réveillant le matin dans la boue. On se souvient encore de la première expédition de Constantine et du *camp de la Boue*. « La pluie tombait mêlée de neige et poussée par un vent
« glacial. On n'avait pas de bois, le plateau n'offrait pas un abri, pas
« même une herbe pour faire du feu. Les soldats passèrent la nuit
« debout et serrés les uns contre les autres : ceux qui se couchaient
« dans la boue ne se relevaient pas. Les chevaux rongeaient le
« bois des timons auxquels on les avait attachés et mouraient affamés[1]... » De pareilles misères se sont renouvelées plus d'une

---

[1] *Annales algériennes*, par Pellissier.

fois dans des circonstances moins connues; elles amenèrent le soldat à s'ingénier, et de son initiative sortit une invention qui a sauvé en Algérie la vie à des milliers d'hommes. Chaque soldat était porteur d'un sac de campement en toile dont les usages étaient multiples, mais qui au bivouac ne pouvait lui servir qu'à se coucher dedans sans être abrité. Quelques hommes imaginèrent de découdre le sac pour en faire une pièce de toile qu'ils tendaient à l'aide de piquets et de ficelles du côté du vent pour se garantir de la pluie; puis ils eurent bientôt l'idée de réunir plusieurs de ces rectangles de toile avec des boutons, de manière à en faire une petite tente. Pendant la campagne de 1840, les généraux furent frappés de cette modeste invention. Le maréchal Valée et le duc d'Orléans, qui commandait une division, se firent montrer les modèles usités dans les divers corps de troupe, choisirent le meilleur de ces modèles, celui des chasseurs à pied, dit-on, l'adoptèrent et le *sac tente-abri* devint ainsi réglementaire, avec des petits piquets et des grands piquets brisés s'adaptant à douille. La couverture de campement que portaient les soldats était beaucoup trop lourde: d'eux-mêmes ils s'avisèrent de la couper en deux; après avoir puni légèrement les hommes qui agissaient de la sorte, on adopta leur idée, et la demi-couverture roulée dans le sac tente-abri fut placée sur le havresac.

Il était d'autant plus utile d'alléger la charge du fantassin d'Afrique et de lui fournir des abris pour le bivouac, que le maréchal Bugeaud, en prenant le gouvernement général du pays, avait changé complètement le système d'occupation et substitué les colonnes mobiles au trop grand nombre des camps. Instruit par six ans de guerre contre les guérillas d'Espagne, Bugeaud appliqua son instinct militaire et son expérience à la guerre d'Algérie. Les bivouacs furent régularisés, et le service de sûreté complètement modifié. Les procédés usités dans une guerre européenne, c'est-à-dire les grand'gardes, espacées de distance en distance avec des sentinelles isolées, n'empêchaient pas les Arabes de se glisser jusque dans les camps. Bugeaud y substitua des embuscades continues; les bivouacs et les camps durent être entourés d'une série de petits postes de deux hommes couchés à terre, se reliant les uns aux autres, de manière à ne rien laisser passer entre eux. Dès lors les surprises furent beaucoup plus rares, et les troupes purent se reposer au bivouac.

La guerre de Crimée offre l'exemple d'un des stationnements d'armée des plus prolongés que l'on connaisse. Le fait seul qu'une armée qui, au début, était inférieure en nombre à ses adversaires, ait pu se cramponner pendant vingt mois au territoire ennemi, sans être jetée à la mer, a quelque chose de frappant ; il prouve d'ailleurs tous les avantages que donne la possession de la mer... Le séjour des armées anglaise et française en Crimée avait été précédé d'un long stationnement en Turquie, d'abord à Gallipoli où elles donnèrent, comme nous l'avons déjà dit, le spectacle d'une confusion inexprimable, heureusement loin de l'ennemi, puis à Varna, où elles furent en proie à une terrible épidémie. La fraîcheur extrême des nuits succédant à des journées brûlantes, pendant lesquelles on était calciné par le soleil, contribua certainement à propager le mal. L'été est quelquefois plus dangereux à cet égard que la mauvaise saison, parce que la température y varie davantage du jour à la nuit et qu'on n'a pas l'idée d'allumer des feux de bivouac, qui cependant seraient souvent nécessaires.

Nous avons, dans un des chapitres précédents, comparé la mobilisation de l'armée d'Orient en 1854 à celle de l'armée chargée en 1830 de la conquête de l'Algérie. Il peut y avoir intérêt à comparer également les deux débarquements et les deux installations.

La flotte de l'amiral Duperré arriva au mouillage de Sidi-Ferruch dans la journée du 13 juin ; la plage choisie pour le débarquement est unie et le pays n'offre, jusqu'à deux lieues plus loin, que de légères ondulations de terrain. Le 15 au point du jour, le débarquement commença par la première division à l'aide des gros bateaux de la flottille et des chalands ; les sapeurs étaient chargés des lances destinées à former des chevaux de frise portatifs. Cette première division à peine débarquée forma ses colonnes, marcha à l'ennemi, le repoussa, gagna la place nécessaire au développement de l'armée et bivouaqua derrière un ravin qui la séparait de l'ennemi, en se couvrant par une ligne de chevaux de frise, composée de faisceaux de trois lances unis ensemble par un câble ; la deuxième division s'établit en seconde ligne, la troisième division installa ses bivouacs en arrière, sur le promontoire qui bordait la plage à l'est et commença immédiatement la construction d'un retranchement à front bastionné, pour séparer ce promontoire de l'intérieur du pays.

En Crimée, le débarquement fut plus difficile, parce que l'on pouvait avoir affaire à l'armée russe, capable de jeter à la mer le corps de débarquement, si elle se présentait pendant le cours de l'opération (et l'on se demande en effet pourquoi elle ne l'a pas tenté). Le corps expéditionnaire français, fort de 27,000 hommes, comprenait 4 divisions d'infanterie et 13 batteries d'artillerie de campagne, dont 5 de réserve avec une batterie de montagne. Le corps anglais était composé de cinq divisions d'infanterie et une de cavalerie, à l'effectif total de 21,600 hommes.

La quatrième division française fut envoyée, avec une partie de la flottille, faire une fausse démonstration à l'embouchure de la Katcha. Le point de débarquement choisi était une vaste plage parfaitement unie, sur laquelle la nature avait tracé d'elle-même la ligne de démarcation entre les deux armées. L'escadre française se forma, le 14 septembre au matin, sur trois lignes parallèles, la première à 600 mètres environ de la plage, les autres successivement à 200 mètres de distance : chaque ligne correspondait à une division ; l'artillerie prit place dans des chalands remorqués, l'infanterie dans les canots. Au signal donné, toutes ces embarcations s'approchèrent de terre, flanquées par les avisos à vapeur. Des fanions de diverses couleurs indiquaient sur la plage les points précis d'atterrissage des brigades, régiments, batteries, états-majors, etc.; à neuf heures, le débarquement commençait ; à six heures du soir, les trois premières divisions étaient en ligne avec 59 canons, les grand'gardes étaient placées ainsi que les petits postes et les vedettes. Installés sous leurs tentes-abris, nos soldats supportèrent, sans trop s'en apercevoir, un violent orage qui dura toute la nuit et dont les Anglais, qui n'avaient pas eu le temps de débarquer leurs grandes tentes, souffrirent beaucoup. Le débarquement ne fut achevé que le 16 au soir, à cause de cet orage, et les Anglais n'étant pas prêts, on ne put se mettre en route que le 18.

Nous ne suivrons pas les armées française et anglaise dans leurs bivouacs successifs de l'Alma à Balaklava, mais il nous paraît intéressant d'étudier le long stationnement de l'armée devant Sébastopol. Pour l'intelligence de ce qui va suivre, il faut se figurer le plateau de Chersonèse, sur lequel séjournèrent les armées, comme un triangle irrégulier, dont la base, courant du sud-ouest au nord-est, serait formée par une ligne de hauteurs, les monts Sapoune, et dont le sommet, situé au nord-ouest, serait le cap Chersonèse. Un des côtés, qui est presque en ligne droite, est bordé par de hautes falaises dominant la mer. Le troisième côté, convexe dans sa disposition générale, est très déchiqueté et présente une série de baies profondes, se prolongeant dans l'intérieur des terres par des ravins qui ont tous joué un rôle considérable pendant le siège. C'est, à partir du cap, pour ne parler que des plus importantes, la double baie de Kazatch et de Kamiesch, qui a servi de port de ravitaillement à l'armée française ; la baie Stréleska, continuée par le ravin des Carrières ; la baie de la Quarantaine, à laquelle fait suite le ravin du même nom, et la baie du Sud, formant le port de Sébastopol, à l'extrémité duquel s'embranchent, à droite, le ravin dit des Anglais, à gauche, le ravin du Laboratoire. Ce côté du triangle est prolongé par la grande baie ou rade de Sébastopol, dominée par les forts du Nord et sur laquelle s'ouvrent plusieurs ravins dont le premier, à partir de la baie du Sud, est le ravin des Docks et dont le plus important est le ravin du Carénage ; au-dessus de ce dernier ravin et à l'est, est le plateau du même nom, terminé par le mont des Cosaques.

Au fond de la grande baie et au pied du plateau du Carénage, débouche la Tchernaïa, qui vient du sud-est ; la base du triangle suit d'abord cette direction, bordée par la rivière et ensuite s'infléchit du nord-est au sud-ouest... Au pied des hauteurs qui forment cette base, c'est-à-dire au pied des monts Sapoune, s'étend la plaine de Balaklava, séparée, au nord-est, de la Tchernaïa par les monts Fedioukine, perpendiculaires aux monts Sapoune et moins élevés qu'eux, limitée au sud-est par les monts Hasford et au sud par un pâté montagneux dans lequel s'ouvre la baie de Balakava. La plaine est coupée en deux par une ligne de mamelons, régnant depuis le pied des monts Fedioukine jusqu'au mont Hasford ; elle est traversée par deux routes : celle de Balaklava à Simphéropol, qui traverse la Tchernaïa au pont de Traktir, et la route Woronsof, qui sort de Sébastopol par le ravin du Laboratoire, s'élève sur le plateau, arrive sur la crête auprès d'un télégraphe, descend en lacets dans la plaine, suit à peu près la ligne des mamelons et pénètre dans les monts Hasford ; une bifurcation s'en détache à gauche sur le plateau pour descendre dans le ravin dit des Carrières, traverser la Tchernaïa sur le pont d'Inkermann et s'élever sur les hauteurs du nord. Enfin, une route se détache de celle de Balaklava à Simphéropol au village de Kadikoï, presque au sortir de la ville, pour monter sur le plateau en passant au col de Balaklava. Le port de Balaklava servait de grand dépôt aux Anglais, celui de Kamiesch, providentiellement trouvé, était le dépôt de l'armée française. Cette armée était partagée en un corps de siège campé entre Kamiesch et Sébastopol, et un corps d'observation, installé, dans une direction presque perpendiculaire, en arrière de la crête des monts Sapoune. L'armée anglaise était campée vis-à-vis le faubourg de Karabelnaïa, qui borde au sud le port de Sébastopol ; une de ses divisions, en équerre à l'extrême droite, était en observation au-dessus du ravin des Carrières.

On voit, par cette description assez compliquée, que les deux points faibles sur les lignes occupées par les alliés étaient la plaine de Balaklava et le plateau du Carénage, c'est-à-dire justement les points gardés par les Anglais qui prenaient, il faut bien le dire, encore moins de précautions de sûreté que l'armée française. Ils étaient cependant couverts du ravin des Carrières par quelques petites redoutes et un commencement de tranchées. En outre, les mamelons de la plaine de Balaklava étaient occupés par une ligne de redoutes qui faisaient, de la portion de cette plaine contiguë à la ville, comme une sorte de camp retranché dans lequel était établie, sous la tente, la cavalerie anglaise. Du côté des Français, la crête des monts Sapoune était également bordée par des retranchements et défendue par un petit ouvrage situé à mi-côte sur la route Woronsof. Les armées alliées n'ayant pas un effectif assez nombreux pour suffire à la fois aux travaux du siège et à la garde de leurs camps, les commencements de l'occupation furent très pénibles, et ce n'est pas un mince mérite de s'être maintenu sur le plateau de Chersonèse en face d'une place de l'importance de Sébastopol et devant des forces numériquement supérieures.

La première tentative des Russes fut dirigée contre Balaklava. On sait comment, le 26 octobre, ils s'emparèrent des redoutes défendues par les Turcs, furent arrêtés dans la plaine par les highlanders qui composaient la garnison de Balaklava et par la grosse cavalerie anglaise, comment en voulant reprendre les redoutes, la cavalerie légère fut détruite dans une charge héroïque et insensée, et comment en définitive les Russes restèrent maîtres de toute la ligne des redoutes, à l'exception des deux plus voisines des monts Sapoune ; ils occupèrent, en conséquence, sous les ordres du général Liprandi, la plus grande portion de la plaine, menaçant les derrières de la position des alliés ; une brigade française vint couvrir la ville de Balaklava. Ce n'est pourtant pas de ce côté que les Russes tentèrent leur seconde attaque. La bataille d'Inkermann eut lieu, le 5 novembre, à l'extrême droite des Anglais, du côté du plateau de Carénage. Le danger que coururent les armées anglaise et française fut grand ce jour-là. Heureusement, si les Anglais se laissèrent surprendre, les Russes ne mirent aucun ensemble dans leurs attaques ; l'armée anglaise, secourue juste à temps par le général Bosquet, ne fut pas écrasée comme elle aurait dû l'être, et les troupes de Liprandi attendirent vainement le moment favorable pour gravir les monts Sapoune. Le coup était manqué, mais la bataille d'Inkermann eut pour résultat immédiat de retarder les travaux du siège.

Pendant l'hiver, des renforts arrivèrent aux armées assiégeantes, mais surtout aux Français. Au printemps, le corps auxiliaire piémontais débarqua en Crimée ; les alliés en profitèrent pour étendre leurs positions. Deux divisions françaises s'installèrent sur les monts Fedioukine, le corps piémontais fut campé sur les pentes des monts Hasford, et bientôt la cavalerie du général d'Allonville, appuyée par deux bataillons d'infanterie et deux batteries d'artillerie, remontant le cours de la Tchernaïa, alla occuper la vallée de Baïdar ; les alliés furent ainsi maîtres de tout le pays situé sur la rive gauche de la Tchernaïa, sauf, bien entendu, la ville de Sébastopol et son faubourg de Karabelnaïa. C'est dans cette position qu'ils furent attaqués, le 16 août 1855, par une nouvelle armée russe ; la bataille de Balaklava avait été livrée entre les monts Fedioukine et la mer, celle de Traktir eut lieu de l'autre côté des monts Fedioukine, dans la plaine où coule la Tchernaïa. La défaite complète des Russes marqua l'heure prochaine de la chute de Sébastopol.

Pendant la longue occupation du pays par les armées alliées, les Anglais ne cessèrent de camper sous la grande tente, si ce n'est à Balaklava où ils avaient construit des baraques ; les troupes françaises restèrent quelque temps sous la tente-abri et reçurent peu à peu des grandes tentes. Le premier hiver fut rude à passer, surtout pour les troupes du siège qui, en revenant des tranchées où elles avaient passé le jour et la nuit sous la pluie ou la neige, les pieds dans la boue, rentraient dans des camps où elles ne trouvaient pas à se chauffer, car le bois faisait défaut, et à peine parvenait-on à distribuer ce qui était indispensable pour la cuisson des aliments. On avait commencé par abattre le peu d'arbres qu'il y avait sur le plateau, puis on en avait arraché les souches, on avait fait de même pour les vignes, on avait démoli toutes les maisons qui se trouvaient dans la campagne pour en brûler la charpente et les planchers, il fallut enfin se contenter du bois de distribution. L'hiver fut surtout funeste pour les chevaux qui, exposés en plein air à toutes les intempéries d'une saison très variable et enfoncés dans une boue glacée, ne recevaient la plupart du temps qu'une ration réduite et ne pouvaient même manger qu'une partie de cette ration, le reste étant enlevé par le vent ou pourri par la boue. Travaillant constamment et mal nourris, ces pauvres bêtes tombaient comme des mouches, les chevaux arabes seuls résistaient ainsi que les mulets. Les chevaux de trait étaient surchargés de travail, et lorsque arriva la fin de l'hiver, le nombre en eût été réduit presque à zéro sans les arrivages de France. Quelque restreint que fût l'espace occupé par les armées, on vit se renouveler pour les transports, les faits qui s'étaient produits au blocus de Mayence, en 1794, c'est-à-dire qu'il ne resta plus guère, au bout de quelque temps, que les chevaux de l'artillerie employés à tous les services, allant le jour à Kamiesch, chercher des vivres et des fourrages et passant la nuit sur les travaux du siège, à traîner les pièces pour les amener dans les batteries. Bientôt, les Anglais ne pouvant faire marcher leurs travaux aussi vite que les Français, faute de pouvoir amener sur place le matériel nécessaire, on mit nos attelages à leur disposition, et, détail qui montre bien à quel point nous étions dupes dans notre alliance avec cette nation dont nous allions faire les affaires en Crimée, les chevaux de leur artillerie légère restaient à Balaklava, bien installés sous de bonnes baraques, ne fournissant aucun travail, tandis qu'on tuait les nôtres à traîner leur matériel... Aussi nos troupes n'appréciaient-elles pas beaucoup les bienfaits de l'alliance et furent-elles indignées lorsque, nos chevaux mêmes venant à manquer, on fit porter à la main les boulets de l'artillerie anglaise par nos fantassins français. Certes, ils se soumirent à cette corvée avec une parfaite obéissance et non sans une certaine gaîté, ils comprenaient très bien que les chefs de l'armée agissaient ainsi pour vaincre l'inertie de nos alliés. Mais quelle joie si on leur eût dit : « Alliance avec les Russes et guerre aux Anglais ! »

Jamais peut-être l'armée française ne montra mieux que dans cette circonstance des qualités qui lui ont été souvent contestées bien à tort, car nos soldats ont été les premiers du monde pour supporter avec constance des privations et des maux prolongés ; ils sont aussi les plus industrieux de tous pour rendre supportables leurs installations passagères... On racontait dans les camps ce mot attribué à l'empereur Nicolas après que Mentchikoff eut été battu à Inkermann : « J'ai encore pour battre les Français cinq généraux : Novembrikoff, Décembrikoff, Janvieski, Febrieski et Marchkoff... » Aussi, pendant que l'ouragan du 14 novembre enlevait les toitures des baraques et arrachaient du sol les piquets des tentes, les soldats disaient : « Le général Novembrikoff ne sera pas plus fort que nous », et à la fin de chaque mois : « Enfoncé Janvieski ou Marchkoff ! » s'écriaient-ils en riant.

Cependant les maladies les éprouvaient cruellement ; en Turquie, c'avait été le choléra ; en Crimée et à la fin de l'hiver, ce furent le scorbut et la fièvre typhoïde. La belle saison rétablit un peu la santé générale, le second hiver fut moins dur, parce que l'on avait du bois presque à discrétion et que les nuits ne se passaient plus dans les tranchées, mais au printemps et au moment de quitter la Crimée, le typhus se déclara et fit d'énormes ravages dans l'armée. La cause de toutes ces épidémies doit être attribuée aux nombreux cadavres d'hommes et de chevaux enterrés presque à fleur du sol, qu'on voyait sur certains points soulevé par la fermentation, et, il faut bien le dire aussi, à la mauvaise tenue des camps. On raconte que le maréchal Bugeaud, pendant ses expéditions en Algérie, *interrogeait* la santé de son armée par des investigations d'une nature toute particulière autour des bivouacs. Quand le soldat est malade la nuit et qu'il quitte précipitamment sa tente, il ne peut généralement s'en éloigner à peine, et les environs du camp sont souillés par des déjections dont l'aspect, pour le médecin comme pour le chef soucieux de la vie de ses hommes, est un indice qu'il ne faut pas négliger... Les abords des camps auraient dû être l'objet d'une vigilance constante et de soins de propreté incessants.

Nous avons dit que le port de Kamiesch était le grand dépôt de l'armée française, Balaklava celui de l'armée anglaise, la tête d'étapes de route, si l'on peut appliquer ici le vocabulaire actuellement en usage. Constantinople était la grande station intermédiaire. La base d'opérations était : à Toulon et à Marseille pour les Français, à Malte et à Alexandrie pour les Anglais. Dans cette guerre singulière, où trois grandes nations semblaient s'être donné rendez-vous pour décider leur querelle en champ clos, une bataille mettait en présence des hommes dont les uns arrivaient du bord de la Baltique, d'autres de la grande presqu'île de l'Inde, les autres du fond de la Bretagne ou du sud de l'Algérie. Si l'on ajoute à ces grands transports d'hommes, celui du matériel de toute espèce qu'il fallut faire venir de France, d'Angleterre, d'Asie, on restera confondu du tonnage de la navigation exigée par cette guerre de Crimée, dans laquelle les Russes, qui n'avaient que des routes de terre sur une distance énorme, ne purent résister aussi longtemps que grâce aux immenses approvisionnements réunis à Sébastopol par la prévoyance des czars, non pas, il est vrai, pour s'y défendre, mais pour attaquer...

La guerre de Crimée nous fournit peu d'indications utiles pour le service de sûreté. Nous n'y avons guère remarqué qu'un détail intéressant, savoir combien la cavalerie française et surtout la cavalerie anglaise entendaient mal ce service et comme elles se mettaient à l'abri derrière l'infanterie. Même dans la vallée de Baïdar, où stationnait une division de trois brigades, très bien commandée par le général d'Allonville, cette division dormait sous la protection de deux bataillons d'infanterie.....

La campagne de 1859 en Italie dura trop peu de temps pour que l'on puisse y chercher un enseignement pour les armées en station. Il n'en est pas de même de la guerre du Mexique, où la division de Lorencez se trouva dans une position difficile après l'attaque infructueuse d'Orizaba et prouva une fois de plus la solidité et la patience des troupes françaises. Au moment où cette division (ou forte brigade) vint s'établir à Orizaba pour y attendre les renforts envoyés de France, c'est-à-dire le 18 mai 1862, le port de Vera-Cruz, d'où devaient venir les ravitaillements, était bloqué par les Mexicains, et c'est à peine si la garnison qu'on y avait laissée pouvait s'y maintenir. La route d'Orizaba à Vera-Cruz était infestée par les guérillas ; il fallut occuper sur le Chiquihite un point intermédiaire et organiser, pour combattre les bandes, la trop célèbre contre-guérilla... Quelques rares convois se faisaient jour au prix des plus grands efforts. Le général Douai, venant de France, amena deux convois au mois de juin en rejoignant la division, mais la crainte d'être pris par la famine dura encore pendant les mois de juillet et d'août et ne cessa qu'au mois de septembre par l'arrivée des renforts. Dans cet intervalle de temps, le ravitaillement donna lieu à des difficultés parfois émouvantes. Un convoi, parti d'Orizaba sous les ordres du commandant Morand avec des voitures vides, trouva à la Soledad le pont rompu par les Mexicains et la rivière grossie. Il n'était pas possible de penser à la traverser, la colonne attendit quelque temps dans l'espoir de voir paraître sur l'autre rive les renforts qu'on attendait de Vera-Cruz, mais au bout de quelques jours, il fallut rétrograder, sous peine de mourir de faim. Le commandant Morand rentra donc à Orizaba, y recueillit tout ce qui était nécessaire pour construire une passerelle et repartit. Cette fois, au moment où il arrivra à la Soledad, un détachement de renfort escortant un convoi y apparaissait sur l'autre rive. Avec beaucoup de peines et de fatigues, on organisa un va-et-vient qui permit de traverser la rivière avec un radeau ; les vivres furent ainsi transmis au commandant Morand qui put les emmener à Orizaba, tandis que l'autre détachement rentrait à Vera-Cruz avec ses voitures vides. Dans ces conditions, la vie des troupes fut des plus précaires à Orizaba, on se vit obligé de réduire la ration de pain de 750 à 500 grammes et de substituer du maïs vert à la paille pour les chevaux, que l'on finit par nourrir exclusivement avec de la canne à sucre et du maïs.

C'est pendant ce séjour à Orizaba qu'eut lieu la fameuse surprise du Cerro del Borrigo, suivie d'un si glorieux combat. Regardant comme inaccessible cette hauteur, qui domine à pic Orizaba avec une différence de niveau de 350 mètres, on avait négligé de l'occuper. Pendant que le général Zaragoza, avec 14,000 Mexicains, refoulait nos avant-postes sur la route de Puebla, Ortega, avec une division, suivait la ligne de faîte des hauteurs et, protégé par la négligence de nos troupes auxiliaires, gagnait la cime du Cerro del Borrigo, où il s'installait avec 3 pièces de montagne. Informé de la présence de l'ennemi sur cette cime, mais ne soupçonnant pas sa force, le colonel Lherillier, du 99ᵉ régiment, envoya à un chef de bataillon, posté de ce côté avec quatre compagnies, l'ordre de faire reconnaître le Cerro. Le capitaine Détrie, chargé de cette reconnaissance avec sa compagnie, aperçut les Mexicains, les chargea immédiatement, et bientôt soutenu par une autre compagnie, les culbuta dans l'obscurité sans qu'ils se doutassent, à leur tour, de la faiblesse de la troupe qui les attaquait. Les 2,000 hommes d'Ortega furent mis en fuite après avoir perdu 250 hommes tués ou blessés, laissant entre nos mains 200 prisonniers, 3 obusiers de montagne et un drapeau. Le 99ᵉ n'eut que 6 hommes tués et 28 blessés, dont 4 officiers sur 6. L'inconvénient des affaires de ce genre, c'est qu'elles contribuent à endormir la vigilance des troupes dans une fausse confiance et par l'*idée qu'on s'en tirera toujours*.

Nous avons vu que, pendant les guerres du premier Empire, les troupes n'étaient cantonnées que pendant les suspensions d'armes et les longs stationnements, le bivouac étant de règle en présence de l'ennemi. L'influence de ces bivouacs prolongés, lorsque vinrent les désastres de l'armée, a été peut-être plus funeste qu'on ne le croit généralement. Les Prussiens, pendant la guerre de 1866, montrèrent le parti que l'on peut tirer du cantonnement, même pendant les marches et à proximité de l'ennemi. Leur système à cet égard était complètement arrêté pour la campagne de 1870-1871.

Ils partaient de ces données : le bivouac fatigue inutilement les hommes et les chevaux qui, outre les souffrances résultant du froid et de la pluie, se nourrissent mal les uns et les autres, les hommes parce qu'ils font difficilement cuire leurs aliments, les chevaux parce qu'une partie de leur ration est perdue. En outre, il est beaucoup plus facile à l'ennemi d'apprécier la force et la position de l'armée lorsqu'elle est bivouaquée ou campée ; la lueur des feux pendant la nuit, les colonnes de fumée pendant le jour permettent de mesurer du haut d'un clocher l'étendue du front. Ils firent donc le plus possible cantonner leurs troupes, les resserrant plus ou moins suivant la proximité de l'ennemi et la chance de combattre. Ainsi le 15 août 1870, la deuxième armée allemande marchait sur Thiaucourt où fut établi le quartier général, un des corps de cette arme suivait la vallée du Rupt-de-Mad, vallée étroite et encaissée où se trouvent, à la suite les uns des autres, de nombreux et riches villages ; les soldats y furent entassés à raison de dix ou douze pour un habitant. Plus tard, pendant le siège de Metz, ces mêmes villages, situés à 20 kilomètres environ de la place, n'eurent plus à loger qu'un soldat par habitant. Pendant ce temps, nos soldats couchaient sous la tente-abri, et les officiers ayant perdu leurs bagages ne pouvaient trouver ni abri, ni repos. Un officier supérieur, qui s'était très énergiquement conduit à Frœschwiller et qui devait bientôt montrer la même énergie à Sedan, écrivait de Laneuveville (Meurthe), pendant la marche de Frœschwiller sur le camp de Châlons : « Nous sommes en déroute, quelque chose de navrant, « l'absence d'ordres, l'indiscipline, les fatigues de toute sorte : pri- « vation de sommeil et de nourriture, la pluie sur le dos, jour et « nuit au bivouac, sans abri depuis huit jours, voilà où nous en « sommes... La fatigue et les privations ont usé mon énergie » (ce n'était pas vrai) « qui était pourtant immense le jour de la bataille. »

Les Prussiens ne se dissimulaient pas toutefois, et il n'y avait pas à se dissimuler l'inconvénient du cantonnement, c'est qu'il se prête mieux aux surprises que le campement et le bivouac. Et cependant leurs troupes n'ont jamais été surprises dans leurs cantonnements, du moins pendant la première partie de la guerre, tandis que les nôtres l'ont été plusieurs fois à leurs bivouacs dans les circonstances les plus désastreuses. Si notre cavalerie eût été plus entreprenante, les Allemands n'auraient pas été aussi tranquilles dans leurs cantonnements. Dans sa marche après la bataille de Sedan, l'armée ennemie rencontra aux environs de Paris une nombreuse cavalerie envoyée pour lui disputer le terrain, sous les ordres du général qui devait plus tard faire avorter les suites de la bataille de Coulmiers. Un escadron de hulans se trouvait dans un village à proximité du 9e régiment de chasseurs. Le colonel de ce régiment demanda l'autorisation d'enlever l'escadron pendant la nuit. Le général répondit par l'ordre formel de ne pas bouger, et c'est ainsi que cette belle cavalerie recula devant les avant-gardes allemandes sans jamais les ralentir d'une heure. Et la cavalerie de l'armée de Metz! Servit-elle à autre chose, depuis le 18 août jusqu'au jour de la capitulation, qu'à former une réserve de viande de boucherie pour l'armée et la population? Pas plus que la cavalerie, l'infanterie ne fut employée à troubler le repos des Allemands. Et cette armée, une des plus belles qu'on ait jamais vues, fut condamnée, par l'*inertie* (?) de son général en chef, bien plus encore que par les dispositions de l'ennemi, à supporter le blocus le plus étroit, en faisant quelques rares tentatives sur les cantonnements des assiégeants.

En revanche, l'histoire peut enregistrer au passif des corps d'armée français trois grosses surprises : Wissembourg, Vionville, Beaumont.

Les lignes de Wissembourg, dont nous avons parlé plus haut, n'existaient plus. Les deux places qui en formaient le principal appui, Wissembourg et Lauterbourg, avaient été déclassées, mais non démolies, disposition absurde, car Wissembourg, par exemple, intenable comme place française parce qu'elle était dominée à bonne portée de canon par des hauteurs situées de l'autre côté de la frontière, devait fournir à l'ennemi une bonne place de dépôt, à cause de son enceinte qui la mettait à l'abri d'un coup de main. Le général Abel Douai qui, avec sa division et un régiment de cavalerie, formait l'avant-garde de l'armée française, ne se dissimulait pas le danger de sa position. Si les lignes de Wissembourg n'existaient plus, la forêt de Bienwald, sur la rive gauche de la Lauter, dissimulait toujours comme un épais rideau les mouvements de l'armée allemande. Le général faisait donc fouiller avec soin cette forêt, mais par de fortes reconnaissances qui étaient vues par l'ennemi sans le voir.

D'après le règlement de 1832, le service de découverte devait, en effet, se faire par des reconnaissances journalières composées autant que possible de troupes de cavalerie et d'infanterie, afin de s'assurer si l'ennemi n'était pas en mouvement et ne s'assemblait pas à proximité, ce qui était bien le cas. Mais on aurait pu appliquer à ces reconnaissances envoyées de Wissembourg les réflexions si justes du général de Brack sur les guerres du premier Empire : « Beaucoup de nos reconnaissances étaient mal calculées, car elles « étaient trop nombreuses pour voir sans être vues, trop faibles « pour attaquer ou soutenir une attaque. Les reconnaissances ne « doivent être nombreuses que dans un seul cas, celui où il faut « qu'elles attaquent..... Dans tout autre cas, elles ne doivent se « composer que de quelques hommes intelligents et bien montés « qui, s'ils sont poursuivis, ne pas sont obligés de s'attendre, car « ils ont de meilleures jambes que ceux qui les poursuivent[1]. » Le général de Brack recommande encore d'éviter la régularité dans la composition numérique des reconnaissances et des heures de sortie des détachements envoyés pour reconnaître.

Le général Bugeaud avait également donné à l'avance d'excellents conseils pour le cas de Wissembourg. Une division lancée en flèche devait, selon lui, se garder, de manière à pouvoir se replier à temps devant des forces supérieures qu'elle n'avait pas à combattre, et le meilleur moyen d'avoir des nouvelles de l'ennemi était d'envoyer un petit détachement sur les communications de son avant-garde[2].

Au lieu de cela, on envoya le 4 au matin, comme on l'avait fait le 2 et le 3, une reconnaissance composée de 2 escadrons de chasseurs, 1 bataillon de tirailleurs algériens et 2 canons ; elle ne rapporta que des renseignements vagues au général Douai qui, s'il eût été prévenu à temps de la force numérique des troupes qui se préparaient à l'attaquer, aurait certainement concentré sa division et aurait pu prendre sur les hauteurs du Pigeonnier une position

---

[1]. *Avant-postes de cavalerie légère*, édition Dumaine, 1880, page 183.
[2]. *Aperçus sur la guerre*.

inexpugnable. Le résultat de ce procédé de découverte fut un combat héroïquement soutenu, dans lequel le général Douai perdit la vie et qui marqua par une défaite le début de la campagne.

Le 15 août, au soir, l'armée commandée par Bazaine, sortie de la place de Metz en une seule colonne, avait commencé à Gravelotte sa bifurcation en deux colonnes : l'une à gauche suivant la route de Mars-la-Tour, l'autre à droite sur la route d'Étain ; leur point commun de direction était Verdun. La colonne de gauche, qui prêtait le flanc à l'ennemi, était précédée par la 2ᵉ division de cavalerie de réserve, composée d'une brigade de dragons et d'une brigade de cuirassiers, qui bivouaqua le 15 août au soir près de Vionville ; le 2ᵉ et le 6ᵉ corps s'arrêtaient le même soir près de Rezonville, à 2,800 mètres seulement en arrière de la cavalerie. Ce n'est pas à une si faible distance, très bonne portée pour les canons actuels, que la cavalerie peut éclairer la marche d'une armée, même en supposant que cette cavalerie prenne toutes les précautions qu'exige le service de sûreté.

Dans le cas qui nous occupe, les patrouilles de reconnaissance, parties le matin du 16 août, étaient rentrées à huit heures sans avoir rencontré autre chose que des cavaliers isolés. Un instant après, l'artillerie à cheval de la 5ᵉ division de cavalerie allemande venait se mettre en batterie sur un mamelon, à 1,300 mètres des bivouacs de notre 2ᵉ division de cavalerie de réserve dont la moitié des chevaux étaient à l'abreuvoir, et qui se rejeta en désordre sur les troupes du 2ᵉ corps..... On sait le reste.

Mais que dire de la surprise de Beaumont, le 30 août 1870? Rien, si ce n'est que lorsque la même faute, et une faute aussi grave, se reproduit trois fois de suite dans l'espace d'un mois, il ne faut en accuser personne en particulier. Aussi bien notre but, pas plus que notre intention, n'est pas de récriminer contre qui que ce soit. Le mal était plus général. Les traditions de l'époque glorieuse étaient complètement perdues, ou plutôt avaient été transmises à l'armée par des règlements que l'on n'exécutait pas et que souvent même on ne prenait pas la peine de lire.

On devrait aujourd'hui faire apprendre par cœur à tous les jeunes officiers le récit de la bataille de Beaumont ; il serait à coup sûr plus instructif que celui de la bataille d'Austerlitz. Les positions à faire occuper par le corps d'armée étaient clairement indiquées par le simple aspect du pays, la place des avant-postes était aussi nettement marquée ; on se garda bien d'y envoyer un seul homme, et l'on installa le corps d'armée au fond d'un entonnoir, dominé à moins de mille mètres par un cercle de hauteurs dangereuses que couronnaient des bois. Pour toute mesure de sûreté on envoya dans la matinée des reconnaissances qui s'écartèrent très peu des camps et revinrent dire qu'elles n'avaient rien vu. Enfin on laissa approcher les reconnaissances allemandes, qui purent constater à loisir que, dans les campements français, les soldats à moitié déshabillés se livraient aux soins de propreté ou dormaient, tandis que les chevaux de l'artillerie étaient à l'abreuvoir. Des batteries bavaroises s'avancèrent alors et traversèrent les bois pour venir s'installer à la lisière ; des gens du pays, des femmes même, accoururent au camp prévenir l'état-major de ce qui se passait ; on ne les écouta pas, et le signal du combat fut donné par les obus allemands, éclatant tout à coup au milieu de nos tentes. On a beaucoup vanté l'excellente organisation de l'armée allemande et les qualités de toute sorte qu'elle déploya en 1870 à notre grand dommage, mais il faut convenir que certains de nos généraux lui firent la partie belle.

Dans la seconde partie de la guerre, les francs-tireurs qui, eu égard à leur nombre, auraient dû harceler sans cesse les cantonnements et les convois de l'ennemi, firent du moins quelques incursions heureuses au delà de ses avant-postes. Nous avons déjà rappelé à ce sujet les surprises d'Ablis, de Viabon, d'Étrépagny, de Cherizey et le glorieux coup de main de Fontenoy. Les Allemands eux-mêmes reconnaissent que leur service d'exploration devint beaucoup plus difficile qu'au début des hostilités. Nous trouvons d'ailleurs à étudier, dans cette seconde partie de la guerre, une assez longue période de stationnement, le séjour de la première armée de la Loire sous Orléans.

Orléans était le centre et le réduit de la position, gardée en arrière par le cours de la Loire et formant un demi-cercle sur la rive droite de ce fleuve ; elle était protégée sur sa droite par la forêt d'Orléans, depuis la Loire supérieure jusqu'au village de Chevilly, situé sur le chemin de fer et sur la route de terre au point le plus saillant et le plus septentrional de la ligne, et sur sa gauche, depuis Chevilly jusqu'à la Loire inférieure, par une série d'assez forts retranchements, garnis de 119 bouches à feu de gros calibre, fournies et servies par la marine. En avant de ces retranchements étaient les troupes, couvertes par une ligne d'avant-postes fortifiés. Le 15ᵉ corps, à droite, avait une de ses divisions sur le front de la forêt, les deux autres divisions s'étendaient à droite et à gauche de la route de Paris ; le 16ᵉ corps, à gauche, était assez étroitement massé des deux côtés de la route de Châteaudun, les réserves d'artillerie en arrière. Les avant-postes étaient éclairés à gauche par les francs-tireurs de Paris, de Saint-Denis et de la Sarthe, réunis sous le commandement du lieutenant-colonel Lippowski; la forêt d'Orléans, sur la droite, était gardée par M. de Cathelineau ayant sous ses ordres, outre les *volontaires vendéens*, tous les autres corps de francs-tireurs. Les troupes étaient en général cantonnées dans les fermes et les villages, qui sont très rapprochés les uns des autres dans ces parages. Plus tard, l'armée fut complétée par le 17ᵉ corps d'armée en voie de formation, auquel le général en chef assigna les positions d'Ouzouër-le-Marché, Josne, Marchenoir et Beaugency à l'extrême gauche. Plus tard encore, le 18ᵉ et le 20ᵉ corps, rattachés plus ou moins directement au commandement du général d'Aurelle, vinrent se placer à la droite de l'armée et, après une tentative inutile pour s'emparer de Beaune-la-Rolande, occupèrent : le 20ᵉ corps, Boiscommun ; le 18ᵉ, plus à droite encore, Ladon.

Dans cette position, ayant Orléans pour centre, le ravitaillement des troupes fut relativement facile. Malheureusement, avec des formations aussi considérables, faites à la hâte sous la pression des événements, les soldats manquaient de bien des choses dont on s'efforça de les pourvoir pendant ce long séjour dans le camp retranché, mais on ne pouvait le faire que progressivement et, avec le froid de cet hiver exceptionnellement rigoureux, il en résulta bien des souffrances.

Quant aux mesures de sûreté et d'exploration, elles furent parfaitement entendues à l'armée de la Loire. Nul mieux que le général d'Aurelle, exact, sévère, régulier, n'était apte à imprimer une haute direction à tous les services de son armée et, sous ses ordres, le général Chanzy déployait une infatigable activité. Le général en chef lui reprocha même cet excès d'activité qui, selon lui, fatiguait les troupes et enlevait aux généraux de division et de brigade une partie de leur initiative.

La ligne autour d'Orléans était formée de tranchées-abris et de fortes batteries, placées de distance en distance sur les points naturellement indiqués pour battre le pays. La position devint très forte et si, le 4 décembre, les Allemands n'y avaient pas pénétré à la suite des troupes en déroute, elles auraient pu sans nul doute leur opposer une résistance plus sérieuse. En avant des lignes occupées par les divisions, les avant-postes passant par Neuville, Artenay, Bricy, Patay, Villeneuve-sur-Conie, étaient protégés par des retranchements en terre, les murs des maisons étaient crénelés. Enfin, les avant-postes, comme nous l'avons déjà vu, étaient couverts par les francs-tireurs et par un escadron d'éclaireurs volontaires choisis dans les régiments de cavalerie du 16e corps d'armée. Le système, sans cesse préconisé par Napoléon, de faire des prisonniers, fut assez largement pratiqué; c'est ainsi que, dans les rapports du général Chanzy, nous voyons, le 11, le 12, le 13 novembre, les francs-tireurs de Paris ramener des cuirassiers et des uhlans pris par eux, le 14, un détachement de cavalerie légère de 8 hommes, commandé par un sous-lieutenant, enlever un lieutenant de hussards en reconnaissance d'officier avec son ordonnance, le 16, Lippowski prendre à Viabon plusieurs uhlans du 10e régiment, le 18, les francs-tireurs de Paris faire encore des prisonniers et signaler ainsi le mouvement de l'armée ennemie sur Chartres. Le 21 novembre, une reconnaissance plus forte, composée des francs-tireurs de Paris et de deux escadrons de cavalerie légère, soutenus à distance par un bataillon d'infanterie, un régiment de cuirassiers et deux pièces, force les éclaireurs ennemis à se retirer, puis bat en retraite, laissant une compagnie de francs-tireurs en embuscade. L'ennemi se reporte en avant, ses avant-postes sont surpris la nuit, 18 cavaliers sont tués dans leurs grand'gardes et 4 prisonniers sont ramenés. Jusqu'au 1er décembre, jour du combat de Villepion, la division de cavalerie du général Michel ne cessa d'éclairer la marche de l'ennemi et d'en signaler les mouvements. Le soir de ce combat, un poste allemand, laissé dans une ferme, fut cerné par une compagnie de francs-tireurs de Paris et un escadron de chasseurs, qui enlevèrent 40 cavaliers, dont 3 officiers.

Avec les revers, les surprises recommencèrent dans l'armée française. Nous avons signalé ailleurs[1] celle du parc de Chambord, occupé par une brigade entière avec une batterie d'artillerie; deux compagnies hessoises, au dire de l'ouvrage du grand état-major allemand, escaladèrent les murs du parc, s'emparèrent de 5 pièces, avant qu'on eût pu les atteler, et firent 250 prisonniers, dont 3 officiers supérieurs. D'après le rapport français, la brigade envoyée à Chambord pour défendre le parc l'aurait trouvé déjà occupé par des *forces supérieures*. Écrivez donc l'histoire !

La surprise de Sombacourt, le 16 janvier 1871, fut plus triste encore. La 1re division du 15e corps était arrivée le soir dans le village de Sombacourt, situé au nord-ouest de Pontarlier sur la route d'Ornans ; un bataillon d'avant-garde tombe au milieu du village sans avoir été signalé, et prend 17 pièces dont 7 mitrailleuses, 84 voitures, 50 officiers dont deux généraux, 2,700 hommes et 3,500 fusils.

Pendant la guerre de 1870, les Allemands ont été jusqu'à faire cantonner les troupes pendant la bataille lorsqu'elle durait plusieurs jours. Après la bataille du 16 août la plupart des divisions ont été cantonnées, quoique la lutte eût très bien pu recommencer le lendemain matin. Le même fait s'est reproduit à l'armée de l'Ouest, le soir de la bataille du Mans, et à l'armée du Sud pendant la bataille sur la Lisaine. Il fallait, pour permettre aux Allemands d'agir ainsi, tout l'ascendant moral provenant de leurs succès antérieurs et le peu de solidité des armées françaises, formées à la hâte d'éléments disparates. On pourra toujours citer comme exemple de l'inconvénient de faire cantonner les troupes le soir d'un combat dont le succès n'est pas décidé, l'échauffourée du corps de Marmont, le soir de la bataille de Laon. Ce corps d'armée, chargé d'opérer une diversion en exécutant une fausse attaque et n'ayant aucune communication avec le gros de l'armée, fut surpris par la nuit au milieu du combat, quand il s'était déjà emparé de plusieurs villages. Malgré

---

1. *Les Capitulations.*

le danger qu'il courait à coucher presque au milieu de l'armée ennemie, Marmont ne voulut pas abandonner les positions qu'il avait conquises. Ses soldats, parmi lesquels se trouvaient des conscrits n'ayant pas 15 jours de présence sous les drapeaux, se répandirent dans les fermes, les généraux de division se gardèrent mal, le commandant du corps d'armée négligea d'assurer par lui-même les mesures de sûreté. La cavalerie ennemie, formée sur cinq lignes, tomba tout à coup au galop de charge, en poussant des hourras frénétiques, sur les bivouacs transformés par les soldats en cantonnements. Le corps de Marmont, mis en déroute, perdit presque toute son artillerie et fut rallié à grand'peine ; la tentative de Napoléon sur Laon échoua ainsi complètement. Comme exemples de paniques le soir d'une bataille, l'histoire a encore enregistré celles de Lutzen et de Wagram. La dernière surtout est remarquable parce qu'elle se produisit après une grande victoire, chez des troupes dont un grand nombre étaient familiarisées de longue date avec les émotions d'un champ de bataille. L'Empereur avait fait dresser sa tente au milieu de l'armée de Dalmatie, qui formait le centre de la seconde ligne, les troupes étaient formées en colonnes, les armes en faisceaux. « Tout à coup », raconte Marmont dans ses *Mémoires*,
« la plaine entière se trouva couverte de fuyards ; plus de 10,000
« hommes, chacun marchant pour son propre compte, se précipitè-
« rent dans la direction du Danube, des hussards, des cuirassiers,
« des soldats du train avec leurs attelages... Mon corps d'armée
« court aux armes ; nous attendons ce qui va arriver de cette
« bagarre. Cette foule insensée s'écoule, s'arrête derrière nous, et
« l'ennemi ne paraît pas. Des coureurs du corps de l'archiduc Jean
« avaient jeté une terreur panique parmi des soldats en maraude et
« d'autres allant faire boire les chevaux. L'Empereur me donna
« ordre de déployer mes troupes et de les faire former en carré
« autour de sa tente... »

Depuis la guerre de 1870, la question des cantonnements, des bivouacs, des mesures de sûreté et des procédés d'exploration est une de celles qui ont donné lieu aux études les plus approfondies.

En ce qui concerne l'installation des troupes, on est arrivé d'abord à cette conclusion que, hors le cas où l'ennemi est distant de moins de deux marches, le cantonnement est préférable et qu'en face de l'ennemi le bivouac doit être la règle ; on profite toutefois des villages et des fermes qui sont sur la ligne de l'armée, sous la réserve que toutes les précautions seront prises, que les habitations seront toujours couvertes par des avant-postes et les murs crénelés. D'après les instructions données en 1875 pour les manœuvres d'automne, le front des bivouacs d'un corps d'armée devait être rigoureusement déterminé par le front de bataille, de telle sorte qu'à la première alerte les troupes fussent prêtes à prendre les armes et à combattre. Cette prescription suppose évidemment que l'armée est déployée, car si elle marche en colonnes, il vaut évidemment mieux la faire bivouaquer ou cantonner en colonnes, pour éviter la perte de temps et la fatigue résultant du déploiement à l'arrivée et du reploiement au départ. On admettait aussi que le front des cantonnements peut être un peu plus étendu que le front de bataille, toutes les fois que l'on ne trouve pas assez d'abris sur la largeur de ce front.

Depuis 1875, une modification importante a été apportée au mode de bivouaquer. Dans le but d'alléger la charge du soldat, la tente-abri a été supprimée, ainsi que la demi-couverture ; cette suppression augmente encore les avantages du cantonnement sur le bivouac. « A l'avenir », dit l'Allemand von der Goltz, « on tâchera « de cantonner les troupes aussi souvent et aussi longtemps que « faire se pourra. Le *pire cantonnement est meilleur que le meilleur* « *bivouac.* » Le bivouac, dit le général Curély, est encore plus mauvais pour les chevaux que pour les hommes. D'un autre côté, en se plaçant au point de vue de la discipline et des subsistances, le cantonnement exige une plus grande surveillance ; la maraude et l'indiscipline n'y tardent pas à être l'apanage des troupes qui ne sont pas tenues sévèrement. La première précaution à prendre, lorsque les troupes sont cantonnées, est d'indiquer un point de rassemblement en cas d'alerte ou de prise d'armes.

Aux termes du règlement actuel sur le service des armées en campagne, article 42, l'établissement des troupes en cantonnement doit être aussi fréquent que possible. Lorsque l'armée est couverte à grande distance par ses avant-gardes ou sa cavalerie indépendante, on adopte le cantonnement étendu, dans lequel on se préoccupe surtout de loger convenablement les hommes et les chevaux.

Si, au contraire, l'ennemi est près, on s'en tient au cantonnement resserré. Le règlement porte que les cantonnements sont répartis par les généraux entre les éléments sous leurs ordres ; le commandant de corps d'armée affecte ainsi une zone de cantonnements à chacune de ses divisions, une autre à sa brigade de cavalerie, une autre à son artillerie de corps ; de même le général de division partage sa zone entre ses deux brigades et son artillerie, mais cette prescription ne doit pas être prise au pied de la lettre, à cause des écuries qu'il importe d'utiliser dans leur totalité. Les Allemands recommandent toutefois de ne pas morceler l'artillerie de corps, ce qui, soit dit en passant, atteste l'importance qu'ils attachent à ce que cette artillerie agisse en masse.

Pour le bivouac les troupes sont placées soit en colonnes, soit en lignes de colonnes, soit en lignes déployées, suivant les circonstances ; le règlement donne à cet égard les indications les plus précises. La formation la plus généralement adoptée est : pour l'infanterie la ligne de bataillons en colonne double, pour la cavalerie, la colonne d'escadrons à demi-distance, pour l'artillerie, la colonne de batteries. Le règlement dit, d'une manière formelle, que les troupes ne doivent bivouaquer que lorsqu'on est dans l'obligation de se concentrer sur des emplacements où il est impossible de les cantonner, ou lorsqu'elles doivent occuper en face de l'ennemi des positions défensives, ou lorsqu'on veut leur faire prendre une position favorable pour attaquer les lignes ennemies. Le campement est réservé pour les armées de siège ou pour les corps d'armée chargés d'occuper en permanence des positions retranchées.

On pourvoit aux subsistances, suivant le cas, de plusieurs façons différentes. Ou bien l'on fait nourrir complètement la troupe par l'habitant, ce qui, en cas de séjour prolongé, devient impossible au bout de quelque temps, ou bien les fonctionnaires de l'intendance et les officiers d'approvisionnement, pour ménager les ressources des convois et des trains régimentaires, pourvoient aux subsistances par des achats sur place, ou bien l'on a simplement recours aux ressources créées à cet effet. Le plus souvent le ravitaillement se fait à l'aide des trains régimentaires, dont les voitures parcourent les cantonnements, les avant-postes, les détachements et vont à tour de rôle renouveler leur chargement aux convois administratifs, placés généralement à 10 ou 12 kilomètres en arrière. Ces convois se ravitaillent eux-mêmes, comme nous l'avons vu, aux têtes d'étapes de route.

Quant au service de sûreté, les nouveaux règlements donnent des indications si précises qu'il semble suffisant de s'y conformer pour qu'une armée puisse dormir et reposer sans le moindre danger. Tel est, en effet, le but du service de sûreté en station, but qui peut être atteint par deux procédés susceptibles d'ailleurs d'être combinés ensemble et devant toujours être employés simultanément. Ce sont d'abord les avant-postes ou grand'gardes, couvertes elles-mêmes par des sentinelles et vedettes et placées de telle façon qu'au moment où elles signalent la présence de l'ennemi, le gros de la troupe ait le temps de prendre les armes, de monter à cheval, s'il y a de la cavalerie ou de l'artillerie, de prendre la position de combat ou de se replier, suivant les instructions données à l'avance et la force numérique des troupes signalées. Ce sont, en outre, les patrouilles qui, en battant le terrain au delà des avant-postes, peuvent s'apercevoir des mouvements de l'ennemi et en prévenir soit les avant-postes, soit le commandant des troupes. Dans les guerres de la grande époque, les règlements étaient presque muets sur le service de sûreté, mais ce service était pratiqué par des hommes tels que Lasalle, Montbrun, Pajol, Curély, etc., dans la cavalerie ; Friant, Molitor, Gudin, Morand, etc., dans l'infanterie. Le règlement de 1832 fut inspiré par les traditions de cette époque, mais nous avons vu qu'il fut bien rarement appliqué. Le service de sûreté y était fondé sur l'emploi d'avant-postes de cavalerie et d'infanterie, qui restaient constamment en relation les uns avec les autres, l'infanterie fournissant les grand'-gardes et la cavalerie les postes avancés. Le règlement de 1883 est beaucoup plus logique. Il laisse à l'infanterie le soin de fournir les grand'gardes ; la cavalerie, que ce service ruinerait promptement, fournit les patrouilles, auxquelles l'infanterie concourt en pays de montagnes ou dans les bois. C'est aux brigades de cavalerie des corps d'armée qu'incombe le service de sûreté de leurs corps d'armée respectifs, service absolument indépendant de celui d'exploration ou de découverte, qui a pour objet la constatation des forces et des mouvements de l'ennemi, et qui est ordinairement confié aux divisions de cavalerie indépendantes, comme nous le verrons au chapitre des marches. Il ne faudrait pas toutefois conclure de là que le service de découverte est étranger à la sécurité de l'armée, il y contribue, au contraire, dans une assez forte mesure, car la cavalerie employée à l'exploration écarte l'ennemi, mais ce qui a été bien nettement posé en principe, c'est que l'exploration doit se faire sans préoccupation de la sûreté et que des troupes distinctes (sauf le cas que nous verrons plus loin) sont affectées à ces deux services, sans responsabilité aucune pour celui des deux services qui ne leur incombe pas.

Pour nous en tenir ici au service de sûreté en station, la règle générale, susceptible d'être modifiée dans son application suivant les circonstances, est celle-ci : toute armée, tout corps d'armée, toute division d'infanterie, en un mot tout grand élément de combat, est couvert par un réseau d'avant-postes, dont la partie fixe comprend une ligne de sentinelles doubles, des petits postes, des grand'gardes et des réserves, dont la partie mobile consiste en rondes de surveillance en dedans de la ligne des sentinelles, en patrouilles d'observation au delà de cette ligne. Le service des avant-postes se fait généralement par brigade, sous le commandement d'un des officiers supérieurs de la brigade. En principe, la cavalerie du service de sûreté forme en avant de ce réseau une ligne d'avant-postes, mais pour ménager cette cavalerie on se contente souvent de placer dans les directions les plus menacées des postes irréguliers ou postes *à la cosaque*. Autrefois, et même d'après le règlement de 1875, le quart de la cavalerie était employé aux avant-postes, c'est-à-dire un peloton par escadron, un escadron par régiment. Les postes d'observation envoyaient des patrouilles en avant. Un escadron de 100 chevaux, par exemple, était ainsi réparti : 45 cavaliers à la grand'garde, 2 petits postes de 18 chevaux et 6 postes de doubles vedettes.

Cette disposition de la cavalerie a été modifiée par les règlements nouveaux rédigés d'après les idées de M. le général de Galliffet et du comité de cavalerie. Il est recommandé de n'employer aux avant-postes que le moins de forces possible pour ne pas user la cavalerie, et l'on peut abaisser la proportion jusqu'au sixième. Les distances moyennes du réseau d'avant-postes réguliers sont : 2,000 mètres des réserves aux grand'gardes, 1,200 mètres environ des grand'gardes aux petits postes et 800 mètres des petits postes aux vedettes; mais ces chiffres n'ont rien d'absolu. Ces avant-postes réguliers s'emploient surtout dans les stationnements de longue durée; dans les cantonnements ou bivouacs pendant les marches, la cavalerie se garde presque toujours par les avant-postes irréguliers, qui doivent être assez loin de la troupe pour lui donner le temps de monter à cheval en cas d'alerte. Si la troupe elle-même est barricadée dans ses cantonnements, cela permet de diminuer la force des avant-postes. La cavalerie du service d'exploration est, bien entendu, chargée de veiller elle-même à sa propre sûreté; elle le fera presque toujours, et cela surtout dans le cas où il ne s'agit que du repos journalier pendant une série de marches, par des avant-postes irréguliers. Dans la Grande-Armée, ces avant-postes bivouaquaient continuellement; il en résultait pour la cavalerie des souffrances et des fatigues qui ne tardaient pas à l'épuiser, d'autant plus que très souvent, pour ne pas indiquer la position des avant-postes, on n'allumait pas de feux de bivouac. Le général Curély, dans le récit qu'il a laissé de ses campagnes, cite plusieurs circonstances dans lesquelles il éprouva pour ce motif des souffrances exceptionnelles; par exemple, dans le rapide mouvement par lequel Napoléon chercha à cerner l'armée de Benningsen, la nuit du 5 février 1807 fut passée par la grand'garde de la division Lasalle sur une hauteur couverte d'un pied de neige et sans feu de bivouac; il en fut de même de la nuit qui suivit la bataille d'Eylau. Étant devenu officier supérieur, Curély chercha toujours, quand il commandait une avant-garde ou une arrière-garde, à s'installer à l'abri dans quelque ferme ou hameau: « cela « exige », dit-il, « un surcroît de précautions et de vigilance, bien « compensé par la fatigue évitée aux hommes et aux chevaux, etc. » Il est recommandé aujourd'hui d'agir comme le faisaient même à cette époque les meilleurs généraux d'avant-garde, c'est-à-dire d'abriter les avant-postes de cavalerie. Le cas le plus favorable est celui où l'on peut se placer dans une ferme entourée d'un enclos, sous la condition de se ménager une issue facile du côté opposé à l'ennemi, faute de quoi l'on risquerait fort d'être pris comme dans une souricière.

En résumé, toutes les dispositions relatives au service de sûreté, telles qu'elles résultent des règlements actuels, sont sagement conçues dans un sens pratique et inspirées par l'expérience de la guerre. Il reste à les appliquer plus exactement que ne l'ont été les précédentes et à ne pas laisser encore une fois nos règlements devenir lettre morte.

CHAPITRE XV

LES MARCHES.

Questions à étudier relativement aux marches. — Dispositions à prendre. — Expédition de Charles VIII en Italie. Place de l'artillerie dans la colonne. Bataille de Fornoue. — Gustave-Adolphe. — Turenne, Campagne d'hiver de 1674-1675. — Luxembourg. — Le prince Eugène. — Principes de Feuquières sur les marches. — Un cours d'art militaire en 1746. — Les bagages dans les retraites. — Un ordre de marche de Frédéric II. — Le maréchal de Contades à Minden. — Marches de flanc. — Bataille de Rossbach. — Marche qui suivit cette bataille. — Campagne de 1760. Bataille de Liegnitz. — Ordonnance du 25 mars 1788. — *Les retraites.* — Combat d'Altenheim. — Retraite de Prague. — Combats de Seneffe et de Leuze. — Frédéric II après la levée du siège d'Olmutz. — *Les convois.* — Frédéric II et Laudon.

Guerres de la Révolution et de l'Empire. — Marches dans les Alpes. — Campagne d'Italie en 1796. La division Masséna à Rivoli et à la Favorite. — Campagne d'Égypte. Marche sur le Caire. Marche du Caire à Suez. — Expédition de Syrie. — L'armée de réserve en 1800. Passage du mont Saint-Bernard. Le général Bethencourt au Simplon. — Passage du Splügen par l'armée de Macdonald. — Campagne de 1805. Marche sur le Danube. Ordre de marche du maréchal Ney. Le corps du maréchal Lannes et la garde impériale. — Campagne de 1806 : formation de l'armée sur trois colonnes. — Principes admis à cette époque. Cavalerie d'exploration. Composition des avant-gardes. — Marche du corps de Bernadotte sur Lübeck. — Le 3e corps de Berlin à Varsovie. — La division de cuirassiers Espagne. — Marche de Junot sur Lisbonne en 1807. — Les troupes envoyées d'Allemagne en Espagne. — La garde impériale de Zamora à Kowno. 115 jours de route, 33 jours de marche effective ; 9 lieues par jour. — Le 20e de chasseurs de Girone à Polosk. Cinq mois de route, 100 jours de marche effective. — Campagne de Russie. — Passage du Niémen. — Dépérissement de la cavalerie. Diminution des effectifs. — Ordres de Napoléon concernant les bagages. — Dispositif de la principale colonne. — Le corps du maréchal Davout. — La cavalerie de Murat. *Le général de grand chemin.* — Étapes de la garde impériale : 220 lieues ; 83 jours ; 25 étapes ; 8 lieues et demie par jour. — Ordre de marche du 15 juin 1815. Entrée successive des divers corps d'armée dans la colonne. L'exécution ne répond pas à la conception.

Retraites. — Opinion de Gouvion-Saint-Cyr. — Retraite de l'armée de Sambre-et-Meuse en 1796. Chemins mal reconnus. Ney au combat d'Amberg, infanterie sacrifiée à la cavalerie. — Retraite de Moreau. Traversée de Fribourg. — Ney à Guttstadt en 1807. — Soult à Oporto en 1809. Abandon de l'artillerie. — Retraite de Masséna en 1811. — Retraite de Russie. Causes du désastre. Bilan de la retraite. Pertes en hommes. Distances parcourues. — Retraite après la bataille de Leipsick. Armée à la débandade.

Convois, embuscades et surprises. — Baylen. Ordre de marche de l'armée de

Dupont. — La division Maison à Haynau. — Le général Foy de Cacérès à Mérida. — Les prisonniers d'Erfurt. — Escorte des prisonniers de Magdebourg à Mayence. — Les convois en Espagne. — Surprise de Salinas. Escorte insuffisante. — Convois de fonds. — Ravitaillement de Ciudad-Rodrigo. — Les partisans en 1813. — Le grand parc à Leipsick.

Guerres récentes. Algérie. — Mauvais début. Marche sur Alger. Une illusion d'optique. — Expédition du général Berthezène sur Médéah. — Le général Létang chez les Zmélas. — La Macta. — Expédition de Mascara, combat de l'Habra. — Retraite de Constantine. — L'expérience acquise. — Le maréchal Bugeaud. — Guerre contre le Maroc. — La *hure de sanglier.* — Marche du 2ᵉ de zouaves sur Laghouat. — Exemples de marches forcées. Prise de la Smalah. — *Expédition d'Orient.* — Mauvaises habitudes de marche. Marche d'Oldfort à Balaklava. Lenteur des Anglais. — *Campagne d'Italie en 1859.* — Marche de flanc. — Dispositions officielles. — Marche sur le Tessin. — Lenteur de la marche après Magenta.

Guerre de 1870-1871. — Retraite des 2ᵉ, 3ᵉ et 4ᵉ corps après la bataille de Spickeren. Inertie de la cavalerie française. — Essai de marche de l'armée de Metz sur Verdun. 150,000 hommes défilant sur une seule route. Retard inexplicable. — Bataille de Frœschwiller. — Retraite sur Saverne. Route de Nancy abandonnée sur un faux renseignement. Arrivée à Neufchâteau. — Le 5ᵉ corps. Ordres et contre-ordres. Arrivée à Chaumont. — Le 7ᵉ corps passant par Paris. — Marche de Châlons sur la Meuse. Reconnaissance sur Grand-Pré. — Retraite du 13ᵉ corps de Mézières à Laon. — Mouvement du 15ᵉ corps de Salbris à Blois. — Le 20ᵉ corps de Chagny à Gien. — Les 15ᵉ, 18ᵉ et 20ᵉ corps transportés dans l'Est. Abus des chemins de fer. Insuffisance des quais d'embarquement. — Formation de la 2ᵉ armée de la Loire. — Retraites successives sur Marchenoir, sur le Loir, sur la Sarthe et sur la Mayenne. Le général Chanzy.

Dispositions réglementaires. — Règlement de 1832, incomplet sur la question des marches. — Traditions perdues. — Études faites depuis la guerre. — Dispositif de marche. — Composition d'une armée. — Marche d'un corps d'armée sur une colonne ou sur deux. — *Unités de marche et de commandement.* — Règlements de 1883. — Composition de l'avant-garde. — Sa force en artillerie. — Emplacement de l'artillerie dans les colonnes. N'est-elle pas trop loin de la tête? — Train de combat. — Arrière-garde. — Allongement des colonnes en marche. — *Point initial.* — Marches en retraite. — *Haltes horaires.* — Grandes haltes. — Marches de nuit. — Longueur moyenne des étapes. — *Ordres de marche.* — Reconnaissance des routes. — Les guides. Exemples : la guerre de la Sécession, le 13ᵉ corps à Chaumont-Porcien. — Séparation du service de sûreté et du service d'exploration. — Les flanc-gardes. — Instruction du 27 juin 1876. Éparpillement de la cavalerie. — Projet d'instruction de 1879. — Instruction de 1884. — Reconnaissances d'officier. — Escadrons et patrouilles de découverte. — Marche d'une division de cavalerie indépendante. — Service de sûreté. — Brigade de cavalerie de corps d'armée. — Détachements francs. — Trains régimentaires. — Convois. — Alimentation des troupes en marche.

De toutes les branches de l'art militaire, la tactique des marches est peut-être celle qui a donné lieu depuis 1870 aux études les plus complètes et les plus heureuses. Les travaux d'officiers distingués et tout particulièrement ceux de MM. les généraux Berthaut et Lewal, ont élucidé la question; les instructions données par plusieurs commandants de corps d'armée pour les grandes manœuvres et l'expérience acquise pendant ces mêmes manœuvres, ont abouti à des indications précises, résumées officiellement dans le décret du 26 octobre 1883, portant règlement sur le service des armées en campagne.

Déjà, au XVIII° siècle, cette question de la tactique des marches avait été le sujet de longues discussions et de volumineux traités. La série des guerres de 1792 à 1815 donna lieu ensuite à des marches dont la longueur et la persistance dépassèrent tout ce qu'on avait vu dans les temps modernes depuis l'invasion des Barbares et les défilés processionnels des Croisades, mais les troupes de la Grande-Armée, en parcourant l'Europe et l'Égypte, firent de la tactique sans le savoir, tout comme M. Jourdain avait fait de la prose. C'est seulement depuis la guerre de 1870 qu'on a repris en France les études du XVIII° siècle, en leur donnant un caractère plus pratique.

Dans l'étude des marches nous laisserons de côté les combinaisons stratégiques, desquelles dépendent la direction à prendre et le but à atteindre. La stratégie est absolument en dehors de notre cadre. Nous ne devons envisager ici les marches qu'au point de vue de l'exécution. Nous avons donc à y considérer:

1° La vitesse et la durée, les circonstances de saison, de climat et de contrée, ainsi que l'état de préparation de la troupe, qui les rendent plus ou moins pénibles;

2° Les dispositions à prendre, tant pour réduire au minimum la fatigue des troupes que pour passer le plus promptement possible de l'ordre de marche à l'ordre de combat;

3° Les mesures de sûreté et d'exploration ayant pour objet de protéger et d'éclairer les colonnes en marche;

4° Les moyens d'assurer la subsistance des hommes et des chevaux et de faire accompagner l'armée de tout ce qui lui est nécessaire pour marcher, vivre et combattre.

La première grande expédition militaire à citer dans les temps modernes est celle de Charles VIII en Italie. La marche du roi de France sur Naples fut un fait politique plutôt que militaire, mais au retour il s'agissait de forcer le passage, barré par les troupes d'une confédération puissante, et les dispositions prises par Charles VIII méritent déjà d'être étudiées comme renfermant une leçon, encore applicable de nos jours. C'est le 20 mai 1594 que le roi quitta Naples, y laissant une partie de son armée. Arrivé le 1ᵉʳ juin à Rome, il y séjourna huit jours, perdit encore quatre jours à Sienne, du 13 au 17, et après avoir surmonté des difficultés inouïes pour faire franchir l'Apennin par sa grosse artillerie, il arriva le 29 juin à Pontremoli, en face de l'armée ennemie commandée par le duc de Mantoue. L'ordre de marche qu'il adopta pour forcer le passage, est remarquable à cause de la place donnée à l'artillerie dans la colonne. L'avant-garde, plus forte que de coutume, comprenant 450 lances, 3,000 Suisses, 300 archers et 200 arbalétriers, était éclairée sur son front et sur ses ailes par des coureurs. Immédiatement derrière l'avant-garde et avec elle, marchait l'artillerie, composée de 42 bouches à feu de gros calibre, dont 14 du calibre de 80 pesant 2,137 kilogr., attelées de 35 chevaux, traînées en outre dans la montagne par 100 hommes vigoureux. Le roi suivait à une faible distance avec le corps de bataille, composé de 600 lances d'élite et de 2,000 hommes de pied ; l'arrière-garde comprenait le reste de l'armée, dont l'effectif total, fort de 15,000 hommes au départ de Sienne, n'était plus à Fornoue que de 9 à 10,000 combattants. Les équipages, parmi lesquels figuraient plus de 5,000 à 6,000 valets et conducteurs de chariots, avaient l'ordre de se jeter à gauche pour dégager le terrain et marchaient sans escorte [1]. Nous verrons comment l'armée ainsi disposée brisa tous les obstacles, grâce à la force de son avant-garde et au tir de sa puissante artillerie, sagement placée à cette avant-garde.

Plus tard, la guerre de Trente ans fut signalée par les marches rapides de Gustave-Adolphe, qui ne s'embarrassait pas de voitures de subsistances, ayant trouvé le moyen de faire vivre abondamment son armée sur les ressources du pays et qui ne se laissait par arrêter par les rigueurs de l'hiver (il avait fait distribuer à ses troupes des vêtements en peau de mouton). C'est ainsi que depuis son débarquement dans l'île de Rugen et en Poméranie, le 26 juin 1630,

---

[1] Chenier, *Histoire de Charles VIII*, t. 1ᵉʳ.

jusqu'à sa mort à la bataille de Lutzen, le 16 novembre 1632, il ne cessa pour ainsi dire de marcher et de combattre. Après lui, Nassau et Turenne se sont illustrés par plusieurs marches célèbres. Une des plus remarquables, à coup sûr, est celle que Turenne fit exécuter à sa petite armée pendant l'hiver de 1674 à 1675, dans les circonstances que nous avons exposées au chapitre précédent, pour surprendre les Impériaux. En traversant le col de la Petite-Pierre, il laissa quelques troupes devant Saverne et divisa le gros de l'armée en plusieurs colonnes qui, partant de leurs cantonnements, le 5 décembre, suivirent des chemins différents dans un pays difficile, par un temps épouvantable et se conformant exactement à l'itinéraire qui leur était tracé, arrivèrent toutes comme par hasard et comme si leur marche n'avait d'autre but que celui de s'étendre pour la commodité des subsistances, vis-à-vis des passages qu'elles devaient franchir pour arriver à Belfort. Turenne partant le 5, passant par Blâmont, Baccarat, Éloy, Remiremont, séjournant en route pour laisser filer ses colonnes, arriva enfin à Belfort, sans que l'ennemi se doutât de rien. L'armée avait mis 22 jours pour faire environ 200 kilom., distance comptée à vol d'oiseau, mais avec des détours énormes, sans routes, dans la neige et les soldats se mettant à l'eau à chaque instant pour traverser des torrents[1].

Feuquières, à qui nous empruntons ces détails, vante aussi beaucoup la marche que Turenne avait opérée au mois de juin de cette même année 1674, partant de Hochfelden, près de Saverne, pour aller passer le Rhin à Philipsbourg et battre Caprara à Sintzheim, entre Philipsbourg et Heilbronn, mais la marche de la campagne de 1673 dans laquelle il avait traversé le Weser pour chasser du pays de Munster les troupes de l'électeur de Brandebourg, avait été plus rapide encore. Feuquières cite enfin la marche du maréchal de Luxembourg, en 1694, pour devancer le prince d'Orange sur l'Escaut. Cette dernière marche est surtout remarquable par la rapidité ; elle fut comme le Chant du Cygne pour Luxembourg, qui devait mourir subitement quelques jours après et, ainsi que le dit très bien Feuquières, les généraux qui remplacèrent Turenne et Luxembourg à la tête des armées françaises ne firent plus

---

1. *Mémoires de Feuquières*, IIe partie, chap. LXIV.

de ces marches-là. Les talents militaires étaient passés du côté de nos ennemis.

Le prince Eugène, à son tour, exécuta une marche remarquable en 1706, lorsqu'il passa le Pô presque sous les yeux du duc de Vendôme, qui occupait la ligne du Mincio, franchit ensuite le Tanaro dont le passage ne lui fut pas disputé, non plus que celui de la Doire, et tomba sur les lignes de Turin, où il battit l'armée du maréchal Marsin.

Voici les principes que donnait à cette époque Feuquières[1] pour l'exécution des marches :

« On doit marcher comme on est campé ou comme on veut cam-
« per et comme on veut combattre. Si le pays est ouvert, il faut
« marcher en bataille, non pas de front mais en colonne par aile »
(ce que nous appellerions en ligne de colonnes), « la colonne de cavalerie couvrant « le corps de l'infanterie, et suivant l'éloigne-
« ment ou le voisinage de l'armée ennemie, placer les bagages
« entre les colonnes ou derrière les colonnes. L'artillerie doit, au-
« tant que possible, occuper la place la plus proche de l'infanterie.
« Les colonnes d'artillerie et de bagages ne doivent jamais être
« laissées en dehors des colonnes si l'on est près de l'ennemi ; l'ar-
« tillerie reste alors entre la marche de deux colonnes, les bagages
« seront derrière, escortés par des troupes. En tête de chaque co-
« lonne doit être un certain nombre de travailleurs pour rétablir
« les ponts, ouvrir les passages trop étroits et raccommoder les
« mauvais pas lorsqu'on n'a pu le faire à l'avance. Il ne faut pas sans
« nécessité forcer les marches pour ne pas épuiser les hommes et
« les chevaux. Si l'on marche à l'ennemi pour le combattre, on
« doit multiplier, autant qu'il est possible, les colonnes pour se
« former plus vite en bataille ; il faut alors répartir la colonne d'ar-
« tillerie en plusieurs colonnes et même en faire *marcher quelques*
« *brigades en tête des colonnes d'infanterie, afin que l'artillerie arrive*
« *assez tôt pour se placer sur la ligne.* Les gros bagages sont renvoyés
« à distance, et même les menus bagages ne doivent suivre les
« deuxièmes lignes que d'assez loin. Le gros de l'armée doit être
« précédé de quelques heures par un corps de cavalerie ou d'infan-

---

[1]. Feuquières, *Mémoires*, IIᵉ partie, chap. LXVI.

« terie et de cavalerie, suivant le cas, afin que le corps détaché
« éclaire la marche et évite que l'armée ne soit surprise en colonne. »

Ces mêmes principes se trouvent développés dans un cours d'art militaire imprimé en 1746. « Les équipages, si à charge dans les
« camps, sont encore plus embarrassants dans les marches ; aussi
« est-on contraint de les laisser ou de les envoyer en arrière quand
« on approche de l'ennemi. Les armées prennent les mêmes pré-
« cautions que dans leur camp pour se garantir des surprises, en
« marchant dans l'ordre où elles veulent combattre et en faisant
« observer l'ennemi par des partis ou des troupes légères, qui en
« donnent des nouvelles assez à temps, pour que l'armée ait loisir
« de se mettre en bataille et de se poster convenablement avant
« qu'elle puisse être attaquée. Lorsqu'on marche à l'ennemi ou
« qu'on se retire devant lui, on forme un nombre suffisant de co-
« lonnes pour pouvoir se mettre en pleine bataille en un moment
« s'il en est besoin. Si l'on marche parallèlement à l'ennemi, les
« troupes de chaque ligne forment une colonne où chacune occupe
« en longueur précisément le terrain qu'elle doit embrasser de front
« lorsqu'elle est en bataille, en sorte que la colonne peut former
« une ligne en un instant... On a pour maxime dans les armées
« françaises de faire marcher les troupes à travers champs et d'é-
« viter les chemins, les villages et généralement tout ce qui peut
« retarder la marche. Le *meilleur chemin du monde ne vaut rien pour*
« *une colonne s'il n'a que la largeur nécessaire pour une voiture*[1]. »

Que d'armées ont subi des désastres pour n'avoir pas tenu compte de cet avis et avoir, dans leur retraite après une bataille, encombré de voitures une route trop étroite ! Qui ne connaît l'exemple de la bataille de Vittoria en 1813, où une voiture versée arrêta tout le parc d'artillerie, suivi des bagages? 150 pièces et 1,500 voitures tombèrent aux mains de l'ennemi. Le soir de la bataille de Novi, le 15 août 1799, Moreau se retirait à travers le village de Pasturana avec toute l'artillerie et ce qui restait des divisions Grouchy et Pérignon. Quelques escadrons de cavalerie et un bataillon d'infanterie furent chargés de défendre les abords du village ; derrière

---

1. *Cours d'art militaire*, par Leblond, professeur des princes de la Maison royale, t. II.

eux étaient entassés plusieurs bataillons retenus par la colonne de l'artillerie, qui se trouvait elle-même arrêtée par une voiture versée en travers du chemin. La cavalerie fut forcée d'abandonner la position et de dépasser le village. Toute l'artillerie et l'infanterie, les généraux Pérignon et Grouchy furent faits prisonniers [1].

Frédéric II donne, dans l'*Instruction à ses généraux*, un modèle d'ordre de marche, bon à consulter, ne fût-ce qu'à titre de curiosité historique :

« L'avant-garde », dit-il, « partira ce soir à 8 heures aux ordres
« de N ; elle sera composée de six bataillons de grenadiers, d'un
« régiment d'infanterie, de deux régiments de dragons, chacun
« de cinq escadrons, et de deux régiments de hussards. Tous les
« campements de l'armée suivront cette avant-garde, qui ne pren-
« dra avec elle que ses tentes, laissant ses gros équipages à
« l'armée. Ces troupes marcheront quatre heures en avant et oc-
« cuperont la ville de.... elles y attendront l'arrivée de l'armée ;
« alors elles entreront dans le nouveau camp... L'armée suivra
« demain matin l'avant-garde, marchant sur quatre colonnes.
« La cavalerie des deux lignes de l'aile droite marchant par sa
« droite, formera la première colonne, l'infanterie des deux lignes
« de l'aile droite marchant par la droite formera la deuxième
« colonne, l'infanterie des deux lignes de l'aile gauche filera par
« sa droite et fera la troisième colonne ; la cavalerie de l'aile
« gauche fera de même la quatrième colonne. Les deux régi-
« ments X et Y de la seconde ligne et les trois régiments de
« hussards, aux ordres du général M, escorteront les équipages,
« qui marcheront à la queue des deux colonnes d'infanterie. Il
« sera commandé quatre aides-majors, qui auront soin que les cha-
« riots se suivent en bon ordre et aussi serrés qu'il sera possible.
« Les quatre colonnes seront conduites par les chasseurs qui auront
« reconnu les chemins. A la tête de chaque colonne, marchera un
« détachement de charpentiers et de chariots chargés de poutres,
« de solives et de planches, pour faire des ponts sur les petites

---

1. Gouvion-Saint-Cyr, *Mémoires pour servir à l'histoire militaire sous le Directoire*, t. I.

« rivières[1]. » On remarquera que, dans cet ordre, il n'est pas question de l'artillerie qui sans doute est comprise par Frédéric II dans les gros équipages. Il perdit, nous le verrons, plus d'une bataille pour avoir placé son artillerie en arrière de ses colonnes.

Frédéric II donne encore les préceptes suivants : « Dans les pas-
« sages de défilés, bois et montagnes, les colonnes seront parta-
« gées, toute la tête sera composée de l'infanterie, suivie de la ca-
« valerie qui fermera la marche. S'il y a une plaine au centre, on
« l'assignera à la cavalerie ; l'infanterie, formant les colonnes sur
« les deux extrémités, traversera le bois, mais si l'on était tout
« près de l'ennemi, on se contenterait, afin de ne pas perdre l'or-
« dre de bataille, de mettre quelques bataillons de grenadiers à
« chaque tête de colonne de cavalerie. Les marches qu'on fait pour
« combattre demandent beaucoup de précautions, et un général a
« raison d'être sur ses gardes, il faut qu'il reconnaisse le terrain
« de distance en distance...

« L'armée marchant de front à l'ennemi, il faut, non seu-
« lement que les colonnes ne se devancent pas, mais qu'en ap-
« prochant du champ de bataille, elles s'étendent de façon que les
« troupes n'aient ni plus ni moins de terrain qu'elles n'en occupent
« quand elles sont formées. C'est une chose très difficile ordinai-
« rement. Quelques bataillons n'ont pas assez de terrain, d'autres
« fois les généraux en donnent trop. »

En somme l'ordre de marche adopté et prescrit par Frédéric n'était autre chose qu'une *ligne de colonnes*, sur une grande échelle, avec l'obligation de former des lignes continues par la mise en avant en bataille de chaque colonne. Jomini fait observer avec raison que, dans l'organisation moderne qui comporte des masses beaucoup plus considérables, mais fractionnées en diverses parties, formant chacune un tout (division ou corps d'armée), cette nécessité de former une ligne continue n'existe plus ; il fait ressortir, en même temps, combien il est difficile d'ouvrir quatre ou cinq marches parallèles jusqu'à la portée de l'ennemi sans qu'il s'en aperçoive, de conduire ces colonnes qui ne se voient généralement pas les unes les autres, de telle sorte qu'elles arrivent à la

---

1. Frédéric II, *Instruction à mes généraux*.

minute sur le front des attaques et de faire conserver les intervalles de manière à former la ligne continue.

Comme exemple d'un pareil déploiement aboutissant à une défaite, on peut citer la bataille de Minden, perdue par le maréchal de Contades le 1ᵉʳ août 1759. L'armée française marchait sur neuf colonnes, elles mirent quatre heures à se déployer et à se former imparfaitement. La cavalerie, placée au centre, fut battue avant que l'infanterie eût pu se mettre en ligne. « Occupés à déployer « leurs colonnes », dit Jomini, « les généraux n'eurent pas l'œil « sur les manœuvres des alliés, leurs colonnes ne purent se dé- « brouiller assez promptement, les unes étaient trop rapprochées, « les autres trop éloignées, la confusion régnait dans toutes [1]... »

L'ordre de marche préféré par Frédéric II était l'ordre par lignes ayant rompu par bataillons ou pelotons, à droite ou à gauche et susceptibles de se reformer en bataille par un simple à-gauche ou un à-droite. Cet ordre suppose évidemment que l'on veut attaquer l'ennemi par une extrémité de sa ligne ou que l'on exécute parallèlement à la direction de cette ligne une marche de flanc. L'exemple le plus remarquable peut-être de cette disposition est celui de la bataille de Rossbach, précédée d'une double marche de flanc par laquelle les Français et leurs alliés, d'un côté, se proposaient de tourner l'armée prussienne, tandis que cette armée, d'un autre côté, leur dérobant son mouvement derrière un rideau de hauteurs, les tournait réellement.

La marche de Frédéric II depuis Leipsick jusqu'à Parchewitz après la bataille de Rossbach présente ceci de particulier, qu'il n'emmena avec lui aucune voiture de vivres. Son corps d'armée, composé de 18 bataillons et 28 escadrons, partit de Leipsick le 2 novembre et arriva à Parchewitz le 28. Pendant tout ce temps, il fut logé et entretenu par les villes ; tous les moyens de transport avaient été réservés pour les munitions les plus indispensables, et d'ailleurs, il n'y avait pas de magasins sur la route pour renouveler les approvisionnements. Les troupes se trouvèrent très bien de cette manière de faire et supportèrent admirablement les fatigues d'une marche longue et rapide.

---

[1]. *Traité des grandes opérations militaires*, t. II.

On ne sait pas pourquoi Frédéric n'appliqua pas plus souvent ce procédé qui lui avait si bien réussi. Lorsqu'il leva le siège d'Olmutz, il réunit jusqu'à 5,000 chariots pour les munitions et les vivres de son armée. Une de ses marches les plus remarquables est celle qu'il exécuta dans la campagne de 1760 et pendant laquelle l'armée parcourut, par une chaleur excessive, quarante lieues en cinq jours pour livrer et gagner la bataille de Liegnitz. A la même époque, l'armée française, toujours embarrassée de longues files de bagages, marchait péniblement, elle mit trois mois pour aller du Weser au Rhin.

L'ordonnance du 25 mars 1788, sur le service des troupes en campagne, entrait pour les marches dans de nombreux détails.

Aux termes de cette ordonnance, les troupes provinciales étaient attachées à l'état-major général pour les travaux d'ouverture de routes ; elles campaient toujours en avant du quartier général, et quand il le fallait, on leur adjoignait des pionniers pris dans le pays et soldés par une ration de pain. Un aide-maréchal des logis était chargé de la direction à suivre et de l'ouverture des marches. Les divisions d'artillerie devaient, sauf empêchement, être placées à la suite de l'infanterie des divisions dont elles faisaient partie. Le gros de l'artillerie marchait toujours après la colonne qui suivait le meilleur chemin et derrière les menus et gros équipages de cette colonne, etc...

Pour en finir avec les guerres d'avant la Révolution, il nous reste à dire quelques mots des retraites et des convois. Avant Napoléon, les armées vaincues n'étaient pas bien vivement poursuivies. Seul peut-être, Gustave-Adolphe, après la bataille de Leipsick, pourchassa avec sa cavalerie les débris de l'armée de Tilly, aidé par les paysans qui, en représailles des mauvais traitements subis par eux, massacraient tous les soldats isolés. L'histoire offre cependant quelques exemples de retraites, rendues difficiles par les entreprises de l'ennemi et habilement conduites par les généraux ou énergiquement soutenues par les troupes. Telle est celle d'Altenheim, après la mort de Turenne, événement qui équivalait pour l'armée à la perte d'une bataille et dont les conséquences furent encore aggravées par les discussions auxquelles donna lieu la prise du commandement. L'armée placée sur la rive droite du Rhin, tirait toute sa subsistance d'Alsace par le pont d'Altenheim ; il était donc indispensable de s'assurer de ce pont pour pouvoir repasser le Rhin et mettre le fleuve entre soi et les ennemis. On s'y détermina un peu tard, de sorte que, si Montécuculli avait été plus entreprenant, l'armée eût couru le grand risque d'être détruite. En outre, on commit la faute de mettre à l'arrière-garde une brigade d'infanterie sans cavalerie pour s'éclairer au loin ; la deuxième ligne de l'armée, qui était en tête, franchit sans encombre un petit ruisseau et commença à défiler sur le pont du Rhin ; la première ligne, traversant à son tour le ruisseau et se croyant couverte par l'arrière-garde, s'établit paisiblement au delà. Tout à coup, l'arrière-garde tomba sur elle, culbutée et suivie de près par l'ennemi. Les officiers et les soldats n'eurent que le temps de courir sans commandement garnir la rive du ruisseau et arrêtèrent l'ennemi par une vive fusillade, mais la cavalerie allemande franchit le ruisseau au-dessus du point ainsi défendu et se répandit entre les deux lignes. Alors l'infanterie, disposée sur cinq rangs suivant la tactique du temps, exécuta une manœuvre qui a réussi plusieurs fois depuis lors, notamment à Marengo. Le quatrième et le cinquième rang firent demi-tour et face en arrière, tandis que les trois premiers continuaient le feu en avant. La cavalerie française revint sur ses pas et chargea vivement celle de l'ennemi, ébranlée par ce feu : la première ligne repassa le Rhin et prit l'ennemi entre deux feux. Les Allemands se retirèrent avec une perte de 3,000 hommes. Les Français perdirent le lieutenant-général de Vaubrun, tué au commencement de l'action, ce qui fut bien heureux, fait observer froidement Feuquières, parce que cela mit fin aux discussions sur le commandement[1]. « Il semble », écrivait Mme de Sévigné, « que l'ombre de Turenne plane encore sur cette armée[2]. » Cela est vrai dans ce sens que les soldats et les officiers subalternes, dressés à l'école de Turenne, réparaient les fautes commises par les généraux. Une arrière-garde dans une retraite doit protéger l'armée d'assez loin pour ne pas l'entraîner dans sa déroute lorsqu'elle-même est vivement poursuivie.

La retraite la plus connue dans l'histoire militaire de l'ancienne

---

1. *Mémoires de Feuquières*, IIIe partie, chap. LXXX.

monarchie est celle du maréchal de Belle-Isle à travers la Bohême pendant l'hiver de 1742 à 1743, trop vantée par les uns qui n'ont pas craint de l'égaler à la retraite des dix mille, trop rabaissée par d'autres qui en ont fait un désastre. La postérité a rétabli les faits en leur donnant leur véritable valeur. Frédéric II, qui ne manque jamais une occasion de persifler et de dénigrer l'armée française et ses chefs, dit lui-même que les dispositions de M. de Belle-Isle étaient bonnes et qu'on peut lui reprocher seulement de ne pas avoir, dans sa marche, assez ménagé les troupes[1]. Il résulte, en effet, du rapport même du maréchal, qu'il fit plusieurs marches forcées, craignant d'être devancé dans la plaine par la nombreuse et belle cavalerie autrichienne.

L'armée fut mise en marche dans la nuit du 16 au 17 décembre 1742 : elle comprenait 11,000 hommes d'infanterie, 3,000 cavaliers, 30 canons à la suédoise, 300 voitures d'artillerie et d'ambulance ou caissons chargés d'outils, de pain, de riz, de lard, du foin ficelé pour deux jours, de l'avoine pour quatre, des bœufs en quantité suffisante pour donner une livre de viande par homme et par jour. Nous avons vu, au chapitre IX, comment cette armée était partagée en cinq divisions, deux avant-gardes et une arrière-garde. La première étape fut de huit lieues, on surprit à l'arrivée au camp un régiment de cuirassiers qui put s'échapper à la faveur de la nuit. Le second jour, quoiqu'ayant été attaquée sur trois points, la colonne fit encore six lieues ; le troisième jour, elle partit à midi pour arriver à son camp à onze heures du soir, puis après avoir envoyé sa cavalerie directement à Égra, le maréchal repartit à une heure du matin pour se jeter dans la montagne avec l'infanterie, l'artillerie, les équipages, les dragons et les hussards. Le froid était insupportable, on marcha pourtant pendant 24 heures ; c'était le quatrième jour, les troupes furent cantonnées et repartirent à midi pour arriver à 11 heures du soir. Au fur et à mesure que les vivres étaient consommés, on brûlait les voitures, on brûla aussi les caissons d'artillerie, qui étaient trop lourds, et l'on mit les cartouches sur de petites voitures du pays. Le jour de Noël, l'armée fit séjour à Einsiedl, le maréchal y fit faire du pain, on se

---

[1] *Œuvres de Frédéric II*, t. I.

remit en marche à minuit, les bagages n'arrivèrent le 26 à Kœnigsmühl qu'à onze heures du soir. Il restait à descendre dans la vallée de l'Égra par un chemin de précipices absolument impraticable ; on ne put y passer que parce que la neige avait tout nivelé. Une fois couverte par l'Égra, l'armée était en sûreté[1]. Le maréchal de Belle-Isle n'avait laissé en route, d'après son rapport, que 800 hommes, il diminuait sa perte de plus de moitié.

Dans son *Instruction à ses généraux*, Frédéric II s'étend assez longuement sur les marches en retraite. On doit, selon lui, commencer par renvoyer en arrière tous les équipages. C'est, en effet, pour avoir oublié cette précaution que l'armée du prince d'Orange, se retirant à Seneffe devant le grand Condé, perdit 3,000 prisonniers, une centaine d'étendards, 1,500 voitures de toute sorte, la caisse militaire et tous les bagages, que l'on croyait suffisamment couverts par l'arrière-garde, il suffit d'une charge du régiment des cuirassiers pour culbuter cette arrière-garde[2]. Frédéric II recommande de régler le nombre de ses colonnes sur celui des chemins dont on dispose. Si l'on est en pays de plaine, la cavalerie forme l'avant-garde ; si c'est en pays coupé, on en chargera l'infanterie. Si l'on a des défilés à passer, il faut toujours faire occuper d'avance par l'infanterie le terrain des deux côtés du passage pour laisser le terrain libre. Frédéric II cite même à ce sujet l'exemple du prince de Waldeck en 1691. Levant son camp à six lieues de Tournay, où se trouvait le maréchal de Luxembourg, il laissa son arrière-garde en avant d'un ruisseau et ne disposa pas de troupes en arrière pour la recevoir. Luxembourg partit en toute hâte avec sa cavalerie, tomba impétueusement à Leuze sur cette arrière-garde et la détruisit sous les yeux du prince d'Orange, impuissant à la protéger[3].

Frédéric II donne d'ailleurs des exemples remarquables des moyens qu'il employait pour ralentir les poursuites. Lors de la levée du siège d'Olmutz, dans la campagne de 1758, après avoir renvoyé à Glatz l'artillerie, les malades et les blessés, au nombre de 1,500, et tous les chariots de vivres excédant les besoins de

---

[1]. *Lettre du maréchal de Belle-Isle au roi. Mémoires du duc de Luynes*, t. IV.
[2]. *Mémoires de Feuquières*, t. II. Il s'agit ici du combat qui précéda la bataille de Seneffe et non de la bataille elle-même.
[3]. Frédéric II, *Instruction à mes généraux*.

l'armée pendant huit jours, il quitta le camp de Kœniggrätz dans la nuit du 25 juillet 1758. Laudon suivait de près son arrière-garde avec 15,000 chevaux, faisant mine de vouloir l'entamer. Pour faire passer à ce chef de partisans l'envie de harceler les arrière-gardes, on prépara le lendemain une embuscade (ce fut au passage de la Mittau), on occupa avec dix bataillons et vingt escadrons un bois qui se trouve sur le chemin ; après quoi l'armée se mit en marche et ne présenta à l'ennemi qu'une faible arrière-garde de hussards. M. de Laudon, qui « s'échauffait facilement », voulut donner dessus ; alors la cavalerie, en sortant de l'embuscade, le prit à dos, à revers, dans tous les sens : il fut fort maltraité et perdit 300 hommes. Après cette petite action, le roi continua paisiblement sa marche[1].

Les attaques de convois ont dû nécessairement jouer un grand rôle à une époque où les troupes subsistaient surtout à l'aide de grands magasins avec lesquels l'armée restait en communication, alors que la guerre consistait principalement en sièges de places fortes dans lesquelles il importait, soit avant, soit après l'investissement, d'introduire des approvisionnements de toute sorte et devant lesquelles l'assiégeant lui-même était en échange continu de communications avec ses dépôts, ses magasins, ses hôpitaux, etc. Faire arriver un convoi ou l'arrêter au passage pouvait alors décider d'une campagne.

Un des plus curieux exemples d'attaque de convoi est la prise par l'Autrichien Laudon du convoi envoyé de Neisse à l'armée prussienne qui assiégeait Olmutz en 1758. Ce convoi consistait en 4,000 chariots, dont 818 de munitions. L'escorte, commandée par un colonel, se composait de 3 bataillons, 3,000 recrues et 1,100 cavaliers. La marche était longue et pénible, les chemins étaient défoncés, à chaque instant les chariots restaient embourbés. Parti le 26 juillet de Troppau, le colonel fit séjour le 27 pour essayer de réunir les voitures dont les deux tiers se trouvaient en arrière. Laudon profita de ce retard pour occuper les hauteurs dominant à gauche un défilé où devait s'engager le convoi. Le colonel parvint

---

1. *Œuvres de Frédéric*, t. II.
2. *Œuvres de Frédéric II*, t. II, Campagne de 1758.

cependant à forcer le passage et le général Ziethen vint au-devant de lui avec un renfort. Mais le 30, au point du jour, les Autrichiens parurent sur les hauteurs et dirigèrent un feu d'artillerie des plus vifs sur la tête de la colonne. Des chariots brisés dont les attelages étaient tués tombèrent en travers du chemin et arrêtèrent la marche. Des grenadiers, conduits par Ziethen, culbutèrent l'ennemi, mais des dragons, placés en embuscade, les chargèrent en flanc et les ramenèrent sur les chariots. Le train fut coupé, 250 voitures seulement purent passer, le reste fut pris et presque toute l'escorte fut tuée à son poste.

GUERRES DE LA RÉVOLUTION ET DE L'EMPIRE.

Rien ne saurait donner une idée du nombre, de la longueur et de la rapidité des marches exécutées par les armées de la République et du premier Empire, de 1792 à 1815; marches dont quelques-unes eurent lieu dans des contrées réputées inaccessibles, en plein hiver, à travers les neiges et les précipices des Alpes, d'autres sous un soleil brûlant dans les déserts de l'Égypte et de la Syrie. Nos soldats puisèrent la force de supporter les fatigues et d'affronter les dangers, dans leur patriotisme d'abord, dans l'amour de la gloire plus tard et dans le dévouement à un homme qui, suivant le général Foy, s'était porté comme le seul représentant de la gloire nationale. « Les jeunes conscrits », dit cet éloquent orateur, « irrités à la fois par le besoin et dar le danger, contractaient une « ivresse morale dont nous ne cherchions pas à les guérir, car elle « les empêchait de succomber à des fatigues inouïes. Nous les « avons vus dans l'âge où le corps n'a pas acquis son entier déve- « loppement, dévorés par le soleil en été, ayant la neige pour lit « en hiver, faisant des marches sans souliers à travers les marais « de la Pologne ou au milieu des rochers des Alpes et des Pyré- « nées[1]. »

Au début de la Révolution, le Comité du salut public, pour donner à ses généraux l'ordre de se porter en avant, ne tenait

---

[1]. *Histoire des guerres de la Péninsule*, t. I.

compte ni de la saison, ni de la difficulté des chemins. L'armée des Alpes, au mois de février 1794, avait reçu l'ordre d'attaquer le mont Cenis; plusieurs tentatives pour gravir les hauteurs échouèrent à cause de la saison. Dans une de ces tentatives, la division du général Sarret se perdit dans la neige. Le général y périt avec un grand nombre de ses hommes. La prise du col de Monte, le 12 mai 1795, doit être citée comme un exemple de ce que peuvent l'énergie et la persévérance. Les troupes, sous la direction de l'adjudant-général Almeyras, se formèrent en trois colonnes : celle de gauche fut arrêtée par une tourmente affreuse et obligée de rétrograder, le chef de bataillon commandant la colonne, un capitaine et plusieurs soldats périrent dans les neiges. La colonne de droite, qui devait suivre les sommités et pénétrer à travers les glaciers sur un *baracon* de l'ennemi, arriva après des efforts inouïs, au moment où la colonne du centre enlevait la dernière redoute, favorisée dans son attaque par un vent violent du Nord qui poussait dans les yeux de l'ennemi la neige tombant à gros flocons. « Pendant cette journée », dit Kellermann, général en chef de l'armée des Alpes, « les « Français avaient montré une patience et une constance inébran- « lables. Ils marchèrent pendant des heures au milieu des neiges, « en luttant avec une tourmente épouvantable. Le froid était telle- « ment excessif que l'eau-de-vie et le vin qui leur avaient été dis- « tribués, étaient gelés dans leurs bidons [1]. »

L'hiver de 1794, pendant lequel les troupes n'avaient pas cessé de combattre, s'était montré d'une rigueur exceptionnelle : il y eut 64 jours de glace, et le thermomètre descendit à Paris jusqu'à 23°,5. Qu'on juge de ce que dut être le froid dans les Alpes comme dans les Pyrénées et dans les plaines du Nord!

Avec Bonaparte commencèrent les marches rapides, parmi lesquelles on doit citer au premier rang celle de la division Masséna au mois de janvier 1797. Elle se trouvait à Vérone le 13, lorsqu'arriva dans l'après-midi la nouvelle de l'attaque des Autrichiens contre la division Joubert sur le plateau de Rivoli. Sur l'ordre de Bonaparte, la division Masséna part le 13 au soir pour Rivoli, situé à 25 kilom. Elle y arrive le 14 au matin, se bat toute la jour-

---

1. *Victoires et Conquêtes*, t. IV, p. 93 et suiv.

née, repart le 14 au soir après la bataille gagnée, marche toute la nuit du 14 au 15 et toute la journée du 15, arrive à Roverbella le 15 au soir, ayant fait 80 kilomètres en 24 heures; déjà dans la nuit du 15 au 16, la 18ᵉ demi-brigade s'avance vers la citadelle de la Favorite, la bataille s'engage le 16 à cinq heures du matin, et la 18ᵉ fait un mouvement tournant qui décide la victoire avant la fin de la journée. Ainsi en 48 heures, les 18ᵉ, 32ᵉ et 75ᵉ demi-brigades avaient fait plus de 100 kilomètres et gagné une grande bataille; en trois jours elles avaient parcouru une distance de 120 kilomètres et gagné deux grandes batailles [1].

En Égypte, l'armée composée de cinq divisions d'infanterie et une réserve de deux brigades de cavalerie à pied, comprenait après le débarquement et défalcation faite des garnisons laissées dans les places du littoral, 21,000 hommes de troupes de toutes armes avec 42 bouches à feu, 6 forges, 6 affûts de rechange, 50 caissons, le tout attelé de 500 chevaux et mulets de trait, avec une file de mulets de bât pour les autres approvisionnements. Elle se met en route vers le Caire, la flottille sur le Nil est escortée par une division qui remonte la rive gauche. Les autres divisions franchissent en deux jours les quinze lieues qui les séparent de Damanhour sur le Nil, les divisions se suivent à un jour d'intervalle, Desaix part le 4 et arrive le 6, Reynier part le 5, Bon le 6. L'avant-garde de Desaix comprenait 3 demi-brigades d'infanterie et 2 régiments de cavalerie, ayant chacun 160 chevaux. La marche débute par la traversée du désert de 14 lieues de longueur, sur un sol sablonneux et mouvant. Ceux qui avaient apporté leur eau d'Alexandrie (précaution que tout le monde ne prit pas) en avaient pour un jour; les soldats avaient reçu du biscuit pour quatre jours, la plupart l'avaient jeté pour s'en débarrasser. Ayant soif et faim, ils ne pouvaient dormir, les souffrances furent extrêmes; le deuxième jour les soldats aperçurent un village, ils s'y précipitèrent: le puits ne contenait qu'une eau fétide, les habitants l'avaient vidé et avaient caché l'eau; les troupes auraient pu la prendre de force, mais leur discipline était telle qu'elles préférèrent la payer; on leur demanda un écu de six livres pour un bidon, mais elles

---

1. Napoléon, *les Campagnes d'Italie*.

ne tardèrent pas à s'apercevoir que les gens du pays estimaient l'argent de France moins que les boutons d'uniforme, et ces boutons servirent de monnaie d'échange [1].

Bonaparte fit séjourner l'armée à Damanhour, où l'ordonnateur en chef put réquisitionner des meules, ramasser tout le grain que l'on trouva et faire une distribution de pain. On reprit la marche sur le Caire, les colonnes étaient si pressées par les Bédouins, que plusieurs officiers et notamment le général Mireur furent tués en se rendant de l'une à l'autre. Bientôt les vivres furent épuisés, et l'armée ne vécut plus que de pastèques, jusqu'à ce que le général Desaix passât sur la rive droite pour recueillir des ressources et rapportât du blé, des lentilles et quelques légumes. Le commandant du quartier général fit confectionner du pain pour les malades. Les soldats broyaient leur blé entre deux pierres et faisaient avec la farine une galette non levée, sorte de pain azyme. Les poules et les pigeons étaient en abondance et remplaçaient la viande. Enfin le 23, on arriva en vue des Pyramides [2].

La marche dans le désert du Caire à Suez, celle de l'expédition de Desaix dans la Haute-Égypte présentèrent beaucoup de difficultés à cause de la nature du sol. Quant à l'expédition de Syrie, le corps expéditionnaire comprenait 4 petites divisions d'infanterie, commandées par Lannes, Reynier, Kléber et Bon, une brigade de 900 chevaux sous les ordres de Murat, au total 13,000 hommes et 34 pièces de canon. Il y avait 70 lieues de désert à traverser de Salehieh à Gaza qui est à 130 lieues du Caire, avec seulement 8 étapes où l'on puisse trouver de l'eau, séparées par des marches de 16 lieues, 25 lieues et 19 lieues. En parcourant la dernière distance, celle d'El-Arisch à Gaza, l'avant-garde commandée par Kléber s'égara, elle erra pendant 48 heures sans vivres et sans eau, les autres divisions s'égarèrent à sa suite. Il fallut tout l'ascendant de Bonaparte sur les troupes pour maintenir l'ordre [3].

Les marches exécutées pendant la campagne de 1800, pour péné-

---

1. *Victoires et Conquêtes*, t. IX, p. 38 et suiv.
2. *Mémoires de Napoléon sur la campagne d'Égypte*.
3. Marquis de Colbert, *Tradition et Souvenirs*, t. I. — *Mémoires de Berthier sur la campagne d'Égypte et de Syrie*.

trer en Italie en traversant les Alpes, sont restées célèbres dans l'histoire. Le passage du mont Saint-Bernard par l'armée de réserve est classique. Cette armée fut réunie peu à peu à l'entrée du Valais et sur les deux rives du lac de Genève, pendant que le commandant en chef du génie Marescot faisait la reconnaissance des passages des Alpes et que Marmont, commandant en chef de l'artillerie, faisait préparer le matériel dans les arsenaux de Besançon, Grenoble et Briançon, construire des affûts-traîneaux et creuser des troncs d'arbre pour y placer les canons et les obusiers; Lannes commandait l'avant-garde. Bientôt tout fut réuni au pied du Saint-Bernard. Un officier d'artillerie fit monter 12 pièces sans escorte... L'avant-garde partit le 17 mai, pénétra jusqu'à Saint-Pierre par la vallée de la Dranse et commença à gravir le mont Saint-Bernard. Déjà de grandes difficultés se présentèrent pour monter de Martigny à Saint-Pierre, il fallut franchir sur des ponts formés avec des troncs d'arbre les torrents qui coupent le chemin. De Saint-Pierre au Saint-Bernard, le chemin devint un sentier étroit où cent hommes attelés à un câble traînaient une pièce sur son affût; on perdit une pièce de 8 et trois caissons entraînés par une avalanche. En deux jours, l'artillerie précédant les troupes, fut transportée au village d'Étroubles. La division Loison traînait les pièces, les soldats de la division Watrin portaient, outre leurs armes, celles de la division Loison; quand les troupes étaient fatiguées, on faisait battre la charge. Les religieux du Saint-Bernard, à qui Bonaparte avait donné une assez forte somme, avaient rassemblé des vivres, et les soldats trouvaient en arrivant à l'hospice une nourriture réconfortante. La descente, en apparence plus facile que la montée, présenta plus de dangers; la neige commençait à fondre, et les chevaux ne pouvaient pas tenir debout.

Les généraux Moncey et Bethencourt ne rencontraient pas moins de difficultés au passage du Saint-Gothard et du Simplon... Sur la route du Simplon, en particulier, les neiges avaient disparu, mais les avalanches avaient rompu plusieurs ponts. Une colonne de 1,000 hommes, commandée par Bethencourt, arrive à un endroit où, pour passer le long des rochers, il y avait des pièces de bois fixées par une extrémité dans des trous pratiqués à cet effet et supportées à l'autre par une poutre en travers; ces pièces de bois étant enlevées sur une certaine longueur, un soldat met les pieds dans les deux premiers trous, va ainsi jusqu'à l'extrémité du passage interrompu, y tend un câble, et les 1,000 hommes chargés de leurs armes et de leurs sacs passent à sa suite en se tenant au câble. Le général Bethencourt passe le premier [1].

Le passage du Splügen opéré par le général Macdonald dans l'hiver de 1800 à 1801, fut encore plus extraordinaire. Le général occupait le canton des Grisons avec un corps de 12,000 à 13,000 hommes ; il reçut l'ordre de descendre dans la Valteline, c'est-à-dire dans la vallée supérieure de l'Adda ; sa première division, commandée par Baraguey d'Hilliers, comprenant 3,500 hommes d'infanterie, un escadron de hussards et une compagnie d'artillerie légère, franchit le Splügen avec une peine infinie, quoiqu'il n'y eût pas encore de neige. Macdonald attendait, pour continuer le mouvement, une livraison de capotes qu'il faisait confectionner pour ses soldats, mais cette livraison tardant trop, il se décida à se mettre en route et s'engagea dans le défilé bien connu sous le nom de *Via Mala*. L'avant-garde, commandée par le général Verrière et composée de l'artillerie légère avec trois compagnies de sapeurs, travaillait à rendre le passage praticable au delà de Thusis, il fallut se servir de troncs d'arbres en guise de traîneaux pour le transport des pièces et des voitures d'artillerie démontées comme au Saint-Bernard. Les munitions furent portées à dos de mulet ; chaque soldat reçut des vivres pour cinq jours et des paquets de cartouches en sus de ce qu'il devait régulièrement porter. Le général Laboissière, suivant l'avant-garde à 24 heures de distance avec trois régiments de cavalerie, parvint au village de Splügen. Une avalanche coupa la colonne et emporta 30 dragons qui furent brisés contre les rochers ou ensevelis sous les neiges [2]. Le passage était interrompu, le général avec les guides et les travailleurs séparés du reste de la colonne ; la nuit vint, il était accablé de fatigue et de froid, les travailleurs le transportèrent jusqu'à l'hospice construit sur le col. Malgré cet accident, le 10ᵉ de dragons, commandé par le colonel Cavaignac, voulait toujours faire l'avant-garde, mais

---

1. *Victoires et Conquêtes*, t. XIII, p. 19 et suiv.
2. On put en sauver plusieurs que leurs camarades retirèrent des précipices en y descendant eux-mêmes.

le chemin était détruit ; on resta ainsi trois jours, les gens du pays en demandaient quinze pour rétablir la communication. Le général Macdonald, arrivant sur ces entrefaites au village de Splügen, craignit que les vivres ne vinssent à manquer s'il laissait les troupes s'accumuler dans la haute vallée du Rhin, il prescrivit de marcher en avant. Voici, d'après son chef d'état-major, le général Mathieu Dumas, comment on s'y prit pour avancer :

Quatre bœufs, des plus forts du pays, conduits par les meilleurs guides, foulaient la neige, ils étaient suivis par quarante paysans qui déblayaient et formaient le sentier. Une compagnie de sapeurs venait ensuite et pratiquait la tranchée, dans laquelle deux compagnies par le flanc, les files bien serrées, achevaient d'aplanir la neige ; puis, à quelque distance, marchaient les compagnies du 16ᵉ de dragons, suivies par un convoi d'artillerie et de bêtes de somme. Cette première colonne avançait très lentement ; elle atteignit cependant l'hospice avant la nuit, s'y rallia et continua les mêmes travaux pour descendre sur le revers opposé. Deux autres colonnes, composées chacune d'une brigade d'infanterie, d'une batterie d'artillerie et d'un détachement de cavalerie, la suivirent assez facilement. Mais quand le général en chef se présenta avec la quatrième colonne, une tourmente épouvantable régnait sur la montagne, la neige tombait à gros flocons, les tourbillons de vent la détachaient en si grande quantité que les guides refusaient de se hasarder dans le passage. Les tranchées pratiquées par la première colonne étaient comblées et les jalons enlevés. Macdonald, placé dans cette alternative de mourir de faim avec sa troupe s'il restait, ou de périr enseveli sous les neiges s'il marchait, choisit naturellement la solution qui lui présentait encore quelque chance ; il se mit en tête, sondant lui-même la neige avec son épée, et fit ainsi une partie du chemin, mais la tempête redoubla de violence, il fallut plus d'une fois jeter en travers d'un précipice, au-dessus d'un gouffre d'une profondeur effrayante, une planche rendue glissante par la glace. Une demi-brigade fut dispersée et ne put être ralliée que quelques jours après. On passa cependant, mais le général Vandamme, qui suivait à quelque distance, trouva encore une fois le chemin fermé et dut le rouvrir de la même façon. Enfin, le 6 décembre, l'armée était réunie sur l'Adda, la cavalerie descendait jusqu'au lac de Côme, l'artillerie se remontait à Chiavenna[1].

L'époque des longues marches commence surtout à la campagne de 1805. L'armée des Côtes de l'Océan était prête à s'embarquer le 28 juillet, l'armée de Hollande ou du Camp d'Utrecht était déjà à bord de l'escadre hollandaise prête à mettre à la voile ; le 3 août, le général Marmont, commandant en chef de cette armée, recevait l'avis confidentiel de la prochaine arrivée de l'Empereur au camp de Boulogne, pour le départ général de l'expédition. En un instant tout fut changé par suite des nouvelles reçues de la flotte.

C'est le 24 août que sont donnés les premiers ordres pour la nouvelle destination de l'armée retournée contre l'Autriche. Marmont reçoit avis de se tenir prêt à débarquer au premier signe et à se mettre immédiatement en marche vers le Rhin. Bernadotte, qui commandait en Hanovre, est averti d'avoir à organiser son corps d'armée de manière à pouvoir le réunir en trois jours à Gœttingen. En même temps, les divisions de cuirassiers et de dragons reçoivent leur ordre de départ, mais pour s'éloigner à cinq ou six jours de marche seulement. Le 24 août, aucun doute ne restant plus dans l'esprit de l'Empereur, les ordres sont envoyés pour faire partir les corps d'armée et réunir les approvisionnements aux points de passage des diverses colonnes ; le 27 août, chaque corps d'armée est en route, marchant par divisions à un jour d'intervalle, la cavalerie, l'artillerie et le génie forment une colonne à part, les administrations marchent avec la deuxième division. La régularité avec laquelle cette marche s'opéra est restée célèbre. Nous avons pu retrouver l'ordre de détail du 6e corps d'armée commandé par Ney, ordre qui se résume ainsi qu'il suit :

« Les chefs marcheront en tête de leurs troupes, les généraux
« de brigade établiront leurs quartiers généraux dans le lieu le plus
« central de leurs cantonnements. Un officier d'état-major et un
« commissaire des guerres précéderont de 24 heures, pour assurer
« les cantonnements et les vivres de la division, qui recevra les
« vivres de campagne et tous les deux ou trois jours une ration

---

1. Mathieu Dumas, *Précis des événements militaires*, t. V, p. 230 et suiv. — *Victoires et conquêtes*, t. XIII, p. 243 et suiv.

« d'eau-de-vie, les officiers auront l'indemnité de route. Chaque
« matin, la soupe sera mangée au départ, les bidons, gamelles,
« marmites et tous les effets de chaussure ordonnés seront em-
« portés, le surplus déposé au magasin de Lauterbourg avec le
« gros bagage. On marchera alternativement dans chaque régiment,
« brigade et division, la droite et la gauche en tête, les régiments à
« distance de demi-bataillon, les grenadiers ou carabiniers toujours
« en tête, les voltigeurs à la queue, sauf le dernier régiment de la
« division qui aura les grenadiers à la queue. Un tambour et un
« fifre en tête de chaque bataillon, relevés d'heure en heure, *joueront*
« *continuellement la marche*. Celle-ci se fera par sections à distance
« de peloton, afin de se mettre sur le flanc si le passage devenait
« trop étroit, on reformera les sections de suite. Pendant les haltes,
« la musique jouera. On s'arrêtera avant la ville pour y entrer par
« pelotons à distance entière. Personne ne s'écartera sans la per-
« mission du général de division. Il n'entrera dans chaque gîte que
« les troupes qui doivent y loger, les autres passeront sans s'arrêter
« et par le chemin le plus court. Le ralliement, le jour suivant, se
« fera au cantonnement le plus avancé sur la route à suivre[1]. »

Plusieurs indications furent en outre données pour la marche pendant la campagne. « Les bagages marcheront après la 3ᵉ divi-
« sion, un sergent et 12 hommes par régiment seront de garde
« aux voitures. Quatre compagnies d'un régiment de cette division
« fermeront la marche ; ensuite viendront les 50 hommes de l'es-
« cadron d'élite (gendarmerie) ; les haltes se feront à dix toises sur
« le flanc de la route... Les divisions seront en grande tenue pour
« le passage du Rhin (culotte blanche, guêtres noires), les grena-
« diers, ainsi que l'infanterie légère, auront le bonnet en tête avec
« le plumet. Toute l'infanterie, la cavalerie et l'artillerie porteront
« des branches de chêne à leurs chapeaux, en signe de la victoire
« que l'armée remportera sur ses ennemis[1]. »

Les 2ᵉ, 3ᵉ, 4ᵉ, 5ᵉ et 6ᵉ corps de la Grande-Armée furent transportés en 24 jours des côtes de l'Océan aux bords du Rhin, où ils trouvèrent la garde et la réserve de cavalerie. Nous avons vu, au chapitre X, comment ils opérèrent leur concentration sur le Danube.

---

1. Général Reguet, *Souvenirs militaires*, t. III. Pièces justificatives.

Parti le 25 septembre de Kehl, Murat se trouvait le 5 octobre à Heidenheim et Neresheim, suivi du corps de Ney, ayant déjà débordé l'aile droite de l'armée autrichienne et toujours couvert sur son front et sur sa droite par ses reconnaissances. Ney écrivait à l'Empereur le 30 septembre :

« La rapidité de notre marche a tellement étonné l'ennemi qu'il
« désespère de pouvoir faire sa retraite assez promptement pour
« atteindre Vienne. Les troupes de Votre Majesté que j'ai l'hon-
« neur de commander, quoiqu'elles aient presque toujours fait
« dix lieues par jour depuis le départ des côtes, sont assez en ha-
« leine pour faire des marches de dix à douze lieues. Le soldat
« est plein d'ardeur et s'inquiète de ne pas avoir encore rencontré
« l'ennemi. Ma cavalerie est en avant de Stuttgard, couvrant la
« droite avec les troupes du prince Murat. »

Cette cavalerie précédait habituellement les colonnes d'infanterie de 12 kilom., elle se porta à 25 kilom. en avant par suite d'un ordre spécial ; tous les corps d'armée atteignirent le Danube le 6 et le 7 octobre et franchirent ce fleuve, à l'exception d'une division du 6e corps. Dans ce grand mouvement, le quartier général et la garde marchaient avec le corps de Lannes, tenu en réserve. Voici l'ordre de marche adressé à ce maréchal pour se rendre, dans les trois journées du 12, du 13 et du 14 vendémiaire, de Louisbourg à Ahlen, sur une distance d'environ 75 kilom.

Une avant-garde, formée de la cavalerie légère du corps d'armée avec deux bataillons d'infanterie, devait précéder de deux heures la division de grenadiers Oudinot, que suivait à trois heures de distance la division Gazan ; puis, trois heures après, devait venir la garde impériale, et à un intervalle de deux heures, le quartier général avec son escorte de deux escadrons d'élite[1] ; enfin, à deux heures en arrière, venait la division de cuirassiers d'Hautpoul. Le quartier général devait se mettre en route le 12, l'avant-garde devait faire cinq lieues dans la journée du 11 et la division Oudinot trois lieues, en sorte que la division Gazan pouvait partir le 12 avant la pointe du jour et le quartier général vers dix heures. En portant

---

1. En approchant de l'ennemi, Napoléon fit augmenter son escorte ; le 12 octobre, étant à Augsbourg, il prescrivait de lui envoyer comme escorte quatre escadrons et six pièces d'artillerie, sous les ordres du général Ordener.

son quartier général à Nordlingen, Napoléon, toujours préoccupé de veiller sur sa droite, que les troupes enfermées à Ulm pouvaient prendre en flanc, laissait à Ahlen la division Gazan et les dragons à pied de Baraguey d'Hilliers, ayant pour avant-garde la division de dragons à cheval du général Bourcier, qui couvrait tous les débouchés dans la direction de la place. Le général Bourcier devait faire tirer le canon à toute occasion qui se présenterait, pour faire croire qu'il y avait là une force sérieuse en troupes de toutes armes. Le général Gazan était chargé d'ailleurs de prendre note et de rendre exactement compte de tout ce qui passait par Ahlen pour rejoindre l'armée sur le Danube [1].

Dans cette même campagne de 1805, on ne saurait trop admirer la marche de la division Friant, la veille de la bataille d'Austerlitz.

Le 29 novembre, à 8 heures du soir, le 3e corps dont le quartier général était à Léopoldsau-Spitz, en avant de Vienne, reçoit l'ordre de se porter sur Brünn en ordre serré, les soldats munis de cartouches. Friant reçoit en outre du major général Berthier le billet suivant :

« Mon cher Friant, on se bat le 2 ; partez au reçu de la présente
« et faites tous vos efforts pour arriver. »

A 9 heures, le général Friant a levé ses cantonnements, et le lendemain, à pareille heure, il était à Nicolsbourg ; sa division avait fait 18 lieues. Le 1er décembre, à 9 heures du soir, il était en avant de l'abbaye de Raygern avec ses têtes de colonne, il avait pris position à 11 heures, et le chef de bataillon Petit, son premier aide de camp, partait pour le grand quartier général annoncer son arrivée à l'Empereur [2].

La guerre contre la Prusse, en 1806 et en 1807, qui se fit sur un théâtre très étendu, donna lieu à plusieurs marches remarquables. Celle par laquelle débuta la campagne de 1806 est surtout digne d'être étudiée au point de vue du résultat stratégique qui en fut la conséquence. Les deux armées prussiennes qui, se croyant protégées par le rideau de la forêt de Thuringe, s'apprêtaient à marcher contre Napoléon ou à repousser son attaque, suivant le système qui

---

[1]. Mathieu Dumas, *Précis des événements militaires*, t. XIII. Pièces justificatives.

[2]. Vie du général Friant écrite par son fils.

prévaudrait dans les conseils supérieurs, furent coupées de leurs communications, battues, poursuivies et détruites. L'armée française fut admirable dans la bataille et dans la poursuite, mais moins peut-être dans sa manière de s'éclairer.

Concentrée en Franconie depuis Bayreuth jusqu'à Bamberg, cette armée franchit les défilés de la Thuringe en trois colonnes, composées : celle de droite, des corps de Soult en 1re ligne et de Ney en 2e ligne, celle du centre, de Bernadotte et Davout, celle de gauche, de Lannes et Augereau. Murat, avec cinq régiments de cavalerie légère, dont trois de la réserve et deux du corps de Bernadotte, éclairait la marche générale de l'armée et plus particulièrement celle de la colonne du centre. Les brigades légères de Lannes et de Soult éclairaient les ailes, tout en veillant à la sûreté de leurs corps d'armée, comme faisaient les autres brigades de corps d'armée et le troisième régiment de cavalerie de Bernadotte. On sait que Murat fut assez vivement réprimandé par l'Empereur pour avoir trop dispersé sa cavalerie légère et n'avoir eu sous la main pour le premier engagement de la campagne, le combat de Schleitz, que deux régiments, le 4e de hussards et le 5e de chasseurs, qui durent principalement leur succès à l'appui de l'infanterie (27e léger).

Quoi qu'il en soit, lorsqu'on étudie de près les documents que l'on possède sur cette guerre (*Correspondance de Napoléon*, pièces justificatives du *Précis* de Mathieu Dumas, mémoires inédits, etc.), on reconnaît que :

1° Le service de sûreté était distinct du service de découverte. Déjà, en 1805, dans les jours qui précédèrent la bataille d'Austerlitz, des détachements de 100 chevaux, dont les chefs étaient entièrement libres de leurs mouvements et n'avaient même pas à se préoccuper de la situation de l'armée, avaient été envoyés à la découverte dans les plaines de la Moravie, pour reconnaître la position des troupes russes[1] ;

2° Napoléon avait pour principe de ne pas disperser le groupe principal de cavalerie d'exploration, de manière à s'assurer la supériorité en cas de rencontre ;

3° Le front d'exploration d'une brigade (celle de Lasalle, par

---

1. Itinéraire de Curély.

exemple, dans la marche du début de la campagne) allait jusqu'à 33 kilomètres de longueur ;

4° Les avant-gardes, au moins dans un pays coupé comme les défilés de la Thuringe, comprenaient une certaine proportion d'infanterie. De même, en 1809, un régiment d'infanterie, le 7ᵉ léger, fut attaché à la division de cavalerie légère de Montbrun, qui formait l'avant-garde de Davout. Napoléon écrivait de Schœnbrunn au prince Eugène, commandant en chef de l'armée d'Italie, le 7 juin 1809 : « Vous devez marcher avec une avant-garde composée de « beaucoup de cavalerie, d'une douzaine de pièces d'artillerie et « d'une bonne division d'infanterie, tout le reste de vos corps doit « bivouaquer à une heure derrière, la cavalerie légère couvrant « comme de raison autant que possible. De votre avant-garde à « la queue de votre parc, il ne doit pas y avoir plus de trois à « quatre lieues. » En plaine, Napoléon pensait cependant que la cavalerie doit être seule, « parce que seule », disait-il, « à moins « qu'il ne soit question d'un pont, d'un défilé ou d'une position « donnée, elle pourra se retirer avant que l'infanterie ennemie « puisse arriver [1] » ;

5° Les détachements envoyés en reconnaissance n'étaient généralement pas des unités constituées (escadrons, compagnies, pelotons), mais on les composait d'hommes et de chevaux choisis. C'est ainsi que le chef d'escadrons Mathis, du 7ᵉ de hussards, qui commandait un fort parti de 200 chevaux des deux régiments de la brigade Lasalle à Weissensee, eut ordre d'envoyer à Leipsick en enfants perdus un détachement de 50 hussards. Il choisit 25 hommes de la compagnie d'élite de chaque régiment, commandés par un lieutenant ou un sous-lieutenant de ce régiment, et donna le commandement supérieur au capitaine Piré, du 7ᵉ ; Curély, alors sous-lieutenant à la compagnie d'élite de ce même 7ᵉ, en commandait le détachement.

La bataille de Marengo, dans la campagne de 1800, avait été le résultat d'un service de découverte mal fait, trompant le général Bonaparte sur la position de l'armée ennemie ; il en fut à peu près de même des batailles d'Iéna et d'Auerstædt. Et après ces deux

---

1. Lettre au prince Eugène du 7 juin 1809.

batailles, livrées le 14 octobre, la cavalerie française perdit pendant quelque temps le contact de l'armée battue, qui ne fut vraiment bien repris qu'à Oranienbourg, le 25 octobre. A partir de ce moment, la cavalerie légère parcourut en moyenne 42 kilom. par jour. Certains escadrons de la brigade Lasalle eurent des journées de 50 kilom. Pendant ce temps, le 1ᵉʳ corps qui était commandé par Bernadotte et qui prit part au mouvement de la cavalerie jusqu'à Lubeck, marchait dans l'ordre suivant : le général Wathier, commandant la brigade de cavalerie légère, ouvrait la marche avec les 2ᵉ et 4ᵉ de hussards, qui envoyaient dans tous les sens, jusqu'à 25 et 30 kilomètres, des détachements de 15 et 25 hussards choisis parmi les hommes les mieux montés. Ces détachements devaient donner des nouvelles de l'ennemi toutes les heures; le 5ᵉ de chasseurs, en réserve et ne fournissant aucun détachement, marchait un quart de lieue en arrière des deux régiments de hussards. Les trois divisions d'infanterie venaient ensuite sans intervalles ; il ne s'agissait pas, en effet, de se borner à voir l'ennemi, il fallait être en mesure de tomber sur lui en force dès qu'on l'aurait reconnu[1].

Tandis que la plus grande partie de la réserve de cavalerie, ainsi que les 1ᵉʳ, 4ᵉ et 6ᵉ corps pourchassaient ainsi les débris de l'armée prussienne, les 3ᵉ, 5ᵉ et 7ᵉ, avec le reste de la cavalerie, dispersaient de l'Elbe à la Vistule les rassemblements qui essayaient de se former et se préparaient à recevoir convenablement les Russes. La manière dont le maréchal Davout se rendit maître de tout le pays situé entre l'Oder et la Vistule, avec les trois faibles régiments de cavalerie légère qui devançaient son corps d'armée, et les mesures qu'il prit pour recueillir toutes les ressources que pouvait présenter ce pays, sont surtout remarquables. Il est impossible de mieux comprendre le service des troupes légères que ne le firent certains officiers des 1ᵉʳ, 2ᵉ et 12ᵉ régiments de chasseurs ainsi que les aides de camp du maréchal, devançant le gros du corps d'armée à des distances qui variaient de 80 à 150 kilom.

Lorsque la guerre s'étendit à l'Espagne et bientôt à la Russie, les distances parcourues par les troupes atteignirent des propor-

---

1. Foucart, *la Cavalerie dans la campagne de Russie en* 1806.

tions énormes, et plusieurs marches pour passer d'un théâtre de guerre à un autre, méritent d'être rappelées. La division de cuirassiers du général Espagne, composée des 4ᵉ, 6ᵉ, 7ᵉ et 8ᵉ de cuirassiers, fut envoyée en 1806 d'Italie en Allemagne. Elle se trouvait à Plaisance, lorsque l'ordre lui arriva de partir pour Berlin. Elle s'y rendit en passant par Trente, Botzen, Inspruck, Augsbourg, Donawerth, Bayreuth, Gera, Leipsick, Wittenberg et Potsdam, trois séjours seulement lui furent accordés pour cette longue marche; elle ne laissa dans les hôpitaux, pendant la route, que 42 hommes, sur un effectif de 95 officiers et 1,971 cavaliers. De Berlin, la division se rendit immédiatement sur la Vistule.

La marche de l'armée de Junot sur Lisbonne, en 1807, est un exemple de ce que peuvent produire la précipitation et le défaut de toutes précautions préalables. Le gouvernement portugais ayant refusé d'entrer dans le système du blocus continental, le corps d'observation de la Gironde, commandé par Junot, reçut l'ordre de franchir les Pyrénées, de se joindre à une armée fournie par l'Espagne et de se diriger à marches forcées sur Lisbonne pour arriver, s'il était possible, dans cette capitale avant que le gouvernement portugais fût embarqué sur la flotte anglaise. Le corps expéditionnaire se composait de 21 bataillons d'infanterie, 7 escadrons de cavalerie, 6 compagnies d'artillerie, 1 bataillon du train, formant un effectif de 26,187 hommes avec 32 bouches à feu, répartis entre les trois divisions d'infanterie Delaborde, Loison, Travot et la division de cavalerie Kellermann. Le mouvement commença le 17 octobre 1808. Les troupes françaises formaient 16 colonnes, marchant à un jour de distance; elles devaient occuper le pays depuis Valladolid jusqu'aux frontières du Portugal. Les événements se précipitant, Junot reçut l'ordre d'entrer en Portugal, de se réunir à Alcantara à un corps auxiliaire espagnol et de marcher sur Lisbonne par la rive droite du Tage, tandis qu'une armée espagnole s'emparerait d'Oporto et qu'une autre suivrait la route de Salamanque à Alcantara par Ciudad-Rodrigo. Les vivres manquèrent, les chemins étaient défoncés, les deux tiers des hommes étaient de jeunes soldats qui tombèrent malades par centaines. On avait assuré à Junot qu'il trouverait à Alcantara des vivres, du biscuit, des mulets, des munitions de guerre, rien de tout cela n'y existait ; en revanche, les troupes espagnoles montraient beaucoup de mauvaise volonté.

Le dévouement de Junot à l'Empereur était sans limite ; pour se procurer des munitions, il fit acheter du plomb et prendre le papier des archives de l'ordre d'Alcantara, organisa son dépôt, laissa en arrière l'artillerie des 2ᵉ et 3ᵉ divisions, le parc, les bagages, etc. L'avant-garde quitta Alcantara le 19 et entra en Portugal à Castel-Branco le 21, suivie par les 4 divisions ; les troupes espagnoles fermaient la marche. La souffrance des troupes fut extrême de Castel-Branco à Abrantès. Au dire du général Thiébault, chef d'état-major de l'armée, cette marche fut la plus pénible et la plus affreuse que jamais une armée eût entreprise pour aller combattre. Les soldats se nourrirent de glands et durent plusieurs fois se mettre à l'eau jusqu'à la ceinture pour traverser des torrents glacés. L'artillerie, traînée par des bœufs, ne pouvait suivre. Quant à la cavalerie, composée de 7 escadrons de 7 régiments différents, elle était partie de Bayonne déjà fatiguée, parce que le manque de fourrages l'avait obligée à se rendre dans les Hautes-Pyrénées d'où elle avait été rappelée avant d'être parvenue à destination ; elle suivait donc péniblement l'infanterie, manquant de moyens de ferrage au milieu des forges de la Biscaye ; elle parvint à Abrantès réduite des deux tiers et incapable d'aller plus loin. Il fallait cependant en finir. Junot quitta Abrantès avec un régiment et quatre bataillons formés par la réunion des compagnies d'élite... Il arriva devant Lisbonne où il y avait une garnison de 14,000 hommes, le 29, avec 1,500 hommes brisés de fatigue, et fit son entrée dans la ville le 30, à 8 heures du matin, sans une seule pièce de canon. Les divisions d'infanterie arrivèrent quelques jours plus tard, les unes après les autres, dans un état affreux, ayant à peine 300 hommes par régiment. Les autres soldats, sans chaussures, sans armes, sans vêtements, furent amenés à dos d'âne, conduits par des paysans ; trois semaines après l'entrée de Junot dans Lisbonne, il avait à peine 10,000 hommes sous les armes. Son énergie et celle des généraux de division sous ses ordres parvinrent cependant peu à peu à réorganiser l'armée[1].

---

1. Général Thiébault, *l'Expédition de Portugal*.

Par un ordre en date du 17 août 1808, conséquence des événements de Baylen, les 1er, 5e et 6e corps de la Grande-Armée, ainsi que les divisions de dragons Milhaud, Latour-Maubourg et Lahoussaye, furent dirigés sur Mayence pour de là être envoyés en Espagne. On désigna, sur la route à suivre, les gîtes d'étapes les plus rapprochés des dépôts des divers corps de troupe, pour y envoyer tous les objets nécessaires au ravitaillement de ces corps. L'artillerie marcha avec les divisions, mais on envoya à Bayonne un certain nombre de chevaux haut le pied pour remplacer les attelages des pièces, ainsi que des caissons attelés pour remplacer ceux qu'on laissait à Mayence, au nombre d'environ 150 et 100 affûts de rechange, avec 20,000 coups de canon. Les trois corps d'armée envoyés en Espagne avaient déjà leurs bataillons du train des équipages ; deux autres bataillons durent acheter à Poitiers 1,200 mulets, y atteler 300 voitures et porter à Bayonne 300,000 rations de vivres. Deux routes furent tracées pour la traversée de la France : celle de droite, par Orléans, Poitiers, Bordeaux, celle de gauche, par Gien, Châteauroux, Limoges, Périgueux, Agen ; les routes furent divisées de telle sorte que les petites étapes furent doublées pour égaler les marches des deux colonnes en nombre de journées. Une si grande quantité de troupes devant faire renchérir la viande, on décida qu'elle serait donnée en nature aux hommes et qu'il serait retenu à cette fin trois sous par homme et par jour pour une demi-livre de viande ; les marchés étaient passés par les préfets et les commissaires des guerres, le surplus de la dépense était payé par l'administration.

Les troupes rappelées d'Espagne pour faire partie de l'armée d'Allemagne, et surtout celles qui furent envoyées en Russie, exécutèrent des marches aussi longues que rapides. On a souvent cité les dragons de la garde impériale partis de Valladolid et arrivés au commencement de la campagne de 1809. L'effectif de ce régiment était de 1,234 chevaux lorsqu'il reçut l'ordre de se rendre à Saint-Sébastien où il séjourna 8 jours, et d'où il repartit pour Vienne sous les ordres du général Arrighi, faisant près de 700 lieues en 68 jours, dont deux seulement de séjour, le premier à Paris pour renouveler l'habillement et l'équipement, et le second à Strasbourg. Ce régiment était dans un état superbe en arrivant à Vienne [1]. Une division de grenadiers-fusiliers de la garde impériale, commandée par le général Roguet, partit de la province de Zamora, le 4 mars 1812, pour se rendre en Russie. Cette division arriva le 27 juin à Kowno, après 115 jours de route, dont 38 de grands séjours à Logrono, Paris, Metz, Mayence, Custrin, Marienwerder, 60 jours de marche effective et un petit séjour toutes les 4 ou 5 étapes. Il n'y eut donc réellement que 60 jours de marche, de 8 lieues l'une dans l'autre; 186 lieues furent franchies en voiture dans l'espace de 23 jours, 295 lieues à pied en 33 jours, pendant lesquels la division fit effectivement 9 lieues par jour [2].

Un escadron du 20e de chasseurs, commandé par Curély, partit de Girone le 23 mars 1812 et arriva le 29 août à Polosk sur la Dwina, dans un parfait état, n'ayant laissé en arrière que 4 hommes sur 200, et encore était-ce pour profiter des ressources trouvées dans un gîte d'étape, le dernier avant Polosk. Cet escadron était resté en route 150 jours, dont 134 jusqu'à Kowno. De ces 134 jours, il faut déduire un séjour de 9 jours à Bonn où était le dépôt du régiment, un autre de 5 jours à Berlin et 20 petits séjours: restent 100 jours de marche effective jusqu'à Kowno ou 114 jusqu'à Polosk. En arrivant à sa destination, cet escadron put être donné comme un modèle de tenue, chaque cavalier apportait de Girone quatre fers de rechange. La ferrure, ce détail si important dans la marche de la cavalerie, ne paraît pas avoir été toujours à cette époque l'objet de soins aussi heureux. Nous avons vu la division de cavalerie de l'armée de Portugal, en 1807, arrêtée par le manque de moyens de ferrage. Lorsqu'à la fin de l'année suivante, Napoléon se lança à la poursuite de l'armée anglaise, les chevaux de la cavalerie de la garde n'avaient même pas de clous à glace. Cette cavalerie fut obligée de franchir la chaîne du Guadarrama à pied, les cavaliers tenant avec peine leurs chevaux par la bride, Napoléon lui-même dut marcher.

La Grande-Armée devait périr par les marches et par l'excès des distances. Il suffit, pour s'en convaincre, de résumer la triste histoire de la campagne de 1812. Toutes les troupes, organisées avec

---

1. *Souvenirs du duc de Padoue.*
2. *Souvenirs du général Roguet*, t. IV.

art, concentrées par une série de mouvements qui étaient commencés depuis plus d'un an, se trouvaient, le 23 juin, sur la rive gauche du Niémen, prêtes à traverser ce fleuve. Elles comprenaient en ce moment 353,000 hommes d'infanterie, 59,500 de cavalerie et 1,200 canons, non compris le 9e corps (celui de Victor) laissé en arrière entre l'Elbe et l'Oder pour contenir la Prusse, répartis entre 10 corps (dont un autrichien sans numéro), la garde impériale et 4 corps de cavalerie, ou 32 divisions d'infanterie, 16 divisions et 13 brigades indépendantes de cavalerie. Le 23 juin, à 8 heures du soir, après une reconnaissance faite par Napoléon lui-même, recouvert du manteau d'un lancier polonais et seul avec le général Haxo, l'équipage fut amené entre Kowno et Sketans, trois ponts furent jetés, le 1er corps passa immédiatement sur trois colonnes. Bientôt les 1er, 2e et 3e corps marchèrent avec toute la cavalerie, remontant le cours de la Willia, pendant que le vice-roi d'Italie traversait le Niémen à Prenn et se portait en avant pour couvrir la droite de l'armée, et qu'à gauche Macdonald, avec le 10e corps, franchissait le fleuve en aval, à Tilsitt, pour flanquer la gauche. Retardé par le manque de subsistances et par la nécessité d'organiser ses communications, l'Empereur fit faire à la colonne principale une première halte à Wilna, du 28 juin au 17 juillet. Il y établit de grandes manutentions et organisa tous les services de l'arrière; il donna des ordres pour que les dépôts des corps fussent installés à Wilna et à Grodno, pour que des ponts permanents fussent construits sur le Niémen, et pour que Wilna fût reliée par des routes militaires avec les points les plus importants de la ligne de la Vistule. Au départ de Wilna, il donna des instructions pressantes pour que la garde emportât quatre jours de pain sur le soldat et du biscuit comme chargement complet de toutes les voitures.

Bientôt il dut s'arrêter encore à Witepsk. Cette marche de 80 lieues, depuis le Niémen, était de nature à inspirer les plus vives inquiétudes à quiconque aurait voulu réfléchir, les troupes avaient traversé un pays systématiquement dévasté par les Russes. Les ordres portaient que l'on fût pourvu de vivres pour quinze jours, mais comme on l'a fait observer, jamais général en chef ne donna plus d'ordres pour les subsistances que Napoléon et jamais ordres ne furent moins exécutés. Le maraudage devint bientôt le seul mode de vivre, beaucoup de soldats furent pris ou tués, la masse s'habitua à l'indiscipline, l'usage immodéré de viande sans sel et sans pain, avec une eau marécageuse pour toute boisson, donna naissance à une épidémie de dysenterie et comme, les moyens de transport manquant pour les hôpitaux comme pour tous les services, les ballots de médicaments n'arrivaient pas jusqu'à l'armée, tous les malades périssaient faute de soins. Quant aux chevaux, ils n'avaient pour toute nourriture que du maïs vert. Un violent orage, qui éclata au moment où les troupes du vice-roi traversaient le Niémen et dont toute l'armée eut à souffrir pendant quatre jours, fit périr une énorme quantité de chevaux, le service du train devint presque impossible, et la cavalerie même vit fondre ses effectifs avec une rapidité inquiétante. Une des principales causes du dépérissement de la cavalerie fut la manière dont Murat faisait marcher ses longues colonnes: à l'heure dite, tous les régiments montaient à cheval et les derniers attendaient ainsi pendant plusieurs heures le moment de se mettre en mouvement.

La correspondance de Napoléon est remplie d'ordres relatifs aux marches, mais la multiplicité même de ces ordres prouve qu'il n'y avait pas à cet égard de règles bien arrêtées. Aucun d'eux, d'ailleurs, ne se rapporte au dispositif de la marche. Ils dénotent deux préoccupations principales, ouvrir les communications à l'avant-garde et surtout remédier à la multiplicité des voitures et des équipages de toute sorte qui encombrent l'armée.

Ordre est donné au général Éblé, commandant les équipages de pont, de se porter à l'avant-garde, sans les bateaux, mais avec tout le matériel, tous les outils et tous les agrès, d'établir au moins six ponts sur les torrents et les rivières et de présider lui-même à leur construction. Le général Chasseloup-Laubat, commandant en chef du génie, doit aussi marcher avec l'avant-garde, accompagné de tout son personnel; chaque pont doit avoir son débouché au delà; il doit y avoir des ingénieurs et des sapeurs pour construire des retranchements si cela est nécessaire.

En ce qui concerne les *impedimenta*, on lit dans un ordre en date du 1er septembre 1812 :

« Tous les carrosses, fourgons ou voitures de bagages et de

« subsistances passeront après l'artillerie et les voitures d'ambu-
« lance; tout carrosse, fourgon ou voiture particulière qui sera
« trouvée gênant la marche de l'artillerie et des ambulances sera
« brûlée.

« Les voitures d'artillerie et les fourgons des ambulances pour-
« ront seuls suivre l'avant-garde...

« Les voitures de bagages, les grandes et petites charrettes ne
« pourront suivre l'avant-garde que quand elle aura pris position
« et alors que la canonnade et la fusillade ne se feront plus enten-
« dre. Toute voiture trouvée à une distance moindre de deux lieues
« de l'avant-garde, avant qu'elle ait pris possession et pendant
« le temps que la canonnade et la fusillade se feront entendre, sera
« brûlée.

« Le matin, au départ de l'avant-garde, les fourgons et voitures
« autres que celles de l'artillerie ou des ambulances, seront par-
« qués hors du chemin. Ceux qui seraient trouvés sur la route,
« obstruant la marche de l'artillerie ou le mouvement des co-
« lonnes, seront brûlés. Ces dispositions sont applicables aux divi-
« sions qui ne font pas partie de l'avant-garde...

« Ordre aux chefs d'état-major et aux directeurs de parc de faire
« marcher les voitures de bagages après celles de l'artillerie et des
« ambulances.

« Le présent ordre sera lu demain à midi à tous les corps et Sa
« Majesté fait connaître qu'elle fera brûler elle-même et en sa
« présence les voitures qu'elle trouvera en contradiction avec le
« présent ordre [1]. »

En effet, ayant rencontré la voiture du général de Narbonne,
un de ses aides de camp et son futur ambassadeur à Vienne, Napoléon y fit mettre le feu en sa présence, sans permettre d'en rien
retirer [2].

Il est généralement admis que l'intention de Napoléon, en franchissant le Niémen, n'était pas de dépasser Smolensk dans une
première campagne. On connaît généralement aussi les motifs qui
le déterminèrent, après les batailles de Smolensk (17 août) et de

---

1. *Correspondance militaire de Napoléon Ier*, t. VIII.
2. M. de Ségur, *la Grande-Armée en 1812*, t. I.

Valoutina (19 août), à marcher sur Moscou. A partir de ce moment, la principale colonne se composa des 1er, 3e, 4e, 5e, 8e corps (Davout, Ney, prince Eugène, Poniatowski, Junot), des corps de cavalerie moins une division de cuirassiers et de la garde impériale. Le prince Schwartzenberg couvrait la droite avec le corps autrichien et le 7e corps (Saxons commandés par Reynier). Macdonald, avec le 10e corps, se trouvait à l'extrême gauche; Oudinot, remplacé plus tard par Gouvion-Saint-Cyr, avec le 2e corps, le 6e (Bavarois) et une division de cuirassiers, couvrait la gauche.

Le dispositif de marche de la colonne principale était ainsi conçu :

L'avant-garde était composée de la cavalerie légère des 1er et 3e corps (quatre brigades), des deux premiers corps de réserve de cavalerie (Nansouty et Montbrun) et de presque toute l'artillerie.

Le 1er corps (Davout) venait immédiatement après. Une de ses divisions, celle du général Compans, se tenait prête à soutenir la cavalerie, elle fut plus tard mise sous les ordres de Murat. Ney, avec le 3e corps, suivait Davout à un jour de marche. Poniatowski marchait à deux ou trois lieues sur la droite avec le 5e corps (Polonais) et le corps de cavalerie de Latour-Maubourg; le prince Eugène était à la même distance à gauche et un peu en avant, ayant avec lui, outre le 4e corps, la cavalerie de Grouchy. Le quartier général venait en arrière de Ney, suivi par la garde impériale, par le 8e corps (Westphaliens) et par les parcs, comprenant plus de 1,000 voitures de vivres destinés à la garde. Les autres corps vivaient sur le pays. On avait laissé à Orcha beaucoup d'équipages. L'artillerie n'emmenait que des munitions et les outils nécessaires pour construire des ponts de chevalets.

Le corps de Davout était le seul bien organisé. Les hommes, comme nous l'avons vu, portaient sur eux 4 jours de pain, 4 jours de biscuit et 10 jours de farine; les voitures à la suite portaient 6 jours de vivres. Lorsque la farine était épuisée, on prenait du blé, on le faisait moudre, soit dans les moulins du pays, soit dans les moulins à bras portés à la suite des corps ou trouvés chez les habitants. Seize hommes, en travaillant ainsi pendant douze heures, pouvaient moudre le grain nécessaire pour 130 rations de pain.

Murat, au dire de Davout dans ses plaintes à l'Empereur, « quit-
« tait à peine les routes, laissant sa cavalerie en colonne au lieu
« de la déployer, si bien que les Russes l'avaient surnommé le
« *général de grand chemin*. Cette longue colonne était sur pied
« toute la journée sans boire ni manger, au milieu d'une poussière
« épaisse, sous un ciel brûlant, ignorant ce qui se passait devant
« elle, avançant de quelques pas par quart d'heure pour se dé-
« ployer dans des champs de seigle, mais n'osant pas débrider et
« faire paître les chevaux affamés, car le roi la tenait toujours
« en haleine; on faisait ainsi cinq ou six lieues en dix mortelles
« heures[1]. » Les chevaux des cuirassiers qui, comme le faisait
spirituellement observer le général Nansouty à Murat, n'étaient
pas soutenus par le patriotisme, tombaient sur les routes.

En résumé, les 1er, 3e, 4e, 8e corps, la cavalerie et la garde
comptaient au passage du Niémen 247,800 hommes, il n'en restait
plus que 127,000 pour livrer la bataille de la Moskowa[2], bien
que de nombreux renforts fussent arrivés des dépôts. Les batailles
et combats livrés dans cet intervalle de temps ne suffisent pas
pour expliquer une telle diminution d'effectifs, occasionnée surtout par les marches et le manque de subsistances. Quant aux
distances parcourues et aux vitesses de marche, le bilan peut s'en
établir ainsi qu'il suit, pour la garde impériale :

Les 220 lieues du Niémen à Moscou furent franchies, par la
garde impériale et le quartier général, du 24 juin au 14 septembre,
c'est-à-dire en 83 jours, ce qui ferait en moyenne deux lieues et
demie par jour. Trois grandes batailles furent livrées pendant cet
intervalle de temps, Smolensk, Valoutina et la Moskowa, appelée
par les Russes Borodino. Les séjours furent: Kowno, 2 jours;
Wilna, 18 jours; Glubokoé, 4 jours; Bechenkowiski, 2 jours;
Witepsk, 14 jours; Smolensk, 8 jours; Dorogobouj, 1 jour; Wiazma,
1 jour; Ghjat, 1 jour; Borodino, 1 jour; Gorki, 1 jour; Mojaïsk,
2 jours. Total, 58. Restent 25 marches de 8 heures et demie en
moyenne. Nous verrons un peu plus loin, à propos des retraites, ce
que fut la marche au retour de Moscou[3].

---

1. M. de Ségur, *Histoire de la Grande-Armée en 1812*, t. I.
2. *Histoire du Consulat et de l'Empire*, par Thiers, t. XIV. — Général Pelet, *la Bataille de la Moscowa* (*Spectateur militaire*, t. XI).
3. *Souvenirs militaires du général Roguet*, t. IV.

Il semblerait résulter de ce qui a été dit plus haut sur la manière dont Murat conduisait ses grandes colonnes de cavalerie, qu'une même heure de départ était indiquée à toutes les troupes qui devaient, les unes après les autres, suivre la même route dans la même journée. Un pareil oubli des règles les plus élémentaires de la marche paraîtrait bien extraordinaire, mais nous avons vu, par l'exemple du corps de Lannes et de la garde impériale dans la campagne de 1805, qu'il n'en était pas toujours ainsi. L'ordre de marche de l'armée du Nord pour le 15 juin 1815, ordre intéressant à connaître à tous les points de vue, le prouve également[1]. Nous en résumerons ainsi qu'il suit les dispositions essentielles :

L'armée devait déboucher sur la Sambre en trois colonnes : au centre, les 3e et 6e corps suivis de la garde ; à droite, le 4e ; à gauche, les 2e et 1er.

1° Colonne du centre : la division de cavalerie légère du 3e corps (Vandamme), commandée par le général Domont, devait monter à cheval à 2 heures et demie, se porter sur la route de Charleroi et envoyer dans toutes les directions des partis forts d'au moins 50 hommes, pour enlever tous les postes ennemis ; à la même heure, le général Pajol réunirait le 1er corps de cavalerie (2 divisions de cavalerie légère), et suivrait la division Domont, placée sous ses ordres. Ses deux divisions resteraient groupées et ne fourniraient aucun détachement ; elles auraient leur artillerie, tandis que la batterie de la division Domont resterait en arrière pour marcher après le 1er bataillon du 3e corps. Le général Vandamme ferait battre la diane à 2 heures et demie, mettrait son corps d'armée en mouvement à 3 heures et le dirigerait sur Charleroi. Chaque division aurait avec elle son artillerie et ses ambulances, tous les bagages et embarras restant parqués pour ne se mettre en marche qu'après le passage du 6e corps et de la garde. Le comte Lobau devait faire battre la diane à 3 heures et demie et se mettre en route à 4 heures avec le 6e corps, pour suivre le 3e. Les trois divisions de la garde, éveillées à 4 heures et demie, 5 heures et 5 heures et demie, devaient partir successivement à 5 heures, 5 heures et demie et 6 heures derrière le 6e corps.

---

1. *Précis de la campagne de* 1815, par Gourgaud.

Le maréchal Grouchy devait faire monter à cheval les 2ᵉ, 3ᵉ et 4ᵉ corps de cavalerie successivement à partir de 5 heures et demie et suivre le mouvement, en ayant soin de prendre les chemins latéraux.

2ᵉ Colonne de gauche, Reille, avec le 2ᵉ corps : diane battue à 2 heures et demie, en marche à 3 heures sur Marchiennes, faire garder tous les ponts et saisir les lettres aux postes de Marchiennes et de Thuin. D'Erlon, avec le 1ᵉʳ corps : diane à 2 heures et demie, en marche à 3 heures, mais en gagnant à gauche le plus possible de terrain pour couvrir le 2ᵉ corps et en maintenant sa communication avec Maubeuge par de petits détachements.

3ᵉ Colonne de droite, général Gérard avec le 4ᵉ corps, départ de Philippeville à 3 heures du matin.

Reille, Pajol et Gérard devaient se tenir en communication constante par de nombreux postes. La place de l'Empereur était fixée avec sa garde sur la route de Charleroi.

Les heures successives de départ étaient même indiquées pour l'équipage de pont partagé en deux sections, pour le parc du génie, pour tous les bagages, dont l'ordre de marche était minutieusement et rigoureusement réglé, etc... En un mot tout était prévu, sauf le cas qui se présenta, savoir qu'un ordre en vertu duquel le 3ᵉ corps devait se mettre en marche à 3 heures du matin, ne put être communiqué au général commandant le corps avant 9 heures. On sait tout ce qui en résulta : Pajol arrivant à Charleroi et n'ayant pas derrière lui d'infanterie pour le soutenir et la surprise manquée, etc., etc.

Dans cette malheureuse campagne de 1815, les conceptions du génie de Napoléon furent à hauteur de ses plus belles opérations ; l'exécution n'y répondit pas, et pour nous en tenir à l'ordre de marche du 15, cet ordre, écrit sans doute par le maréchal Soult, tout neuf dans ses fonctions de major général, était plus minutieusement rédigé qu'aucun de ceux de Berthier, mais le major général oublia de veiller à son exécution et même de s'assurer qu'il avait été transmis. La machine était d'ailleurs détraquée, car si l'on ne trouva pas Vandamme, c'est qu'il n'avait pas fait connaître l'emplacement de son logement, détail essentiel dans un cantonnement, et qu'on lui envoya porter l'ordre par un seul officier, qui se cassa la jambe en route et n'arriva pas jusqu'à lui. On peut lire le récit de vingt campagnes heureuses sans y trouver une leçon utile; dans les guerres malheureuses, au contraire, il n'est pas un fait d'où ne se dégage une leçon. Mais, par suite d'une sorte de chauvinisme mal entendu, on lit et on relit l'histoire d'Austerlitz, on glisse sur celles de Leipsick et de Waterloo.

Retraites. — C'est une vérité presque banale que les marches en retraite comptent parmi les opérations les plus délicates de la guerre. D'après Gouvion-Saint-Cyr, « il est plus facile de gagner « une bataille, même avec des chances défavorables, que d'exé- « cuter un mouvement rétrograde qui doit avoir quelque étendue « et dans lequel on peut être entraîné à une retraite complète... « Il devient difficile d'arrêter un mouvement de retraite lorsqu'il « dure depuis quelques jours. Le moral de l'ennemi est alors telle- « ment élevé, il devient si audacieux que l'on ne peut s'arrêter « qu'après qu'il a cessé la poursuite. Quelquefois même, le mouve- « ment de retraite se prolonge au delà de ce terme, parce qu'une « armée qui se retire pour éviter une bataille a presque toujours « son moral abattu. Cet abattement et le désordre qu'il amène vont « croissant avec une extrême rapidité. Le découragement devient « bientôt presque général, et il n'y a plus que quelques âmes bien « trempées capables de résister à cette contagion qui amène la « désorganisation des armées[1]. »

« Il y a d'ailleurs », dit encore Saint-Cyr, « plusieurs genres de « retraite. Celle à laquelle on doit toujours être prêt et celle que « l'on fait, quoique décidé à recevoir la bataille s'il se présente une « occasion favorable, et même à reprendre l'offensive sur un en- « nemi téméraire ou imprudent[2]. » Telle fut la retraite du maréchal Ney devant l'armée russe, au commencement de juin 1807; telle fut aussi la retraite de cette même armée russe devant Napoléon, à la fin du mois de janvier précédent, retraite rendue célèbre par la bataille d'Eylau. Un exemple plus ancien est celui que donnèrent, dans la campagne de 1796, les deux armées de Sambre-et-Meuse et de Rhin-et-Moselle, forcées, l'une après l'autre, de se retirer devant l'archiduc Charles, par suite d'un plan défectueux.

---

1. *Mémoires sur les campagnes de l'armée de Rhin-et-Moselle*, t. III, p. 390.
2. *Ibid.*, t. II, p. 200.

Retraite de l'armée de Sambre-et-Meuse. — Les deux armées françaises qui avaient traversé le Rhin, l'une à Kehl, l'autre à Dusseldorf, agissaient indépendamment l'une de l'autre ; chacune avait bien en face d'elle une armée autrichienne, mais les deux armées ennemies obéissaient à une même direction, tandis que les deux armées françaises ne s'entendaient nullement. Après une offensive vigoureuse de l'armée de Sambre-et-Meuse, qui refoula les forces commandées directement par l'archiduc, et une attaque suivie de succès de l'armée de Rhin-et-Moselle contre les troupes du général Latour, l'archiduc se décida à occuper une position centrale d'où il pourrait tomber sur celle des deux armées qui lui en offrirait l'occasion. Cette occasion devait bientôt se présenter, parce que Kléber, qui conduisait le mouvement de l'armée de Sambre-et-Meuse, poussait vigoureusement les troupes qu'il avait devant lui, tandis que Moreau marchait avec une lenteur méthodique. A plusieurs reprises, les deux armées françaises négligèrent d'opérer leur jonction et, après la bataille indécise de Neresheim, l'archiduc jugea le moment venu de prendre en flanc l'armée de Sambre-et-Meuse dans sa position trop avancée. Aux premiers signes de cette attaque, Jourdan se décida à la retraite et envoya en arrière tous ses parcs et équipages. On lui a vivement reproché, et son principal lieutenant Kléber tout le premier, de s'être retiré trop précipitamment. La vérité est que rien n'avait été préparé pour cette retraite et qu'en particulier aucun chemin n'avait été étudié. L'armée pouvant, d'un moment à l'autre, être coupée de la route principale, il lui fallut se jeter dans des chemins de traverse. Le chef d'état-major Ernouf, chargé de faire reconnaître ces chemins, assura qu'on pouvait à la rigueur y passer; Jourdan y dirigea ses troupes en deux colonnes. Celle qu'il commandait en personne était composée d'une faible avant-garde, des divisions Grenier et Championnet et enfin de la division de cavalerie Bonnaud. Le général en chef, précédant son avant-garde, jugea que la descente était absolument impossible sur la route qu'il suivait et qu'il fallait se jeter à gauche pour descendre dans la vallée étroite de la Pegnitz et remonter ensuite cette vallée. Il envoya, pour changer de direction, des ordres qui arrivèrent trop tard, il y eut à Achten un encombrement affreux. Heureusement, l'archiduc était occupé à mettre de l'ordre dans ses divisions et le mal put être réparé. Avec plus d'activité de la part de l'ennemi, la colonne de Jourdan aurait dû être complètement détruite.

Cette faute de n'avoir pas suffisamment reconnu les débouchés en arrière avait été précédée d'une autre faute, celle de trop lier dans l'arrière-garde le sort de l'infanterie à celui de la cavalerie. Ney, qui commandait cette arrière-garde, s'attarda au combat d'Amberg à se défendre et à manœuvrer avec sa cavalerie. Quand il s'aperçut qu'il allait être coupé du gros de l'armée, il était trop tard pour sauver son infanterie, qui succomba malgré l'admirable résistance et l'héroïque fermeté du chef de bataillon Deshayes et des troupes qu'il commandait[1]. Cet exemple montre que lorsque la cavalerie se trouve à l'arrière-garde, c'est pour arrêter l'ennemi jusqu'à ce que l'infanterie soit en sûreté; elle se tire ensuite d'affaire plus ou moins complètement, grâce à la vitesse de ses chevaux, mais elle ne doit pas enchaîner à son sort celui de l'infanterie, qui n'a pas la même ressource. Ce n'est pas ainsi que se comporta, dans la campagne de 1812, le général Corbineau chargé de couvrir avec sa brigade de cavalerie légère la retraite du corps bavarois du général de Wrède, de Polosk à Wilna. Pressé très vivement par les Cosaques à l'entrée d'un défilé, il soutint le combat aussi longtemps qu'il put et laissa en arrière-garde un régiment de chasseurs, pour prolonger la résistance et donner à l'infanterie le temps de filer.

Pour revenir à Jourdan, il fit de vaines tentatives pour reprendre possession de la grande route; toujours menacé d'être débordé sur son flanc droit, il voulut se jeter sur Schweinfurth, pour y arriver avant l'ennemi. Aucun magasin n'existait dans cette direction, les soldats manquèrent presque totalement de vivres et n'eurent souvent pour toute ressource que les pommes de terre trouvées dans les champs. Il résolut de livrer bataille à Wurtzbourg, ne concentra pas suffisamment ses troupes, se priva ainsi du concours de plusieurs de ses divisions et perdit la bataille, malgré la brillante conduite de son armée. La retraite devint alors plus difficile; Jourdan se jeta dans les montagnes de la Fulde pour essayer de gagner

---

1. *Victoires et Conquêtes*, t. VII, p. 15.

la Lahn; la route était affreuse, mais la poursuite fut lente, et l'archiduc, qui aurait pu devancer les Français sur la Lahn, mit dix jours à faire 44 lieues (ce n'est pas ainsi que Napoléon faisait la guerre), et se laissa arrêter par de fausses démonstrations. Les colonnes de l'armée en retraite, faisant filer d'abord leurs parcs, les suivaient chaque soir et laissaient derrière elles des troupes légères pour allumer des feux de bivouac; ces troupes les rejoignaient au petit jour. Arrivé sur la Lahn, Jourdan put enfin réunir son armée, mais les chevaux et les munitions lui manquaient; il fut de nouveau attaqué à Altenkirchen et battu; il se retira enfin derrière le Rhin, protégé par Marceau qui contenait l'ennemi avec son arrière-garde [1].

Retraite de Moreau. — Pendant ce temps, Moreau exécutait devant l'armée du général Latour, bientôt rejointe par celle de l'archiduc, cette retraite qui lui a valu une réputation regardée, non sans motifs, par un certain nombre d'écrivains militaires comme quelque peu exagérée. Quelque remarquable que soit cette retraite, signalée par de brillants engagements comme la bataille de Biberach et le passage du val d'Enfer, elle présente peu d'intérêt au point de vue qui nous occupe, les dispositifs des colonnes n'étant indiqués dans aucun document que nous sachions. Elle se termina par une opération difficile, la traversée de Fribourg par les deux corps d'armée de Saint-Cyr et de Ferino qui, venant de deux directions différentes, n'avaient l'un et l'autre que cette unique ligne de retraite. Le danger était grand, car, d'une part, il ne fallait pas que les deux corps se présentassent ensemble, ce qui eût amené un encombrement inextricable et, d'autre part, la résistance devait se prolonger à peu près également à droite et à gauche, sans quoi le dernier restant eût été infailliblement écrasé. On se tira d'affaire par une entente parfaite. Les parcs et les équipages, défilant les premiers, n'arrivèrent à Fribourg qu'au grand jour, lorsque déjà les deux arrière-gardes étaient aux prises avec les avant-gardes autrichiennes. Heureusement, l'ennemi ne fut bien pressant ni à droite ni à gauche, et l'armée put être formée derrière la Treisam avant que

---

1. *Mémoires de Jourdan.*

les deux arrière-gardes eussent été attaquées dans la traversée de la ville.

Lorsque l'armée repassa sur la rive gauche du Rhin, elle était au bivouac depuis six mois, se battant presque tous les jours. « L'habillement ainsi que la chaussure », dit Gouvion-Saint-Cyr, « étaient totalement détruits, un tiers des soldats marchaient pieds « nus et l'on n'apercevait sur eux d'autres vestiges d'uniformes que « la buffleterie. Sans les haillons de paysans dont ils étaient cou- « verts, leurs têtes ou leurs corps eussent été exposés à toutes les « injures du temps. C'est dans cet état que je les ai vus défiler à « Huningue, et cependant leur aspect était imposant ; à aucune « époque, je n'ai rien vu de plus martial [1]. »

Campagne de 1807. — Les grandes guerres de l'empire offrent peu d'exemples de belles retraites, quoique les retraites les plus désastreuses aient donné lieu à de brillants combats, comme celui de Redinha dans la retraite de l'armée de Portugal, comme les batailles de Wiazma, de Krasnoé, de la Bérésina, dans la retraite de Russie.

La retraite de Ney devant l'armée de Benningsen au mois de juin 1807 est cependant une des plus belles opérations de ce genre que l'on puisse citer, mais c'est plutôt une manœuvre de combat qu'une retraite d'armée.

Retraites de l'armée de Portugal. — L'Espagne et le Portugal virent commencer bientôt la série de nos désastres. Soult, devenu maître du Portugal après une série d'événements que nous n'avons pas à raconter ici et surpris dans Oporto par l'armée de Wellington, ne put sortir du Portugal et éviter une capitulation honteuse qu'au prix d'une des retraites les plus difficiles que l'on connaisse. Après avoir évacué Oporto dans la soirée du 12 mai 1809, il apprit que le général Loison, laissé à Amaranthe sur la route de Bragance, avait été obligé d'abandonner cette position et que les Anglais étaient maîtres de la seule communication qui lui restât pour rentrer en Espagne. Il fallait se faire jour par des sentiers impraticables ; il eut au moins le mérite de prendre sans hésitation

---

[1]. Gouvion-Saint-Cyr, *Mémoires sur les campagnes de l'armée de Rhin-et-Moselle*, t. IV, p. 41.

une décision énergique et désespérée ; il détruisit son artillerie, fit sauter ses caissons et la caisse de l'armée, fit prendre à ses soldats tous les vivres et toutes les cartouches qu'ils pouvaient porter sur eux et se jeta dans les montagnes. Il fallut gravir des sentiers escarpés, traverser des torrents sur lesquels les Portugais avaient détruit tous les ponts et culbuter des rassemblements de paysans en armes. Enfin, après une marche de sept jours, l'armée arriva sur la route d'Orense dans un état déplorable, moralement et matériellement [1].

Ainsi se termina la deuxième expédition de Portugal ; la troisième n'eut pas une meilleure fin. Masséna, qui la commandait, après avoir échoué contre les lignes de Torrès-Vedras et avoir vainement attendu les secours qu'on lui avait promis, fut obligé de se retirer pour ne pas laisser son armée mourir de misère et d'inanition. Sa retraite fut du moins marquée par des combats glorieux. Les troupes avaient une réserve de biscuit pour quinze jours à laquelle on n'avait pas touché jusque-là et qui servit pour la retraite. Le 4 mars 1811, les malades et les bagages furent envoyés sur la route qu'on devait suivre, on eut soin de faire courir le bruit que l'armée allait se concentrer à Punhete, où se trouvait son équipage de pont, pour essayer de franchir le Tage. Le 5 mars au soir, Masséna se mit en route avec 24,000 hommes environ, dont 4,000 de cavalerie ; l'armée emmenait avec elle 12,000 à 15,000 ânes pour le transport des vivres et des bagages, on brûla l'équipage de pont en passant à Punhete. La retraite ne fut marquée que par un seul incident fâcheux, la surprise de Foy d'Arunce, où la cavalerie légère du général Lamothe, obligée de s'installer, n'avait pas su se garder d'assez près ; elle fut illustrée, au contraire, par le beau combat de Redinha dans lequel Ney repoussa victorieusement l'armée anglaise. Mais les dissensions de Masséna avec ses lieutenants, et surtout avec Ney, exercèrent la plus funeste influence sur les événements. Ney et Reynier, en se retirant plus vite que le voulait Masséna, forcèrent pour ainsi dire la main au général en chef.

En somme, Masséna avait mis 17 jours (du 5 au 22 mars) pour reculer de 60 lieues devant une armée plus nombreuse que la sienne

---

[1]. *Victoires et Conquêtes*, t. XIX, p. 44.

et ne manquant de rien, tandis que ses soldats étaient forcés de se débander pour vivre. Il ne laissa en arrière ni un canon, ni un blessé, mais ses chevaux étaient épuisés, et quand Marmont vint prendre le commandement de l'armée à Alfayates le 31 mars, l'artillerie n'avait plus que 10 pièces attelées, le reste était traîné par des bœufs [1].

Retraite de Russie. — De toutes les retraites d'armées, il n'en est pas, il n'en sera sans doute jamais d'aussi célèbre que la retraite de Russie. Tout le monde connaît les désastres subis par la Grande-Armée dans cette cruelle et terrible campagne, on en connaît aussi les causes : le froid excessif d'un hiver prématuré sous un climat toujours rude, l'absence de toute espèce d'abri et de subsistances dans un pays dévasté, l'énorme quantité de voitures et d'*impedimenta* de toute sorte que l'armée traînait avec elle, les innombrables Cosaques montés sur des chevaux aussi durs à la fatigue qu'eux-mêmes, habitués à la rigueur du climat, harcelant sans cesse nos colonnes en arrière et sur les flancs, les précédant pour détruire le peu de ressources qu'elles auraient pu trouver et s'emparant des convois qui venaient au-devant d'elle, la paix conclue entre la Turquie et la Russie, qui permit aux armées du Sud de venir s'établir sur la ligne de retraite des Français, enfin, l'habitude prise par Napoléon de toujours marcher à l'avant-garde, ne s'occupant de ce qui se passait derrière lui que pour s'en plaindre et le blâmer.

Nous ne reproduirons pas des détails trop connus. Le bilan de cette désastreuse retraite a été établi depuis longtemps. Tous les auteurs sont loin d'être d'accord, cependant, sur le nombre des hommes qui ont péri et de ceux qui ont repassé le Niémen. Les chiffres donnés par M. Camille Rousset dans son *Étude sur la Grande-Armée de* 1813, sont évidemment ceux qui doivent inspirer le plus de confiance, mais les renseignements sur lesquels s'appuie le savant académicien ne sont pas complets, puisqu'ils ne portent que sur l'infanterie. D'après ces renseignements, les 1er, 2e, 3e et 4e corps comptaient, le 15 juin 1812, 125,962 hommes d'infanterie exclusivement française, il en restait, le 1er février 1813, 6,400.

---

1. *Mémoires de Marmont*, t. IV, p. 33.

La garde impériale (infanterie), forte de 32,000 hommes en entrant en Russie, ne comptait plus que 1,300 hommes dont à peine 500 valides [1].

Quant aux distances parcourues, 240 lieues furent franchies en 54 journées, soit en moyenne 4 lieues et demie par jour, mais il faut déduire de ces 54 journées, 16 jours de halte, savoir : 2 à Ghorodnia, 1 à Viazma, 4 à Smolensk, 2 à Krasnoé, 6 à la Bérésina, 1 à Wilna. Restaient donc 38 jours de marche à raison de 5 lieues et un quart par jour [2].

La retraite de Russie ne devait pas être le dernier désastre de la Grande-Armée. Celle qui suivit, en 1813, la bataille de Leipsick, quoique présentant un caractère différent, ne fut pas moins pénible. Cette retraite commença dans la nuit du 18 au 19 octobre. Quand on voit que toute l'armée n'avait qu'un seul pont pour traverser l'Elster en arrière d'elle, on se demande sur qui doit retomber la responsabilité d'une négligence aussi funeste, cause première de la perte de 20,000 hommes, abandonnés dans Leipsick par suite de l'explosion prématurée du pont. La retraite fut couverte au premier moment par les deux divisions de la jeune garde que commandait le maréchal Oudinot. L'ordre de marche ne tarda pas à être établi ainsi qu'il suit : la vieille garde avec la cavalerie de Nansouty et de Sébastiani, les débris des corps de Victor et de Macdonald, ce qui restait des 3ᵉ, 5ᵉ, 6ᵉ et 7ᵉ corps, réuni sous le commandement de Marmont, le 4ᵉ corps commandé par Bertrand et presque intact, n'ayant pas combattu à Leipsick, enfin les deux divisions de la jeune garde, à la tête desquelles Mortier remplaça Oudinot, le tout formant 60,000 hommes. La jeune garde, marchant à travers les plaines de Weissenfels et de Lutzen par échelons et en masses, fut vivement canonnée et débordée sur ses ailes par la nombreuse cavalerie de l'ennemi, pendant qu'en tête de colonne la vieille garde forçait le passage au pont de Freybourg. Le 21 et le 22, la jeune garde fut encore vivement attaquée par un corps considérable de cavalerie légère avec un peu d'infanterie et une assez nombreuse artillerie. Une division se forma en masses à distance de

---

[1]. Camille Rousset, *la Grande-Armée de* 1813, p. 5 et 90.
[2]. Général Roguet, *Souvenirs militaires*, t. IV, p. 549.

déploiement, pendant que l'autre continuait à marcher; elle fut dégagée par une belle charge de la division Doumerc et repassa l'Unstrutt à la faveur d'un épais brouillard; elle trouva disposés pour la recevoir, le 4ᵉ corps, la vieille garde et la cavalerie de Sébastiani. L'Empereur lui-même dirigeait les détails de la retraite, dont les embarras étaient augmentés par des colonnes de prisonniers et par de nombreuses voitures. On se débarrassa des voitures en les faisant sauter; quant aux prisonniers, ils ne tardèrent pas à être délivrés par les Cosaques. Le manque de subsistances régulières, l'impossibilité de faire vivre les soldats administrativement, achevèrent le mal. Les troupes harassées, exténuées par les marches, les combats, les revers et les privations, s'abandonnèrent à l'indiscipline. Chacun s'occupa avant tout de trouver sa subsistance; tous ceux qui s'étaient éloignés des drapeaux jetèrent leurs armes et marchèrent un bâton à la main. Sur 60,000 hommes qui restaient encore, 20,000 étaient ainsi formés en groupes de 8 à 10 hommes couvrant toute la campagne et marchant pour leur compte. Vainement le maréchal Mortier ralliait les hommes à l'arrière-garde et formait des régiments de ceux qui étaient encore armés; ils se débandaient immédiatement. Enfin, le 2 novembre, après avoir culbuté les Bavarois à Hanau, l'armée rentra dans Mayence. De 550,000 hommes portés à l'effectif au 27 août, 85,000 seulement repassaient sur la rive gauche[1].

Convois, embuscades et surprises. — Avec la longueur des lignes d'opérations pendant les guerres de 1796 à 1815 et la vaste étendue de pays occupée par les armées françaises, toutes les mesures de précaution ordonnées par Napoléon, précautions souvent négligées d'ailleurs, ne pouvaient empêcher les surprises de colonnes et de convois : aussi les exemples de ces surprises sont-ils fréquents. Nous n'en citerons que quelques-uns.

Parmi les embuscades d'armées qui ont réussi, il n'en est pas de plus tristement célèbre que celle de Baylen. Nous en avons raconté ailleurs l'histoire lamentable. Nous n'insisterons plus ici que sur la marche des colonnes. Nous savons que Dupont, lancé im-

---

1. *Mémoires de Marmont*, t. V, p. 303 et suiv. — C. Rousset, *la Grande-Armée de* 1813.

prudemment au milieu de l'Andalousie soulevée contre les Français, n'ayant avec lui qu'une seule des trois divisions de son armée, n'avait pas cru pouvoir rester à Cordoue et que, remontant le Guadalquivir, il s'était retiré pour attendre des renforts dans la position d'Andujar, sur la rive droite du fleuve. Menacé d'un côté par l'armée espagnole de Castaños, de l'autre par les rassemblements d'insurgés de la Sierra-Morena, il résolut de quitter cette position pour aller occuper, au débouché des montagnes, celle de Baylen, où il devait retrouver ses deux autres divisions. Son départ fut fixé au 20 juillet. Comme la chaleur était extrême, il arrêta de partir le soir. Informé de ses préparatifs, Castaños envoya une partie de son armée, sous les ordres de Reding, lui barrer la route en longeant la rive gauche du Guadalquivir et, traversant le fleuve au-dessus d'Andujar, gagner par un chemin de montagne le plateau de Baylen, où elle fut installée dans la soirée. Reding la disposa de manière à fermer toutes les issues du côté du nord et établit une forte batterie de canons de 12, qui balayait au sud toutes les avenues de la position. Vers huit heures du soir, Dupont se mit en mouvement, sans se douter qu'il était déjà tourné ; l'ordre de marche qu'il crut devoir adopter, sans doute pour être également prêt à repousser les insurgés devant lui et à soutenir en arrière les attaques de Castaños, fut la première cause de son désastre :

En tête marchait une avant-garde : général Chabran, compagnies d'élite et 1er bataillon de la légion, un escadron de chasseurs, 2 canons de 4.

A une demi-lieue en arrière : le général Dupont avec le reste de la légion et la brigade de chasseurs à cheval, soit 2,600 hommes, avant les bagages.

Puis 500 voitures escortées par le 2e bataillon suisse.

Ensuite le reste de la brigade suisse, la brigade Pannetier, les dragons et les cuirassiers, le bataillon des marins, le tout sous les ordres du général de division Barbou.

Enfin, l'arrière-garde composée de 50 dragons et de 2 pièces de 4.

L'artillerie était répartie par groupes dans les 500 voitures, dont la plus grande partie portait des malades et des blessés. Lorsque avant le jour, les éclaireurs se heurtèrent aux avant-postes de Reding, l'avant-garde s'engagea vigoureusement, les 4 pièces de 4 en arrière la rejoignirent promptement, mais les six pièces ne tardèrent pas à être démontées. Les autres batteries, se dégageant comme elles purent de la colonne où elles étaient intercalées dans les voitures de bagages et arrivant successivement, furent écrasées, les unes après les autres, la cavalerie fit de belles charges, l'infanterie s'épuisa en vaines tentatives pour enlever les hauteurs, l'armée de Castaños arriva pressant l'arrière-garde... et l'on sait le reste[1]. La mauvaise disposition de la colonne, l'énorme quantité de voitures qu'elle traînait avec elle, la chaleur excessive furent les causes matérielles de la défaite de Baylen. Quant aux causes morales, elles ne sont pas ici de notre ressort.

Il est rare qu'une troupe dont les colonnes marchent sans s'éclairer sur leurs flancs n'en soit pas tôt ou tard cruellement punie, témoin le sort de la division Maison à Haynau après la bataille de Bautzen. Il est difficile d'ailleurs de trouver un fait plus diversement raconté que cette surprise. On dirait, la plupart du temps, que les historiens sont des avocats chargés de faire condamner des coupables ou d'acquitter des innocents (quand ce n'est pas le contraire). Ce qu'il y a de certain, c'est que l'armée française, dans cette première partie de la campagne, manquait de cavalerie et qu'enivrée par les victoires de Lutzen et de Bautzen, elle s'abandonnait un peu trop dans la poursuite de l'ennemi. Le maréchal Ney surtout, paraît-il, pressait vivement les généraux sous ses ordres. Les coalisés tendirent à la division Maison, qui formait tête de colonne, une embuscade pour ainsi dire classique, et ils n'eurent d'autre mérite que d'avoir affaire à une troupe qui ne s'éclairait pas. Plusieurs lignes de cavalerie furent dissimulées sur le côté de la route, une petite arrière-garde, composée d'infanterie et de cavalerie, fit mine d'attaquer la division Maison, puis se retirant précipitamment, laissa les Français la poursuivre jusqu'à hauteur de l'embuscade ; elle fit alors demi-tour et tint ferme, tandis que les trois lignes de cavalerie disposées sur le flanc chargeaient impétueusement[2]. Le procédé est si élémentaire qu'on se demande comment il peut toujours réussir !...

---

1. Général Foy, *Histoire de la guerre de la Péninsule*, t. IV.
2. *La Cavalerie des alliés en 1813 (Journal des sciences militaires*, année 1855).

Comme exemple d'une faible troupe se tirant avec bonheur et gloire d'un mauvais pas, il est difficile de citer mieux que la retraite du général Foy, de Cacerès à Mérida, en février 1810. Ce général commandait alors une brigade du corps de Reynier; il venait de surprendre à Arroyo-del-Gorco en Estramadure, avec 600 fantassins et 800 dragons, un corps de 3,000 Espagnols, et parcourait les environs de Cacerès avec 1,200 hommes d'infanterie et 300 chevaux, pour rassembler des vivres et des moyens de transport, lorsqu'il fut attaqué à l'improviste auprès de Cacerès par le corps du général O'Donnell, composé de 6,000 ou 7,000 hommes d'infanterie et d'environ 2,000 cavaliers. « Le faible détachement « français », dit un biographe de l'illustre général-orateur, « est « enveloppé en un instant et sommé de mettre bas les armes. Le « général Foy répond à cette sommation par un feu de file bien « nourri et poursuit sa route sur Mérida, toujours entouré par les « ennemis. Parvenu au défilé de Puerto-d'el-Trasquillon, il le « trouve occupé par 800 chevaux; loin d'être intimidé par ce mou-« vement inattendu, il continue de se diriger à travers un terrain « difficile sous le feu des Espagnols, malgré les charges réitérées « de leur cavalerie; il parcourt ainsi en cinq heures 6 lieues d'Es-« pagne sans laisser derrière lui un seul homme vivant. L'ennemi « rebuté cessa sa poursuite à 4 lieues de Mérida [1]. »

Au milieu même des plus grands triomphes de la Grande-Armée quelques surprises venaient, de temps à autre, rappeler à nos généraux les règles de prudence dont on ne doit jamais se départir.

Le 16 octobre 1806, Murat avait recueilli, par la capitulation d'Erfurt, plus de 12,000 prisonniers. Dirigés sur Cassel, ces prisonniers furent délivrés par un parti de cavalerie, à la tête duquel s'était mis un officier du corps du prince de Weimar. L'escorte était trop faible et ne s'éclairait pas, l'officier prussien embusqué dans les défilés d'Eisenach, tomba sur les flancs de la colonne, et tandis que les cavaliers de l'escorte, répartis sur une trop grande longueur, étaient occupés à se défendre, les prisonniers se dispersèrent[2]. Cette mésaventure et plusieurs autres du même genre ren-

---

1. *Notice sur la vie du Général Foy*, par Tissot.
2. Lichtenstein, *Études sur la cavalerie*.

dirent nos généraux plus circonspects. Après la prise de Magdebourg, le maréchal Ney avait à envoyer à Strasbourg environ 20,000 prisonniers. Cette fois, le soin de les escorter fut confié à un général avec 18 compagnies d'infanterie et deux pièces de canon ; ce général partagea ses prisonniers en trois convois se suivant à un jour d'intervalle, et qui partis de Magdebourg le 14 novembre 1806, arrivèrent sans encombre à Mayence après 16 jours de marche. Le maréchal Kellermann qui commandait dans cette ville tous les dépôts et réserves, exprima son étonnement de voir arriver un si grand nombre de prisonniers. « On m'en annonce « toujours des masses », disait-il, « et je n'en vois arriver que des « détachements insignifiants[1]. »

C'est surtout en Espagne que la marche des convois et des corps isolés présentait de grandes difficultés, en raison des nombreuses bandes qui sillonnaient le pays. Les commandants de postes et de stations d'étapes avaient ordre de ne laisser partir que des détachements suffisants pour faire une bonne défense. Le général Rey, qui commandait à Saragosse en 1812, ayant à escorter depuis cette ville jusqu'à Jaca un détachement de cavaliers allant chercher des chevaux, d'hommes malades ou réformés, de femmes et d'enfants renvoyés en France, de voitures vides et de bêtes de somme, convoi expédié de Valence par le maréchal Suchet, comprenant une longue file d'équipages de toute sorte et environ 2,000 hommes, prit avec lui 6,000 hommes d'infanterie et de cavalerie avec une batterie d'artillerie[2]. Détail peu encourageant pour les détachements qui se mettaient en route sans une force suffisante : ils trouvaient souvent la route bordée de squelettes marquant la trace des détachements qui les avaient précédés. Un convoi de munitions, destiné aux troupes qui faisaient le siège de Tortose, partit de Pampelune avec une escorte de 1,500 hommes, dont un régiment de lanciers polonais, très redoutés des Espagnols.

C'étaient les courriers et les convois d'argent qui couraient le plus de risques, les chefs de bande étant toujours bien informés

---

1. Général Roguet, *Souvenirs militaires*, t. III.
2. *Souvenirs du colonel de Gonneville.*

de la composition et de l'itinéraire des convois. Tous les moyens d'espionnage leur étaient bons et plus d'un officier contribua, sans le savoir, à leur donner des informations par l'entremise de quelque belle indigène. Nous avons vu comment Mina, averti de la présence de Masséna dans un convoi escorté par le colonel Dentzel en 1811, avait failli s'emparer de ce convoi au passage des défilés de Salinas. Détail assez singulier, les prisonniers anglais qui faisaient partie de ce convoi demandèrent des armes et combattirent... les guérillas. L'escorte ne comprenait que 550 hommes d'infanterie, ce qui était absolument insuffisant pour une colonne longue de 1,200 mètres. Ces 550 hommes étaient partagés en trois groupes de 180, en tête, en queue et au milieu de la colonne, séparés par des intervalles de 600 mètres; ils eurent 180 hommes hors de combat[1]. L'Empereur s'en prit au colonel Dentzel, le vrai coupable était cependant le général Caffarelli qui n'avait pas tenu compte des protestations de ce colonel contre l'insuffisance de l'escorte. Mina avait assailli en Navarre une colonne de 1,000 hommes, lui en avait tué 300 et avait fait 500 prisonniers qui furent embarqués pour l'Angleterre. D'après le général Roguet, commandant le gouvernement de Valladolid, les escortes dépassaient le plus généralement cet effectif. Les convois de fonds étaient numérotés et l'on rendait compte à l'Empereur, non seulement de leur arrivée à destination, mais même de leur passage aux diverses stations. Le 3 novembre 1811, le 8ᵉ convoi de fonds partait de Valladolid pour Madrid avec une escorte de 900 fantassins, 100 chevaux et 2 pièces; il ne comprenait que 2,300,000 fr.[2]. L'Empereur avait donné lui-même tous les ordres de détail pour les 6ᵉ et 7ᵉ convois. Le 6ᵉ comprenait 8,353,000 fr.; l'escorte, sous les ordres du général Avril, se composait de 2,000 hommes, 500 chevaux et 2 canons de 4; les hommes d'infanterie devaient avoir chacun 40 cartouches et les dragons 20. Pour l'escorte du 7ᵉ convoi, on devait profiter de l'envoi de troupes à l'armée de Portugal et organiser tout exprès une batterie de 6 canons. L'escorte comprit ainsi 6,000 hommes, dont un régiment de dragons, et 6 pièces[3].

---

1. *Mémoires et Correspondance* du roi Joseph, t. VIII.
2. Général Roguet, *Souvenirs militaires*, t. III.
3. *Correspondance de Napoléon Iᵉʳ*, t. VI.

Lors du ravitaillement de Ciudad-Rodrigo, au mois d'octobre 1811, tous les abords de la place étaient étroitement surveillés par Wellington; il s'agissait d'y faire entrer un convoi de 200 bœufs, 8 mois de vivres pour la garnison de 4,000 hommes, soit près d'un million de rations, des effets d'habillement, etc.; l'escorte comprenait 2,800 hommes. Le général Thiébault, chargé de cette opération, sachant bien qu'il ne pourrait pas dissimuler son mouvement, le prépara au contraire avec ostentation, faisant publier que 12,000 hommes, 1,000 chevaux et 12 pièces de canon de l'armée de Portugal allaient prendre position à Fradès, que ce corps serait nourri par la ville de Salamanque et que, comme les vivres devaient y être portés tous les jours, il fallait réunir aussitôt les grains, les bestiaux et tous les moyens de transport qu'il serait possible de se procurer. Il put ainsi éviter l'armée anglaise, trompée sur sa direction. Quand Wellington sut à quoi s'en tenir, il était trop tard[1].

Les opérations de l'armée française, dans la campagne de 1813, furent, avons-nous déjà dit, constamment troublées par les excursions des partisans et des corps francs. Plusieurs de ces partisans enlevèrent des convois dans les circonstances les plus remarquables. Nous avons signalé la prise d'un parc d'artillerie à Zwickau, par le capitaine von Colomb. Vers la fin de la campagne, les parcs ne pouvaient presque plus circuler, ou du moins il leur fallait des escortes considérables. Les équipages de pont qui auraient pu, s'ils avaient été présents à Leipsick du 16 au 18 juin, épargner à l'armée un grand désastre en permettant d'organiser le passage de l'Elster sur la ligne de retraite, durent rétrograder à Torgau faute d'escorte, et si la partie mobile du grand parc de l'artillerie arriva à temps pour fournir aux effroyables consommations du 16 et du 18 octobre, c'est que le général Neigre, directeur des parcs, prit sur lui d'amener le parc d'Eilenbourg à Leipsick dans la nuit du 15 au 16 octobre. L'Empereur lui conserva une grande reconnaissance pour l'énergie et le dévouement qu'il avait montrés dans cette circonstance. Il n'en est pas moins vrai que le service d'escorte des convois fut mal organisé par l'état-major général pendant cette fin de campagne.

---

1. *Victoires et Conquêtes*, t. XXI, p. 5.

DE 1815 A 1870.

Malgré les innombrables marches exécutées pendant les campagnes de la République et de l'Empire, il n'y eut jamais, à cette époque, de principes bien arrêtés pour la disposition des colonnes, ni pour les services de découverte et de sûreté en avant ou sur les flancs des colonnes. On en était toujours, pour le service en campagne, au règlement de 1792, qui n'était à peu près que la reproduction de celui de 1788; car le règlement de 1809 n'avait été qu'une compilation des ordres de l'Empereur et des dispositions antérieures. Le règlement de 1823, établi à titre provisoire, était fort incomplet. Enfin, celui du 3 mai 1832, résultat des longs travaux du général Prevel et entrepris depuis 1810, était assez sobre de détails sur les marches. C'est donc dans les faits compris entre les guerres de l'Empire et celle de 1870, que nous devons chercher les règles généralement en vigueur.

A ce point de vue, le début de la guerre d'Algérie ne fut pas heureux et ne fit pas honneur à l'état-major de l'armée. Après la victoire de Staouéli, cette armée avait pris position sur le plateau de Sidi-Khalef, pour attendre le matériel du génie et de l'artillerie. Le 29 juin 1830, au matin, les trois divisions furent mises en route sur trois colonnes parallèles, pour aller se placer en face du fort de l'Empereur. La 3ᵉ division, qui tenait la gauche, arriva la première sur le point qui lui avait été assigné. De la hauteur sur laquelle cette division se trouvait, une illusion d'optique fit prendre la plaine de la Mitidja pour la mer, on crut que les indications des cartes dont on se servait étaient fausses et qu'au lieu d'être au sud d'Alger, on se trouvait au nord avec la mer derrière soi; il fallait donc faire demi-tour. Pour cela, on laissa sur place la 3ᵉ division, destinée à devenir la droite, et on ramena les 1ʳᵉ et 2ᵉ divisions à sa gauche par un changement de direction à gauche et une marche parallèle, dans laquelle l'une des divisions suivait la ligne des crêtes, tandis que l'autre cheminait dans les ravins. Le soleil montant à l'horizon, on s'aperçut de l'erreur commise, mais la 1ʳᵉ division était déjà à sa place à la gauche de la 3ᵉ; on l'y laissa en envoyant la 3ᵉ prendre sa place à l'extrême droite, de manière à placer les trois divisions face à Alger, en ordre inverse. Dans ce mouvement la 2ᵉ et la 3ᵉ division, se rencontrant, se confondirent, et plusieurs heures se passèrent sans que les régiments pussent rejoindre les positions indiquées. Des soldats harassés abandonnèrent sur le terrain leurs sacs et leurs fusils; il y eut un désordre tel que si l'ennemi, heureusement distrait par le feu de la 1ʳᵉ division, avait attaqué, on ne peut répondre de ce qui serait arrivé[1].

L'expédition du maréchal Clausel sur Médéah, après la prise d'Alger, ne présenta rien de remarquable. Celle du général Berthezène, au mois de juillet 1831, se termina au retour par une retraite désastreuse. La retraite avait commencé le 2, à 4 heures du soir; la colonne, voyageant la nuit, arriva le matin au col de Mouzaïa. Le nombre des ennemis qui la suivaient ne dépassait guère 1,200 à 1,500, mais comme on avait négligé d'occuper les crêtes, ils s'en emparèrent pour longer le flanc droit de la colonne; le commandant de l'arrière-garde, formée par un bataillon du 20ᵉ de ligne, fut blessé et se retira sans remettre son commandement à personne; le désordre se mit dans les rangs du bataillon, il se replia avec précipitation. Une panique générale s'empara de l'armée, les régiments se confondirent, on abandonna les blessés, les Kabyles vinrent combattre corps à corps avec les soldats jusque dans les rangs : bref, 4,000 hommes étaient sur le point d'être écrasés par 1,500 Kabyles, quand le commandant Duvivier, avec le 2ᵉ bataillon de zouaves et les volontaires parisiens, se jeta en travers en s'appuyant à la crête et arrêta les Kabyles. Abandonné par l'armée, Duvivier fut ensuite obligé de se retirer seul, en recueillant sur sa route une pièce de montagne renversée, auprès de laquelle se tenait, attendant la mort plutôt que de la quitter, le commandant de l'artillerie. L'armée cependant se rallia et, malgré de nouvelles mésaventures au passage de la Chiffa et des taillis épais de Bouffarick, elle rentra, le 5 juillet, dans ses cantonnements, ayant perdu 62 morts et 192 blessés[2].

C'est ainsi que, dans cette guerre d'Afrique, où nos troupes et nos généraux devaient arriver peu à peu à une sorte de perfection,

---

1. Camille Rousset, *Histoire de la conquête d'Alger.* — Pellissier, *Annales algériennes*, t. I.
2. Pellissier, *Annales algériennes*, t. I.

l'expérience s'acquérait par des leçons quelquefois un peu rudes. Le 5 août 1833, le colonel de Létang, depuis général de division, commandant alors le 2ᵉ régiment de chasseurs d'Afrique, était parti d'Oran dans la soirée avec 1,200 à 1,300 hommes d'infanterie et de cavalerie et 2 pièces de montagne ; arrivé, le 6 au point du jour, près des douars des Zmélas, il mit en position son infanterie et ses deux canons, et se précipita sur les douars avec trois colonnes de cavalerie qui pillèrent tout. Mais à peine le mouvement de retraite était-il commencé, que les Arabes se jetèrent en masse sur les cavaliers qui se replièrent sur l'infanterie. La chaleur était accablante, le nombre des Arabes augmentait à chaque instant, le feu avait pris aux broussailles et il fallait marcher sur les cendres chaudes ; au bout de quelque temps, les soldats d'infanterie, harassés, se couchant par terre, refusèrent de marcher et de combattre. Le colonel Létang et ses chasseurs d'Afrique donnèrent alors un bel exemple de l'appui mutuel que doivent se prêter l'infanterie et la cavalerie. Avec ses deux obusiers, le colonel tint les Arabes en respect et les chasseurs combattirent de pied ferme ; enfin, un officier d'état-major parvint à passer et arriva à Oran, d'où le général Desmichels partit avec toute sa troupe, des vivres et des moyens de transport pour dégager et ramener la colonne[1].

Une leçon plus terrible encore devait résulter des combats de Muley-Ismaël et de la Macta. Au mois de juin 1835, Abd-el-Kader avait rompu le traité de paix conclu par le général Desmichels en 1834. Le général Trézel marche contre lui avec 2,500 hommes environ et lui livre combat dans le bois de Muley-Ismaël ; son avant-garde, trop faible, plie devant celle d'Abd-el-Kader, le colonel Oudinot qui la commandait est tué et ses cavaliers tournent bride ; cependant la colonne se rallie avec une perte de 52 tués ou blessés. N'ayant plus de vivres, le général se décide à se retirer sur Oran par les défilés de l'Habra. Abd-el-Kader l'y prévient en envoyant des fantassins montés en croupe derrière des cavaliers occuper les crêtes. Quand la colonne est engagée dans le défilé, elle est accueillie par une fusillade d'abord peu nourrie ; une compagnie est envoyée pour débarrasser les hauteurs, elle se heurte à des

---

1. Pellissier, *Annales algériennes*, t. I.

fantassins embusqués et se voit repoussée avec perte. Il en est de même de plusieurs autres attaques successives et décousues, tandis qu'Abd-el-Kader, accourant au galop avec ses cavaliers, presse l'arrière-garde... On sait le reste, et nous n'avons pas l'intention d'enregistrer tous les incidents douloureux qui ont attristé le début de nos luttes en Algérie... Nous voulons seulement faire ressortir ce que coûte l'expérience de la guerre.

S'il nous fallait trouver, dans les premiers temps de la conquête, un exemple de marche heureuse et bien menée, nous irions le chercher dans l'expédition du maréchal Clausel sur Mascara, au mois de juin 1835. C'était en plaine, et le tacticien qui s'était illustré sous l'Empire par la retraite de Salamanque, montra qu'il se rappelait encore le métier de la guerre. Son armée comprenait quatre brigades et une de réserve ; il la disposa en un grand carré, la 1re brigade en tête, la 2e à droite, la 3e à gauche et la 4e en arrière. A l'intérieur de ce carré, marchaient l'artillerie de réserve, l'ambulance, puis les bagages, le convoi, la réserve composée d'un bataillon et d'une compagnie de sapeurs. Attaqué sur sa droite par les Arabes, le maréchal laissa en arrière son convoi sous la garde de la 4e brigade, fit faire halte à la 3e pour faire gagner du terrain aux deux premières, puis exécutant une conversion à droite dans chaque brigade, marcha à l'ennemi en échelons, la gauche en avant. L'ennemi repoussé, chaque brigade fit une conversion à gauche, et l'armée se retrouva placée dans son ordre primitif. On eût dit que le maréchal voulait donner une leçon pratique de manœuvres au duc d'Orléans, qui faisait partie du corps expéditionnaire [1].

Le sort réservait au maréchal Clausel de terminer sa carrière par une marche plus malheureuse et par une retraite qui est restée tristement célèbre. Tout semble s'être conjuré contre lui dans cette fatale expédition, à commencer par le Gouvernement qui, voyant trop en lui le député de l'opposition, lui refusa tout ce qui était nécessaire pour réussir, et par le temps qui fut épouvantable. Deux souvenirs se dégagent plus particulièrement de cette sombre histoire : le *Camp de la Boue* et le *carré du 2e léger*. Dans le vallon où le maréchal Clausel donna l'ordre d'abandonner le convoi pour

---

1. Pellissier, *Annales algériennes*, t. II.

sauver les chevaux et les mulets qui n'avaient pas la force de le traîner sur des terres détrempées, on vit se renouveler les scènes qui se sont présentées dans toutes les occasions semblables, dans la retraite des Anglais sur la Galice en 1808, à Wilna dans la retraite de Russie : les tonneaux d'eau-de-vie défoncés et les soldats livrés à une ivresse dégoûtante, devenant une proie facile pour l'ennemi qui les poursuivait. Quant au bataillon du 2ᵉ léger, commandé par Changarnier, son action n'a en elle-même rien de plus extraordinaire que cent autres du même genre, elle est même bien loin d'égaler la marche du maréchal Ney de Krasnoé à Orcha ; ce qui lui donne sa valeur, c'est qu'elle prouve une fois de plus la nécessité de confier le commandement des arrière-gardes, dans les retraites, à des hommes d'un caractère éprouvé. Le mérite du commandant du 2ᵉ léger n'est pas d'avoir formé un carré plus ou moins régulier pour résister aux attaques d'une nuée de cavaliers, mais d'avoir saisi le moment où l'arrière-garde, hâtant un peu trop sa marche, laissait en arrière d'elle les voitures de l'ambulance, pour se précipiter de sa propre initiative au poste du danger et surtout d'avoir conservé son sang-froid au moment où tant de gens perdaient le leur.

Nous ne suivrons pas l'armée d'Algérie dans ses nombreuses marches. Les changements apportés à la tenue et aux procédés de bivouac rendirent les troupes de plus en plus mobiles. On s'explique peu, en effet, comment, dans les premières années de notre établissement, l'infanterie pouvait marcher avec ses buffleteries en croix sur la poitrine, tendues par des poids inégaux, et l'on comprend que les nuits passées sans abri devaient peupler les ambulances aux dépens du reste des colonnes. On prit aussi peu à peu les habitudes d'une guerre toute spéciale, et l'on ne se considéra plus comme vainqueur parce qu'on était tombé sur les douars d'une tribu. On apprit que le difficile n'était pas d'y aller, mais bien d'en revenir. Le dispositif des colonnes résulta de l'expérience acquise dans les circonstances les plus critiques : on ne plaça plus le convoi à l'arrière-garde, on ne négligea plus d'occuper les crêtes et de flanquer les colonnes, on fit les avant-gardes plus fortes en souvenir de Muley-Ismaël, les arrière-gardes plus solides d'après l'épreuve de la Macta... Enfin, un homme qui s'était formé par cinq ans de lutte en Espagne contre les guérillas et les miquelets, vint appliquer sa vieille science et son remarquable instinct à cette guerre, dirigée comme celle d'Espagne, non pas contre une armée, mais contre un peuple pour qui tous les moyens de défense étaient bons.

A peine, deux ou trois fois, le maréchal Bugeaud eut-il à appliquer en Algérie les méthodes de la grande guerre. Une des armées les plus nombreuses qu'il eut à commander comme gouverneur général de l'Algérie, fut celle qui se battit à Isly. Comme le maréchal Clausel au combat de l'Habra, Bugeaud s'inspira des souvenirs d'Égypte pour faire marcher cette armée en un carré de carrés, si l'on peut parler ainsi. L'armée en marche figurait en effet un losange au centre duquel se trouvaient les ambulances et les convois. Chaque face de ce losange était tracée par des bataillons en colonne serrée et en échelons, toujours prêts à former le carré ; l'artillerie était aux angles, la cavalerie au centre. Bugeaud lui-même comparait son armée à une hure de sanglier, et comme en arrière de l'avant-garde se trouvaient à gauche et à droite Lamoricière et Bedeau à la tête des troupes plus particulièrement chargées d'ouvrir le passage à travers les multitudes arabes, le maréchal les appelait ses deux *défenses*. De leur côté, les Arabes comparaient l'armée française, au milieu des 60,000 cavaliers marocains, à un lion entouré de chacals, et un historien écrit qu'elle ressemblait à un navire s'avançant paisiblement au milieu des vagues d'une mer agitée. La bataille d'Isly ne compte pas d'ailleurs parmi les actions les plus meurtrières de la guerre d'Afrique. On n'eut même pas besoin de former le carré pour résister aux charges incessantes de l'ennemi. Le combat le plus sérieux fut celui qu'eut à livrer le colonel Morris pour avoir poursuivi trop loin les fuyards avec sa cavalerie.

La moyenne des journées de marche en Algérie paraît avoir été de 30 kilom. Nous pouvons en juger d'après le détail de la route suivie aux mois de novembre et de décembre 1852, par le 2ᵉ régiment de zouaves, se rendant d'Oran à Laghouat pour faire partie de la colonne du général Pélissier, chargé du siège de cette oasis.

Première partie de la route, d'Oran à Mascara : 4 étapes de 28, 32, 24 et 24 kilom.

Deuxième partie, de Mascara à Frendah : 4 étapes de 24, 32, 29 et 17 kilom.

Troisième partie, de Frendah à El-Brod, dans le pays des Chotts, en 6 jours 160 kilom.; moyenne, 27 kilom..

Séjour du 24 au 26.

Quatrième partie, d'El-Brod à Laghouat : 6 étapes de 25, 40, 36, 36, 36 et 40 kilom.

Arrivée à Laghouat, le 2 novembre, après avoir parcouru 583 kilom. en 20 jours de marche. Moyenne, 29 kilom. par étape.

Pour le retour, de Laghouat à Tiaret, 400 kilom. en 11 jours, de Tiaret à Oran, 188 kilom. en 7 jours, en tout 583 kilom. en 18 jours. Moyenne, 32kil,5 [1].

Il va sans dire que, dans plusieurs circonstances, cette moyenne fut très fortement dépassée. Lorsqu'en 1843, le duc d'Aumale fit cette expédition célèbre qui aboutit à la dispersion et à la prise presque totale de la Smala d'Abd-el-Kader, le bataillon de zouaves qu'il avait laissé en arrière avec une section de montagne, pour n'emmener que sa cavalerie, fit 30 lieues en 36 heures ; les sacs des zouaves étaient portés à dos de mulet.

Pour apprécier les qualités de marche que donnaient à notre infanterie les habitudes de la guerre d'Afrique, il suffit d'avoir assisté, en 1854, aux débuts de l'armée d'Orient et d'avoir pu comparer, comme nous avons été à même de le faire en traversant toute la Turquie, les régiments arrivant de France avec ceux qui provenaient de l'Algérie. Les premiers, composés cependant d'hommes de la même race, étaient incapables de suivre les autres dans leurs étapes. Il faut observer que l'on n'obtient pas, sans une certaine consommation d'hommes, des troupes aussi bien dressées à la marche. Un régiment qui était en campagne dans le sud de l'Algérie depuis quatre ou cinq ans, comme nous en avons vu plusieurs, a perdu par mort ou par réforme un nombre d'hommes considérable, et les 2,000 fantassins dont nous en admirions l'endurance à la marche, étaient pour ainsi dire la quintessence de tous ceux qui avaient passé par le régiment et n'avaient pas *résisté*. Nous devons dire aussi avoir vu un régiment venu de France semer la moitié de ses hommes sur les chemins pour s'être mis en route avec des souliers neufs distribués la veille du départ.

[1]. Général Cloro, *Souvenirs d'un officier de zouaves*.

L'expédition d'Orient ne donna lieu d'ailleurs qu'à un petit nombre de marches. En Turquie, la 3ᵉ division fit, par la voie de terre, la route de Gallipoli à Constantinople ; la 2ᵉ division, la cavalerie et la réserve d'artillerie traversèrent la Turquie, de Gallipoli à Varna, en passant par Andrinople. Si ce n'est que nulle part les troupes ne furent cantonnées et qu'elles bivouaquèrent constamment sous la tente-abri, si ce n'est également qu'elles étaient pourvues de tout leur matériel de campagne et qu'elles ne vécurent que de biscuit et de lard au lieu de pain et de viande fraîche, on pourrait presque assimiler ces marches à des changements de garnison. Il s'en dégage cependant quelques enseignements utiles, car on put juger par là combien, malgré l'expérience d'Afrique, l'armée française était arriérée en fait de tactique de marche. Aucune prescription générale n'avait été indiquée pour le dispositif des colonnes et la manière de régler les haltes, ainsi que la vitesse du pas. Chaque brigade suivait la fantaisie ou la manière de voir de son chef. Officier d'artillerie, nous avons marché tantôt avec une brigade, tantôt avec une autre. Dans l'une, on partait le matin d'un bon pas, on semblait vouloir *avaler* la route pour arriver le plus tôt possible ; les distances s'allongeaient, et comme les haltes étaient très courtes, la queue de la colonne ne s'arrêtait jamais. A la grand'halte même, on serrait sur la tête, de telle façon que la queue arrivait au lieu de la halte juste au moment où la tête se remettait en route. A partir de ce moment, les hommes fatigués traînaient la jambe. La dernière marche de l'étape n'en finissait plus ; la colonne s'allongeait outre mesure, et à l'arrivée au bivouac, on mettait quelquefois deux heures à défiler devant le général impatient. Dans l'autre brigade, on marchait évidemment mieux ; on partait lentement, on faisait au début des haltes fréquentes et suffisamment longues ; la grand'halte était même très longue, les troupes prenaient le café à loisir et le faisaient suivre d'une courte sieste ; alors on se remettait en chemin et l'on rattrapait la distance perdue. En somme, on arrivait à l'étape à la même heure que l'autre brigade, mais avec une colonne qui se *tenait* davantage.

Ici comme là, on n'avait nulle idée de la mise en mouvement successive des diverses unités de la colonne, des intervalles à laisser entre ces unités pour tenir compte de l'allongement, des haltes commençant et finissant à heure déterminée. Au rassemblement, tout le monde était sous les armes à la fois, et souvent la queue de la colonne n'était pas encore en marche, que la tête s'arrêtait déjà.

Quant aux subsistances, les troupes vécurent assez bien parce qu'elles avaient de l'argent dans un pays qui offrait beaucoup de ressources, surtout en poules, oies, dindes, etc... A moins que, suivant le système du maréchal de Saxe, on n'ait voulu habituer les soldats à se passer de pain, il est à peine croyable qu'on n'ait pas trouvé moyen de leur en donner pendant cette route. A Andrinople seulement, où certaines troupes stationnèrent une quinzaine de jours, on avait fait construire des fours par le génie, on en tira du pain parfaitement moisi. Où donc étaient les fours roulants qui suivaient les armées de Frédéric II[1] ?

En Crimée, les armées anglaise et française marchèrent depuis Oldfort jusqu'à la plaine de Balaklava. D'Oldfort à l'Alma, les deux armées alliées s'avancèrent en ordre préparatoire de combat, marchant lentement pour arriver en ordre. Après la bataille de l'Alma, elles se mirent en colonne et continuèrent à marcher avec une sage lenteur. La bataille s'était terminée le 20 septembre à quatre heures, les Russes ne furent pas poursuivis pour plusieurs motifs : les Anglais avaient faim, les Français, ou du moins ceux de la 2ᵉ division, comme jadis les Russes à Austerlitz, avaient posé leurs sacs à terre au pied des hauteurs; il fallut aller les chercher; d'ailleurs l'armée française n'avait pas de cavalerie, ce qui d'avance la condamnait à n'obtenir qu'un demi-succès. La journée du 21, dit un historien qui a écrit avec un talent remarquable le récit de cette guerre, fut consacrée *à des soins pieux*. On ne se figure guère Napoléon Iᵉʳ employant toute son armée, le lendemain de la bataille d'Iéna, à des soins pieux.

La journée du 22 fut passée par les Anglais à se préparer à marcher en avant, par les Français, prêts depuis la veille, à attendre les Anglais. Enfin, le 23 à six heures du matin, on se mit en route sur trois colonnes parallèles, les Anglais toujours à gauche, les Français au centre, les Turcs à droite le long de la mer. Le

---

1. Souvenirs personnels de l'auteur.

soir, on bivouaqua sur la Katcha après avoir fait environ 15 kilom., en se réglant sur les Anglais. Le 24 au matin, on se dirigea sur le Belbeck, dont le passage demanda de longues heures, parce que les Français, pour éviter le feu d'une batterie qui enfilait le pont le plus proche de la mer, furent obligés de passer derrière les Anglais. On arriva ainsi au bivouac à la nuit tombante, et l'on commençait à se reposer, lorsqu'une alerte restée sans explication mit tout le monde debout. Le lendemain matin, les Anglais, qui avaient pris la tête, ne se mirent en route qu'à neuf heures. Les Français, prêts depuis huit heures, se fatiguèrent à attendre leur tour. On dut suivre, jusqu'à la ferme Mackensie où l'on rejoignit la route de Batchi-Saraï, un seul chemin de traverse, occupé par l'artillerie et les convois en une seule file, l'infanterie marchant sous bois des deux côtés du chemin. L'avant-garde des Anglais se heurta près de la ferme aux bagages des Russes, qui cherchaient à gagner Batchi-Saraï. Il en résulta un retard qui empêcha les Anglais de descendre sur la Tchernaïa avant la nuit, et la colonne française, arrêtée par eux, fut obligée de s'installer pour bivouaquer dans une clairière où il n'y avait pas d'eau. Le lendemain 26, on arriva enfin dans la plaine de Balaklava, ayant avancé en six jours de 50 à 60 kilom. Il faut avouer qu'on laissa aux Russes le temps de se reconnaître. Loin de nous l'idée de critiquer à ce sujet qui que ce soit, nous constatons un fait dont les principales causes, loin de tenir aux chefs de l'armée française, furent l'absence de cavalerie et la lenteur des Anglais.

Vint ensuite la campagne d'Italie en 1859. L'armée autrichienne menaçait Turin, que les Piémontais étaient impuissants à défendre, et les têtes de colonne du 3ᵉ corps de l'armée française commençaient à peine à déboucher à Suze, tandis que les bâtiments qui apportaient le premier convoi entraient seulement dans le port de Gênes. Le roi de Sardaigne supplia le maréchal Canrobert de venir avec ses troupes border la Dora Baltea pour couvrir Turin. Le maréchal démontra la faiblesse de cette ligne, la certitude, si on voulait la défendre, d'être culbuté sur Turin et de voir les Autrichiens pénétrer à la suite de l'armée vaincue; il courut, en conséquence, avec le peu de troupes dont il disposait, appuyées par l'armée sarde, se placer à Tortone et à Alexandrie sur le flanc gauche de l'ennemi, qui s'arrêta net devant cette démonstration.

C'est alors que fut élaborée dans les conseils de Napoléon III, l'idée de la marche de flanc, qui, en cinq jours, amena l'armée de la vallée du Pô près d'Alexandrie, sur le cours supérieur du Tessin, pour tourner l'armée autrichienne et menacer Milan.

Voici les indications qui furent données pour cette marche : « Le pays étant coupé de rizières, les chaussées seules sont géné« ralement praticables et avant d'avoir trouvé un emplacement « pour se développer, les têtes de colonne seules pourront agir. En « conséquence, une division de quatre régiments avec un batail« lon de chasseurs, deux batteries et deux escadrons, devra être « partagée en quatre colonnes, ainsi composées : en tête, un pe« loton de cavalerie pour l'éclairer, une vingtaine de sapeurs du « génie, armés de pelles et de pioches pour détruire les obstacles, « établir de petits ponts sur les canaux et couper les arbres, deux « canons, deux caissons, une compagnie de chasseurs protégeant « cette artillerie, un régiment d'infanterie, le reste de la bat« terie et ainsi de suite. Mettre une assez grande distance entre « les colonnes pour empêcher la confusion, se maintenir en com« munication par des hommes à cheval placés à tous les croise« ments de route; ne faire de haltes qu'aux endroits où il serait « possible de se déployer à droite et à gauche sur des terrains pra« ticables; y mettre alors les troupes et laisser l'artillerie sur les « chaussées [1]. »

Cette marche de flanc fut opérée sur un arc de cercle de plus de 100 kilom., en changeant plusieurs fois de base d'opérations, de front et de ligne de marche sans être inquiété par l'ennemi qui, à chaque instant, pouvait déboucher sur un des points de cet arc de cercle. Il fallait, à chaque point où l'on croisait une route importante, couvrir le flanc de l'armée par une avant-garde. C'est ainsi que le 4e corps, arrivant à Novare, détachait sur la route de Pavie 2 escadrons de chasseurs à cheval, 2 canons et un demi-bataillon de chasseurs à pied. Le mouvement terminé, une colonne, composée principalement de la division de voltigeurs de la garde, marcha

---

[1]. Récit officiel de la campagne.

sur Turbigo pour franchir le Tessin. Cette colonne était formée dans l'ordre suivant :

Avant-garde : un escadron de chasseurs à cheval, une compagnie du génie, le reste du bataillon de chasseurs, deux batteries à cheval de 4.

Colonne principale : brigade Manèque (1er et 2e régiments de voltigeurs), deux batteries de 12, les deux équipages de pont (154 voitures), brigade Decaen (3e et 4e de voltigeurs, moins un bataillon). Arrière-garde : un bataillon du 4e régiment de voltigeurs [1].

Après la bataille de Magenta, la poursuite fut nulle; on crut un instant dans l'état-major autrichien que l'armée française s'était retirée; les Autrichiens passèrent l'Adda sans être suivis par un seul corps de l'armée française, si bien que, le 9 juin, après un jour de repos, il parut nécessaire au vaincu de se reporter en avant pour retrouver le contact avec le vainqueur. En 1806, le corps de Davout, après la bataille d'Auerstædt, où il avait perdu le tiers de son effectif, marcha d'abord pendant cinq jours, à raison de 12 kilomètres, pour gagner Leipsick, puis il franchit la distance de Leipsick à Berlin (147 kilom.) en cinq autres jours. Il se trouvait le 24 aux portes de Berlin, à 207 kilom. du champ de bataille; les corps qui poursuivaient l'ennemi, comme celui de Soult, par exemple, firent, au même mament, 220 kilom. en six jours. En 1859, le 2e corps entrait à Milan le troisième jour après la bataille de Magenta ayant parcouru 29 kilom. !

Du Tessin à la Chiese, l'armée française marcha à raison de 10 kilom. par jour, développée sur quatre colonnes parallèles, après avoir marché d'abord sur une seule colonne de 8 lieues de profondeur. D'après M. de Moltke, cette extrême lenteur était due à deux causes : les difficultés de la subsistance d'une grande armée et la charge imposée aux soldats d'infanterie. A la même époque, les Autrichiens prenaient une mesure dont nous avons déjà parlé. D'après l'ordre de l'empereur François-Joseph, les havresacs de l'infanterie, portés d'abord sur des voitures, furent déposés dans la forteresse de Peschiera. Chaque homme avait sur lui, dans un

---

[1]. Récit officiel de la campagne.

sac de toile porté en sautoir, ses effets les plus indispensables, ses vivres et ses cartouches.

GUERRE DE 1870.

Les événements de la guerre de 1870 ont été malheureusement féconds en leçons de toute sorte; les armées allemandes ont opéré pendant cette guerre des marches remarquables; quant aux armées françaises, elles ont fait un grand usage des chemins de fer ; reste à savoir si cet usage a toujours été judicieux. Les principaux mouvements de ces armées sont la retraite des 2º, 3º et 4º corps sur Metz après la bataille de Forbach ou de Spickeren, l'essai de marche de l'armée de Metz sur Verdun, la concentration des 1er, 5º et 7º corps sur le camp de Châlons après la bataille de Fræschviller, le mouvement de l'armée de Châlons sur Sedan, la marche du 13º corps sur Mézières et sa retraite sur Paris, la translation du 15º corps de Salbris sur la rive droite de la Loire avant la bataille de Coulmiers, celle des 15º, 18º et 20º corps de Vierzon dans l'Est, après la deuxième prise d'Orléans, enfin la retraite de la 2º armée de la Loire d'Orléans à Laval.

Nous rappellerons seulement ici les détails les plus essentiels de ces marches.

Lorsqu'après une résistance opiniâtre, le 2º corps de l'armée française fut obligé de battre en retraite le soir du 6 août, il marcha toute la nuit et se déroba, grâce à l'inaction momentanée de la cavalerie allemande qui perdit complètement le contact. A part quelques patrouilles et reconnaissances, rien ne bougea le 7 et le 8; les 2º, 3º et 4º corps en profitèrent pour se retirer derrière la Nied allemande. Mais le 9, le mouvement des Allemands était repris avec autant d'habileté que d'audace. Tandis que la cavalerie française reste collée dans les jambes de l'infanterie et ne fait absolument rien pour contrarier les mouvements de la cavalerie ennemie, celle-ci est le 11 à Boucheporn, le 12 à Pont-à-Chaussy, Rémilly et Pange, précédant de 28 kilom. son infanterie, et le 12, six jours après la bataille de Spickeren, ses patrouilles se montrent aux portes de Thionville et de Metz (fort Bellecroix), à Ars-Laquenexy où elles tombent sur les arrière-gardes de l'armée française, à Peltre, enfin à Pont-à-Mousson, Frouard et même jusqu'à Thiaucourt (12 kilom. de Pont-à-Mousson sur la rive gauche de la Moselle); en sorte que le 13, les 3ᵉ et 4ᵉ corps, qui ont laissé le 2ᵉ corps prendre les devants et bordent la rive de la Nied française, ont en face d'eux l'armée allemande et ne peuvent se soustraire, le 14, à un combat glorieux, mais inutile puisqu'il ne fait que retarder le mouvement de retraite sur Verdun.

La manière dont s'opère ce mouvement est digne de la plus grande attention. De Metz à Verdun, il y a deux routes, l'une à gauche ou au sud, par Mars-la-Tour et Fresne-en-Woëvre, l'autre à droite ou au nord, par Conflans et Étain. On peut même dire qu'il y a trois routes, puisque l'on pouvait passer par Briey en allongeant, il est vrai, le trajet, mais le rendant plus facile et plus sûr. Les deux autres routes ont, au sortir de Metz, un tronçon commun et bifurquent à Gravelotte, à 12 kilom. de Metz; jusque-là, la route unique remonte la rive gauche de la Moselle sur une distance de 5 kilom., tourne à droite au village de Moulins, s'enfonce dans une gorge, gravit en lacet la côte des Gényveaux et débouche sur le plateau près de Gravelotte. Pour arriver de Metz sur le plateau, il existe de nombreux chemins, ou plutôt d'excellentes routes dont les principales sont : 1° celle du Ban-Saint-Martin, Plappeville, Lessy, Châtel, Leipsick ; 2° celle de Devant-les-Ponts, Lorry, Amanvillers; 3° celle de Woippy, Saulny, Saint-Privat. L'état-major général ne songe pas à utiliser ces chemins, et de Metz à Gravelotte, il fait écouler 152,000 hommes sur une seule route, de sorte que le mouvement dure 36 heures, au lieu de 12. La bataille du 14 avait empêché les 3ᵉ et 4ᵉ corps, ainsi que la garde, de passer sur la rive gauche de la Moselle, le mouvement recommença le soir même de la bataille et se prolongea pendant toute la nuit du 14 au 15. La marche continua dans la journée du 15, et le 15 au soir la séparation des deux colonnes se prononça : la colonne de droite devait se composer de ce qui restait de la division de cavalerie Du Barail, des 3ᵉ et 4ᵉ corps, de la garde et de la réserve générale d'artillerie, soit près de 100,000 hommes; la colonne de gauche comprenait la division de cavalerie de Forton, le 2ᵉ corps fortement diminué par la bataille de Spickeren et privé de la division Laveaucoupet, qu'on laissait dans Metz, et enfin le 6ᵉ corps incomplet, n'ayant ni sa cavalerie, ni son artillerie, en tout 54,000 hommes. La colonne la plus exposée aux attaques de l'ennemi était donc la plus faible, comme effectif et comme organisation. Et qu'on ne dise pas que ces attaques furent imprévues; elles furent reçues, il est vrai, comme si l'on ne s'y attendait pas, mais le 15 au matin, Bazaine écrivait au maréchal Lebœuf : « Sur votre demande, je suspends jus-« qu'à cette après-midi la marche de l'armée, il n'y a pas d'en-« nemis sur votre droite, *le danger pour nous est vers Gorze*. Faites « donc reconnaître les routes sur votre gauche afin de vous mettre « en seconde ligne derrière les 2ᵉ et 6ᵉ corps, dans le cas d'un « combat aujourd'hui. » Le 15 au soir, le général Du Barail était à Jarny, sur la route d'Étain, et la division de Forton à Vionville, sur celle de Mars-la-Tour; le 2ᵉ corps était en arrière de Vionville et en avant de Rezonville à gauche de cette dernière route, le 6ᵉ corps à Rezonville à droite de la même route, la garde et la réserve d'artillerie autour de Gravelotte; le 4ᵉ corps était resté à Devant-les-Ponts, le 3ᵉ en avant du 4ᵉ, avait sa tête de colonne, c'est-à-dire sa 1ʳᵉ divison, à Saint-Marcel, la 2ᵉ et la 4ᵉ division sur la route, la 3ᵉ et la cavalerie encore aux portes de la ville; Bazaine était de sa personne à Gravelotte; Napoléon III partit le matin, laissant le général en chef de l'armée du Rhin libre de ses mouvements. Le maréchal profita de cette liberté pour arrêter le mouvement sur Verdun et le suspendre jusqu'à l'après-midi. L'ordre disait que le 2ᵉ et le 6ᵉ corps devaient s'attendre à être attaqués par 30,000 hommes environ. La surprise qui s'ensuivit et sur laquelle nous reviendrons, était donc parfaitement prévue[1].

Passons maintenant à l'autre armée, celle du maréchal de Mac-Mahon. Sa défaite à Frœschviller était complète. Toutes les réserves avaient été engagées, et quand le village de Frœschviller, dernier centre de résistance, tomba au pouvoir de l'ennemi, quelques troupes qui avaient tenu jusque-là se replièrent en bon ordre sous la protection de deux batteries, criblées de boulets par l'artillerie ennemie et poursuivies par la cavalerie wurtembergeoise dans

---

[1]. Canongo, *Histoire militaire contemporaine*, t. II. Récit du grand état-major prussien. Duquet, *la Bataille de Rezonville* (*Revue nouvelle*, 1884).

la direction de Gundershoffen et Reichshoffen, Niederbronn. La division Guyot de Lespart, du 5ᵉ corps, débouchant en ce moment par la route de Bitche, accueille cette cavalerie par une fusillade qui la surprend, elle s'arrête et cesse la poursuite. La brigade de Fontanges continue de marcher, par la route d'Ingwiller, sur Saverne qui a été indiquée comme point de ralliement; tandis que la brigade Abatucci reste en position et rétrograde sur Bitche, à huit heures, quand tous les fuyards ont défilé. Le 7 à midi, les troupes du 1ᵉʳ corps sont massées au sud de Saverne, sur la route de Wasselonne; tous les régiments étaient confondus, on cherche par des sonneries à grouper ensemble les soldats de chaque corps, mais on n'y parvient pas; le temps devient affreux, tous les bagages ont été pris, les hommes qui ont jeté là leurs sacs pour mieux fuir, sont sans linge et sans chaussure, sans tentes-abris, sans marmites. On repart à 5 heures du soir pour Phalsbourg, sans chercher à défendre les défilés des Vosges, sans faire sauter le grand tunnel de Lutzelbourg, quoique les fourneaux de mine eussent été préparés, mais ils n'étaient pas chargés et la poudre manquait. On marche toute la nuit et l'on arrive le 8 à Sarrebourg, où le maréchal trouve l'ordre de continuer la retraite jusqu'à Nancy. On envoie les éclopés au camp de Châlons par le chemin de fer et l'on se remet en route; il pleuvait à verse; on marchait toujours pêle-mêle, les soldats se livrant à la maraude et au pillage. Et cependant on n'était pas pressé, car la cavalerie allemande ne poursuivait pas l'armée! Croyant à certains indices, le soir de la bataille, que le maréchal se retirait dans la direction de Bitche, l'état-major allemand a dirigé la poursuite de ce côté. Seule, la IVᵉ division de cavalerie, commandée par le prince Albrecht, suit la route d'Ingwiller, atteint Steinbourg le 7 au soir, ayant parcouru 67 kilomètres en 24 heures, et, devant quelques isolés qui la reçoivent à coups de fusil, elle rebrousse chemin jusqu'à Bouxwiller; le contact est perdu. Averti à tort que Nancy était occupé par l'ennemi, le maréchal se jette à gauche sur Bayon où il reçoit, le 11 au matin, un convoi de munitions, et se dirige sur Neufchâteau; il y arrive le 14 après avoir bivouaqué le 12 à Haroué, le 13 à Vicherey. Nancy avait été évacué par les autorités militaires le 11, mais le matériel de chemin de fer avait été mis en sûreté avant cette évacuation. Le 1ᵉʳ corps s'embarqua sur le chemin de fer à Neufchâteau, dans les conditions que nous avons exposées au chapitre X de cet ouvrage; il était réuni au camp de Châlons le 17 août. « Nous sommes en déroute », écrivait de Laneuveville auprès de Bayon, le 11 au soir, l'officier supérieur dont nous avons déjà cité la lettre, « l'absence d'ordres, l'indiscipline, les fatigues « de toute sorte, privation de sommeil et de nourriture, la pluie « sur le dos, jour et nuit au bivouac sans abri, voilà où nous en « sommes. Où allons-nous? Nous fuyons, vers quel point?... »

Pendant ce temps, le général de Failly, commandant le 5ᵉ corps, laissé sans ordres, informé le 6 au soir de la perte de la bataille, levait son camp de Bitche, arrivait le 7 dans la journée à la Petite-Pierre, rejoignait le 8, à Sarrebourg, le maréchal de Mac-Mahon, dont il se séparait aussitôt pour marcher sur le camp de Châlons en deux colonnes, recevait de l'état-major général l'ordre de se diriger vers Nancy, puis sur Toul, puis sur Paris, se jetait finalement sur Charmes où tout son corps d'armée était réuni le 12, couchait à Mirecourt le 13, à La Marche le 14 et arrivait à Chaumont le 16 avec des troupes épuisées de fatigue. De là, comme nous l'avons dit, s'embarquant sur le chemin de fer, il se trouvait réuni le 21 à Châlons. Enfin, le 7ᵉ corps, nous l'avons déjà vu, fut transporté à Châlons et à Reims, en passant par Paris. Les compagnies de chemin de fer de Lyon, de l'Est et du Nord exécutèrent dans cette circonstance un véritable tour de force.

Quant à la marche de l'armée de Châlons sur la Meuse, elle présente le plus haut intérêt au point de vue stratégique; elle a donné et donne encore lieu à des discussions passionnées dans lesquelles nous n'avons pas à entrer[1]. Au point de vue qui nous occupe, elle ne peut fournir qu'un enseignement qui devient banal à force d'être répété, c'est que la cavalerie doit servir à éclairer l'armée; on peut ajouter à cela qu'elle ne doit pas surtout être un embarras pour cette armée. Or, on sait ce qui s'est passé dans cette marche : un régiment de cavalerie (le 4ᵉ de hussards) est envoyé

---

1. Nous renvoyons le lecteur à l'ouvrage de M. Alfred Duquet, intitulé : *Fræschviller, Châlons, Sedan*, et à l'étude de M. G..., ancien élève de l'École polytechnique (*Marche de l'armée de Châlons*), publiée par le *Journal des sciences militaires*.

en reconnaissance vers Grand-Pré par le général Douai. Ce régiment se croit menacé par une nombreuse cavalerie ; le général commandant le corps d'armée en est informé, il envoie une brigade d'infanterie avec deux batteries pour dégager le 4ᵉ de hussards, puis il range son corps d'armée en bataille pour protéger la retraite de cette brigade qui va, pense-t-il, être aux prises avec des forces supérieures. Il suspend ainsi son mouvement, fait prévenir le maréchal qui arrête à son tour toute l'armée, et un jour entier est ainsi perdu. Une circonstance particulière nous a fait connaître, à l'arrivée de la dépêche qui annonçait cet incident, le désespoir éprouvé par le ministre Montauban, voyant s'évanouir le dernier espoir de la réussite de ses plans...

La marche et surtout la retraite du 13ᵉ corps d'armée, commandé par le général Vinoy, de Paris à Mézières et de Mézières à Paris, sont restées presque inaperçues au milieu d'événements plus graves. La retraite du 13ᵉ corps, dans laquelle le général Vinoy s'est avec raison préoccupé avant tout de ramener intacte une force qui pouvait être la dernière ressource de Paris attaqué par l'ennemi, mérite cependant une attention toute particulière. Pour la décrire en détail, il faudrait reproduire le récit publié par le général lui-même. Nous nous bornerons à le résumer.

Le corps du général Vinoy, formé le 17 août, comprenait 6 compagnies de chasseurs, 3 divisions d'infanterie (Blanchard, de Maudhuy, d'Exéa), 9 batteries divisionnaires dont 3 de mitrailleuses, 6 batteries de réserve, dont 4 de 12, et une division de cavalerie qui ne rejoignit pas.

Le jour de la bataille de Sedan, le général était à Mézières avec le 6ᵉ régiment de hussards, l'artillerie de réserve, les divisions Blanchard et de Maudhuy, celle-ci encore en wagons et n'ayant que son artillerie débarquée. La division Blanchard comprenait deux régiments d'infanterie venant de Rome, et qui depuis se sont couverts de gloire à Paris, le 35ᵉ et le 42ᵉ, et deux régiments de marche à peine formés. L'artillerie, bien attelée, bien équipée, suffisamment instruite, dit le général Vinoy, était, avec les deux régiments de Rome, ce qu'il y avait de mieux dans la division.

A la nouvelle de la défaite du maréchal, le général Vinoy se décide à la retraite sur Rethel, Neufchâtel et Laon ; la division

Maudhuy est réexpédiée sur Laon par le chemin de fer, qu'elle n'a pas quitté, la division Blanchard reçoit quatre jours de vivres, et la colonne se forme dans l'ordre suivant : le 42º de ligne, commandé par le général Guilhem, 2 batteries, 1 bataillon de marche, 4 batteries, 2 bataillons, 4 batteries, 1 bataillon, 2 batteries, le 35º de ligne sous les ordres du général Susbielle, enfin en extrême arrière-garde, le 6º de hussards, ayant des éclaireurs sur les flancs de la colonne. Ainsi, comme cela était naturel, les troupes les plus solides formaient l'avant-garde et l'arrière-garde, l'artillerie dans une proportion inusitée, mais bien pourvue de munitions, était répartie sur toute la colonne, parce que l'ennemi pouvait se présenter sur un point quelconque. Les troupes avaient l'ordre de marcher en combattant et de ne pas s'arrêter. La colonne, quittant Mézières dans la nuit du 1er au 2, suivit d'abord la vieille route de Rethel. A dix heures du matin, la tête se trouvait près du village de Saulces-au-Bois, à 25 kilom. de Mézières et 10 kilom. de Rethel, lorsqu'elle apprend que sur les hauteurs de Bertoncourt, à 3 kilom. en avant de Rethel, l'artillerie prussienne est prête à lui barrer passage et qu'à Rethel se trouvaient environ 12,000 hommes avec 40 canons, faisant partie du VIº corps prussien. Le général Vinoy change alors brusquement de direction en prenant à droite le chemin qui mène à Novion-Porcien, bourg situé à 4 ou 5 kilom. de la route. Deux pièces ennemies s'approchent sous la protection de quelques uhlans et canonnent l'arrière-garde, qui se déploie, appuyée par deux batteries dont une de mitrailleuses. Mais il ne s'agit pas, pour le général Vinoy, de combattre, il faut ramener son corps d'armée. Il prescrit au général Susbielle, commandant l'arrière-garde, de se replier en échelons par la gauche. Vers 4 heures après-midi, tout le corps d'armée est réuni au bivouac de Novion-Porcien, ayant une quarantaine d'hommes hors de combat. Le VIº corps prussien, après quelques fausses démonstrations, se place en travers de la route que devait prendre le général Vinoy pour aller passer l'Aisne à Château-Porcien, gros bourg à 8 kilom. au-dessous de Rethel. Le général commandant le 13º corps d'armée se décide alors à se dérober par une marche de nuit. La tête de colonne se met en marche pour gagner, non plus Château-Porcien, mais Chaumont-

Porcien[1], bourg situé à 20 kilom. à l'est. La pluie tombait à verse, la boue amortissait le bruit des roues. On traverse ainsi Chaumont-Porcien, mais en sortant de ce bourg, l'erreur peut-être volontaire du guide jette la tête de la colonne, non pas sur Rosoy qui était l'objectif à atteindre, mais sur Château-Porcien occupé par les Prussiens ! L'erreur reconnue, la colonne rebrousse chemin et revient à Chaumont-Porcien, où l'on fait une halte de deux heures, puis on se remet en route pour gagner par une bonne traverse le chemin qui mène de Château-Porcien à Rosoy. On devait atteindre ce chemin à Seraincourt, situé à 12 kilom. environ de Château-Porcien; il faut donc exécuter une vraie marche de flanc autour de ce dernier endroit, toujours occupé par le VIe corps prussien. L'arrière-garde venait de quitter Chaumont-Porcien, lorsque ce bourg est attaqué par le VIe corps prussien et en même temps par une division de cavalerie venant de Sedan. Le 13e corps ne se laisse pas arrêter et continue silencieusement sa route; il gagne ainsi Seraincourt, prend le chemin de Rosoy et arrive enfin à Fraillicourt à 5 kilom. plus loin; il était trois heures de l'après-midi; les troupes étaient exténuées; on fit halte avant de prendre à gauche la route qui se dirige sur la ville de Montcornet, où l'on arrive à 6 heures et demie. Un officier expédié en avant avait fait préparer un approvisionnement de viande que la troupe trouva à son arrivée. Le temps était redevenu beau. L'ennemi était toujours à Chaumont-Porcien. Le lendemain matin, la petite colonne prit la route de Marle, petite ville située sur le chemin de fer de Laon à Hirson; l'étape était seulement de 18 kilom., on y arriva de bonne heure. Un train venu de Laon apporta des vivres au 13e corps et remmena à Laon le général en chef avec les éclopés de la colonne; c'était le dernier train marchant sur cette ligne.

---

1. Il importe, pour éviter toute confusion, de bien distinguer les trois localités désignées sous les noms de Château-Porcien, Novion-Porcien et Chaumont-Porcien. Ce sont trois chefs-lieux de canton du département des Ardennes situés, le premier dans la vallée de l'Aisne, à 10 kilom. environ au-dessous et à l'est de Rethel; le second à la même distance au nord de Rethel et à 6 kilom. de la route de Mézières; le troisième à 13 kilom. au nord de Château-Porcien et à la même distance au nord-ouest de Novion-Porcien. En somme, ces trois bourgs forment les trois sommets d'un triangle équilatéral de 13 kilom. de côté.

Le général Vinoy trouva à Laon la division Maudhuy campée autour de la ville; la division d'Exéa était à Soissons. Enfin, le 5 au matin, la division Blanchard partit de Marle et arriva sans encombre à Laon; le 13e corps était concentré et avait échappé, par une habile et prudente retraite, au danger d'être détruit ou pris par l'ennemi. Dans la nuit du 5, la division Maudhuy fut embarquée sur le chemin de fer et elle arriva à Paris le 6; la division Blanchard s'embarqua le 7 à Tergnier; la division d'Exéa se rendit par étapes de Soissons à Paris; l'artillerie de réserve et le 6e de hussards se rendirent de même de Laon à Paris.

Le transport du 15e corps d'armée depuis Salbris, où il avait été formé, jusque sur la rive droite de la Loire, a été apprécié ainsi qu'il suit par le général d'Aurelle lui-même :

« Il avait été décidé que le mouvement qui consistait à trans-
« porter les troupes du camp de Salbris en avant de Blois se ferait
« par le chemin de fer à partir de Vierzon, où les troupes s'embar-
« queraient. Toutes les précautions avaient été prises pour assurer
« la bonne exécution de ce mouvement. On avait calculé, avec une
« exactitude que l'on croyait infaillible, le moment d'arrivée des
« troupes et du matériel à destination. Mais comme il arrive sou-
« vent, la pratique vint déjouer les calculs faits dans le cabinet. Il
« y eut des retards considérables, les corps en arrivant se trou-
« vaient séparés de leurs bagages, des munitions de divers cali-
« bres furent mélangées, on perdit un temps considérable à réparer
« le désordre. L'artillerie aurait mis deux ou trois jours pour faire
« le trajet de Salbris à Blois par Romorantin ; le voyage en che-
« min de fer l'obligea à employer cinq jours pour se réorganiser
« avant d'être prête à entrer en ligne [1]. »

Ainsi s'exprime le commandant en chef de l'armée de la Loire, trop bien payé pour être toujours disposé à critiquer en tout et pour tout M. de Freycinet. Nous n'avons pas à défendre l'ancien délégué au ministère de la guerre qui, du reste, s'est défendu lui-même. Mais nous croyons que dans cette circonstance le général d'Aurelle se trompe. Le mouvement par chemin de fer pouvait être dérobé à l'ennemi; la marche par route de terre de Salbris à

---

[1]. *Première Armée de la Loire*, par le général d'Aurelle.

Blois eût attiré immédiatement son attention. Les Allemands se sont montrés plus justes, et ils citent le mouvement du 15ᵉ corps de la rive gauche à la rive droite de la Loire comme une opération bien conçue et bien exécutée.

Le transport du 20ᵉ corps depuis Chagny jusqu'à Gien avait été précédé de la concentration de ce corps à Chagny, où il avait fallu faire venir, en quatre jours, de Besançon par Mouchard, l'armée de l'Est, commandée par le général Crouzat, et la réunir aux troupes déjà chargées de la défense de Chagny. Le mouvement sur Gien dura également quatre jours et fut retardé par l'insuffisance des quais d'embarquement [1].

Cette insuffisance des quais d'embarquement pendant toute la guerre est presque incroyable. A Tours, où des quantités de troupes furent embarquées et débarquées, il n'existait qu'un seul quai de 30 à 40 mètres de long au plus. Aussi arriva-t-il que des batteries d'artillerie (personnel et matériel), demandées d'urgence à Toulouse et à Rennes, organisées avec une rapidité qui témoignait du zèle et du dévouement des officiers qui en étaient chargés, expédiées par des trains d'une vitesse exceptionnelle (40 kilom. à l'heure), séjournèrent en wagons à deux et trois kilom. de la gare, attendant 7 et 8 jours leur tour de débarquement, sans vivres pour les hommes ni fourrages pour les chevaux, et finalement réexpédiées ailleurs sans avoir pu être débarquées à Tours [2]. Il aurait fallu bien peu de temps et de dépense pour construire un quai provisoire de deux ou trois cents mètres de long. Pourquoi ne le fit-on pas? C'est ce que nous ne saurions dire...

Après la reprise d'Orléans par les Allemands, le 4 décembre 1870, l'armée de la Loire, comme tout le monde le sait, se trouva partagée en deux. Les 15ᵉ, 18ᵉ et 20ᵉ corps se retirèrent sur la rive gauche de la Loire jusqu'à Vierzon. Le général Bourbaki, nommé commandant en chef de cette portion de l'armée, jugea impossible le mouvement sur Blois que réclamait de lui avec instance le général Chanzy, resté sur la rive droite. On imagina alors de transporter les 18ᵉ et 20ᵉ corps dans l'Est, pour essayer de délivrer Bel-

---

1. Jacqmin, *les Chemins de fer pendant la guerre*, p. 167.
2. Souvenirs personnels de l'auteur.

fort assiégé par les Allemands. Plus tard, le 15ᵉ corps, laissé provisoirement à Vierzon, dut rejoindre les deux autres et marcher sur l'Alsace et la Lorraine. La conception stratégique pouvait être bonne, l'exécution fut déplorable par suite de l'abus qu'on fit des chemins de fer. Une fois transportés sur le revers oriental du Morvan, de Châlon-sur-Saône à Dijon, les corps d'armée auraient pu suivre les routes de terre dans un pays plein de ressources. Au lieu de cela, on transporta les 18ᵉ et 20ᵉ corps à Auxonne et à Dôle, les 15ᵉ et 24ᵉ (celui-ci récemment formé à Lyon) à Clerval, petite gare de la ligne de Belfort à Besançon, où il n'y avait pas de quai de débarquement.

L'autre portion de l'armée de la Loire, réorganisée sous le commandement du général Chanzy, avec l'adjonction du 21ᵉ corps, devint la deuxième armée de la Loire, composée des 16ᵉ, 17ᵉ et 21ᵉ corps. La retraite que cette armée exécuta dans l'espace d'un mois, depuis Loigny jusqu'au Mans, peut certainement, eu égard à la jeunesse des troupes qui composaient l'armée et aux circonstances dans lesquelles commença le mouvement, être assimilée aux opérations les plus remarquables de notre histoire militaire. Elle n'empêcha pas la défaite, mais elle sauva l'honneur de la France et, à ce titre, on lui a bien tardivement rendu une justice qu'on ne lui refuse plus aujourd'hui. Le 5 décembre, au matin, se voyant définitivement coupé d'Orléans avec les 16ᵉ et 17ᵉ corps, le général Chanzy donnait l'ordre à ses divisions de se retirer, par quatre routes parallèles, sur la ligne Beaugency-Josne-Lorges, la droite appuyée à la Loire, la gauche à la forêt de Marchenoir, où commençait à arriver le 21ᵉ corps. « Les divisions », disait le général Chanzy, « mar-
« cheront toutes sur une ligne de bataillons en colonne à distance
« de déploiement, ayant leur artillerie dans les intervalles, cou-
« vertes par une forte ligne de tirailleurs, à un kilomètre au moins
« en arrière et résistant le plus possible à toutes les attaques de
« l'ennemi... Il est de la plus haute importance que les divisions
« règlent leurs mouvements les unes sur les autres... Chaque divi-
« sion devra avoir ses convois et ses réserves en avant d'elle, à
« 4 kilom. au moins... A l'arrivée sur les positions indiquées, les
« généraux de division reconnaîtront les emplacements les plus fa-
« vorables pour les batteries et feront établir des épaulements et des

« tranchées-abris; l'ennemi devant être arrêté sur cette ligne, elle
« ne doit pas être dépassée dans la retraite. Chaque général de divi-
« sion prendra les dispositions nécessaires pour qu'aussitôt l'arrivée
« au bivouac, on fasse les distributions de vivres et de fourrages, de
« façon à être pourvu jusqu'au 7 inclus. On complétera les cartou-
« ches et les approvisionnements des batteries[1]... » Du 7 au 10,
l'armée lutta sur la ligne qui lui était indiquée avec une opiniâ-
treté qui surprit les Allemands. Le 10 au soir, les troupes étant
fatiguées de combattre et la position étant tournée par suite de
l'évacuation de Beaugency, Chanzy donna ses ordres pour la retraite sur le Loir, en échelons sur trois colonnes (une par corps
d'armée). Les convois partirent pendant la nuit, et le 11, au
matin, des dispositions offensives trompèrent l'ennemi qui ne fit
aucun mouvement pour poursuivre l'armée.

Le 13 au soir, l'armée était en position derrière le Loir, mais
Blois était tombé aux mains de l'ennemi et la démoralisation commençait à gagner les troupes qui s'étaient si bien battues les 7, 8,
9 et 10 décembre. Le 15, l'armée fut attaquée à Vendôme par le
prince Frédéric-Charles; elle résista victorieusement sur ses deux
ailes et céda au centre; Chanzy, jugeant qu'il ne pourrait tenir plus
longtemps, donna l'ordre, le 16, de battre en retraite sur le Mans;
toutes les dispositions avaient été bien prises par le général en
chef, mais les ponts furent imparfaitement détruits, les Allemands purent traverser le Loir et s'emparer d'une batterie qui marchait sans escorte; une mitrailleuse tomba aussi entre leurs mains.
Ce fut là toute l'artillerie prise pendant la retraite. La démoralisation faisait d'ailleurs de grands progrès dans les troupes, et
plusieurs corps se portèrent directement sur le Mans, où ils précédèrent l'armée de deux jours, donnant le spectacle de la plus
triste indiscipline. Heureusement, l'ennemi trompé par la bonne
attitude des braves qui restaient sous les armes en face d'eux, in-
quiet d'ailleurs des mouvements de troupes qui s'opéraient du côté
de Vierzon, poursuivit mollement l'armée de Chanzy qui put s'é-
tablir le 19 décembre au Mans, en arrière de la Sarthe[2].

---

1. Chanzy, *la Deuxième armée de la Loire*.
2. Chanzy, *la Deuxième armée de la Loire*.

Pendant cette retraite, l'armée ne dépassa pas une seule fois le terme marqué pour la marche du jour; les emplacements des troupes furent toujours organisés défensivement et couverts par des lignes de tirailleurs formant rideau.

DISPOSITIONS RÉGLEMENTAIRES.

Nous nous sommes laissé entraîner un peu trop loin peut-être sur le côté historique de la question, fidèle en cela à notre principe que tout fait renferme une leçon, qui peut être utile si l'on sait la dégager du fait lui-même. Il nous reste à voir comment on a réglé, depuis la guerre de 1870, cette question capitale des marches. Le règlement du 3 mai 1832, rédigé par des généraux qui avaient tous pris part aux guerres du premier Empire, ne comprend guère que des indications générales au sujet des marches. Il semble qu'on ait voulu laisser les coudées franches aux généraux et officiers chargés de la conduite des colonnes. Cela pouvait être ainsi quand l'habitude de la guerre et l'instinct militaire développé par l'expérience de dix campagnes servaient de règle à tous les chefs de l'armée. Mais lorsque le soin d'appliquer le règlement de 1832 a été remis à des officiers qui n'étaient plus guidés par le souvenir ou par la tradition, il s'est trouvé incomplet.

Pour les marches, ce règlement se borne à prescrire de faire le plus grand nombre possible de colonnes, pourvu qu'elles ne soient pas trop faibles et qu'elles puissent toujours être en relation ensemble; de composer l'avant-garde et l'arrière-garde de troupes légères (singulière prescription pour une armée dans laquelle il n'existait pas d'infanterie légère) uniquement destinées à couvrir l'armée et à arrêter l'ennemi jusqu'à ce que l'armée ait eu le temps de faire ses dispositions, de faire marcher les batteries d'artillerie avec les divisions ou autres corps auxquels elles sont attachées, de ne faire marcher la cavalerie avec l'infanterie que hors de la proximité de l'ennemi, de ne pas faire les rassemblements sur les routes ni là où l'on peut gêner la circulation, de fixer à l'avance le moment où les troupes de corps différents qui ont à parcourir la même route, doivent se mettre en marche, etc... Les autres dispositions sont des mesures d'ordre, n'ayant aucun rapport avec ce que l'on appelle aujourd'hui la tactique de marche.

Quant au service de découverte, il est réglé par le titre intitulé : *Des reconnaissances.* Le service des *convois* est l'objet de prescriptions détaillées sur la manière de disposer l'escorte, le partage du convoi en divisions, les haltes, la formation du parc, la défense du convoi, etc... Le nouveau règlement est sur cet article presque entièrement calqué sur l'ancien. Il n'en est pas de même pour les marches, auxquelles sont appliquées les conclusions tirées des études dont nous avons parlé au début de ce chapitre, études dont voici les principales données.

Une armée se compose généralement aujourd'hui de plusieurs corps d'armée et d'une ou plusieurs divisions de cavalerie indépendantes; celles-ci ont, dans la marche de l'armée, un rôle spécial sur lequel nous reviendrons; quant aux corps d'armée, l'état-major général assigne à chacun d'eux sa zone propre dans laquelle son chef a la liberté de s'étendre parallèlement au front de l'armée, en restant en communication avec les corps voisins. Le plus souvent, tous les corps d'une même armée sont disposés sur une seule ligne. Quelquefois, cependant, deux ou même plusieurs corps peuvent, loin de l'ennemi, suivre en file une même route. Nous trouvons l'exemple de ces deux dispositions : 1° au début de la campagne de 1805, où chacun des corps de la Grande-Armée suivait sa route particulière (encore la garde impériale marchait-elle derrière le 5e corps); 2° au début de la campagne de 1806, où les six corps d'armée formaient trois colonnes parallèles, le 6e étant à droite derrière le 4e, le 3e au centre derrière le 1er, et le 7e à gauche derrière le 5e. De même, dans la campagne de Russie, Ney suivait au centre le corps de Davout, tandis qu'à droite et à gauche les colonnes étaient composées chacune d'un seul corps : à droite, Poniatowski; à gauche, le prince Eugène. Enfin, dans la dernière guerre, l'armée commandée par Bazaine sortait de Metz en une seule colonne et devait se former à partir de Gravelotte en deux colonnes parallèles.

Quoi qu'il en soit, le corps d'armée étant la plus forte unité indépendante, c'est son dispositif de marche qu'il convient d'étudier. Quoique le fractionnement des colonnes puisse être poussé plus loin, on ne distingue ordinairement que deux cas : ou bien le corps d'armée marche en une seule colonne, ou bien chacune de ses deux divisions forme une colonne à part, et l'artillerie de corps prend place dans une de ces deux colonnes. Les chiffres suivants indiquent suffisamment l'intérêt qu'il y a à marcher sur deux colonnes lorsque cela est possible :

En ne tenant pas compte de la cavalerie, un corps d'armée formé sur une seule colonne mettra au minimum 6 heures pour passer de l'ordre en colonne à l'ordre de combat; encore les sections de munitions et les ambulances n'arriveront-elles qu'une heure et demie après ; si, au contraire, les deux divisions forment deux colonnes distinctes, celle qui marche seule mettra 2 h. 45 m. à se déployer au lieu de 6 heures, et la colonne avec laquelle marchent l'artillerie de corps, la réserve du génie, le bataillon de chasseurs, mettra 3 h. 30 m.

Quant aux éléments dont se composent les colonnes, le règlement (art. 112) distingue les *unités de marche* et les *unités de commandement*; les premières sont le bataillon pour l'infanterie, l'escadron pour la cavalerie, la batterie pour l'artillerie, la compagnie pour le génie; les autres sont, pour l'infanterie et la cavalerie, le régiment, pour l'artillerie les divers groupes : artillerie divisionnaire ou de corps, sections de munitions, équipages de pont, parc, etc., pour la réunion de troupes de toutes armes, les brigades, les divisions, les corps d'armée et les armées. On distingue d'autre part les *unités combattantes* et les *unités de transport*; parmi ces dernières, les approvisionnements en munitions et matériel nécessaires sur le champ de bataille forment les *trains de combat*. Nous avons déjà défini les trains régimentaires et les convois.

Le règlement sur le service en campagne donne, au sujet des marches (art. de 111 à 164), ces prescriptions très générales : « Les unités de marche et les unités de commandement sont séparées par des distances suffisantes pour qu'elles puissent se mouvoir avec régularité et sans à-coup ; on fait autant que possible alterner les unités dans la colonne. Elles sont suivies de leurs trains de combat et ambulances; elles marchent dans l'ordre commandé par l'urgence de leur arrivée sur le champ de bataille. L'ambulance du quartier général marche en tête des trains régimentaires; les trains régimentaires forment une colonne distincte et pouvant, s'il est nécessaire, marcher sur des routes différentes de celles suivies par les troupes; dans ce cas, une escorte spéciale peut leur être affectée. »

Vient ensuite la composition de l'avant-garde. Il était de règle, autrefois, qu'une avant-garde se composât d'infanterie et de cavalerie avec un peu d'artillerie. Nous avons vu le général Auguste Colbert commander, pendant la campagne de 1806, l'avant-garde du maréchal Ney, invariablement composée du 25° léger, de deux bataillons de grenadiers et de voltigeurs, d'une batterie d'artillerie et de deux régiments de cavalerie légère. Dans la marche sur Naples, en 1798, l'avant-garde de la division Macdonald, sous les ordres de Kellermann fils, comprenait trois bataillons, deux escadrons et deux pièces d'artillerie légère. Cette avant-garde livra à elle seule le combat de Nepi où elle culbuta et battit complètement un corps napolitain de 10,000 hommes.

Dans le système actuel, la cavalerie a son rôle particulier, et à moins d'aller opérer au loin, auquel cas l'avant-garde devient un corps détaché, cette avant-garde se compose d'infanterie et d'artillerie, avec très peu de cavalerie pour en former l'extrême pointe: le motif de cette disposition est la crainte de voir une masse un peu forte de cavalerie, vigoureusement repoussée par l'ennemi, se rejeter sur l'infanterie en arrière d'elle. L'avant-garde est toujours composée de fractions constituées et comprend ordinairement le quart de la colonne totale, c'est-à-dire un régiment pour une division, une brigade pour un corps d'armée. Quant à l'artillerie, sa force dépend de la nature du pays et des renseignements recueillis sur la position de l'ennemi. Nous avons sous les yeux un tableau indiquant la composition des avant-gardes de l'armée prussienne pendant la campagne de 1866. Ce tableau comprend neuf avant-gardes de divisions. Dans sept de ces avant-gardes, l'artillerie n'a qu'une batterie; deux, celles des 5° et 8° divisions, avant le combat de Gitschin, comprenaient chacune deux batteries, quoique moins fortes en infanterie que la plupart des autres. Sur cinq avant-gardes de corps d'armée, trois comprenaient 2 batteries; une, 1ᵉʳ corps d'armée, à Trautenau, 2 batteries 2/3, c'est-à-dire

16 bouches à feu; l'autre, 1ᵉʳ corps d'armée, à Tobischau, 3 batteries, soit 18 pièces¹.

On admet généralement une ou deux batteries par avant-garde de division, et 2 batteries, rarement 4, par avant-garde de corps d'armée (lorsque le corps d'armée marche en deux colonnes, chaque avant-garde a ordinairement 2 batteries). On joint à l'avant-garde la compagnie du génie de la 1ʳᵉ division, une portion de l'ambulance, un jour de vivres pour la cavalerie qui marche en avant, et le campement de la colonne avec un détachement d'ouvriers d'administration pour les distributions de vivres à l'arrivée. La distance de l'avant-garde au gros de la colonne varie avec la proximité de l'ennemi et la nature du pays. Cette distance doit être augmentée lorsque la cavalerie n'est pas en avant; dans le cas contraire, elle varie de 1 à 2 kilom. L'avant-garde elle-même pousse à 300 mètres en avant sa *pointe*, composée d'une compagnie d'infanterie, avec laquelle peut marcher une section d'artillerie et souvent précédée à 500 mètres d'un faible détachement de cavalerie. L'artillerie est en principe placée au milieu de l'avant-garde, derrière 2 bataillons d'infanterie s'il y a un régiment, derrière un régiment si c'est une brigade. On a voulu ainsi éviter à l'artillerie de tomber dans une embuscade. Suivant nous, cette disposition ne doit pas être normale. L'artillerie est presque toujours l'arme qui agit la première, elle doit être aussi près de la tête de colonne que cela est possible. Une infanterie accueillie subitement par un feu vif d'artillerie est moralement compromise si l'artillerie qui marche avec elle ne répond pas immédiatement à ce feu. Rappelons-nous le maréchal Davout à Auerstædt. Après avoir franchi le défilé de Kösen pour se porter en avant de l'armée prussienne, il marchait en personne à la tête de son avant-garde, constituée ainsi qu'il suit: un faible détachement de chasseurs à cheval, une batterie, le 25ᵉ de ligne. Cette avant-garde se heurta à un corps de 600 chevaux, accompagné d'une batterie à cheval et commandé par Blücher. Notre détachement de chasseurs fut ramené par la cavalerie de Blücher, mais celle-ci fut arrêtée net par le feu de notre batterie et

---

1. Taubert, *le Canon rayé dans la bataille*, p. 120.

profitant d'un instant de surprise chez l'ennemi, le 25ᵉ s'empara de la batterie prussienne[1].

Pour les mêmes motifs, l'artillerie de corps est peut-être rejetée trop loin dans le gros de la colonne. Prenons pour exemple un corps d'armée marchant en une seule colonne. Nous venons de voir que l'on plaçait 2 batteries à l'avant-garde, avec laquelle marchent les états-majors de la 1ʳᵉ division et de la 1ʳᵉ brigade ; le gros de la colonne est ainsi constitué : l'état-major du corps d'armée avec son escorte, l'état-major de la 2ᵉ brigade, le bataillon de chasseurs à pied, les 2 autres batteries de la 1ʳᵉ division, la 2ᵉ brigade, les chevaux de main, l'ambulance, une distance de 100 mètres, l'artillerie de corps, une nouvelle distance de 100 mètres, l'état-major de la 2ᵉ division, 2 compagnies du génie, la 3ᵉ brigade, une distance de 50 mètres, les 4 batteries de la 2ᵉ division, la 4ᵉ brigade, l'ambulance de la 2ᵉ division, le train de combat et l'arrière-garde. Calculons le temps nécessaire à l'artillerie pour arriver en ligne en supposant une vitesse moyenne de marche de 80 mètres à la minute ou 4,800 mètres à l'heure et l'artillerie forcée de marcher au pas dans la colonne. Les 2 batteries de l'avant-garde entreront en ligne 37 minutes après la tête ; les deux autres batteries de la 1ʳᵉ division une heure après, les 7 ou les 8 batteries de l'artillerie de corps (suivant qu'il y en aura ou qu'il n'y en aura pas de détachées avec la brigade de cavalerie) commenceront à arriver 58 minutes plus tard et mettront 40 minutes à défiler, enfin les 4 batteries de la 2ᵉ division seront en ligne une heure plus tard. En sorte qu'à partir du moment où la tête de l'avant-garde serait arrêtée, on disposerait de 12 pièces après 37 minutes, de 24 pièces après 1 h. 37 m., de 66 pièces après 3 h. 15 m., enfin de 90 pièces, après 4 h. 15 m. Quant aux 6 autres pièces, cela dépendrait de la position de la cavalerie. En appliquant les mêmes calculs à un corps d'armée marchant sur deux colonnes, ce qui sera le cas le plus général, on aurait : 12 ou 24 pièces au bout de 32 minutes, 48 pièces au bout de 1 h. 35 m., 90 pièces après 2 h. 37 m. On doit conclure de là tout d'abord qu'aussitôt l'attaque commencée, les routes devront être

---

1. Mathieu Dumas, *Précis des événements militaires*, t. XVII.

dégagées pour que l'artillerie puisse se porter au trot sur la ligne, ce qui réduirait les nombres ci-dessus dans la proportion de 23 à 10 minutes, en supposant l'absence de tout obstacle; soit 31 minutes pour 90 pièces, mais c'est une limite minima qu'on ne doit pas espérer atteindre.

Après la dernière unité de la colonne, vient son train de combat, dont les diverses unités sont placées dans le même ordre que les unités correspondantes : parc du génie, sections de munitions d'infanterie et d'artillerie, équipage de pont (éventuellement), puis le détachement de police et enfin, à 400 mètres en arrière, l'arrière-garde, composée d'un bataillon, avec sa pointe, une compagnie, à 200 mètres en arrière, quelquefois un détachement de cavalerie 300 mètres plus loin.

Après avoir déterminé la place relative des divers éléments dans la colonne, il faut fixer les distances qui les séparent, pour tenir compte de l'allongement qui se produit forcément pendant la marche. Si l'on ne conservait pas ces distances, il arriverait, par exemple, que la dernière unité de la colonne marquerait le pas sur une distance égale à la somme des allongements, qui, pour un corps d'armée marchant sur une seule colonne, atteindrait 5,000 mètres. En séparant chaque unité de celle qui la suit par une distance égale à son allongement, on peut faire marcher la tête de chaque unité comme si elle était tête de colonne.

Nous avons vu, d'autre part, à propos de la marche de Murat en Russie et de celle de l'armée d'Orient en 1854, l'inconvénient de la mise sur pied simultanée de toutes les unités d'une même colonne. Nous avons vu l'ordre de marche du 16 juin 1815, dans lequel cet inconvénient était prévu par l'indication de l'heure à laquelle chaque unité devait se mettre en mouvement[1]. « C'est « ainsi », dit M. le général Lebrun dans son instruction préparatoire pour les grandes manœuvres de 1875, « que se comportaient « les troupes d'infanterie commandées par M. le maréchal de Mac- « Mahon en Algérie et en Italie. » Une mesure plus radicale a été adoptée, depuis la guerre, c'est l'indication d'un *point initial* qui, pour toutes les unités de la colonne, est le point de départ. L'heure

---

[1]. Voir ci-dessus page 370.

du départ de la tête étant indiquée, chaque chef d'unité, d'après sa place dans la colonne, calcule l'instant où il doit se trouver au point initial, si cet instant ne lui a pas été fixé, et il a l'initiative des mesures à prendre pour remplir cette condition.

Dans la marche en retraite, les éléments doivent être disposés en sens inverse, de manière qu'en se formant face en arrière en bataille, le corps d'armée se trouve prêt à combattre. L'avant-garde devient alors l'arrière-garde, et *vice versâ*. Quand on est en plaine, la retraite peut être couverte par la cavalerie, mais dans un pays coupé ou boisé, il est préférable de ne mettre à l'arrière-garde que de l'infanterie et de l'artillerie, une cavalerie repoussée en désordre pouvant entraîner la déroute de l'armée.

Pour compléter les indications relatives à une marche, il faut déterminer son mode d'exécution, c'est-à-dire sa vitesse et les haltes à faire pour laisser reposer hommes et chevaux. Ici encore, se présente un principe nouvellement adopté, qui constitue certainement une des plus grandes améliorations du service des marches, *celui des haltes horaires* : il consiste simplement à décider que chaque unité, considérée comme tête de colonne, marchera pendant 50 minutes et stationnera ensuite pendant 10 minutes, chaque chef d'unité s'arrêtant et se remettant en mouvement de lui-même.

Lorsqu'une troupe est fatiguée, il vaut mieux augmenter la durée des haltes que de ralentir la vitesse. Quelquefois, c'est-à-dire quand l'étape dépasse 4 à 5 heures de marche, on fait une grande halte. Dans les marches forcées, on évite de faire l'étape tout d'une haleine, on la coupe par un repos prolongé. Nous avons vu plus haut les marches du maréchal de Belle-Isle, dans la retraite de Bohême, exécutées dans ces conditions. Au Mexique, une colonne lancée à la poursuite de la division Doblado, parcourut 47 kilom. jusqu'à cinq heures du soir, se reposa jusqu'à une heure du matin, se remit en route et marcha encore sur une distance de 14 kilom.

Le règlement recommande d'éviter les marches de nuit. Le maréchal Gouvion-Saint-Cyr, dans ses *Mémoires*, s'y montre complètement opposé. Il dit être resté lui-même pendant toute sa carrière sous l'influence d'une de ces marches, exécutée par l'arrière-garde de Custine après la prise de Francfort. Cette arrière-garde avait marché toute la nuit, 14 à 15 heures, pour faire quelques lieues ; elle arriva dans un état déplorable, en dispersion presque totale, toutes les armes mêlées, formant une queue de près de deux lieues... « J'attribue à ce que j'ai vu cette nuit et dans la « matinée qui l'a suivie », dit Saint-Cyr, « l'horreur que m'ont tou- « jours inspiré les marches de nuit, quand on ne peut les *exécuter* « *sur une grande route.* » Il est facile de mettre dans un règlement qu'il faut éviter les marches de nuit, mais généralement quand on marche la nuit, c'est qu'on y est forcé, et bien des armées battues auraient été détruites si elles ne s'étaient pas dérobées par une marche de nuit le soir de la bataille !

M. le général Lewal a fait un relevé des marches exécutées pendant les campagnes les plus connues, il est arrivé à ce résultat que, sur 1,100 marches, la moyenne des distances parcourues dans une étape a été de $25^k,200$. La plus forte étape aurait été de 57 kilom., exécutée par les Prussiens en 1866. Ce qui constitue l'effort le plus grand, ce n'est pas une seule étape de cette longueur, c'est la continuité de la marche forcée ; à ce point de vue, les grenadiers d'Oudinot, poursuivant avec la cavalerie de Murat le corps autrichien de Werneck dans la campagne de 1805, peuvent être difficilement dépassés, puisque, pendant trois jours consécutifs, ils ont fourni des étapes de 13, 14 et 15 lieues.

Les dispositions d'une marche étant bien arrêtées, il s'agit de les porter à la connaissance des commandants d'unités. Tel est le but des *ordres de marche*. L'ordre général de marche est donné par le général en chef aux commandants de corps d'armée ; il doit être aussi sommaire que possible, afin de ne pas gêner l'initiative des commandants de corps par des prescriptions de détail, sur lesquelles l'état-major général courrait d'ailleurs risque de se tromper. On peut citer, comme faisant constraste à cet égard, l'ordre de marche de Frédéric II sur Hohenfriedberg en 1745, bref et précis, et celui du maréchal de Contades sur Minden en 1758, long et minutieux. Quant à l'ordre de marche d'un corps d'armée, si la marche doit avoir lieu sur plusieurs colonnes, il est essentiel d'indiquer en détail la route à suivre par chacune d'elles, pour éviter toute confusion, et de fixer les heures de départ ainsi que la vitesse de marche, afin que les têtes de colonne soient autant que possible à la même hauteur; tous les chemins transversaux sont utilisés pour se mettre en relation avec les colonnes voisines, mais l'essentiel est d'avoir bien reconnu les chemins ou de se procurer des guides sur lesquels on puisse compter.

Dans la campagne de 1862, pendant la guerre de la Sécession, l'armée fédérale commandée par Mac-Clellan, poursuivant l'armée confédérée du général Johnston, devait marcher sur Williamsbourg par deux routes. La route principale était affectée à la cavalerie du général Stoneman, formant l'avant-garde et suivie des divisions Hooker et Kearney. Sur une route latérale à gauche, devaient marcher les divisions Couch, Smith et Carey, précédées d'une brigade de cavalerie; chaque division était suivie de ses équipages; il y avait une forêt à traverser. Arrivée à une des nombreuses croisées de chemins qui se présentaient dans cette forêt, la division Couch se jeta à droite et tomba bientôt au milieu de la colonne de bagages de la division Hooker; il y eut un instant de confusion extrême, rien ne pouvait avancer et, pendant ce temps, la cavalerie se trouvait seule en présence des positions confédérées[1].

Dans la retraite du général Vinoy avec le 13ᵉ corps, de Mézières à Laon, au mois de septembre 1870, en partant de *Chaumont-Porcien* pour Montcornet, le général Blanchard qui marchait en tête, trompé ou trahi par son guide, se dirigea sur la route de *Château-Porcien* par laquelle, précisément, devaient arriver les Prussiens; heureusement, comme nous l'avons vu plus haut, on s'aperçut à temps de l'erreur et, après avoir fait plusieurs kilomètres, on put revenir au point de départ; mais on perdit ainsi trois heures, retard qui aurait pu être funeste avec un ennemi entreprenant[2].

Nous avons à voir maintenant comment la marche est protégée, comment elle est éclairée, autrement dit : comment se font en marche le service d'exploration et le service de sûreté. Il est absolument posé en principe aujourd'hui que ces deux services sont indépendants l'un de l'autre, et il est admis que le service d'exploration est fait exclusivement par les divisions de cavalerie indépendantes, tandis que le service de sûreté est dévolu aux brigades de cavalerie de corps d'armée, solidairement avec l'infanterie.

1. Le comte de Paris, *Histoire de la guerre de Sécession*, t. III.
2. Le général Vinoy, *Siège de Paris*.

Toutefois, dans un corps d'armée opérant isolément, la brigade de cavalerie est chargée à la fois des deux services. En ce qui concerne la sûreté, l'avant-garde et l'arrière-garde y concourent également, ainsi que les flanc-gardes, troupes destinées à protéger le flanc découvert d'une colonne en marche et qui sont également composées de fractions constituées. Ces troupes ne suivent pas la colonne en s'avançant parallèlement à elle, auquel cas elles constitueraient elles-mêmes de véritables colonnes, mais elles prennent position sur les points par où l'ennemi peut déboucher ou sur les hauteurs qui permettent de le surveiller, partent généralement avec l'avant-garde et se retirent lorsque l'arrière-garde arrive à leur hauteur. Quelquefois ces corps de flanc-gardes sont assez nombreux. Par exemple, dans la retraite de 1813, le maréchal Marmont, avec les troupes qu'il commandait, fut chargé de couvrir le passage de la Saale à Weissenfels, contre les ennemis qui seraient venus de Mersebourg ; le 21, il se forma de même en bataille pour repousser une attaque partant du défilé de Kösen.

Quant aux services de sûreté et d'exploration confiés à la cavalerie, les idées actuellement en vigueur n'ont pas prévalu sans difficulté et sans discussion. Les opinions opposées sont représentées d'un côté par l'instruction du 7 février 1875, et par l'instruction du 27 juin 1876, sur le service de la cavalerie chargée d'éclairer une armée, de l'autre côté par celle du 8 décembre 1879, confirmée par le règlement sur le service en campagne de 1883, ainsi que par l'instruction sur le service de la cavalerie en campagne de 1884. D'après les principes de 1876, une division de cavalerie, chargée à la fois de couvrir et d'éclairer une armée, ne doit couvrir que 30 ou 40 kilom. au plus, c'est-à-dire le front de marche de cette armée, car son chef doit exercer une action constante sur ses troupes, et un service de cette nature exige que dans la même journée un ordre puisse être envoyé, exécuté, et qu'en outre les résultats en soient transmis. L'obligation de voir chez l'adversaire et de l'empêcher de voir chez soi exige, sur un aussi grand front, l'emploi de deux brigades accolées, ayant chacune un régiment déployé en première ligne sur 15 à 20 kilom., lequel est soutenu en arrière par le deuxième régiment de la brigade. Un tel système est fondé sur la dissémination de la cavalerie, qui est ainsi partout et qui n'est nulle part en force suffisante pour soutenir un choc, car cette ligne, dans laquelle un régiment est déployé sur un front de 20 kilom., prend 5 kilom. pour le front d'un escadron, soit un homme pour 66^m,66; toile d'araignée ou plutôt fil d'araignée facile à briser.

Dans le système actuel d'exploration, ou mieux de *découverte*, puisque telle est l'expression adoptée, la cavalerie reste groupée dans la main de son chef, elle s'éclaire ou plutôt elle éclaire l'armée à l'aide de reconnaissances d'officiers et de patrouilles de découverte. Les *reconnaissances d'officiers* sont indépendantes les unes des autres, et indépendantes de toute fraction constituée faisant partie de la division. Les officiers qui en sont chargés reçoivent directement leurs instructions du général de division; ils sont accompagnés d'un nombre plus ou moins grand de cavaliers. C'est une reconnaissance d'officier qui, en 1866, a déterminé le mouvement offensif des Prussiens sur Sadowa; l'officier qui en était chargé avait pu, avec un bonheur inouï, observer attentivement la position des Autrichiens et même pénétrer dans leurs lignes. Le rapport de cet officier détermina le prince Frédéric-Charles à donner les ordres d'attaque pour le lendemain.

Les *patrouilles de découverte* ont un objet plus déterminé; elles sont fournies par les *escadrons de découverte*. Ordinairement, deux de ces escadrons se partagent le front d'une division de cavalerie indépendante; dans chaque escadron, deux pelotons restent en réserve, les deux autres sont fractionnés en patrouilles, comprenant généralement 7 cavaliers dirigés par un sous-officier; les chefs de ces pelotons se tiennent avec le reste de leurs hommes au centre du réseau des patrouilles; le capitaine de l'escadron se tient en arrière du centre avec les deux pelotons de réserve réunis. Tout ce service est parfaitement réglé. La division de cavalerie marche généralement en trois colonnes parallèles, celle du centre est formée par la brigade de réserve qui reste entière, les deux autres brigades forment les colonnes de droite et de gauche, leurs régiments têtes de colonne fournissent les deux escadrons de découverte. S'il n'y a que deux routes, la brigade de réserve marche derrière une des deux autres brigades.

Les 3 batteries d'artillerie marchent toujours réunies, à moins qu'une des brigades de la division ne soit détachée pour opérer isolément, auquel cas il *peut lui être affecté* momentanément une batterie.

Quant au service de sûreté, il est confié généralement aux brigades de cavalerie des corps d'armée, qui marchent en avant des colonnes de ces corps. Le régiment de tête déploie un ou deux de ses escadrons en éclaireurs; les autres escadrons marchent séparés les uns des autres, à 2 ou 3 kilom. en arrière de ces éclaireurs, auxquels ils servent de soutiens; le second régiment est en réserve à 2 ou 3 kilom. en arrière; il est lui-même à 10 kilom. en avant de la tête de la colonne d'infanterie (pointe de l'avant-garde) et détache un ou deux escadrons auprès de cette colonne pour précéder l'avant-garde, suivre l'arrière-garde et concourir à la garde des flancs. Toutes ces dispositions sont développées dans les règlements et instructions que nous avons cités.

Autrefois et particulièrement sous le premier Empire, les armées étaient éclairées par des détachements francs d'une force dépassant rarement 100 chevaux, dont les chefs avaient toute latitude pour reconnaître les mouvements de l'ennemi. Ces détachements n'étaient pas en général composés de fractions constituées, mais on les formait au contraire d'hommes et de chevaux choisis. Ils marchaient parfois, comme nous l'avons vu, à une grande distance en avant de l'armée. Curély, dans l'*itinéraire* de ses campagnes, en relate plusieurs exemples, entre autres celui d'un détachement de 100 chevaux du 7e de hussards envoyé de Vienne, le 19 novembre 1805, par le maréchal Davout, pour observer la partie de la Hongrie qui borde la March. Ce détachement rentra seulement le 1er décembre, après avoir poussé des reconnaissances jusqu'à Gœding et constaté le mouvement de plusieurs corps ennemis dans la direction d'Austerlitz.

Nous n'avons parlé jusqu'à présent que de la colonne de combat d'un corps d'armée. En arrière de cette colonne, marchent ce qu'on appelle *les trains*. Le train d'un régiment comprend les voitures de vivres, les voitures à bagages, la voiture d'effets; le train d'une brigade comprend les trains des deux régiments, précédés de la voiture du général de brigade; le train d'une division comprend les trains des deux brigades, précédés du train du quartier général, etc... La tête des trains marche à 1,000 mètres après l'arrière-garde. Le parc d'artillerie et les convois viennent à une certaine distance après la colonne (généralement une demi-journée). Le troupeau, comme nous l'avons dit, marche en arrière de l'avant-garde. Au départ, les unités qui doivent se mettre en mouvement après 9 heures font leur premier repas avant de se mettre en mouvement; les unités qui partent avant 9 heures ne font ce repas qu'après l'arrivée au gîte. Les troupes emportent, pour la manger froide à la grande halte, une partie de la viande du repas du matin pour les uns, du repas de la veille au soir pour les autres. Après l'installation au bivouac ou dans le cantonnement, on procède tout d'abord à la distribution de la viande, afin de pouvoir préparer les aliments. Les autres distributions se font plus tard, ainsi que les visites des médecins et des vétérinaires.

En résumé, la tactique des marches, dont l'importance est presque aussi grande que celle des combats, car les marches ont souvent une influence décisive sur la façon dont les combats s'engagent, a fait depuis la dernière guerre des progrès considérables; les règles en sont tracées si nettement qu'il n'y a qu'à s'y conformer pour exécuter les marches dans les conditions les plus satisfaisantes.

CHAPITRE XVI

BATAILLES ET COMBATS. — PREMIÈRE PARTIE, INFANTERIE.

Hallebardiers, piquiers et arquebusiers. — Anciens bataillons. — Le *hérisson*. — Mousquetaires, Suisses et lansquenets. — Les *terzos*. — Gustave-Adolphe. — Bataille de Rocroi. — Le duc de Luxembourg. — Les *manches*. — Un bataillon en 1703. — Premier règlement sur les manœuvres. — Frédéric II. — La colonne de Fontenoy. — L'ordre mince et l'ordre profond. — Le chevalier Folard. Guibert, Mesnil-Durand. — Le camp de Vaussieux. — La vérité n'est pas absolue. — Le maréchal de Broglie. — Ordonnance de 1788. — Règlement de 1791. — Avis de Gouvion-Saint-Cyr. — Les jeunes soldats de la République. — Les bandes de tirailleurs. — Fleurus. La Montagne-Noire. Primolano. San-Marco. Hanau. — Une *instruction* de Schérer. Infanterie de ligne et infanterie légère. — Colonne de bataillon. — Mondovi. — Saint-Georges. — Caliano. — Lonato. — Formation de Bernadotte au Tagliamento. — Les carrés en Égypte. Chebreiss, les Pyramides, Sédiman, Héliopolis. — Marengo. — Iéna. — Auerstaedt. — Campagne de 1813. Lutzen, Goldberg, Wachau, Leipsick. — Fère-Champenoise. — Infanterie en ligne résistant à la cavalerie : Altenheim, Marengo, Bosco. — Lignes de bataillons en colonne : Auerstaedt, Czarnowo, Wagram, la Moskowa. — Même ligne entremêlée de bataillons déployés : Eylau, Waterloo. — Colonnes profondes : Macdonald à Wagram. Girard à Albuera. Drouet d'Erlon à Waterloo. — Formations ennemies. — Les Prussiens à Auerstaedt. — Les Russes à Eylau. — Les Autrichiens à Essling et à Wagram. — Les Anglais à Vimeiro, à Busaco. — Les carrés de Waterloo. — Formation sur deux rangs. Napoléon à Leipsick. — *Les feux*. — Feux de tirailleurs. Oudinot à Friedland. — Feu de deux rangs. — Feu de rang. La jeune garde à Leipsick. — La baïonnette. — Formations défensives. — La droite des Anglais à Waterloo. — Formations offensives. — Opinion de Marmont, de Morand, du maréchal Bugeaud, de Jomini. — Règlement de 1831. — Les tirailleurs. — Guerre de Crimée. — La colonne de compagnie. — L'Alma, Inkermann, Traktir. — Formation sur deux rangs. — Campagne de 1859 en Italie. — Prescriptions générales. — Montebello, Robecchetto, Magenta, Solférino. — Règlement de 1862. — Guerre de 1866. — Préconisation de la défensive. — *Observations sur l'instruction sommaire pour les combats* de 1867. Son influence sur la guerre de 1870. — Règlement de 1869. — Colonne de division. — Guerre de 1870. — Condamnation de la colonne de compagnie. — Défensive exagérée. — Bataille de Coulmiers. — Reprise du Bourget par la garde prussienne. — L'ordre dispersé. — Règlement de 1875. — L'éparpillement des forces. — Réaction. — Règlement du 29 juillet 1884. — Retour vers l'offensive. — Tactique prussienne. — La *furia francese*. — La reine des batailles !

DEUXIÈME PARTIE, CAVALERIE.

Compagnies d'ordonnance. — Les lances. — Maîtres et soldats auxiliaires. — *Gendarmerie*. — Arquebusiers à cheval. — Reîtres. — *Cavalerie légère*. —

La cavalerie sous Louis XIV. — Charges au trot et au galop. — Condé à Rocroi. — Turenne. — Principes du maréchal de Saxe sur la charge. — Frédéric II, créateur de la cavalerie moderne. — Interdiction du tir à cheval. — Charge au galop. — Seydlitz. — Bataille de Zorndorff. Mouvement de flanc. Grande charge sur trois lignes. Rôle de chaque ligne. — La cavalerie française pendant la guerre de Sept ans. — Les carabiniers à Crefeld. — Bataille de Minden. L'infanterie attaque la cavalerie. — Règlement de 1788. — Formation sur deux rangs. — Division de l'escadron en pelotons de manœuvre. — Liaison des files. — Mouvements par quatre. — La pratique simplifie la complication de l'ordonnance. — Exemples tirés des grandes guerres. — Un combat à l'armée de Rhin-et-Moselle en 1796. — Kellermann et les dragons autrichiens à Marengo (1re charge). — Les charges de flanc. — Kellermann à Marengo (2e charge). — Auguste Colbert à Iéna. — Nansouty à Hanau. — Changements d'objectif pendant une charge. — Condé à Rocroi. — Latour-Maubourg à Medellin. — Kellermann à Alba-de-Tormès. — Le 13e de cuirassiers à Lérida. — Caulaincourt à la Moskowa. — Puissance de l'imprévu dans les actions de cavalerie. — Les dragons d'Espagne à Bar-sur-Aube en 1814. — Mouvements combinés de front et de flanc. — L'archiduc Charles à Würtzbourg. — Grouchy à Friedland. — Encore Alba-de-Tormès. — Montbrun à Fuentès-de-Oñoro. — Combat de Villadiego. — Curély dans la retraite de Russie. — Bataille de Château-Thierry. — La victoire appartient à celui qui garde la dernière réserve. — Bataille de Würtzbourg. — Lecourbe à Hochstœdt. — La cavalerie légère et les dragons à Austerlitz. — Espagne et Lasalle à Essling. — Nécessité d'une réserve. — Combat de Zehdenick. — Charges contre l'infanterie. Nécessité de plusieurs lignes chargeant sans laisser de répit. — Zorndorff. — Eylau. — Alba-de-Tormès. — Les Quatre-Bras. — Reconnaissance préalable du terrain. — Marbot à Essling. — Murat à Heilsberg. — Cuirassiers du duc de Padoue à Wagram. — Murat et Pajol à Wachau. — Allures avant la charge. — Marengo. — Zehdenick. — Combat d'Altafulla. — Mouvements préparatoires. Iéna. Montereau. Bar-sur-Aube. — Charge de pied ferme. Les dragons de Sainte-Croix dans la retraite de Portugal. — Effets d'une contenance ferme. Seydlitz à Hochkirch. Lasalle à Medellin. — Feu de la cavalerie. — Les dragons et les mamelucks. — Combats de Salehieh et de Thèbes. — Eylau. — Le 3e de hussards à Friedland. — Bataille d'Eckmühl. — Deux combats en 1813. — Formation pour la charge. — Charges en colonne par pelotons : Marengo et Montereau ; en colonne par quatre : Sommo-Sierra. — Quand faut-il mettre le sabre à la main? Opinion du général de Brack. Le 13e de cuirassiers à Sagonte. — Règles suivies pour la charge. Aux plus braves les premiers coups. Le colonel Édouard Colbert à Guttstadt. — Les Anglais décrochent les gourmettes pour donner plus d'élan à la charge. Adroite manœuvre du général Lallemand. — Troupes chargeant sans s'aborder. Combat de Villadiego. — La cavalerie à pied. — Wertingen. — Les dragons en Espagne. — *La Restauration.* — L'École de Saumur. — Règlement de 1829. — La théorie, récitation du littéral. — Excès de formalisme. — Guerre de 1854. Les Anglais à Balaklava. — Grosse cavalerie et cavalerie légère. — Charge de lord Cardigan. — Les chasseurs d'Afrique. — Combat de Khanghil. — Campagne d'Italie en 1859. — La division Desvaux à Solférino. — Le colonel Edelsheim et les hussards de Prusse. — La masse de colonnes. — Guerre de 1866. — Combat de Custozza. Les lanciers de Sicile. La brigade Pultz. — Bataille de Kœniggrætz. — Guerre de 1870. — Morsbronn. — Les cuirassiers de la garde. — Brigade Redern. — Brigade Bredow. — Grand combat de cavalerie. Les Prussiens s'attribuent la victoire. Pourquoi le combat est resté indécis. — Nécessité d'une direction unique. Brigade Grüter. — *Études sur la cavalerie après la* guerre. — Règlement de 1876. — Suppression de l'inversion. — Adoption de la ligne et de la masse de colonnes. — Principes de la charge. — Combat sur plusieurs lignes. — Manœuvres et conférences de Tours en 1876. — Critiques adressées au nouveau règlement. — Le comité de cavalerie. — Le règlement de 1882. — Différences entre les deux règlements. — La charge en muraille. — Tactique des trois lignes. — Le rôle de la cavalerie dans le combat n'est pas fini, il n'est que transformé.

PREMIÈRE PARTIE, INFANTERIE.

Depuis l'invention des armes à feu jusqu'à l'adoption définitive du fusil à baïonnette, il y eut dans l'infanterie deux catégories de soldats bien distinctes: les uns armés de piques ou de hallebardes pour le combat rapproché, les autres combattant à distance avec des armes à feu, des arquebuses d'abord, des mousquets plus tard. Vers le milieu du xve siècle, l'infanterie se formait en grosses *batailles*, disposées sur huit à dix hommes de profondeur pour résister aux attaques des hommes d'armes. Dans les luttes glorieuses des Suisses contre la superbe gendarmerie du duc de Bourgogne, leur infanterie combattait par bataillon de mille hommes sur huit de profondeur; le premier rang était armé d'arquebuses, le second rang de hallebardes, les six autres rangs de piques de plus en plus longues du troisième au dernier rang; lorsqu'elles étaient abaissées, ces piques dépassaient toutes le premier rang qui, souvent, se mettait à genoux pour moins gêner l'action des piques ; le bataillon figurait ainsi une sorte de *hérisson*. Les lansquenets, rivaux et adversaires des Suisses, les imitèrent dans leur armement et leurs formations. Peu à peu les hallebardes et les arquebuses disparurent pour faire place aux piques et aux mousquets, et l'infanterie ne compta plus que des piquiers et des mousquetaires. Les piquiers, formés en masse au centre de la compagnie, étaient la véritable force de l'infanterie ; à droite et à gauche d'eux, les mousquetaires étaient tantôt dispersés en tirailleurs, tantôt groupés en ordonnance. Dans ce dernier cas, ils étaient, comme les piquiers, formés sur sept à huit rangs de profondeur, exécutaient leurs feux par rangs et se démasquaient successivement, soit en se repliant sur les ailes, soit en mettant le genou en terre. La puissance du feu de l'infanterie commençait à se faire sentir et certaines bandes se rendaient redoutables par leur ordre dispersé, qui répartissait les mousquetaires sur un front plus étendu. Longtemps encore après l'adoption du mousquet, de vieux régiments, comme *Piémont*, durent leur réputation à cette manière de combattre. Cependant, la principale préoccupation de l'infanterie, au moins pendant la première partie du XVIe siècle, était de résister aux attaques de la cavalerie qui, seule, décidait en dernier ressort de la victoire.

L'infanterie française ne suivit pas tout d'abord les progrès de celles des autres nations. Les rois de France se servirent longtemps des *lansquenets* et des *bandes noires* allemandes pour les opposer aux Suisses. A Novare, les Suisses battirent les lansquenets et s'emparèrent de l'artillerie de Louis XII ; à Marignan, les lansquenets, d'abord battus, furent secourus par les bandes noires à la tête desquelles combattait François Ier, entouré de sa noblesse ; l'infanterie suisse battue passa au service des rois de France. Ces luttes d'infanterie furent des combats corps à corps où, lorsqu'on était trop près les uns des autres, on laissait la pique pour se servir de l'épée et du poignard. Cependant l'infanterie espagnole tendait à substituer sa puissance à celle des Suisses et des lansquenets, le duc d'Albe avait, en 1567, remplacé l'arquebuse par le mousquet ; en même temps, les Espagnols augmentaient la profondeur de leurs formations. Les fameux *terzos*, qui acquirent une si grande renommée sous Charles-Quint et ses successeurs, étaient de gros rectangles de 1,000 hommes, dont la profondeur normale varia de 10 à 20 rangs. Les Allemands les imitèrent en exagérant leur tactique : ou vit, pendant la guerre de Trente ans, dans les armées de Tilly et de Wallenstein, l'infanterie former de vrais carrés pleins dont la profondeur alla jusqu'à 45 rangs ; les mousquetaires, placés sur les ailes, engageaient le combat, et quand l'action devenait sérieuse, ils se retiraient derrière les piquiers, qui formaient le hérisson en croisant le fer de leurs piques, soit pour soutenir l'attaque de l'ennemi, soit pour s'élancer à la charge.

Gustave-Adolphe fit une révolution complète dans la tactique, en donnant un rôle prépondérant aux feux de l'infanterie. Ses régiments étaient formés de 5 compagnies de 126 hommes, dont 72 mousquetaires et 54 piquiers. Nous avons vu qu'il avait donné à ses troupes un mousquet à la fois plus long et plus léger que celui qui était alors en usage ; il réduisit à six rangs l'épaisseur de sa formation en bataille. Parmi les motifs qui lui dictèrent cette réforme, on cite la nécessité d'étendre le front de son armée pour tenir tête aux armées beaucoup plus nombreuses de ses adversaires. Il est assez remarquable que Napoléon, à la veille de la bataille de Leipsick, ait invoqué précisément le même motif pour prescrire la formation de son infanterie sur deux rangs [1]. Mais plus probablement Gustave-Adolphe voulut augmenter le développement de sa ligne de bataille pour accroître la puissance de son feu. Dans ce but, il sépara les piquiers des mousquetaires et les plaça en seconde ligne, afin d'agir comme réserve lorsque le feu de la première ligne avait jeté le désordre dans les rangs de l'ennemi.

Dans l'armée française, sous le règne de Louis XIII, la proportion des piquiers aux mousquetaires était descendue de deux tiers à un tiers ; ils étaient placés les uns et les autres sur huit rangs, les piquiers au centre et les mousquetaires aux ailes. Dans les armées de Turenne, il n'y eut plus qu'un quart de piquiers. Lorsque l'infanterie était chargée de près par la cavalerie, le rôle de ces mousquetaires, qui ne pouvaient trouver place à l'intérieur de la masse protégée par ses piques, était parfois dangereux. A la bataille de Rocroi, le terzo de Velardia, chargé, fusillé, perdit tous ses mousquetaires sans se laisser rompre et, maintenu par son chef expirant, recula à petits pas jusqu'à ce qu'il pût s'adosser au gros de l'infanterie [2].

Dans les armées du duc de Luxembourg, la proportion des piquiers n'était plus que d'un cinquième ; les fusils commençaient à se mêler aux mousquets, et les compagnies se confondaient dans le bataillon, tous les piquiers au centre composant le corps de bataille, les mousquetaires formant les ailes ou *manches*. Les uns et les autres se tenaient sur six rangs ouverts à six pas, serrant à cinq pieds devant l'ennemi. Enfin, comme nous l'avons vu, l'adoption de la baïonnette à douille fit disparaître complètement les piques. Cette révolution date du commencement de la guerre de la Succession d'Espagne, et le premier règlement sur les manœu-

---

1. Voir une lettre écrite à Murat le 13 octobre 1813. *Correspondance militaire de Napoléon I*er, t. IX.
2. Le duc d'Aumale. *Histoire des princes de Condé*, t. IV.

vres fut promulgué en mai 1703. Ce règlement prescrivait l'exécution de feux d'ensemble, mais par compagnie seulement, et sans étendre cette disposition au bataillon. L'ordre mince était définitivement adopté, et l'infanterie se plaçait sur quatre ou même sur trois rangs.

Les bataillons étaient composés de 12 compagnies de 45 soldats chacune et d'une compagnie de grenadiers de même effectif, soit en tout 13 compagnies ou 585 hommes, généralement réduits en campagne à 500. Dans l'ordre en bataille, les 45 grenadiers étaient à la droite; un piquet de 50 fusiliers formait la gauche, le reste composait le corps du bataillon sur 120 hommes de front ou effectivement 100. Les drapeaux, derrière lesquels se tenaient les tambours, étaient placés au centre du bataillon. Quand on marchait ainsi formé à l'ennemi, on serrait les rangs à un petit pas de distance et les soldats présentaient les armes, ce qu'on appelait l'*apprêté*; ainsi du moins le voulait le règlement, mais dans la pratique on laissait les soldats porter leurs armes en chasseurs. Les grenadiers et les fusiliers des ailes devaient tirer d'après l'ordre du commandant; quant au corps du bataillon, il était exercé à ne point tirer et à essuyer le feu des ennemis, « *attendu* », disait-on, « *qu'un bataillon est d'ordinaire battu quand il a tiré son feu, et que celui qui lui est opposé a encore tout le sien*[1] ». Voilà un principe qui coûta cher aux gardes françaises le jour de la bataille de Fontenoy.

Frédéric II, aidé par le prince d'Anhalt, le grand instructeur de son infanterie, donna aux feux toute leur puissance; à Molwitz, sa première bataille, la cavalerie autrichienne eût assuré la victoire à ses ennemis si son infanterie, dit Jomini, n'avait opposé une barrière d'airain à toutes les attaques et causé par son feu nourri des pertes énormes aux Autrichiens.

Cependant, à Hohenfriedberg, trois ans plus tard, il préconisait l'arme blanche : « L'infanterie », disait-il dans son ordre pour la bataille, « marchera au pas redoublé, et, pour peu que les circons-
« tances le permettent, elle fondra sur l'ennemi à la baïonnette.
« *S'il faut faire feu, elle ne tirera qu'à cent cinquante pas*[2]. » Il sem-

---

1. Ces détails sont extraits de l'*Art de la guerre*, de M. le marquis de Quincy, lieutenant général sous le règne de Louis XIV, publié en 1740.
2. Jomini, *Traité des grandes opérations militaires*, t. I, p. 118.

ble, cependant, d'après le récit de cette bataille, qu'elle ait été gagnée par la puissance du feu de l'infanterie. Quant à la formation de combat, elle consistait essentiellement dans l'ordre mince, c'est-à-dire dans une ligne de bataille sur trois rangs de profondeur (cette ligne étant soutenue en arrière par une seconde et quelquefois même une troisième). Cet ordre fut adopté par les autres armées à l'imitation des Prussiens... Mais, dira-t-on, qu'était-ce donc que la fameuse colonne de Fontenoy ? Frédéric II nous l'explique, ainsi qu'il suit, dans ses *Mémoires :* « M. de Kœnigsegg forma deux
« lignes d'infanterie vis-à-vis de la trouée qui est entre Antoing et
« le bois de Barry ; en avançant, il reçut le feu croisé qui partait
« du village et des redoutes ; ses flancs en souffrirent et se retré-
« cirent ; son centre, qui en souffrait moins, continuait d'avancer,
« et comme ses ailes se repliaient en arrière, son corps prit une
« forme triangulaire qui, par la continuation du mouvement du
« centre et par la confusion, *se changea en colonne.* Ce corps, tout
« informe qu'il était, attaqua et renversa les gardes françaises,
« perça les deux lignes et aurait peut-être remporté une victoire
« complète si les généraux des alliés avaient mieux su profiter de
« la confusion où étaient leurs ennemis, etc...¹. »

L'engouement pour la tactique de Frédéric II ne connut bientôt plus de bornes. Guibert se fit en France le promoteur de l'imitation prussienne, et la seconde moitié du XVIII° siècle fut remplie par les discussions qui s'élevèrent entre les partisans de l'ordre mince et les prôneurs de l'ordre profond. Le plus connu de ces derniers fut le maréchal de camp Mesnil-Durand, qui s'inspirait des théories du chevalier Folard, traducteur et commentateur de Polybe, et qui était puissamment patronné par le maréchal de Broglie. « Mesnil-
« Durand », dit Dumouriez, « soutenait son système avec âpreté,
« Guibert défendait l'ordre mince avec plus d'esprit que de solidité.
« Le maréchal prit chaleureusement le parti de l'ordre profond
« par antipathie pour Guibert. Tous deux avaient tort parce qu'ils
« étaient trop exclusifs ². » Un camp de 30,000 hommes fut formé, en 1778, à Vaussieux, près de Bayeux, pour mettre les deux écoles

---

1. *Œuvres de Frédéric II,* édition Hachette, t. I, p. 357.
2. *Mémoires de Dumouriez,* t. I.

en présence et leur donner l'occasion de s'opposer mutuellement leurs manœuvres. « Le maréchal commanda l'ordre profond avec une armée supérieure », dit encore Dumouriez, « Luckner com- « manda l'ordre mince avec moins de troupes et le battit toujours, « à la vérité en n'exécutant rien de ce dont on convenait, mais « saisissant à propos ses avantages. » Le camp de Vaussieux eut pour résultat principal de faire cesser la discussion en jetant le ridicule sur elle. Les militaires les plus capables restèrent convaincus que la vérité n'était pas aussi absolue...

Le règlement de 1788, sur les manœuvres, rédigé par Guibert, secrétaire du conseil de la guerre, donna complètement raison à l'ordre mince, « qui permet », était-il dit au préambule de l'ordonnance, « de donner le plus d'efficacité au feu de l'infanterie et « d'offrir le moins de prise à celui de l'adversaire. » Ce règlement fut complètement remanié en 1790, comme tous ceux qui régissaient alors l'armée, et fut remplacé par le règlement du 1ᵉʳ août 1791, qui, jusqu'en 1831, est resté, en ce qui concerne les manœuvres, la charte officielle de l'infanterie.

« L'ordonnance de 1791 », dit Gouvion-Saint-Cyr, « a été rédi- « gée par des hommes instruits, mais qui, pour la plupart, n'avaient « que peu ou point fait la guerre; elle était plus propre à faire « briller les troupes dans les manœuvres d'apparat qu'elle n'était « applicable devant l'ennemi. Son plus grand vice consistait dans « les feux. Le troisième rang mettait hors de combat le quart des « hommes blessés dans une affaire. S'il s'agit de recrues, ce nom- « bre était plus considérable encore. Le premier rang devait met- « tre le genou à terre dans les feux sur trois rangs et, dans les « feux de file, le troisième rang ne devait pas tirer, mais passer « ses armes aux hommes du deuxième rang; la vérité est qu'à la « guerre les soldats tirent comme ils se trouvent, qu'ils soient sur « trois, quatre ou six rangs; ils tirent tous ensemble dès que les « balles de l'ennemi sifflent à leurs oreilles [1]. »

Les jeunes soldats de la République, volontaires, requis ou appelés par la levée en masse, en tout cas envoyés à l'armée sans

---

1. *Mémoires sur les campagnes de l'armée de Rhin-et-Moselle*, t. I, introduction, p. XLIII.

instruction préliminaire, n'étaient pas de force à exécuter des manœuvres à la prussienne. Des généraux expérimentés, tels que Custine, Dumouriez, Dugommier, employèrent, avec ces troupes si peu instruites, une tactique nouvelle et qui était bien appropriée à leur défaut d'instruction : celle des bandes de tirailleurs soutenues par des colonnes d'attaque. Des bataillons entiers, déployés en tirailleurs, s'élançaient sur la position à enlever, y pénétraient en courant ou, la débordant sur ses flancs, énervaient les défenseurs par un feu prolongé partant de tous côtés ; alors le général, quelquefois même les représentants du peuple, se mettant en tête des colonnes, marchaient au pas de charge sur les retranchements ennemis... A la bataille de Jemmapes, Dumouriez décida la victoire par l'emploi de nombreux tirailleurs ; à Fleurus, Jourdan, saisissant le moment où l'ennemi était fatigué de répondre au feu des tirailleurs, se mit à la tête de six bataillons disposés en colonnes serrées, et, accompagné de quatre batteries d'artillerie, il décida ainsi l'archiduc Charles à battre en retraite, tandis que Lefebvre, formant ses deux lignes en colonnes d'attaque, s'emparait de Lambersart. A la bataille de la Montagne-Noire, en 1794, c'est en déployant en tirailleurs une partie de sa division qu'Augereau emporta la position de la Magdelaine, défendue par vingt-deux redoutes. Le même Augereau, à Primolano, dans la campagne de 1796, fit déployer en tirailleurs trois bataillons de la 5e légère pour prendre l'ennemi en flanc, tandis que la 4e de ligne l'attaquait de front. Masséna est un des généraux qui pratiquèrent le plus cette tactique. Chargé d'attaquer San-Marco, il mit toute la 18e légère en tirailleurs sur les flancs de l'ennemi, pendant que la 18e de ligne le menaçait de front, ce qui força les Autrichiens à battre en retraite après avoir éprouvé une grande perte.

Cette disposition de bataillons entiers déployés en tirailleurs fut même appliquée quelquefois pendant les guerres de l'Empire : à la bataille de Hanau, par exemple, plus de 5,000 hommes combattirent de la sorte sur la lisière du grand bois d'où l'armée française avait à déboucher en face des Austro-Bavarois [1]. Et la tactique moderne n'a-t-elle pas quelque chose de cela ?

---

1. Marbot, *Remarques critiques sur l'ouvrage du général Rogniat*, chap. II, page 64.

Mais revenons aux guerres de la Révolution. Plusieurs généraux de cette époque eurent une tendance marquée à distinguer l'infanterie légère de l'infanterie de ligne. Une *instruction* émanant de Schérer, commandant en chef de l'armée d'Italie en 1795, contient à cet égard de curieux renseignements ; elle prouve en même temps combien était en faveur l'ordre de bataille formé de bataillons en colonnes serrées et quelle importance on attachait encore au choc.

« Il faut », disait Schérer, « donner à l'infanterie l'influence qu'elle
« doit avoir pour résister au choc de la cavalerie ; il est donc né-
« cessaire d'établir un ordre de bataille qui réunisse le double
« avantage de l'ordre mince et de l'ordre profond. L'infanterie en
« colonne à demi-distance ne doit pas craindre une charge de cava-
« lerie, et elle doit renverser la meilleure infanterie du monde par
« la seule impulsion, même si cette infanterie reste sur trois de
« hauteur. Quant à l'infanterie légère qui couvre la marche des co-
« lonnes, comme elle doit s'éparpiller en tirailleurs, que les rangs
« soient très ouverts, si quelques pelotons de cavalerie viennent la
« charger, elle se jettera lestement dans les intervalles des colonnes
« qui, n'étant qu'à vingt-cinq toises, auront bientôt repoussé cette
« cavalerie, car il faut que notre infanterie, placée en colonne, sache
« qu'elle peut même attaquer la cavalerie dans cet ordre... Mon but
« est de faire sentir à l'armée que le feu de la mousqueterie ne
« doit être d'aucun usage pour l'infanterie de ligne lorsqu'elle
« marche à l'ennemi pour l'attaquer en plaine... Je désire que l'in-
« fanterie attaque celle de l'ennemi à l'arme blanche et qu'elle
« riposte à la cavalerie par un feu bien nourri... En donnant une
« manœuvre d'attaque pour douze bataillons de ligne formant
« douze colonnes de front, je n'ai pas prétendu que cet ordre de
« bataille fût invariable ; on pourra se mettre sur des colonnes de
« trois ou de six bataillons de profondeur ; suivant les circonstances
« ou les localités, l'attaque peut présenter 12, 4 ou 2 colonnes...

« Il est impossible de trouver l'ordre de bataille parfait, remé-
« diant à tous les inconvénients ; je pense que celui que j'indique est
« le moins mauvais et qu'il favorise singulièrement *l'attaque à l'arme*
« *blanche, qui est la seule qui nous convienne.* On doit s'attacher à don-
« ner à l'infanterie de ligne et à l'infanterie légère l'opinion véri-
« table qu'elles doivent avoir de leur utilité réciproque ; l'infanterie

« légère est faite pour combattre principalement par le feu, et l'in-
« fanterie de ligne est destinée à combattre à l'arme blanche [1]. »

Cette distinction n'existait peut-être pas seulement dans l'esprit de Schérer ; nous venons de voir, à Primolano et à San-Marco, Augereau et Masséna déployer en tirailleurs les brigades d'infanterie légère et former en colonnes d'attaque les brigades d'infanterie de ligne, mais Napoléon ne voulut plus qu'une seule espèce d'infanterie. Il est vrai qu'il créa, en 1803, les compagnies de voltigeurs qui, en fait, remplissaient dans chaque bataillon le rôle de l'infanterie légère. Quant à la formation en ligne de colonnes, indiquée par Schérer, ou même en colonnes profondes précédées et flanquées de tirailleurs, elle prévalut pendant toutes nos grandes guerres :

« A Mondovi », raconte Marmont dans ses *Mémoires*, « Serrurier
« forma ses troupes en trois colonnes, se mit à la tête de celle du
« centre, se faisant précéder par une nuée de tirailleurs, et marcha
« au pas de charge, l'épée à la main, à dix pas en avant de la co-
« lonne. Le succès fut complet, l'ennemi culbuté nous abandonna
« sa nombreuse artillerie [2]. »

A la bataille de Saint-Georges, un bataillon de grenadiers et un bataillon de la 18e de ligne, ployés en colonne et précédés par un bon nombre de tirailleurs, renversèrent tout ce qui s'opposait à leur marche et enlevèrent de vive force la tête de pont [3].

A Caliano, Bonaparte enleva, avec une colonne serrée de neuf bataillons, les retranchements défendus par l'ennemi, mais il eut soin de faire placer d'abord une batterie d'artillerie légère de huit pièces, qui prit d'écharpe les ouvrages des Autrichiens, et de déployer en tirailleurs plusieurs bataillons qui gravirent les hauteurs à droite et à gauche [4]. Dans ce cas, la profondeur de la colonne avait un effet plutôt moral que matériel. La queue de la colonne poussait la tête et l'empêchait de reculer, mais un petit nombre de braves, bien décidés à ne pas lâcher d'une semelle, en eussent fait autant avec moins de chance de pertes.

---

1. *Souvenirs militaires du général Roguet*, t. I. Pièces justificatives, p. 485.
2. *Mémoires de Marmont*, t. I, p. 162.
3. Koch, *Mémoires de Masséna*, t. II.
4. Le général Ferron, *Cours de tactique professé à l'École d'application de Metz*.

Bonaparte n'employa pas toujours, en Italie, des colonnes aussi profondes. A Lonato, la division Masséna, chargée d'attaquer le centre des Autrichiens, fut formée sur deux lignes et une réserve; la première ligne suffit pour culbuter les troupes qui étaient devant elle : elle était composée de six bataillons formés en colonnes serrées à intervalles de déploiement. La formation des divisions Guieux et Bernadotte, au passage du Tagliamento, est devenue pour ainsi dire classique. Les deux divisions étaient placées sur une même ligne dans une sorte d'ordre mixte : tous les régiments sur un même front, le deuxième bataillon déployé au centre, le premier et le troisième ployés en colonne serrée par division aux deux ailes [1].

La campagne d'Égypte mit en grande faveur une formation éventuelle, destinée principalement au combat contre la cavalerie. Cette disposition n'était pas nouvelle, elle était même admise par le règlement de 1791 ; c'est le *carré*. Au combat d'Amberg, en 1796, les deux bataillons d'infanterie de l'arrière-garde de l'armée de Sambre-et-Meuse, abandonnés par la cavalerie qui les accompagnait et enveloppés par la cavalerie autrichienne, se formèrent en carrés et se couvrirent de gloire par leur résistance héroïque [2]. Déjà, au combat d'Arlon, le 9 juin 1793, l'infanterie autrichienne avait opposé des carrés aux attaques des carabiniers de l'armée française, qui n'avaient réussi à les forcer qu'avec l'appui de l'artillerie légère, les criblant de mitraille [3]. Mais c'est en Égypte que le carré devint pour ainsi dire classique.

A Chebreiss et aux Pyramides, chaque division formait un seul carré de 300 mètres de front sur 50 de flanc, l'intervalle entre les divisions était de 600 mètres ; la cavalerie, divisée par pelotons, était placée au centre des carrés, dont les faces, pour être plus résistantes, étaient sur six rangs de profondeur. A Sédiman, dans la Haute-Égypte, Desaix ne forma qu'un seul carré, éclairé par un petit carré de trois compagnies qui, comme on le sait, fut enfoncé par les mamelucks pour avoir fait feu trop tard. A Samanhout, Desaix mit ses deux brigades d'infanterie, chacune formée en

---

1. Ferron, *Cours de tactique*.
2. *Victoires et Conquêtes*, t. VII, p. 10 et suiv.
3. *Victoires et Conquêtes*, t. I, p. 162.

carré, aux deux ailes de sa ligne, dont la brigade de cavalerie, disposée elle-même en un carré long, occupait le centre. A Héliopolis, Kléber avait formé quatre carrés, composés de deux demi-brigades chacun et doublés à chaque angle par une compagnie de grenadiers, qui pouvait s'en détacher pour marcher à l'attaque de l'ennemi.

Il serait trop long de citer toutes les circonstances dans lesquelles, transportée en Europe, la formation en carrés permit à l'infanterie de repousser les attaques de la cavalerie. Nous pouvons du moins en rappeler les plus connues :

A Marengo, la garde consulaire, forte de 500 à 600 hommes à peine, arrêta longtemps, sur la droite de l'armée, la marche victorieuse de l'ennemi et donna ainsi à Desaix le temps d'arriver sur le champ de bataille. A Austerlitz, sur la gauche, la division Caffarelli, formée en carrés par bataillon, arrêta les escadrons autrichiens de Lichtenstein, sur lesquels se jeta ensuite la cavalerie de Kellermann. A Iéna, le maréchal Ney, impatient de prendre part à la bataille, se lança dans la mêlée avec son avant-garde, composée d'un régiment d'infanterie, deux bataillons de grenadiers et de voltigeurs et une brigade de cavalerie légère. En ce moment, l'attaque était suspendue par ordre de l'Empereur. Ney vit fondre sur lui une masse de cavalerie : il fit former les carrés et résista fièrement à l'orage, pendant que le général Auguste Colbert, avec ses deux régiments de hussards et de chasseurs, profitait habilement de la disposition des lieux pour lutter avec la cavalerie ennemie.

A Auerstædt, le même jour, la formation en carrés assurait la victoire de Davout ; la division Gudin, arrivée la première sur le champ de bataille, occupait par un régiment le village d'Hassenhausen, les trois autres régiments formant deux lignes et une réserve à la droite du village. Blücher fondit sur cette division avec 10,000 ou 12,000 chevaux ; les deux régiments de première et de deuxième ligne formèrent alors leurs bataillons de droite en carrés, le bataillon de gauche restant en bataille ; dans cet ordre, la division Gudin résista aux attaques furieuses et répétées de la cavalerie de Blücher. Plus tard, le général Morand, qui formait la gauche du corps d'armée, avait établi les neuf bataillons de sa division sur une seule ligne en colonnes par division à demi-distance et à intervalles de déploiement. A l'approche de la nombreuse cavalerie du prince Guillaume, il déploya en ligne ses deux bataillons de droite pour se relier à la division Gudin, qui occupait le centre, et forma les sept autres bataillons en carrés. Cette disposition lui réussit pleinement; la cavalerie du prince Guillaume fut repoussée comme celle de Blücher[1].

Au commencement de la campagne de 1813, Napoléon se préoccupa vivement des conditions dans lesquelles il allait combattre, avec quelques escadrons et une infanterie formée de jeunes conscrits sans instruction militaire, l'armée combinée des Russes et des Prussiens, composée de vieilles troupes, pourvue d'une belle et nombreuse cavalerie; il donna à tous ses maréchaux et commandants de corps d'armée l'ordre d'exercer les troupes pendant les marches aux mouvements les plus élémentaires : ploiement et déploiement de bataillon, reploiement en colonne d'attaque, et surtout formation rapide, sans hésitation, du carré. « De toutes les « manœuvres, la plus importante », écrivait-il, « c'est le ploiement « en carré par bataillon; il faut que les chefs de bataillon et les « capitaines sachent faire ce mouvement avec la plus grande rapi- « dité. C'est le seul moyen de se mettre à l'abri des charges de « cavalerie et de sauver tout un régiment[2]. »

On sait quel rôle jouèrent, en effet, les carrés dans la campagne de 1813. A Lutzen, toutes les charges de la cavalerie des alliés vinrent échouer, sur la droite de l'armée française, contre les carrés inébranlables des divisions Compans, Bonnet et Friederich, en avant de Starsiedel. Au combat de Goldberg, le 27 mai, le feu et la fermeté des carrés sauvèrent le corps du maréchal Macdonald, qui formait l'avant-garde et qui se trouvait compromis par la déroute d'une partie de la cavalerie; à Ludkau, le 4 juin, le maréchal Oudinot eut à soutenir un combat dans lequel les carrés résistèrent victorieusement aux attaques de la cavalerie ennemie; à Wachau, le 16 octobre, la brigade de jeune garde, commandée par le général Pelet, repoussa en carrés la cavalerie de la garde russe; à Leipsick, le 18 octobre, les divisions du 6ᵉ corps d'armée, celui de Marmont,

---

1. Mathieu Dumas, *Précis des événements militaires*, t. XV, p. 66.
2. *Mémoires de Marmont*, t. V, p. 66.

foudroyées par 150 bouches à feu, se formèrent en carrés et tinrent bon jusqu'à ce que la nuit mit fin à la bataille. Enfin, tout le monde connaît la résistance de la division de gardes nationales Pacthod, formée en carrés à Fère-Champenoise, vers la fin de la campagne de France, résistance que l'on pourrait qualifier de sublime, puisqu'elle n'offrait aucune chance de salut et qu'elle n'avait pour mobile que ce principe sacré : *Mourir pour la patrie*.

Il existe cependant de nombreux exemples, même en remontant au delà de l'époque dont il est ici question, d'une infanterie résistant, sans former le carré, aux attaques d'une nombreuse cavalerie. Déjà, sous le règne de Louis XIV, lorsque l'armée que venait de commander Turenne battait en retraite après la mort de ce grand homme, la deuxième ligne d'infanterie, obligée de faire face en arrière pour soutenir l'attaque de l'ennemi à Altenheim, avait été tournée par la cavalerie allemande ; sans se troubler, les deux derniers rangs (l'infanterie était alors formée sur cinq rangs de profondeur) avaient fait demi-tour et fusillé cette cavalerie, tandis que les trois premiers rangs soutenaient l'attaque de front. A Marengo, le général Monnier disposa ainsi qu'il suit sa division, composée de trois demi-brigades : en première ligne, deux demi-brigades en colonnes par division à demi-distance de peloton et à intervalle de déploiement; la troisième, la 72e, déployée en ligne comme réserve. Les colonnes se jetèrent sur l'infanterie ennemie et la forcèrent de rétrograder; lorsqu'elles étaient menacées par la cavalerie, les bataillons formaient le carré, puis, la cavalerie repoussée, se remettaient en colonne contre l'infanterie. Alors, la cavalerie autrichienne, qui était fort nombreuse, tourna les deux lignes et se jeta sur les derrières de la 72e demi-brigade; celle-ci resta en bataille ; le troisième rang fit demi-tour et repoussa la cavalerie par son feu[1].

Gouvion-Saint-Cyr cite un autre exemple dans lequel nous trouvons d'ailleurs une disposition rarement employée par l'infanterie française pendant les grandes guerres de la Révolution et du premier Empire, c'est le combat de Bosco (le 15 octobre 1799), où Saint-Cyr eut à combattre avec sept bataillons, sans artillerie ni cavalerie, un corps autrichien de 4,000 hommes d'infanterie, 2,000

---

[1]. Ferron, *Cours de tactique. Mémoires de Marmont*, t. II.

chevaux et 12 bouches à feu ; il disposa sur une seule ligne les sept bataillons déployés et les porta en avant par échelons, la gauche en tête. L'ennemi fut définitivement culbuté et perdit cinq canons avec 1,000 prisonniers, mais il y eut un instant de désordre, et le premier échelon de la ligne française, formé d'un seul bataillon, fut forcé de se pelotonner pour résister à la cavalerie [1].

Le général Jomini fait observer d'ailleurs que les Français ne sont pas faits pour marcher en grandes lignes déployées. La disposition la plus généralement adoptée fut, en effet, la ligne de bataillon en colonnes par division à distance de peloton ou en colonnes d'attaque à intervalle de déploiement, entremêlée de bataillons déployés. On préférait généralement à la colonne par division, lorsqu'on pouvait se déployer à droite et à gauche, la colonne d'attaque sur les deux pelotons du centre, comme susceptible de se former plus rapidement en bataille. Le bataillon comprenait neuf compagnies, dont une, celle de voltigeurs, était déployée en tirailleurs, tandis que les huit autres formaient quatre divisions, se plaçant les unes derrière les autres à distance de peloton, la droite ou la gauche en tête, ou bien formaient la colonne double dans l'ordre suivant : 4ᵉ et 5ᵉ, 3ᵉ et 6ᵉ, 2ᵉ et 7ᵉ, 1ʳᵉ et 8ᵉ. Quelquefois, les colonnes se déployaient au contact de l'ennemi, comme celles du 4ᵉ corps à Austerlitz, dont les bataillons se déployaient pour faire feu et se repliaient en colonne pour marcher, manœuvre dangereuse qui coûta cher à un bataillon du 4ᵉ de ligne, sabré par la cavalerie russe pendant la formation en colonne.

La formation la plus fréquemment employée était la ligne de bataillons en colonne serrée par division. C'est ainsi que marcha la division Morand à Auerstædt, à Czarnowo, à Wagram, à la Moskowa, ou bien cette ligne entremêlée de bataillons déployés, comme au Tagliamento, comme le corps d'Augereau à Eylau, le corps de Lobau à Waterloo, lorsqu'il se porta au-devant des Prussiens. A la même bataille, Duhesme, marchant pour soutenir Lobau avec trois brigades de la jeune garde, les forma dans cet ordre mixte, un bataillon déployé soutenu par deux colonnes d'attaque ; à la fin de la bataille, Napoléon lui-même, préparant la

---

[1]. Ferron, *Cours de tactique.*

vieille garde à tenter un suprême et tardif effort, en forma deux échelons, composés chacun de deux bataillons déployés et de deux bataillons en colonne sur les ailes. Mais on employa trop souvent des colonnes plus profondes ; à Wagram, la fameuse colonne de Macdonald fut formée ainsi : huit bataillons des divisions Lamarque et Broussier, déployés sur deux lignes ; les huit autres bataillons de ces deux divisions en colonnes serrées sur les ailes ; la division Serras en arrière en réserve et, sur le flanc un peu en arrière, 4 escadrons de carabiniers pour flanquer la colonne [1]. Partie à l'effectif de 8,000 hommes, cette troupe se trouva exposée au feu très vif de 100 pièces de canon et aux attaques réitérées de plusieurs colonnes d'infanterie et de cavalerie. Macdonald commanda alors un à-droite et un à-gauche aux files extrêmes des bataillons ployés en colonne sur les flancs et forma ainsi un grand carré, dont la division Serras fournit la quatrième face, en appuyant sur la tête et en faisant demi-tour. Arrivée à Süssenbrunn, la colonne ne comptait plus que 1,500 hommes, il fallut la faire soutenir par l'infanterie et l'artillerie bavaroises, et si la bataille n'avait pas été gagnée à droite par les attaques de Davout et d'Oudinot sur Neusiedel et Wagram, on ne peut dire ce qui serait advenu du centre et de la gauche [2]. A Vimeiro, le 20 août 1808, les troupes formées en colonnes par peloton pour gravir les hauteurs occupées par l'armée anglaise, furent écrasées avant de pouvoir se déployer. Lorsque la réserve de grenadiers essaya à son tour de parvenir sur le plateau, les deux premiers pelotons furent littéralement couchés à terre par le feu des Anglais, et le reste, reculant en désordre, fut culbuté par la cavalerie ennemie.

A la bataille d'Albuera, perdue par le maréchal Soult, le 16 mai 1811, en voulant porter secours à la place de Badajoz, le général Girard forma chacune des deux divisions du 4ᵉ corps de l'armée d'Espagne en une seule colonne ; débordées par les Anglais, prises en flanc, battues par un feu violent de mousqueterie, ces deux colonnes furent forcées de reculer, et l'armée eût été mise en déroute si toute son artillerie concentrée n'eût arrêté les Anglais [3].

---

1. Koch, *Mémoires de Masséna*, t. VI, p. 324.
2. *Victoires et Conquêtes*, t. XXI, p. 243.

Enfin, on connaît la triste histoire du corps de Drouet d'Erlon à Waterloo. Composé de quatre divisions (dont une réduite à une seule brigade), ce corps fut chargé, presque au début de la bataille, d'attaquer la gauche des Anglais établis, suivant leur coutume, sur un plateau dont l'armée française était séparée par un vallon aux pentes douces. Drouet d'Erlon et Ney, qui dirigeaient la bataille, reçurent l'ordre de former ce corps en colonnes serrées de bataillons par divisions. En conséquence, à partir de la gauche, la brigade Quiot, les divisions Donzelot, Marcognet et Durutte formèrent quatre colonnes parallèles, composées, la première, de quatre bataillons, les trois autres, de huit bataillons déployés en ligne les uns derrière les autres, à cinq pas de distance, et descendirent dans le vallon pour remonter la pente opposée, en échelons par la gauche, la droite refusée. On sait comment, profitant du trouble où les mettait leur lutte contre l'infanterie anglaise, les dragons de Ponsonby écrasèrent les deux échelons du centre, incapables de faire feu pour se défendre. Deux bataillons, laissés à la garde de la grande batterie qui avait préparé l'attaque par son feu et disposés en colonnes par divisions à distance de peloton, purent se former en carrés et repoussèrent victorieusement la cavalerie anglaise[1].

Il est intéressant de voir quelles formations nos ennemis nous opposaient pendant cette longue période. Dans le principe, ce furent les lignes déployées à la prussienne. Lorsque, à la bataille d'Auerstædt, les divisions de l'armée royale marchaient à l'attaque du village d'Hassenhausen, le duc de Brunswick recommandait la cadence du pas (pas ordinaire), la régularité de l'alignement et la position exacte des guides. Accueillies par le feu vif et bien dirigé des nombreux tirailleurs placés dans un chemin creux en avant du village et sur la lisière du bois à droite, ces divisions subirent l'une après l'autre des pertes énormes. A Eylau, nous trouvons déjà chez les Russes une autre disposition, celle du Tagliamento, c'est-à-dire un bataillon déployé, appuyé à chacune de ses ailes par un bataillon en colonne. Comme il y avait plusieurs lignes ainsi formées les unes derrière les autres et fort rapprochées, le feu de l'artillerie française produisait sur ces lignes l'effet le plus

---

1. Charras, *Histoire de la campagne de* 1815, t. I, p. 288.

meurtrier. A Essling et à Wagram, l'archiduc Charles nous opposa notre propre tactique ; des bandes de tirailleurs déployées devant des lignes de bataillons en colonne, qui se formaient en carrés dès qu'ils étaient exposés aux attaques de la cavalerie française[1].

Les Anglais durent leurs succès en Espagne et en Portugal, à Vimeiro, à Talavera, à Busaco, à Albuera, d'abord à l'exagération de la profondeur des colonnes des Français, ensuite au choix de leur position et à la puissance de leur feu. Faisant tenir la campagne par les troupes portugaises et espagnoles, Wellington choisissait à son gré le champ de bataille où les généraux français étaient forcés d'aller le trouver. C'était presque invariablement un plateau sur lequel il disposait ses lignes à une certaine distance en arrière de la crête, garnie par des riflemen adroits et protégée en avant par des troupes auxiliaires. Nos colonnes d'attaque, harcelées par les Portugais et les Espagnols, s'élançaient avec ardeur sans répondre au feu des tirailleurs, qui avaient ordre de viser principalement les officiers supérieurs à cheval[2]. Au moment où parvenues sur la crête, essoufflées, privées d'une partie de leurs chefs, nos troupes essayaient de se déployer, un feu violent les accueillait et les décimait, la ligne anglaise s'ébranlait alors la baïonnette en avant et précipitait sur la pente qu'ils venaient de gravir nos soldats étonnés. Ils revenaient à la charge une seconde fois, rencontraient la même résistance et redescendaient, pour ne plus remonter. La bataille était perdue, et Wellington laissait à ses auxiliaires le soin de harceler notre retraite.

D'après Jomini, ce serait l'excès de profondeur de nos colonnes qui aurait amené ces résultats. Nous voyons cependant à Busaco les deux divisions du général Reynier, qui fut chargé de la principale attaque, formées en lignes de colonnes par bataillons en masse. Une des brigades de ce corps d'armée, celle du général Foy, avait même un régiment déployé en ligne.

A Waterloo cependant, et même aux Quatre-Bras, cette tactique ne suffit pas contre les charges impétueuses des cuirassiers fran-

---

1. Jomini, *Précis de l'art de la guerre*, t. II.
2. Raconté en Crimée à nos généraux par le général anglais Brown, qui avait fait les guerres d'Espagne dans l'armée de Wellington, et par lord Raglan, ancien aide de camp du vainqueur de Vittoria.

çais : les bataillons anglais et hollandais formèrent alors des carrés, dont quelques-uns furent enfoncés, mais dont le plus grand nombre restèrent debout et lassèrent par leur constance inébranlable la fougue de nos cavaliers. On attribue généralement la force de résistance de ces carrés à ce que l'épaisseur de leurs lignes était doublée et même triplée, disposition dangereuse lorsqu'on est exposé aux boulets qui enlèvent des files entières, mais qui permet de fermer rapidement les brèches faites sur les faces des carrés par quelques cavaliers... Vis-à-vis des attaques de l'infanterie et notamment contre les bataillons de la vieille garde, Wellington employa une autre tactique, il fit coucher à terre les derniers bataillons qui lui restaient et qui, se relevant lorsque la garde impériale fut à cinquante pas d'eux, l'arrêtèrent par une décharge meurtrière.

Il nous reste à voir, pour en finir avec cette période, comment s'exécutaient les feux. Les Anglais avaient adopté dès 1808 la formation sur deux rangs, tandis que jusqu'en 1856 la formation sur trois rangs a été conservée dans l'armée française, on a peine à s'expliquer pourquoi. L'exemple des Anglais prouvait que l'on peut, en plaçant l'infanterie sur deux rangs, augmenter le développement de la ligne de feux sans lui ôter sa puissance. Dans les feux d'ensemble, le premier rang était obligé de mettre le genou à terre, position peu commode, et la plupart du temps le troisième rang tirait en l'air; dans les feux à volonté nous avons rapporté plus haut l'opinion de Gouvion-Saint-Cyr. Pendant la première partie de la campagne de 1813, Napoléon avait été frappé du grand nombre d'hommes entrant aux ambulances pour blessures à la main et, prenant ces blessures pour des mutilations volontaires, il avait prescrit à cet égard les mesures les plus sévères, mais en assistant aux exercices de tir exécutés, pendant l'armistice, les maréchaux, et en particulier Marmont, purent en constater la véritable cause, qui était la maladresse des hommes du troisième rang[1]. Cette considération, jointe au désir de tromper l'ennemi sur ses effectifs, décida Napoléon à prescrire la formation sur deux rangs à la veille de la bataille de Leipsick. Saint-Cyr et Marmont nous ont

---

1. *Mémoires de Marmont*, t. V, p. 129.

laissé le récit des entretiens qu'il eut avec eux sur ce sujet; il écrivait d'ailleurs le 13 octobre à Murat : « J'ai pris hier un ordre « du jour pour ordonner que toute mon infanterie fût placée sur « deux rangs; mettez-le sur-le-champ à exécution; je ne veux « plus qu'on soit sur trois rangs : le feu du troisième rang, la « baïonnette du troisième rang, sont insignifiants.... quand on se « placera en colonnes par division, chaque bataillon se trouvera « former une colonne de six rangs outre les trois rangs de serre- « files. Cela est plus que suffisant, et cela a le grand avantage « qu'un bataillon de 500 hommes paraîtra à l'ennemi être de « 750 hommes [1]. »

Le feu le plus efficace était évidemment le *feu de tirailleurs* qui, dans certaines circonstances, fut très meurtrier pour l'ennemi, témoin la bataille d'Auerstædt; témoin aussi la bataille de Friedland à son début, lorsque les grenadiers et les voltigeurs d'Oudinot, sur la lisière des bois de Schortlack, résistèrent pendant plusieurs heures à l'armée russe, en attendant l'arrivée de Napoléon. Les troupes en ligne exécutaient des *feux d'ensemble* ou *au commandement*, par peloton, demi-bataillon et bataillon, des *feux de rang*, des *feux de deux rangs* ou *de file* et des *feux à volonté*. Nous avons vu les inconvénients des feux d'ensemble avec l'infanterie formée sur trois rangs. Exécutés par un bataillon entier, ils avaient en outre l'inconvénient de laisser ce bataillon complètement désarmé. Les feux de deux rangs, appelés feux de file pour une troupe formée sur deux rangs, ou feux à volonté parce qu'une fois le premier coup tiré et, jusqu'à la batterie de *Cessez le feu*, les hommes tiraient aussitôt que leurs armes étaient chargées, étaient efficaces au début, mais ensuite la fumée empêchait complètement de viser. Le feu de rang était considéré comme le meilleur à employer contre une charge de cavalerie; il s'étendait sur toute la surface du bataillon sans le désarmer. Le général Pelet, qui commandait à Leipsick une brigade de la jeune garde, repoussa ainsi dans une seule décharge une charge de la cavalerie de la garde impériale russe, mais ce genre de feu exigeait beaucoup de sang-froid et donnait lieu à des commandements compliqués.

---

1. *Correspondance militaire de Napoléon I*er, t. IX, n° 1557.

Nous avons déjà parlé de l'emploi de la baïonnette à propos de l'armement. Jomini dit à ce sujet : « Je n'ai jamais vu à la guerre « autre chose dans les combats d'infanterie que des bataillons dé- « ployés à l'avance, qui commençaient par des feux de pelotons, « puis engageaient peu à peu un feu de file, ou bien des colonnes « marchant fièrement à l'ennemi, lequel s'en allait sans attendre « le choc qui repoussait ces colonnes avant l'abordage réel, soit « par sa ferme contenance, soit par son feu, soit enfin en prenant « l'offensive lui-même pour aller à leur rencontre. Ce n'est « guère que dans les villages, dans les défilés, que j'ai vu des « mêlées réelles d'infanterie en colonnes, dont les têtes se char- « geaient à la baïonnette. En position de bataille, je n'ai rien vu de « semblable. »

En effet, la plupart des engagements à la baïonnette que nous avons cités au chapitre XII, ont eu lieu dans des villages, des défilés, des retranchements : Diernstein, Alba-de-Tormès, Lutzen, Ligny, etc.; il y a cependant des exemples de combats à la baïonnette en ligne et en rase campagne, comme Amstetten et Hollabrünn dans la campagne de 1805, pour nous en tenir à cette période de nos guerres.

En résumé, les grandes guerres du premier Empire ont laissé les hommes les plus compétents très divisés sur la meilleure formation à adopter pour l'infanterie dans l'offensive. Dans la défensive on était d'accord pour déployer la première ligne, en l'appuyant d'une seconde ligne en colonnes à distance de déploiement, prête à la renforcer ou à tomber sur l'assaillant au cas où il aurait percé la première ligne; quelquefois on entremêlait la première ligne de bataillons déployés et de bataillons en colonne, placés en retraite sur les premiers. A Waterloo, la brigade hollandaise Byland avait quatre bataillons déployés en avant de la crête du plateau et un cinquième en arrière. A sa droite et à 100 mètres en arrière était la brigade Kempt : quatre bataillons, formés en autant de colonnes à distances de déploiement, à sa gauche et à 200 mètres en arrière, la brigade Pack, tout entière en ligne de colonnes par bataillon. La brigade Byland fut abordée, culbutée par les troupes de Drouet d'Erlon qui, ébranlées par cette première lutte, se trouvèrent en présence des brigades Kempt et Pack; celles-ci se déployèrent, les fusillèrent à bout portant et se jetèrent sur elles à la baïonnette [1].

Pour l'offensive, Marmont préconisait la ligne de bataillons en colonne, entremêlés de bataillons déployés. Il proposait même déjà la ligne de colonnes de division en même temps que la formation sur deux rangs : « Dans la marche en bataille », disait-il, « ployez « les 1re et 4e divisions en arrière des 2e et 3e et vous aurez 4 rangs ; « vous présenterez, il est vrai, un front moindre d'un cinquième « que celui de la formation actuelle (celui d'un bataillon déployé « sur trois rangs), mais en deux minutes il sera doublé. Voilà donc « pour la marche une formation solide et compacte, qui permet à « un bataillon de faire feu partout, dans le cas d'une charge inopi- « née de la cavalerie qui l'enveloppe [2]. » Il dit ailleurs : « On se « déploie quand on doit recevoir l'ennemi en position et qu'il « marche, pour le soumettre à un grand feu ; autrement il s'appro- « cherait presque sans perte. Si l'on marche à lui, on peut encore « être déployé, mais ce n'est plus sans grands dangers, à cause du « flottement qu'amène toujours une ligne en bataille et du désordre « qui peut en résulter. Il est préférable alors de n'avoir qu'une « partie de ses troupes déployées et de les entremêler de colonnes, « qui sont autant de points compacts où l'autorité des officiers a « moins de peine à maintenir l'ordre... L'attaque d'une position « exigeant la marche la plus rapide et le terrain à parcourir étant « souvent hérissé d'obstacles, les troupes doivent toujours être for- « mées en colonnes par bataillons. Ces petites masses sont faciles « à mouvoir ; elles traversent sans obstacle tous les défilés, et la « queue, moins exposée au feu de l'ennemi que la tête, pousse « celle-ci, et l'on arrive plus vite. Pour complément de cette dispo- « sition, de nombreux tirailleurs doivent précéder les colonnes [3]. »

Morand, de son côté, proposait comme formation normale de l'infanterie la ligne de bataillons en colonnes par divisions à demi-distance : sur les huit compagnies du bataillon, six forment trois divisions en colonne, une est déployée en tirailleurs en avant de la place que viendraient occuper les deuxième et troisième divi-

---

[1]. Charras, *Histoire de la campagne de* 1815, t. I, p. 292.
[2]. *Esprit des Institutions militaires*, deuxième partie, chap. I, 1re sect.
[3]. *Esprit des Institutions militaires*, première partie, chap. IV.

sions si l'on déployait la colonne ; la huitième, les grenadiers, forme réserve en ordre serré par pelotons ou par sections. « J'ai « vu », dit Morand, « bien des généraux ignorer ou dédaigner les « manœuvres de livres, s'en passer et n'employer pour vaincre « que les colonnes de bataillon... [1]. »

Soult et le maréchal Bugeaud étaient, au contraire, partisans de l'attaque en ligne. « L'ordre déployé », dit Bugeaud, « est le véri- « table ordre de combat. C'est aussi le meilleur mode de marche « quand on est à portée du canon et *qu'on ne redoute pas la cavalerie*. « Ce n'est que dans cet ordre que l'infanterie fait usage de son feu, « qui fait sa principale force. » Il dit encore : « La colonne n'a « que la puissance morale, qui est sans doute considérable, elle « doit être détruite par une ligne quand celle-ci sait un peu ma- « nœuvrer et tirer parti de son feu. » Bugeaud cependant est bien près de se trouver d'accord avec Marmont quand il ajoute : « Quel- « ques petites colonnes espacées de trois en trois bataillons mar- « chant très près à l'abri de la ligne, pourraient rendre, selon moi, « de très grands services ; elles seraient chargées de réparer promp- « tement les trouées qui pourraient se faire dans l'ordre de bataille, « et le meilleur moyen serait, toutes les fois qu'elles le pourraient, « de prendre en flanc l'ennemi qui aurait percé [2]. » Le maréchal Bugeaud préférait d'ailleurs la colonne par peloton à la colonne serrée par division.

Enfin, nous lisons dans Jomini : « De tous les essais que j'ai vu « faire, celui qui m'a paru le mieux réussir était la marche de « 24 bataillons sur deux lignes de colonnes de bataillon formées sur « le centre ; la première ligne allait au pas de charge sur la ligne « ennemie et, arrivée à deux portées de mousqueterie, elle se dé- « ployait à la course ; la compagnie de voltigeurs de chaque batail- « lon se répandait en tirailleurs, les autres se formaient, puis com- « mençaient un feu de file nourri ; la seconde ligne de colonnes « suivait la première, et les bataillons qui la composaient se lan- « çaient au pas de charge par les intervalles des compagnies qui « tiraillaient. » Mais Jomini parle là d'une manœuvre de camp.

---

1. *L'Armée selon la Charte.*
2. *Aperçus sur la guerre. De la colonne et de sa formation en ordre de bataille.*

Il est important d'ailleurs d'observer les différences que présentait cette ligne de colonnes de bataillon, suivant que les troupes étaient formées sur deux ou sur trois rangs. Avec un bataillon de neuf compagnies dont une déployée en tirailleurs, huit compagnies formaient quatre divisions qui, placées les unes derrière les autres, donnaient 12 hommes de profondeur (non compris les serre-files); sur deux rangs, la profondeur n'était plus que de 8 hommes. Mais, d'un autre côté, deux bataillons de neuf compagnies sur trois rangs, dont huit ployées en colonne par division, laissaient entre eux l'intervalle de trois divisions, ayant chacune $\frac{200}{3}$ hommes de front[1], soit en tout 200 hommes, tandis que les mêmes bataillons sur deux rangs étaient séparés par un intervalle de 3 divisions de 100 hommes de front chacune, intervalle évidemment trop grand. La formation sur deux rangs devait donc avoir pour conséquence des modifications dans la composition et la tactique du bataillon.

Quoi qu'il en soit, on se décida enfin, en 1831, à remplacer le règlement suranné de 1791 par un nouveau règlement, mais en y apportant peu de changements. On maintenait la formation sur trois rangs et l'attaque en colonnes couvertes par des tirailleurs. Les colonnes les plus usitées restaient la colonne double à distance de peloton et la colonne par divisions à demi-distance. Le bataillon comprenait huit compagnies, dont une de grenadiers et une de voltigeurs; celle-ci se déployait en tirailleurs sur le front, tandis que les grenadiers étaient généralement tenus en réserve; la colonne présentait donc 9 hommes de profondeur. La tactique préconisée était essentiellement offensive : lorsque les tirailleurs arrivaient à petite distance de l'ennemi, les colonnes devaient se précipiter en avant pour enlever la position, les tirailleurs les flanquaient et continuaient le feu.

Ce qui caractérisait l'ordonnance de 1831, c'était la réglementation de l'action en tirailleurs, jusque-là usitée dans la pratique sans être déterminée officiellement. La compagnie de voltigeurs était déployée sur le front entier du bataillon; les deux premiers rangs se dispersaient seuls en tirailleurs; le troisième rang, se doublant lui-même sur deux rangs, à 150 pas derrière le centre de la ligne,

---

1. Non compris l'intervalle normal des bataillons déployés en ligne.

constituait la *réserve des tirailleurs*. Le règlement prévoyait d'ailleurs le cas où le chef de bataillon aurait à déployer cinq pelotons sur huit, mais ce n'était là qu'une formation préparatoire, devant faire place à la colonne lors de l'attaque décisive. La disposition résultant de l'ordonnance de 1831 avait l'inconvénient de fournir une ligne de tirailleurs trop clairsemée et d'obliger un seul capitaine à étendre son action sur toute la longueur du front du bataillon. L'usage prévalut bientôt de déployer en tirailleurs deux compagnies au lieu d'une, chacune ayant sa réserve au centre du demi-bataillon de droite ou de gauche.

La guerre d'Afrique, sauf dans quelques rares circonstances, telles que le combat de l'Habra, livré par le maréchal Clausel dans la marche sur Mascara, dont nous avons parlé au chapitre précédent, et la bataille de la Sikkah, 7 juillet 1836, gagnée par le général Bugeaud, ne peut être comparée à une guerre européenne. La guerre de Crimée, en 1854-1855, et celle d'Italie, en 1859, furent les deux seules sanctions pratiques du règlement de 1831. En Crimée, l'armée française livra trois batailles : l'Alma, Inkermann, Traktir, les deux premières de compte à demi avec l'armée anglaise. A la bataille de l'Alma, les Russes étaient formés dans un ordre nouveau, adopté depuis quelque temps en Prusse et en Russie : quelques généraux, frappés pendant les guerres antérieures à 1815 des avantages obtenus avec les colonnes de bataillon, avaient cherché à fractionner ces colonnes pour les rendre moins profondes afin de faciliter le passage de la colonne à la ligne déployée ; ils proposèrent en conséquence de placer sur une même ligne les quatre compagnies du bataillon, disposées en colonnes de trois sections chacune, la quatrième section étant déployée en tirailleurs. Combinée avec la formation sur deux rangs, cette disposition donnait, pour le bataillon, quatre petites colonnes sur six hommes de profondeur, espacées à intervalle de déploiement ; un régiment de trois bataillons comptait 12 de ces colonnes qui reçurent le nom de *colonnes de compagnie*[1]. Les bataillons russes, à l'Alma, employèrent cette colonne concurremment avec la colonne de batail-

---

1. Ce n'était pas encore la colonne de compagnie telle qu'elle était en usage dans l'armée prussienne au commencement de la guerre de 1870 et qui ne comprenait plus que deux pelotons l'un derrière l'autre.

lon. L'armée française était disposée ainsi qu'il suit : à gauche, la 2ᵉ division, en colonne par peloton dans chaque brigade, gravit les hauteurs escarpées et, une fois sur le plateau, forma deux lignes par un à-gauche en bataille, de manière à se trouver sur le flanc de la ligne russe ; au centre, la 1ʳᵉ et la 3ᵉ division étaient formées sur deux lignes, la première composée de bataillons déployés avec les première et dernière compagnies repliées en arrière sur les ailes, la seconde ligne composée de bataillons en colonne serrée par peloton ; la 4ᵉ division était en réserve derrière la troisième, ses quatre régiments en colonne par peloton. La bataille fut caractérisée par l'action des tirailleurs sur les colonnes russes, que prirent ensuite de flanc nos colonnes plus mobiles [1].

A Inkermann, pour donner plus de force à l'attaque et pour pouvoir s'avancer au début de la bataille sur un terrain resserré, les Russes avaient formé des colonnes très profondes ; cet ordre d'attaque contribua beaucoup à leur défaite. Ils perdirent la supériorité du nombre en n'engageant que des têtes de colonne, forcées de lutter à nombre égal dans un espace où elles ne pouvaient se déployer, tandis que l'artillerie criblait de projectiles les troupes qui les suivaient.

A Traktir, l'armée russe avait quatre divisions, les 7ᵉ, 12ᵉ, 17ᵉ et 6ᵉ sur deux lignes, la première brigade déployée, la deuxième en colonnes ; deux divisions de réserve, la 4ᵉ et la 5ᵉ, étaient massées en colonnes. Cette bataille fut pour l'armée française le triomphe de la défense active ou offensive. Pour ne parler ici que de l'attaque principale, celle qui eut lieu sur le centre de la position, au pont même de Traktir, les tirailleurs de la 12ᵉ division russe, suivis de trois régiments formés sur une même ligne de colonnes de compagnie, s'emparèrent du pont, les régiments se déployèrent, franchirent l'aqueduc qui borde la Tchernaïa sur des ponts volants et gravissaient la pente, disputée pied à pied par la division Faucheux, lorsque trois bataillons de la division Camou, placée à gauche, se précipitèrent sur eux et les refoulèrent au delà du canal. L'attaque fut reprise par la 5ᵉ division, qui franchit de même le canal et commença à gravir les pentes ; trois brigades tom-

---

[1]. Camille Rousset, *Histoire de la guerre de Crimée*. t. I, p. 213 et suivantes.

bèrent sur elle comme une avalanche, et après une mêlée sanglante de près d'un quart d'heure, la renversèrent dans le canal, tandis que l'artillerie, sans se préoccuper de répondre au feu des batteries russes, criblait cette infanterie de projectiles. La bataille, commencée au jour, était décidée à 9 heures du matin[1].

A la suite de la guerre de Crimée, la formation sur deux rangs fut définitivement adoptée; la guerre d'Italie fut faite en 1859, comme nous l'avons vu, avec des bataillons de six compagnies; elle ne présenta rien de bien nouveau en ce qui concerne la tactique. La préoccupation de l'empereur Napoléon III, qui débutait dans la carrière militaire comme général en chef, paraît avoir été d'éviter autant que possible les feux et de recommander l'attaque à la baïonnette. Son premier ordre, daté du 12 mai, avant le commencement des hostilités, ne donne à ce sujet que des indications un peu vagues : « Les nouvelles armes », y est-il dit, « ne sont dangereuses « que de loin; elles n'empêchent pas la baïonnette d'être comme « autrefois l'arme terrible de l'infanterie française. » Le dernier ordre de l'Empereur, donné, le 6 juillet, en prévision d'une attaque des Autrichiens, est plus explicite : « Les lignes d'infanterie seront « disposées, quand le terrain le permettra, alternativement en ba- « taillons déployés et en bataillons en colonnes doubles; on évi- « tera les tirailleries inutiles et, pendant que les bataillons déployés « feront un feu de file, les autres battront la charge et aborderont « l'ennemi à la baïonnette. » Ces prescriptions ne furent pas appliquées, puisque la paix intervint, mais on trouve dans le récit officiel de la campagne et particulièrement sur les plans mis à l'appui, les dispositifs adoptés dans les principales affaires.

A Montebello, le général Forey, après avoir repoussé les premières attaques des Autrichiens, déploya ses troupes à droite et à gauche de la route, tous les bataillons formés en colonne par division, à intervalle de déploiement. C'est ainsi qu'il marcha sur Ginestrella. Il forma ensuite, pour enlever Montebello, deux colonnes : l'une avec le 17e bataillon de chasseurs à pied et deux bataillons du 74e, la seconde avec un bataillon du 84e et le 3e bataillon du 74e; les deux autres bataillons du 84e formèrent deux

---

[1]. Canonge, *Histoire contemporaine*, t. I, p. 83.

colonnes d'attaque sur la route; la brigade Blanchard, composée de cinq bataillons, trois du 91e et deux du 98e, était déployée à gauche dans la plaine.

A Robechetto, les trois bataillons du régiment de tirailleurs algériens étaient en colonnes par division à double intervalle de déploiement; cette disposition avait pour but d'envelopper le village, dans lequel ils pénétrèrent à la baïonnette sans faire feu; ils ne commencèrent le feu qu'après y être entrés. A Magenta, la première attaque sur Ponte-Nuovo di Magenta et Buffalora fut exécutée par deux bataillons du 3e régiment de grenadiers de la garde en colonne par pelotons à distance entière. Le 2e régiment de grenadiers prit à gauche la même disposition. Les Autrichiens leur opposèrent une ligne déployée de quatre bataillons avec trois autres bataillons déployés en réserve, tandis que des bataillons entiers du régiment de chasseurs de l'Empereur étaient dispersés en tirailleurs.

Sur la gauche, où se livre une bataille absolument distincte, quoique dans le récit officiel de la campagne on affecte de placer tous les corps d'armée sous une direction unique, les dispositions varient avec le terrain et les circonstances. Pour l'attaque définitive de Magenta, le plan de la bataille nous montre dans chaque division du 2e corps, une brigade déployée en ligne de bataillons en masse et à intervalles réduits[1], et l'autre brigade en colonne. La division Camou présente une seconde ligne de 13 bataillons en colonne par division à intervalle de déploiement, pour boucher la trouée entre les deux divisions du 2e corps.

A la bataille de Solférino, le général Ladmirault, pour marcher à l'assaut des hauteurs de ce nom, forme trois colonnes comprenant chacune quatre bataillons de ligne et deux compagnies de chasseurs à pied. Ces colonnes marchent en échelons et se déploient ensuite sur deux lignes de colonnes à intervalles réduits. La division Luzy de Pélissac s'empare de Medole avec une ligne demi-circulaire de cinq bataillons en colonne et quatre compagnies de chasseurs, le reste de la division est en réserve sur deux colonnes. On cite généralement comme modèle l'entrée en ligne de la brigade Bataille,

---

[1.] C'est-à-dire intervalles plus petits que ceux de déploiement, disposition défectueuse qui force à faire précéder le déploiement de mouvements préliminaires.

de la division Trochu, envoyée au soutien du 4ᵉ corps par le maréchal Canrobert, ses bataillons formés en colonnes serrées et disposés en échiquier, la gauche refusée, dans l'ordre le plus parfait[1].

Ce qui caractérise surtout la campagne de 1859, c'est une initiative énergique mais parfois désordonnée, due aux troupes plutôt qu'aux généraux. Les positions sont abordées le plus souvent par deux lignes de bataillons en masse, se suivant à des distances qui varient entre 500 et 1,000 mètres, les bataillons séparés par des intervalles très restreints, au lieu d'être à intervalles de déploiement, la première ligne est précédée par une chaîne épaisse de tirailleurs, trop rapprochée d'elle et généralement empruntée aux bataillons de chasseurs à pied. Lorsque l'effet du tir des ennemis se faisait trop sentir, on prenait le pas de course comme par une sorte d'élan spontané, et l'on se précipitait sur l'ennemi à la baïonnette. Avec un pareil système ou plutôt avec une telle absence de tout système, les batailles devaient être et furent très meurtrières; le 4ᵉ corps, qui soutint contre des forces numériquement très supérieures le combat le plus disputé de la journée, perdit à lui seul, à la bataille de Solférino, 560 tués et 3,421 blessés sur un effectif de 22,012 hommes. Le 1ᵉʳ corps, dans le terrain tourmenté qui avoisine la tour de Solférino, eut 610 tués et 3,162 blessés sur 22,984 hommes; la perte totale de l'armée alliée fut de 17,191 hommes sur 135,234[2]. Mais l'entrée triomphale de l'armée d'Italie dans Paris, le 14 août 1859, effaça ces souvenirs, et l'hyperbole de la louange fit oublier toutes les fautes qui avaient été commises. En vain, dans le banquet qui eut lieu le 14 août au soir, l'empereur Napoléon, portant un toast à l'armée, dit aux généraux qui l'entouraient :

« Vous allez reprendre les occupations de la paix. N'oubliez pas
« néanmoins ce que nous avons fait ensemble. Que le souvenir des
« imperfections signalées revienne souvent à votre mémoire, car
« pour tout homme de guerre, le souvenir est la science même. »

On ne se souvint que d'une chose, c'est qu'il était facile de vaincre... et ce souvenir nous perdit! Nous ne fîmes plus rien pour nous assurer la victoire.

---

1. *Récit de la campagne de* 1859, rédigé au ministère de la guerre, p. 440.
2. *Idem*, p. 450.

Le règlement de 1862, qui consacra officiellement la formation sur deux rangs, apporta, en dehors de cette formation, peu de modifications à l'ordonnance de 1831, il était applicable également à des bataillons de 6 et de 8 compagnies. La colonne d'attaque ou la colonne par division ne présentait plus que 6 ou 8 rangs de profondeur, suivant le cas. Le troisième rang n'existant plus, la réserve des tirailleurs était fournie par une des sections des compagnies déployées.

Les feux admis par le règlement étaient :

Le feu de salve de peloton (la compagnie prenait dans les manœuvres le nom de peloton, elle se subdivisait en deux sections). Pour les feux de salve, les pelotons pairs et les pelotons impairs tiraient alternativement.

Le feu de bataillon ou de demi-bataillon.

Le feu de file.

Le feu de tirailleurs de pied ferme, le même feu en marchant ; sur les deux hommes de chaque file il devait toujours y avoir une arme chargée.

Enfin le règlement de 1862 consacrait officiellement le feu de rang, dont nous avons parlé à propos de la bataille de Leipsick.

La guerre de 1866 et les succès foudroyants de l'armée prussienne, attribués exclusivement au fusil à aiguille, appelèrent de nouveau l'attention sur la tactique de l'infanterie. Les conséquences que l'on tira de cette guerre, furent la puissance du feu et la supériorité de la défense sur l'attaque. On citait à l'appui de cette supériorité la division prussienne Fransecki, à Kœniggrätz, résistant pendant plusieurs heures dans le bois de Benateck, avec 14 bataillons, à 52 bataillons autrichiens appuyés par 128 bouches à feu, et vers la fin de la bataille, la réserve autrichienne repoussée dans son attaque sur Chlum, où le 1er corps perdait à lui seul, en vingt minutes, 281 officiers et 10,000 hommes, avec 23 canons.

Les résultats de la guerre furent, pour la France : 1° l'adoption du fusil modèle 1866 ; 2° les *observations sur l'instruction sommaire pour le combat*, et les *observations sur l'instruction des tirailleurs*, publiées par ordre du ministre de la guerre ; 3° le règlement de 1869.

Les perfectionnements des armes à feu et les progrès de l'artillerie auraient dû avoir pour conséquence l'adoption d'une formation moins vulnérable et moins lourde que la colonne de bataillon. Cependant les *observations* préconisèrent encore la ligne de bataillons en colonnes à intervalles de déploiement, « employée », disait-on, « avec succès, recommandée par les généraux les plus « expérimentés du premier Empire et maintenue dans nos ma- « nœuvres jusqu'à ces derniers temps. » Comme si les généraux auxquels on faisait allusion, Morand et Marmont, n'eussent pas changé eux-mêmes cette formation s'ils avaient connu les nouvelles armes ! Comme si Marmont n'avait pas déjà proposé la colonne de division[1], comme si Jomini, dans la dernière édition de son *Précis de l'art de la guerre*, n'avait pas remplacé la colonne de bataillon par la colonne de compagnie, adoptée définitivement par les armées russe et prussienne depuis 1861 ! Le mode de combat indiqué par les *observations* était précisément celui qui avait été employé à Austerlitz par le corps du maréchal Soult ; les tirailleurs devaient entamer l'action, puis quand venait le moment de l'attaque, les bataillons se déployaient pour préparer cette attaque par des feux de salve exécutés à commandement, tandis que les tirailleurs ajoutaient aux feux de masse les effets d'un tir individuel, d'autant plus efficace qu'il était exécuté à meilleure portée. Alors les colonnes d'attaque, rapidement formées, devaient se porter résolument en avant. Ce dispositif présentait un inconvénient grave, celui d'exposer le bataillon, pendant la manœuvre, à un feu meurtrier à petite distance, auquel seuls les tirailleurs étaient à même de répondre, tirailleurs en nombre très restreint, puisque les *observations* portaient qu'un bataillon de six compagnies en déploie difficilement plus d'une en tirailleurs... Ces *observations* ne se bornaient pas à indiquer un mécanisme de combat, compliqué, dangereux et formaliste (marche en ligne de colonnes, déploiement des bataillons sous le feu, puis formation des colonnes à petite distance de l'ennemi); elles paralysèrent d'avance tout esprit d'offensive, en faisant ressortir l'avantage de la défense sur l'attaque et l'*impossibilité de réussite pour une attaque de front.*

Le règlement de 1869 sur les manœuvres fut la conséquence de

---

1. *Esprit des institutions militaires.*

l'adoption du fusil se chargeant par la culasse. Les feux de deux rangs ou de file, ainsi que les feux par rangs, étaient supprimés, on ne conservait que les feux de salve de peloton, demi-bataillon et bataillon, et l'on introduisait dans la pratique le feu à volonté, dans lequel les soldats tiraient individuellement sans se régler les uns sur les autres. On distinguait, dans les feux de tirailleurs, les feux de position, les feux en avançant, les feux en retraite, etc..., distinctions subtiles qui ne répondaient à rien. L'innovation importante du règlement de 1869 était la colonne de division, que nous avons décrite plus haut d'après Marmont. C'était un progrès, mais un progrès insuffisant, puisque les Allemands employaient depuis 1861, le déploiement en lignes de *colonnes* de compagnie [1].

L'expérience de la guerre allait bientôt, d'ailleurs, condamner comme trop compacte la colonne de compagnie elle-même et montrer qu'en face d'un ennemi pourvu des nouvelles armes, cette colonne doit être déployée dès qu'elle arrive dans la zone du tir efficace. Le 18 août 1870, trois brigades de l'infanterie de la garde royale prussienne, formant quatre colonnes distinctes, prirent part à la première attaque de Saint-Privat. Dans cette attaque, le 2ᵉ régiment de la garde, par exemple, fut disposé en trois échelons : 1° tirailleurs ; 2° colonnes de compagnie en soutien ; 3° colonnes de demi-bataillon en réserve [2]. Toutes les brigades de la garde avaient, pour atteindre nos lignes, à parcourir 2,500 à 3,500 mètres sur un terrain découvert et en pente douce. Aussitôt que les colonnes de compagnie tombèrent sous le feu de notre infanterie, elles commencèrent à obliquer à droite et à gauche, cherchant des plis de terrain pour s'abriter ; elles perdirent ainsi leurs intervalles et furent rejointes par leurs réserves [3] ; l'ensemble de l'infanterie de la garde royale présenta alors l'aspect de nos anciennes lignes

---

1. Pour former le bataillon en ligne de colonnes de compagnie dans l'armée prussienne, les deux compagnies de droite se formaient en colonne par peloton sur leur peloton de gauche, les deux compagnies de gauche se formaient de même sur leur peloton de droite ; en sorte que le bataillon présentait au centre une colonne double de deux compagnies accolées et sur chaque flanc à l'intervalle de front d'un peloton, une compagnie en colonne par peloton. (Note du traducteur de la *Guerre franco-allemande*, t. I, p. 253.)
2. *La Guerre franco-allemande*, t. II, p. 832.
3. Cette tendance des troupes de soutien à se porter sur la ligne de combat est remarquable et constante : elle s'était déjà produite dans la campagne de 1866 à Gitschin et à Sadowa.

de colonnes serrées en masse. En un instant cette infanterie perdit 240 officiers et 6,500 hommes; elle dut renoncer à l'attaque et regagna ses positions dans un désordre indescriptible. Les pertes de la garde royale prussienne dans la bataille s'élevèrent à 300 officiers et 7,850 hommes sur un effectif de 28,000. Si l'armée française avait eu à Saint-Privat un effectif suffisant et une artillerie capable de répondre à l'artillerie ennemie, la contenance héroïque du maréchal Canrobert et de son corps d'armée eût été récompensée par la victoire. Cet exemple semble d'ailleurs prouver que l'infanterie ne peut réussir dans une simple attaque de front, puisque Saint-Privat ne tomba que lorsque les Saxons, maîtres de Roncourt, débordèrent notre aile droite. On peut ajouter que la prise de cette position fut décidée par le feu convergent et sans riposte d'une puissante et nombreuse artillerie. A Frœschwiller, les divisions du II⁰ corps bavarois, des V⁰ et XI⁰ corps prussiens, malgré la supériorité de leur artillerie, échouèrent lorsqu'elles marchèrent de front en lignes de colonnes sur le centre de l'armée française, mais bientôt l'entrée en action d'effectifs plus nombreux leur permit de déborder les deux ailes ; tandis que les Bavarois menaçaient la gauche du général Ducrot, la division Lartigue fut tournée à droite par le XI⁰ corps ; trois corps d'armée convergèrent alors sur Frœschwiller, et la résistance de l'armée française fut brisée.

La guerre de 1870 fut marquée du côté des Allemands par l'emploi constant de l'offensive, du côté des Français par une défensive presque toujours passive, résultat des *observations* de 1867 et d'une tactique inconsciemment adoptée par l'infanterie, soumise au feu écrasant de l'artillerie allemande. La bataille de Spickeren en est un exemple frappant. Tenues en échec au début par une simple avant-garde, les troupes du 2⁰ corps se contentèrent ensuite d'opposer aux attaques de l'ennemi une résistance énergique, sans profiter de leur supériorité momentanée d'effectif pour attaquer à leur tour. Les batailles de la guerre de province ont été remarquables, au point de vue tactique, par un nouvel emploi de l'artillerie, mais il s'en dégage aussi plus d'un enseignement utile en ce qui concerne l'infanterie. Dans la lutte que Chanzy soutint pendant quatre jours sur la ligne de Marchenoir-Josne-Beaugency, la défensive seule était possible avec de jeunes troupes sans instruction[1], mais ce fut une défensive opiniâtre, dit von der Goltz, et elle étonna les Allemands en leur infligeant par le tir de l'infanterie des pertes sérieuses. A Coulmiers, le même général Chanzy, pour ne pas avoir à manœuvrer avec sa jeune infanterie en présence de l'ennemi, prit, dès le début de la bataille, sa formation préparatoire de combat[2]. L'infanterie marchait à travers champs, sur une ligne de bataillons en colonne à distance de déploiement, son front couvert par deux lignes de tirailleurs, la première à 1,200 mètres, la deuxième à 600 mètres, avec ses réserves à hauteur des intervalles qui séparaient les bataillons. Le général Barry enleva le village de Coulmiers comme l'avaient fait les généraux de la première République, en lançant quatre colonnes de bataillon sur sa droite pour tourner la position, prononçant avec le reste de ses troupes une attaque de front, se mettant lui-même à pied à la tête de la principale colonne et se précipitant sur le village aux cris de : *Vive la France!* Les chefs de corps imitant cet exemple, l'élan de nos troupes devint irrésistible. Ne dirait-on pas lire un épisode des guerres de la Révolution? Le général Peytavin avait enlevé de même Baccon et la Renardière.

Cependant, à l'armée devant Paris, les Allemands inauguraient une nouvelle formation d'attaque, décrite par le duc Guillaume de Wurtemberg, à propos de la reprise du Bourget par la 2ᵉ division de la garde prussienne, le 30 octobre 1870 : l'attaque en ordre déployé, soutenue par des tirailleurs. « Des pelotons de tirailleurs », dit le duc, « gagnèrent du terrain à la course, puis se jetèrent à « terre. Derrière suivaient, également au pas de course, les réserves « et les soutiens divisés en petits groupes. Lorsque ceux-ci se fu- « rent cachés pour reprendre haleine, les tirailleurs se mirent de « nouveau à courir; à bonne distance de tir, ils se recouchèrent et « commencèrent alors le feu contre l'ennemi, etc. » L'aile gauche, s'avançant en lignes d'attaque longues et minces, réussit à exécuter une charge en tirailleurs et à s'emparer du village[3].

---

1. Canonge, *Histoire militaire contemporaine*, t. II, p. 319.
2. Derrécagaix, *la Guerre moderne*, t. II, p. 160. Chanzy, *la Deuxième armée de la Loire*, p. 30.
3. Canonge, *Histoire militaire contemporaine*, t. II, p. 361.

Après la signature de la paix, les résultats de l'expérience de la guerre furent l'objet de longues et consciencieuses études. M. le général Berthaut dans son livre des *Marches et Combats*, M. le général Lewal dans ses *Études de guerre*, ont exposé les principes de la tactique moderne. Au premier moment et sous l'influence des sensations éprouvées pendant la lutte, les travaux entrepris aboutirent au règlement de 1875, qui peut être considéré comme le triomphe de l'ordre dispersé, nous serions tenté de dire : *éparpillé*. D'après la loi du 13 mars 1875, le nombre des compagnies du bataillon était réduit à 4, et en raison de l'effectif élevé de ces compagnies, comme de la grande étendue de terrain qu'elles devaient occuper dans l'ordre de bataille, on put les considérer comme les véritables unités de combat; on admit en conséquence, comme formation préparatoire hors de la portée efficace du tir, la colonne de compagnie. Sur les quatre compagnies du bataillon, deux durent former la réserve ; les deux autres, accouplées l'une à l'autre, faisaient à elles seules la préparation du combat, et encore! réparties sur trois échelons, elles ne concouraient réellement à cette préparation que par le premier échelon. Déployées en tirailleurs, elles se subdivisaient, en effet, en *chaîne, renforts* et *soutiens*; un quart de ces deux compagnies de première ligne formait la chaîne, un autre quart les renforts à 150 mètres en arrière, et la seconde moitié composait les soutiens à 500 mètres en arrière de la chaîne. Dans l'autre sens, le front de la compagnie variait, suivant l'effectif, de 300 à 350 mètres; les deux compagnies de réserve étaient placées en colonnes de compagnie à 500 mètres en arrière des soutiens; le bataillon de première ligne occupait donc un espace d'une largeur de 600 à 700 mètres sur une profondeur de 1,000 mètres. La chaîne de tirailleurs faisait feu en avançant par bonds; lorsqu'elle s'arrêtait, les renforts venaient s'intercaler dans la chaîne, puis au moment où elle se lançait sur la position, les soutiens entraient en ligne; enfin, l'assaut donné, les deux compagnies de réserve venaient s'installer sur la position conquise, pour en assurer la possession.

A peine adopté, ce dispositif fut vivement critiqué. En admettant qu'une brigade reste en réserve dans chaque corps d'armée, un régiment dans chaque division, un bataillon dans chaque régiment, et dans chaque bataillon deux compagnies, comme nous venons de le voir, il ne resterait en première ligne, pour un corps d'armée, que 18 compagnies, dont le quart seulement, soit 1,125 fusils[1], formerait la chaîne et prendrait part à la préparation du combat; ce n'est vraiment pas assez pour profiter de la puissance du tir. Au moment du tir rapide, la ligne comprendrait 4,500 fusils, ce qui, vu l'étendue du front, ne donne que cinq hommes par six mètres courants. Enfin l'assaut serait donné par une ligne mince et flottante, incapable de posséder la force morale qui résultait du *coude à coude* pour nos anciennes colonnes.

En résumé, la faiblesse du dispositif de 1875 provenait de ce que la puissance du feu et celle du choc étaient sacrifiées au désir de diminuer la vulnérabilité de la ligne; donnée évidemment fausse, l'essentiel étant de vaincre, c'est-à-dire de s'emparer de la position occupée par l'ennemi et de s'y maintenir. Un autre défaut du règlement de 1875 était le retard apporté à l'assaut; la puissance défensive du tir ne doit pas être un motif pour reculer l'attaque; plus le tir est meurtrier, plus vite on doit chercher à s'en garantir en attaquant, sous la condition, bien entendu, d'une préparation suffisante par le feu de l'artillerie. Quoi qu'il en soit, une réaction générale s'est opérée contre le règlement de 1875, et de cette réaction est sorti, après des études et des essais confiés à une haute commission, le nouveau règlement du 19 juillet 1884, qui diffère de celui de 1875 par deux points principaux :

1° Les renforts sont supprimés, et le nombre des échelons est réduit de 3 à 2 ;

2° La ligne de colonnes de peloton remplace comme formation préparatoire la ligne de colonnes de compagnie. Le peloton n'est plus d'ailleurs la compagnie de manœuvre; il n'en est que la moitié et se subdivise lui-même en deux sections. Un bataillon désigné pour faire partie de la première ligne se partage toujours en deux compagnies de combat et deux compagnies de réserve. Les deux compagnies de combat se portent en avant; une section par peloton se déploie en tirailleurs et forme la chaîne, qui comprend ainsi la moitié de l'effectif des compagnies de première ligne, ou le quart

---

[1]. En supposant les compagnies complètes à 250 hommes.

de celui du bataillon. Les deuxièmes sections de chaque peloton forment soutien à 200 mètres en arrière, serrant sur deux rangs de profondeur; les compagnies de réserve ne sont plus qu'à 500 mètres en arrière de la chaîne ; le front reste toujours de 300 mètres par compagnie. Lorsqu'on arrive à 1,400 mètres environ de l'ennemi, les compagnies désignées prennent la formation provisoire; quand le tir de l'ennemi devient dangereux, les premières sections se déploient. La marche des échelons n'est plus simultanée, la deuxième ligne doit profiter de toutes les occasions favorables pour se rapprocher de la chaîne. A 700 mètres environ de la ligne ennemie, commence réellement le combat; la chaîne procède par bonds successifs, tandis que les soutiens ou deuxièmes sections la suivent par fractions constituées, prenant place les unes après les autres dans les intervalles produits par la marche, ou sur les ailes, et donnant ainsi une nouvelle force d'impulsion à la chaîne, jusques à 400 mètres environ de l'ennemi. A cette distance, les soutiens doivent être entièrement entrés dans la ligne, mais jusqu'à présent la moitié seulement des bataillons de première ligne a été mise en action. Les premières compagnies de réserve se rapprochent alors à 100 mètres, ayant en ligne leurs quatre sections et se jettent, pour les boucher, dans les intervalles qui se sont formés pour resserrer chaque compagnie sur son centre. C'est le moment décisif : trois compagnies sont sur la chaîne, qui présente la densité de la ligne déployée; elles se précipitent sans le moindre temps d'arrêt, la quatrième compagnie, en ligne de colonnes ou déployée, s'est pendant ce temps portée en avant et se rapproche à 100 mètres. On pousse en gagnant du terrain jusqu'à 200 mètres de l'adversaire, s'il lâche pied, on se porte d'un seul élan sur la position, s'il tient encore, on procède par bonds de 50 mètres alternés par un feu rapide; enfin à 100 mètres, le bataillon entier, baïonnette au canon, s'élance à l'assaut.

On voit que l'esprit du règlement consiste à admettre l'ordre dispersé pour la marche en avant et à constituer, à 400 mètres de l'ennemi, une véritable ligne pleine, ayant toutefois sur l'ancienne ligne l'avantage d'une plus grande aisance des coudes et d'une plus grande liberté pour le tir.

Tel est le nouveau système d'offensive exclusivement recommandé aujourd'hui par tous les généraux et les écrivains militaires. Il faut ajouter à cela que c'est la proximité des bataillons de la seconde ligne qui donne à l'attaque sa véritable force. Leur mission n'est pas de marcher sur les positions de l'ennemi; l'assaut est réellement donné par la dernière compagnie de chaque bataillon, poussée en avant par les bataillons de seconde ligne.

Dans la défensive, le règlement recommande l'emploi des feux de salve, ce qui suppose les compagnies formées en ordre serré sur un rang ou sur deux.

Le règlement de 1875 avait introduit dans les manœuvres un certain décousu; le règlement de 1884 a remis en vigueur la précision des mouvements à rangs serrés, et développé l'instruction des tirailleurs; on y a rétabli, comme formation préparatoire, la formation par bataillon en masse, ainsi que le déploiement sur la gauche ou sur la droite. En ce qui concerne les feux, le règlement de 1884 a conservé de celui de 1875 le feu rapide, ancien feu à volonté exécuté avec une ligne de mire donnée par les chefs, il a restreint à la section et exceptionnellement au peloton le feu de salve, que le règlement de 1875 avait étendu à la compagnie [1]. Dans l'offensive, il n'est fait usage que du feu de salve et du feu rapide.

Il est intéressant, à coup sûr, de voir ce que les Allemands ont fait pendant que nous modifiions ainsi nos règlements. Leur conviction est que tout est décidé à 400 pas et qu'à cette distance entre les deux partis, l'un des deux est complètement désorganisé. Voici à ce sujet ce que nous lisons dans le compte rendu d'une manœuvre récente de régiment, citée comme modèle :

« Les bataillons chargés de l'attaque arrivèrent à 500 mètres des premières défenses, dans l'ordre qu'ils avaient en marchant et sur 400 mètres de front. A 400 mètres, les soutiens étaient sur la ligne de feu, qui constituait une véritable ligne de bataille sur deux rangs d'où partait un feu incessant. La marche en échelons par bonds au pas gymnastique suivit, puis le feu rapide, enfin l'assaut donné avec une véritable furie. Dans l'assaut, la première ligne (5 ou 6 compagnies) était venue se fondre sur un front de 300 à

---

1. La cause de cette restriction est la nécessité de l'unité de commandement qui ne peut pas exister sur un front trop étendu.

400 mètres, présentant l'aspect d'une ligne de bataille sur quatre à cinq rangs de profondeur. Derrière cette première ligne, un peu confuse et à 100 pas en arrière, les deux ou trois compagnies encore disponibles, en colonnes de compagnie, battaient la charge et marchaient comme à la parade. »

Ces renseignements sont corroborés par ceux que M. le général de Kerhué donnait sur les grandes manœuvres allemandes de 1880, dans une conférence tenue à Tours sous la présidence de M. le général de Galliffet, le 17 mai 1881, et que cet officier général résumait ainsi qu'il suit :

Attaque de front presque toujours accompagnée d'une attaque de flanc, densité de la ligne, marche rapide et régulière, pas de recherche d'abri, feu ouvert à distance relativement petite, accumulation et violence des feux, grand emploi des feux de salve, discipline sévère dans la marche des lignes d'attaque et dans l'exécution des feux.

Le vent est donc à l'offensive des deux côtés, et si la guerre éclatait, les premières batailles se résoudraient en chocs violents, au moins jusqu'à ce que plusieurs succès aient donné à l'un des deux partis l'ascendant moral qui, avec les moyens de destruction dont disposent les armées, doit jouer, à l'avenir, un rôle plus important encore que par le passé.

Plusieurs officiers poussent même la passion de l'offensive jusqu'à vouloir que le mot *défensive* soit rayé du vocabulaire de l'armée française. Mais l'excès en tout est un défaut, et il y aura toujours à la guerre des circonstances dans lesquelles il faudra s'en tenir sur certains points à la défensive absolue pour l'exécution du plan général. Un corps d'armée, une armée même, n'est qu'une partie dans un grand tout, et pour le succès de l'ensemble il est parfois nécessaire qu'une de ses unités semble momentanément battue. Cependant, même dans ce cas, il vaudra mieux, si on peut le faire sans risque d'un échec compromettant, se défendre par quelques retours offensifs que rester dans une immobilité passive. Le tout est d'avoir des troupes qui s'y prêtent. En 1793, le général de Flers, commandant en chef de l'armée des Pyrénées-Orientales, se défendit victorieusement dans le camp de l'Union avec des conscrits à peine habillés contre une armée espagnole plus nombreuse.

S'il avait eu l'imprudence de sortir de ses retranchements, il aurait été certainement battu, il n'en fut pas moins condamné à mort et exécuté *pour n'avoir pas voulu se battre*. Les clubs de Perpignan et les commissaires de la Convention qui, par leurs criailleries et leurs dénonciations, firent tomber la tête de ce jeune général, étaient eux aussi des partisans à outrance de l'offensive. L'excès en tout est un défaut.

Sous cette réserve, la tactique du règlement de 1884 est celle qui convient à notre tempérament national. Du moment où la victoire doit dépendre de l'élan de nos soldats et où cette *furie française* qui, pendant quatre siècles, a fait la force et la gloire de nos soldats, ne sera plus enchaînée par des dispositions mesquines, nous sommes tranquille parce que nous sommes certain de voir renouveler les prodiges du Pas de Suze, de Fribourg, de Lens, de Fleurus, de Neerwinden, de Fontenoy, de Jemmapes, de Rivoli, d'Héliopolis, de Hohenlinden, d'Austerlitz, d'Auerstaedt, de Lutzen, de Montmirail et de cent autres combats qui ont valu à notre infanterie le nom de *Reine des batailles*.

DEUXIÈME PARTIE. — CAVALERIE.

La cavalerie a tenu longtemps la première place dans les armées, dont l'unique force, au moyen âge, résidait dans les hommes d'armes ou *gens d'armes*, revêtus de la tête aux pieds d'épaisses armures. Ils furent remplacés, à partir de la fin du xve siècle, par les *compagnies d'ordonnance*, composées de *lances* en nombre variable ; la lance était la réunion d'un *maître* et de quatre à six soldats auxiliaires. Le maître, couvert d'une armure, était monté sur un puissant cheval bardé de fer, armé d'une lance de 16 à 18 pieds de long, d'une forte épée bonne pour combattre d'estoc et de taille et d'une masse d'armes pour la lutte corps à corps ; les auxiliaires, divisés en *pages, coutilliers* et *arquebusiers*, furent plus tard séparés des hommes d'armes pour devenir les arquebusiers à cheval. La réunion des maîtres forma la *gendarmerie*.

La gendarmerie se disposait pour combattre sur plusieurs rangs à quarante pas les uns des autres, tantôt serrée dans chaque rang, tantôt espacée; les arquebusiers se tenaient sur les ailes et faisaient feu par rang; après s'être porté au galop en avant, chaque rang tirait à son tour et démasquait le rang suivant, pour aller se reformer en arrière et recharger ses armes. Charles-Quint organisa sa gendarmerie en escadrons de 20 hommes de front sur autant de profondeur et forma les arquebusiers à cheval en compagnies à part, il fut imité par les Français [1]; les arquebusiers à cheval devinrent les *dragons*. La gendarmerie, après avoir porté des cuirasses de plus en plus épaisses pour essayer de résister aux armes à feu, y renonça complètement sous le règne de Louis XIII. Dans la période de transition, c'est-à-dire quand elle était presque neutralisée par l'excès de sa pesanteur, elle avait été assistée par les *reîtres*, cavaliers allemands mercenaires, montés à leurs frais sur des chevaux de taille médiocre, armés de longues épées et de pistolets, et rangés en escadrons de 30 hommes de front sur 15 de profondeur. Gustave-Adolphe plaçait sa cavalerie sur 6 ou 8 rangs. En France, cependant, on avait créé la *cavalerie légère,* qui différait de la gendarmerie surtout par sa composition roturière et qui était montée sur des chevaux moins forts, mais armée et équipée comme elle. Cette cavalerie légère, qui comprenait, entre autres troupes, un régiment de cuirassiers, conserva son nom jusqu'à la Révolution, bien que la véritable cavalerie légère existât alors dans les régiments de hussards et de chasseurs.

Au commencement du règne de Louis XIV, toute la cavalerie française (gendarmerie et cavalerie légère) se formait sur trois ou quatre rangs, combattait de pied ferme, chargeait au pas et au trot et n'employait le galop qu'exceptionnellement. Nous croyons cependant que l'on a exagéré en représentant le trot comme l'allure presque exclusive du champ de bataille. A la bataille de Rocroi, où la cavalerie joua un rôle si important, nous la voyons plusieurs fois charger au galop; à la gauche de l'armée de Condé, la cavalerie de la Ferté, mise en désordre par l'emploi prématuré du galop, est battue par la cavalerie espagnole qui *prend le galop à bonne distance* et charge en bon ordre, tandis que Condé, vainqueur à l'autre aile, s'apercevant soudain de la mésaventure de sa gauche, se précipite

---

1. Susane, *Histoire de la cavalerie*, t. I, p. 78

à travers le champ de bataille sur la droite des Espagnols. Toutefois, comme le fait très bien observer M. le duc d'Aumale, dans cette série de mêlées et d'engagements dont se compose la bataille de Rocroi, le trot et le pistolet furent bien plus employés que le galop et le sabre [1].

Turenne, qui avait été un excellent général de cavalerie, recommandait toujours à ses cavaliers d'aborder l'ennemi avec la plus grande vitesse et de se servir de l'épée... Aussi, la cavalerie française, sous l'influence de ce grand capitaine, est la première peut-être qui ait préféré l'épée au pistolet et le galop au trot. Le maréchal de Saxe disait que le feu de la cavalerie n'est pas bien redoutable : « J'ai toujours ouï dire », observe-t-il, « que ceux qui s'avisaient de tirer étaient battus. » Quant à la charge, il donnait les prescriptions suivantes : « On doit observer de partir au petit trot de la distance de cent pas et d'augmenter ce mouvement à mesure que l'on approche. L'on ne doit serrer la botte que de vingt pas, et cela doit se faire par un cri que l'officier qui commande jette en criant : *à moi!* Il faut y styler la cavalerie, mais ce mouvement doit être *comme un éclair*...; il faut bien les y exercer pour rendre cette manœuvre familière; il faut leur apprendre, pendant que l'on est dans les quartiers d'hiver, à galoper un train bien allongé, l'escadron tout formé, sans qu'il se rompe. On peut dire que tout escadron qui ne peut aller deux mille pas à toutes jambes sans se rompre n'est jamais propre à la guerre [2]... » Tout cela, ce nous semble, n'est pas déjà si arriéré.

Malgré tout, il y avait toujours dans l'organisation même de la cavalerie, une cause inévitable du ralentissement de l'allure, l'intérêt des capitaines de compagnie qui, étant propriétaires des chevaux, devaient chercher à les fatiguer le moins possible. Vers cette époque, c'est-à-dire en 1740, un escadron de cavalerie était composé de 4 compagnies de 35 maîtres chacune, soit 140 hommes disposés sur trois rangs; le commandant de l'escadron, au centre, dépassait le premier rang depuis les hanches de son cheval, les capitaines, au centre de leurs compagnies, ne dépassaient que

---

1. Le duc d'Aumale, *Histoire des princes de Condé*, t. IV, p. 103 et suiv.
2. Le maréchal de Saxe, *Mes Rêveries*, Édition Dumaine, p. 52.

d'une encolure, les autres officiers étaient sur l'alignement de la troupe, 20 cavaliers *commandés* se tenaient sur chaque aile pour déborder l'ennemi par les flancs, le poursuivre et lui faire des prisonniers, tandis qu'il était défendu aux autres cavaliers de quitter le rang sous n'importe quel prétexte. Les cavaliers commandés tenaient le mousqueton haut et pouvaient faire feu ; les autres avaient l'épée à la main [1].

Frédéric II peut être considéré comme le créateur de la cavalerie moderne ; il plaça sa cavalerie sur trois rangs, dont le troisième ne servait guère qu'à combler les vides faits dans les deux premiers. Il défendit absolument aux cavaliers de faire feu à cheval, et pour leur montrer combien le tir était peu efficace, il les faisait tirer sur des mannequins en paille, qu'ils n'atteignaient presque jamais. Les idées de Frédéric sur l'emploi de la cavalerie furent développées par des généraux tels que Driesen, Ziethen, Seydlitz, qui n'ont jamais été dépassés depuis lors ; on prétend même que Seydlitz n'a jamais été égalé. Quelque admirable qu'ait été son infanterie, Frédéric dut à la cavalerie ses plus brillants succès. Les charges les plus célèbres furent celles de Driesen à Leuthen, de Seydlitz à Hochkirch où il sauva l'armée d'une destruction complète, à Rossbach où il décida la victoire dès le début de la bataille, en tombant comme la foudre sur le flanc de la cavalerie des alliés, à Zorndorf surtout, où il ne cessa de charger pendant toute la bataille, tantôt sur l'infanterie, tantôt sur la cavalerie. Plusieurs des manœuvres qu'il exécuta ce jour-là sont encore aujourd'hui citées comme modèles.

Après une première action couronnée de succès, il se trouvait à la tête de 23 escadrons, formés sur trois lignes déployées à distance d'escadron et débordant la droite de l'armée russe ; il marcha devant lui avec ces trois lignes ; arrivé à hauteur des troupes ennemies, il commanda : *Escadrons à droite, marche,* puis *en avant, au galop* et *chargez* [2] ! Se trouvant ainsi formé sur plusieurs lignes de trois escadrons chacune ou, ce qui revient au même, sur trois colonnes accolées par escadrons à distance entière, il tomba sur le

---

[1]. Quincy, *Traité d'art militaire*, t. I.
[2]. Général Ambert, *Essais de tactique.*

flanc de la cavalerie russe, culbuta toute la droite de l'armée et s'empara de son artillerie, mais exposé à un feu très vif, il se retira au pas, en trois colonnes, derrière Zorndorf. Plus tard, le roi réunit sous le commandement de Seydlitz 61 escadrons, donnant un total de 7,000 chevaux. Il les forma sur trois lignes, distantes entre elles de 250 pas et comprenant : la première, 18 escadrons de cuirassiers, la deuxième, 15 escadrons de dragons, la troisième, 23 escadrons de hussards. Sa tactique est bonne à connaître, car ce pourrait être aujourd'hui celle d'une de nos divisions de cavalerie indépendante. « Tous les soins de Seydlitz », dit son biographe Bismarck, « tendaient à conserver dans toute sa force sa première « ligne de cavalerie, destinée à accomplir le choc efficace. » En conséquence, la 1re ligne reçut l'ordre de marcher serrée et de s'avancer en muraille, ne s'occupant que de renverser sans s'arrêter ; la 2e ligne (dragons) serra à cent pas de la première et prit entre ses escadrons de grands intervalles, afin d'être à même de boucher les trouées faites dans la 1re ligne ; enfin, les hussards suivaient, à 250 pas derrière les dragons, pour ramasser les prisonniers et les canons. Les trois lignes agirent simultanément sans réserve, prenant le trot au commandement de *marche*. La cavalerie russe s'enfuit, et les trois lignes de Seydlitz se trouvèrent en face de quatre lignes d'infanterie, soutenues par cent bouches à feu. Malgré le tir de mousqueterie et la mitraille, la charge se fit avec un élan irrésistible, et après un combat acharné, les quatre lignes russes furent enfoncées. Frédéric II, profitant du succès de sa cavalerie, se mit alors à la tête de toute l'infanterie et décida la victoire par une charge générale [1].

Nous pourrions, par d'autres exemples, montrer comment Seydlitz savait varier la tactique suivant les circonstances, mais il nous faut revenir à la cavalerie française qui, nous sommes forcé de l'avouer, ne brilla pas pendant cette même guerre de Sept ans. A la bataille de Crefeld, le 23 juin 1758, lorsque le duc de Brunswick eut tourné la gauche de l'armée française, la cavalerie se jeta en désespérée au-devant de ses colonnes victorieuses, et le jeune

---

1. Jomini, *Traité des grandes opérations militaires*, t. II. — Général Ambert, *Essais de tactique*, d'après Caraman et Bismarck.

comte de Gisors se fit tuer bravement à la tête de la belle brigade de carabiniers, dont il venait de recevoir le commandement, mais ces efforts décousus restèrent sans résultat. A Minden, le 1ᵉʳ août 1759, les superbes escadrons dont la belle apparence faisait l'orgueil de l'armée subirent une honteuse défaite. Renonçant à l'habitude prise de placer la cavalerie aux ailes, le maréchal de Contades avait placé la sienne au centre de l'armée, sur l'alignement de l'infanterie et sur trois lignes, que n'appuyait aucune artillerie. Les bouches à feu attachées aux deux brigades d'infanterie placées à gauche et à droite de la cavalerie, devaient croiser leurs feux en avant de son front. L'infanterie hanovrienne qui lui faisait face prit l'initiative de l'attaque et marcha sur la cavalerie française qui, au lieu de laisser l'artillerie produire son effet, se porta en avant et masqua les batteries. Exposé à un feu très vif de mousqueterie et d'artillerie, cette cavalerie perdit beaucoup d'hommes et de chevaux sans pouvoir charger et fut forcée de reculer, suivie par l'infanterie ennemie, dont le feu la mit bientôt dans une déroute complète [1].

A la fin de la guerre de Sept ans, un grand progrès fut accompli dans le mode d'emploi de la cavalerie par la création de l'artillerie à cheval ; toutefois, cette artillerie ne fut pas, dès le début, attachée à la cavalerie et c'est à peine si l'on peut citer dans la guerre de Sept ans un ou deux exemples de l'action combinée des deux armes. Nous les verrons plus loin. En revanche, la présence de l'artillerie à cheval contribua beaucoup à augmenter l'audace de la cavalerie dans les guerres de la Révolution. Jusqu'à la fin de l'ancien régime, les manœuvres avaient fait peu de progrès, on en était toujours au caracol, au demi-tour individuel par cavalier ou volte, aux demi-tours, aux à-droite et aux à-gauche par demi-rang ou quart de rang, suivant l'étendue du front : tous mouvements qui ne pouvaient s'exécuter qu'à rangs ouverts. Le règlement de 1788 fixa les manœuvres de la cavalerie à peu près telles que nous les avons vues jusqu'en 1876. Ce règlement était formaliste et contenait une foule de mouvements inutiles, mais sagement appliqué, il a rendu la cavalerie bien plus manœuvrière qu'elle ne

---

1. Jomini, *Traité des grandes opérations militaires*, t. II.

l'était jusque-là. Il avait pour bases : la formation sur deux rangs (déjà adoptée par le règlement de 1766), la division de l'escadron en pelotons, la liaison des files, les mouvements par quatre, la colonne serrée en masse et la marche en échelons ; une ligne pouvait se ployer soit en avant de son front, soit sur un de ses flancs, en colonne par quatre, par peloton, par escadrons à distance entière, par escadrons à distance de peloton ; de même, une colonne pouvait se déployer en lignes continues, en lignes par échelons, en lignes de colonnes. Il y avait, en un mot, tout un arsenal de mouvements dont un grand nombre étaient impraticables sur un champ de bataille et n'étaient pas appliqués.

D'après le général de Brack, on évitait avec soin tous les mouvements par quatre, les formations sur le centre, les mouvements compliqués qui exposaient notre cavalerie à être surprise au moment d'une formation hasardée. C'est en voulant faire exécuter un mouvement de ce genre, par un commandement qui fut mal compris, que le fameux Stengel vit, à la bataille de Mondovi, la cavalerie qu'il commandait mise en déroute et que lui-même fut tué. A Austerlitz, la division de cavalerie légère de Kellermann fut surprise de même par un corps de 2,000 uhlans au moment où le général venait de commander un changement de front sur le centre[1]. « La colonne serrée », dit encore de Brack, « était la
« formation la plus employée pour se présenter sur le terrain,
« parce qu'entre autres avantages elle avait celui de tenir dans la
« main du chef toutes ses forces rassemblées et de se prêter fort
« bien aux modes de déploiements les plus usités, en échelons ou
« sur deux lignes. » Un des principaux inconvénients du règlement sur les manœuvres était l'*inversion*, source continuelle d'erreurs dans les commandements et de complication inutile dans les mouvements les plus simples, l'inversion qu'une incroyable routine a fait conserver à notre cavalerie jusqu'en 1876[2].

On trouve d'ailleurs dans les récits des batailles et des combats,

---

1. Général Ambert, *Essais de tactique*, d'après le général Schauenbourg, qui faisait partie, à la bataille d'Austerlitz, de la division Kellermann.
2. Une des bizarreries de l'inversion, dont on n'a jamais assez fait ressortir le ridicule, c'est qu'un chef ne pouvait venir prendre le commandement d'une troupe au milieu d'une manœuvre sans être obligé de se faire expliquer dans quel ordre se trouvait cette troupe.

voire même dans les rapports établis à la suite de ces affaires, bien peu de détails sur les formations de la cavalerie. Quelques exemples peuvent servir cependant à donner une idée des mouvements que l'on exécutait et servir d'enseignements utiles.

Dans la campagne de 1796, à l'armée du Rhin, Gouvion-Saint-Cyr voulait se débarrasser d'un régiment de chevau-légers autrichiens qui se tenait près de ses postes et le menaçait d'une surprise. Il disposait pour cela du 2ᵉ régiment de chasseurs et du 2ᵉ de cavalerie[1]. Le 2ᵉ de chasseurs déboucha dans la plaine et surprit la grand'garde des chevau-légers ; quelques pelotons de ceux-ci vinrent soutenir et rallier leur grand'garde et furent poursuivis par le 2ᵉ de chasseurs, qui se porta en avant. Les chevau-légers, se voyant alors poussés vivement, se décidèrent à faire face et à charger à fond. C'est là qu'on les attendait : le 2ᵉ chasseurs fit demi-tour en fuyant et vint se placer sur les ailes ou en arrière du 2ᵉ de cavalerie qui, chargeant en muraille, culbuta, par un choc violent, les chevau-légers désunis par la poursuite. Ils se dispersèrent, et les chasseurs, se lançant à leur tour à la poursuite, en firent un très grand nombre prisonniers, tandis que le 2ᵉ de cavalerie se reformait tranquillement. Ce petit combat est un exemple entre cent d'une troupe de cavalerie qui, après avoir repoussé une première ligne, est livrée par le désordre d'une charge heureuse aux coups d'une seconde ligne, qui en a raison. Ici, le talent de l'officier commandant le 2ᵉ de chasseurs consistait à *agacer* les chevau-légers pour les amener à charger à fond et à tomber dans le piège qui leur était tendu.

Un exemple plus sérieux de l'utilité des deuxièmes lignes est donné par la bataille de Marengo, où Kellermann, comme on le sait, commandait une brigade de grosse cavalerie : 2ᵉ, 6ᵉ et 20ᵉ régiments. Cette brigade était, au début de la bataille, placée à l'extrême gauche de l'armée, en avant et à gauche du village de Marengo ; elle avait à sa droite le 8ᵉ régiment de dragons, mis pour un moment sous les ordres de Kellermann. Des dragons autrichiens ayant reçu l'ordre de tourner la gauche des Français,

---

1. Les régiments de cavalerie proprement dits étaient par le fait des régiments de grosse cavalerie. En outre, il est bon de savoir qu'un régiment autrichien était numériquement aussi fort que trois régiments français.

défilèrent un par un à travers le ravin du Fontanone, dissimulés par un bois, et vinrent se former en bataille dans une prairie. Au moment où ils s'ébranlaient pour charger, Kellermann lança sur eux le 8ᵉ de dragons et se tint prêt à soutenir ce régiment. Les Autrichiens furent d'abord culbutés, mais leur deuxième ligne vint à la rescousse et repoussa à son tour le 8ᵉ de dragons qui, en fuyant, menaçait de tomber sur la brigade de grosse cavalerie. Kellermann lui fit commander de se jeter à droite et à gauche, puis quand les ennemis ne furent plus qu'à cinquante pas, il commanda la charge. Le choc fut des plus violents et le résultat fut la destruction complète du corps de dragons autrichiens qui, précipités dans le Fontanone, furent tous pris, tués, noyés ou écrasés [1]. Un très petit nombre d'hommes furent assez heureux pour regagner le bord opposé.

Cette première charge, couronnée d'un succès si complet, n'était que le prélude de la charge plus célèbre qui décida de la victoire. D'après une des relations officielles de la bataille (on sait qu'il y en eut au moins quatre), Kellermann aurait exécuté, sur l'ordre de Bonaparte, une manœuvre savante : se trouvant avec 400 chevaux en bataille sur le flanc gauche de la colonne autrichienne, qui croyait marcher à la poursuite des Français vaincus et qui était elle-même flanquée un peu en arrière par six escadrons de cavalerie, il aurait fait deux parts de ses 400 chevaux : chargeant avec la gauche de sa ligne, rompue par pelotons à gauche, la colonne de grenadiers, tandis qu'avec la droite, conservée en bataille, il tenait en respect les six escadrons autrichiens. C'est là un des nombreux exemples de l'*arrangement* des rapports. La vérité est que Kellermann, saisissant avec un à-propos admirable le moment où la colonne autrichienne s'arrêtait, surprise par une salve de mitraille, se porta en avant à travers les intervalles de l'infanterie qui la précédait et commanda : *pelotons à gauche* à toute sa ligne, pour tomber en colonne sur les grenadiers autrichiens ; puis après leur avoir fait mettre bas les armes, il rallia une partie de sa cavalerie, pour se lancer sur les six escadrons ennemis, qui prirent la fuite [2].

---

1. *Mémoires du duc de Bellune*, p. 437. *Extrait du Journal militaire autrichien.*
2. *Mémoires du duc de Bellune.*

Ce mouvement de flanc était, sur une petite échelle, la répétition de la manœuvre de Seydlitz à Zorndorf ; il eut un résultat encore plus décisif.

Nous trouverions de nombreux exemples de cette manœuvre, qui réussit presque toujours. A Iéna, lorsque Ney déboucha dans le brouillard avec son avant-garde, forte de 4,000 hommes environ, au milieu du champ de bataille, il donna l'ordre au général Auguste Colbert, commandant de cette avant-garde, d'enlever avec sa cavalerie une batterie ennemie, dont le tir était des plus gênants. Colbert avait deux régiments de cavalerie légère, le 10e de chasseurs et le 3e de hussards, rangés en arrière et à gauche, en colonnes par escadron. Se couvrant d'un taillis qui était sur sa droite, il lance le 10e de chasseurs devant lui ; ce régiment dépasse le bois, arrive à hauteur de la batterie, tourne subitement à droite et, tombant sur les pièces, il en enlève treize, mais attaqué par un régiment de cuirassiers et deux régiments de dragons, qui fondent sur lui au galop, il est obligé de se retirer précipitamment. Colbert qui, profitant une seconde fois du bouquet de bois, avait préparé le 3e de hussards, le lance à son tour, déborde le flanc droit des cuirassiers et se jette sur eux par un mouvement semblable à celui du 10e de chasseurs. Arrêtés de front par le feu des carrés de l'infanterie, pris de flanc par les hussards, les cuirassiers ennemis battent en retraite [1].

Après Zorndorf et Marengo, le plus bel exemple connu de ces mouvements de flanc est celui de la grande charge de Nansouty à la bataille de Hanau. D'après un auteur russe, le général Lachmann, cette charge, à laquelle au milieu des revers de la Grande-Armée française, on n'a pas accordé toute l'attention qu'elle méritait, serait un des plus beaux faits d'armes de la cavalerie dans tous les temps et dans tous les pays.

La cavalerie ennemie avait chargé la grande batterie de la garde impériale, dont les servants, animés par Drouot, lui avaient opposé une résistance acharnée, et se retirait poursuivie par un tir meurtrier. Pendant ce temps, la cavalerie française s'était formée sur trois lignes ; la première ligne, composée de quatre régiments de

---

[1]. Marquis de Colbert, *Traditions et souvenirs*, t. II, p. 345.

cuirassiers, se précipita en avant, culbuta quatre régiments autrichiens, saxons et bavarois, puis par un « à-gauche imité du mouvement de Marengo », dit l'historien russe, se jeta brusquement sur l'infanterie ennemie, tandis que la division de cuirassiers de Saint-Germain, qui venait en seconde ligne, chargeait la deuxième ligne de la cavalerie austro-bavaroise ; l'élan de cette division fut un instant arrêté par quelques régiments qui s'étaient ralliés, mais la troisième ligne française, formée par la cavalerie de la garde, vint la soutenir ; infanterie et cavalerie, tout fut culbuté... L'intervention des Cosaques de Czernitchef et des partisans de Mensdorf sur le flanc droit des escadrons français sauva l'artillerie ennemie, mais enfin la cavalerie de Sébastiani, arrivant à son tour, mit fin à la résistance des alliés [1]. La victoire dans ce combat de cavalerie resta, comme presque toujours, au parti qui put engager la dernière troupe.

Les mouvements de la cavalerie présentent cela de particulier qu'en raison de leur rapidité et de leur soudaineté, un chef habile ayant à la fois du coup d'œil et de la décision, peut en changer subitement la direction et obtenir par l'imprévu d'immenses résultats. Depuis le grand Condé, à Rocroi, culbutant la cavalerie de l'aile gauche des Espagnols et, à la vue de sa propre gauche battue, traversant tout le champ de bataille pour tomber sur leur droite, après Kellermann à Marengo, Colbert à Iéna, Nansouty à Hanau, que d'exemples à citer ! C'est Latour-Maubourg à Medellin, en Espagne, le 30 mars 1809, poursuivant avec sa division de dragons l'aile droite des Espagnols, puis faisant demi-tour et tombant sur les derrières de l'aile gauche qui, attaquée de front par la cavalerie légère de Lasalle, est prise entre deux feux et détruite [2]. C'est à Alba-de-Tormès, Kellermann culbutant avec une division de dragons la cavalerie espagnole, et le colonel Ordener, commandant un des régiments de cette division, le 15e, qui, par un mouvement brusque d'*escadrons à droite*, tombe sur le flanc gauche de l'infanterie ennemie, la met en déroute, s'empare de cinq canons et décide ainsi la victoire. A Lérida, le 23 avril 1810, le 13e régi-

---

1. *La Cavalerie des alliés en* 1814. — *Journal des sciences militaires*, janvier 1886, p. 91.
2. *Victoires et Conquêtes*, t. XIX, p. 30.

ment de cuirassiers, soutenu par une batterie d'artillerie légère, renverse d'abord la cavalerie espagnole, placée à l'aile gauche de l'infanterie, puis fait un à-gauche et charge sur l'infanterie qui, prise de flanc, sabrée, roulée, s'enfuit laissant entre les mains des cuirassiers[1]. 3,600 prisonniers. Le général Caulaincourt, à la Moskowa, charge sur l'infanterie ennemie en face de lui, dépasse ainsi la grande redoute, se rabat sur la gauche, fond sur l'infanterie placée en arrière de cette redoute, la renverse, la sabre et de nouveau conversant à gauche, pénètre au galop par la gorge dans la redoute, où il trouve une mort glorieuse[2]. Dans les actions de cavalerie, l'imprévu joue presque toujours un rôle capital, et les généraux de l'arme réputés pour les meilleurs manquaient rarement, quand ils en trouvaient l'occasion, de tourner la ligne ennemie pour tomber là où ils n'étaient pas attendus. Au combat de Bar-sur-Aube, le 27 février 1814, l'infanterie d'Oudinot, engagée avec des forces très supérieures et entourée de toutes parts, allait succomber sous le nombre, et le maréchal lui-même se voyait sur le point d'être pris par l'ennemi, quand Kellermann, avec les dragons d'Espagne, franchit l'Aube au gué de Saint-Esprit, gravit au galop les hauteurs de Vernancourt qui dérobaient sa présence aux troupes alliées et tomba comme une avalanche sur les bataillons de Wittgenstein, qu'il mit en déroute...[3].

Quelquefois, le plus souvent même, ces mouvements tournants dirigés sur les flancs ou sur les derrières des troupes ennemies, étaient combinés avec une attaque directe; le succès manquait rarement de couronner cette manœuvre, lorsqu'elle était bien exécutée. A la bataille de Wurtzbourg, qu'il gagna sur Jourdan le 3 septembre 1796, l'archiduc Charles avait mis en réserve 14 escadrons de hussards derrière l'aile droite de ses cuirassiers; il leur fit tourner le village d'Ewerfeld pour charger la cavalerie française qui, attaquée en même temps de front par les cuirassiers, fut surprise et culbutée. A Friedland, c'est grâce à des attaques de front et de flanc habilement concertées que Grouchy put tenir en échec pendant toute la journée la nombreuse cavalerie russe dans la plaine

---

1. *Mémoires et Correspondance du roi Joseph*, t. VII.
2. Jacquinet de Presle, *Cours d'art et d'histoire militaires*, p. 201.
3. *Victoires et Conquêtes*, t. XXIII, p. 159.

d'Heinrichsdorf. Une ligne de quatre régiments de cuirassiers chargeait de front la cavalerie russe et reculait en faisant demi-tour comme cédant à des forces supérieures; elle attirait ainsi l'ennemi en deçà du village d'Heinrichsdorf, occupé par quelques bataillons d'infanterie; alors les cuirassiers faisaient de nouveau demi-tour, chargeaient vivement et repoussaient les Russes qui, en passant devant Heinrichsdorf, étaient accueillis par un feu vif de mousqueterie, tandis que les dragons et les carabiniers embusqués derrière le village tombaient sur leur flanc gauche. Répétée à plusieurs reprises, cette manœuvre réussit chaque fois [1].

A la bataille d'Alba-de-Tormès, que nous venons déjà de citer, Kellermann se trouvant tout à coup, avec son avant-garde, composée de six régiments de dragons et de deux régiments de cavalerie légère, en face de toute l'armée espagnole du Nord, forte de 30,000 hommes, n'hésita pas à l'attaquer. Profitant d'un rideau épais d'arbres, il fit tourner la position par une brigade de dragons, tandis que lui-même poussait droit devant lui avec une autre brigade. Les deux mouvements furent si bien concertés que la première ligne ennemie fut complètement culbutée, la cavalerie prit la fuite, la première ligne de l'infanterie fut mise en déroute et perdit une partie de ses canons [2]; à Fuentès-de-Onoro, le 5 mai 1811, Montbrun qui dirigeait toute la cavalerie de l'armée de Portugal, avait pris les dispositions d'attaque suivantes pour marcher contre la cavalerie anglaise : les dragons étaient déployés en ligne, flanqués à droite et à gauche d'un escadron de hussards en colonne; un autre escadron de hussards était placé en avant, masquant l'artillerie à cheval, enfin trois régiments de cavalerie légère formés à intervalles de déploiement, en colonnes serrées par escadron, servaient de réserve à quelques centaines de mètres en arrière de la ligne. Un régiment anglais voulut se porter en avant, Montbrun démasqua ses pièces, l'ébranla par le feu de l'artillerie et lança sur ses flancs les deux escadrons de ses ailes; ce régiment fut complètement mis en déroute [3]. Une disposition analogue fut prise en 1812 par l'avant-garde de l'armée de Portugal, poursuivant les Anglais après

---

1. Thiers, *Histoire du Consulat et de l'Empire*, t. VII, p. 599.
2. *Victoires et Conquêtes*, t. XIX, p. 307.
3. Koch, *Mémoires de Masséna*, t. VII.

la levée du siège de Burgos. L'arrière-garde ennemie s'était formée en bataille sur deux lignes couvertes par un ruisseau. Le 15ᵉ de chasseurs, colonel Faverot, comptant trois escadrons, passa le ruisseau, se mit en bataille en face des Anglais, tandis qu'à droite se déployait un escadron des lanciers de Berg et que la légion de gendarmerie se formait en colonne sur la gauche. Pendant que les chasseurs et les lanciers étaient aux prises avec la première ligne des Anglais, la gendarmerie ne laissait pas à la deuxième ligne le temps d'arriver et la culbutait [1].

Le général Curély, dans le récit de ses campagnes qu'il a laissé sous le titre d'*Itinéraire*, raconte un fort joli combat d'arrière-garde, auquel il prit part dans la retraite de Russie et dans lequel une attaque de flanc réussit pleinement. La brigade Corbineau, composée des 7ᵉ et 20ᵉ de chasseurs et du 8ᵉ de lanciers polonais, couvrait la retraite du corps bavarois entre Polosk et Wilna; cette brigade elle-même était couverte par un de ses régiments, le 7ᵉ de chasseurs fort de 300 chevaux, et par une arrière-garde de 50 chasseurs du 20ᵉ, que commandait précisément Curély. Ces 350 chevaux étaient adossés à un bois, traversé par le chemin étroit qu'avait suivi la brigade et où l'on ne pouvait passer qu'en colonne par deux. Curély, avec ses 50 chasseurs, couvrait le défilé à la droite duquel se tenait le 7ᵉ. En face de Curély se trouvaient à peu près 200 Cosaques, et 1,000 à 1,200 de ces mêmes Cosaques menaçaient le front du 7ᵉ. Impossible dans ces conditions de s'engager dans le défilé en arrière. Après s'être rapidement concerté avec le colonel du 7ᵉ, Curély chargea impétueusement les 200 Cosaques et les força de reculer, puis, faisant un à-droite, il tomba sur le flanc de la masse, tandis qu'au même moment le colonel de Saint-Chamans, à la tête du 7ᵉ, l'abordait de front; le succès fut complet, et les Cosaques culbutés perdirent leur artillerie [2]. Curély donna plus tard, dans la campagne de 1814, l'exemple d'une attaque de flanc plus brillante et plus heureuse encore, puisqu'elle décida la victoire de Château-Thierry, le 18 février, et lui valut le grade de général de brigade après six mois seulement de celui de colonel. Il com-

---

1. *Cours* de M. Jacquinet de Preslé, p. 207.
2. Curély, *Itinéraire d'un cavalier léger*, chap. IX.

mandait le 10ᵉ régiment de hussards, comprenant cinq escadrons, soit environ 800 chevaux, et faisant partie de la division des gardes d'honneur du général Defrance. « Arrivé à portée de canon de l'en-
« nemi », dit-il, « j'eus l'ordre d'attaquer toute la ligne ennemie
« avec mon régiment; les gardes d'honneur se retirèrent en obser-
« vation ; comme l'ennemi m'opposait une force d'une trentaine
« d'escadrons et que mon régiment n'en comptait que cinq, je crus
« devoir attaquer la gauche de la ligne, que je refoulai sur le
« centre; par ce mouvement j'attirai sur moi toute la cavalerie
« ennemie; l'Empereur profita de ce moment pour attaquer sa
« droite, qu'il rompit, et il enleva tout ce qui se trouvait devant
« lui. Je repris alors la charge et je poursuivis l'ennemi [1]... »

Nous avons vu que, dans les combats de cavalerie sur plusieurs lignes, l'avantage restait presque toujours à celui des deux adversaires qui gardait la dernière réserve. A la bataille de Wurtzbourg, dont nous venons déjà de parler, la cavalerie française, de moitié moins nombreuse que celle de l'ennemi, engagée tout entière et sans réserve, fut d'abord victorieuse, mais la seconde ligne des Autrichiens ayant rétabli le combat, la déroute fut complète [2]. A la bataille de Hochstædt, gagnée le 19 juin 1800 sur les Autrichiens, Lecourbe sut faire un heureux emploi des lignes successives. Il avait déjà dans la journée obtenu plusieurs avantages sur l'ennemi, lorsque vers le soir toute la cavalerie autrichienne s'avança contre lui, formée sur deux longues lignes. Il réunit tous les escadrons dont il pouvait disposer, c'est-à-dire le 2ᵉ régiment de carabiniers, les 6ᵉ et 9ᵉ de grosse cavalerie, le régiment de cuirassiers et le 9ᵉ de hussards; il les plaça sur trois lignes, les carabiniers et les régiments de cavalerie furent d'abord renversés et ramenés par la première ligne des Autrichiens; ralliés par les cuirassiers qui formaient la seconde ligne de Lecourbe, ils repoussèrent l'ennemi, mais la seconde ligne des Autrichiens, les surprenant dans le désordre de la charge, culbuta à son tour cuirassiers, carabiniers et cavaliers. Alors Lecourbe, à la tête du 9ᵉ de hussards, se jeta sur le flanc de la ligne autrichienne et remporta une victoire complète.

---

[1]. Curély, *Itinéraire d'un cavalier léger*, chap. XI.
[2]. *Cours* de M. Jacquinet de Presle, p. 198.

Nous pourrions encore citer la bataille d'Austerlitz, où plusieurs fois dans la journée la défaite d'une première ligne fut réparée par l'intervention d'une seconde ligne. C'est ainsi que la division de cavalerie légère de Kellermann, s'étant heurtée, après une charge heureuse, à une ligne d'infanterie qui l'accueillit avec un feu meurtrier et blessa grièvement son général, fut chargée par les uhlans autrichiens qui la repoussèrent, mais les dragons de la division Walther accoururent à leur tour et culbutèrent les uhlans [1]. Déjà, dans la même bataille, cette même division Kellermann s'était relevée d'un premier échec, non plus par la formation sur plusieurs lignes, mais par la formation en échelons (ce qui revient d'ailleurs à plusieurs lignes se débordant successivement). Elle avait marché à l'ennemi en quatre échelons composés chacun d'un régiment déployé ; le régiment de tête, 4ᵉ de hussards, fut entouré, perdit son colonel fait prisonnier et recula en désordre. Alors les trois autres régiments conversant à droite et à gauche prirent l'ennemi par ses deux flancs, tandis que la brigade de dragons Sébastiani, qui était en arrière et à droite de la division Kellermann, se portait en avant, exécutait un à-gauche et tombait sur le flanc gauche de la cavalerie ennemie [1].

A Zehdenick le 26 octobre 1806, Lasalle manœuvra en présence de la cavalerie prussienne, sans la charger, jusqu'à l'arrivée des dragons de Grouchy ; alors seulement il lança le 5ᵉ et le 7ᵉ de hussards, mit les Prussiens en déroute et les poursuivit jusqu'au delà d'un bois qui formait défilé. Là ses hussards furent ramenés par des troupes fraîches, mais les dragons prirent immédiatement leur place. A Fuentès-de-Oñoro, Masséna ne voulut pas engager les dragons de Montbrun sans avoir en réserve la cavalerie de la garde, et cette cavalerie faisant défaut pour des raisons de sotte étiquette, la bataille fut perdue. A la deuxième bataille de Polosk, où Curély ne craignit pas de charger la cavalerie russe avec 2 escadrons sans aucune réserve, Gouvion-Saint-Cyr se croit forcé de l'excuser pour cette action hardie en faisant remarquer que le feu de l'artillerie faisait perdre plus de monde à Curély qu'il n'en pouvait perdre en chargeant.

---

[1]. Général Ambert, *Essais de tactique*, d'après le rapport du général Picard, qui remplaça Kellermann après ses blessures, et les cartes de M. de Castres.

M. Thiers a popularisé les belles charges des cuirassiers à la bataille d'Essling et l'heureuse intervention de la cavalerie légère de Lasalle pour repousser la cavalerie autrichienne, lorsqu'elle ramenait ces cuirassiers après leurs succès contre l'infanterie... A Lieberkowitz, le 14 octobre 1813, un des plus grands combats de cavalerie dont fasse mention l'histoire moderne fut terminé, après une lutte de plusieurs heures, par l'intervention d'une dernière réserve de cosaques et de hussards de la garde impériale russe.

Si la cavalerie, au lieu de charger sur la cavalerie ennemie, devait agir contre l'infanterie, les lignes successives étaient encore plus nombreuses mais aussi plus rapprochées, et leurs actions devaient être pour ainsi dire continues, afin de ne pas donner à l'infanterie renversée le temps de se relever et de se reformer. Nous avons cité comme modèle à ce sujet la grande charge qui termina la bataille de Zorndorf; on pourrait, quoique le succès en ait été moindre, lui assimiler la charge de Murat à Eylau, exécutée aussi sur trois lignes ou plutôt sur quatre, l'une de cavalerie légère, la seconde de dragons, la troisième de cuirassiers et la quatrième de la cavalerie de la garde (dragons et chasseurs), mais l'ordre adopté par Seydlitz et consistant à faire donner le premier choc par les cuirassiers, nous paraît beaucoup plus logique. A Waterloo, les cuirassiers qui s'acharnèrent contre les carrés anglais formaient autant de lignes que de régiments et chacune de ces lignes, après avoir chargé, venait se reformer en arrière. A Alba-de-Tormès, Kellermann renversa d'abord avec ses dragons la cavalerie des Espagnols et la première ligne de leur infanterie; il fut ensuite repoussé par la seconde ligne, mais sa seconde ligne, à lui, arriva presque aussitôt et acheva la défaite. Peu de charges réussirent aussi bien au début que celle des cuirassiers conduits par le même Kellermann aux Quatre-Bras; ils traversèrent victorieusement plusieurs lignes de l'infanterie anglaise, mais ils ne furent pas soutenus, et ils revinrent en désordre, en proie à la panique.

En voilà plus qu'il n'en faut pour montrer l'usage qu'on faisait des lignes successives et des mouvements combinés de front et de flanc. Quant à l'exécution des charges, l'étude des faits nous montre qu'il n'y avait pas de règles bien précises; on voit cependant que les troupes de cavalerie les mieux commandées agissaient toutes à peu près de même. Plusieurs questions se présentent naturellement au sujet des charges. Nous allons les examiner successivement:

1° *Reconnaissait-on généralement le terrain avant de charger?* Le général de Brack recommande de n'y pas manquer lorsqu'il s'agit de charger sur l'artillerie. Il cite le général Édouard de Colbert, dont il était l'aide de camp, comme l'ayant fait avec soin à la bataille de Wagram. Le général de Marbot, qui était aide de camp de Lannes et le fut ensuite de Masséna, raconte aussi qu'à la bataille d'Essling, les éclaireurs qui précédaient un régiment de chasseurs, envoyé par le maréchal Lannes sur le flanc droit des Autrichiens, reconnurent l'impossibilité de faire le mouvement sur un terrain où les chevaux s'enfonçaient; mais nous avons entendu dire par d'anciens officiers du premier Empire, qu'on prenait bien rarement ce soin. Murat, en particulier, lançait les régiments à la charge sur la simple indication de : *chargez!* A Heilsberg, la première brigade de la division des cuirassiers Espagne fut obligée pour se lancer sur l'ennemi de franchir, en colonne par deux, un ravin presque inabordable, pour se former en bataille à deux cents pas à peine de l'ennemi [1].

A la bataille de Wagram, la division de cuirassiers dont le duc de Padoue venait de prendre le commandement, reçut du maréchal Davout l'ordre de charger sur un terrain absolument impraticable, d'une pente rapide, occupé le matin encore par les bivouacs et les baraquements d'un corps autrichien. Plusieurs cuirassiers tombèrent dans les trous des cuisines, la division fut morcelée et obligée de battre en retraite au galop [2]. A Wachau, le 16 octobre 1813, dans la grande charge commandée par Murat, le général Pajol, qui était en tête avec la cavalerie venue d'Espagne, avait fait arrêter le mouvement et envoyé reconnaître le terrain, qui n'était qu'un marais où les chevaux enfonçaient jusqu'au poitrail. Il en avertit directement le roi de Naples, mais un instant après il fut grièvement blessé. Murat ne tint aucun compte et reprit la charge qui échoua tout naturellement [3].

2° *A quelle distance de l'ennemi entamait-on la charge?* Nous avons

---

1. *Souvenirs militaires du colonel de Gonneville*, p. 61.
2. *Souvenirs du duc de Padoue*, t. I.
3. *Le général Pajol*, t. II.

encore entendu dire fréquemment à de vieux officiers de cavalerie qu'en général, dans l'ancienne armée, on prenait trop vite une allure rapide et que les chevaux arrivaient essoufflés sur l'ennemi. Ce n'est pas ainsi qu'agissaient les meilleurs généraux de cavalerie, les Lasalle, les Kellermann, les Colbert, les Curély, ceux qui savaient aussi bien conserver leurs chevaux que s'en servir. A Marengo, lors des charges de Kellermann sur les dragons autrichiens, la brigade de grosse cavalerie ne prit le galop qu'à 60 mètres de l'ennemi; à Zehdenick, Lasalle ne chargea qu'à 10 mètres, la charge fut cependant des plus impétueuses. A Sagonte, un escadron du 13e de cuirassiers, sautant de pied ferme un mur en pierres sèches et une rigole, culbuta toute la cavalerie espagnole qui, forte de 1,500 chevaux, venait de repousser le 3e de hussards et les autres escadrons du 13e de cuirassiers. Au combat d'Altafulla, Curély fit sonner la charge à 50 pas de la cavalerie espagnole, qu'il culbuta complètement. Aux Quatre-Bras, Kellermann, accouru au grand trot à l'appel de Ney avec une brigade de cuirassiers, laissa souffler les chevaux avant de se mettre en mouvement, gravit la pente au trot et ne fit sonner la charge qu'au moment d'aborder l'armée anglaise[1]. A Waterloo le 4e de lanciers, d'après ce que raconte le général de Brack, chargea presque de pied ferme sur les dragons anglais de Ponsonby.

3° Ceci nous amène à nous demander *quels étaient d'habitude les mouvements préparatoires de la charge*. Il est aujourd'hui posé en règle que la charge doit être précédée d'une sorte d'entraînement préalable des chevaux et qu'elle comporte une *chevauchée* d'environ 1,200 mètres, dont 80 seulement pour la charge, environ 500 mètres au galop, le reste au pas et surtout au trot. Tel est du moins le règlement allemand. Il y a eu dans la dernière guerre des mouvements plus longs, comme celui de la brigade Bredow et des cuirassiers de la garde impériale à Rezonville. Dans les guerres du premier Empire, les distances à parcourir n'étaient pas si grandes et quand on visite certains champs de bataille, notamment celui de Waterloo, on est étonné de voir sur quels espaces restreints se sont décidées parfois les destinées de l'Europe. Plusieurs charges de

---

1. *Mémoires du duc de Valmy.*

cavalerie ont donné lieu, il est vrai, à des mouvements étendus, mais c'étaient des exceptions; à Iéna, par exemple, la cavalerie de réserve, débouchant sur le terrain quand l'affaire était déjà décidée et impatiente de prendre part au combat, accourait de loin, suivant au galop les rives de la Saale. A Eylau, à la Moskowa, à Wachau, à Bar-sur-Aube, à Château-Thierry, à Vauchamps, à Montereau il y eut des charges de cavalerie partant de loin. A Montereau, le général Pajol ayant ordonné à la brigade de dragons Delort de se précipiter à travers les rues jusqu'aux ponts, depuis les hauteurs qui dominent la ville, cette brigade prit d'abord le trot puis, arrivée au commencement de la descente, elle prit le galop et enfin, au milieu de la descente, elle entama la charge, qui fut irrésistible [1].

4° *La cavalerie chargeait-elle de pied ferme* ou, pour mieux dire, attendait-elle de pied ferme la charge de la cavalerie ennemie? En principe, sans doute, cela ne devait pas être, et le général de la Roche-Aymond a condamné d'une façon absolue l'immobilité de la cavalerie au moment de charger ou d'être chargée. Il y a eu cependant des cas où des généraux, sûrs de leur troupe, ont attendu avec calme jusqu'au dernier moment le choc de l'ennemi, surtout lorsque celui-ci pouvait être désuni par une longue course au trot et au galop ou bien lorsque les chevaux de leurs propres escadrons étaient trop fatigués pour fournir cette course. Nous venons de voir les hussards de Lasalle à Zehdenick. Nous verrons, tout à l'heure, Durosnel à Eylau, Nansouty à Eckmühl. Les dragons de la division Sainte-Croix, dans la retraite de Portugal, voyant la cavalerie anglaise se préparer à les charger et sentant leurs chevaux épuisés par la privation de nourriture pendant de longues marches, restèrent immobiles et reçurent les Anglais le sabre pointé en avant, puis se jetèrent à leur poursuite, les sabrèrent et leur infligèrent un échec sanglant [2]. A Walls, en Catalogne, un escadron du 24° de dragons attendit jusqu'à vingt pas les cuirassiers espagnols et, dans une charge soudaine, les culbutèrent complètement.

Souvent même la contenance ferme et assurée d'une troupe im-

---

[1]. *Pajol général en chef*, par son fils, *le général Pajol*, t. III.
[2]. *Victoires et conquêtes*, t. XX, p. 180.

mobile, imposait assez à l'ennemi pour le faire hésiter ou reculer. Dans la retraite de l'armée prussienne à Hochkirch, Seydlitz disposa ses escadrons déployés en échiquier sur deux lignes et attendit la cavalerie autrichienne, qui n'osa pas l'aborder[1]. Lorsque à Medellin Lasalle se retirait par échelons avec sa division de cavalerie légère devant l'aile droite des Espagnols, beaucoup trop nombreuse pour qu'il pût l'attaquer, les lanciers espagnols voulurent charger un escadron de hussards qui formait le dernier échelon. Le commandant de cet escadron fit volte face et attendit de pied ferme. Les lanciers ralentirent peu à peu l'allure et finirent presque par s'arrêter. Voyant leur hésitation, le commandant des hussards les chargea impétueusement. Lasalle fit demi-tour et lança tous ses échelons sur l'armée espagnole qui, prise au même moment à revers par les dragons de Latour-Maubourg, subit une éclatante défaite[2].

La cavalerie, avant d'être abordée par l'ennemi ou de l'aborder, faisait-elle feu ? Ici encore la règle générale dit non ! mais de nombreuses exceptions disent : Oui ! En Égypte d'abord, les dragons ne manquaient jamais, avant d'être attaqués par les Mamelucks ou de charger sur eux, de tirer une salve de mousqueterie. Ainsi firent-ils en débouchant sur le champ de bataille de Saléhieh, où ils dégagèrent Lasalle et sa cavalerie légère, aux prises avec 1,200 à 1,500 Mamelucks. Au combat de Thèbes, dans la haute Égypte, Davout, commandant la cavalerie du corps expéditionnaire, avait sous ses ordres le 15e de dragons, le 22e de chasseurs et le 7e *bis* de hussards. Les dragons, placés au centre, accueillirent les Mamelucks par un tel feu de mousqueterie, que le premier rang presque entier fut abattu, mais l'impulsion était trop vive pour qu'elle pût être arrêtée et les Mamelucks tombèrent sur le 15e de dragons : alors les deux régiments de cavalerie légère s'élancèrent de droite et de gauche et les enveloppèrent[3]. A Eylau, c'est en arrêtant les Russes par une salve de mousqueterie que le 20e de chasseurs les mit en déroute. Le colonel Castex, qui commandait le régiment, attendit jusqu'au dernier moment pour commander : *Feu*. La cava-

---

1. Jomini, *Traité des grandes opérations militaires*, t. II.
2. *Victoires et conquêtes*, t. IX, p. 60.
3. Rapport de Desaix à Bonaparte, cité au *Moniteur* de 1798.

lerie russe fit demi-tour et s'enfuit en désordre[1]. A la bataille de Friedland, le colonel Laferrière en fit autant avec le 3ᵉ de hussards. A la bataille d'Eckmühl, la division Nansouty, composée ce jour-là de cinq régiments, était formée sur deux lignes à la distance du front d'un escadron ; la première ligne comprenait trois régiments, un de carabiniers au centre, deux de cuirassiers aux ailes. Un régiment de cuirassiers autrichiens s'étant lancé sur la première ligne, Nansouty s'avança au pas à sa rencontre ; quand la ligne ne fut plus qu'à cent pas des Autrichiens, les carabiniers armèrent leurs carabines et à trente ou quarante pas ils firent feu, en même temps que les deux régiments de cuirassiers prenaient le trot et, suivis par la seconde ligne, chargeaient les Autrichiens[2]. Au combat de Zscheiplitz, le 10 octobre 1813, la cavalerie française, commandée par Lefebvre Desnouettes, accueillit les *partisans* de Thielmann par des feux de salve ; l'ennemi pénétra cependant dans les premiers rangs de cette cavalerie avant qu'elle n'eut le temps de mettre le sabre à la main ; mais elle était composée de vieux soldats qui se déployèrent en ordre parfait et, après une mêlée acharnée, les Français eurent le dessus. Les choses ne se passaient pas toujours aussi bien, et le même jour, à Stössen, une ligne de dragons français, ayant laissé arriver deux escadrons de chevau-légers autrichiens à trente pas, fut culbutée malgré ses feux de salve[3].

Formations pour la charge. Nous avons vu que les charges se faisaient presque toujours sur plusieurs lignes, ou placées directement les unes derrière les autres ou disposées en échelons, ou se flanquant réciproquement. Souvent et surtout lorsqu'elle avait affaire à l'infanterie, la cavalerie chargeait en colonne. On peut même citer plusieurs exemples de charges en colonne par peloton. Celle de Kellermann à Marengo est la plus célèbre. La charge des dragons de Pajol à Montereau ne l'est pas moins : il s'agissait ici de charger sur une route et dans les rues d'une ville. Enfin les lanciers polonais exécutèrent en colonne par quatre la charge de

---

1. *Mémoires du commandant Parquin. Revue de cavalerie*, 1885.
2. *Histoire du 2ᵉ de cuirassiers*, par le colonel de Rothwiller.
3. *La cavalerie des alliés en 1814, Journal des Sciences militaires*, année 1885, t. IV, p. 65.

Somo-Sierra et c'est également en colonne par quatre que le 5º régiment de chasseurs chargea les dragons prussiens, rencontrés à l'improviste, à Preussisch, Hollande, en janvier 1807 ; le premier escadron se précipita sur eux sans leur donner le temps de se reconnaître, les culbuta et les sabra [1].

Sabre à la main. Quelques généraux avaient, paraît-il, le défaut de faire mettre le sabre à la main longtemps à l'avance ; il n'y avait pas, à cet égard, de règles déterminées, mais beaucoup d'officiers ne faisaient tirer le sabre du fourreau qu'à proximité de l'ennemi, donnant à ce mouvement quelque chose de solennel qui frappait les imaginations et animait les courages. « Tirer son sabre, » dit de Brack, « appliquer les éperons au ventre de son cheval, frapper « l'ennemi, doit être tout un. » Le colonel de Gonneville raconte qu'ébranlant son escadron pour franchir le mur qui le séparait de la cavalerie espagnole à la bataille de Sagonte, il fit un signe compris des cuirassiers ; à ce signe, tous les sabres s'élevèrent en l'air et furent brandis d'une façon si énergique qu'il ne douta pas du succès : « A l'heure où cinquante ans après », ajoute-t-il, « j'écris ces lignes, je sens encore battre mon vieux cœur au sou-« venir que cela me rappelle. »

Règles suivies pour la charge. La charge en fourrageurs, d'après le général de Brack, ne s'employait guère que contre l'artillerie ; dans toute autre circonstance, la cavalerie chargeait en muraille même contre les cosaques, et la cavalerie légère de Lasalle, dans la campagne de 1807, venait à bout de ces redoutables partisans par la régularité de ses manœuvres. A la sonnerie de la charge, tous les cavaliers criaient : *chargeons !* ou *en avant !* chacun se précipitait pour son compte, les plus braves et les mieux montés arrivaient les premiers sur l'ennemi. La cavalerie française était renommée pour charger à *fond*, ce qui était moins commun qu'on ne le pense, une sorte de mouvement instinctif de la main de la bride ralentissant parfois la course du cheval. Pour éviter cet effet, les Anglais, en Espagne, avaient l'habitude de faire décrocher les gourmettes avant de charger ; ils tombaient alors dans l'excès

---

1. Le colonel de Vienne, *Cours de tactique de cavalerie à l'École supérieure de guerre.*

opposé, les cavaliers n'étant plus maîtres de leurs chevaux. Le général Lallemand, n'ayant pas le temps, dans certain combat, de prendre ses dispositions avant d'être chargé par l'ennemi (sa brigade était déployée en bataille), commanda *pelotons à droite* au moment où la charge arrivait sur lui ; les cavaliers des deux files de gauche de chaque peloton firent face en avant, les chevaux anglais se jetèrent dans les intervalles et traversèrent la ligne. Lallemand commanda alors de nouveau *pelotons à droite et en avant* ; il tomba dans un ordre parfait sur les escadrons anglais dispersés et leur infligea une verte leçon. Trois fois sur quatre, paraît-il, une des deux cavaleries qui chargeaient l'une sur l'autre tournait le dos sans être abordée ; c'était celle dont les cavaliers sentaient instinctivement la supériorité de l'ennemi, quelquefois même les deux adversaires s'arrêtaient, comme cela arriva à la cavalerie de Blücher et à la brigade de cavalerie légère du corps de Soult dans la poursuite sur Lubeck. Cela faillit arriver aussi au combat de Villadiego, dont nous avons parlé, mais un sous-officier français ayant enfin porté un coup de sabre à un Anglais qui le lui rendit, la mêlée s'engagea[1]. D'autres fois des vides se faisant dans les lignes pendant la marche au galop, les deux cavaleries pénétraient l'une dans l'autre et la mêlée s'engageait naturellement. « Nous « entrâmes dans la cavalerie ennemie », dit Curély, dans son récit du combat d'Altafulla. En résumé, la cavalerie française, moins nombreuse, moins bien montée que celle des nations ennemies de la France, l'emporta presque constamment sur elle par son audace, par son habitude de s'engager à fond et par son adresse à se servir de ses armes.

Il reste à parler du combat à pied, dont on trouve peu d'exemples dans l'histoire des guerres de l'Empire, ce qui tient sans doute à ce que dans la plupart des circonstances la cavalerie légère était appuyée par quelques compagnies, quelquefois même par des régiments d'infanterie, comme la division Montbrun, au début de la campagne de 1809 ; comme la brigade Auguste Colbert, dans la campagne de 1807, où elle fut assistée de 40 compagnies de voltigeurs, comme la division Lasalle, couvrant la retraite de l'armée

---

1. *Cours d'art militaire,* de Jacquinot de Presle.

à la fin du mois de février 1807. On cite cependant quelques combats dans lesquels la cavalerie mit pied à terre et fit le coup de fusil. Tel fut celui de Wertingen, en 1805. Un détachement de la division de dragons Beaumont s'empara, en combattant à pied, du pont par où devait passer la colonne. Quelques instants plus tard, le 9⁰ régiment de dragons étant arrêté dans les rues de Wertingen par des tirailleurs, le général Beaumont fit mettre pied à terre à un escadron pour déloger ces tirailleurs[1]. Les Anglais, dans leur retraite sur la Corogne, au mois de décembre 1808, se préparaient à faire sauter les ponts de Puente Ferreira et de Berceira, lorsque des escadrons de dragons s'élancèrent à pied sur ces ponts et s'en emparèrent. A Usagre, en 1811, deux régiments de dragons à cheval avaient été imprudemment engagés dans un défilé où l'ennemi les serrait de près, un troisième régiment, le 14⁰, mit pied à terre et soutint leur retraite. Pendant la marche du maréchal Macdonald, de Lerida sur Barcelone, en 1811, le 24⁰ de dragons ayant été engagé sans infanterie dans les défilés dangereux du col d'Ave, le colonel fit mettre pied à terre à deux compagnies pour flanquer la colonne en suivant les hauteurs à droite et à gauche; il garantit ainsi son régiment contre toute surprise de la part des miquelets et des paysans en armes.

Au combat de Méry-sur-Seine, dans la campagne de France, le général Curély, après avoir dégagé la cavalerie de la garde, exécuta sa retraite dans le meilleur ordre; il fit repasser le pont sur la Seine d'abord par la garde, ensuite par sa brigade : 50 hommes mirent pied à terre, barricadèrent de suite le pont et se placèrent derrière un grand fossé impraticable à la cavalerie; la nuit approchait, l'ennemi crut avoir de l'infanterie devant lui et n'osa pas approcher[2].

Nous n'avons rien dit jusqu'ici de l'artillerie, nous réservant de grouper tout ce qui concerne cette arme à la fin du présent chapitre; observons seulement, pour le moment, que Napoléon considérait l'artillerie à cheval comme le complément indispensable de la cavalerie, parce qu'elle donne à celle-ci les feux qui lui man-

---

1. Rapport de Murat.
2. Curély, *Itinéraire*, chap. XI. *Cours d'art militaire*, de Jacquinot de Presle, p. 161.

quent et que, de son côté, la cavalerie rend possible à l'artillerie des mouvements que cette dernière ne pourrait exécuter sans sa protection. Quand il s'agit de charger sur l'infanterie, cent exemples ont prouvé la nécessité d'une action préalable de l'artillerie. La résistance de la division russe Ne~erofoskoï, à toute la cavalerie de Murat, au premier combat de Krasnoë, est un des plus remarquables parmi ces exemples. La bataille d'Alba-de-Tormès, dont nous avons déjà parlé plusieurs fois, en est un des plus curieux : 4,000 hommes d'infanterie espagnole s'étaient formés en carrés à la fin de la bataille, sur une légère éminence ; les chasseurs et les dragons les chargèrent en vain à plusieurs reprises ; la nuit arrivait et les chevaux, effrayés par la lueur des coups de fusil, faisaient demi-tour au lieu d'aborder les carrés. Une seule pièce de canon arrive, elle tire, elle enlève quelques files, les fantassins espagnols perdent confiance, notre cavalerie reprend courage, une nouvelle charge réussit ; l'infanterie espagnole est sabrée et mise en déroute [1].

Sous la Restauration, les généraux et les officiers qui avaient fait la guerre pendant de longues années conservèrent les traditions de la cavalerie française, mais, à l'exception du général de Brack, ils ne transmirent pas cette tradition par écrit à leurs successeurs, et l'esprit de formalisme exclusif qui caractérisa l'école de Saumur aboutit au règlement de 1829. On fit consister la science des manœuvres dans la récitation littérale du texte de la théorie ; on devint bon officier de cavalerie en débitant imperturbablement devant des hommes qui n'écoutaient pas, des phrases telles que celle-ci : *l'éperon n'est pas un aide, c'est un moyen de châtiment*, etc., et l'on passa pour un grand manœuvrier, en se faisant suivre d'un cavalier porteur d'une corde ayant en longueur l'intervalle réglementaire de deux escadrons, afin de faire mesurer les intervalles et de mettre aux arrêts les commandants d'escadron qui n'avaient pas conservé les leurs. Comme innovation, le gouvernement de la Restauration adopta *l'escadron-compagnie* et la composition régulière de cet escadron partagé en quatre pelotons. Quelques hommes pratiques essayèrent de faire supprimer les inversions et d'intro-

---

[1]. *Cours d'art militaire*, de Jacquinot de Presle, p. 215.

duire dans la manœuvre des formations plus élastiques que la colonne serrée par escadron, ils n'y réussirent pas.

La guerre de 1854 donna peu d'occasions de se distinguer à la cavalerie française, qui ne débarqua en Crimée qu'au mois d'octobre. La bataille de Balaklava, livrée le 25 octobre, se borna cependant presque uniquement à des engagements de cavalerie. Il y eut ce jour-là, tant chez les Russes que chez les Anglais et les Français, quatre charges distinctes : 1° la cavalerie russe essaya de charger sur l'infanterie écossaise en ligne, en avant de Balaklava; elle tourna bride au seul mouvement d'apprêter les armes; 2° la même cavalerie russe, passant au galop dans les intervalles des redoutes qui bordaient au nord la plaine de Balaklava, se répandit dans cette plaine pour envelopper la grosse cavalerie anglaise. Celle-ci, disposée en colonne serrée par escadron, attendit de pied ferme, se déploya quand l'ennemi était presque arrivé sur elle et le repoussa après une mêlée de quelques instants; 3° sur un ordre qui n'a jamais bien été expliqué, la cavalerie légère anglaise, commandée par lord Cardigan, s'engouffra dans les lignes russes et en revint diminuée de plus de moitié; 4° le 4e régiment de chasseurs d'Afrique, conduit par le général d'Allonville, pour dégager les Anglais, chargea en colonne par escadron sur une batterie qui occupait le revers des monts Fedioukine. A la faveur de la pente du terrain le 1er escadron se précipita sur la batterie, qui se retira, et fusillé par plusieurs bataillons russes, cet escadron se replia sur le reste du régiment, ayant perdu une vingtaine d'hommes et autant de chevaux.

A la fin de la guerre, la division d'Allonville, composée du 4e régiment de hussards, des 6e et 7e de dragons, eut à Kanghil, près d'Eupatoria, un fort joli engagement avec la cavalerie russe, qui présentait un front de 8 escadrons de uhlans, ayant à leur centre une batterie de 6 pièces. Aussitôt la position reconnue, le général d'Allonville partit avec ses trois régiments et une batterie à cheval, et donna l'ordre au général Esterhazy d'aborder vivement la ligne russe avec le 4e de hussards, tandis que les deux régiments de dragons et la batterie protégeraient ses flancs et ses derrières. Les hussards se déployèrent et prirent le galop d'assez loin. L'artillerie russe commença à tirer sur eux à 400 pas; la cavalerie resta immo-

française avait fait son métier ou plutôt si on lui avait fait faire son métier, les combats de cavalerie contre cavalerie auraient été fréquents, mais on effaça complètement notre cavalerie devant celle de l'ennemi, laissant celle-ci battre le pays tout à son aise comme si l'on eût voulu faire à l'armée allemande les honneurs de la France, en lui montrant le chemin. Dès lors, nos escadrons ne pouvaient se heurter à l'ennemi que dans le cours des batailles. L'examen des chocs qui se sont ainsi produits dans les principaux combats de la campagne nous montre presque toujours la cavalerie d'un des deux partis (le plus souvent celle des Allemands) s'attaquant à l'infanterie de l'adversaire, dont la cavalerie intervient ensuite, soit pour arrêter des escadrons victorieux, soit pour poursuivre et détruire des escadrons repoussés.

A Morsbronn, par exemple, c'est le XIII° régiment de hussards prussien, qui, frais et dispos, se jette sur les débris de la brigade Michel, épuisés par une longue course dans un terrain coupé d'obstacles de tout genre et réduits à rien par le feu meurtrier de l'infanterie [1]; à Rezonville, c'est d'abord la brigade Redern lancée à la poursuite des cuirassiers de la garde impériale, après la tentative héroïque de ces cuirassiers contre la VI° division d'infanterie prussienne, puis les deux escadrons d'escorte du maréchal Bazaine ayant bon marché à leur tour de cette brigade, décimée par le feu du 3° bataillon de chasseurs à pied; c'est encore la fameuse *chevauchée* de la brigade Redow qui, forte de 700 chevaux à peine, après avoir parcouru 2,000 mètres à toute vitesse et s'être heurtée à l'infanterie, est attaquée de front par les dragons de la brigade Murat, de flanc par les cuirassiers de la division de Forton, auxquels viennent se joindre les dragons du général Valabrègue, 17 officiers, 361 hommes et 410 chevaux restent sur le terrain, 70 cuirassiers, 80 uhlans, 13 officiers parviennent à s'échapper. On se demande comment ils n'ont pas tous été tués ou pris. Entre ces charges, la tentative avortée de la VI° division de cavalerie prussienne était venue démontrer la nécessité d'une reconnaissance préalable du terrain. Déjà du côté des Français, dans leur charge du matin, les cuirassiers de la garde avaient été arrêtés par des obstacles

---

1. *La cavalerie allemande pendant la guerre de* 1870-1871. *Revue de cavalerie*, 1er volume, p. 603 et suiv.

imprévus. La VI⁰ division allemande, partie en ligne de masses à intervalle de déploiement, fut forcée par la forme du terrain de se resserrer entre les ravins et les bois de manière à se présenter en masse, c'est-à-dire en colonnes accolées botte à botte, au feu violent de l'artillerie et de la mousqueterie ; elle perdit, sans avoir rien pu faire, 13 officiers, 193 hommes et 206 chevaux[1]. Quant au grand engagement de cavalerie qui termina à Mars-la-Tour la bataille du 16 août, il démontra surtout la nécessité d'une direction supérieure pour une masse de cavalerie. Déjà dans les guerres de Napoléon l'absence de cette direction s'était fait sentir dans les batailles où elle n'existait pas, Wagram, Waterloo !... A Mars-la-Tour, la cavalerie déploya une valeur admirable et un dévouement qu'on ne saurait trop louer, mais dans ce combat acharné on ne voit que des efforts décousus, des brigades et des régiments qui s'engagent isolément et qui, arrivant presque toujours trop tard ou trop tôt, sont entraînés dans la déroute de ceux qu'ils venaient soutenir.

En négligeant des détails sur lesquels personne ne semble être d'accord, ce combat peut se résumer ainsi qu'il suit :

Une batterie d'artillerie prussienne, escortée par un escadron de dragons, vient se placer en face du général Ladmirault, qui prescrit au général Du Barrail de faire charger sur elle le 2⁰ de chasseurs d'Afrique. Ce régiment s'élance en colonne par peloton, forme la colonne par escadron et, après une charge de 1,500 mètres, arrive sur la batterie, sabre les canonniers et l'escadron d'escorte, puis bat en retraite devant des forces supérieures. Il est poursuivi par le 13⁰ de dragons prussien, au-devant duquel le général Ladmirault envoie la brigade de hussards de la division Legrand (2⁰ et 7⁰ régiments commandés par le général Montaigu), et alors commence le véritable combat de cavalerie dont les chasseurs d'Afrique n'avaient joué que le prologue. Du côté des Français, les 2⁰ et 7⁰ de hussards sont en première ligne, en arrière et à droite d'eux est le 3⁰ de dragons, seul régiment présent de la brigade de Gondrecourt, plus en arrière et à droite, la brigade de France, lanciers et dragons de la garde, les lanciers déployés, les dragons en colonne ;

---

[1]. De Vittré, *la Cavalerie française et la Cavalerie allemande*, p. 170.

plus loin, le 2ᵉ de chasseurs d'Afrique se rallie ; plus loin encore la division Clérembault, brigade de chasseurs de Bruchard, brigade de dragons Maubranche, ne recevant aucun ordre, accourt attirée par la vue du combat. Du côté des Allemands, en 1ʳᵉ ligne, le XIIIᵉ de uhlans, le IVᵉ de cuirassiers et le XIXᵉ de dragons ; en 2ᵉ ligne, le XVIᵉ de dragons et le Xᵉ de hussards, tous ces régiments en colonnes par escadron ; à droite, le XIIIᵉ de dragons, après avoir poursuivi les chasseurs d'Afrique, s'est reformé en bataille, il est traversé par le 2ᵉ et le 7ᵉ de hussards, mais le Xᵉ de hussards prussien se détache de la deuxième ligne, culbute la brigade Montaigu et arrive en ligne avec le XIIIᵉ de dragons. Ces deux régiments poursuivent nos hussards, pendant qu'à leur gauche les uhlans et le Xᵉ de dragons se déploient en bataille, le IVᵉ de cuirassiers restant en arrière en colonne par peloton, à gauche du XVIᵉ de dragons. Le général Legrand avec le 3ᵉ de dragons arrive au soutien de ses hussards, il est tué, et après une rude mêlée, ses trois régiments sont repoussés ; les lanciers de la garde fondent sur le XIXᵉ de dragons à 150 pas et le culbutent complètement ; mais les dragons du général Legrand, trompés par l'uniforme des lanciers, tombent sur eux, et, dans une échauffourée regrettable, les mettent en désordre. Les dragons de l'impératrice viennent rétablir le combat ; ils sont, ainsi que les lanciers, pris en flanc par le XIIIᵉ de uhlans et par un escadron de dragons de la garde, survenu par hasard sur le lieu du combat. Cependant les chasseurs d'Afrique se sont reformés, ils accourent pleins d'ardeur, mais la brigade de la garde les empêche de se faire jour et les entraîne dans sa retraite. Alors arrive enfin la division Clérembault, ses deux régiments de chasseurs ne peuvent se frayer un chemin, mais la brigade de dragons Maubranche se présente en bon ordre et les Allemands se retirent, poursuivis par le feu de quelques chasseurs d'Afrique à pied et le tir d'une batterie d'artillerie. Voilà ce que les Allemands appellent une grande victoire de leur cavalerie ! Ils se sont estimés, sans doute, heureux d'en être quittes à aussi bon marché. Constatons cependant que, comme toujours, le dernier mot est resté au parti qui a pu engager la dernière réserve, c'est-à-dire aux Allemands, dont le XIIIᵉ de uhlans a repoussé la brigade de France. Mais que serait-il advenu si, au lieu de se retiner après ce succès relatif, ils avaient attendu l'entrée en ligne de la brigade de dragons Maubranche? Ils n'avaient plus alors de troupes fraîches et, en comptant le 2ᵉ de chasseurs d'Afrique, il restait cinq régiments à la cavalerie française. Quoi qu'il en soit, si le combat est resté indécis au lieu de se terminer, comme il l'aurait dû, par la victoire de la cavalerie française, cela tient à ce que la division Clérembault, venue spontanément se joindre aux combattants quand elle s'est aperçue du combat, est arrivée un peu tard et surtout à ce que, faute d'une direction supérieure et d'une entente bien difficile à établir entre trois généraux indépendants les uns des autres [1], les deuxième et troisième et même quatrième lignes n'étaient pas disposées de manière à déborder les ailes des lignes précédentes, enfin un peu aussi à la méprise dont les lanciers de la garde ont été les victimes...

Le dernier épisode de la bataille du 16 août 1870 fut tout à l'avantage de la cavalerie française. Dans un but qui n'a pas été bien défini, vers sept heures du soir, quand tout semblait terminé, la brigade Grüter de la VIᵉ division de cavalerie allemande fut lancée sur la division Lafont de Villiers : surpris par cette attaque nocturne, un régiment de cette division, rompu par la charge du VIᵉ de cuirassiers prussiens, perdit une aigle et un canon; la division Valabrègue fondit sur ces cuirassiers et les refoula en désordre ainsi que les IIIᵉ et XVᵉ de uhlans ; le général de Grüter tomba mortellement frappé; l'aigle et le canon un instant perdus furent repris par des cavaliers du 5ᵉ de chasseurs [2].

La guerre de 1870 a offert peu d'exemples de combats de cavalerie à pied. Un des plus remarquables fut certainement celui du colonel Dulac, à la bataille de Spickeren : la XIIIᵉ division prussienne, débouchant de la vallée de la Rosselle, menaçait la ligne de retraite de notre aile gauche; le lieutenant-colonel Dulac, ayant sous la main deux escadrons du 12ᵉ de dragons et une compagnie du génie de 105 hommes, à quoi vint s'ajouter un détachement de 200 réservistes du 2ᵉ de ligne, amené spontanément par le sous-lieutenant Arnaudy en débarquant à la gare, utilisa les tranchées construites par la brigade Valazé et combina le combat à pied et le

---

1. Les généraux du Barail, Legrand, Defrance.
2. Gᵃˡ Frossard. *Rapport sur les opérations du 2ᵉ corps*, p. 91.

combat à cheval de manière à arrêter les Prussiens jusqu'à neuf heures du soir ; il parvint ainsi à leur interdire l'accès de Forbach[1].

Du côté des Allemands, le 16 août, c'est-à-dire le jour même de la bataille de Rezonville, l'avant-garde du IVe corps fit une tentative sur Toul ; trois batteries d'artillerie furent portées en avant pour tirer sur la ville. Elles étaient, en l'absence de toute infanterie, escortées par le VIIe de dragons prussien, dont une partie mit pied à terre pour s'embusquer dans les vignes. C'est là un emploi rationnel de la cavalerie à pied[2].

Aussitôt après la guerre, les questions relatives à l'emploi de la cavalerie furent mises à l'étude. Des officiers furent envoyés à Vienne pour suivre de près les manœuvres de la cavalerie autrichienne ; d'autres officiers étudièrent les manœuvres prussiennes. Un officier général qui s'était fait un renom comme cavalier au Mexique et à Metz, le général du Barail, fut appelé au ministère de la guerre et donna une plus vive impulsion à ces études, en instituant une commission d'officiers généraux et supérieurs pour expérimenter divers projets de manœuvres. Lui-même, au sortir du ministère, fut nommé président d'une haute commission chargée de coordonner les différents rapports concernant ces manœuvres et de rédiger un nouveau règlement, pour remplacer celui de 1829. Le travail de cette commission fut approuvé par décret du 17 juillet 1876 et, presque immédiatement après la signature du décret, une division de six régiments de cavalerie, formant trois brigades, fut réunie à Tours pour exécuter les nouvelles manœuvres en présence d'un certain nombre de généraux et d'officiers de cavalerie.

Les changements apportés au règlement de 1829 étaient considérables et, hâtons-nous de l'ajouter, largement justifiés. Suppression du formalisme traditionnel de l'école de Saumur et de cette profusion de commandements parfois ridicule ; abandon du littéral de la théorie ; direction de l'instruction des recrues donnée aux commandants d'escadron ; importance accordée à la régularité des allures ; la vitesse du trot et celle du galop fixées pour chaque

---

1. Canonge, *Histoire militaire contemporaine*, t. II, p. 83.
2. *La cavalerie allemande pendant la guerre de 1870-1871.* — *Revue de cavalerie*, t. I, p. 612.

subdivision de l'arme (cuirassiers, dragons ou cavalerie légère); le guide indiqué non plus sur une aile, mais sur le chef de la troupe marchant devant le centre ; la charge donnée comme le but suprême des manœuvres de cavalerie et enseignée dès l'école de peloton : telles étaient les bases fondamentales du règlement.

Au point de vue de la tactique, ce règlement était fondé avant tout sur la simplification des mouvements et sur l'élasticité des formations. Il mettait, par la suppression de l'*inversion* et des mouvements par quatre, fin à des discussions qui duraient depuis de longues années, et par le seul fait de cette suppression, il faisait disparaître une foule de mouvements n'ayant d'autre valeur que le mérite de la difficulté vaincue. Enfin il consacrait l'adoption de formations usitées depuis longtemps à l'étranger et réclamées en France par tous les hommes compétents : la *masse de colonnes*, dérivant de la *ligne de colonnes*. On avait autrefois, comme nous l'avons dit, employé assez souvent et principalement pour des passages de lignes, la rupture simultanée des escadrons d'une même ligne en avant de leur front et en colonnes par peloton, ce qui donnait, par le fait, une ligne de colonnes, mais cette formation n'avait pas trouvé place dans le règlement sur les manœuvres, bien qu'elle fût déjà professée à l'École de cavalerie en 1829. M. le capitaine Jacquinot de Presle, professeur d'art militaire à cette École, après avoir expliqué comment une seconde ligne déployée en bataille pouvait être culbutée par la déroute de la première ligne, si elle ne lui livrait passage que par les intervalles de ses escadrons, ajoutait : « On évitera ce malheur en formant « la deuxième ligne en colonnes assez faibles pour permettre un « déploiement subit, en sorte qu'à peine dépassée par les fuyards, « elle referme ses intervalles et charge en ligne. Ce résultat est « facile à obtenir : que chaque escadron forme sa colonne particu- « lière par peloton ou division, alors ses intervalles, devenus dou- « bles ou triples, permettront l'écoulement rapide de la première « ligne, et au commandement : *formez les escadrons*, la seconde « ligne sera rétablie [1]. » Le général Marbot avait proposé la même formation en 1827. « Cette évolution », dit-il, « manquait à notre

---

1. *Cours d'art militaire*, p. 200.

« cavalerie, et si quelquefois on l'a exécutée, on l'a dû à l'intelli-
« gence des chefs et non à l'ordonnance qui ne prescrit rien de
« semblable... C'est une manœuvre que nous avons pris sur nous
« de faire à la guerre dans plusieurs circonstances difficiles, no-
« tamment à Waterloo, etc.[1] » Enfin le général Morand, qui, pour
l'infanterie, préconisait comme formation normale de combat la
ligne de bataillons en colonnes par division à intervalle de déploiement, demandait si, dans la cavalerie, une ligne d'escadrons,
chacun en colonne par peloton, à intervalles suffisants pour se déployer, ne serait pas l'ordre de bataille le meilleur et le plus convenable aux évolutions et aux surprises, etc. Le général Morand
demandait en même temps la réduction des manœuvres à leur plus
simple expression. « Il faut », disait-il, « réduire l'ordonnance à
« quelques pages et rejeter tout ce qui est inutile. »

La commission présidée par M. le général Du Barail, qui avait
pris pour programme ces paroles du général Morand, adopta la
formation en ligne de colonnes ; elle lui donna pour complément
nécessaire la formation de la masse, résultant pour le régiment, par
exemple, du rapprochement à intervalles serrés des quatre escadrons en colonnes par peloton, en sorte qu'un régiment peut être
disposé en bataille, en colonne par pelotons à distance entière, en
ligne de colonnes par peloton, en masse, à quoi l'on peut ajouter
la colonne double et la ligne en échelons par escadron ou par demi-
régiment, sur un des escadrons du centre ou sur une des ailes.

L'ancien ordre en colonne serrée par escadron n'était plus conservé qu'à titre de formation transitoire ; cette formation offre
d'ailleurs le même aspect que la masse, et l'on passe de l'une à
l'autre par un simple mouvement de pelotons à droite ou à gauche,
mais la masse présente, sur la colonne serrée, d'énormes avantages, entre autres celui de l'élasticité. Nous n'avons pas ici à
exposer toutes les manœuvres de la cavalerie et à étendre à la
brigade ou à la division ce que nous venons de dire du régiment.
Ajoutons toutefois que le règlement consacrait la formation sur
plusieurs lignes se prêtant un mutuel appui, qu'il composait la
division de trois brigades, chacune de deux régiments qui, dans

---

1. Cité par M. le capitaine Foucart, *Campagne de Pologne*, t. II, p. 125.

l'ordre de combat, formaient les trois lignes de la division et que, sans vouloir imposer un ordre normal pour la préparation au combat, il indiquait la disposition des lignes en échelons, le centre en avant, comme la plus favorable à leur rôle réciproque. La première ligne était définie *ligne d'attaque*, la deuxième *ligne de manœuvre*, la troisième *réserve*. Le plus généralement, les deuxième et troisième lignes devaient déborder la première, l'une à droite et l'autre à gauche. Enfin le règlement prescrivait l'emploi d'escadrons garde-flancs, auxquels était accordée une certaine indépendance pour agir d'une manière offensive sur les flancs de l'ennemi. Les principes de la charge étaient : prendre le galop à 700 ou 800 pas de l'ennemi, mettre alors le sabre à la main au commandement *pour l'attaque* et commander la charge à *50 ou 60 pas de l'ennemi*, à ce commandement allonger individuellement l'allure le plus possible, tout en évitant de se désunir. Les auteurs du règlement n'ont même laissé aucun doute sur leur intention d'imiter les procédés de la cavalerie du premier Empire, en laissant à chacun tous les avantages de son audace, de sa ténacité, de sa force physique, de son adresse..... et de la vitesse de son cheval.

Dans les manœuvres qui furent exécutées à Tours, en 1876, l'ordre préparatoire était généralement celui-ci : la première brigade en ligne de colonnes, la deuxième en ligne de masses de régiment à intervalle de déploiement, la troisième en masse de brigade, c'est-à-dire en deux masses de régiment serrées l'une contre l'autre. Pour le combat, la première ligne se déployait en bataille, la deuxième se formait en ligne de colonnes, la troisième conservait sa formation ou bien passait à la ligne de masses. La première brigade simulait une charge repoussée, et la seconde se déployait obliquement en bataille pour charger l'ennemi en flanc ; cette nouvelle charge repoussée, la troisième brigade prenait une disposition analogue, etc. Les différentes manœuvres ne furent guère que des variations sur ce thème fondamental.

Quoi qu'il en soit, le règlement de 1876, mis en pratique dans les régiments, les brigades et les divisions, ne donna lieu qu'à un petit nombre de critiques. Cependant le comité de cavalerie, résumant les observations formulées à la suite des manœuvres d'automne, établit le projet d'un nouveau règlement de manœuvres. Ce projet fut développé, sinon discuté, après les manœuvres exécutées par six divisions de cavalerie, dans des conférences qui eurent lieu au mois de septembre 1881, à Tours, chef-lieu militaire décidément affecté aux grandes assises de la cavalerie. Il devint le règlement du 31 mai 1882, par lequel rien de fondamental n'était changé à celui de 1876, en ce qui concerne les formations de manœuvres, mais qui établissait de nouveaux principes pour la charge et pour les allures. Au lieu de laisser les officiers et les cavaliers se précipiter sur l'ennemi suivant leur ardeur personnelle et la vitesse de leurs chevaux, on recommandait l'ordre et la cohésion les plus absolus, de manière à assurer au choc une puissance irrésistible. En outre, pour obtenir entre les trois lignes de la division, généralement composées : la première de cuirassiers, la deuxième de dragons, la troisième de chasseurs ou de hussards, l'accord nécessaire dans l'exécution de leurs mouvements, on fixait, pour les trois subdivisions de l'arme, une vitesse uniforme et moyenne (240 mètres au trot, 340 au galop).

Fidèle à notre rôle de narrateur, nous ne discuterons pas ces questions, dont la seule réellement controversable est celle de la charge, quoique la question de vitesse ait porté certains officiers de cavalerie et des plus distingués à proposer des divisions composées uniformément de cavalerie légère, de dragons ou de cuirassiers, idée renouvelée des formations de Hoche, en 1797, et qui ne nous semble pas heureuse. Nous ferons seulement observer que l'expérience des grandes manœuvres n'est pas assez concluante pour qu'on soit en droit d'affirmer la puissance du choc en muraille. Avec une cavalerie dont les hommes et les chevaux auraient une longue habitude du combat comme celle qui avait chargé depuis Marengo jusqu'à Waterloo, il nous répugnerait instinctivement de voir les plus braves soldats réduits au rôle d'une pierre dans une muraille, mais avec des cavaliers formés par le service de deux ans, comme on nous en promet et des régiments qui passeront sans transition des exercices du champ de manœuvre à une lutte acharnée de cavalerie contre cavalerie, nous préférons le système de 1882, parce qu'il est plus facile d'exercer des escadrons à l'ordre et à la cohésion que de donner à des hommes, qui n'ont pas vu le feu, l'initiative individuelle. Nous ne parlons ici que du combat contre la cavalerie. Une charge contre l'artillerie devra toujours se faire en fourrageurs. Quant à la charge contre l'infanterie ?... c'est là le problème de l'avenir, sur lequel nous dirons tout à l'heure deux mots pour conclure. Revenons au règlement de 1882. Les grandes manœuvres de 1881 semblaient avoir démontré la nécessité de donner un plus grand développement à l'école de division, c'est ce qui a été fait, et les formations de la division ont été ainsi définies :

Ordre déployé : ligne de bataille, ligne de colonnes, ligne de masses, ligne par brigades en colonne de masse à distance de déploiement. (Sous le premier Empire on déployait souvent une division de cavalerie en ligne par brigades en colonne serrée par escadron à intervalle de déploiement. Exemple : division Kellermann, à Austerlitz.)

Ordre ployé : colonnes par brigade en ligne de masses, colonne de masses, colonne d'escadrons (à distance entière, à demi-distance ou serrée), colonne par peloton, colonne double, colonne de route.

La formation sur plusieurs lignes (généralement trois) est invariablement adoptée, la brigade étant regardée comme la limite supérieure de la force qui peut manœuvrer sous le commandement d'un seul chef. Le dispositif préparatoire de combat le plus général est composé de la première brigade en ligne de masses avec intervalles de déploiement, ou en ligne de colonnes ; la deuxième ligne, débordant du côté où l'on prévoit le plus grand effort, est formée en colonne de masses, en ligne de masses ou en ligne de colonnes ; la troisième brigade, débordant du côté opposé, marche en colonne de masses ou en ligne de masses. Chaque ligne a ses éclaireurs de terrain et ses patrouilles de combat.

Lorsqu'on prend la disposition de combat, la troisième ligne détache deux escadrons, qui se placent en arrière du centre de la première ligne pour se jeter dans les intervalles qui pourraient se produire pendant la marche au galop et boucher les vides, qui ne doivent pas exister au moment d'aborder l'ennemi. La charge est commandée à très courte distance, le galop préparatoire à 300 ou 400 mètres ; le sabre doit être toujours mis à la main avant le commandement *pour l'attaque*. Le galop allongé est admis pour les manœuvres qui exigent une grande rapidité.

Le règlement n'admet le combat à pied que comme exceptionnel ; les chefs de notre cavalerie n'ont pas suivi le courant qui s'était manifesté à un certain moment, lorsqu'à des grandes manœuvres exécutées dans l'Est, on rencontrait partout des colonnes de cavaliers marchant péniblement à pied, suivant à distance d'autres cavaliers tirant par la bride des pelotons de chevaux. Ils n'ont pas partagé davantage les idées qui prédominent dans l'armée russe, où l'on tend à ne plus considérer la cavalerie que comme une infanterie montée. Quant au tir à cheval, pour montrer à quel point il le réprouvait, le comité de cavalerie a remplacé par le nom d'*éclaireurs*, celui de *tirailleurs* donné aux cavaliers dispersés qui précèdent une troupe pour reconnaître le terrain.

Le règlement de 1882, complété par l'instruction du 10 juillet 1884 sur le service de la cavalerie en campagne, a décrit le rôle de la cavalerie dans la bataille. Ce rôle est-il fini comme certains le prétendent, nous ne saurions le croire ; mais il est évident que l'action de la cavalerie est transformée. Celui-là qui, avec une brigade de cavalerie dans tel ordre que ce soit, se précipiterait sur une troupe d'infanterie *ayant conservé tant soit peu de moral et préparée à recevoir la charge*, s'exposerait à voir sa cavalerie littéralement fauchée et à rester sur le terrain avec ses hommes et ses chevaux. Mais, le règlement le dit très bien, la cavalerie pourra surprendre une troupe d'infanterie avant que celle-ci ait le temps de se former, comme fit la cavalerie autrichienne à Custozza, elle pourra charger une troupe d'infanterie démoralisée, enfin elle saura se sacrifier pour arrêter, s'il est possible, ou retarder la marche de l'ennemi. Les batailles de la guerre de 1870, qu'on invoque précisément pour affirmer que la cavalerie a disparu des champs de bataille et qui ne semblent pas encourageantes, montrent cependant ce qu'il serait possible d'accomplir dans cet ordre d'idées. Tous les champs de bataille ne sont pas unis comme une glace, et le regard ne les embrasse pas d'un coup d'œil. L'exemple de la brigade prussienne Bredow, parcourant au galop une distance de 2,000 mètres sans être aperçue ou du moins sans être reconnue pour une troupe ennemie, ne doit pas être perdu de vue.

C'est surtout en chargeant sur l'artillerie que la cavalerie peut exercer une influence considérable sur le combat, non pas en s'élançant à grande distance sur des pièces en batterie, ce qui ne présente aucune chance de succès[1], mais en profitant des moments où l'artillerie, se portant en arrière ou en avant, se trouve désarmée, et en profitant également des obstacles qui permettent de dissimuler la marche des escadrons. L'exemple cité par le général de Brack, d'une batterie enlevée par les lanciers rouges de la garde dans la campagne de 1813, est encore applicable. « Sur le front « d'une infanterie formidable », dit cet auteur, « était assise une « batterie de vingt pièces de canon ; cent lanciers de la garde, se « précipitant dans un ravin, s'en rapprochent à couvert, puis, s'é- « lançant intrépidement sous le feu de la mousqueterie et sous les « coups de sabre des hussards de Kienmayer et de Hesse-Hom- « bourg, ils enlèvent la batterie. » Le général Du Barail, avec le 2ᵉ de chasseurs d'Afrique, le général Redern, avec le 11ᵉ de hussards prussiens, n'ont-ils pas, le 16 août, pénétré dans des batteries ennemies et ne les auraient-ils pas emmenées s'ils avaient eu des attelages à leur disposition? Mais qu'en fait d'obstacles, la cavalerie se méfie des bois ! Bien que ce soit de l'histoire ancienne, la mésaventure de la cavalerie de Ziethen et de Seydlitz, à la bataille de Kollin (18 juin 1757), est bonne à méditer. 80 escadrons, qui avaient repoussé la cavalerie autrichienne, accablés par le feu de flanc de quelques fantassins et de 8 petits canons de bataillon dissimulés dans un bois, furent obligés de rebrousser chemin après avoir subi des pertes considérables.

En résumé, la cavalerie ne doit pas, comme certains écrivains militaires le prétendent, être bannie des champs de bataille. Bien au contraire, elle doit y être présente pour profiter de toutes les fautes et de toutes les défaillances de l'ennemi, pour saisir l'instant où l'ennemi peut être surpris et ne pas lui laisser le temps de se remettre d'un ébranlement momentané. Elle doit y être aussi pour se sacrifier dans les moments critiques au salut de

---

1. Le tir des obus à mitraille étendant son action sur une zone très allongée, sans qu'il soit presque besoin de modifier le réglage de la fusée si l'on a pris, dès le début, le vrai point d'éclatement assez rapproché de la batterie, rend plus difficile encore à l'avenir l'abord direct des batteries par une troupe de cavalerie ou d'infanterie.

l'infanterie, comme la brigade Michel à Morsbronn et la brigade Bredow à Vionville. Mais, plus que jamais, le coup d'œil, la simultanéité de la conception, de la décision et de l'exécution doivent être l'apanage des chefs de cette arme. On l'a souvent comparée à l'éclair; elle doit être désormais la foudre qui frappe avant qu'on ait vu briller l'éclair.

Que notre cavalerie se rappelle que, si l'artillerie prépare le combat et si l'infanterie le décide, elle seule peut rendre le succès éclatant ou amortir la défaite... Lorsqu'à la fin du seizième siècle les armes à feu donnèrent la prépondérance à l'infanterie, il semblait déjà que le rôle de la cavalerie fût à jamais fini. Elle transforma sa tactique, et dans la main de grands hommes de guerre comme Frédéric II et Napoléon, sous des chefs tels que Seydlitz et Murat, Ziethen et Lasalle, Driesen et Montbrun, elle montra que sans elle il n'est pas de grandes victoires.

Qu'elle sache donc encore une fois se transformer, qu'il sorte de ses rangs des hommes capables, suivant la belle expression du général Foy, de *déchaîner et de régler ses ouragans*, et l'on verra qu'elle n'a pas disparu des champs de bataille !

CHAPITRE XVII.

BATAILLES ET COMBATS. — TROISIÈME PARTIE, ARTILLERIE.

Indépendance relative de l'artillerie. — Premières batailles : Fornoue, Ravenne, Marignan, Pavie. — Gustave-Adolphe. Passage du Lech. — Bataille de Rocroi. — Action défensive de l'artillerie. — Bataille de Neerwinden. — L'artillerie au XVIII° siècle. — Bataille de Fontenoy. *Le secteur privé de feux.* — Frédéric II. — Bataille de Soor. *L'angle mort.* — Bataille de Kunersdorf Succès et revers. — Bataille de Kay (1759). L'artillerie embourbée. — Bataille de Hochkirch. Frédéric II place lui-même ses batteries. — Batailles de la guerre de Sept ans : Kollin, Leuthen, Breslau, Torgau, Rossbach. — L'artillerie française. — Batailles de Bergen et de Minden. — L'artillerie à cheval. Combat de Reichenbach.

Guerres de la Révolution. — Popularité de l'artillerie à cheval. — Canonnade de Valmy. — Lignes de Wissembourg. — Opinion de Dumouriez. — Puissance défensive des grandes batteries. — Combat de Pirmasens. — Véritable rôle de l'artillerie à cheval. — Le colonel Sorbier au combat d'Arlon. — Bataille du Geisberg. — Armée de Rhin-et-Moselle. — Combats de Rastadt et d'Ettlingen. — Bataille de Biberach. — Armée de Sambre-et-Meuse. — Bataille de Neuwied. — Armée d'Italie. — Batailles de Lodi, de Castiglione, de Lonato, d'Arcole et de Rivoli. — L'artillerie à Marengo. — Batailles d'Austerlitz et d'Iéna. — L'artillerie des divisions Friant et Morand à Auerstædt. — Batailles d'Eylau et d'Heilsberg. — Sénarmont à Friedland. Artillerie des 1er et 6e corps.

Nouvelle tactique de l'artillerie. — Action en masses offensives. — Règles données par Gassendi. — Les grandes batteries. — On ne doit abandonner ses pièces que lorsque l'ennemi est dans la batterie. — Bataille de Wagram. La batterie de 100 pièces. L'artillerie du maréchal Davout. Divisions Friant et Morand. La batterie à cheval de la division Arrighi. — Sénarmont en Espagne. — Bataille d'Ocaña. — Le général Ruty à Albuera. — Bataille de la Moskowa. — Drouot à Lutzen. — Marmont à Bautzen. — Bataille de Grossbeeren. — Nos ennemis nous prennent notre tactique. — Bataille de Wachau. — Drouot et l'artillerie de la garde. — Bataille de Möckern. Explosion des caissons. — Bataille de Hanau. La grande batterie de Drouot. — Waterloo. La batterie de 78 pièces. — Attaque de Hougaumont et de la Haie-Sainte. — Manque d'ensemble dans l'action de l'artillerie. — Ordres de Blücher relatifs à l'artillerie. — Adoption du matériel de 1827. — Tactique de l'artillerie d'après le général de Caraman.

Batailles du second Empire. — Guerre de Crimée : l'Alma, Inkermann, Traktir. — Guerre d'Italie. Le général Auger à Magenta. Les généraux Soleille et Forgeot à Solférino. — Campagne de Bohême en 1866. — Combats de Trautenau, de Skalitz et de Soor. — Bataille de Kœniggrætz. Dévouement de l'artillerie autrichienne après la défaite. — Principes admis par l'artillerie allemande après la guerre. — Tactique de détail. — Règles adoptées dans l'artillerie française. — Les zones dangereuses.

Guerre de 1870. — Supériorité de l'artillerie allemande. — Bataille de Freschwiller. Écrasement par le nombre. L'artillerie allemande n'agit qu'en masse. Dévouement ignoré de la réserve d'artillerie. — Bataille de Rezonville. Initiative des artilleurs allemands. Groupement des batteries d'après les péripéties du combat. Prise de Flavigny et de Vionville par les Prussiens. — La bataille dégénère en canonnade. L'artillerie de la garde à 7 heures du soir. — Bataille de Saint-Privat. — Artillerie du IX° corps prussien. Une batterie hors de combat. — Grande batterie de la 1re armée. Artillerie en mouvement. — Pertes des batteries prussiennes. — Préparation de l'attaque de Saint-Privat, 200 bouches à feu. — Quelques mots sur la bataille de Sedan. — Opinion du général Vinoy sur la supériorité de l'artillerie allemande. — Combat des Hautes-Bruyères. — Bataille de Coulmiers. — Nouvel emploi des réserves d'artillerie. — Les généraux d'Aurelle et de Blois de la Calande. — Combat de Poupry et bataille de Chevilly. — Bataille de la Lisaine. Importance des épaulements. Bataille de Villiers.

Après la guerre. — Conclusions tirées de la guerre. — Études sur la tactique de l'artillerie. — Importance donnée au réglage du tir. — Obus à mitraille. — Simplifications. — Tir des groupes d'artillerie. Grandes manœuvres de Châlons. — Tactique de détail : intervalles, échelons. — Consommation des munitions. — Importance de la position. — Abris naturels. Exemples. — Batailles de Traktir. — Épaulements. Les batteries à cheval à Coulmiers. Idées paradoxales. — Changements de position. — Ne pas poser une règle trop absolue. — Rôle des batteries à cheval en réserve. — Action des masses d'artillerie. — Commandements des grands groupes de l'artillerie. — Chaque arme doit obéir à ses chefs naturels.

Artillerie à cheval. — L'artillerie à cheval et la cavalerie sont faites l'une pour l'autre. — Idées des Allemands avant 1872. — L'artillerie ne doit pas prendre part aux charges. — Règlements français. — Artillerie des divisions de cavalerie indépendantes. — Règlement du 17 juillet 1876. — Manœuvres de Tours. — Règlements du 20 mai 1880 sur les manœuvres de batteries attelées. Règlement du 31 mai 1882. — Initiative laissée au commandant de l'artillerie. — Accord d'idées nécessaire entre le commandant de l'artillerie et celui de la division. — Les divisions de cavalerie dans la bataille. — Conclusion. — Importance de l'artillerie pour le moral de l'armée.

Dans cette étude rapide sur les batailles et les combats, nous avons laissé à l'artillerie la dernière place, non pas seulement parce que, dans l'ordre chronologique, elle a été la dernière venue, mais parce qu'en examinant sa tactique particulière on est forcément amené à étudier la tactique combinée des trois armes.

L'artillerie, en effet, ne saurait agir isolément, et lorsqu'on parle de son indépendance, il faut bien s'entendre sur le sens que l'on donne à cette expression. Cela signifie seulement que les mouvements de l'artillerie ne sont plus liés servilement à ceux des autres troupes, qu'elle a son action propre et que même, à de certains moments, l'action des deux autres armes est subordonnée à la sienne, mais cela ne peut vouloir dire qu'elle puisse à elle seule obtenir un résultat décisif. L'indépendance relative de l'artillerie est de date assez récente ; on peut lui assigner pour origine la création de l'artillerie légère, au commencement des guerres de la Révolution ; mais bien avant cette époque, et, pour ainsi dire, dès le début de l'emploi des bouches à feu, de grandes batteries ont exercé leur influence sur le résultat de quelques batailles. Il n'est donc pas indifférent, avant de chercher à suivre dans l'histoire militaire les progrès de la tactique de l'artillerie, de rappeler brièvement les plus importantes de ces batailles ; on y trouvera déjà pour ainsi dire les rudiments de la tactique actuelle.

Nous avons vu, au chapitre XV, l'ordre de marche de l'armée de Charles VIII dans la traversée des Apennins. Lorsque l'avant-garde arriva en présence de l'armée italienne, pendant que les lourds canons qui l'accompagnaient, traînés péniblement par des centaines d'hommes, gravissaient des pentes presque inaccessibles aux voitures, l'artillerie des Confédérés, placée d'avance dans de bonnes positions, accueillit les troupes françaises par des salves de gros boulets de pierre qui les forcèrent à s'arrêter. Mais bientôt les canons de Charles VIII entrèrent en ligne et, habilement disposés par le grand-maître Jean de Lagrange pour prendre d'écharpe les batteries ennemies, ils leur imposèrent silence. L'avant-garde ouvrit le passage à l'armée [1].

A Ravenne, la victoire de l'armée de Gaston de Foix fut décidée par l'artillerie du duc de Ferrare qui, profitant de la disposition de l'armée française en forme de croissant, dont les deux ailes s'avançaient contre les retranchements ennemis, tandis que le centre se refusait, vint se placer devant l'aile gauche et prit d'enfilade toute la ligne espagnole [2]. A Marignan, 75 bouches à feu, dirigées par le grand-maître Galiot de Genouillac, écrasaient par leur feu les Suisses, qui s'élancèrent bravement sur les pièces pour s'en emparer, repoussèrent les lansquenets et avaient déjà pris quelques canons,

---

[1]. Cherrier, *Histoire de Charles VIII*, t. I.
[2]. Favé, *Tactique des trois armes*.

lorsque François Iᵉʳ en personne, à la tête des bandes noires, les repoussa et reprit ces canons. Poursuivis alors par un feu meurtrier, les Suisses restèrent sur le terrain par milliers [1]. A Pavie, le même Galiot de Genouillac avait encore si bien disposé son artillerie et en avait fait si bon usage que les Espagnols reculaient déjà en désordre, lorsque François Iᵉʳ, cédant à son ardeur, se précipita sur eux et masqua les batteries devenues inutiles, « ce dont M. Ga-« lyot », dit Brantôme, « *cuyda* désespérer [2]. » A Saint-Quentin, l'infanterie du connétable de Montmorency, formée en carrés, supportait, sans se laisser ébranler, les charges réitérées de la cavalerie du comte d'Egmont, lorsque survint l'artillerie du duc de Savoie, dont les boulets pratiquèrent dans ces carrés de larges brèches, par lesquelles se précipita la cavalerie [3].

Gustave-Adolphe, le premier, comme on le sait, fit usage d'une artillerie assez mobile pour accompagner les troupes dans leurs mouvements. Au passage du Lech, il disposa cette artillerie comme on la placerait aujourd'hui. Il avait choisi son point de passage au saillant d'un coude de la rivière, de manière à envelopper et à dominer le terrain de la rive opposée [4] : il répartit ses 72 canons en trois batteries, dont les feux se croisaient sur cette rive, et plaça ses tirailleurs et ses canons à l'abri d'une sorte de parapet naturel. En étudiant ces dispositions, on croit lire le récit du passage de la Limmat, en 1799.

A Rocroi, nous avons vu Condé, victorieux à son aile droite, traverser le champ de bataille pour venir arrêter les progrès de la droite des Espagnols et la culbuter à son tour. C'est alors que la résistance de l'ennemi se concentra dans cette célèbre masse d'infanterie, qui, commandée par le comte de Fontaines, s'était formée en un rectangle aux rangs épais, impossible à entamer. Chaque fois que la cavalerie de Condé se précipitait sur une des faces de ce rectangle, ses rangs s'ouvraient au signal du comte de Fontaines et démasquaient une batterie de dix-huit canons de gros calibre,

---

1. Bach, *Mémorial de l'artillerie*, t. VI.
2. Favé, *Tactique des trois armes*.
3. *Mémorial de l'artillerie*, t. VI.
4. Il est à remarquer que dans les tournants la rive la plus élevée est d'ordinaire celle qui borde la convexité du cours d'eau.

qui lançaient une décharge à mitraille, mais bientôt les munitions s'épuisèrent, et les rangs ne s'ouvrirent plus pour laisser tirer les canons. L'artillerie française était, au début de la bataille, tombée aux mains des Espagnols. Condé fit relever et réunir quelques pièces abandonnées qui, amenées devant un des angles de la masse d'infanterie, finirent par y ouvrir une brèche. La cavalerie victorieuse s'y précipita. L'infanterie espagnole avait vécu, dit l'historien de la maison de Condé [1].

A cette époque, cependant, l'artillerie, difficile à manœuvrer, était en général réduite à un rôle purement défensif. Placés sur de bonnes positions, où leur tir était réglé d'avance, les canons de la défense avaient facilement raison de ceux de l'attaque, dont le tir, fait observer très justement M. le duc d'Aumale, était autrement difficile à régler qu'il ne le serait aujourd'hui. A la bataille de Fribourg, le commandant de l'artillerie de l'armée du prince de Condé était parvenu, pendant la nuit, à mettre en batterie plus de quarante bouches à feu. Lorsqu'au jour elles commencèrent leur tir, sept ou huit seulement ne furent pas démontées par les canons qui garnissaient les retranchements de Mercy [2].

Par contre, il était rare que, les lignes de défense une fois forcées, l'artillerie, enchaînée par la pesanteur de son matériel, ne tombât pas au pouvoir de l'assaillant, comme celle du prince de Waldeck, à la bataille de Neerwinden, en 1693. Les deux lignes de l'armée de Luxembourg avaient dû se former sous le feu de toute une rangée de canons, placés en avant des positions de l'ennemi. La cavalerie, forcée de rester immobile, souffrit beaucoup de ce feu pendant assez longtemps, mais lorsque, l'infanterie lui ayant ouvert un débouché par la prise du village de Neerwinden, cette cavalerie put se précipiter dans les lignes ennemies, elle s'empara de 104 canons.

Dans les récits des guerres de Louis XIV, l'artillerie tient peu de place. Il est certain cependant qu'elle y joua son rôle et que les plus grands généraux ne la dédaignaient pas. Nous venons de voir le parti que sut en tirer Condé à Rocroi. Turenne, d'autre

---

1. Duc d'Aumale, *Histoire des princes de Condé*, t. IV, p. 115.
2. Duc d'Aumale, *Histoire des princes de Condé*, t. IV, p. 133.

part, ne fut-il pas tué en examinant une batterie que M. de Saint-Hilaire venait de disposer quelques instants auparavant et après avoir placé lui-même une autre batterie de huit pièces pour battre le village de Salzbach et protéger le débouché sur l'armée impériale? Enfin, nous avons vu Louis XIV raconter qu'il assura, de sa royale personne, le passage du Rhin par le feu d'une batterie convenablement placée sur la rive et forçant l'ennemi à s'éloigner.

L'action de l'artillerie dans les batailles du XVIII° siècle fut encore presque toujours essentiellement défensive. Tout le monde connaît cependant le fait des pièces légères dirigées, à Fontenoy, sur l'angle de la fameuse *colonne infernale*, fait rappelant celui de l'artillerie du comte d'Egmont à Saint-Quentin et de Condé à Rocroi. La marche de la colonne infernale n'avait pas été arrêtée par les batteries fixes disposées sur le front de l'armée française ; cette colonne s'était, comme nous l'avons raconté à propos de la tactique de l'infanterie, presque spontanément formée dans un *secteur privé de feux*, c'est-à-dire dans l'espace que n'atteignait pas le feu croisé des batteries fixes.

Dans les armées de Frédéric II, l'artillerie, employée en grandes masses, mais surtout en masses défensives, ne remplit la plupart du temps qu'un rôle secondaire. C'est cependant de ces batailles que se sont dégagées la plupart des règles élémentaires, passées aujourd'hui à l'état d'axiomes. Nous venons de voir à Fontenoy ce que c'est qu'un secteur privé de feux. La bataille de Soor, le 30 septembre 1745, montre le danger des *angles morts :* on appelle ainsi (est-il nécessaire de le rappeler ?) l'espace dans lequel le relief du terrain met les troupes assaillantes à l'abri, lorsqu'elles se rapprochent d'une position trop dominante. La cavalerie autrichienne avait été culbutée par celle des Prussiens ; l'infanterie de Frédéric II voulut marcher à l'attaque de l'aile gauche des Autrichiens : une batterie de 28 pièces, placée sur une hauteur, la cribla de mitraille et écrasa complètement cinq bataillons, mais une réserve de cinq autres bataillons s'avança à son tour et, parvenue dans l'angle mort, se précipita sur la batterie qu'elle enleva [1]. Vingt batailles ont donné le même spectacle ; la

---

1. Jomini, *Traité des grandes opérations militaires*, t. I.

plus remarquable, à ce point de vue, dans la guerre de Sept ans, est celle de Kunersdorf, gagnée par les Russes sur Frédéric II, en 1759, et commencée cependant par les Prussiens avec un succès complet. Établis dans une position formidable, perpendiculairement au cours de l'Oder, près de Francfort, les Russes avaient hérissé leurs retranchements d'artillerie ; leur aile gauche, en particulier, occupait la hauteur du Mühlberg, défendue sur son front, sur sa gauche et sur ses derrières par 97 pièces. « Cette « partie de leurs retranchements », dit Frédéric, « fut embrassée « et entourée par les Prussiens comme le peut être un polygone « dans un siège en forme ; M. de Seckendorf s'avança, sous la « protection de 72 bouches à feu, contre ce front et l'emporta « presque d'emblée. L'armée le suivit, et ce ne fut qu'un massa-« cre épouvantable de l'infanterie russe. » Ce que Frédéric II ne dit pas, c'est que les retranchements des Russes étaient situés sur des hauteurs trop escarpées ; lorsque le roi donna le signal de se porter en avant, l'action de l'infanterie n'était pas suffisamment préparée par le feu de l'artillerie, mais cette infanterie fut presque immédiatement à l'abri ; rien ne put l'arrêter, et elle s'empara des retranchements avec toute leur artillerie. Le succès de l'armée prussienne s'arrêta là. Les artilleurs russes, en fuyant, emmenèrent les avant-trains, les caissons et les armements, de sorte que les Prussiens ne purent utiliser les pièces prises par eux et, avec les pièces de leur réserve, les Russes formèrent en arrière une seconde ligne, contre laquelle échouèrent tous les efforts de l'infanterie prussienne. La cavalerie de Seydlitz fit, par ordre du roi, une charge intempestive sans préparation, les réserves autrichiennes survinrent pour appuyer les Russes, et la victoire des Prussiens se changea en une affreuse déroute [1].

Quelque temps auparavant, le général Wedell, honoré de toute la confiance de Frédéric II, avait subi une défaite écrasante pour avoir attaqué l'armée russe sans attendre son artillerie. Afin de surprendre cette armée, il s'était lancé dans des chemins de traverse que la pluie avait rendus impraticables, où son artillerie et où son

---

[1]. Jomini, *Traité des grandes opérations militaires*. — Decker. *Batailles et Combats de la guerre de Sept ans*.

infanterie elle-même perdirent, au passage d'un défilé, un temps que les Russes employèrent à se retrancher et à couvrir leur front de batteries. Voici comment Frédéric II raconte l'affaire : « Les « Russes étaient comme en demi-lune sur trois lignes, occupant « des terrains couverts de sapins. M. de Wedell enfonça leur pre- « mière ligne ; lorsqu'il voulut enfoncer la seconde, son infanterie « se trouva exposée à un si grand feu de mitraille, partant de diffé- « rentes batteries établies en croisière, qu'elle n'y put pas réussir ; « il fit à trois reprises de nouveaux efforts, mais en vain. Le « grand mal venait de ce que M. de Wedell ne pouvait opposer « assez de canons à l'ennemi[1]. » « Si l'artillerie », dit à ce sujet Decker, « avait eu un chef en mesure de se faire écouter, il aurait « observé que, s'il est toujours possible de faire entrer l'artillerie « dans un bourbier, il est impossible de l'en faire sortir et que « lorsqu'on veut mettre la réserve d'artillerie en mouvement, il « faut auparavant reconnaître le terrain[2]. » Que de circonstances depuis lors se sont présentées où l'artillerie a été paralysée par le terrain détrempé, ne fût-ce qu'à Waterloo et à Buzenval (le 19 janvier 1870) !

Frédéric II ne s'est pas toujours montré aussi dédaigneux de l'artillerie qu'à Kunersdorf et à Kollin, où il essuya une défaite sanglante pour avoir laissé ses canons en arrière. A Hochkirch, le 14 octobre 1758, où il fut presque honteusement surpris, au milieu de la nuit, par l'armée autrichienne, une grande batterie, qui protégeait sa droite et le village même de Hochkirch, fut enlevée dès le début par les pandours. Frédéric disposa lui-même, avec autant d'habileté que d'activité, les nouvelles batteries qui, amenées des différents points de la ligne de bataille, arrêtèrent les progrès de l'ennemi et permirent aux Prussiens de se retirer sous la protection de la cavalerie de Seydlitz[3]. Écrivant, en 1759, à un de ses généraux, M. de Fouqué, Frédéric lui disait : « Attaquer « l'ennemi sans l'avantage du feu, c'est se battre avec des bâtons « contre des armes. Il faut avoir le plus d'artillerie possible, mais

---

1. Frédéric II, *Œuvres historiques*, campagne de 1759.
2. Decker, *Batailles et Combats de la guerre de Sept Ans*.
3. Jomini, *Traité des grandes opérations militaires*, t. III

« pour cela, on a besoin d'occuper des hauteurs d'une pente douce
« ou d'être placé en plaine. »

Si l'on étudiait attentivement l'histoire de la guerre de Sept ans, on y verrait presque constamment démontrée la force défensive de l'artillerie et son action très rare dans l'offensive, faute d'une mobilité suffisante. A Lowositz, le 1er octobre 1756, par exemple, les deux armées voient, l'une après l'autre, échouer leurs tentatives devant le feu des batteries de l'adversaire, et la bataille reste indécise[1]. A Kollin, le 18 juin 1757, les échelons de l'armée prussienne sont successivement écrasés par les batteries autrichiennes ; « neuf bataillons du troisième échelon », dit Decker, « perdent « 2,000 hommes avant d'avoir pu aborder l'infanterie ennemie[1]. » A Leuthen, le 3 décembre, l'artillerie autrichienne, trop peu nombreuse déjà, est masquée par les fuyards qui se jettent sur elle avec précipitation[1]. A Breslau, cependant, le 24 novembre 1757, les batteries autrichiennes, comprenant 320 bouches à feu, parfaitement disposées sur un terrain en glacis, aident à l'offensive en ne s'occupant pas des troupes ennemies et démontant un à un tous les canons prussiens pour ouvrir le passage à leur propre infanterie[1]. A Torgau, le 3 novembre 1760, le grand parc de réserve des Autrichiens, par suite d'un hasard particulier, se trouvait à l'avant-garde ; ils en profitèrent pour établir, à 800 pas de la lisière d'un bois, par lequel devaient déboucher les Prussiens, une batterie de 80 à 100 canons, qui anéantit en un instant, dit Napoléon, dix bataillons de grenadiers et vingt bouches à feu. « Les « Prussiens », au dire de Tempelhof, « n'eurent même pas le « temps de charger leurs pièces : les officiers, les canonniers, les « hommes du train et les chevaux étaient déjà tués ou hors de « combat[2]. »

A Rossbach, contrairement aux habitudes de Frédéric, toute l'artillerie de l'armée avait été réunie sous un même commandement, elle accompagna les troupes et contribua puissamment à la victoire. Une batterie, subitement démasquée au moment où Seydlitz se préparait à charger la cavalerie des alliés, porta le désordre dans les

---

1. Decker, *Batailles et Combats de la guerre de Sept ans.*
2. Jomini, *Traité des grandes opérations militaires*, t. III.

rangs de cette cavalerie ; d'autres batteries arrêtèrent les mouvements de l'infanterie qui cherchait à se mettre en bataille.

Quant à l'artillerie française, qui ne fut pas toujours pendant la guerre de Sept ans à hauteur de celles des Autrichiens et des Prussiens, elle se distingua tout particulièrement à la bataille de Bergen, le 13 avril 1759. Le duc de Broglie, qui commandait en chef, avait sous ses ordres 29,800 hommes d'infanterie et 5,200 cavaliers avec 135 pièces, dont 74 canons de régiment, 16 pièces légères d'artillerie saxonne et 45 pièces de réserve. Ces 45 pièces furent réparties en huit petites batteries, derrière lesquelles la cavalerie fut rangée sur trois lignes. Le duc de Brunswick commandait à 28,000 hommes, mais son artillerie de brigade était restée embourbée dans des chemins affreux, et il n'avait avec lui que 54 canons de bataillon. Les batteries françaises se portèrent en avant et prirent en flanc l'infanterie hanovrienne ; la cavalerie ennemie voulut venir au secours de cette infanterie ; dix escadrons français précédés d'une batterie de quatre pièces la culbutèrent [1]. Pour ceux qui aiment à dégager la théorie de la pratique il y a ici une triple leçon : 1° ne pas attaquer un ennemi bien pourvu d'artillerie, avant d'avoir été rejoint par la sienne ; 2° chercher à prendre l'ennemi en flanc ; 3° faire précéder par le feu de l'artillerie l'action de la cavalerie.

L'apparition de l'artillerie à cheval ou légère sur les champs de bataille date de la guerre de Sept ans. Mais cette artillerie, qui n'existait que dans l'armée prussienne, ne marchait pas encore avec la cavalerie, elle se tenait ordinairement près de Frédéric II en personne, qui la dirigeait ou l'envoyait sur les points où le besoin de l'artillerie se faisait sentir inopinément. Cependant au combat de Pretsch, le 29 octobre 1759, le général Rebentisch se servit habilement à la fois de la cavalerie et de l'artillerie légère ; au combat de Reichenbach, le 16 août 1762, le duc de Wurtemberg culbuta la cavalerie ennemie avec un régiment de dragons et trois régiments de cuirassiers, grâce au concours de 10 canons de 6, servis par l'artillerie légère ; celle-ci se porta vivement en avant et fit un feu soutenu, dont les dragons profitèrent pour charger impétueusement.

---

1. Decker, *Batailles et Combats de la guerre de Sept ans*.

Guerres de la Révolution. — Au début des guerres de la Révolution, l'artillerie à cheval, surtout dans l'armée française, éclipsa complètement l'ancienne artillerie à pied. Elle seule pouvait donner à notre cavalerie moins nombreuse, moins bien montée, moins exercée que la belle cavalerie autrichienne, la force de lutter avec celle-ci. Elle seule également pouvait se prêter à la nouvelle tactique de l'infanterie et accompagner les bataillons dispersés en tirailleurs, lorsqu'ils se précipitaient au pas de course sur les positions ou sur les lignes ennemies. Aussi l'artillerie à cheval fut-elle attachée aux divisions d'infanterie, dans lesquelles se trouvait déjà fondue la cavalerie. L'audace et la rapidité d'allures de cette artillerie devinrent bientôt célèbres, et le rôle de l'artillerie à pied finit presque par être réduit à l'occupation permanente de positions défensives. Les demi-brigades d'infanterie avaient toujours d'ailleurs leurs pièces de bataillon, qui suivaient les mouvements des troupes et dont la tactique se bornait à se porter de quelques mètres en avant de l'intervalle des bataillons pour l'exécution des feux ou à protéger la formation des colonnes en se plaçant devant elles.

L'affaire de Valmy, que l'on peut considérer comme le début des armées de la Révolution, fut, on le sait, une canonnade plutôt qu'une bataille; le nom lui en est resté. Le rôle de l'artillerie française y fut surtout défensif, celui de l'artillerie des alliés, pour le caractériser suivant les habitudes actuelles, fut une préparation insuffisante de l'action de l'infanterie. Occupant le plateau du moulin de Valmy à gauche et les hauteurs de l'Yron à droite, l'armée de Kellermann avait son front protégé par deux batteries, l'une de 30 pièces à gauche, l'autre de 28 pièces à droite; deux batteries d'artillerie légère étaient en réserve. Les Prussiens avaient 60 pièces, réparties sur leur front depuis les hauteurs de Gizaucourt à droite jusqu'à celles de la Lune à gauche. Une violente canonnade s'engagea, soutenue également des deux côtés : les Prussiens d'abord, les Autrichiens plus tard formèrent leurs colonnes d'attaque pour enlever les positions des Français. Ces colonnes, fortement battues par le feu de l'artillerie, s'arrêtèrent devant la ferme contenance des bataillons de volontaires électrisés par Kellermann et animés par le bruit du canon. Il y eut, dans la batterie du moulin de Valmy, un instant de vive confusion causée par l'explosion de quelques caissons, des conducteurs d'attelages prirent la fuite, la batterie semblait désorganisée, l'artillerie à cheval arriva au galop et rétablit l'affaire... Voilà bien le véritable rôle de l'artillerie à cheval, dessiné dès le début. Quant à la canonnade de Valmy, elle se reproduisit plusieurs fois sur d'autres points pendant les premières années de la Révolution. « Après la retraite de l'armée du Rhin dans les lignes de Wis-« sembourg », nous apprend Gouvion-Saint-Cyr, « il y avait cons-« tamment des combats d'artillerie dans lesquels l'artillerie fran-« çaise, étant ce qu'il y avait alors de plus instruit dans l'armée, « riposta sinon avec de grands avantages, du moins à succès égal « et dont plusieurs pouvaient être comparés à la canonnade de « Valmy[1]. » Dumouriez, de son côté, écrivait, à la suite du combat de Tirlemont (21 novembre 1792): « Le soldat français compte « infiniment sur la supériorité de son artillerie; du succès de cette « arme dépend son plus ou moins de confiance et d'impétuosité, « et le courage du soldat se refroidit sensiblement s'il voit son « artillerie recevoir un échec ou se rebuter[2]. »

La puissance défensive des grandes batteries d'artillerie fut encore démontrée par la bataille de Jemmapes, par le combat de Pirmasens, le 14 septembre 1793, par la bataille de Truillas dans les Pyrénées-Orientales, etc. Dans ces affaires, les retranchements de l'ennemi étaient hérissés de batteries fixes de gros calibre, que l'artillerie légère était impuissante à combattre et contre lesquelles on ne pouvait pas amener l'artillerie à pied, trop peu mobile pour suivre partout les colonnes de l'infanterie. Le combat de Pirmasens peut être pris pour type de ces sortes d'affaires. Les retranchements prussiens étaient garnis de 100 bouches à feu, dont 40 canons de 16; l'artillerie légère du général Moreaux[3], qui commandait l'armée française, repoussa l'avant-garde ennemie, mais les décharges continuelles à mitraille des 40 canons de 16 arrêtèrent l'élan des colonnes d'attaque. Entraînés par les généraux et les représentants du peuple, ces bataillons s'approchaient cependant des

---

1. Gouvion-Saint-Cyr, *Mémoires sur les campagnes de Rhin-et-Moselle*. t. I, p. 76.
2. *Mémoires de Dumouriez*, t. IV, chap. XII.
3. Il ne s'agit pas ici du célèbre Moreau, rival de Bonaparte.

retranchements, lorsqu'une batterie démasquée à l'improviste renversa à moitié la colonne de droite; les troupes s'enfuirent en désordre, perdant 4,000 hommes, tués ou prisonniers, avec 20 canons[1].

Les capitaines d'artillerie à cheval ne tardèrent pas à comprendre le véritable rôle de leurs batteries, que l'un d'eux a parfaitement défini ainsi qu'il suit : « Avez-vous déterminé le point où vous « voulez pénétrer, qu'elle avance, qu'elle vole, qu'elle écrase, mais « gardez-vous de l'exposer au feu d'une artillerie nombreuse. A « cause du grand nombre des chevaux qu'elle expose aux coups de « l'ennemi », ajoute le général de Caraman, en citant ces paroles, « il ne faut pas l'engager dans des canonnades sans résultat, et l'on « doit la réserver pour des effets décisifs, périlleux et courts[2]. »

C'est ce que fit le colonel Sorbier au combat d'Arlon le 9 juin 1793 : ne pouvant lutter avec l'artillerie autrichienne, supérieure en nombre et en calibre, il n'intervenait que par des mouvements rapides et courts, préparant par quelques salves l'action de l'infanterie et de la cavalerie. Au moment décisif, 1,500 Autrichiens formés en carrés résistaient aux charges réitérées des carabiniers. Sorbier s'élança au galop avec son artillerie, la plaça à 100 mètres de ces carrés et fit une décharge à mitraille qui ouvrit une brèche par laquelle pénétrèrent les carabiniers[3].

A la bataille du Geisberg (reprise des lignes de Wissembourg), le 26 décembre 1793, l'artillerie légère de la division Férino allait être chargée par la cavalerie autrichienne, le capitaine fit replier en équerre les pièces des ailes, plaça en avant sur un seul rang la plus grande partie de ses servants à cheval pour masquer la batterie, laissant aux pièces ceux qui étaient nécessaires pour faire feu. Quand la cavalerie fut à portée de pistolet, les pièces furent démasquées et tirèrent à mitraille, les servants à cheval s'élancèrent alors à la poursuite de l'ennemi[4].

Les mémoires de Gouvion-Saint-Cyr sont pleins d'exemples de l'emploi de l'artillerie. On y remarque surtout l'audace de l'artillerie à cheval et la réussite presque constante des attaques de flanc,

---

1. *Victoires et Conquêtes*, t. II, p. 32.
2. Général de Caraman, *Spectateur militaire*, t. X, p. 422.
3. *Victoires et Conquêtes*, t. I, p. 102.
4. *Victoires et Conquêtes*, t. II, p. 178. On lit dans ce récit que l'artillerie légère se forma en carré, mais il y a évidemment exagération.

fréquentes dans ce genre de guerre où les divisions agissaient à peu près isolément.

A Rastadt, le 5 juillet 1796, Desaix attaqua les Autrichiens de front avec toute la cavalerie et l'infanterie de la division Sainte-Suzanne et 24 bouches à feu. « Nos batteries », dit Saint-Cyr, « l'emportèrent par un feu vif et soutenu sur celles de l'ennemi, « mais tirant à petite distance contre une artillerie supérieure en « nombre et en calibre, elles éprouvaient de grandes pertes lors- « que la division Delmas déboucha des bois avec son artillerie « légère, 8 pièces qui prirent d'écharpe l'artillerie des Autrichiens « et dégagèrent celle de Sainte-Suzanne. Ce mouvement décida « de la victoire[1]. »

Dans quelques circonstances, l'artillerie à cheval de l'armée de Rhin-et-Moselle put agir en masses. A Ettlingen, le 9 juillet 1796, c'est avec 62 escadrons et 32 pièces que Moreau arrêta la cavalerie autrichienne qui menaçait de percer son centre; « l'ennemi », dit Gouvion-Saint-Cyr, « s'arrêta étonné devant la promptitude des « manœuvres et la rapidité du feu de l'artillerie. » A Biberach, le 2 octobre, 24 pièces d'artillerie légère débouchèrent en une seule masse, à portée de pistolet des avant-postes ennemis avec une rapidité inouïe, et ouvrirent un feu nourri qui permit à la brigade Lecourbe de s'avancer; une partie des pièces furent ainsi masquées, mais elles se portèrent en avant au galop pour précéder l'infanterie et foudroyèrent la cavalerie autrichienne qui se préparait à la charge[2].

Nous en passons et des meilleurs ! L'artillerie à cheval de l'armée de Sambre-et-Meuse rivalisait avec celle de l'armée de Rhin-et-Moselle. A la bataille de Neuwied, le 18 avril 1797, Richepanse avec la division de chasseurs à droite, Ney avec ses hussards à gauche, franchirent le Rhin, accompagnés de leurs batteries légères; les hussards passèrent dans les intervalles des redoutes que les Autrichiens avaient établies en face de la tête du pont : l'artillerie, tour-

---

1. *Mémoires de Gouvion-Saint-Cyr sur l'armée de Rhin-et-Moselle*, t. III, p. 293.
2. *Mémoires de Gouvion-Saint-Cyr*, t. IV, p. 175. — *Victoires et Conquêtes*, t. VIII, p. 120.

nant ces redoutes, rompit à coups de canon les palissades qui en fermaient la gorge, et les hussards y pénétrèrent [1].

A l'armée d'Italie, pendant les campagnes de 1796 et 1797, la nature du terrain n'était pas favorable à l'action de l'artillerie, dont le rôle y fut cependant plus considérable qu'on le croit généralement. A Lodi, par exemple, on ne parle guère que du fait d'armes de la colonne de grenadiers, franchissant le pont au pas de course et s'emparant des canons de l'ennemi. Mais Bonaparte lui-même raconte ainsi qu'il suit les accessoires de ce fait d'armes : Il ordonna au général Beaumont, commandant la cavalerie, de passer l'Adda à une demi-lieue au-dessus, où se trouvait un gué praticable en ce moment et, aussitôt qu'il serait sur l'autre rive, d'engager la canonnade avec l'artillerie légère sur le flanc de l'ennemi. En même temps, il plaça aux débouchés du pont et sur la rive droite toute l'artillerie disponible de l'armée, la dirigeant sur les pièces ennemies qui enfilaient le pont. Dès qu'il vit le feu de l'ennemi se ralentir, il fit battre la charge, etc. [2]. Marmont, témoin oculaire, dit de son côté : « Toute l'artillerie que pouvait contenir l'empla-
« cement précédait l'entrée du pont, et une vive canonnade occupa
« l'ennemi [3]. » Enfin, d'après une relation allemande, faite, il est vrai, avec l'intention d'excuser la conduite de l'infanterie autrichienne, Bonaparte, après s'être emparé de la ville de Lodi, aurait placé 30 bouches à feu dans une situation dominant celle des Autrichiens, sur la berge de la rivière et sur les digues de la ville. « Il
« était impossible aux Autrichiens de rester dans cette position.
« Aussi, se décidèrent-ils bientôt à la retraite, après que les pro-
« jectiles français eurent démonté plusieurs de leurs canons. Ils
« allèrent donc occuper une position plus en arrière, tandis que
« l'artillerie française continuait à tonner et obtenait de brillants
« résultats. L'attaque des grenadiers qui s'ensuivit constituera
« toujours un beau fait d'armes. On reconnaîtra cependant qu'on
« a exagéré le mérite, si l'on réfléchit à la supériorité écrasante de

---

[1]. *Victoires et Conquêtes*, t. VII, p. 151. — Séruzier, *Mémoires d'un colonel d'artillerie légère*.
[2]. *Mémoires sur la campagne d'Italie*.
[3]. *Mémoires*, t. I, p. 174.

« l'artillerie française et à l'emplacement désavantageux des canons
« autrichiens[1]. »

La bataille de Castiglione nous présente un exemple bien caractérisé de l'emploi de l'artillerie légère en masse (masse considérable eu égard au faible effectif de l'armée). Bonaparte, voulant chasser la gauche des Autrichiens du mamelon de Medole où elle s'appuyait, envoya sur sa droite toute son artillerie à cheval, comprenant 19 pièces, sous les ordres de son aide de camp Marmont. « Le mamelon de Medole », dit celui-ci dans ses *Mémoires*, « était
« couvert de pièces de position ; leur calibre étant supérieur, je ne
« pouvais lutter avec l'ennemi qu'en m'approchant beaucoup et,
« quoique le pays fût uni, il y avait un défilé à franchir avant de
« pouvoir me déployer à distance convenable. Les boulets de l'en-
« nemi arrivaient à ce défilé, qui était assez large. Je le traversai
« par section de deux pièces ; après avoir mis en tête la compagnie
« dans laquelle j'avais le moins de confiance, je lançai ma colonne
« au grand galop. La tête fut écrasée, mais le reste de mon artille-
« rie se déploya rapidement et se plaça à très petite portée de ca-
« non ; un feu vif bien dirigé démonta plus de la moitié des pièces
« de l'ennemi en peu de temps ; l'infanterie souffrait aussi de mon
« canon, une partie de mon feu étant dirigée contre elle[2]. »

Nous voyons ici se dessiner la tactique par laquelle l'artillerie obtint tant de succès pendant les guerres de l'Empire : se porter rapidement à demi-distance. Nous voyons aussi la direction des batteries confiée aux officiers généraux et supérieurs de l'arme. Déjà à Lonato, Augereau avait abandonné la sienne à Marmont qui fut également, à Arcole, chargé, par Bonaparte, de commander une batterie de 15 pièces, destinée à prendre à revers la digue de l'Alpon. Cette digue étant masquée, Marmont fut obligé de tirer à ricochet à charges réduites. A Roveredo, au Tagliamento, les généraux d'artillerie Dommartin et Lespinasse prirent le commandement des batteries des divisions Masséna, Bernadotte et Serrurier. A Rivoli, une batterie de 15 pièces, disposée par Bonaparte

---

1. *Atlas des batailles*, par von Rothenbourg. 1844. Cité par Taubert, *Emploi du canon rayé*.
2. *Mémoires de Marmont*, t. I, p. 209.

lui-même en arrière de la crête, couvrit de mitraille les colonnes qui débouchaient sur le plateau et prépara ainsi l'action de la cavalerie[1]. »

Nous avons raconté plus haut la célèbre charge de cavalerie par laquelle Kellermann décida la victoire de Marengo. Le rôle de l'artillerie dans cette bataille ne fut pas moins considérable. Lorsque Desaix arriva auprès du premier Consul, précédant de quelques instants la division Boudet, il lui demanda de faire préparer l'entrée en ligne de cette division par une vive canonnade. « Il « faut », dit-il, « qu'un feu vif d'artillerie impose à l'ennemi avant « de tenter une nouvelle charge, sans quoi elle ne réussirait pas. « C'est ainsi, général, qu'on perd les batailles. » Marmont, commandant l'artillerie de l'armée, dit alors à Desaix qu'avec la batterie de la division Boudet il pouvait encore disposer de 18 pièces. « C'est « bien », s'écria Desaix, « du canon, du canon, et faites-en le meil-« leur usage possible. » Les 18 pièces furent alors placées à droite de la route par laquelle s'avançaient les colonnes autrichiennes et commencèrent le feu, pendant que la division Boudet se formait à droite et à gauche de cette route. Le feu vif et subit causa d'abord de l'hésitation à l'ennemi, qui croyait en avoir fini avec les dernières résistances, et ensuite l'arrêta. Après vingt minutes de tir de l'artillerie, l'infanterie se porta en avant, et la batterie masquée dut cesser son feu pour suivre le mouvement. Tout à coup l'infanterie recula en désordre : Desaix venait d'être tué. Marmont s'empressa de faire remettre en batterie et charger à mitraille les trois pièces de gauche, qu'il avait sous la main : « Une grosse colonne de gre-« nadiers », dit-il, « suivait notre infanterie, à une distance de « cinquante pas à peu près. Nous eûmes le temps de tirer sur elle « quatre coups à mitraille et, immédiatement après, Kellermann, « avec 400 chevaux, reste de sa brigade, passa devant mes pièces « et fit une charge vigoureuse[2]. »

Si nous écrivions l'histoire de l'artillerie[3], nous aurions à citer, en suivant l'ordre chronologique des campagnes de cette époque,

---

[1]. *Mémoires de Napoléon sur la campagne d'Italie.* — *Mémoires de Masséna*, par Koch, t. II.
[2]. *Mémoires de Marmont*, t. II.
[3]. Nous espérons bien pouvoir un jour écrire cette histoire.

plus d'un fait remarquable, mais nous ne cherchons qu'à suivre les phases de la tactique de l'arme, et nous allons arriver à la période des grandes masses offensives d'artillerie.

A Austerlitz, l'artillerie de l'armée française était numériquement très inférieure à celle des alliés, et Napoléon lui-même, écrivant au général Songis quelques jours après la bataille, lui disait : « Je me suis aperçu, à Austerlitz, que je n'avais pas assez d'artil-« lerie. » De part et d'autre, l'artillerie fut d'ailleurs très morcelée, agissant le plus généralement avec les divisions et même avec les brigades. Du côté des alliés, nous voyons cependant Lichtenstein établir une batterie de quarante pièces contre le corps de Lannes et la cavalerie de Murat, une batterie de douze pièces de 12 arrêter la marche de la division Vandamme sur les hauteurs de Pratzen, enfin Doctorof réunir cinquante bouches à feu sur un ressaut de terrain en avant des étangs, pour essayer de repousser les atteintes de notre armée victorieuse; elles arrêtèrent en effet les divisions de dragons en les couvrant de mitraille, mais, embourbées dans la terre détrempée par le dégel, elles furent prises par l'infanterie de Soult. Du côté des Français, la fameuse batterie du *Santon*, commandée par Sénarmont et composée de 18 pièces de 12, ne cessa de battre la droite de l'armée russe et surtout les débouchés du village de Posoritz, sur lequel s'appuyait cette droite; l'artillerie légère de la garde prépara la charge des grenadiers à cheval en prenant de flanc les chevaliers-gardes; elle combina ensuite l'action de ses 24 pièces avec celle de l'artillerie du 4ᵉ corps, qui descendait sur la droite pour porter le désordre dans les colonnes russes en retraite, jusqu'à ce que, sur l'ordre de Napoléon, toutes les batteries réunies se mirent à tirer sur les étangs, afin de rompre la glace et de fermer toute issue aux débris de l'armée ennemie[1].

La campagne de 1806 marque déjà, pour l'artillerie, un pas plus prononcé dans la voie du progrès, mais les rapports établis à cette époque sont tellement sommaires qu'il est difficile d'en déduire le détail des manœuvres. Nous savons seulement que l'artillerie du 4ᵉ corps d'armée, réunie, par ordre du maréchal Soult, sous les ordres de Lariboisière, précéda le corps d'armée sur le champ de

---

1. Général Ambert, *Essais de tactique*; Bach, *Mémorial de l'artillerie*, t. VI.

bataille d'Iéna et contribua beaucoup au succès des attaques du maréchal Lannes. La batterie à cheval de la réserve était même entrée en ligne dès le début de la bataille, alors qu'il s'agissait de conquérir le terrain nécessaire au déploiement de l'armée. Il est probable qu'à ce moment l'Empereur fit réunir un certain nombre de batteries, car, dans son rapport sommaire établi à la fin de la guerre, le premier inspecteur général Songis s'exprime ainsi sur le compte de l'artillerie du 7ᵉ corps, qui occupait la gauche de l'armée, à la bataille d'Iéna : « Sept bouches à feu d'artillerie à « cheval, réunies d'après les ordres de Votre Majesté *à la grande* « *batterie du centre de l'armée*, y ont été servies avec fermeté et ont « contribué à la prise de la première position [1]. »

A Auerstædt, le corps de Davout n'avait que 36 pièces, savoir : trois compagnies d'artillerie à pied avec 8 pièces chacune et deux compagnies d'artillerie à cheval de 6 pièces. La division Gudin avait avec elle dix bouches à feu d'artillerie à pied, qui encadrèrent à droite et à gauche le village de Hassenhausen. La division Friant était accompagnée de douze bouches à feu, dont six d'artillerie à cheval ; lorsque, après un engagement des plus vifs, cette division se porta en avant, l'artillerie vint occuper, auprès du village de Spilberg, une position d'où elle prit d'écharpe toute la gauche de l'armée prussienne. Enfin, l'artillerie de la division Morand se composait d'une batterie à pied de huit pièces et d'une batterie à cheval de six pièces, en tout quatorze pièces. Lorsque la cavalerie prussienne fondit sur cette division, qui forma les carrés pour la recevoir, l'artillerie resta en dehors des carrés et replia ses deux ailes en arrière pour pouvoir faire feu sur trois faces [2]. Son tir à mitraille contribua, avec le feu de la mousqueterie des carrés, à briser les efforts de la nombreuse cavalerie allemande. Morand se mit alors en marche en formant une ligne de colonnes de bataillon, flanquée de l'artillerie à pied et précédée de l'artillerie à cheval. Cette artillerie contribua puissamment à la prise du village d'Erkartsberg [3]. Enfin, le général Morand s'étant emparé des hau-

---

1. D'après les pièces officielles.
2. Séruzier, *Mémoires d'un colonel d'artillerie légère*.
3. Rapport du général Foucher commandant l'artillerie du 3ᵉ corps.

teurs de Sonnendorf, plaça ses quatorze pièces sur un plateau qui dominait tout le terrain et d'où elles enfilaient la ligne prussienne. Battues d'écharpe de droite et de gauche, les divisions prussiennes abandonnèrent le champ de bataille [1].

A Eylau, les Russes avaient en batterie 350 bouches à feu; l'armée française n'en avait que 200. Le mouvement offensif fut préparé par 140 pièces de la garde, de la réserve de cavalerie et des 4e et 7e corps. Jusqu'à l'arrivée du 3e corps, l'artillerie de la division Saint-Hilaire, composée de 18 bouches à feu, occupa à l'extrémité droite du front de l'armée, un plateau d'où elle prenait d'écharpe toute la ligne russe. Lorsque le 7e corps se porta en avant, il était formé sur deux lignes, composées chacune d'une division d'infanterie en ligne de bataillons en colonnes serrées, à intervalles de déploiement. L'artillerie, commandée et dirigée par Sénarmont d'après l'ordre d'Augereau, ne comprenait que 19 pièces, dont 12 étaient en batterie en avant de la première division. Comme ces 12 pièces étaient devenues le point de mire de toutes celles de l'ennemi, réparties sur un front immense, et que l'infanterie souffrait extrêmement de la chute des projectiles qui n'atteignaient pas la batterie, Sénarmont les porta rapidement sur un plateau à 200 mètres en avant et appela à lui l'artillerie de la 2e division, d'abord pour remplacer celle de la première, puis pour se porter à sa hauteur, réunissant ainsi 19 bouches à feu en une seule batterie [2]. Mais les Russes dirigèrent contre le corps d'Augereau 50 bouches à feu d'artillerie légère, tenues jusque-là en réserve et arrivant au galop [3]. Mitraillées et aveuglées par la neige, les colonnes d'infanterie reculèrent en désordre, poursuivies par une nombreuse cavalerie; « les batteries furent un instant enveloppées et obligées », dit Sénarmont, « d'exécuter un mouvement « rétrograde; les canonniers des dernières pièces se trouvèrent « engagés avec les housards ennemis et en tuèrent quelques-uns [2]. »

« A Heilsberg, le 10 juin 1807, le général Dulauloy, commandant « l'artillerie du 4e corps », dit le général Songis, dans son rapport à

---

1. Mathieu Dumas, *Précis des événements militaires*, t. XVII.
2. Rapport de Sénarmont.
3. Jomini, *Précis de l'art de la guerre*.

l'Empereur, « se mit à la tête d'une batterie de 25 bouches à feu,
« qui marcha de position en position et qui, sans s'inquiéter du
« nombre et de la force des batteries qui lui étaient opposées, s'a-
« vançait à portée de mitraille, ses coups devenant d'autant plus
« meurtriers qu'ils étaient dirigés avec autant de justesse que de
« sang-froid [1]. » Pendant ce temps, le chef d'escadron Séruzier,
avec les 18 pièces de la division Saint-Hilaire, affrontait la cavalerie russe, et les canonniers de ses batteries envahies par une
charge, se défendaient, les canonniers à pied à coups de fusil, les
canonniers à cheval en chargeant sur la cavalerie après quelques
coups à mitraille [2].

Ce qui caractérise l'action de l'artillerie dans les batailles de
1806 et de 1807, c'est qu'elle est le plus souvent réunie sous le
commandement des généraux de l'arme, d'après les ordres mêmes
des chefs de corps d'armée, et qu'elle se porte avec audace au-devant et à petite portée de l'artillerie ennemie. Cette tactique s'accentue et s'affirme à la bataille de Friedland : le général Sénarmont a l'honneur de la faire accepter par Napoléon lui-même, qui,
à partir de là, n'en connaîtra plus d'autre.

Sénarmont commandait à Friedland l'artillerie du 1er corps, à la
tête duquel le général Victor avait remplacé Bernadotte, blessé.
Victor a décidé que toute l'artillerie du corps d'armée serait réunie
sous les ordres de Sénarmont. Cela lui fait 36 bouches à feu, qu'il
dispose ainsi qu'il suit : 6 en réserve avec la 2e ligne, 14, dont 4
d'artillerie à cheval, à gauche du front de la première ligne, 16,
dont 10 d'artillerie à cheval, à l'extrême droite près de l'Alle.

Le 1er corps, on le sait, était lui-même en 2e ligne derrière le
6e corps, et remplaça celui-ci quand il se porta en avant. A la vue
de l'infanterie du 6e corps ébranlée par le feu de l'ennemi, Sénarmont fait avancer ses deux divisions de droite et de gauche jusqu'à
500 mètres de la ligne russe, puis, après deux décharges, les porte
à 300 mètres, convergeant l'une vers l'autre et ne formant plus
qu'une seule batterie de 36 bouches à feu, car la réserve est venue
le rejoindre. Le danger augmentant, cette batterie se porte à 200

---

1. Documents officiels.
2. *Mémoires d'un colonel d'artillerie légère.*

mètres et ne tire plus qu'à mitraille. A côté d'elle se trouve une partie de l'artillerie du 6ᵉ corps, commandée par le général Séroux, qui avait formé aussi deux batteries des pièces dont il disposait : l'une, à gauche, de sept bouches à feu, l'autre, à droite, de dix, et avait porté sa batterie de droite en avant, par échelons de cinq pièces. « L'artillerie du 1ᵉʳ corps », dit-il dans son rapport, « vint
« prendre position à côté de nous et donna à notre feu une grande
« supériorité ; à huit heures nous entrâmes dans Friedland. » Les généraux Sénarmont et Séroux sont d'accord dans leur compte rendu. « La division commandée par le colonel Caron », dit Sénarmont, « s'est portée bien en avant de l'infanterie, faisant de là
« un feu terrible à bout portant. » « Tous les coups de l'artillerie
« russe », dit de son côté le général Séroux, « nous passaient par-
« dessus la tête, tant nous étions près d'elle[1]. » Il est impossible d'affirmer plus nettement une tactique.

Quant aux détails de la manœuvre, à cette époque l'artillerie à pied conservait ses pièces sur l'avant-train et les y remettait pour exécuter les grands mouvements ; les déplacements très courts se faisaient à bras et à la bricole ; on ne mettait la prolonge que pour les feux en retraite. L'artillerie à cheval mettait, au contraire, la prolonge à 4 mètres de longueur dans toutes les manœuvres et dès qu'elle arrivait sur le champ de bataille. Les intervalles entre les pièces étaient de 8 mètres ; les caissons se plaçaient à 30 ou 40 mètres en arrière des pièces, un seul caisson par pièce marchait avec la batterie, les autres restaient au parc. En général, on ne couvrait pas les pièces de campagne d'un parapet ; cependant, certaines batteries de position étaient protégées par un épaulement jusqu'à la genouillère[2] ou par une simple élévation de terre de deux à trois pieds ($0^m,65$ à 1 mètre). « Comme exemple de ces épaule-
« ments à construction rapide, on peut citer », dit le général marquis de Caraman, « les fameuses redoutes de la Moskowa. Les
« pièces y tiraient à barbette[3] et de petites tranchées horizontales
« de deux pieds environ de profondeur formaient, à droite et à

---

1. Rapports des généraux Sénarmont et Séroux.
2. On appelle ainsi la hauteur de la pièce au-dessus du sol lorsque son axe est horizontal.
3. C'est-à-dire sur des terre-pleins élevés au-dessus du sol.

« gauche de chacune d'elles, des abris pour leurs servants. Ces
« batteries opposèrent la plus formidable résistance. Nous en trou-
« vâmes de semblables à Bautzen[1]. » Napoléon lui-même, la veille
de la bataille de la Moskowa, fit préparer trois grandes batteries à
la construction desquelles concoururent les troupes du génie, mais
après s'y être placée au début de la bataille, l'artillerie des 1er
et 3e corps les abandonna pour se porter en dehors[2] : il s'agissait
ici de prendre l'offensive.

Voici quelles étaient, au moment de la campagne de 1809 en
Autriche, les principales règles de tactique en vigueur :

Dans la défensive : placer le canon sur les points d'où l'on découvre l'ennemi de plus loin et d'où l'on voit les parties les plus étendues de son front ; battre les débouchés de l'ennemi, la tête de ses colonnes qui vous menacent, traverser de ses feux, en les croisant, la position de l'ennemi et le terrain qu'il doit parcourir pour vous attaquer.

Dans l'offensive : placer le canon dans les parties de la ligne de bataille les plus faibles, du côté des fausses attaques, sur les hauteurs qui peuvent en le mettant hors d'insulte, lui fournir les moyens d'appuyer les flancs des véritables attaques et battre de revers, s'il le peut, les points attaqués. Battre tout le front de l'ennemi, pour le tenir en échec en l'inquiétant et plus particulièrement chercher à écraser les parties qu'on veut attaquer. — Rendre ses feux directs avant que les feux croisés puissent gêner vos troupes attaquantes et battre les troupes collatérales aux points attaqués, lorsqu'on ne pourra plus tirer sur ces points.

Tirer sur une étendue qui remplisse l'amplitude de la divergence des coups, autrement dit sur un front correspondant à la limite supérieure des écarts probables en direction. — Faire parcourir au boulet la plus grande dimension d'une troupe, en conséquence battre d'écharpe ou de flanc une ligne, de front une colonne. — S'emplacer de manière à n'être battu ni d'écharpe, ni de flanc, ni de revers, à moins de pouvoir se couvrir ou d'être sûr de produire l'effet demandé avant d'être mis hors de combat. Éviter les terrains marécageux, pierreux, coupés, faciliter les moyens d'aller en avant et en arrière. — Ne pas choisir les positions les plus élevées ; le maximum le plus avantageux est de 30 ou 40 mètres à 600 mètres, soit de $\frac{1}{10}$ à $\frac{1}{15}$, et 16 mètres sur 200 ou $\frac{1}{25}$. — Éviter les emplacements en arrière des troupes, parce qu'on les inquiète en tirant et qu'on offre à l'ennemi deux buts en un seul. Ne point engager de combats d'artillerie contre artillerie à moins que

---

1. *Spectateur militaire. Notice sur l'artillerie de campagne*, t. X, p. 436.
2. *Spectateur militaire. La Bataille de la Moskowa*, par le général Pelet, t. VIII, p. 155.

les troupes de l'ennemi ne soient à couvert et son canon exposé. — Tirer avec plus de vitesse à mesure qu'on peut tirer avec plus d'exactitude. User de la mitraille à des distances moindres que celles prescrites par les tables si le terrain est inégal, mou, couvert, plongeant ou plongé. Ménager à propos ses munitions [1].

« Autrefois », dit Gassendi, à qui nous empruntons ces détails, d'autant plus intéressants qu'ils ont un caractère semi-officiel, « on « partageait les canons en plusieurs batteries, pour n'offrir qu'un « but morcelé au feu de l'ennemi, mais ces diverses batteries con- « servaient leur unité de but, c'est-à-dire qu'elles devaient tou- « jours pouvoir battre les mêmes objets, dont la destruction était « l'effet que devait opérer la totalité des bouches à feu. *On a changé* « *ce mode.* Le grand homme qui conquit en six mois trente siècles « de gloire, laissant le principe qu'il faut morceler les batteries « pour les mieux conserver et centraliser leurs feux pour opérer « des pertes décisives, principe juste, mais qui est contraire au « cœur humain, ne voulut plus alors que de *fortes batteries*, qui « produisent les grands effets, où par leur réunion les braves s'é- « lectrisent encore [1]. »

Autre principe nouveau : « N'abandonner son canon que lorsque « l'ennemi entre dans vos batteries. Les dernières décharges sont « les plus meurtrières ; *elles feront votre salut peut-être, votre gloire à* « *coup sûr.* » Ceci est contraire au préjugé régnant alors et partagé par Napoléon lui-même, qui, attachant une grande importance au prestige de ses armes, tenait à ne laisser aucun trophée aux mains de l'ennemi. A la suite de la bataille de Talavera, il décida que deux canons, pris par l'ennemi au corps d'armée de Sébastiani, seraient imputés à ce général sur sa solde [2], et après Wagram, où l'artillerie de la division Boudet avait été enlevée par les Autrichiens, cet officier général, un des meilleurs divisionnaires de l'armée, fut traité par lui si durement, qu'il en tomba malade et mourut de chagrin quelques semaines après [3].

Cette bataille de Wagram, célèbre à tant de titres d'ailleurs,

---

1. Gassendi, *Aide-mémoire*, édition de 1809, t. II, p. 1658 et suiv.
2. *Correspondance du roi Joseph*, t. VI.
3. G. Koch, *Mémoires de Masséna*, t. VI, p. 354.

est très souvent citée à propos de l'emploi de l'artillerie par grandes masses. C'est en effet la première bataille dans laquelle Napoléon en personne employa cette tactique; mais s'il est vrai qu'il s'écria : « Que n'ai-je ici Sénarmont! » c'est qu'il reconnut lui-même que la manœuvre de Wagram ne valait pas celle de Friedland. Il s'agissait de remplir le vide formé au centre de l'armée par la déroute du corps de Bernadotte (Saxons) et de préparer l'attaque confiée aux troupes de l'armée d'Italie, sous les ordres de Macdonald. Soixante pièces de la garde, dont trente-six de l'artillerie à pied, conduites par Drouot, et vingt-quatre de l'artillerie à cheval dirigées par d'Aboville, furent réunies en colonne par batterie, et arrivées à demi-portée de l'ennemi, se déployèrent au trot en avant et vers la gauche en batterie. L'artillerie à cheval, placée intentionnellement derrière l'artillerie à pied, fut rapidement portée en ligne à sa hauteur. Chaque batterie, aussitôt formée, commença le feu. Soumise à un tir très violent pendant son mouvement, l'artillerie de la garde avait déjà 15 pièces démontées avant d'être en batterie; il fallut la renforcer par 40 pièces de l'artillerie de l'armée d'Italie. Toutes ces bouches à feu formèrent sous les ordres de Lauriston une ligne de 2,000 mètres et engagèrent avec l'ennemi un duel violent, dans lequel elles prirent le dessus, par la supériorité du calibre, la justesse du tir, l'activité et le dévouement des canonniers. L'ennemi ne ralentit toutefois son feu qu'après une demi-heure de lutte. Lorsque Macdonald se porta en avant, la grande batterie s'ouvrit pour lui livrer passage, mais elle fut incapable de l'accompagner dans sa marche, qu'il fallut faire appuyer par l'artillerie bavaroise [1].

La grande batterie avait d'autant plus souffert qu'elle présentait à l'ennemi une ligne convexe en arc de cercle, prise d'écharpe par la droite des Autrichiens. Ceux-ci occupaient d'ailleurs, dans l'ensemble de la bataille, une position enveloppante qui eût assuré la défaite de l'armée française, si leur aile gauche n'avait pas été attaquée de flanc et vivement refoulée par le maréchal Davout, décidant ainsi de la victoire; l'artillerie eut une part considérable dans ce succès. La division Morand à l'extrême droite et la division

---

1. Gᵃˡ Koch, *Mémoires de Masséna*, t. VI, p. 318. Gᵃˡ Favé, *Tactique des trois armes.*

Friant à sa gauche, attaquèrent de revers les hauteurs de Markgrafen-Neusiedel, ayant à leur droite les dragons de Grouchy et la cavalerie légère de Montbrun, tandis qu'à gauche les divisions Gudin et Puthod, appuyées par les cuirassiers du duc de Padoue, abordaient ces mêmes hauteurs de front. Les Autrichiens n'avaient pas, sur ce point, moins de 60 bouches à feu, qui tiraient avec la plus grande vivacité; la division Morand, malgré l'appui de ses 24 pièces, commençait à plier, lorsque l'artillerie de la division Friant, augmentée de 7 canons de 12 de la réserve et comptant ainsi 31 bouches à feu, se porta rapidement en avant et rétablit les affaires en croisant son feu avec celui de l'artillerie de Morand[1]. Des batteries beaucoup moins nombreuses eurent une influence encore plus grande sur le résultat. Dès le matin de la bataille, Napoléon lui-même avait amené au galop les 12 pièces de la division de cuirassiers Nansouty et les avait placées de manière à prendre d'enfilade l'aile gauche des Autrichiens, ce qu'elle fit pendant toute la journée. La batterie à cheval de huit pièces attachée aux cuirassiers du duc de Padoue se porta audacieusement en avant de sa division, de manière à enfiler tout le cours du Russbach, bordé par l'infanterie autrichienne. Cette intervention rapide, due à l'initiative du chef d'escadron Romangin, qui fut tué, décida la retraite des Autrichiens[2].

Pendant que l'artillerie se distinguait ainsi à Wagram, le général Sénarmont continuait en Espagne les traditions de la Grande-Armée, inspirant aux généraux en chef assez de confiance pour prendre, sur le champ de bataille, en vertu de leurs ordres, la direction supérieure de toute l'artillerie, y compris celle des divisions : à Ocaña, le 18 novembre 1809, l'armée comprenait les 4ᵉ et 5ᵉ corps, avec la réserve, ayant en tout 45 pièces[3], le maréchal Soult fit prévenir les commandants de corps que le général Sénarmont avait seul la disposition et la direction de ces 45 pièces, et il ordonna à ce général de réunir le plus grand nombre possible de bouches à feu en face de la gauche des Espagnols, appuyée à la ville d'Ocaña, et

---

1. *Vie du général Friant*, écrite par son fils.
2. *Souvenirs du duc de Padoue*, par Ducasse, t. Iᵉʳ.
3. 4ᵉ corps, 24; 5ᵉ corps, 10; réserve, 11; total, 45, dont 19 de 8, 11 de 4 et 15 obusiers.

d'en écraser leur centre. Sénarmont envoya chercher l'artillerie des divisions et la plaça au fur et à mesure de l'arrivée des batteries. Un ravin séparait les deux armées ; peu prononcé devant la gauche des Français, il allait s'approfondissant vers leur droite : 25 pièces furent promptement réunies sur la crête qui bordait ce ravin, que deux obusiers fouillaient pour en écarter les tirailleurs. L'ennemi, écrasé par cette batterie, qu'il avait canonnée vigoureusement pendant qu'elle se formait, se décida à la retraite. Alors, retirant successivement ses pièces de droite pour les porter à sa gauche et pivotant sur son centre, la gauche en avant, Sénarmont franchit le ravin à sa naissance, et, rejoint par une batterie de 6 pièces, il déploya son artillerie sur une seule ligne de 31 bouches à feu ; les autres pièces accompagnaient l'aile gauche de l'armée française dans son mouvement tournant. « Pour manier plus faci« lement sa grande batterie et la porter en avant », dit-il lui-même dans son rapport, « il la partagea en trois divisions, s'avançant « par échelons sous les ordres du général Faultrier et des colonels « Berge et Bouchu. Ainsi réunie, cette artillerie acheva de dé« truire tout ce qui lui résistait[1]. » Aux batailles d'Almonacid et de Talavera, Sénarmont avait dirigé de même toute l'artillerie de l'armée.

Après la mort de cet illustre artilleur, tué au siège de Cadix en 1810, le maréchal Soult accorda une même confiance au général Ruty qui, en prenant, à la bataille d'Albuera, le 16 mai 1811, la direction de toute l'artillerie, forte de 42 bouches à feu, préserva l'armée d'une déroute qui semblait inévitable. L'infanterie, dans son impatience, avait attaqué l'armée anglo-espagnole sans attendre l'artillerie. Formée en colonnes profondes, elle avait été repoussée par un feu meurtrier et reculait en désordre lorsque survint le général Ruty avec ses 42 bouches à feu : dépassée en arrière par les troupes qui battaient en retraite, cette artillerie s'établit dans les positions les plus avantageuses qu'elle put trouver et arrêta l'ennemi par un tir aussi juste que rapide, qui dura plus de deux heures. Quand les munitions commencèrent à manquer, elle se retira elle-même par échelons sous la protection

---

1. Rapport de Sénarmont. — Archives de l'artillerie.

des dragons de Latour-Maubourg, sans être suivie par l'ennemi[1]. « L'artillerie des Français », dit Beresford dans son rapport à Wellington, « avait sauvé leur infanterie. » Sur près de 4,000 Anglais tués ou blessés dans cette grande bataille, plus de 2,000 l'avaient été par l'artillerie.

Dans les luttes colossales de la fin de l'Empire, l'artillerie fut fréquemment employée par grandes masses, tantôt offensives, tantôt défensives. Il suffit, à cet égard, de citer les batailles de la Moskowa, de Lutzen, de Bautzen, de Wachau, de Leipsick et de Hanau.

A la Moskowa, l'armée française était forte de 108,000 hommes (infanterie et cavalerie) et avait en ligne 563 canons[2]. Les Russes en avaient 600 pour environ 136,000 hommes. « C'est à coups « d'artillerie qu'il faut démolir les Russes », s'écria Napoléon pendant la bataille.

L'attaque dirigée par la cavalerie de Murat et la division d'infanterie de Friant contre les trois redans du centre, fut appuyée par 90 pièces d'artillerie légère, envoyées en partie par le général Sorbier, qui commandait l'artillerie de la garde. Ces 90 pièces furent partagées en trois masses, dont celles des ailes débordèrent les trois redans en passant dans les intervalles et vinrent tirer sur la gorge des ouvrages, tandis que la masse du centre continuait à faire feu devant elle. Les trois redans enlevés, toute l'artillerie fut formée sur une seule ligne, flanquée aux deux extrémités par les carrés de l'infanterie[3]. « Environ 80 pièces de canon furent mises « en batterie jusqu'à portée de mitraille des masses ennemies », dit Murat dans son rapport à l'Empereur, « je fis faire un feu rou- « lant qui arrêta les mouvements des Russes. L'Empereur a pu se « convaincre lui-même du mal fait à l'ennemi par l'artillerie[4]. »

A Lutzen, lorsque Napoléon en personne, à la tête de la jeune garde, attaqua le village de Kaya, déjà pris et repris plusieurs fois, il envoya Drouot, avec 90 pièces de l'artillerie de la garde, se mettre en batterie sur la droite en avant du village de Starsiedel, où

---

1. *Victoires et Conquêtes*, t. XX, p. 236.
2. Pelet, *la Bataille de la Moskowa. Spectateur militaire*, t. VIII.
3. Séruzier, *Mémoires d'un colonel d'artillerie légère*.
4. Rapport de Murat, cité au *Moniteur*, 1812, p. 1212.

se maintenait avec peine l'infanterie du corps de Marmont, assaillie par toute la cavalerie des alliés. Cette grande batterie avait un double objet : repousser les charges réitérées de la cavalerie et croiser son feu sur Kaya avec celui des 32 pièces placées de l'autre côté de ce village, sous les ordres du général Charbonnel, commandant l'artillerie du 3ᵉ corps. Ce double objet fut parfaitement rempli. La grande batterie de la garde avait pris position derrière la crête d'un pli de terrain ; elle souffrit très peu du feu de l'ennemi[1].

A la bataille de Bautzen, ou plutôt à celle de Würschen, car la grande bataille connue généralement sous le nom de Bautzen comprend deux journées, dont la seconde porte le nom de Würschen, l'Empereur joignit à l'artillerie de Marmont, qui occupait le centre, toute l'artillerie de la garde, pour former une redoutable batterie de 180 pièces, dont le maréchal lui-même prit la direction. Au signal donné par l'Empereur, lorsque le mouvement tournant du maréchal Ney fut suffisamment prononcé, cette batterie commença son feu contre les retranchements ennemis : l'effet fut prodigieux. Le corps de Blücher fut écrasé. 80 pièces de la garde, sous les ordres du général Dulauloi, accompagnèrent l'infanterie dans sa marche en avant. Lorsque le soir on occupa les positions abandonnées par les Prussiens, on trouva le sol jonché de pièces démontées et de caissons brisés[2].

La seconde partie de la campagne de 1813 nous montre, dans les armées alliées, un exemple de l'emploi de l'artillerie en masses offensives. Le 23 août, le général Reynier, qui commandait le 7ᵉ corps de l'armée française, composé presque exclusivement de Saxons, s'était emparé du village de Gross-Beeren et y avait installé ses bivouacs. Le général prussien von Bulow résolut de l'en déloger, et comme la pluie, cette même pluie qui devait causer à Dresde la perte de l'infanterie autrichienne et à la Katzbach la déroute des troupes de Macdonald, empêchait l'infanterie de tirer, le rôle principal dans l'attaque fut donné à l'artillerie. 48 canons furent déployés à droite de la route de Berlin ; ils ouvrirent leur feu à

---

1. *Mémorial de l'artillerie*, t. VI. — Jacquinot de Presle, *Cours d'art militaire*.
2. *Mémoires de Marmont*, t. V, p. 107.

1,800 pas de la position des Français et s'avancèrent ensuite en échelons par batterie ; l'infanterie suivait à 300 pas en arrière, formée de deux brigades en ligne de colonnes de bataillon, l'une à côté de l'autre, et flanquée à droite et à gauche d'une brigade de cavalerie. La réserve comprenait une brigade d'infanterie, un régiment de cavalerie et 30 pièces. Deux batteries à cheval de la réserve furent d'abord détachées, pour aller s'installer à 1,200 pas de distance sur le flanc gauche des Saxons, puis le nombre des canons en ligne fut successivement porté à 64, 82 et 90. L'artillerie française et saxonne soutint d'abord vigoureusement la lutte, mais, écrasée par le nombre, elle fut réduite au silence ; la première ligne de Reynier fut culbutée et anéantie, malgré la vive et courageuse résistance de la division française Durutte[1].

A Wachau, le 16 octobre, l'artillerie de la garde forma, sous les ordres de Drouot, une grande batterie de 90 pièces et se porta en avant contre le centre des armées coalisées, ayant à gauche le corps de Lauriston, avec deux divisions de la jeune garde, à droite Victor, appuyé par deux autres divisions de la garde. Cette redoutable ligne, après avoir arrêté une charge de cuirassiers, repoussé l'infanterie de l'ennemi et résisté à son artillerie, se trouva en présence d'un corps d'élite de 10,000 grenadiers russes. Drouot, négligeant alors l'artillerie, s'avance à portée de mitraille de ces grenadiers et les écrase de son feu sans pouvoir cependant les faire reculer. En même temps avaient lieu les grandes charges de cavalerie de Murat et de Kellermann, dont nous avons parlé au chapitre précédent. Les hussards et les cosaques de la garde russe, en chargeant de flanc nos cuirassiers, entourèrent un instant la batterie de Drouot qui, exécutant une manœuvre fréquemment employée dans les guerres du premier Empire, replia ses deux ailes en arrière pour opposer aux tentatives de la cavalerie une sorte de carré lançant la mitraille par trois de ses faces[2].

---

1. Rothenbourg, *Atlas des batailles*, 1844, cité par Taubert, *l'Emploi du canon rayé*, p. 293.
2. Thiers, *Histoire du Consulat et de l'Empire*, t. XVI. Cette formation de l'artillerie en carré est citée plusieurs fois dans les guerres de la République et de l'Empire et particulièrement à la bataille du Geisberg, à celles d'Auerstædt et de Wachau, enfin à la bataille d'Uclès, gagnée en Espagne par le maréchal Victor. Dans les trois premières circonstances, il est plus que probable que le

Pendant que la Grande-Armée livrait cette bataille de Wachau, le 6ᵉ corps, commandé par Marmont, résistait toute la journée, dans la position de Möckern, aux attaques de forces bien supérieures en couvrant son front de ses 84 bouches à feu, formées sur une seule ligne. Vers le soir, un caisson de 12, atteint par un obus, communiqua son explosion à une partie de la ligne. La cavalerie prussienne, plusieurs fois repoussée, profita du désordre causé par cet accident pour se précipiter de nouveau sur la batterie et s'emparer de 27 pièces. Marmont fut ainsi forcé à la retraite.

La bataille du 18 octobre se termina par une canonnade qui n'eut de remarquable que son extrême violence et la constance avec laquelle l'artillerie française répondit au feu d'un ennemi très supérieur en nombre. Il n'en fut pas de même de la bataille de Hanau, dans laquelle l'armée en retraite passa sur le corps des Bavarois. Ces alliés de la veille et créatures de Napoléon étaient venus se placer sur son chemin dans l'espoir d'une victoire facile ; de nombreux corps de partisans flanquaient leur position à droite et à gauche. Lorsque la tête de l'armée française arriva devant Hanau, l'avant-garde ne put déboucher de la forêt de Lamboï, battue par l'artillerie austro-bavaroise. L'artillerie de la garde étant parvenue à hauteur de la tête de colonne, l'Empereur arrêta, pour forcer le passage, les dispositions suivantes : « Deux bataillons de la vieille
« garde, conduits par le général Curial, débouchèrent au pas gym-
« nastique et se déployèrent à gauche de la route. Le général Drouot
« les suivit avec deux batteries à cheval de la garde, lancées au
« galop et escortées par deux régiments de la garde, l'un de lan-
« ciers, l'autre de dragons [1]. Ces batteries prirent position le plus
« près possible des lignes ennemies et attirèrent sur elles le feu
« de l'artillerie bavaroise ; une demi-batterie à cheval vint se pla-
« cer sur la route même. Drouot fit alors porter ses batteries à pied

---

carré s'est borné à un retour des deux ailes en équerre. Quant à Uclès, Sénarmont, assailli avec son artillerie dans un ravin par la cavalerie espagnole, fit terrer toutes ses voitures en masse, plaça plusieurs canons sur les flancs, en avant et en arrière pour tirer dans tous les sens, se servit de sa compagnie de pontonniers comme infanterie, des servants de ses batteries à cheval comme de cavalerie et repoussa victorieusement l'ennemi après un véritable engagement de cavalerie.

[1]. Lachmann, général russe, *la Bataille de Hanau. Journal des Sciences militaires*, 9ᵉ série, t. XXI, p. 85.

« de 12 sur la ligne, et 56 bouches à feu contrebattirent bientôt
« l'artillerie bavaroise, tandis que Macdonald, à gauche, portait en
« avant ses tirailleurs soutenus par les bataillons de la vieille garde,
« et que la cavalerie, débouchant du bois, se dirigeait vers la
« droite[1]. »

La cavalerie ennemie tenta alors de s'emparer de la grande batterie de Drouot; parvenue jusque sur les canons que les artilleurs défendirent à coups de leviers et à coups de fusil, elle fut obligée de se retirer pour ne pas être prise en flanc par la cavalerie française, et fut suivie dans sa retraite, dit l'auteur russe que nous avons déjà cité, par le tir meurtrier et admirablement réglé des batteries françaises; c'est alors que Nansouty fit la belle charge dont nous avons parlé plus haut et dans laquelle l'artillerie suivit le mouvement de la cavalerie. L'artillerie à pied semble ici avoir rempli, comme dans beaucoup d'autres occasions, le même rôle que l'artillerie à cheval. Il est à remarquer cependant que l'artillerie à cheval seule pouvait déboucher du bois au galop avec la cavalerie de la garde et que l'artillerie à pied prit position sous la protection des batteries qui tiraient déjà.

Le général Foy fait observer, d'ailleurs, dans son admirable introduction à l'*Histoire de la guerre d'Espagne*, que l'artillerie à cheval, dans les premiers temps de sa création, avait complètement dominé l'artillerie à pied, les généraux ne voulant plus en avoir d'autre; plusieurs capitaines de batteries à cheval se firent des réputations d'armée, tandis que les chefs de l'arme étaient réduits au rôle essentiel, mais obscur, des approvisionnements en instruments et munitions de guerre. « Lorsque l'Empereur augmenta l'artil-
« lerie de bataille », ajoute-t-il, « dans ces myriades de canons
« l'artillerie à cheval n'exista plus que pour sa destination natu-
« relle. L'artillerie, disposée habituellement par grosses batteries,
« rentra sous les ordres de ses chefs réels . »

Lorsque l'on connaît les services rendus par Drouot à la tête des grandes batteries de Lutzen, de Wachau et de Hanau, on est étonné de ne pas le voir figurer à la bataille de Waterloo, où il aurait peut-être imprimé à l'action de l'artillerie une direction

---

1. *Mémorial d'artillerie*, t. VI, d'après le général Pelet.

d'ensemble, qui lui manqua comme à la cavalerie, mais Drouot était alors absorbé par d'autres soins. Le général Devaux, commandant l'artillerie de la garde, officier des plus distingués, qui avait commencé sa réputation à Marengo, fut tué près de Napoléon dès le début de la bataille. Il avait arrêté avec lui, dit-on, l'emplacement des batteries, et sa mort fut des plus regrettables. On attribue aussi l'immobilité de la plus grande partie de l'artillerie, dans cette bataille, à l'état du terrain lourd et détrempé. Lorsque le corps de Drouet d'Erlon dut se porter en avant, dans cet ordre en colonnes profondes qui causa sa perte et celle de la bataille, une grande batterie fixe de 78 bouches à feu, prélevées sur la garde et sur l'artillerie des corps d'armée, fut installée le long de la crête du vallon ; deux bataillons de la division Durutte, en colonnes par division, la flanquaient à droite et à gauche. Cette batterie fut obligée de cesser son feu quand le mouvement commença ; deux batteries divisionnaires, de 8 pièces chacune, accompagnèrent seules les colonnes de Drouet d'Erlon ; elles furent surprises par la charge des dragons anglais, qui sabrèrent les conducteurs sur leurs chevaux et s'emparèrent des pièces. La cavalerie anglaise se jeta ensuite sur la batterie fixe, mais elle fut repoussée par les bataillons de soutien, puis chassée par une brigade de cuirassiers. Dans cette même bataille, l'attaque du château d'Hougaumont, à notre gauche, échoua faute d'être appuyée par une artillerie suffisante et surtout par des obusiers pour incendier les bâtiments. L'attaque de la Haie-Sainte, pour le même motif, ne réussit qu'après avoir été reprise plusieurs fois avec acharnement. Lorsque Bulow déboucha sur les derrières du champ de bataille, avec 29,000 Prussiens appuyés par 88 bouches à feu, Lobau n'avait à lui opposer que 10,000 hommes et 28 bouches à feu. Il ne put empêcher Bulow de s'emparer de Plancenoit. L'Empereur lui envoya d'abord Duhesme avec la jeune garde et trois batteries, soit 24 bouches à feu, puis Morand; avec trois bataillons et deux batteries, tandis qu'un régiment de grenadiers et un bataillon de chasseurs s'établissaient à droite avec une batterie. Plancenoit fut repris, et Lobau couronna la crête avec 76 bouches à feu. L'arrivée de Blücher, avec le gros de l'armée prussienne, rendit inutile ce succès momentané.

En somme, il y avait, à Waterloo, 96 pièces de l'artillerie de la garde, dont 60 formaient la réserve générale d'artillerie de l'armée ; elles n'agirent pas un instant ensemble : 16 pièces furent d'abord détachées à la grande batterie de l'aile droite, puis tous les obusiers furent envoyés à l'attaque d'Hougaumont, puis 24 pièces marchèrent avec Duhesme, 24 avec Morand et le reste avec la vieille garde [1].

L'artillerie anglaise, à la même bataille, tira un grand avantage de sa position sur un plateau légèrement incliné en arrière et dont la crête était bordée par un chemin creux, qui formait une sorte de rempart naturel. Ce chemin était lui-même bordé d'une haie dans laquelle on avait pratiqué des embrasures. Une autre leçon pratique résulte de la conduite de l'artillerie anglaise dans cette bataille. A l'approche des charges furieuses des cuirassiers de Milhaud et de Kellermann, Wellington ordonna à ses artilleurs de faire feu jusqu'au dernier moment et de se retirer à l'intérieur des carrés avec les avant-trains, les attelages et les armements. Les cuirassiers ne purent ainsi emmener les pièces dont ils s'étaient emparés ni en tirer parti [2].

De son côté, Blücher recommandait aux artilleurs prussiens de ne pas sacrifier l'action de leurs pièces à la crainte de les voir tomber aux mains de l'ennemi.

« Un commandant de batterie », dit-il dans un ordre du 2 juillet 1815, « qui, pendant une attaque ennemie, aura amené ses avant-
« trains ou se retirera à la prolonge à plus de 800 pas de l'assail-
« lant, sera traduit devant un conseil de guerre. La perte d'une
« batterie ayant bien opéré n'est pas un événement néfaste, la con-
« servation d'une autre par une retraite précipitée ou prématurée est
« condamnée par toutes les lois de la guerre et de l'honneur [3]. »

Blücher faisait retomber d'ailleurs la responsabilité de la perte des pièces, non pas sur l'artillerie elle-même, mais sur les troupes voisines. « Le commandant en chef, fantassin ou cavalier », dit-il dans un ordre du 6 avril 1813, « qui aurait abandonné l'artillerie
« se trouvant dans son voisinage, sera traduit devant un conseil de

---

1. Charras, *Histoire de la campagne de* 1815.
2. Charras, *Histoire de la campagne de* 1815, et autres historiens de cette guerre.
3. Taubert, *l'Emploi du canon rayé sur le champ de bataille* p. 69.

« guerre, à moins qu'il n'ait subi des pertes sérieuses se montant
« au moins à la moitié de son effectif[1]. »

Enfin, Blücher recommandait de n'ouvrir le feu que dans des cas exceptionnels, à plus de 1,000 pas de l'ennemi avec les pièces de 6, de 1,200 pas avec les pièces de 8.

L'adoption du matériel de 1827 et la création des batteries montées devaient introduire des changements sensibles dans la tactique de l'artillerie, mais, jusqu'en 1854, l'artillerie française n'eut d'autre occasion d'appliquer cette tactique nouvelle qu'à la bataille de Staouéli où débutèrent les batteries montées[2]. Pour avoir une idée des principes en vigueur à cette époque, il faut les chercher dans les écrits publiés sur la matière. Une excellente étude de M. le général de Caraman, imprimée en 1831, nous permet particulièrement de nous en faire une idée très nette. Ses indications diffèrent peu, d'ailleurs, de celles de Gassendi.

Les meilleures positions sont celles qui se trouvent un peu élevées, découvrant au loin dans toutes les directions et devant lesquelles le terrain s'abaisse en pente douce. Les pièces pourront y être facilement dérobées en arrière de la crête, mais si l'ennemi se rapproche, on sera obligé de porter l'artillerie en avant de la crête. Les batteries doivent être divisées le moins possible ; elles doivent toujours pouvoir être soutenues par d'autres troupes, mais il n'est besoin de troupes spéciales de soutien que s'il n'y en a pas d'autres à proximité. Dans ce cas, la troupe de soutien doit se placer sur les flancs et non pas en arrière. Les canonniers doivent avant tout compter sur eux-mêmes, les derniers coups tirés de près ont un effet terrible et offrent des chances de salut plus certaines qu'une retraite précipitée qui laisse l'artillerie sans défense. *On tire sur l'artillerie ou sur les troupes de l'ennemi, suivant qu'elles nuisent le plus, que leur attaque ou leur résistance sont plus difficiles à combattre.* La plupart du temps, l'artillerie combat plutôt l'artillerie de l'ennemi lorsqu'on l'attaque et ses troupes quand celles-ci attaquent. Le moment où les pièces se mettent en batterie sous le feu est toujours critique ; il faut le saisir, bien pointer sur elles et chercher à les démonter. Que l'on tire sur les troupes ou sur l'artillerie, on concentrera le feu autant que possible sur un seul point. Lorsque l'artillerie marche avec les troupes pour attaquer, elle gagne toujours assez de terrain sur elles en avançant pour avoir le temps de se mettre en batterie et de faire feu avant qu'elles rejoignent. Continuant ainsi à les précéder

---

1. Taubert, *Emploi du canon rayé*, p. 90.
2. Voir chap. IV, t. Ier, p. 126.

jusqu'à ce que l'infanterie elle-même puisse faire feu, l'artillerie s'arrêtera alors au moins à 300 mètres, tirera encore s'il est possible, mais évitera surtout de masquer les troupes ; en cas d'attaque à la baïonnette, elle prendra position sur les flancs et se tiendra en mesure de soutenir la retraite si l'attaque ne réussissait pas. Les mouvements de l'artillerie en avant ou en retraite doivent toujours se faire par échelons.

L'artillerie à cheval ne suivra pas la cavalerie dans ses charges, mais elle doit être particulièrement entreprenante contre les troupes et l'artillerie ennemies. Bien attelée et très manœuvrière, elle pourra servir quelquefois à lancer avec vigueur et avec la plus grande rapidité possible quelques pièces espacées à de grands intervalles qui feront à petite portée un feu très vif, la cavalerie se tenant prête à profiter du désordre de l'ennemi. Le danger à courir en se rapprochant de l'ennemi n'est pas aussi grand qu'on pourrait le penser. On tire la plupart du temps assez haut pour que l'assaillant ait chance de se trouver sous le coup à 400 ou 500 mètres [1].

Telle fut, en effet, la tactique constante de l'artillerie française sous la République et le premier Empire, depuis celle de Marmont à Castiglione jusqu'à celle de Drouot à Hanau.

Pour retrouver cette artillerie sur les champs de bataille européens, il faut franchir le temps de 1854 à 1870. Nous arrivons ainsi aux batailles du second Empire : l'Alma, Inkermann, Traktir, Magenta, Solférino. A l'Alma, bataille offensive et préméditée, « l'artillerie », dit le maréchal de Saint-Arnaud dans son rapport à l'Empereur, « a joué un rôle principal pendant toute la durée de « la bataille. » L'armée française y comptait 68 bouches à feu en 12 batteries, dont deux de 4 pièces seulement, savoir : 2 par chacune des 4 divisions d'infanterie et une réserve de 2 batteries à cheval et 2 batteries montées (c'est la première division, celle du général Canrobert, dont les batteries n'avaient que 4 pièces, par suite des pertes de la Dobrutscha). Les Anglais amenaient 54 pièces. Les Russes n'opposaient aux 122 pièces des alliés que 96 bouches à feu, dont 12 canons de 32, presque toutes protégées par des épaulements. Nous avons vu que la bataille commença par le mouvement tournant de la 2ᵉ division, général Bosquet, franchissant l'Alma à gué, près de son embouchure, et gravissant avec entrain les hauteurs escarpées qui bordent le plateau de ce côté. Les deux bat-

---

1. Marquis de Caraman, *Spectateur militaire*, t. X.

teries de la division gravirent en colonne par pièce, avec une rapidité extraordinaire, des sentiers qui semblaient impraticables et, parvenues sur le plateau, se formèrent sur la gauche en batterie, à droite de la première brigade ; elles commencèrent immédiatement le feu en prenant la gauche des Russes d'écharpe. Elles eurent à lutter contre 40 pièces, qui les battaient elles-mêmes d'écharpe et de flanc aux distances de 500 à 1,000 mètres. Aussitôt que la 2ᵉ division parut sur le plateau, la 1ʳᵉ et la 3ᵉ s'avancèrent jusqu'à 200 mètres de l'Alma ; leur marche fut arrêtée par le feu de nombreuses batteries russes auxquelles leur artillerie répondit, aidée par les deux batteries à cheval de la réserve ; sous la protection de cette artillerie, les deux divisions gravirent les hauteurs. Le général Canrobert, voyant la position difficile de l'artillerie de Bosquet, menacée par une charge de cavalerie, la fit secourir par ses deux batteries qui arrivèrent juste à temps pour arrêter la charge. A ce moment, le maréchal de Saint-Arnauld envoya les deux brigades de la 4ᵉ division, accompagnées chacune d'une batterie, la première à l'appui de la division Bosquet, la deuxième à l'appui de la division Canrobert ; en même temps, les deux batteries à cheval arrivaient au galop sur le plateau, et les deux batteries montées de la réserve venaient bientôt se joindre à elles ; la redoute centrale fut emportée par le 39ᵉ de ligne ; les batteries de la réserve, aidées d'une batterie de la 4ᵉ division, forcèrent, par leur tir, l'infanterie russe à se retirer. Une partie de la ligne d'artillerie fit alors un à-gauche pour prendre en flanc les troupes dont la résistance arrêtait encore les Anglais ; le reste poursuivit jusqu'à la nuit l'armée russe en retraite [1].

La bataille d'Inkermann fut, au contraire, une bataille imprévue et défensive ; elle fut caractérisée, en ce qui concerne l'artillerie, par la rapidité avec laquelle, à la première demande de secours des Anglais, se précipitèrent les deux batteries à cheval de la réserve à travers les rochers et les broussailles ; elles arrivèrent au galop sur un terrain des plus difficiles d'où, tirant tour à tour sur les têtes de colonne de l'infanterie et sur les pièces russes qui occupaient le mont des Cosaques, elles forcèrent les unes à s'ar-

---

[1] *Journal de l'artillerie au siège de Sébastopol.*

rêter et les autres à ralentir leur feu. Il fut impossible aux batteries montées de franchir la même distance autrement qu'au pas et les servants à terre ; pendant ce temps, les batteries à cheval s'avançaient jusqu'au milieu des tirailleurs : l'une d'elles, dans un mouvement de recul de notre infanterie, eut trois pièces désemparées. Une batterie montée étant enfin arrivée, un violent duel s'engagea entre 60 pièces russes d'une part et 21 pièces anglaises et françaises d'autre part. Le feu des Russes fut complètement dominé malgré leur supériorité numérique [1], mais par suite de la vivacité du tir, les munitions furent promptement épuisées, et une batterie à cheval, qui avait tiré plus lentement que les autres, se trouva seule pour répondre à toute l'artillerie russe ; elle fut bientôt soutenue par une nouvelle batterie montée venant du corps de siège ; l'artillerie russe renonça à la lutte, et la dernière batterie montée se porta en avant pour cribler de ses projectiles les colonnes profondes en retraite sur la chaussée d'Inkermann ; les pertes des Russes furent énormes.

A Traktir, l'artillerie, admirablement dirigée par le général Forgeot, contribua puissamment à la victoire en se conformant aux règles de la tactique. Elle comptait seulement huit batteries, savoir : une batterie montée pour chacune des divisions Camou, Herbillon et Faucheux et cinq batteries à cheval, dont deux de la garde. Ces batteries avaient affaire à 60 pièces, disposées en amphithéâtre sur la rive droite de la Tchernaïa et tirant à outrance pour frayer le passage aux colonnes de l'armée russe. Sans répondre un seul instant à ce tir meurtrier, les batteries françaises ne cessèrent de tirer de leur côté sur l'infanterie ennemie, qu'à plusieurs reprises elles arrêtèrent par leur feu [1].

Après avoir rendu compte des résultats obtenus par l'artillerie de campagne dans la guerre de Crimée, M. le général Auger, auteur de l'historique officiel, ajoute l'observation suivante : « Sous le
« rapport de la mobilité, l'expérience n'a pas été complète......
« L'opinion publique qui paraît résulter de ces mouvements de
« l'artillerie, c'est que nos batteries de campagne étaient lour-
« des, et, dans toutes les organisations qui ont été faites depuis

---

1. *Journal de l'artillerie au siège de Sébastopol.*

« le 1ᵉʳ janvier 1855, les pièces ont toujours été attelées à 8 che-
« vaux[1]. »

La campagne d'Italie de 1859 vit le début de l'artillerie rayée. Pour juger la manière dont cette artillerie fut employée, il faut tenir compte de deux faits : les troupes ne connaissaient pas un matériel qui leur avait été remis au moment de passer la frontière, et le terrain de la Lombardie ne se prêtait pas plus au développement de grandes masses d'artillerie qu'à celui de la cavalerie. Nous voyons cependant, à la bataille du 4 juin, au moment de l'attaque définitive sur Magenta, le général Auger grouper, sur la ligne du chemin de fer, les batteries divisionnaires et de réserve du 2ᵉ corps. Le récit officiel ne donne pas le nombre des bouches à feu, mais il semble résulter de ce qui est dit précédemment que les deux batteries de la 2ᵉ division étaient à l'autre extrémité de la ligne et, par conséquent, le général ne disposait que des 12 pièces de la 1ʳᵉ division avec 15 pièces de la réserve[2]. Il s'y joignit deux batteries de la garde, sans doute celles qui marchaient avec la division de voltigeurs à l'appui du 2ᵉ corps, et une batterie du 4ᵉ corps, qui avait concouru à l'attaque de Ponte-Nuovo : ce qui faisait, en tout, 45 pièces ; elles couvrirent d'obus et de boulets tout le terrain compris entre Magenta et Ponte-Vecchio, et en battant de leurs feux le centre de l'armée autrichienne, l'empêchèrent de se reformer[3].

A Solférino, les batteries autrichiennes, fait remarquer M. de Moltke, persistèrent à soutenir la lutte pendant des heures entières avec une constance glorieuse, mais elles étaient trop faibles pour faire taire l'artillerie française. A aucun moment de la bataille, l'artillerie de réserve des corps d'armée ne fut réunie en une grande masse, ni l'artillerie de la réserve générale qui seule, amenée dans le combat, aurait pu rétablir la balance. Au contraire, pendant que le 2ᵉ corps français se déployait, le général Auger mit en batterie, devant le front, 24 pièces pour battre la plaine de Medole. Un

---

1. Une batterie à cheval, comme nous l'avons dit au chapitre XII, s'était complètement embourbée dans une reconnaissance faite le 30 décembre. Nous n'avons jamais marché depuis lors, avec la batterie à cheval que nous commandions, sans atteler à 8 chevaux, ce qui exige des conducteurs habiles et exercés. L'artillerie à cheval anglaise était toujours attelée à 8.
2. *Situation de l'armée au 4 juin. Récit officiel de la campagne*, p. 527.
3. *Récit officiel de la campagne*, p. 265 et 269.

peu au-dessous, le général Niel, pour se relier au 2ᵉ corps, auquel le rattachaient déjà les deux divisions de cavalerie Desvaux et Partouneaux, fit établir par le général Soleille une grande batterie de 42 pièces (y compris les 12 pièces des deux divisions de cavalerie et une des batteries divisionnaires de l'infanterie, car la réserve d'artillerie du 4ᵉ corps ne comprenait que 24 pièces). Cette réunion de 66 bouches à feu, quoique formant deux groupes bien distincts, imposa silence à toutes les batteries autrichiennes qui essayèrent successivement de lutter avec elles, et contribua puissamment à assurer la victoire dans la plaine[1]. Sur toutes les autres parties du champ de bataille, on voit agir l'artillerie par petits groupes et comme arme accessoire ; son intervention est cependant assez souvent efficace. Ainsi, le général Bazaine ne peut s'emparer du cimetière de Solférino qu'après l'avoir fait battre par une des batteries de sa division. Le général Lebœuf, qui commande toute l'artillerie de l'armée, ne dédaigne pas d'amener au galop deux batteries de la garde, sous les yeux de l'Empereur, pour appuyer l'attaque du général Forey sur les hauteurs de Solférino. Le général Forgeot, à l'extrême gauche de l'armée française, dirige heureusement contre des colonnes autrichiennes qui refoulaient une division piémontaise, le feu d'une batterie qui les prend en flanc et les force à se retirer...... Mais ce qui domine, c'est une tendance regrettable à morceler les réserves pour appuyer, par des batteries détachées une à une, l'artillerie des divisions.

La campagne de 1866, en Bohême, fut, au point de vue de l'emploi de l'artillerie, féconde en enseignements, dont les Prussiens ne profitèrent que trop bien. Les artilleries des deux partis étaient numériquement égales, les Prussiens ayant 792 bouches à feu pour 254,000 hommes, et les Autrichiens, y compris le corps saxon, 776 pour 271,000 hommes. Les Autrichiens semblaient cependant bien supérieurs aux Prussiens, dont l'artillerie ne comprenait que 504 pièces rayées et dont les 288 pièces lisses furent la plupart du temps inutiles, vu la distance à laquelle on combattait[2], mais les pièces rayées des Autrichiens se chargeaient par

---

1. *La Campagne d'Italie,* par le grand état-major prussien, p. 156 et 157.
2. Colonel Taubert, *le Canon rayé dans la bataille,* p. 10.

la bouche, tandis que celles des Prussiens étaient des canons se chargeant par la culasse, ce qui rétablissait au moins l'égalité.

A Trautenau, le 27 juin, les Autrichiens, commandés par Gablenz, durent la victoire à une batterie de 36 pièces, sous la protection de laquelle ils prirent l'offensive et refoulèrent les Prussiens, dont l'artillerie, placée trop loin dans les colonnes, n'arriva pas à temps. Le nombre total des pièces engagées de part et d'autre fut sensiblement le même (40 autrichiennes, 32 prussiennes), mais les batteries prussiennes agirent les unes après les autres et n'eurent jamais plus de 12 pièces tirant à la fois; elles furent écrasées en détail. A Nachod, le même jour, l'avant-garde prussienne put maintenir ses positions, grâce à deux batteries qui soutinrent la lutte contre une artillerie très supérieure. Le feld-maréchal autrichien Ramming voulut attendre ses renforts pour pousser en avant et, en effet, il fut un instant vainqueur par suite de l'action énergique d'une batterie de 48 pièces. Mais il échoua dans son mouvement tournant; les Prussiens ayant enfin été rejoints par leur réserve d'artillerie, formèrent une batterie de 42 pièces et obligèrent les Autrichiens à la retraite[1].

A Skalitz, le lendemain, un duel d'artillerie s'engagea entre la batterie centrale des Autrichiens, forte de 64 bouches à feu, et une batterie prussienne de 54 pièces, tardivement entrée en ligne. Les Prussiens prirent l'avantage par la tension de la trajectoire de leurs canons; à la distance de 3,000 pas, où l'on se trouvait, le tir des pièces autrichiennes était trop fichant, et leurs obus qui, lancés avec beaucoup de justesse, tombaient au milieu des batteries prussiennes, s'enfonçaient en terre sans éclater[2].

A Soor, ce même jour, Gablenz, forcé de se retirer pour ne pas être pris en flanc et à revers par plusieurs corps d'armée, couvrit sa retraite par une batterie de 48 pièces, à laquelle l'artillerie de la garde prussienne ne put en opposer que 18, dont 12 seulement engagées à la fois. Une batterie de 4, qui eut à résister, dès le début du combat, à une artillerie très supérieure, eut beaucoup à souffrir et fut forcée de se retirer[3].

---

1. Le prince de Hohenlohe. — *Lettres sur l'artillerie*, p. 7.
2. Colonel Taubert, *le Canon rayé dans la bataille*, p. 52.
3. Le prince de Hohenlohe, *Lettres sur l'artillerie*, p. 8. — Taubert, p. 83.

Dans toutes ces affaires et dans celles dont nous ne parlons pas, les batteries prussiennes, arrivant trop tard, laissèrent leur infanterie exposée sans appui au feu de l'artillerie autrichienne.

A Kœniggrätz, l'armée autrichienne, concentrée sur la rive droite de la Bistritz, comptait 198,000 hommes et 770 pièces ; la gauche, où se trouvaient les Saxons et qui s'appuyait sur les hauteurs fortifiées de Problus, possédait 140 pièces pour 39,000 hommes d'infanterie et 7,000 hommes de cavalerie ; le centre, établi à Chlum et à Lipa, était fort de 44,000 hommes avec 134 pièces ; la droite, de 55,000 hommes, dont 4,000 cavaliers, avait 176 pièces. La réserve se composait de 59,000 hommes, dont 11,000 cavaliers, et de 320 pièces.

Du côté des Prussiens, la droite était formée par l'armée de l'Elbe, 40,000 hommes et 144 pièces ; le centre, par la 1re armée, 84,000 hommes et 300 pièces ; à gauche, la 2e armée, qui ne devait intervenir qu'à la fin de la bataille pour décider la victoire, était forte de 98,000 hommes avec 336 pièces ; mais, sur les 780 bouches à feu prussiennes, 504 pièces rayées seulement pouvaient entrer en ligne de compte, et les 300 canons de la 1re armée se réduisaient, par le fait, à 180.

En attendant l'arrivée de la 2e armée, Frédéric-Charles commença l'attaque avec le centre et la droite. Les Autrichiens et les Saxons ne lui disputèrent pas le passage de la Bistritz, et leurs postes avancés se replièrent sur la position principale, diminuant ainsi bénévolement la durée de leur résistance et augmentant, de leur plein gré, la facilité de jonction entre la 1re et la 2e armée prussiennes.

Mais lorsque, ce premier obstacle franchi, l'infanterie prussienne dut gravir les pentes qu'elle avait devant elle, les véritables difficultés commencèrent. La position des Autrichiens, naturellement forte, avait été renforcée par les travaux exécutés à Chlum et à Lipa au centre, à Problus à gauche. Les pièces, qui couronnaient la crête et formaient, au-dessus des deux lignes de l'infanterie, un troisième étage de feux, ne laissaient apercevoir que leurs bouches dissimulées dans les replis du terrain et, pour répondre à leur tir, les artilleurs prussiens ne pouvaient se guider que sur les éclairs de leurs détonations. Tandis que toutes ces pièces purent tirer dès le début, les batteries prussiennes étaient forcées de déboucher successivement sous le feu des Autrichiens qui, ayant porté une partie de la réserve générale à l'appui de leur centre, y avaient réuni 250 bouches à feu. Vers onze heures du matin, 12 de ces batteries seulement étaient passées sur la rive droite de la Bistritz, sur lesquelles 7 ou même seulement 5[1] purent entrer en action, faute d'espace pour les déployer toutes. Malgré cette infériorité, le combat dégénéra, au centre, en un violent duel d'artillerie et se prolongea ainsi pendant une partie de la journée. A la gauche, les affaires tournaient mieux pour l'armée prussienne et la 7ᵉ division s'était emparée de la forêt de Swip en avant de Benateck. A la droite, c'est-à-dire vis-à-vis des Saxons, l'armée de l'Elbe échoua d'abord dans ses attaques. Son artillerie, numériquement égale à celle des Saxons, soutint la lutte avec avantage à la distance de 4,000 pas[2]; en outre, l'escarpement des pentes de Problus permit aux colonnes d'attaque de se placer assez promptement dans un angle mort. Elles ne parvenaient pas cependant à enlever la position, et peut-être, si les Autrichiens avaient résolûment attaqué le centre de la 1ʳᵉ armée prussienne l'auraient-ils repoussé avant l'entrée en ligne de la 2ᵉ armée, mais ils perdirent leur temps et usèrent leurs efforts à vouloir chasser la 7ᵉ division (Fransecki) de la forêt de Swip. Grâce à sa résistance opiniâtre, au tir meurtrier de ses fusils à aiguille et à la bonne position de son artillerie, mais au prix de pertes énormes, cette division se maintenait au poste qu'elle occupait, poste important s'il en fût, puisqu'il assurait la liaison de la 1ʳᵉ et de la 2ᵉ armée. Elle fut enfin chassée de la position de Benateck, mais sa résistance n'avait pas seulement fait gagner du temps, elle avait forcé presque toute la droite de l'armée autrichienne à entrer en ligne et à s'éloigner de sa position défensive. Lorsque Benedeck rappela les troupes qui s'étaient ainsi trop avancées, ce mouvement rétrograde, commencé au moment où les têtes de colonne de la 2ᵉ armée prussienne apparaissaient, précédées de leur artillerie, devint une marche de flanc exécutée sous le feu de 90 pièces, auxquelles pouvaient ré-

---

1. Taubert, *l'Emploi du canon rayé dans la bataille,* p. 225. — Le prince de Hohenlohe, *Lettres sur l'artillerie,* 1ʳᵉ lettre, p. 19.
2. Voir ce que nous avons dit pour le combat de Skalitz, p. 547.

pondre à peine 40 pièces autrichiennes. Plus tard, les 1re et 2e divisions de la réserve générale des Autrichiens vinrent se joindre à l'artillerie des IIe et IVe corps pour former une grande ligne de 126 bouches à feu, avec lesquelles luttèrent seulement 42 pièces prussiennes ; mais 68 canons autrichiens furent enlevés par l'infanterie. Cependant, profitant d'une brume épaisse qui dissimula sa marche, cette infanterie était arrivée inopinément sur les hauteurs de Chlum, qui n'étaient ni fortifiées ni gardées de ce côté, et les avait occupées sur les derrières des Autrichiens. Au même moment, les Saxons étaient chassés de Problus par l'armée de l'Elbe, et la 1re armée marchait, accompagnée de 108 bouches à feu, pour se réunir à la 2e. Les réserves autrichiennes, dans un effort vigoureux appuyé par 120 bouches à feu, rentrèrent un instant à Chlum, d'où, après une lutte acharnée, elles furent définitivement chassées par le tir meurtrier du fusil à aiguille. En ce seul point, les Autrichiens, se retirant sous la protection de leur artillerie, laissèrent sur le terrain 10,000 hommes et 27 canons. Les deux armées prussiennes firent leur jonction en arrière de la position des Autrichiens, dont la défaite était complète. C'est alors que la cavalerie, et surtout l'artillerie, se dévouèrent pour le salut de l'infanterie, brisée par la lutte qu'elle avait soutenue. Au prix des plus grands sacrifices, deux divisions de cavalerie firent reculer les Prussiens et donnèrent à l'artillerie un champ de tir qui fut immédiatement battu par une ligne de 27 batteries de 8 pièces, soit 216 bouches à feu, auxquelles les Prussiens opposèrent 150 bouches à feu de la 2e armée, toute la réserve d'artillerie de l'armée de l'Elbe et un certain nombre de batteries de la 1re armée, en tout 280 bouches à feu. Ce duel d'artillerie, héroïquement soutenu sans espoir de succès, dissimula aux vainqueurs l'état de désorganisation des vaincus et permit à ceux-ci de battre en retraite sans être inquiétés [1].

Telle fut la physionomie générale de la bataille, envisagée au point de vue du rôle de l'artillerie. Les Autrichiens, plus que les

---

1. M. le prince de Hohenlohe (*Lettres sur l'artillerie*, 4e lettre) conteste l'héroïsme de l'artillerie autrichienne, parce qu'une partie des batteries parvinrent à s'échapper et que celles-là seules furent prises dont les attelages avaient été détruits. Malgré toute la compétence de l'ancien commandant de l'artillerie de la garde prussienne, nous ne saurions accepter son raisonnement. Le devoir de

Prussiens, y employèrent les grandes masses de batteries, qui furent souvent paralysées par le feu des tirailleurs armés du fusil à aiguille. Leur réserve générale comprenait 16 batteries de 8 pièces, soit 128 bouches à feu, réparties en 4 divisions de 32 pièces chacune. Les 3° et 4° prirent part, après le passage de la Bistritz, à la grande canonnade du centre ; les 1re et 2° divisions furent, comme nous l'avons vu, envoyées tardivement au-devant des colonnes de la 2° armée, sur la crête des hauteurs entre Nedelist et Chlum, d'où elles arrêtèrent l'ennemi aussi longtemps que possible. Ce qui restait des quatre divisions, joint à l'artillerie des corps de réserve, couvrit la retraite de l'armée. M. le prince de Hohenlohe, dans ses remarquables *Lettres sur l'artillerie*, fait observer avec raison que cette forte réserve eût été employée bien plus utilement si, conformément à la tactique moderne, elle avait été, dès le début de la bataille, partagée en deux fractions, l'une empêchant le centre et la droite des Prussiens de passer la Bistritz, l'autre couvrant la droite autrichienne contre l'attaque de flanc de la 2° armée. Quant à l'artillerie prussienne, elle s'est elle-même reproché son inertie après le passage de la Bistritz et l'immobilité qu'elle conserva au lieu d'accompagner les divisions dans leur marche en avant, mais nous avons vu les difficultés qu'elle rencontra. Le système des grandes batteries précédant l'infanterie fut inauguré à la gauche par l'artillerie de la garde et celle des 1er et 6e corps d'armée.

Quoi qu'il en soit, la tactique de l'arme fut, en Allemagne, après la guerre de 1866, l'objet d'études approfondies, et plusieurs règles furent posées en principe par les artilleurs allemands :

1° Choisir les emplacements des canons de manière à assurer l'efficacité du tir et ne considérer que subsidiairement les moyens de défiler les pièces.

2° Prendre pour l'écartement normal des pièces, l'intervalle de 20 pas, pouvant être réduit au minimum à 10 et augmenté jusqu'à 40.

3° Couvrir les pièces sur les emplacements occupés pendant un certain temps par des retranchements à construction rapide, pareils à ceux des redoutes de la Moskowa.

---

l'artillerie autrichienne était de tenir tout le temps nécessaire pour laisser l'infanterie s'écouler et non pas de se faire détruire, ce qui aurait privé l'armée de son artillerie. Les pièces dont les attelages n'avaient pas été détruits peuvent avoir tenu jusqu'à la limite du possible. Elles ont été plus heureuses que les autres, voilà tout ce que cela prouve !

4° Choisir pour but dans la défensive les troupes, dans l'offensive les batteries, battre les colonnes de front, les lignes d'écharpe.

5° Dans la défensive, laisser le plus longtemps possible les batteries derrière les couverts naturels et ne les faire entrer en action qu'à l'improviste, au moment précis où les colonnes assaillantes sont parvenues dans le cercle des portées efficaces.

6° Éviter de s'approcher de la cavalerie à moins de 900 pas. Ne pas tirer sur des troupes à plus de 2,500 pas, sur des lignes de bouches à feu à plus de 2,000 pas ; dans la défensive, cependant, lorsque le tir a été repéré d'avance, on pouvait commencer le tir de plus loin.

7° Limiter autant que possible le nombre des mouvements en augmentant leur amplitude et la rapidité de l'exécution (bien entendu si l'on se porte en avant), autrement dit procéder sur le champ de bataille par bonds rapides de 500 mètres au moins.

8° Nécessité, surtout pour l'offensive, d'engager dès le début d'un combat toute l'artillerie dont on dispose. Comme conséquence, suppression de la dénomination de *réserve d'artillerie* remplacée par celle d'*artillerie de corps*, donnée à l'ensemble des batteries restant à la disposition du commandant de corps d'armée.

9° Ne donner aux batteries des troupes spéciales de soutien que si elles sont séparées des troupes voisines par de trop grands intervalles ; placer le soutien d'infanterie sur le flanc et à hauteur, le soutien de cavalerie sur le flanc et en arrière.

Comme tactique de détail :

Placer la batterie sur trois lignes : 1° la batterie proprement dite, c'est-à-dire les pièces et les avant-trains.

2° De 50 à 100 pas en arrière d'une aile de la batterie, 3 caissons ou chariots, 4 chevaux de rechange avec autant de canonniers que peuvent en amener les caissons sur les coffres ;

3° Le reste des voitures de la réserve en arrière, à une distance qui varie suivant les abris que présente le terrain.

L'allure est, pour les batteries montées, le pas quand les servants marchent à pied, le trot quand ils sont montés sur les coffres ; pour les batteries à cheval, le galop. Exceptionnellement, les batteries montées peuvent prendre le galop, les batteries à cheval le galop de charge.

Nous avons cru devoir résumer cette tactique, qui fut employée contre nous en 1870. Les Prussiens s'attachèrent surtout à entraîner leur artillerie pour la faire arriver le plus promptement possible sur le terrain de l'action et à se perfectionner dans toutes les questions relatives au réglage du tir.

Quant à l'artillerie française, qui vivait un peu trop sur les souvenirs du passé, les prescriptions semi-officielles concernant la tactique étaient sensiblement les mêmes qu'en 1809 et en 1831 :

Une armée en bataille peut être comparée à une ligne fortifiée dont l'infanterie aurait formé les courtines et l'artillerie les bastions. L'armée comprenant trois lignes dont une réserve, chaque ligne conservera son artillerie déployée, pour la première, en avant des grands intervalles ou sur les flancs, à 60 mètres au moins et à 200 mètres de distance au plus. L'artillerie de la deuxième ligne se tiendra prête à relever au besoin celle de la première ; enfin, les batteries de la réserve d'artillerie attendront pour agir les ordres du général en chef. Certains points d'une importance particulière devront être occupés à l'avance par de fortes batteries. Les batteries divisionnaires devront suivre et appuyer les mouvements de l'infanterie et de la cavalerie jusqu'à ce qu'une grande batterie, formée ordinairement par les réserves, quelquefois avec le concours de quelques batteries divisionnaires[1], vienne porter le coup décisif au nœud de la bataille. Il n'est pas nécessaire de placer les batteries sur une ligne continue, il peut être même préférable de former plusieurs batteries séparées pour ouvrir passage aux troupes et prendre plus facilement des positions de flanc.

On commençait enfin à donner des règles pour l'exécution des feux, mais elles se bornaient à peu près à cette recommandation, quelque peu naïve, adressée aux officiers d'artillerie, de réfléchir mûrement à l'avance à leurs devoirs en ce qui concerne le moment de faire feu, le genre et la direction du tir[2]. On y ajoutait les prescriptions suivantes :

Employer la hausse correspondant à la distance ; ne pas tirer au delà de 3,200 mètres avec le 4 rayé, de 3,000 mètres avec le 12 rayé ; ouvrir dans tous les cas l'évent de la grande distance, ouvrir celui de la petite distance en deçà de 1,600 mètres pour le 4, de 1,500 mètres pour le 12. Employer le tir à obus à balles de 500 à 1,500 mètres, celui à mitraille en deçà de 500. Se rappeler que les zones dangereuses pour l'éclatement en l'air des projectiles existent :

Pour le 4, de 2,850 à 3,200 mètres, de 1,400 à 2,000.
Pour le 12, de 2,650 à 3,000 mètres, de 1,400 à 2,000.
Rectifier le tir au moyen des premiers coups. Faire feu par coups isolés et non par salves. Pour contrebattre de l'artillerie avec un calibre inférieur,

---

1. Nous en avons vu des exemples dans la batterie du général Auger à Magenta et dans celle du général Soleille à Solférino.
2. Extrait de l'*Aide-mémoire de campagne* publié en 1866.

s'approcher autant que possible, mais en s'arrêtant hors de portée de mitraille. Commencer par prendre les munitions dans le coffre d'avant-train de la pièce; puis passer aux coffres du caisson en n'entamant qu'un seul caisson pour deux pièces.

Le simple énoncé de ces règles était la condamnation du matériel en service qui, en raison des défectuosités de la fusée fusante et de l'exclusion de la fusée percutante, ne pouvait produire d'effets dangereux pour l'ennemi entre 2,000 et 2,650 mètres pour le 12, entre 2,000 et 2,850 mètres pour le 4 et qui ne permettait pas d'employer les obus ordinaires avec éclatement à moins de 1,500 mètres. On comprend facilement quelle cause d'infériorité résultait pour notre artillerie de cette disposition vicieuse. A cette cause vint s'ajouter dans presque toutes les batailles une infériorité numérique tenant à la fois à ce que les armées allemandes étaient plus nombreuses que les nôtres et à ce que la proportion d'artillerie y était plus considérable. Dans ces conditions, le récit des batailles de 1870 ne serait guère que la constatation d'un fait dominant et bien connu, interprété par l'opinion publique avec une certaine exagération. Nous essaierons cependant de donner une idée de quelques-unes de ces batailles au point de vue du rôle de l'artillerie.

GUERRE DE 1870.

Le premier engagement sérieux de la campagne, le *combat de Wissembourg*, ne fut autre chose que l'écrasement de quelques bataillons appuyés par 18 bouches à feu, dont 6 mitrailleuses, et entourés par 30,000 hommes, qui mirent en ligne 66 bouches à feu. Nos trois batteries résistèrent fort bien tant qu'elles n'eurent affaire qu'à nombre égal, mais on put voir déjà combien les mitrailleuses, si meurtrières lorsqu'on peut les employer à bonne distance, sont impuissantes contre l'artillerie qui se place en dehors de leur portée limitée.

Bataille de Frœschwiller. — Deux jours plus tard, la bataille de Frœschwiller montra de quel poids pèse dans la balance la supériorité en artillerie. Dès le début de la bataille, 108 bouches à feu, disposées en une seule ligne sur les crêtes qui bordent à l'est la vallée de la Saüer, préparaient par un tir formidable les attaques de l'infanterie allemande; les 84 bouches à feu du V₀ corps formaient, sous les ordres du général commandant l'artillerie, un seul groupe de 14 batteries qu'une d'elles, un peu écartée sur la gauche, reliait aux 4 batteries de la XXII⁰ division. Du côté des Français, on ne put répondre à cette masse d'artillerie qu'avec 10 batteries, dont 4 de la réserve générale, soit 60 bouches à feu, desquelles il fallut de suite retrancher 12 mitrailleuses, incapables d'atteindre l'ennemi à la distance où l'on était. Les 48 autres pièces, toutes canons du calibre de 4, se trouvaient à la distance la plus défavorable pour l'éclatement des obus. On renonça bientôt à la lutte ; on craignait d'ailleurs de manquer de munitions, le parc d'artillerie n'étant pas arrivé ; les batteries de la réserve se retirèrent, les batteries de division attendirent les colonnes d'attaque pour leur tirer dessus quand elles prononceraient leur offensive. La vigueur de notre infanterie et la puissance de son feu repoussèrent victorieusement ces colonnes. Lorsque, après un instant de calme, la lutte fut reprise par l'initiative du commandant du V⁰ corps d'armée prussien, trois attaques se dessinèrent : tandis que sur notre gauche les Bavarois étaient tenus en échec par le général Ducrot, le V⁰ corps au centre, appuyé par ses 84 bouches à feu, traversait la ville de Wœrth, franchissait la Saüer et, malgré une résistance énergique, prenait pied sur les crêtes de la rive droite, faisant face au village d'Elsasshausen. La moitié de l'artillerie suivait alors le mouvement de l'infanterie ; sept batteries (42 bouches à feu) venaient s'établir à côté d'elle pour battre Elsasshausen et la division Raoult; les sept autres batteries, restant sur la rive gauche, appuyaient à droite pour soutenir latéralement les attaques[1].

Pendant ce temps, le XI⁰ corps, déployant sur la rive gauche 72 bouches à feu[2], traversait aussi la Saüer sur trois colonnes, écrasait la division Lartigue, malgré la charge héroïque de Morsbronn, et, débarrassé de notre gauche, conversait à droite pour prendre en flanc notre centre. Toute son artillerie le suivait, dirigée par le général commandant l'artillerie du corps d'armée, et

---

[1]. *La Guerre franco-allemande*, t. I, p. 247.
[2]. Deux batteries restaient en arrière faute d'espace.

appuyée par des batteries wurtembergeoises, elle formait une ligne de 96 pièces, croisant leur feu avec l'artillerie du V° corps. Le bois du Niederwald, qui couvrait encore le flanc droit des Français, était emporté malgré la défense opiniâtre du 3ᵉ de zouaves. L'artillerie se portait en avant et, sous le feu le plus violent, Elsasshausen était emporté, en dépit d'un retour offensif du 96ᵉ de ligne, exécuté sous les yeux du maréchal, dont le chef d'état-major était tué à ce moment. Alors le général Ducrot, qui avait envoyé au secours de la division Raoult la moitié de ses troupes, se voyait forcé, par la défaite de la droite et du centre, de reculer à son tour; les Bavarois s'avançaient à sa suite, d'autres troupes et d'autres batteries entraient en ligne contre notre centre. Tout convergeait vers Frœschwiller. En vain les cuirassiers chargeaient; en vain la réserve générale d'artillerie se portait au milieu des tirailleurs; en vain le 1ᵉʳ régiment de turcos se précipitait sur l'ennemi avec une fureur héroïque, rien ne pouvait arrêter ce mouvement enveloppant d'une puissance irrésistible, et de toutes parts les troupes ennemies entraient dans Frœschwiller, où le général Raoult venait d'être tué. Il ne restait plus debout qu'une brigade de la division Ducrot formée du 45ᵉ et du 1ᵉʳ de zouaves, qui se retiraient en bon ordre protégés par l'artillerie de la division. Des troupes wurtembergeoises survenant au dénouement de la bataille pour en ramasser les trophées, se lançaient à la poursuite et se voyaient bientôt arrêtées par la division Guyot de Lespart du 5ᵉ corps qui débouchait, bien tard, hélas! sur les hauteurs de Niederbronn.

.....Pendant cette lutte inégale, où 44,000 hommes avec 131 bouches à feu, dont 30 mitrailleuses, avaient tenu tête à 100,000 combattants, appuyés par 270 canons de calibres supérieurs, l'artillerie française avait montré un dévouement dont on ne lui a peut-être pas assez tenu compte. Les batteries de la division Lartigue, contrebattues par 72 bouches à feu, avaient suivi pied à pied le mouvement de recul de l'infanterie et ne s'étaient retirées que lorsque les tirailleurs ennemis étaient déjà sur les pièces... Quand les troupes du XIᵉ corps prussien eurent pénétré dans le Niederwald, elles y furent contenues longtemps par notre artillerie et en particulier par les deux batteries à cheval de la division de cuirassiers, jusque-là tenues en réserve et lancées par le maréchal de Mac-

Mahon. Voici comment s'exprime à ce sujet le grand état-major prussien dans la *Guerre franco-allemande* :

« L'artillerie française d'Elsasshausen dirigeait un feu d'une
« telle violence contre la lisière nord du Niederwald et le bouquet
« de bois enlevé par les troupes prussiennes, qu'il ne restait d'au-
« tre alternative à ces dernières que de pousser plus avant ou de
« renoncer aux avantages achetés au prix de si lourds sacrifices [1]. »

Quant aux huit batteries de la réserve, elles furent mises en ligne bien tard ou bien tôt : bien tard, parce qu'à portée de pistolet des tirailleurs elles étaient condamnées à l'impuissance ; bien tôt, parce qu'écrasées avant la fin de la bataille, elles firent défaut pour couvrir la retraite. De ces huit batteries, deux vinrent s'établir audacieusement au débouché du village d'Elsasshausen où entraient les Prussiens, qui se précipitèrent sur elles ; à peine purent-elles tirer deux ou trois coups à mitraille par pièce que trois canons étaient pris, et le colonel de Vassart, commandant la réserve, tué en voulant les défendre. Les six autres batteries tombèrent en face et à petite portée des tirailleurs ; elles furent criblées de balles et d'obus. On remit à grand'peine les pièces sur leurs avant-trains ; sept d'entre elles furent encore prises ; les batteries à cheval de gauche purent cependant arrêter quelque temps les Prussiens par leur tir à mitraille. Pour être moins retentissant et moins populaire que celui des cuirassiers, le dévouement de cette artillerie n'en fut pas moins méritoire.

Enfin, le général Ducrot a rendu justice dans les termes suivants aux batteries de sa division, qui protégèrent sa retraite : « J'établis
« les 7e et 8e batteries en position et un peu en avant des positions
« occupées par l'infanterie, avec ordre d'ouvrir le feu sur les pre-
« mières troupes ennemies, au moment où elles dépasseraient la
« crête du village. Dès que nos dernières troupes eurent dépassé
« le champ de tir, les deux batteries ouvrirent le feu contre les
« masses prussiennes qui descendaient le coteau, à la distance de
« 1,100 mètres ; elles produisirent un grand effet et arrêtèrent
« complètement pendant un instant l'ennemi, ce qui permit à nos
« troupes d'effectuer tranquillement leur retraite..... Notre artil-

---

1. *Guerre franco-allemande*, t. I, p. 262.

« lerie est parvenue à retirer tout son matériel du champ de ba-
« taille et à le ramener jusqu'au village de Reichshoffen. Là, elle
« s'est trouvée pendant un instant à la queue de la colonne sans
« soutien et arrêtée par les voitures du train qui encombraient la
« route et a été rejointe par la cavalerie ennemie, qui s'est emparée
« de 5 pièces et de 5 caissons de la 6ᵉ batterie et d'une mitrailleuse
« de la 8ᵉ, en faisant prisonniers leurs braves et malheureux défen-
« seurs. »

La *bataille de Rezonville* passe pour une de celles dans lesquelles la supériorité de l'artillerie allemande a le plus influé sur le résultat. Il est certain, cependant, que si les Prussiens n'ont pas reçu ce jour-là le châtiment que méritait leur imprudente témérité, cela tient surtout à l'obstination avec laquelle le maréchal Bazaine resta sur la défensive et accumula sur sa gauche des réserves inutiles, mais, il faut le reconnaître, si l'artillerie allemande avait pu être dominée par la nôtre, les troupes auraient exécuté d'elles-mêmes, avec un élan irrésistible, le mouvement que le général en chef ne voulait pas commander. Dans cette sanglante bataille, qui fut une victoire au point de vue tactique pour l'armée française et un succès stratégique pour l'armée allemande, le maréchal Bazaine, avait surtout à redouter, sur son flanc gauche, les troupes qui débouchaient de la vallée de la Moselle par les ravins aboutissant au plateau ondulé que suit la route de Metz à Verdun ; il fit face en avant, c'est-à-dire à l'ouest, pour répondre à une attaque prononcée par un peu de cavalerie et d'artillerie, tout en refusant sa gauche en équerre vers le sud ; sa ligne forma ainsi un angle saillant comme pour encourager la tendance des Allemands aux mouvements enveloppants si favorables à l'action de l'artillerie.

Cette faute première fut la conséquence de la première attaque des Allemands. Lorsque, sous le feu des quatre batteries à cheval qui étaient venues s'établir en face de son bivouac [1], la division Forton battit précipitamment en retraite, elle entraîna la division Valabrègue (cavalerie du 2ᵉ corps), bivouaquée en arrière d'elle et dont la batterie tint bravement tête aux quatre batteries prussiennes ; celles-ci, profitant de la retraite de la cavalerie française, se por-

---

1. Voir chap. XIV, p. 320, et chap. XV, p. 401.

lèrent en avant par échelons. L'infanterie du 2ᵉ corps prit les armes sans se laisser ébranler par ce fâcheux début et se mit en bataille : trois brigades perpendiculairement à la route, face à l'ouest et par conséquent au village de Vionville, au-dessus duquel s'étaient placées les batteries prussiennes ; les deux autres brigades face au sud et aux chemins venant de Gorze.

Dans la première phase de la bataille [1], l'ennemi ne mit en ligne que de l'artillerie, soutenue en arrière par un mince rideau de cavalerie ; les quatre batteries à cheval qui avaient entamé le feu, furent bientôt renforcées par les quatre batteries de la VIᵉ division d'infanterie qui, *sur l'ordre du général commandant l'artillerie du IIIᵉ corps,* avaient devancé les colonnes de leur division et se placèrent en deux groupes à droite et au sud des premières ; la VIᵉ division de cavalerie entra en ligne, venant de Gorze avec sa batterie, qui prit position encore plus au sud, enfin, vis-à-vis de notre gauche, débouchèrent, avec la Vᵉ division d'infanterie, quatre batteries divisionnaires qui s'établirent, non sans difficulté, sur une position dominante à l'extrême droite des Allemands. En résumé, 13 batteries, réparties en cinq groupes, forment un quart de cercle autour du 2ᵉ corps qui, pour y répondre, dispose de 13 batteries [2], dont seulement 10 sont en action ; savoir, 7 batteries divisionnaires, une batterie à cheval et 2 batteries montées de 12 de la réserve. La division Bataille, qui tient la droite, réoccupe facilement Vionville et le village de Flavigny, situé à gauche et au sud de la route. « Ce mouvement », dit le général Frossard, « est protégé par deux batteries qui arrêtent, par un feu nourri et « efficace, les efforts de l'ennemi. » La première brigade de la division Vergé, placée à la gauche de la division Bataille, couronne sans difficulté les crêtes avec son artillerie ; devant ce mouvement offensif, les batteries prussiennes, qui ne sont pas appuyées, reculent vivement. Seules, les batteries de la Vᵉ division, soutenues par l'infanterie, conservent leur position, mais cette infanterie est

---

[1]. Lire : *la Guerre franco-allemande,* par le grand état-major prussien ; *la Guerre moderne,* par Derrécagaix ; *Rapport sur les opérations du 2ᵉ corps,* par le général Frossard ; *l'Histoire militaire* de Canonge ; *la Bataille de Rezonville,* par Duquet, *Nouvelle Revue,* 1884.

[2]. Brigade Lapasset, 1 batterie ; divisions Bataille et Vergé, 6 batteries ; réserve, 6 batteries, dont une détachée auprès de la division Valabrègue.

écrasée et ne parvient à se maintenir que grâce à l'appui d'un détachement du X⁰ corps, accouru spontanément de Gorze, et dont la batterie vient renforcer son artillerie. Sur ce point, la lutte est acharnée. En même temps, le 6ᵉ corps français, à qui le maréchal Canrobert avait fait prendre les armes, commençait à se former à droite, où se rangeait la division Lafont de Villiers avec l'unique régiment de la division Bisson ; le maréchal amenait, en outre, l'artillerie de la division Tixier ; il disposait ainsi de 54 pièces[1] qui allaient entrer successivement en ligne. A ce moment, il semblait qu'il n'y eût qu'à pousser du doigt les troupes prussiennes pour les précipiter en bas du plateau.

Mais ces troupes ne tardent pas à être renforcées. L'artillerie de corps est accourue au galop, les deux batteries à cheval d'abord, les quatre batteries montées ensuite sont venues prendre leur place dans le cercle d'artillerie, les batteries de la VIᵉ division ont appuyé à gauche pour se rapprocher du point par où doit déboucher cette division ; une seconde batterie du Xᵉ corps, accompagnant, comme la première, un détachement de la XXXVIIᵉ brigade, est venue spontanément se ranger dans le groupe des batteries à cheval de gauche ; la batterie de la VIᵉ division de cavalerie est rentrée en ligne. Le mouvement de recul de toute la ligne de batteries est arrêté par le général commandant l'artillerie du IIIᵉ corps : 21 batteries[2] concentrent leurs feux sur le 2ᵉ corps et sur la gauche du 3ᵉ corps français. Écrasées par un feu convergent d'une violence extrême, nos troupes ne peuvent tenir dans Vionville. Les réserves d'artillerie du 2ᵉ corps et de la garde, ainsi que la réserve générale, viennent en aide à l'artillerie divisionnaire, et l'on peut estimer qu'à ce moment 32 batteries[3] (24 de 4, 6 de 12, et 2 de mitrailleuses), soit 192 bouches à feu, répondent aux 126 pièces prussiennes, mais la supériorité de calibre et de précision compense largement la supériorité numérique ; aucune direction

---

1. Batteries des divisions Lafont de Villiers et Tixier, plus une batterie de la division Bisson arrivée seule et 2 batteries de 12 de la réserve générale attachées momentanément à cette division qui n'avait qu'un seul régiment ; 2 batteries à cheval de 4 avaient été détachées de la même réserve à la division Levassor-Sorval, placée en seconde ligne à l'extrême gauche. Ce qui faisait en tout 66 pièces pour le 6ᵉ corps, dont 54 en ligne.
2. 15 du IIIᵉ corps, 2 du Xᵉ, 4 de la Vᵉ division de cavalerie.
3. 13 du 2ᵉ corps, 9 du 6ᵉ, 5 de la réserve générale, 5 de la garde.

d'ensemble ne préside à l'action des batteries françaises, qui obéissent à dix commandements différents ; les batteries d'une même division ne sont même pas groupées ensemble. Le 2ᵉ et le 6ᵉ corps perdent bientôt Flavigny, où se précipitent les colonnes de la VIᵉ division prussienne, accourues à la gauche de la Vᵉ division ; le général Bataille est blessé grièvement ; le général Valazé, qui commande la brigade de droite de la division Vergé, est blessé à son tour. Toute la droite du 2ᵉ corps bat en retraite, entraînant la gauche du 6ᵉ. Seules, les deux brigades Jollivet et Lapasset, qui forment la gauche repliée en équerre face au sud, tiennent bon ; encore la brigade Jollivet commence-t-elle à plier. C'est alors que le maréchal Bazaine jette sur les Prussiens victorieux le 3ᵉ de lanciers et les cuirassiers de la garde et que se produit une échauffourée à la suite de laquelle les grenadiers de la garde viennent remplacer le 2ᵉ corps épuisé[1]. Le maréchal Canrobert appelle à lui la division Tixier, jusque-là placée en arrière et à droite pour le relier au 3ᵉ corps. Les colonnes de la division Aymard, qui tient la tête de ce corps, commencent à déboucher, et plus loin apparaît la division Grenier du 4ᵉ corps, devancée par ses batteries, qui prennent d'enfilade et à dos la gauche des batteries prussiennes. Les réserves d'artillerie des 3ᵉ et 4ᵉ corps prolongent la ligne, qui se termine à l'extrême droite par la brigade de France de la cavalerie de la garde. Le maréchal Canrobert pousse en avant la division Tixier, dont la brigade Péchot, appuyée par une batterie, renverse tout ce qu'elle trouve devant elle ; à droite, la VIᵉ division de cavalerie allemande a vainement essayé d'ébranler les grenadiers, fermes comme une muraille. C'en est fait du IIIᵉ corps prussien : encore une fois, il semble qu'il va être précipité en bas du plateau et peut-être même anéanti. Avensleben, qui le commande et qui se montra ce jour-là aussi tenace que téméraire, lance alors sa dernière ressource, la

---

[1]. La cavalerie qui se lança à la poursuite des cuirassiers fut un instant maîtresse d'une batterie à cheval de la garde, envoyée pour appuyer la charge, mais les servants avaient emporté les armements, et les avant-trains s'étaient éloignés. Quelques cavaliers isolés pénétrèrent dans d'autres batteries : l'un d'eux fut tué d'un coup de mousqueton dans une batterie de 12 de la réserve du 2ᵉ corps, un autre fut tué d'un coup de sabre dans une batterie de 4 de la même réserve, dont il avait blessé le lieutenant en premier d'un coup de sabre sur la tête...

brigade de cavalerie Bredow, sur les batteries qui forment une longue ligne au nord de la grande route. Ces batteries sont traversées, l'une d'elles a ses servants et ses conducteurs sabrés, la batterie voisine fait face en arrière pour tirer à mitraille sur la cavalerie ennemie, qui est prise en flanc et détruite par la division de Forton. Cette charge n'eût certes pas arrêté un instant le mouvement du 6ᵉ corps, si Bazaine, toujours préoccupé de sa gauche et y accumulant réserves sur réserves, n'avait à ce moment donné l'ordre formel de rester sur la défensive. La bataille est encore suspendue; la division Aymard prend place dans la ligne, soutenue en arrière par la division Nayral; à sa droite est la division Grenier qui refoule les Prussiens au delà du ravin parallèle à la grande route et pousse jusqu'au bois de Tronville; plus à droite encore débouchent la division de Cissey et la cavalerie du général Legrand.

A ce moment, la canonnade fait rage; environ 36 batteries françaises, presque indépendantes les unes des autres, tirent vers le sud, le sud-ouest et l'ouest, depuis le bois des Ognons au sud-est et à gauche jusqu'à la voie Romaine au nord et à droite [1]. L'artillerie du 2ᵉ corps s'est retirée de la lutte avec les divisions de ce corps qui sont placées en réserve à Gravelotte; les batteries montées de la garde, les batteries à cheval de la réserve attachées à la division Le Vassor-Sorval, celles des divisions de Forton, Aymard, Grenier, de Cissey, les huit batteries de la réserve du 3ᵉ corps et les six batteries de la réserve du 4ᵉ corps sont entrées en ligne, mais toutes ne tirent pas, tant s'en faut; une partie reste en observation, attendant un ennemi qui ne se présente pas. La plupart des batteries de l'artillerie du 6ᵉ corps se retirent pour un moment, ayant usé leurs munitions.

Par suite de l'inertie communiquée par Bazaine à son armée, le IIIᵉ corps prussien mutilé reste maître des positions qu'il a conquises le matin, et bientôt apparaît à sa gauche le Xᵉ corps, accouru à marche forcée de Thiaucourt, où il suivait la route de Pont-à-Mousson à Verdun. Son artillerie, comme toujours, le précède; elle ne compte plus que 10 batteries, car déjà cinq sont engagées [2].

---

1. Cette voie Romaine court de l'est à l'ouest, à environ 1,300 mètres au nord de la grande route.
2. Trois avec la Vᵉ division de cavalerie, deux avec les fractions de la XXXVIIᵉ

La XX⁰ division amène, avec son artillerie divisionnaire, l'*Abtheilung* montée du corps, en tout huit batteries dont quatre sont envoyées à la droite soutenir la V⁰ division avec la XXXIX⁰ brigade, tandis que la XL⁰ brigade et les quatre autres batteries se placent à la gauche, où la division Grenier recule en deçà du ravin. Bientôt survient la brigade Wedell (XXXVIII⁰) avec ses deux batteries : elle marche sur l'artillerie du 4⁰ corps français ; mais l'infanterie de la division de Cissey, couchée en avant et au-dessous de cette artillerie, se relève subitement, accueille les Prussiens par une vive fusillade et, appuyée par les mitrailleuses, couche par terre plus de la moitié de la brigade Wedell, dont les débris abandonnent le champ de bataille [1]. Il semblait encore une fois qu'il n'y eût qu'à marcher devant soi pour écraser le III⁰ et le X⁰ corps prussiens ; la ligne de bataille était devenue, par la force des choses, presque parallèle à la route ; notre droite n'avait qu'à prononcer son mouvement tournant ; une brigade de cavalerie avait voulu l'arrêter, elle avait été victorieusement repoussée avec des pertes énormes. Mais aucun ordre ne fut envoyé au général Ladmirault, qui, dans l'incertitude de ce qui se passait à la gauche, resta immobile. A ce moment, une batterie de la garde royale prussienne vint, sous l'escorte d'un escadron de dragons, se poster au nord de Mars-la-Tour, sur le prolongement de notre ligne, dont elle était séparée par le ravin de Mars-la-Tour à Jarny. Le général Ladmirault fit charger cette batterie par le 2⁰ de chasseurs d'Afrique et provoqua ainsi le grand engagement de cavalerie que nous avons raconté plus haut.

Après cette passe d'armes, la bataille sembla terminée. Mais bientôt la canonnade reprit avec une nouvelle violence du côté de Rezonville, accompagnée seulement de quelques retours offensifs de part et d'autre. Une partie de la XVI⁰ division prussienne était arrivée de Gorze à l'appui de la droite des Prussiens avec trois batteries ; un détachement hessois avait amené sur le même point deux autres batteries. Les Prussiens avaient donc, sur une seule

---

brigade arrivées sur le champ de bataille le matin. Il ne restait plus que les quatre batteries montées de corps, les quatre batteries de la XX⁰ division et deux batteries de la XIX⁰, marchant avec la XXXVIII⁰ brigade.

1. Sur 95 officiers et 4,500 hommes, la brigade Wedell perdit en un instant 65 officiers et 2,600 hommes.

ligne, de leur droite à leur gauche, 37 batteries réparties en cinq groupes où les unités constituées étaient de plus en plus confondues : 22 de ces batteries, placées au sud de la grande route, faisaient converger leurs feux sur Rezonville, savoir : 2 batteries hessoises, 3 du VIII° corps, 6 du X°, 11 du III°. Au nord de la route, 15 batteries appuyaient le X° corps (savoir : 3 de la V° division de cavalerie, 7 du X° corps, 4 du III°, 1 de la garde). A ces 222 bouches à feu pouvaient répondre, du côté des Français, 9 batteries de la garde, 5 du 6° corps et de la division de Forton, 15 du 3° corps, 12 du 4° corps et 9 de la réserve générale ; en tout 50 batteries, dont 7 de mitrailleuses, soit 252 canons. La supériorité numérique était encore une fois compensée, et bien au delà, par l'infériorité de calibre. D'ailleurs, la plus grande partie de l'artillerie des 3° et 4° corps reste inutile, tandis qu'au sud de la route, 23 batteries, dont 3 de mitrailleuses, luttent avec 22 batteries allemandes. La canonnade fut soutenue cependant sans désavantage.

Le prince Frédéric-Charles, voyant sa gauche réduite à l'impuissance et sa droite se maintenir avec peine sur ses positions, veut tenter au centre un effort sur Rezonville et fait avancer dix batteries sur la crête qui domine ce village au sud, mais le général Bourbaki a concentré sur ce point 54 canons de l'artillerie de la garde. Sous la violence de leur feu, l'infanterie qui gardait Vionville et le groupe de batteries est prise d'une panique et s'enfuit, les batteries elles-mêmes se retirent au galop[1]. Notre infanterie pénètre dans Vionville. Mais, faute d'ordres d'ensemble, ce mouvement n'est pas suivi, et Vionville reste partagé entre les deux armées, comme le succès.

La bataille de Frœschwiller avait démontré la puissance des grandes masses d'artillerie régulièrement formées en plaçant sur le terrain, les unes à côté des autres, les batteries d'un même corps d'armée. Sous ce rapport, le XI° corps prussien avait agi comme le V°. La bataille de Rezonville présente un spectacle différent : les batteries allemandes, accourant de toutes parts sur le champ de bataille, sont disposées suivant les besoins du combat. Par leur au-

---

[1]. Duquet, *la Bataille de Rezonville*, *Nouvelle Revue*, 1884. *Bulletin de la Réunion des officiers*, 1884, p. 258.

dace, leur ténacité, leur dévouement et la justesse de leur tir, elles préparent les attaques de l'infanterie qu'elles accompagnent dans ses mouvements, en écrasant nos troupes et notre artillerie inférieure en calibre; elles soutiennent de même l'infanterie battue en arrêtant la poursuite... On remarque d'ailleurs dans la direction de l'artillerie allemande l'absence de toute espèce de formalisme; des batteries divisionnaires et des batteries de corps, appartenant même à des corps d'armée différents, se groupent sans la moindre difficulté sous un même commandement. Les batteries françaises montrèrent un égal dévouement et suppléèrent plus d'une fois par la rapidité de leurs manœuvres à l'infériorité de leur matériel. Le général Frossard dit lui-même dans son rapport que, si le 2e corps put résister seul pendant longtemps aux attaques de l'ennemi, il le dut à la *puissance de son artillerie*. Le maréchal Canrobert rend le même témoignage à la sienne. Mais, en dehors de la faiblesse bien constatée du canon de 4, on est en droit de s'étonner de ne voir nulle part dans la ligne de bataille de l'armée française figurer de grandes masses d'artillerie agissant d'ensemble, sauf peut-être aux réserves d'artillerie des 3e et 4e corps, placées à l'extrême droite où l'on ne fit rien pour en profiter, et dans la garde où le feu des 54 pièces concentrées par le général Bourbaki montra tardivement ce qu'on aurait pu faire. En dehors de cela, où était la réserve générale de 16 batteries, déjà réduites de moitié [1]?... Disséminée à droite et à gauche. La réserve du 2e corps, de 6 batteries? Morcelée par division de deux batteries ou même par batterie. Toute l'artillerie d'une division du 2e corps ne forma même pas un seul groupe [2] et l'une des batteries de la 1re division du 6e corps fut toute la journée attachée à une brigade; cette batterie tira en tout 80 coups. Quant à la réserve du 6e corps, elle était restée au camp de Châlons... Quel bel usage on aurait pu faire cependant des masses d'artillerie! Si le matin, par exemple, on eût envoyé toute la réserve du 2e corps réunie, et promptement assistée de la réserve de la garde, en avant de Vionville, on eût

---

1. 4 batteries de 12 étaient restées dans les forts de Metz, 2 autres étaient attachées au 6e corps ainsi que 2 batteries à cheval de 4. Il ne restait donc plus que 2 batteries de 12 et 6 batteries de 4.
2. Les trois batteries de la division Bataille furent placées sur le front de la division à 200 et 300 mètres d'intervalle les unes des autres.

écrasé les batteries à cheval prussiennes de manière à les mettre hors de page, et si la moitié de la réserve générale avait accablé les batteries de la V⁰ division prussienne à leur débouché des ravins, jamais cette V⁰ division n'aurait pu prendre pied sur le plateau. Enfin lorsque la XXXVIII⁰ brigade eut été détruite par notre extrême droite, les 14 batteries des réserves des 3⁰ et 4⁰ corps, réunies aux batteries des divisions Nayral, Grenier, de Cissey, du Barail, auraient pu former au sud-ouest de Saint-Marcel, puis, plus tard, au nord de la grande route, une masse de 150 bouches à feu qui eussent assuré le succès du mouvement tournant et une victoire éclatante...

La *bataille du 18 août* devait être le triomphe de l'artillerie... allemande. Mais cette fois le nombre était pour elle. Et, chose inouïe !... tandis que les Allemands mirent en batterie presque toute leur artillerie, plus nombreuse que la nôtre, le chef de l'armée française gardait en réserve plus du quart de la sienne. Du côté des Allemands entrèrent en ligne : 15 batteries de la garde, 3 du I⁰ʳ corps, 10 du II⁰ corps [1], 10 du III⁰, 14 du VII⁰, 15 du VIII⁰, 16 du IX⁰ [2], 16 du X⁰ [2], 16 du XII⁰ (Saxons), soit en tout : 114 batteries ou 684 pièces, dont près de 300 canons de 9ᶜ. L'artillerie française comptait en tout : 12 batteries de la garde, 13 du 2⁰ corps [4], 20 du 3⁰ corps, 15 du 4⁰, 12 ½ du 6⁰ [5], 14 de la réserve générale et de la division Forton, en tout 86 batteries ½ ou 520 pièces, dont 84 canons de 12 seulement, 66 mitrailleuses et 370 canons de 4. Le maréchal Bazaine immobilisa pendant la plus grande partie de la journée 11 batteries de la garde et 12 batteries de la réserve, soit 138 bouches à feu, ce qui réduisait à 382 le nombre des pièces en action et à 424 lorsque 7 batteries de la garde intervinrent à la fin. Ces chiffres ont une triste éloquence !

Nous regrettons que notre cadre ne nous permette pas d'exposer les détails de cette lutte de géants, dans laquelle le canon fut bien réellement l'argument final, *ultima ratio*.

---

1. Dont 6 seulement purent tirer.
2. Dont 6 batteries hessoises.
3. Dont une batterie à cheval du IV⁰ corps.
4. Y compris la brigade Lapasset. Quatre au moins de ces 13 batteries ne tirèrent pas un coup ou ne tirèrent que quelques coups (batteries de 4 de la réserve).
5. Aux 66 canons qu'il avait le 16, le 6⁰ corps en avait ajouté 12 de la division du Barail, mais une des batteries de la division Tixier n'avait plus que 4 pièces.

Examinons du moins, au point de vue du rôle de l'artillerie, les phases principales de la bataille ou plutôt des batailles, car il y en eut deux, si ce n'est trois, bien distinctes : Gravelotte, Amanvilliers, Saint-Privat :

A gauche, les 2e et 3e corps français, installés depuis la veille, se sont habilement retranchés sur de fortes positions, d'où leurs batteries et surtout leur infanterie repoussent victorieusement les attaques de la Ire armée allemande. Celle-ci emploie encore, et dès le début, le système des grandes batteries. Elle compte tout d'abord deux corps d'armée, le VIIe, qui a 14 batteries, le VIIIe, qui en a 15 et la Ire division de cavalerie avec une batterie, soit en tout 30 batteries : son centre d'action est Gravelotte, et la grande route de Verdun la coupe en deux, laissant à droite et au sud le VIIe corps, en face du 2e corps français qui est, comme l'avant-veille, appuyé par 13 batteries, dont 2 de mitrailleuses, et à gauche ou au nord, le VIIIe corps, en face du 3e corps français, soutenu par environ 16 batteries dont 4 de mitrailleuses[1]. A droite, les batteries des XIIIe et XIVe divisions, au nombre de 7, à gauche, les 4 batteries de la XVe division et les 7 batteries de corps du VIIIe forment une ligne de 18 batteries, dirigées dans chaque corps d'armée par le commandant de l'artillerie du corps et dont le général Schwartz, commandant l'artillerie de la Ire armée, semble prendre la direction supérieure. Ces 108 bouches à feu dominent un instant l'artillerie française, tout en souffrant beaucoup de son feu et surtout de celui de l'infanterie. D'autres batteries viennent les renforcer ; dix batteries du VIIe corps, onze du VIIIe et la batterie à cheval de la 1re division de cavalerie, formant un total de 132 pièces, préparent par un feu nourri l'attaque de la ferme de Saint-Hubert, position avancée, occupée par un régiment du 3e corps français et qui finit par être enlevée, après un combat acharné. Mais tous les succès de la Ire armée se bornent là, et les efforts de ses troupes se brisent contre la ligne retranchée qui appuie ses deux ailes aux fermes de Leipsick et de Moscou.

---

1. Une partie de ces 29 batteries des 2e et 3e corps fut tenue en réserve. Il résulte de renseignements positifs (*Historique du 17e régiment d'artillerie*), qu'au moins 4 batteries de 4 de la réserve du 3e corps (2 montées et 2 à cheval) ont été engagées dans le duel d'artillerie du 4e corps français avec le IXe corps allemand. Il faut donc les retrancher ici des 20 batteries du 3e corps.

Le chef de cette armée, Steinmetz, veut la victoire à tout prix. L'artillerie portée à 156 pièces, sous les yeux de l'inspecteur général de l'arme, le général Hindersin, redouble son feu contre les positions françaises, dont le tir se ralentit et semble s'éteindre. Jugeant venu le moment favorable, Steinmetz donne l'ordre à la Ire division de cavalerie de gravir les pentes du Point-du-Jour, fait former les colonnes d'attaque du VIIIe corps et avancer à travers le défilé profond où passe la grande route, les batteries du VIIe corps jusque-là tenues en réserve ; elles doivent être suivies par les batteries divisionnaires. Mais à peine le mouvement est-il dessiné et les batteries en marche apparaissent-elles au débouché que toute la ligne française s'allume de feux ; la cavalerie prussienne, décimée, redescend les pentes qu'elle a gravies ; quatre batteries seules ont pu franchir le défilé : elles sont désemparées ; une seule des quatre se maintient derrière un abri, les autres repassent difficilement le défilé en arrière, laissant quatre pièces sur le terrain et ramenant le reste à grand'peine. Au même moment, les brigades Jollivet et Valazé s'élancent en avant avec un élan irrésistible : la XVe division allemande fuit en désordre[1]. Le roi et M. de Moltke, appelés par Steinmetz pour être témoins de sa victoire, arrivent alors, ainsi que le IIe corps qui, à peine entré en campagne, vient de débarquer du chemin de fer à Pont-à-Mousson et brûle de prendre part au combat. Dix des batteries de ce corps d'armée parviennent jusqu'au champ de bataille, six seulement peuvent trouver place dans la grande ligne d'artillerie de la Ire armée ; quelques pièces des autres batteries se glissent dans les intervalles. Le soir vient, et pour ne pas atteindre l'infanterie du IIe corps, qui s'est portée en avant, la plupart des batteries sont obligées de cesser leur feu. Animées par la présence du souverain, les troupes du IIe corps s'élancent avec ardeur, mais elles sont vigoureusement repoussées et se retirent en

---

1. On lit dans Hoffbauer : « Le commandant Gaugge », celui dont la batterie était restée abritée en deçà du défilé, « cherchait par tous les moyens à mettre « de l'ordre dans ce chaos, mais ce fut en vain : il ne parvint pas à mettre un « frein à la fougue de ces masses en désordre qui traversaient la batterie et que « le feu de l'ennemi décimait horriblement. Lorsque cette effroyable tempête « eut cessé en partie, il ne restait plus en position que trois pièces sans avant-« train et un avant-train non attelé. »

groupes confus. Dans l'encombrement qui se produit, des hommes et des chevaux sont précipités dans les ravins, et une véritable panique se transmet jusque sur les derrières de l'armée. La nuit et la fatigue mettent fin sur ce point à la bataille, regardée par l'état-major prussien lui-même comme une défaite jusqu'à l'arrivée des nouvelles de l'aile gauche.

Au centre, le combat avait été follement engagé par le IXe corps prussien, précédé de son artillerie, qui était venue former sur les hauteurs de Vernéville à Amanvilliers une ligne de 9 batteries, 4 de la XVIIIe division et 5 de corps, toutes placées sous le commandement du général commandant l'artillerie. Les batteries des divisions Grenier et de Cissey, ainsi que celles de la réserve du 4e corps, se portent rapidement en avant pour répondre au feu des Prussiens. Les batteries de la division de Lorencez se placent plus tard dans les intervalles de cette ligne, et douze des batteries du 4e corps semblent, par exception, obéir à une même direction, sinon à un seul commandement. Toutefois, les trois batteries de la division de Cissey restent groupées à part[1]. Contre-battues par cette puissante artillerie, prises d'enfilade sur la gauche par des mitrailleuses que le général Ladmirault a lui-même fait placer, les batteries prussiennes sont désemparées; quatre pièces sont prises, dont deux seulement peuvent être emmenées faute d'attelages, les cinq batteries de gauche sont obligées de se retirer, mais celles de droite continuent leur feu, et six batteries hessoises viennent s'établir à leur gauche; bientôt l'artillerie du IIIe corps, tenue en réserve, vient remplacer, par six de ses batteries, les batteries du IXe corps mises hors de combat et qui elles-mêmes rentrent en action après avoir pris les attelages des réserves ou des chevaux de labour dans les fermes; la ligne d'artillerie du centre se trouve ainsi portée à 21 batteries, 126 pièces, auxquelles ne pouvaient même plus répondre les 90 bouches à feu du 4e corps français, car les batteries de la division de Cissey ont affaire en même temps

---

[1]. Les 12 batteries de la réserve et des divisions Grenier et de Lorencez furent ainsi placées : 1er mouvement: deux batteries de la division Grenier, une batterie de réserve de 4, la troisième batterie de la division, une seconde batterie de réserve; 2e mouvement: les trois batteries de la division de Lorencez s'intercalent dans les intervalles. Les deux batteries de 12 se placent à la gauche de la ligne.

à des batteries de la garde royale prussienne, qui sont venues se ranger à côté des batteries hessoises. Quelques batteries du 3ᵉ corps, probablement 4, s'établissent à gauche et ne suffisent pas à compenser cette infériorité numérique, 16 batteries contre 21. N'importe ! sur le front du 4ᵉ corps, bien que les Prussiens aient enlevé, en subissant des pertes énormes, la ferme de Champenois, la position se maintient ; mais quels regrets n'éprouve-t-on pas quand on pense qu'au moment de l'écrasement de l'artillerie du IXᵉ corps prussien, il aurait suffi de l'intervention de la garde impériale pour couper l'armée allemande en deux et anéantir peut-être sa gauche pendant le mouvement de flanc qu'elle opérait pour tourner la droite de l'armée française. La lutte d'artillerie fut extrêmement violente sur ce point, comme on peut en juger par les pertes des deux partis. Du côté des Allemands, les 9 batteries du IXᵉ corps, les 6 batteries hessoises et 6 batteries du IIIᵉ corps perdirent : 9 officiers tués et 24 blessés ; 76 hommes tués et 349 blessés ; 812 chevaux tués ou blessés[1]. Les 15 batteries françaises du 4ᵉ corps eurent 7 officiers tués, 6 blessés ; 36 hommes tués, 154 blessés ; 217 chevaux hors de combat[2].

A droite, les choses allaient plus mal. Déjà la garde prussienne, accourue au secours du IXᵉ corps, au lieu de l'appuyer directement, se plaçait à sa gauche, et 11 batteries soutenues en partie par les 6 batteries hessoises ouvraient le feu, répondant, comme nous l'avons vu, à une partie de l'artillerie du 4ᵉ corps français, tandis que le maréchal Canrobert pouvait leur opposer 76 bouches à feu, mais en modérant la rapidité du tir, parce qu'il n'avait pas de parc d'artillerie et qu'il était exposé à manquer de munitions[3]. Le maréchal, pour protéger son front, avait fait occuper en avant le village de Sainte-Marie-aux-Chênes par un régiment, le 94ᵉ. Ce fut le premier objectif de la gauche des Allemands. Pour s'en emparer, le général de Pape, commandant la Iʳᵉ division de la garde, commença par l'écraser sous les feux de l'artillerie. Ses batteries

---

1. D'après Hoffbauer.
2. *Historiques des* 1ᵉʳ, 15ᵉ *et* 17ᵉ *régiments d'artillerie.*
3. A 12 kilomètres de Metz où il y avait plus de 50,000 coups de canon et d'où, dès le matin, on aurait pu lui envoyer tout un parc d'artillerie ! Mais le général commandant l'artillerie de l'armée la commandait aussi peu que le général en chef commandait l'armée elle-même !

divisionnaires étant séparées de lui par l'artillerie de corps dans la ligne de 11 batteries dont nous avons déjà parlé, il emprunte à l'artillerie de corps 10 pièces qu'il dirige contre le village de Sainte-Marie, et en même temps il demande le concours du corps saxon qui, prononçant son mouvement de flanc, arrivait à la gauche ; 14 batteries saxonnes se placent en amphithéâtre en face de Sainte-Marie ; 94 pièces tirent ainsi sur ce malheureux village, et les 76 pièces de Canrobert peuvent à peine leur répondre, car elles ont affaire aussi à la grande batterie de la garde, 56 bouches à feu, et même à une partie des batteries hessoises, tandis qu'elles sont à peine aidées par les 18 pièces de la division de Cissey qui, prises elles-mêmes de front, d'écharpe et d'enfilade, soutiennent péniblement la lutte [1].

Quand le village de Sainte-Marie paraît suffisamment ruiné, 15 bataillons saxons et prussiens se précipitent sur ce village et l'enlèvent, malgré la résistance héroïque du 94°, commandé par le colonel de Geslin. Nous ne pouvons suivre toutes les péripéties de la lutte : notre but exclusif est d'ailleurs d'étudier l'action de l'artillerie. Nous avons vu comment, pour avoir négligé cette action, la Ire division de la garde royale prussienne *trouva son tombeau* devant Saint-Privat. L'artillerie de Canrobert ne pouvait plus faire feu cependant qu'en ménageant ses munitions, devenues de plus en plus rares, mais la garde prussienne, imprudemment lancée sur le village de Saint-Privat, fut presque anéantie par le feu de l'infanterie du 6° corps, admirablement disposée par le maréchal Canrobert dans le village même et sur la terrasse naturelle formée par le terrain à 600 mètres à l'ouest. Quelques batteries avantageusement placées viennent en aide aux défenseurs de Saint-Privat. Avant de renouveler l'attaque, la garde laisse le corps saxon continuer son mouvement de flanc et s'emparer, à l'extrême droite de la ligne française, du village de Roncourt que tout l'héroïsme de la brigade Péchot est impuissant à défendre. Un cercle d'artillerie enserre Saint-Privat : seize batteries de la garde sont placées à droite et en avant de Saint-Ail, 14 batteries saxonnes

---

[1]. Ces trois batteries comptent parmi celles qui eurent le plus à souffrir d'un feu convergent et supérieur à tous les points de vue.

occupent la gauche, et l'artillerie de corps du X⁰ corps (sept batteries), que le prince Frédéric-Charles a conservée sous la main comme réserve générale, s'intercale dans le cercle, terminé à l'extrême droite par quatre batteries hessoises[1]; 192 pièces suivant les uns, 222 selon les autres, écrasent sous le feu le plus violent, Saint-Privat et ses défenseurs; toute cette artillerie est dirigée à droite par le prince de Hohenlohe, chef de l'artillerie de la garde, à gauche par le général Köhler, commandant l'artillerie saxonne. Le général Colomier, commandant l'artillerie de la II⁰ armée, préside à l'ensemble. Canrobert tient bon : ses messages et ceux de Ladmirault se sont succédé depuis plusieurs heures auprès de Bazaine dont rien n'a secoué la torpeur, et, malgré le courage des troupes auxquelles il semble avoir soufflé son inébranlable fermeté, le maréchal commandant le 6⁰ corps est enfin obligé de battre en retraite, sous la protection de la brigade Péchot; 60 pièces disposées à l'avance en amphithéâtre, sur une triple rangée, au bord de la route de Woippy, près des carrières d'Amanvilliers, soutiennent cette retraite avec les munitions qu'elles ont réservées pour ce suprême effort et celles que leur a envoyées le général Ladmirault[2]. Plus près des lignes ennemies, 3 batteries de 12, dont deux de la réserve générale accourues tardivement au secours du 6⁰ corps, résistent énergiquement à des forces très supérieures. Alors toutes les batteries saxonnes, prussiennes, hessoises, se portent en avant et forment une ligne unique à laquelle viennent se joindre de nouvelles batteries du X⁰ corps; 11 batteries saxonnes poursuivent le 6⁰ corps de leurs feux; 28 batteries 1/3 de la garde, du X⁰ corps et de la Hesse forment plus au sud une seule ligne; en tout 39 batteries 1/3 ou 236 pièces[3]. A ce feu formidable répondent les 78 pièces du 6⁰ corps et de la réserve générale, tant qu'elles ont des munitions. Deux batteries à cheval de la garde et quatre batteries à cheval des réserves du 3⁰ et du 4⁰ corps viennent se joindre à elles.

---

1. Voir la carte annexée à l'ouvrage d'Hoffbauer où toutes les batteries sont indiquées nominativement.
2. Quatre ou cinq caissons. Les batteries du général Ladmirault étaient elles-mêmes très gênées par la presque impossibilité de se ravitailler.
3. Le plan du livre d'Hoffbauer indique 11 batteries au nord-est de Saint-Privat et 28 batteries 1/3 au sud-ouest, soit 39 1/3 ou 236 bouches à feu. Le texte du grand état-major prussien donne le chiffre de 23 batteries et un tiers, non compris les batteries saxonnes et hessoises. (T. II, p. 855.)

Au fur et à mesure qu'elles ont brûlé leurs dernières charges, ces batteries se retirent par la route de Woippy que l'infanterie leur abandonne ; leur feu est si peu éteint par celui de l'ennemi que les trois batteries de 12 les plus avancées n'ont eu ni un homme ni un cheval touchés [1].

Prise de flanc et de revers, la droite du 4ᵉ corps se replie en équerre et se retire en bon ordre par les routes de Lorry et de Lessy, protégée par les batteries du corps d'armée auxquelles sont venues s'ajouter deux autres batteries à cheval de la garde, les trois batteries montées de la division de voltigeurs et deux batteries à cheval de la réserve du 3ᵉ corps, accourues en traversant le plateau en arrière du champ de bataille... La division de grenadiers de la garde vient enfin se ranger en avant de la route, elle arrête la poursuite de l'ennemi, qu'un vigoureux hurrah du 41ᵉ régiment d'infanterie tient en respect. Les récits allemands disent que tous les retours offensifs vinrent échouer devant l'attitude énergique de l'artillerie allemande et devant le calme de son infanterie. Nous ne sachons pas qu'il ait été essayé d'autres retours offensifs que des efforts partiels destinés à donner de l'air aux troupes en retraite, pour leur permettre de se retirer en bon ordre : ce qu'elles firent, quoi qu'on en dise.

A la gauche et à la droite du 3ᵉ corps, toutes les batteries réunies engagent dans l'obscurité une épouvantable canonnade. La bataille est finie. Pour la gagner, il aurait suffi de faire agir au centre la garde impériale ou de fortifier à l'extrême droite le village de Roncourt en y établissant une forte batterie de position.

On a prétendu que l'infériorité de l'artillerie française s'était encore plus manifestée le 18 que le 16. Nous ne le croyons pas : notre artillerie avait contre elle le nombre dans la journée du 18, surtout au centre et à la droite ; en outre, elle ne pouvait suppléer à l'infériorité du calibre par l'habileté des manœuvres, du moins à la gauche et au centre où le terrain ne s'y prêtait pas, car à la droite, où l'ennemi avait une supériorité écrasante, plusieurs bat-

---

[1]. L'artillerie allemande tirait avec la plus grande précision, mais tous ses coups étaient trop courts et croyant son réglage bon, elle se gardait bien de le modifier.

teries françaises parvinrent à soutenir la lutte en se déplaçant et choisissant d'heureux emplacements. Enfin, ce qui acheva de paralyser l'artillerie française, c'est qu'elle ne put donner à son tir la rapidité nécessaire pour compenser la précision par le nombre des coups, comme elle l'avait fait le 16. Ignorant les ressources que présentait la place de Metz, s'exagérant les consommations du 16, l'état-major de l'artillerie réitéra plusieurs fois, sur toute la ligne, pendant la bataille, l'ordre de ne tirer qu'avec modération. Le ravitaillement était rendu difficile, d'ailleurs, par l'encombrement des chemins en arrière du champ de bataille, encombrement qui, dans la nuit, donna une apparence de déroute à une retraite opérée par les troupes combattantes dans l'ordre le plus parfait. Cependant l'artillerie allemande eut beaucoup à souffrir, non pas seulement du tir de l'infanterie, mais encore du feu de l'artillerie, par laquelle plusieurs batteries, cinq pour le moins, furent désemparées. Au centre, l'artillerie du IX⁰ corps fut encore plus rudement traitée, et à l'extrême droite 76 bouches à feu, sans munitions de ravitaillement, opposèrent à une artillerie triple la résistance la plus honorable ; enfin, les batteries survenues au dernier moment, entre les routes de Saulny et de Lorry, luttèrent avec énergie contre la masse énorme des batteries prussiennes [1]. Guidées par la lueur de l'incendie de Saint-Privat, elles infligèrent à l'ennemi des pertes sensibles [2]. Ce qui est inexplicable, c'est l'inertie de la réserve générale, comprenant 72 canons, dont 36 de 12, et parquée sur le Saint-Quentin d'où elle entendait le bruit de la bataille sans qu'on lui permît d'y apporter son intervention décisive. Deux batteries seulement furent envoyées au 6⁰ corps [3].

A l'incroyable bataille de Beaumont, le 30 août, le IV⁰ corps

---

[1]. Là se trouvaient en tout : 66 pièces du 6⁰ corps ayant à peine 10 à 15 coups à tirer, 12 canons de 12 de la réserve générale, 24 canons de 4 de la garde et de la réserve du 4⁰ corps, en tout une centaine de pièces, mais dont le nombre diminuait à chaque instant avec l'épuisement des munitions. Les autres batteries qui intervinrent à cette fin de bataille (2 à cheval et 3 montées de la garde, 2 à cheval de la réserve du 3⁰ corps) appuyaient et couvraient la droite du 4⁰ corps.

[2]. Hoffbauer, p. 258.

[3]. Tous les détails relatifs au rôle de l'artillerie française, le 16 et le 18 août, différant un peu de ce qui a été publié à cet égard, ont été empruntés par nous à des historiques de régiment ou à des témoignages authentiques... Nous espérons, à l'aide de ces renseignements, pouvoir un jour raconter *in extenso* la guerre de 1870 au point de vue de l'artillerie.

prussien, qui surprit le 5ᵉ corps français, ne tarda pas à développer toute son artillerie, 14 batteries sur une seule ligne, s'avançant par échelons. Lorsque les Saxons (XIIᵉ corps) et les Bavarois purent entrer en action, c'est surtout l'artillerie dont le commandant du IVᵉ corps réclama le concours ; elle devance encore une fois l'infanterie, et 25 batteries prussiennes, bavaroises et saxonnes forment trois groupes principaux où l'artillerie de corps est, comme nous l'avons vu à Rezonville, mêlée aux batteries divisionnaires [1]. L'artillerie française, surprise avant d'avoir pu atteler ses pièces, perd au sud de Beaumont plusieurs canons et mitrailleuses ; elle se reforme sur la hauteur au nord du bourg et lutte courageusement contre des forces très supérieures ; elle couvre la retraite avec dévouement, et perd encore quelques pièces vigoureusement défendues par les servants et les troupes de soutien. D'après la relation allemande, le nombre des pièces prises serait de 42. Les relations françaises réduisent ces chiffres à 19 canons et 8 mitrailleuses. La réserve d'artillerie du 12ᵉ corps, avantageusement placée sur les hauteurs de la rive droite, contribua puissamment à arrêter la poursuite.

Quant à la catastrophe de Sedan, plus encore que les batailles de Frœschwiller et de Saint-Privat, elle prouva la puissance d'une nombreuse artillerie faisant converger son feu sur une position centrale. L'artillerie allemande devança l'infanterie sur tous les points du champ de bataille pour enfermer l'armée française dans un cercle de feux. Ce ne fut pas à proprement parler une bataille, mais une manœuvre enveloppante, un massacre et la reddition à merci d'une armée mise dans l'impossibilité de lutter...

Cinq groupes principaux de batteries, comprenant 114, 36, 144, 90 et 156 pièces [2], en tout 540, tiraient simultanément sur le même but. « Les artilleurs français », dit le colonel suisse Lecomte, « combattirent avec une énergie et une abnégation dignes de tout « éloge. Les positions, bien choisies d'ailleurs, dominant le ter-

---

[1]. C'est ainsi que trois batteries montées de l'artillerie de corps accompagnent l'infanterie du IVᵉ corps, tandis que les batteries divisionnaires de ce corps (VIIᵉ et VIIIᵉ division) font partie de la grande ligne d'artillerie.
[2]. *Lettres sur l'artillerie*, du prince de Hohenlohe.

« main à l'ouest, un peu retranchées, semblaient pouvoir être main-
« tenues tant qu'elles ne seraient pas tournées, etc.[1]. »

Quant à l'infériorité incontestable du matériel de notre artillerie en 1870, il est remarquable qu'elle n'ait pas eu dans la seconde partie de la guerre le même effet que dans les batailles livrées depuis Wissembourg jusqu'à Sedan et Noisseville. Si extraordinaire que cela puisse paraître, cela tint beaucoup au changement de la fusée et à l'admission de la fusée percutante. Du moment où les projectiles éclatèrent à leur point de chute, le tir devint efficace et meurtrier.

Quoi qu'il en soit, aux témoignages des généraux d'Aurelle et Chanzy et même à celui du prince Frédéric-Charles, que nous avons déjà rapportés, nous pouvons ajouter celui du général Vinoy, qui n'est certes pas suspect. Après avoir rendu compte du combat de Villejuif, livré le 23 septembre 1870, le général Vinoy ajoute : « Notre artillerie prit position contre le village de Villejuif et ré-
« sista cette fois sans désavantage aux batteries prussiennes. L'en-
« nemi tenta à deux reprises différentes d'enlever la position en la
« faisant attaquer par des colonnes d'infanterie. Mais accueillie
« par les décharges de nos mitrailleuses, elle renonça définitive-
« ment à son entreprise. Cette redoutable artillerie prussienne, à
« *laquelle on se plaisait à attribuer tous les avantages de la cam-*
« *pagne,* venait d'entrer infructueusement en lutte avec la nôtre. »

La *bataille de Coulmiers,* à laquelle il manqua un général de cavalerie pour en faire un succès éclatant, mais qui fut du moins une action glorieuse pour des troupes à peine formées, montra ce qu'on peut obtenir d'une artillerie bien employée et bien dirigée. Le général d'Aurelle et le général Chanzy qui, sous ses ordres, commandait le 16ᵉ corps d'armée, ne s'obstinèrent pas à laisser se briser les efforts de jeunes soldats faciles à rebuter contre des villages, des fermes et des châteaux crénelés, barricadés, couverts par des ouvrages de fortification passagère ; ils mirent en action, dès le début, toutes leurs batteries de réserve et ne lancèrent leurs colonnes que

---

[1]. Voir le *Bulletin de la Réunion des officiers,* 1884, t. Iᵉʳ. On y trouvera, dans une série d'articles fort intéressants sur l'artillerie de campagne des armées française et allemande, des considérations très justes touchant les batailles de la première partie de la guerre.

lorsque l'artillerie eut rendu la résistance impossible. Ce fut, sur une petite échelle, une bataille préméditée des deux côtés, dans laquelle les Français attaquèrent en suivant pied à pied un plan dressé à l'avance, tandis que les Bavarois se défendirent sur des positions organisées pour l'éventualité de ces attaques prévues. La bataille débuta, au centre, c'est-à-dire à la gauche du 15ᵉ corps, par l'attaque du bourg de Baccon, confiée à la division Peytavin. Deux batteries de 4, attachées à cette division, et placées sur un mamelon parfaitement situé, ne produisant pas sur les murs crénelés de Baccon un effet suffisant, le général en chef y appelle deux batteries de 8 de la réserve, dont le tir admirable de précision, au dire du général d'Aurelle lui-même, fait écrouler sous les boulets des pans entiers de muraille. L'infanterie s'élance alors résolûment, et nos soldats, animés par l'exemple de leurs officiers, arrivent jusqu'au bourg, y pénètrent et, après une lutte corps à corps, en chassent les Allemands. Après ce premier succès, il faut prendre le château de la Renardière; deux batteries de 4 à droite, deux batteries de 8 à gauche en préparent l'attaque et, sous leur protection, nos soldats pénètrent dans le parc d'où l'ennemi se retire en bon ordre. Un retour offensif qu'il essaie est arrêté par une troisième batterie de 8, que place le général d'Aurelle et dont le feu bien dirigé fait avorter cette tentative.

Mais le nœud de la bataille était à Coulmiers, centre de résistance des Bavarois, qui avaient accumulé là leurs principaux moyens de défense. La division Barry, formant la droite du 16ᵉ corps, était chargée de cette attaque. Les obus lancés par les batteries de Baccon prenaient cette division en flanc et ralentirent sa marche. Quand elle arriva devant Coulmiers, il se faisait tard et, dans cette saison où la nuit vient vite (11 novembre), le général d'Aurelle était pressé d'en finir : il fit avancer les quatre batteries de 8 de la réserve qui, par un tir très vif, éteignirent le feu des batteries bavaroises[1]. Saisissant le moment avec à-propos, le général Barry enleva ses jeunes troupes et entra d'assaut dans Coulmiers, tandis que la brigade d'Aries, à gauche du 15ᵉ corps, y pénétrait

---

1. Ce succès doit être attribué à la supériorité des canons de 8, car les forces en artillerie étaient à peu près égales de part et d'autre ; 9 batteries et demie du côté des Bavarois luttaient contre 9 batteries françaises.

de son côté. Pendant ce temps, la réserve d'artillerie du 16e corps, dirigée par le colonel de Marcy, soutenait, à la gauche de l'armée, les troupes de l'amiral Jauréguiberry contre un vigoureux retour des Bavarois. L'artillerie du 15e corps était commandée par un vétéran du cadre de réserve, le général de Blois, qui, à l'âge de 68 ans, venait terminer glorieusement dans cette guerre une carrière consacrée à l'étude : il avait inspiré au général en chef ce nouvel emploi des réserves, et s'effaçant modestement, il dit dans son *Historique de l'artillerie du 15e corps d'armée* : « Le général « d'Aurelle n'a pas eu à se repentir d'avoir ainsi tiré parti, dès le « premier moment, de toutes ses ressources en artillerie. Il a tracé « à nos armées, dans cette circonstance, la marche qu'elles devront « suivre pour triompher, et il a le premier mis en pratique le procédé « déjà adopté par les Prussiens et qui pourra nous servir à « notre tour, si nous songeons à prendre notre revanche. »

Ce procédé nous réussira surtout, hâtons-nous de l'ajouter, si nous savons mettre de notre côté la supériorité numérique et technique. A la bataille de Loigny, le 1er décembre, une des affaires les plus glorieuses de la guerre en province, le 16e corps fut écrasé par une artillerie trois fois plus nombreuse que la sienne. Le même jour, la réserve d'artillerie du 15e corps, employée cette fois comme réserve, joua un rôle important. La 3e division de ce corps était engagée dans un combat violent avec un corps prussien, qui venait de repousser le 16e corps et dont l'artillerie lui causait de grandes pertes. Le général d'Aurelle fit arriver sa réserve qui, comme nous l'avons vu au chapitre XII, réduisit au silence les batteries prussiennes. A Chevilly, le 3 décembre, la retraite de la 2e division du 15e corps sur Orléans se fit dans le meilleur ordre et en disputant le terrain pas à pas, sous la protection de l'artillerie de cette division, portée pour ce jour-là à cinq batteries, et de la réserve d'artillerie, forte de six batteries, se retirant lentement en échelons par batterie... Nous pourrions citer de même presque tous les combats livrés par la 2e armée de la Loire, depuis Orléans jusqu'à Laval.

Bataille de la Lisaine. — La supériorité de l'artillerie allemande se fit sentir de nouveau à la bataille de la Lisaine, les 15, 16 et 17 janvier 1871. Mais elle tint surtout à ce que, occupant une position défensive, préparée à l'avance pour une bataille prévue et préméditée [1], les Allemands avaient couvert leurs pièces par des épaulements et qu'en plusieurs endroits même ils avaient des pièces de siège. Devant le château de Montbéliard, par exemple, 9 batteries françaises, soit 54 bouches à feu, pour la plupart des canons de 4, ne parvinrent pas à lutter avantageusement contre 24 canons de campagne, d'un calibre très supérieur à celui de 4, et 5 canons de siège de 155, placés tous derrière des épaulements : le contraire eût été étonnant. Autour d'Héricourt, l'ennemi avait placé 68 pièces, dont 7 de siège. Le 20e corps put cependant soutenir la canonnade en attendant le succès d'un mouvement tournant confié au 18e corps et à la division Cremer. Il faut remarquer en outre : 1° que le terrain des attaques était très défavorable au déploiement de l'artillerie ; 2° qu'au fur et à mesure de la formation de batteries nouvelles, le personnel de ces batteries improvisées, qu'on envoyait à la hâte aux armées, était de moins en moins exercé ; 3° que les généraux, ayant une confiance limitée dans leurs jeunes troupes, attendaient, pour lancer leurs colonnes, que leur artillerie eût éteint le feu de l'ennemi ; 4° que, malgré tout, la position des Allemands eût peut-être été emportée si le mouvement tournant de notre gauche avait été moins passif et plus franchement offensif. Nous tenons de témoins oculaires très dignes de foi et très capables d'apprécier les faits de guerre, que, sur beaucoup de points, on tâtonna, on hésita et on laissa passer le moment favorable... Quoi qu'il en soit, nous n'avons pas à contredire aux conclusions qu'a tirées de ces faits M. le colonel Derrécagaix : « *La supériorité de l'artillerie paraît être désormais un élément décisif de succès* [2]. »

Dans les batailles livrées sous Paris, l'artillerie française soutint bravement la lutte, mais, là aussi, on ne sut peut-être pas l'employer en grandes masses. Nous pouvons citer, comme exemple, l'attaque du parc et du château de Villiers par le 2e corps de la 2e armée, le 30 novembre 1870 : 90 bouches à feu, dont 12 mitrailleuses, appuyèrent les divisions Berthaut et de Maussion, mais, au dire du général Ducrot lui-même, l'artillerie de réserve fut obligée

---

1. Derrécagaix, *la Guerre moderne*, p. 361.
2. Derrécagaix, *la Guerre moderne*, t. II, p. 359.

d'attendre, pour passer la Marne, que l'infanterie eût achevé de défiler sur les ponts, en sorte que les 3 batteries de la division Maussion, forcées de déboucher sur le plateau à 500 mètres du mur du parc, battues de front et d'enfilade, fusillées par l'infanterie, furent, malgré le concours des 3 batteries de la division Berthaut, écrasées avant l'entrée en ligne des 4 batteries de la réserve générale et des 5 batteries de la réserve du 2ᵉ corps. Le général Ducrot reconnaît cependant que cette artillerie, par de sanglants sacrifices, préserva le 2ᵉ corps d'une déroute complète. Il n'y eut jamais plus de 60 bouches à feu agissant ensemble, encore était-ce sur un terrain tellement resserré que les intervalles des pièces étaient réduits à 5 ou 6 mètres[1]. En outre, les ordres du commandement en chef ne furent pas exécutés avec précision, de sorte que des attaques qui, faites d'ensemble, auraient peut-être réussi en divisant les forces de l'ennemi, échouèrent successivement contre ces forces concentrées. C'est ainsi que les 60 bouches à feu dont il s'agit ici furent contre-battues par toute l'artillerie ennemie, dont la ligne, fermant la boucle de la Marne de Noisy-le-Grand à *Mon-Idée*, comprenait 72 bouches à feu[2]. Le surlendemain, 2 décembre, c'est en amenant sur une même ligne toutes les batteries de son armée, que le général Ducrot fit taire l'artillerie ennemie à la fin de la bataille.

L'ARTILLERIE DEPUIS LA GUERRE.

Le rôle joué par l'artillerie pendant la guerre de 1870 avait laissé dans l'armée et dans le pays une forte impression. Aussitôt après la guerre, on s'occupa d'assurer à cette arme la supériorité numérique par la création d'un grand nombre de batteries et la supériorité technique par l'adoption d'un nouveau matériel; on chercha en même temps, et l'on cherche encore, à perfectionner sa tactique. Avec les anciennes pièces à courte portée et à trajectoire très tendue, le réglage du tir n'était qu'une opération facile et secondaire : il devenait, avec les pièces nouvelles, d'une importance capitale. Par des études poursuivies à la fois dans les commissions d'expériences et dans les tirs d'écoles, on est arrivé à

---

[1]. Général Ducrot, *la Défense de Paris*, t. II, p. 216.
[2]. D'après le plan de la bataille dans l'atlas de la *Guerre franco-allemande*.

déterminer des procédés permettant de régler le tir avec précision. Ces procédés avaient le défaut d'être un peu lents, ou plutôt on s'habituait, dans les exercices de polygone, à les appliquer avec une lenteur qui, sur un champ de bataille, aurait été funeste; on s'est étudié depuis lors et avec succès à rendre le réglage plus rapide, mais tous les procédés n'empêcheront pas que les commandants de batterie les plus adroits et les plus décidés de caractère ne soient ceux qui conduisent le mieux le tir de leurs batteries : l'hésitation et le tâtonnement sont pour un chef, en cela comme en toutes choses, le défaut capital. L'adoption des obus à mitraille, à gerbe étroite et allongée, a constitué, au point de vue du réglage, un progrès énorme en augmentant l'étendue en longueur de la zone dangereuse. Les procédés rigoureux et lents ne sont plus de mise. En outre, comme le réglage du tir est nécessairement fondé sur l'observation des coups, la difficulté de cette opération devait croître avec le nombre de batteries tirant sur un même but. Les grandes manœuvres exécutées depuis trois ans au camp de Châlons, sous la haute direction de M. le général de La Jaille, président du comité, ont élucidé la question et permis d'établir des règles fixes pour la conduite du tir dans les grands groupes de batteries.

Comme tactique de détail, on cherche à exposer le moins possible d'hommes, de chevaux et de voitures au feu de l'ennemi. Le 1er échelon a été réduit à six pièces et à trois caissons (un par section); les avant-trains sont placés sur les côtés, les trois caissons abrités et défilés autant que faire se peut [1]; les trois autres caissons de la batterie de combat, sous la conduite du maréchal des logis chef, forment un second échelon à 300 mètres au plus de la 1re ligne; les six voitures de la réserve, réunie aux réserves des autres batteries du même groupe, doivent être de 500 à 800 mètres en arrière, près d'un chemin permettant une communication facile avec les sections de munitions, qui sont placées elles-mêmes à 1,200 ou 1,500 mètres plus loin. On doit

---

[1]. Le 16 août 1870, la 4e batterie du régiment monté de la garde impériale, placée en avant et au nord de Rezonville, tirait déjà depuis plus d'une heure quand la 5e vint se placer à côté d'elle et y resta environ une demi-heure. La 4e batterie, qui avait eu soin d'abriter ses caissons derrière les dernières maisons du village, perdit, en une heure et demie, 5 hommes tués, 29 blessés et 13 chevaux tués ou blessés. La 5e eut en une demi-heure, 4 hommes tués, 10 blessés et 21 chevaux hors de combat.

prendre d'abord les munitions dans les arrière-trains des caissons de 1re ligne, que l'on échange, dès qu'ils sont vides, contre ceux du 2e échelon où ils sont aussitôt remplacés par ceux de la réserve ; la réserve se réapprovisionne aux sections de munitions, non pas par échanges de voiture, mais en rechargeant les coffres. Nous avouons ne pas comprendre très bien la nécessité du 2e échelon : s'il est trop exposé, il vaut mieux le reporter en arrière jusqu'à la réserve ; s'il est abrité, pourquoi ne pas porter la réserve à sa hauteur ? Tous ces petits paquets de voitures sont une cause de confusion et de désordre sur le champ de bataille.

L'intervalle entre les pièces varie de 15 à 20 mètres ; il peut cependant être réduit à 10 mètres dans certaines circonstances où il est important de placer le plus grand nombre possible de pièces sur un emplacement déterminé. A ce point de vue, il y a encore beaucoup à étudier. Dans la période du réglage, par exemple, on doit chercher à réduire le nombre des pièces exposées aux coups de l'ennemi et, quand une fois on est sûr de son tir, il devient avantageux d'augmenter la densité de la ligne ; on peut le faire de deux manières : ou en amenant de nouvelles batteries à côté des premières, ou en glissant les nouvelles batteries dans les intervalles ménagés de prime abord. C'est ce dernier procédé qui semble avoir été suivi par les Allemands dans la guerre de 1870. Comme exemple entre vingt, on peut citer, à la bataille du 18 août, les sept batteries divisionnaires du VIIe corps, au sud de Gravelotte, ainsi disposées à partir de la droite : une batterie de la XIIIe division, une de la XIVe, une de la XIIIe, trois de la XIVe et une de la XIIIe ; on voit qu'en venant doubler les batteries de la XIVe division, celles de la XIIIe s'étaient placées aux deux ailes et dans les intervalles. De même, dans la grande ligne de bouches à feu formée après la prise du village de Saint-Privat sous le commandement du prince de Hohenlohe, les batteries qui survinrent successivement se placèrent là où elles trouvèrent des intervalles. Du côté des Français, le 16 août, les batteries du 2e corps, étant très espacées lors de la première prise d'armes, furent séparées les unes des autres par les batteries qui vinrent à leur aide ; le 18 août, au 4e corps, les batteries de la division de Lorencez s'intercalèrent de même dans la ligne déjà formée par celles de la division Grenier et de la réserve. On a même été jusqu'à proposer de placer les pièces des nouvelles batteries dans les intervalles des premières. C'est aller un peu loin, quoique cela ait été fait à la bataille du 18 août par des batteries du IIe corps prussien, dont plusieurs pièces, dans l'ardeur du combat, s'intercalèrent dans les intervalles des batteries du VIIe corps.

Immédiatement après la guerre, on insistait beaucoup sur la nécessité de couvrir les pièces, soit en recherchant les abris naturels, soit en créant des abris artificiels par des épaulements à construction rapide ; on paraît, depuis quelques années, être revenu de cette idée et proscrire au contraire les abris. C'est sans doute là un des effets de la réaction générale qui s'est prononcée contre toute attitude défensive en faveur d'une offensive bien décidée. Il est certain, en ce qui concerne les abris naturels, que la première condition est de bien voir l'ennemi ; mais si cette condition peut se concilier avec celle d'un abri, il faut bien se garder de négliger cette dernière. La grande batterie de la garde, à Lutzen, fit beaucoup de mal à l'ennemi sans avoir elle-même à souffrir, parce qu'elle s'était couverte de la crête du terrain. L'artillerie anglaise, à Waterloo, placée dans le chemin creux qui bordait la position de l'armée et tirant pour ainsi dire à embrasure à travers des trous pratiqués dans la haie dont ce chemin était lui-même bordé, rasait de ses feux la pente du vallon, tout en étant parfaitement couverte. On a encore vu, dans la dernière guerre, des exemples de batteries restant seules en position, grâce à des abris naturels, quand les batteries voisines étaient forcées de reculer. Telles furent, dans l'armée allemande, une des batteries à cheval de la Ve division de cavalerie placées au-dessus de Vionville, couverte par la haie qui bordait la route, et une batterie du VIIe corps qui, au passage du défilé du Point-du-Jour, fut protégée par un mur de jardin à hauteur d'appui. Quant aux abris artificiels, à la bataille du 18 août 1870, l'artillerie des 2e et 3e corps français ne put tenir contre l'artillerie de la Ire armée prussienne que grâce aux épaulements préparés par les soins des généraux Frossard et Lebœuf. Une batterie du 6e corps résista pendant plusieurs heures à la ligne formidable de l'artillerie allemande, parce qu'elle s'était placée derrière un mur dans lequel on pratiqua des embrasures et dont on forma un épaulement recouvert de terre. Nous avons vu comment le général Werder, à la bataille de la Lisaine, avait couvert presque toute son artillerie. A la bataille de Coulmiers, le général Reyau s'obstinant à rester avec sa cavalerie devant le village de Saint-Sigismond, en face de deux batteries bavaroises de gros calibre, retranchées derrière des épaulements, les batteries à cheval de 4 qui accompagnaient cette cavalerie, furent écrasées et forcées de se retirer. Cette retraite fut le motif ou le prétexte de la retraite du général Reyau et fit perdre tout le fruit de la victoire. Nous croyons, pour notre compte, que l'usage des épaulements doit être limité à des cas tout particuliers. Ils ont l'inconvénient de désigner à l'ennemi les emplacements des batteries et d'imposer, pour ainsi dire, la direction du tir. Aussi avons-nous vu qu'à la Moskova, l'artillerie des 1er et 3e corps français fut obligée de se porter en dehors des épaulements construits à l'avance. Mais lorsqu'il s'agira de soutenir une aile exposée à être tournée, une forte batterie épaulée sera toujours un excellent appui, comme la batterie du *Santon* à Austerlitz, comme celle que l'on aurait dû installer à Roncourt, le 18 août 1870.

En ce qui concerne l'exécution des feux, on recommande de tirer à une vitesse de deux à trois coups par minute, de ne pas tirer un coup avant que le précédent soit arrivé et de réserver les feux de salve pour des buts exceptionnels, tels qu'une troupe nombreuse momentanément concentrée sur un espace restreint, une charge de cavalerie, une batterie qui remet les avant-trains..... On recommande aussi de ne tirer qu'à la distance de 1,200 à 3,000 mètres (la distance est limitée principalement par la difficulté d'observer les coups), d'éviter d'approcher de moins de 1,200 mètres d'une infanterie intacte, mais de ne pas hésiter à s'approcher d'une troupe ébranlée.

Le choix des positions a moins d'importance qu'autrefois; on prétend même qu'il ne doit plus en avoir aucune et qu'avec les effectifs énormes des armées actuelles, on se bat où l'on peut et non où l'on veut; il faut donc, ajoute-t-on, que l'artillerie s'habitue à tirer là où elle est, au lieu de chercher des positions d'où elle puisse tirer avantageusement. Si l'on tire pour faire du bruit, cela peut être vrai, mais tel n'est pas le but de l'artillerie et vouloir subordonner l'emplacement, ainsi que les mouvements de ses canons, aux manœuvres et aux positions des troupes qui les accompagnent, c'est se résigner d'avance à la défaite en face d'un adversaire qui fait, au contraire, des positions de l'artillerie la charpente de sa ligne de bataille. Vingt combats ont prouvé la puissance des lignes d'artillerie enveloppantes, depuis Essling, où 150 canons autrichiens rangés en demi-cercle firent converger leur tir sur l'armée française, Wagram, où il en coûta cher pour briser un pareil cercle, Leipsick, Frœschwiller, Saint-Privat, Sedan, etc... Mais encore faut-il que ces grandes batteries soient placées de manière à voir le but sur lequel se concentrent leurs feux.

Pour les changements de position, on a renoncé aux anciens errements. On pensait autrefois que la hardiesse et la mobilité de l'artillerie ajoutent beaucoup à sa puissance, qu'il faut la transporter partout où elle peut agir, en la changeant d'emplacement à propos, en la multipliant aux yeux de l'ennemi... Aujourd'hui, eu égard aux longues portées, à la rapidité et à la justesse du tir, on estime avec raison que l'artillerie doit éviter tout mouvement qui n'est pas indispensable, choisir des positions où elle puisse rester longtemps et n'en changer que pour parcourir le plus rapidement possible un assez long espace, en un mot procéder par bonds rares, prompts et allongés, 500 mètres environ. Il est certain que l'artillerie en mouvement est désarmée et exposée à être détruite sans pouvoir se défendre. Nous avons vu plus haut que les dix batteries de la garde impériale, qui formaient la grande ligne d'artillerie de Wagram, avaient déjà 15 pièces démontées avant de pouvoir faire feu. A Castiglione, Marmont ayant un défilé à franchir avec 19 pièces d'artillerie à cheval, sacrifia sa tête de colonne, qui fut écrasée[1]. A Waterloo, les deux batteries qui accompagnèrent les colonnes de Drouet d'Erlon furent enlevées par les dragons anglais pendant leur mouvement. A la bataille du 18 août 1870, quatre batteries de l'artillerie de corps du VIIe corps prussien ayant reçu l'ordre de franchir le défilé qui sépare Gravelotte de la ferme de Saint-Hubert, furent accueillies par un feu formidable de toute la ligne française, que les Allemands croyaient avoir réduite au si-

---

1. *Mémoires de Marmont*, t. I, p. 209.

lence. Trois de ces batteries, dont une à cheval, furent mises hors de combat en quelques instants. La batterie à cheval eut 3 officiers blessés, 35 hommes et 77 chevaux tués ou blessés[1].

Il peut se faire cependant qu'un déplacement d'une faible amplitude soit utile pour soustraire une batterie à un feu trop meurtrier. A Bürgersdorf, dans la guerre de 1866, une batterie de la garde prussienne se trouvait en face d'une batterie autrichienne qui faisait pleuvoir sur elle une grêle d'obus : il suffit à la batterie prussienne de se porter à 150 pas en avant pour être à l'abri de toute atteinte. Tous les obus allaient s'enterrer à 150 pas en arrière[2]. Nous avons vu de même, à Friedland, l'artillerie des 1er et 6e corps français se soustraire au feu de l'ennemi en se rapprochant de ses batteries.

Enfin, il peut être bon de tromper l'ennemi sur la position que prennent les batteries à la suite d'un déplacement. M. le prince de Hohenlohe cite, à ce sujet, une tradition qui s'est transmise dans l'artillerie prussienne et qui date de la bataille de Leipsick. Un capitaine, devenu depuis lors général, ayant à remplacer une batterie russe mise hors de combat, traversa au galop l'emplacement de cette batterie et se porta à 150 pas en avant. Le prince de Hohenlohe imita cette manœuvre sur une plus grande échelle, avec l'artillerie de la garde royale, à la bataille de Kœniggrätz.

Le mode d'emploi de l'artillerie combinée avec les autres armes dans les batailles et combats a reçu d'assez profondes modifications, dont les principales sont la suppression des réserves et l'utilisation de toutes les batteries dès le début de la bataille. Appliquée à la défensive, cette mesure nous semble trop radicale. Dans l'offensive, l'assaillant sait ou doit savoir ce qu'il veut. Accumuler les effets de l'artillerie sur les points où il faut briser toute résistance est une tactique indiquée par l'expérience de la guerre de 1870, par les attaques d'Elsasshausen à la bataille de Frœschwiller, de Vionville et de Flavigny le 16 août, de Sainte-Marie-aux-Chênes et de Saint-Privat le 18 août, par l'écrasement de l'armée française à Sedan, etc. Mais lorsqu'on est attaqué, le cas est

---

1. Hoffbauer, *Opérations de l'artillerie allemande*, p. 163 et suiv.
2. Taubert, *Opérations du régiment monté de la garde royale prussienne*, p. 31.

tout différent : quelques batteries sagement tenues en réserve et à l'abri pour être subitement démasquées au moment de l'attaque, peuvent changer du tout au tout la face du combat. Quoique ancien, l'exemple d'Eylau et des 50 pièces russes d'artillerie légère détruisant le corps d'Augereau en est une preuve convaincante. L'expérience a montré d'ailleurs qu'il était extrêmement difficile de retirer d'une position pour les porter sur un autre point de la ligne de bataille, des batteries engagées. Cette difficulté est devenue, il est vrai, bien moindre qu'autrefois ; elle diminuera à mesure qu'on augmentera la distance à laquelle commence le feu [1], mais elle existera toujours dans une certaine mesure ; il faut donc conserver dans la défensive quelques batteries pour les porter au point le plus menacé ; toutefois, le nombre doit en être restreint et ce rôle doit être exclusivement réservé aux batteries à cheval, car une extrême rapidité est la condition essentielle d'une manœuvre de ce genre.

D'après les instructions réglementaires, la tactique des batteries divisionnaires est distincte de celle de l'artillerie de corps. Les batteries divisionnaires accompagnent les troupes et sont leurs auxiliaires, préparent leurs attaques et concourent à repousser celles qui sont dirigées contre elles. Leur place pendant la préparation est marquée entre les soutiens et les réserves de la première ligne d'infanterie ; dès qu'elles sont près d'être masquées, elles doivent se porter en avant. Les batteries de corps sont groupées pour produire les effets décisifs.

Voilà ce que l'on écrit ; cela nous semble bien sujet à discussion : le passé ancien, nous entendons par là les guerres du premier Empire, comme le passé récent, c'est-à-dire la guerre de 1870, nous donnent des enseignements peu en rapport avec ces principes absolus. A Austerlitz, il est vrai, à Auerstaedt également, les batteries sont restées liées à leurs divisions. Dans vingt batailles, l'artillerie divisionnaire s'est comportée tout autrement. A Castiglione, nous avons vu l'artillerie à cheval de trois divisions réunie en un seul groupe ; à Marengo, toute l'artillerie qui restait disponible le soir de la bataille n'a formé qu'une batterie ; à Iéna, toute l'artillerie du 4e corps (Soult), sous les ordres du général Lariboi-

---

1. *Lettres du prince de Hohenlohe.*

sière, a devancé le corps d'armée sur le champ de bataille ; à Heilsberg, toutes les batteries du même corps, sauf celles de la division Saint-Hilaire, ont été groupées ensemble. Nous avons vu ce qui s'est passé à Friedland, à Ocaña, à Talavera, à Albuera, à la Moskowa, à Bautzen, à Möckern. Nous avons vu aussi l'effet produit à la bataille de Gross-Beeren par l'artillerie des alliés, formant une seule ligne de 82 bouches à feu, prussiennes, russes et suédoises, sous les ordres du général commandant l'artillerie. La grande batterie de 78 pièces qui fut chargée à Waterloo de préparer l'attaque de Drouet d'Erlon, était formée de quatre batteries divisionnaires d'infanterie, d'une batterie divisionnaire de cavalerie et de cinq batteries de réserve appartenant à quatre corps d'armée différents. A la bataille de Kœniggrätz, pendant la guerre de 1866, l'artillerie de corps de la garde prussienne, jointe aux batteries de la 1re division de la garde et de la 7e division, forma une batterie de 72 pièces [1] ; à Skalitz, 9 batteries formèrent une seule ligne d'artillerie, comprenant 4 batteries de corps et une batterie divisionnaire du Ve corps d'armée, une batterie de la XIe division et 3 de la Xe division [2]. Dans la dernière guerre, à Frœschwiller, toutes les batteries du Ve corps prussien d'un côté, toutes celles du XIe corps d'autre part, formèrent deux grands groupes. Nous avons vu, dans les batailles du 16 et du 18 août, sous Metz, comment étaient groupées les batteries allemandes : sauf la Ve division qui, le 16 août, entra bien en ligne avec ses quatre batteries, toutes les autres divisions ont été précédées par leurs batteries qui se sont plus ou moins mêlées à des batteries de corps ou même d'autres divisions, pour former de grands groupes sur les principales positions. Il en fut de même à Beaumont et à Sedan. Sur un champ de bataille, quelle qu'en soit l'étendue, il n'y a qu'un petit nombre d'emplacements favorables pour l'artillerie, on doit de toute nécessité y grouper les batteries. Nous n'entendons pas dire par là que les batteries seront toujours, ni même le plus souvent séparées de leurs divisions ; nous disons seulement qu'il faudra le faire quand cela sera nécessaire pour porter des coups décisifs, et nous protestons contre la tactique désas-

---

1. Derrécagaix, *la Guerre moderne*, t. II, p. 273.
2. Taubert, *le Canon rayé dans la bataille*.

treuse que nous avons vu pratiquer dans les grandes manœuvres et qui consiste à partager l'artillerie de corps entre les divisions pour renforcer leur artillerie, comme il a été fait de la réserve du 2ᵉ corps, par exemple, à la bataille du 16 août. Nous comprenons l'emploi de l'artillerie tout autrement, et il n'en coûte pas à notre amour-propre d'admirer celui que les Allemands ont su faire de la leur à la bataille de Wœrth (Frœschwiller). Les batteries du Vᵉ corps forment un groupe de 84 bouches à feu, qui prépare par un feu violent l'attaque des crêtes de la vallée de la Sauer. Appuyées par ce feu formidable, les colonnes d'infanterie gravissent les pentes et s'installent sur la crête ; alors la moitié de l'artillerie se porte à hauteur de l'infanterie, tandis que l'autre moitié prend une position latérale pour continuer son feu. D'un autre côté, toute l'artillerie du XIᵉ corps, après avoir préparé l'attaque de son infanterie, la suit, fait comme elle une conversion à droite et la précède alors pour écraser Elsasshausen de ses feux...

Comme conséquence de cette réunion possible des batteries de corps avec les batteries d'une ou de deux divisions, ou même des batteries de différents corps d'armée, il faut qu'on se résigne à voir les généraux d'artillerie sortir à l'occasion du rôle de pourvoyeurs dans lequel certains tacticiens voudraient les reléguer, pour prendre le commandement des grands groupes de batteries. C'est ce qu'ont fait Marmont à Castiglione et à Marengo, Lariboisière à Iéna, Dulauloi à Heilsberg, Sénarmont à Friedland, à Ocaña, à Talavera, Ruty à Albuera, Lauriston à Wagram, Sorbier à la Moskowa, Drouot à Lutzen, à Leipsick, à Hanau ; c'est ce qu'ont répété sur une échelle plus modeste les généraux Auger à Magenta, Soleille à Solférino ; c'est ce que, sans difficulté et tout naturellement, les Allemands ont laissé faire aux commandants de l'artillerie des Vᵉ et XIᵉ corps d'armée à Wœrth, du IIIᵉ à Rezonville, des VIIᵉ, VIIIᵉ, IXᵉ, de la garde et du corps saxon à Saint-Privat, du IVᵉ corps à Beaumont. Dans l'armée française, au contraire, nous ne voyons guère que le 6ᵉ corps, dans lequel l'illustre maréchal qui devait mettre le comble à sa gloire par la défense de Saint-Privat, ait laissé le commandant de son artillerie disposer un ensemble de 60 bouches à feu, et cependant ce commandant d'artillerie était un simple lieutenant-colonel !...

Ici encore, nous voulons nous garder de toute exagération. Le rôle de pourvoyeur, c'est-à-dire le soin d'approvisionner sur le champ de bataille les batteries engagées, peut être obscur et pénible : il n'en est pas moins honorable, et les plus illustres chefs de l'artillerie dans nos grandes guerres l'ont regardé comme le premier de leurs devoirs. Si, le 18 août 1870, il eût été rempli dans l'armée française comme il l'avait été jusqu'alors, comme il le fut dans l'armée allemande, la bataille aurait peut-être tourné autrement. Nous dirons donc que plus on s'élèvera dans l'échelle du commandement, plus le soin de pourvoir, en temps utile, à la consommation des munitions, prendra d'importance. Nous sommes loin d'être un admirateur systématique et surtout un imitateur quand même de nos ennemis dans la dernière guerre, mais il faut bien reconnaître leurs mérites quand ils sont manifestes, et lorsque nous voyons, par exemple, le chef de l'artillerie de la II° armée se préoccuper pendant toute la bataille de répartir entre les corps d'armée les munitions nécessaires pour imprimer au tir toute l'activité désirable, nous ne pouvons que regretter qu'il n'en ait pas été fait de même dans notre armée et qu'on se soit borné à la recommandation inquiétante de modérer la vitesse du tir. Le devoir du commandement en pareil cas est de rendre cette recommandation superflue et non pas de la prodiguer.

Cela posé, il est essentiel que les chefs de l'artillerie prennent le commandement et la direction supérieure des grands groupes de batteries et que de vaines réclamations ou des oppositions regrettables, résultat d'une susceptibilité trop fréquente dans l'armée française, ne viennent pas paralyser un effet décisif. La règle est bien que le chef d'un groupe d'artillerie soit subordonné au chef de l'unité de combat à laquelle cette artillerie est attachée. Mais quelle doit être cette unité ? Là est la question. Vouloir que ce soit toujours la division, c'est neutraliser le commandement du corps d'armée et lui substituer celui des divisions ; c'est reculer dans le passé et en revenir au temps où les divisions, combattant isolément, livraient des combats partiels et remportaient des victoires sans résultat. Ce n'est plus la guerre moderne avec ses vastes moyens et ses gigantesques conséquences.

Quant au but sur lequel les batteries doivent tirer, le vieux principe était celui-ci : tirer sur les batteries de l'assaillant dans l'offensive, sur ses troupes dans la défensive. Nous préférons cette autre prescription, aussi ancienne d'ailleurs : *tirer de préférence sur les troupes ou sur l'artillerie, suivant qu'on peut leur faire plus ou moins de mal, ou qu'on souffre plus ou moins de leur action.* Pour ne parler que de l'offensive, il est certain que l'assaillant souffre d'abord plus de la part de l'artillerie de son adversaire que de celle de son infanterie ; mais lorsqu'il se rapproche du point d'attaque, il fait à son tour plus de mal à l'infanterie qu'à l'artillerie. La règle doit donc être de chercher d'abord à dominer l'artillerie de la défense et d'écraser ensuite son infanterie. C'est ce que semblent avoir cherché les Prussiens à Rezonville. Quant à Frœschwiller, Saint-Privat et Sedan, ils y avaient en artillerie une supériorité numérique qui leur permettait de tirer à la fois sur les troupes et sur les batteries. Dans la défensive, il semble que la question soit plus simple et qu'il n'y ait qu'à tirer sur les troupes sans se préoccuper de l'artillerie, comme l'ont admirablement fait les batteries françaises à la bataille de Tractir, comme elles l'ont essayé à Frœschwiller, malgré leur petit nombre ; en fait, l'action est plus compliquée que cela, parce que la défensive bien entendue se transforme en offensive. Inkermann, par exemple, semble pour les Français, comme pour les Anglais, une bataille essentiellement défensive, mais en réalité l'infanterie française se précipita en assaillante sur les colonnes russes, et pendant la mêlée corps à corps qui s'ensuivit dans des ravins étroits, l'artillerie ne se préoccupa que d'éteindre le feu des 60 pièces de l'ennemi, qui criblaient de projectiles nos troupes en arrière ; elle y parvint. A la bataille du 18 août 1870, au moment de l'attaque générale de la Ire armée allemande, les batteries du 2e corps et de la gauche du 3e français firent beaucoup de mal à l'ennemi en tirant sur l'artillerie qui se déplaçait pour accompagner l'infanterie, et la mise hors de combat de deux ou trois de ces batteries produisit un désordre dont on aurait pu profiter, peut-être, pour culbuter complètement toute la droite des Allemands.

Enfin, il est admis maintenant que la manière la plus sûre et la plus glorieuse de conserver ses pièces consiste, pour l'artillerie, à faire feu jusqu'au dernier moment au lieu de chercher à se dérober par la retraite au danger d'être prise. Il ne faudrait cependant pas poser en principe, comme on tend à le faire, que perdre des pièces est un titre de gloire. Ce qui constitue ce titre, c'est de s'être mis dans le cas de perdre des pièces en se sacrifiant au salut commun; mais si, par surcroît, après avoir été dans cette position, on sauve ses pièces, cela n'en vaudra que mieux. A la bataille du 18 août 1870, la 5e batterie du 15e régiment, attachée à la division de Cissey, n'avait plus, au moment de la retraite, qu'un seul officier et avait subi des pertes énormes ; une pièce de cette batterie, dont tous les servants venaient d'être tués, était réduite à son chef de pièce blessé. Le chef d'escadron, commandant supérieur, descendit de cheval pour aider ce sous-officier à remettre la pièce sur l'avant-train ; à ce moment, les chevaux de l'avant-train furent tués et l'avant-train lui-même brisé par des projectiles ennemis. La pièce fut ramenée à bras par l'infanterie de la division. Nul n'osera soutenir qu'il eût été plus glorieux de la laisser aux mains de l'ennemi. En résumé, voici la règle dégagée de toute exagération : convaincre les officiers d'artillerie de la nécessité de tirer sans s'inquiéter de voir leurs pièces prises; persuader aux autres troupes que leur honneur et leur salut sont attachés à la conservation de leurs canons qui, suivant l'expression de Blücher, doivent être considérés comme des reliques [1].

Quoi qu'il en soit, artillerie ou troupes, lorsqu'on a choisi un but, il faut concentrer sur ce but le plus de coups possible et l'attaquer par portions successives, sans toutefois négliger les autres portions de la ligne, surtout s'il s'agit d'artillerie, parce que les batteries qu'on laisserait tranquilles profiteraient de la circonstance pour vous accabler, de leur côté. Cette manière de procéder peut seule expliquer comment, dans une bataille, des batteries voisines les unes des autres et en apparence également exposées, subissent des pertes très différentes. Nous en avons vu un exemple à la bataille de Traktir, où, tandis que la quatrième batterie du régiment à cheval de la garde avait 4 officiers blessés, 35 hommes tués ou blessés et 40 chevaux tués, la 2e batterie du 15e régiment, dans le même temps et presque à la même place, ne perdait que 3 hommes et 7 chevaux tués ou blessés.

---

1. Nous nous permettons de renvoyer le lecteur à notre livre des *Capitulations*, livre III, chap. II, p. 396.

Artillerie et cavalerie. — Il nous reste à dire quelques mots de la combinaison de l'artillerie à cheval et de la cavalerie. Suivant Napoléon, ces deux armes étaient le complément indispensable l'une de l'autre. Et cependant l'artillerie à cheval n'était pas, dans ses armées, exclusivement attachée à la cavalerie. Dans le principe, c'est-à-dire en 1805 et 1806, il n'affectait qu'une demi-batterie de 3 pièces à chaque division de cuirassiers ou de dragons, rien à la cavalerie légère. Peu à peu, il en vint à donner 8 ou 12 pièces aux divisions de cuirassiers et de dragons, 6 à celles de cavalerie légère. Les généraux de cavalerie laissaient toute latitude aux officiers d'artillerie, et ils ne parlaient guère d'eux dans leurs rapports que pour se féliciter de leur concours, mais sans rendre compte de leurs manœuvres. Il est facile de voir cependant, par plusieurs exemples, que l'artillerie préparait les charges par son feu ou repoussait l'ennemi quand celui-ci avait pris le dessus. A la bataille d'Austerlitz, quand les chasseurs et les mamelucks de la garde furent ramenés par les chevaliers-gardes de l'empereur de Russie, une batterie à cheval de la garde arrêta ces derniers et prépara la charge des grenadiers à cheval. A Prenzlow, où la cavalerie prussienne était plus nombreuse que les hussards de Lasalle réunis aux dragons de Grouchy, ce fut une batterie légère qui entama le combat : la cavalerie profita du désordre que son tir produisit dans les rangs de l'ennemi pour le charger. Quant aux combats de cavalerie contre infanterie, trop souvent, dans les guerres de l'Empire, les généraux de cavalerie, et en particulier Murat, négligèrent l'action de l'artillerie; l'exemple le plus mémorable de cet oubli est celui du combat de Krasnoé, dans la campagne de Russie, que nous avons déjà cité.

A la suite des guerres du premier Empire, les idées admises sur le rôle de l'artillerie à cheval attachée à la cavalerie se résumaient ainsi : profiter de la mobilité de cette artillerie pour lancer avec vigueur et avec la plus grande rapidité possible quelques pièces sans caissons, espacées à de très grands intervalles, s'approchant jusqu'à 500 ou 600 mètres pour faire un feu très vif et à balles, la cavalerie se tenant à portée, prête à profiter de l'étonnement et du désordre de l'ennemi pour charger aussitôt avec impétuosité[1]; mais l'artillerie,

---

[1]. Marquis de Caraman, *Service de l'artillerie en campagne. Spectateur militaire*, t. X, p. 417.

après avoir produit son effet, ne suivait pas la cavalerie quand elle abordait l'ennemi ; elle se plaçait de manière à soutenir sa retraite si elle était repoussée, ou à se porter en avant pour l'appuyer dans ses succès. L'artillerie servait surtout à protéger la cavalerie dans les poursuites contre un retour offensif[1].

Après la guerre de 1866, dans laquelle leur cavalerie n'avait rempli qu'un rôle secondaire, les Allemands admettaient les principes suivants pour l'emploi de l'artillerie légère :

> La coopération de l'artillerie à cheval dans les actions de cavalerie doit être repoussée toutes les fois que la soudaineté des attaques promet des résultats plus brillants et que, la cavalerie devant paraître inopinément, elle n'a pas une seconde à perdre avant d'agir ; mais l'usage du canon est nécessaire quand le déploiement est menacé par des masses ennemies ou que les escadrons doivent passer dans des terrains battus par les feux de l'artillerie ennemie. Dans le premier cas, les bouches à feu doivent être placées de manière à canonner les escadrons dans tout le parcours de la charge ; alors la position la plus avantageuse est en avant et latéralement, le flanc extérieur des batteries étant protégé par la seconde ligne qui la déborde ou par un escadron de soutien. Dans le second cas, les batteries doivent s'efforcer d'attirer sur elles les feux de l'artillerie ennemie. Dans tous les cas, la coopération de l'artillerie n'est opportune que pour la préparation du mouvement offensif, et cette arme ne doit jamais agir au moment du choc ; elle ne doit pas non plus se rapprocher des escadrons ennemis à une distance moindre que celle de la charge (900 pas). L'intervalle le plus considérable entre l'artillerie et le flanc de la première ligne est de 100 ou 200 pas, la distance en avant 300 pas. Si l'artillerie est chargée, elle n'a pas à battre en retraite, elle serait prise ; il faut avoir recours au tir à mitraille. Généralement, au moment de la charge, l'artillerie recule aux allures vives pour aller prendre une position en arrière, *et ce n'est pas à elle qu'il appartient de rétablir le combat, cela lui serait impossible* [2].

Dans les engagements de cavalerie de la guerre de 1870, on ne voit guère intervenir l'artillerie. La seule circonstance où cette intervention ait été efficace est le combat de Busancy, livré le 27 août par trois escadrons du 12ᵉ de chasseurs à des uhlans et des dragons saxons. Grâce à la manœuvre d'un de ces trois escadrons, qui s'était habilement porté sur la ligne de retraite de l'ennemi, le com-

---

1. Jacquinot de Presle, *Cours d'art militaire*, p. 144.
2. Taubert, *le Canon rayé dans la bataille*, p. 145 et suiv.

bat se terminait à leur avantage lorsqu'une batterie brusquement démasquée les arrêta et les força à la retraite. Les nombreux engagements qui ont eu lieu pendant la bataille du 16 août ont été tous trop précipités pour que l'artillerie eût à s'en mêler. Il importe d'ailleurs de remarquer qu'une fois la bataille engagée, la cavalerie, à moins d'agir isolément sur les flancs ou les derrières de l'armée ennemie, n'a plus besoin de son artillerie. Son action est suffisamment préparée par le tir des batteries et des troupes qui l'avoisinent. Lorsque, à la bataille de Rezonville, le régiment des cuirassiers de la garde impériale reçut l'ordre de charger, le général qui le commandait réclama, dit-on, l'action préalable de l'artillerie, tandis que plusieurs batteries, et entre autres les deux batteries de 12 de la réserve du 2ᵉ corps, tiraient déjà sur l'infanterie prussienne. La batterie à cheval de la garde qui fut envoyée, non pour précéder, mais pour suivre la charge, fut obligée de passer dans les intervalles de ces batteries de 12 et interrompit leur tir en les masquant sans pouvoir tirer elle-même. Les batteries attachées à la division de Forton furent, le même jour, paralysées pendant la moitié de la bataille; celles de la division du Barail ne rendirent aucun service (nous parlons ici du 16 et non du 18).

Dans les grandes manœuvres de la cavalerie allemande, l'artillerie à cheval, se portant rapidement à d'assez grandes distances, fait généralement preuve d'une témérité qui, sur un véritable champ de bataille, donnerait de fortes tentations à la cavalerie adverse.

Quant à la cavalerie française, les premières indications officielles sur l'action de l'artillerie à cheval dans la division de cavalerie datent du règlement du 17 juillet 1876. La composition normale de la division a été fixée à 3 brigades de deux régiments et 3 batteries à cheval, devant agir d'ensemble toutes les fois que les trois brigades sont réunies, quoique susceptibles d'être détachées à raison d'une par brigade agissant isolément. L'action de l'artillerie est bornée, conformément aux principes que nous venons d'exposer, à la préparation de l'attaque ; elle doit être engagée tout entière ; sa place ordinaire est à 300 ou 400 mètres en avant, à 200 ou 300 mètres sur le côté. Dans les grandes manœuvres de Tours, en 1876, les batteries débordaient presque toujours non seulement la première ligne, mais même la seconde, ce qui est logique, puisque l'artillerie ne doit pas plus gêner l'action de cette ligne que celle de la première ; elles avaient pour soutien, sur le flanc extérieur, un escadron prélevé sur les régiments de la troisième ligne.

Le règlement de l'artillerie, en date du 20 mars 1880, sur les batteries attelées, n'a fait que reproduire ces dispositions ; il en est à peu près de même du règlement sur les manœuvres de la cavalerie du 31 mai 1882. Toutefois, ce dernier règlement insiste sur l'indépendance du commandant de l'artillerie de la division et sur l'initiative qui lui est laissée. Les observations suivantes sont, à ce sujet, dignes de la plus grande attention :

« En toutes circonstances, le commandant de l'artillerie observe
« attentivement les péripéties de la lutte et se tient prêt à porter
« ses batteries partout où il peut concourir à l'action d'ensemble.
« Il ne doit jamais attendre, pour les déplacer, des ordres qui ne
« lui arriveront pas ou qui lui parviendront trop tard. Si une posi-
« tion meilleure que celle qu'il occupe s'offre à lui, il ne doit
« attendre que le moment propice pour s'y rendre. Mais ce moment
« est si court et si fugitif que son devoir strict lui impose l'obliga-
« tion de ce déplacement aussitôt qu'il le croit possible. »

On peut juger par là de l'ensemble des qualités nécessaires chez l'officier à qui incombe en guerre cette tâche glorieuse et difficile, commander l'artillerie d'une division de cavalerie, tâche d'autant plus périlleuse que les batteries seront souvent l'enjeu de la lutte : connaissance parfaite de toutes les manœuvres des deux armes, rapidité d'appréciation, de décision et d'exécution ; en un mot, toutes les qualités exigées pour le général commandant la division ; à quoi il faut ajouter la connaissance intime de ce général lui-même et une sorte de tact particulier, de flair, si l'on peut s'exprimer ainsi, qui lui fera deviner la pensée du général[1]. Aussi, est-il important, à ce point de vue, que les formations de la cavalerie se rapprochent le plus possible de types normaux. En fin de compte, les circonstances en présence desquelles se trouvera la cavalerie

---

[1]. Au sujet de la tactique de l'artillerie attachée à une division de cavalerie, lire une très bonne étude de M. le commandant Durand dans la *Revue d'artillerie*.

rentreront toujours dans un petit nombre de cas particuliers, qu'il n'est pas difficile d'imaginer et de prévoir en temps de paix et qu'il est indispensable de prévoir pour connaître d'avance les moyens d'y parer. Cette connaissance préalable n'enlève rien à l'initiative dans l'imprévu du combat. Nier cela, c'est soutenir que la science profonde en escrime est inutile dans un duel, parce qu'on ne s'y comporte pas comme dans une salle d'armes...

On s'est aussi demandé si les batteries attachées aux divisions de cavalerie devraient avoir des troupes de soutien permanentes; la question a été résolue négativement. Il y a bien des motifs pour qu'il en soit ainsi, mais il y en a autant pour une solution contraire. Quant à nous, nous ne demanderions pas que les soutiens fussent permanents, mais nous voudrions qu'une troupe fût désignée pour la garde de l'artillerie au bivouac et dans la marche aussi bien que pour le combat. Si, le 16 août 1870, au matin, la responsabilité de la garde des batteries attachées aux divisions de Forton et Valabrègue avait été attribuée à des escadrons déterminés, ces batteries n'auraient pas été abandonnées à elles-mêmes au début de la bataille. Ce n'est pas seulement, d'ailleurs, l'artillerie attachée aux divisions de cavalerie qui peut avoir besoin d'escadrons de soutien, c'est toute l'artillerie de corps et, en général, les batteries placées à une certaine distance des troupes. L'histoire du 15ᵉ corps de l'armée de la Loire nous fournit un bel exemple de batteries sauvées par leur soutien. Au combat d'Artenay, le 10 octobre 1870, trois batteries, dont deux de 8 de la réserve, protégeaient la retraite. Le général de Longuerue avait désigné pour les escorter le 1ᵉʳ escadron du 6ᵉ de dragons (capitaine Renoult). Les batteries furent chargées par des hussards prussiens qui commençaient à sabrer les servants, lorsque le feu des dragons placés sur un rang, les arrêta net. Une seconde charge fut reçue par trois coups de mitraille et par le tir des dragons... et définitivement repoussée... C'est là encore un exemple à citer du feu de la cavalerie [1].

Nous nous sommes étendu malgré nous sur le rôle de l'artillerie, mais en cherchant toujours à le rattacher à celui des deux autres armes. Nous terminerons en rappelant ces réflexions inspi-

---

1. *L'Artillerie du 15ᵉ corps*, par le général de Blois, p. 32.

rées à Dumouriez par le combat de Tirlemont et que nous avons déjà citées :

« Le soldat français compte infiniment sur la supériorité de son « artillerie. Du succès de cette arme dépend le plus ou moins de « confiance et d'impétuosité des troupes, et le courage du soldat se « refroidit sensiblement s'il voit son artillerie recevoir un échec « ou se rebuter[1]. »

D'autre part, nous avons emprunté à l'excellent ouvrage de M. le colonel Derrécagaix sur la *Guerre moderne*, la conclusion suivante : « La supériorité de l'artillerie paraît être désormais un « élément décisif du succès[2]. »

Enfin, M. le lieutenant-colonel Canonge, dont nous avons mis à profit plusieurs fois le livre court et substantiel sur l'*Histoire militaire contemporaine*, conclut de l'expérience de la guerre de 1870 :

« Le rôle de l'artillerie a grandi : elle est plus indépendante et « tend de plus en plus à être le régulateur du combat[3]. »

Bref, tout le monde est d'accord, à quelques nuances près, sur l'importance qu'a prise l'artillerie et qu'elle doit garder. Le sentiment de cette importance impose aux officiers d'artillerie l'obligation de se mettre et de se maintenir à hauteur de leur rôle. Il devra aussi imposer, à ceux qui sont investis du droit de régler nos destinées, le devoir de ne pas désorganiser une arme dont la ruine ou l'abaissement pourrait être la ruine ou l'abaissement du pays.

---

1. *Mémoires de Dumouriez*, chap. XII.
2. Derrécagaix, *la Guerre moderne*, t. II, p. 359.
3. Canonge, *Histoire militaire contemporaine*, t. II, p. 489.

CHAPITRE XVIII

COMMANDEMENT, DISCIPLINE, ESPRIT MILITAIRE.

L'ancien régime.—Délégation de l'autorité royale.— Connétable, Colonel-général. — Ministre de la guerre. — Origine de la *bureaucratie*. — Louvois et Turenne. — Indiscipline des officiers. — Plaintes des généraux. — Barbezieux. — Chamillard. — La régence et ses conseils. — Voyer d'Argenson. — Les ministres militaires. — Le maréchal de Belle-Isle. — Le duc de Choiseul. — Commencement des réformes. — Le comte de Saint-Germain, ses antécédents et ses projets. — Vénalité des grades. — Corps privilégiés. — Divisions permanentes. — *Mesures de répression.* — Les coups de plat de sabre. — Impopularité et chute de Saint-Germain. — Conseil supérieur de la guerre. — Les comités et le comité central. — Ordonnances de 1788. — Les généraux du xviiie siècle : Maurice de Saxe, le duc de Broglie, Rochambeau, Chevert. — Indiscipline des troupes. — Les capitaines du régiment de *Piémont*. — L'armée de Rochambeau en Amérique. — Définition de l'ancienne armée par le général Foy.

L'armée pendant la Révolution. — Comité de la guerre. — Les ministres sous la Constituante. — Servan. Les premières épurations. — Pache. Nouvelle organisation du ministère. — Le premier comité de Salut public. — Bouchotte et les révolutionnaires avancés. — Le deuxième comité de Salut public. — Section de la guerre. — Carnot. — Le Directoire. — *Les généraux sous la République :* 1º Anciens généraux ou officiers supérieurs : Rochambeau, Dumouriez, Custine, etc. L'émigration ou l'échafaud. — 2º Les *sans-culottes :* Rossignol, Léchelle, Doppet, etc. Ineptie et désastres. — 3º Les généraux du comité de Salut public : Jourdan, Hoche, Moreau, etc. — 4º Les généraux produits par la guerre. — Armées de Sambre-et-Meuse, de Rhin-et-Moselle et d'Italie. — Gouvion-Saint-Cyr, Desaix, Kléber, Masséna, Bonaparte. — *La discipline.* Rébellion et licenciement des gardes-françaises. — Causes de la désorganisation de l'armée. — Les municipalités : Béthune, Lyon, Valence, etc. — Insurrection militaire de Nancy. — Les Suisses de Châteauvieux. — Marche de l'esprit public. — Libération et triomphe des soldats condamnés. — Libelles adressés à l'armée. — Paniques de Mons et de Tournay. — Massacre de Dillon. — Réaction en faveur de la discipline : Saint-Just et Lebas. La Tour d'Auvergne. — Apogée des armées de la République. — L'armée d'Italie et le luxe. — Insurrection de l'armée de Rome. Masséna. — Misères de l'armée des Alpes en 1799. — Désertion en masse. — Mort de Championnet. — Réfection de l'armée d'Italie.

Le Consulat et l'Empire.—Les ministres de l'Empereur. — Leur peu d'autorité. — Berthier, Clarke, Davout. — Les maréchaux. — Leur classement dans l'histoire. — Les généraux en chef : Masséna, Gouvion-Saint-Cyr, Davout, Soult, Lannes, Marmont. — Les braves : Ney, Mortier, Oudinot, etc. — Querelles des maréchaux : Ney et Soult. Masséna et Ney. Davout et Murat. — Les antipathies. — Une lettre de Marmont à l'Empereur. — Les refus de concours. — Les maréchaux de l'avenir : Gérard, Lobau, Reille, Clausel, Morand, etc. — Les officiers et les soldats sous l'Empire. — Arriérés de solde. — La maraude et le gaspillage. — Sentiments des populations. — Prestige de Napoléon aux yeux de l'armée. — Retour de l'Ile d'Elbe. — La France en 1815. — Erreur des républicains.

La Restauration. — Ministère de Dupont. — Les émigrés et les Vendéens. — Soult et Clarke. — Réaction après les Cent-Jours. — Violence des ultra-royalistes. — Opinion de Gouvion-Saint-Cyr. — Les fanatiques de la Révolution et les fanatiques de la Légitimité. — Les corps d'officiers. — La garde royale. — Les troupes de ligne en 1830. — Les ministres de la Restauration. — Conseil supérieur de la guerre.

De 1830 à 1870. — Nouvelle réaction. — Les rentrants à la bouillotte. — Progrès des mœurs militaires. — Les ministres de Louis-Philippe. — Le maréchal Soult. — La liste des grands ministres. — L'Algérie et les guerres d'Afrique. — Leur influence sur la valeur de l'armée. — Les généraux d'Afrique. — Le maréchal Bugeaud. — Idées fausses et mauvaises habitudes contractées en Algérie. — Excellente école de guerre mais incomplète. — Esprit de coterie. — Les sociétés d'admiration mutuelle. — Les bulletins. — L'envie de se distinguer. — *Voyons les cacolets.* — Les chapardeurs. — Révolution de 1848. — Humiliation de l'armée. — Les princes d'Orléans regrettés seulement de leurs intimes. — Influence du nom de Napoléon. — *L'Empire c'est la paix.* — Guerres de Crimée, d'Italie et du Mexique. — Effets de la loi de 1832. — L'armée sous le régime de cette loi. — L'armée et la nation séparées l'une de l'autre. — Influence de la guerre de Crimée. — Les chemins de fer. — Les ports de lettres. — Les congés. — La loi de 1855 et l'exonération. — C'en est fait de l'ancienne armée. — Les congés renouvelables. — Le mépris de l'uniforme. — Loi de 1868. — Ambition des officiers. — Lecture de l'*Annuaire.* — L'étude en défaveur. — Conditions de l'avancement. — Fléau de la recommandation. — La littérature et le théâtre. — Le *Capitaine Pitterlin* et le *Général Boum.* — Les romans antimilitaires. — Conférences sur la suppression des armées permanentes. — Esprit guerrier vivace en France. — Héroïsme de l'armée à Frœschwiller et sous Metz. — Les armées improvisées. — Efforts passagers. — Châteaudun. — Nécessité des armées régulières.

Depuis la guerre de 1870. — Esprit public après la guerre. — Unanimité des avis sur le but à poursuivre. — Divergence sur les moyens. — La loi de 1832 a fait son temps. — Impossibilité de tenir tête aux nombreux effectifs avec une armée restreinte. — Côté moral de la question. — L'ancien esprit militaire est mort. — Esprit militaire de la nation. — Est-il indispensable? — Esprit de dévouement et de sacrifice. — Les cadres. — Causes de nos désastres : infériorité numérique, matérielle, intellectuelle et morale. — L'instruction et l'étude. — Beau zèle des officiers après la guerre. — Mépris du temps passé. — Ralentissement du zèle. — Ses causes. — Les examens. — Le *mandarinat.* — Esprit militaire indispensable au plus haut degré pour les cadres. — Réhabilitation de l'uniforme. — Garanties contre l'influence de la politique. — Mesures à prendre pour rendre le service militaire supportable à la masse. — Les gratifications renouvelables. — Les ministres du deuxième Empire et de la République. — Le maréchal Niel. — La petite monnaie de Louvois, d'Argenson, de Saint-Germain et de Saint-Cyr.

Sous l'ancienne monarchie, les rois étaient les chefs suprêmes de l'armée, mais pendant longtemps ils déléguèrent leur autorité à l'un des grands officiers de la couronne, le *connétable*, investi du commandement de toutes les forces militaires du royaume. Après la mort du connétable de Lesdiguières, en 1626, Richelieu supprima cette charge comme faisant échec au pouvoir du Roi. Toutefois, la puissance royale ne s'exerça dans toute sa plénitude sur l'armée qu'après la suppression de la charge de *colonel-général de l'infanterie* qui, sous un titre plus modeste, conférait une autorité plus positive que celle du connétable. Cette suppression fut prononcée par ordonnance du 26 janvier 1661, à la mort du duc d'Épernon. Le véritable maître de l'armée devint alors... le *ministre de la guerre*.

Simples scribes à l'origine, chargés de mettre par écrit les volontés du souverain et de tenir les comptes de ses finances, les secrétaires du Roi avaient peu à peu évincé les grands dignitaires du royaume et fondé l'empire de la *bureaucratie*, que tant de révolutions, qui ont bouleversé notre pays, n'ont pas encore détrônée. Sous le nom de ministres ou de secrétaires d'État, les anciens scribes étaient devenus les maîtres absolus dans leurs départements respectifs, à la seule condition de conserver la faveur royale. Tel fut, sous Louis XIV, Louvois, secrétaire d'État de la guerre, dont on ne peut étudier les actes sans éprouver pour lui une vive admiration, mêlée d'une profonde antipathie. Il fonda l'unité de l'armée française, mais il fut l'ennemi de Turenne et de tous les généraux qui ne se courbèrent pas sous son autorité brutale et hautaine. On regrette de voir que le grand Condé fut presque son auxiliaire dans sa lutte contre le vainqueur des Dunes. Luxembourg et Créquy se conduisirent, vis-à-vis de Louvois, en courtisans déliés, mais quiconque s'élevait lui portait ombrage et, pour maintenir son influence sur Louis XIV, il borna les opérations de la guerre à des sièges, dans lesquels le succès était assuré d'avance, grâce au génie de Vauban, sa créature et son ami. Il excella lui-même à tout prévoir et à tout préparer avec l'aide d'un chef d'état-major sans égal, Chamlay, et d'un intendant du plus haut mérite, Saint-Pouenge.

Cependant, la discipline introduite dans l'armée par Richelieu avait disparu pendant la conquête facile de la Flandre, et le mauvais exemple venait de haut. « Les officiers sont à Paris », écrivait à Louvois, en 1668, le marquis de Rochefort, « il n'y en a quasi « point dans la cavalerie ni dans l'infanterie qui ne laissent courir « leurs cavaliers et leurs soldats partout où l'on voudrait qu'ils « n'allassent point[1]. » Les soldats, qui n'étaient ni payés ni nourris par les commandants de compagnie, se révoltaient et vivaient de maraude ou de pillage. Par plusieurs exemples sévères, Louvois et Luxembourg redressèrent un peu la discipline, mais ils ne parvinrent point à la rétablir complètement. Toutefois, les troupes se battaient bien, et les officiers, sur le champ de bataille ou dans les sièges, leur donnaient l'exemple de la bravoure.

Louvois fut remplacé par son fils Barbezieux, aussi hautain que lui mais moins brutal. Capable et formé à l'école de son père, il continua ses traditions malgré son goût pour le plaisir. Après Barbezieux vint l'aimable et faible Chamillard, appelé, par l'engouement personnel de Louis XIV, à supporter, dans les circonstances les plus difficiles, le double fardeau des finances et de la guerre. « La discipline », écrivait Feuquières à cette époque, « se trouve « tellement négligée et comme anéantie dans les armées, que nous « devons tout craindre pour les suites. J'en trouve la raison dans « l'incapacité du ministre de la guerre, dans le mauvais choix des « généraux et officiers subalternes et dans le manque d'exactitude « à payer régulièrement les troupes[2]. »

Après Chamillard, renversé par une intrigue de cour, Voisin, intendant de Flandre, dont la femme avait su gagner les bonnes grâces de Mme de Maintenon, devint ministre de la guerre et contrôleur des finances. Celui-là ne manquait pas de capacité, mais il ne pouvait rien contre la force des choses.

Le début de la régence fut marqué par une innovation singulière dont l'idée était venue au duc de Saint-Simon, en haine des secrétaires d'État. Les ministères furent remplacés par des conseils dont les membres se partageaient les attributions ministérielles et dont le travail était soumis à l'approbation du Conseil de Régence ; le maréchal Villars était président du Conseil de la Guerre. Mais l'unité est indispensable dans l'administration

---

1. Camille Rousset, *Histoire de Louvois*, t. Ier.
2. *Mémoires de Feuquières*, t. I.

comme dans le commandement : les conseils durèrent trois ans, pendant lesquels des tiraillements de toute sorte arrêtèrent plus d'une fois l'expédition des affaires les plus simples.

Après plusieurs chassés-croisés, le ministère de la guerre échut enfin à Voyer d'Argenson, dont l'administration, toutes proportions gardées, rappela celle de Louvois, et qui, pour compléter l'analogie, fut en lutte avec le maréchal de Saxe comme Louvois avec Turenne. Son pouvoir dura quatorze ans, à la suite desquels il tomba, dans une révolution de palais, sous les efforts réunis de ses ennemis. Son neveu, Paulmy, lui succéda pour un an et fit place au premier des ministres de la guerre militaires, le maréchal de Belle-Isle, ayant pour adjoint avec la signature, le lieutenant-général de Crénille, le Chamlay du temps. Après les efforts les plus louables pour rétablir la discipline dans l'armée et pour remédier aux premiers désastres de la guerre de Sept ans, brisé de douleur par la mort de son fils, le comte de Gisors, tué à la bataille de Crefeld, le maréchal se retira. Le duc de Choiseul, qui le remplaça et cumula les deux ministères de la guerre et de la marine, ouvrit résolûment la voie des réformes. Il porta le premier coup à la vénalité des grades en transformant le mode d'administration des compagnies et des régiments, qui ne furent plus des fermes exploitées par les officiers aux dépens de l'État et du soldat, et fit décréter la fixité des cadres. Jusque-là, on mettait l'armée sur le pied de guerre en créant de nouveaux régiments, que l'on supprimait à la paix ; Choiseul fit déterminer le nombre permanent des régiments, et le passage du pied de paix au pied de guerre dut s'opérer par des augmentations d'effectifs. Renversé par l'influence de la Dubarry et frappé d'une disgrâce célèbre dans l'histoire, M. de Choiseul quitta le ministère après neuf ans d'exercice du pouvoir. Son rival, le duc d'Aiguillon, ne tarda pas à le remplacer et, à l'avènement de Louis XVI, le premier ministre Maurepas appela au département de la guerre le fameux comte de Saint-Germain, qui, après avoir servi successivement en Bavière, en France et en Danemark, vivait pauvre et retiré dans une campagne en Franche-Comté. Ses projets de réforme ne tendaient à rien moins qu'à changer presque complètement l'organisation militaire du pays ; aussi, depuis quelque temps, son nom est devenu à la mode, et l'on invoque volontiers son exemple.

Le plan général du comte de Saint-Germain était largement conçu ; son but était d'accroître les forces militaires du royaume sans augmentation de dépenses ; ses moyens principaux consistaient dans la suppression absolue de la vénalité des grades, des corps privilégiés, des grades sans emploi et des inspecteurs, dans la création de ressources pour le recrutement, l'organisation du territoire en circonscriptions militaires et des troupes en divisions permanentes dont les chefs exerçaient leur autorité sur les régions territoriales, l'institution d'un conseil supérieur de la guerre, sorte de tribunal de l'armée, composé de membres inamovibles et irrévocables, chargé de veiller sur l'exécution des lois militaires, de donner son avis sur toutes les innovations proposées et de classer le personnel de tous grades, et enfin la mise en vigueur de mesures sévères pour le maintien de la discipline, de la morale et de la religion...

Bien des obstacles contrarièrent l'exécution de ce vaste plan. Les gens intéressés aux abus étaient trop nombreux et trop puissants pour laisser faire le ministre. Des réductions importantes furent opérées dans la maison du Roi ; elle ne fut pas supprimée, non plus que les grades sans emploi. L'organisation des divisions permanentes demandait seulement 16 lieutenants-généraux et 48 maréchaux de camp ; le cadre comprenait 9 maréchaux de France, 164 lieutenants-généraux, 371 maréchaux de camp. Ceux qui ne furent pas employés devinrent des mécontents et des opposants.

Pour faciliter le recrutement des corps de troupe en retenant les vieux soldats, Saint-Germain créa les primes de rengagement, mais comme compensation il diminua les hautes paies d'ancienneté. Ainsi qu'il arrive toujours en pareil cas, la suppression des hautes paies fit plus de mécontents que les primes de rengagement ne valurent de partisans au système.

Quant au grand Conseil de la guerre qui devait être comme la clé de voûte du système, Saint-Germain voulait le constituer très solidement sous la présidence d'un maréchal de France ; le titulaire était même déjà désigné *in petto*, c'était le maréchal de Contades, doué de talents militaires, quoique malheureux dans la guerre de Sept ans. Mais comme le Conseil devait examiner les innovations proposées, Saint-Germain, en réformateur convaincu, voulut attendre pour le constituer que les réformes fussent un fait accompli, en sorte que pour cette fois encore le conseil en resta là.

La célébrité, on pourrait dire l'impopularité, qui s'attacha au nom de Saint-Germain tint surtout à ses règlements sur la discipline. Les coups de plat de sabre ne furent pas inventés par lui, ils avaient été proposés par plusieurs des militaires les plus distingués du temps, entre autres par le comte de Rochambeau, et acceptés par les inspecteurs, réunis en comité sous la présidence du duc de Biron. La réglementation de ce mode de répression servit cependant de thème à toutes les attaques dirigées contre Saint-Germain, qui tomba sous une sorte de concert universel.

La voie des réformes, ouverte par lui, ne fut pas fermée après son départ du ministère. Un de ses successeurs, le maréchal de Ségur, institua un certain nombre de comités non par arme, mais par nature de questions à traiter, et la réunion des présidents de ces comités forma une sorte de comité central, présidé par le maréchal de Contades. D'après l'avis de ce comité, le ministre Brienne créa enfin en 1787 le grand Conseil, qui mit la dernière main aux ordonnances de 1788, élaborées dans les réunions du comité central. Nous avons parlé de la plupart de ces ordonnances qui constituaient dans l'organisation militaire de la France un progrès considérable, retardé ensuite par la Révolution.

Les premières guerres du règne de Louis XV furent dirigées par les survivants du grand règne : Berwick, Villars, Noailles, Coigny ; elles n'ajoutèrent rien à la gloire de ces généraux. Dans les autres guerres du xviiie siècle, la France ne peut citer qu'un seul grand général, et ce fut un étranger : Maurice de Saxe ; quelques hommes de talent se distinguèrent cependant à la tête de corps détachés. Tels furent le maréchal Victor de Broglie (3e du nom), Rochambeau, Saint-Germain et surtout Chevert, que sa naissance roturière priva du bâton de maréchal et du commandement en chef. La bataille de Rosbach fit au prince de Soubise une réputation imméritée d'ineptie, car il avait été dans cette circonstance subordonné au généralissime des troupes alliées, mais il montra dans d'autres occasions son peu de capacité. Il se distingua surtout par son luxe comme le duc de Richelieu s'était fait un nom par ses déprédations.

Dans les guerres malheureuses, les généraux battus récriminent facilement les uns contre les autres ; les généraux français du xviii° siècle ne s'en firent pas faute. Les dissentiments des maréchaux de Broglie et de Belle-Isle faillirent perdre à Prague l'armée de Bohême ; Saint-Germain fut en querelle réglée avec tous les généraux en chef sous lesquels il servit, et surtout avec le maréchal Victor de Broglie. Mais l'aventure la plus tristement célèbre fut celle du lieutenant-général de Maillebois. Traduit devant le tribunal des maréchaux de France, il fut destitué, emprisonné et exclu de toutes fonctions militaires pour avoir travaillé au profit de l'ennemi contre le maréchal d'Estrées dont il était le chef d'état-major. De pareils faits jettent un triste jour sur les mœurs militaires de l'époque.

Quant à la discipline, le duc de Noailles se plaignait au commencement du règne d'avoir sous ses ordres des brigands capables de tous les crimes et de tous les excès, coupant les doigts des femmes pour prendre leurs anneaux d'or[1]. Mais rien n'égale le tableau tracé par Saint-Germain après la bataille de Rosbach. « Je « conduis », dit-il, « une bande de voleurs, d'assassins à rouer, « qui lâcheraient pied au premier coup de fusil et qui sont toujours « prêts à se révolter. Le Roi a la plus mauvaise infanterie qui soit « au monde et la plus mal disciplinée. La terre a été couverte de « nos soldats à 40 lieues à la ronde ; ils ont pillé, violé, saccagé et « commis toutes les horreurs possibles. »

Le mot d'assassins n'est pas de trop, si l'on s'en rapporte à un fait qui se passa au régiment de Piémont, le 9 septembre 1759 : Un capitaine de ce régiment fut assassiné sous sa tente par trois de ses camarades pendant que neuf autres capitaines faisaient le guet. Son cadavre fut jeté à l'eau. Les trois premiers capitaines furent condamnés par contumace à être roués vifs ; les neuf autres cassés et condamnés à cinq ans de forteresse, enfin tous les capitaines présents au corps le 9 septembre 1759, cassés et punis d'un an de prison[2].

---

1. *Mémoires du duc de Noailles*, cités par Dussieux, *l'Armée en France*, t. II.
2. Général Suzane, *Histoire de l'infanterie française*, t. II, p. 282.

Ce même régiment venait de se couvrir de gloire quelques mois auparavant à Bergen, où la victoire avait été due à sa fermeté. Il faut dire du reste que les armées souvent indisciplinées du xviii° siècle déployèrent dans de nombreuses occasions un véritable héroïsme, comme les régiments de Navarre à Prague, de Champagne et de Picardie à Hastembeck, de Normandie à l'assaut de Berg-op-Zoom, d'Auvergne à Closter-Camp, comme les troupes de Richelieu à Mahon, comme les soldats de la garnison de Minden refusant de souscrire à la honteuse capitulation consentie par les officiers, et se frayant, au nombre de 1,800, conduits par un caporal, un passage à travers l'armée ennemie.

Les réformes de Saint-Germain, sans rétablir entièrement la discipline, arrêtèrent cependant les progrès du mal; la permanence des divisions et l'obligation imposée aux généraux qui les commandaient de séjourner au milieu des régiments mirent un terme aux absences prolongées de la plupart des officiers. Mieux administrées, les troupes furent mieux payées et mieux nourries, les expéditions envoyées au secours des États insurgés de l'Amérique du Nord appelèrent sous les drapeaux une classe d'hommes supérieure aux produits du raccolage. Bref, l'armée s'améliora dans les dernières années de la monarchie. Cependant le lieutenant-général de Bezenval, pourvu d'un commandement en province après avoir longtemps séjourné à Versailles et à Paris, écrivait que : « Quelque idée qu'il se fût formée de l'indiscipline « et de l'anarchie qui régnaient dans les troupes, elle était encore « fort au-dessous de ce qu'il trouva quand il les vit de près[1]. »

On doit dire aussi qu'au xviii° siècle, comme de nos jours, la discipline des troupes tenait à la manière d'être des chefs. L'armée avec laquelle Rochambeau assura le triomphe de la cause des États-Unis fut un modèle; il est vrai que le prosélytisme avait appelé dans ses rangs un grand nombre de jeunes enthousiastes; « les sauvages qui visitaient le camp ne revenaient pas de leur « étonnement », dit Rochambeau lui-même dans ses *Mémoires*, « de « voir les pommiers chargés de fruits au-dessus des tentes que les « soldats occupaient depuis trois mois. »

---

[1] *Mémoires de Bezenval*, édition Barrière, p. 230.

Nul ne nous semble avoir mieux indiqué que le général Foy la nature de l'armée de l'ancien régime. « L'ancienne armée royale « de France », dit-il, « était composée de deux classes distinctes : les « soldats, condamnés à tout mériter sans rien obtenir, et les offi- « ciers, appelés à envahir les grades sans avoir pris la peine de les « gagner. Cette dernière classe se subdivisa en noblesse de pro- « vince et en noblesse de cour. L'une fournissait un certain nom- « bre de militaires appliqués au métier et beaucoup d'amateurs « pour qui le service était un simple passe-temps ; l'autre peuplait « les régiments de colonels imberbes et les états-majors de géné- « raux de salon. Entre hommes placés sur des terrains si différents, « que séparaient des obstacles infranchissables, il pouvait y avoir « communauté de dangers, jamais communauté de position et d'in- « térêts. Cette armée était encline à la désertion à l'étranger et « prompte à se mutiner. En temps de paix, on n'eût pas retardé « impunément la distribution des vivres ou de la solde, et l'on « craignait de faire manœuvrer les troupes le 31 du mois, parce « que ce jour-là elles ne recevaient pas de pain. »

L'ARMÉE PENDANT LA RÉVOLUTION.

Il y avait eu 19 ministres de la guerre pendant les 89 premières années du xviii° siècle, il y en eut le même nombre pendant les 11 dernières années. L'Assemblée constituante ayant formé dans son sein un comité de douze membres chargé de rédiger, de concert avec le ministre de la guerre, un projet d'organisation de l'armée, le ministre se trouva bientôt relégué au second plan. Le lieutenant-général La Tour du Pin, nommé ministre lors des débuts de l'As- semblée, fut renversé, après quinze mois d'exercice, sur une plainte de Danton, pour avoir puni un sous-officier de salle de police, ou plutôt pour avoir montré vis-à-vis de l'insurrection militaire de Nancy une fermeté qui déplut aux partis avancés. Déjà commen- çait, sous l'action de ces partis, la désorganisation de l'armée. Le successeur de La Tour du Pin, Duportail, un ancien officier du génie, ami de Lafayette, céda tout d'abord au mouvement, autorisa les soldats à faire partie des clubs et diminua les pouvoirs du marquis de Bouillé, mais, bientôt attaqué avec violence pour avoir apporté des retards à faire sortir de prison quatre soldats insurgés, il fut forcé de donner sa démission. Narbonne, qui lui succéda et qui était partisan de la guerre, plut à la majorité par ses qualités brillantes et par l'activité qu'il déploya pour la formation des armées. Il sut se faire écouter avec faveur jusqu'à ce que, pour des mesures de discipline qu'il croyait devoir prendre, il fut destitué par l'Assemblée législative, le 9 mars 1792.

Cinq ministres se succédèrent ensuite dans l'espace de cinq mois. L'un d'eux, le général Servan, revint au pouvoir après le 10 août avec les girondins et commença la série des épurations. Les officiers nobles, qui avaient exclu la roture des grades de l'armée, furent exclus à leur tour, et l'émigration acheva d'éclaircir les cadres. Épuisé de fatigue par les travaux auxquels avait donné lieu la campagne de l'Argonne, Servan fit place à Pache, simple commissaire de marine, nommé ministre par la Convention presque à l'unanimité. Bientôt un autre décret de la Convention, en date du 2 février 1793, modifia l'organisation du ministère de la guerre en créant six adjoints, qui avaient leur part de responsabilité et la signature des ordres d'exécution, approuvés par le ministre dans leur généralité[1]. La répartition du service entre ces six adjoints est curieuse à connaître et pourrait servir aux faiseurs de projets : 1er adjoint, la solde, sauf en ce qui concerne l'artillerie et le génie ; 2e, les vivres, fourrages, habillement, campement, remontes, etc. ; 3e, l'artillerie et les fortifications, personnel et matériel ; 4e, l'inspection, la police, la discipline et les manœuvres des troupes, la justice militaire et la gendarmerie ; 5e, les mouvements des troupes, la correspondance avec les officiers généraux ; 6e, les nominations aux emplois, l'avancement, les écoles militaires. Le général Beurnonville fut nommé au ministère dans ces singulières conditions et remplacé, le 4 avril 1793, par le colonel Bouchotte, destiné à servir d'instrument aux plus

---

[1]. « Le ministre », dit Barrère dans son rapport à la Convention, « conservera ainsi la liberté de travail et la fraîcheur de conception nécessaires à ses éminents travaux. » Ces paroles appliquées à un ministre auquel on ne laissait plus rien à faire constituent une des plaisanteries prononcées gravement par les hommes d'alors.

mauvaises passions du jacobinisme. Avec sa nomination coïncident : la création du premier comité de Salut public, l'envoi aux armées de commissaires de la Convention sous le nom de représentants du peuple, la création de l'armée des *sans-culottes* et les revers sur toutes les frontières. Bouchotte appela auprès de lui, comme secrétaire général, le démagogue Vincent, un des amis du *Père Duchesne*, qui renvoya presque tous les employés du ministère. Cependant le comité voulut exiger sa démission : « Je défie qui que ce « soit », disait Cambon, rapporteur du comité, « de faire marcher *cette machine* dont tous les employés ont été changés. » Bouchotte qui, d'ailleurs, était un honnête homme, resta cependant ministre, parce que, sous le prétexte que Louvois et d'Argenson n'étaient pas militaires, le comité avait voulu le remplacer par un ancien courtier à la Bourse, dont la Convention ne voulut pas. Mais le véritable pouvoir était passé au second comité de Salut public, nommé le 10 juillet 1793. Carnot n'en faisait pas partie tout d'abord, non plus que Prieur de la Côte-d'Or, mais lorsque les neuf membres du comité (Barrère, Saint-Just, Bon Saint-André, Robespierre, Couthon, Thuriot, Prieur de la Marne, Hérault de Séchelles et Robert Lindet) se partagèrent les branches de l'administration, ils reconnurent qu'aucun d'eux ne possédait les connaissances spéciales nécessaires pour diriger les opérations militaires et l'organisation des armées. Ils s'adjoignirent alors deux députés, officiers du génie, Carnot et Prieur de la Côte-d'Or. Le premier se chargea du personnel et des opérations de guerre, Prieur de la Côte-d'Or prit la direction du matériel, Prieur de la Marne et Robert Lindet celle des subsistances et des dépenses de l'armée. Telle fut la fameuse *Section de la guerre* qui sauva la France et la Révolution. Après le 9 thermidor, le comité de Salut public fut renouvelé, mais Carnot et Prieur de la Côte-d'Or y restèrent et continuèrent à diriger l'armée. Bouchotte avait été remplacé par un général obscur.

Sous le Directoire, Carnot, membre du Gouvernement, conserva son action sur le ministère de la guerre jusqu'à ce que, le 18 fructidor, il eût été proscrit comme réactionnaire. Les ministres de la guerre furent alors successivement : Schérer, Milet de Mureau, Bernadotte et Dubois-Crancé, qui avait été du comité militaire de l'Assemblée constituante et qui, après avoir eu, au début de la Convention, une certaine influence dans les questions concernant l'armée, puisqu'il fit adopter l'amalgame d'où sortirent les demi-brigades de la République, avait été mis à l'écart par le comité de Salut public. Il disparut quand les événements du 18 brumaire vinrent clore pour un instant la période révolutionnaire.

Les généraux. — Pour se faire une idée de la mobilité du commandement pendant cette période, il suffira de savoir que, dans les 38 armées qui furent formées de 1792 à 1799, il y eut 234 mutations de généraux en chef et que 106 officiers généraux exercèrent ces fonctions soit à titre provisoire, soit à titre définitif.

Les premières armées furent commandées par les généraux qui n'avaient pas émigré ou par des officiers supérieurs nommés généraux au début de la Révolution : ils disparurent promptement dans l'exil ou sur l'échafaud. Seuls, sans parler de Dampierre, tué sur le champ de bataille, le maréchal de Rochambeau et Kellermann échappèrent à ce sort commun : le premier, parce qu'il ne put trouver place sur le tombereau du tribunal révolutionnaire la veille du 9 thermidor, le second, parce que, jugé après cette date célèbre, il fut acquitté. En même temps qu'on guillotinait les généraux qui ne trouvaient pas, comme Lafayette, Dumouriez, Valence et Montesquiou, le moyen de s'échapper, on poursuivait les officiers nobles, dont un grand nombre cependant « servaient avec fidélité », dit Gouvion-Saint-Cyr, « une Révolution dirigée contre leurs privi-« lèges ». Mais dans leur premier enthousiasme, les membres de la Convention croyaient de bonne foi que la propagande révolutionnaire devait suffire pour combattre les rois ligués contre la France, et alors, à la tête de l'armée désorganisée par l'émigration, ils mirent des aventuriers qui avaient conquis leurs grades dans les émeutes : Rossignol, Léchelle, Doppet, Carteaux, etc., chargés de montrer à des troupes novices un chemin qu'ils ne connaissaient pas eux-mêmes, celui de la victoire. Devant les désastres causés par l'ineptie de ces généraux, les représentants du peuple aux armées reconnurent l'erreur de la Convention, et ils remplacèrent les sans-culottes par des hommes de leur choix. Ce choix ne fut pas toujours heureux, et l'on eut des généraux incapables, comme Carleng à l'armée du Rhin, Charbonnier à celle de Sambre-et-Meuse, etc.

Mais les conventionnels ne se découragèrent pas et, destituant leurs élus de la veille avec autant de facilité qu'ils en avaient mis à les nommer, guidés d'ailleurs par le comité de Salut public et par Carnot, ils appelèrent au commandement en chef des officiers tels que Jourdan, Hoche, Pichegru, Moreau, Dugommier...

Bientôt se formèrent trois grandes écoles : Sambre-et-Meuse, Rhin-et-Moselle, l'Italie ; de la première, dont le véritable chef fut Kléber et où Marceau mourut trop jeune, sortirent Championnet, Ney, Richepanse ; la seconde, où Moreau, assisté de son chef d'état-major Reynier, trouva les lieutenants qui convenaient à son caractère un peu indécis, vit grandir Gouvion-Saint-Cyr, Desaix, Lecourbe, etc.; la troisième, enfin, grossie de l'armée des Pyrénées et personnifiée dans Bonaparte, produisit Masséna, Augereau, Joubert... Le patriotisme dont ils étaient animés n'empêcha pas les dissentiments traditionnels d'éclater entre les généraux de la République. Dumouriez récriminait à la fois contre Custine et Kellermann, Kellermann se plaignait de Dumouriez, et Custine dénonçait Kellermann comme faisant manquer ses opérations. Kléber, qui ne savait, dit-on, ni obéir ni commander, imputait à Jourdan, son chef, les désastres de l'armée de Sambre-et-Meuse; Gouvion-Saint-Cyr et Desaix, sans être ennemis, troublaient l'armée de Rhin-et-Moselle de leurs rivalités, et Saint-Cyr se plaignait hautement de la préférence accordée à Desaix par le chef d'état-major Reynier, qui possédait toute la confiance de Moreau. Une querelle qui s'éleva entre Championnet et Macdonald fit quitter à celui-ci l'armée de Naples, où il vint plus tard remplacer Championnet comme général en chef. Enfin, à l'armée d'Égypte, Menou faisait embarquer de force Reynier qui ne dissimulait pas son mépris pour lui. Et combien d'autres ne pourrions-nous pas citer?

Parmi toutes les causes de faiblesse qui auraient dû perdre l'armée française si elle avait eu affaire à des ennemis plus entreprenants, l'indiscipline occupe le premier rang. Nous avons vu qu'elle existait en germe dans l'armée de l'ancien régime. Elle éclata tout d'abord au début de la Révolution dans le corps le plus privilégié, le régiment des gardes-françaises. N'ayant pas bougé de Paris depuis la guerre de Sept ans, ce régiment, disséminé dans de nombreuses casernes, mêlé à la vie du peuple, s'était identifié à lui, et tandis que les soldats se familiarisaient dans les cabarets avec les agents du désordre, les sous-officiers partageaient toutes les aspirations de la jeunesse libérale. Le maréchal duc de Biron, qui avait pris le commandement du corps sur le champ de bataille de Fontenoy et l'exerçait depuis quarante-trois ans, couvert de blessures, respectable et respecté, sachant se faire aimer tout en maintenant la discipline la plus sévère, venait de mourir et d'être remplacé par un chef à la fois capricieux et formaliste, bizarre et hautain, le duc du Chatelet, qui voulut changer les errements de son prédécesseur et qui se fit détester[1]. Néanmoins, les soldats et les sous-officiers, résistant à toutes les obsessions, restèrent d'abord fidèles et firent leur devoir dans la répression des premières émeutes ; mais quelques soldats, ayant pris part à la manifestation publique du 20 juin 1789, furent enfermés à l'Abbaye ; le peuple brisa les portes de la prison, délivra les captifs et les porta en triomphe au Palais-Royal ; on les fit souper, on les installa dans un hôtel gardé par les citoyens armés, et une députation de l'Assemblée nationale, conduite par l'archevêque de Paris, alla implorer en leur faveur la bienveillance du roi.

En reconnaissance du pardon qui leur fut accordé, les gardes-françaises prirent part à l'émeute du 12 juillet, et quelques-uns d'entre eux dirigèrent, le 14, l'attaque de la Bastille. Quand le licenciement du régiment des gardes fut prononcé officiellement, le 31 août, ce corps avait depuis longtemps cessé d'exister. Et ce qui peint bien une époque où l'on cherchait de bonne foi à concilier des choses inconciliables, c'est qu'avant de se séparer de leurs trente drapeaux fleurdelisés, les drapeaux de Veillane, de Lens, de Nerwinde et de Fontenoy, les gardes-françaises allèrent en corps les porter à Notre-Dame, pour être suspendus aux voûtes de la cathédrale.

Les ovations décernées aux gardes-françaises pervertirent dans toute l'armée l'idée de discipline. Trois causes principales contribuèrent rapidement à propager l'esprit de rébellion : 1° les comités que les soldats furent autorisés à former entre eux pour s'occuper de leurs droits, et l'affiliation générale de ces comités ; 2° le con-

---

1. Voir les *Mémoires de Bezenval*.

tact avec les gardes nationaux, qui cherchèrent à persuader aux soldats que leur obéissance à leurs chefs était incompatible avec l'indépendance de la nation ; 3° le droit concédé aux municipalités de commander à la force armée dans les limites de leur commune et celui qu'elles s'arrogèrent d'intervenir dans la discipline intérieure des corps. A Béthune, au mois de février 1790, les soldats du régiment de Vivarais refusent de partir pour Lens, où le régiment était envoyé ; ils abandonnent leurs officiers sur la route et rentrent en ville avec leurs drapeaux ; la municipalité les enrôle dans sa garde nationale soldée [1]. A Lyon, l'administration municipale enjoint à deux colonels de désobéir à l'ordre du ministre qui leur prescrit un changement de garnison, et comme les colonels ne tiennent aucun compte de cette injonction, les municipaux les dénoncent au ministre lui-même. Ailleurs, les choses se passent plus tragiquement. A Valence, par exemple, un colonel d'artillerie, qui refuse à la municipalité de relâcher un soldat puni par lui de prison, est saisi par la populace devant son régiment qui la laisse faire, traîné dans une église et égorgé à coups de couteau.

Si l'on veut juger des *progrès* de la nation et de l'armée en matière d'indiscipline, il suffit d'étudier les suites de l'insurrection militaire de Nancy. Là encore, l'exemple de l'insubordination partait d'un corps privilégié, le régiment *du Roi*. Aidés des Suisses de *Châteauvieux* et des cavaliers de *Mestre de camp*, ainsi que de la populace de Nancy et d'une partie de la garnison de Lunéville, les soldats du régiment du Roi avaient soutenu dans les rues de Nancy un combat sanglant contre les troupes fidèles et la garde nationale de Metz, conduites avec énergie par le marquis de Bouillé. Sous le coup de la première impression, des remerciements et des félicitations sont adressés à M. de Bouillé et à ses troupes. Tous les rebelles pris les armes à la main sont incarcérés, les Français soumis à une enquête, les Suisses, conformément aux *Capitulations*, livrés au conseil de guerre de leur régiment : sur 138 d'entre eux, un est roué, 22 sont pendus, 41 envoyés aux galères pour 22 ans, les 74 autres sont mis en prison. L'instruction de l'affaire par l'Assemblée dure trois mois, et dans cet intervalle de temps le cours

---

1. Poisson, *l'Armée et la Garde nationale*, t. I, p. 213.

des idées a complètement changé ; les prisonniers français sont relâchés ; on invoque à l'égard des Suisses l'indulgence du Directoire helvétique, on ouvre des souscriptions en leur faveur, on représente sur les théâtres des pièces composées tout exprès pour les réhabiliter ; on signe de toutes parts des pétitions pour réclamer leur mise en liberté. Enfin, au mois de janvier 1792, l'Assemblée décide qu'ils seront relâchés. Mais, l'assentiment du Directoire helvétique étant nécessaire, on accuse le roi et ses ministres de faire traîner en longueur les négociations ; les cantons suisses répondent enfin qu'ils s'en lavent les mains ; les anciens soldats de Châteauvieux sont amenés à Paris d'ovation en ovation et sous les arcs de triomphe. On les présente à l'Assemblée, où, malgré les protestations indignées de quelques représentants, ils sont admis aux honneurs de la séance. Un banquet solennel leur est offert, le 15 avril, et le bonnet rouge des forçats dont ils sont coiffés, passant de tête en tête, devient à dater de ce jour l'emblème de la liberté [1].

Les conséquences de la désorganisation de la discipline se font cruellement sentir à la frontière. Des libelles attribués à Marat ont provoqué l'armée à ouvrir les yeux et à comprendre que le plus grand service à rendre au pays serait de massacrer ses généraux. Les troupes de l'armée du Nord suivent cet atroce conseil. Dix mille hommes, sortis de Valenciennes sous les ordres de Biron, se dirigent sur Mons ; Théobald Dillon commande à trois mille soldats, qui marchent de Lille sur Tournay. Dans la colonne de Biron, deux régiments de dragons montent soudainement à cheval, s'écrient qu'ils sont trahis et prennent la fuite ; les uhlans les poursuivent et ramènent la colonne en désordre à Valenciennes, où Biron est soustrait à grand'peine à la fureur des soldats. Quant à Dillon, la vue de quelques hussards autrichiens inspire à ses soldats une folle panique ; il veut les arrêter et tombe frappé de deux coups de pistolet ; les fuyards qui rentrent dans Lille comme furieux de leur propre lâcheté, tournent leur rage contre la famille du général et contre d'autres officiers ; le colonel du génie Berthois est saisi par eux et pendu.

---

1. Poisson, *l'Armée et la Garde nationale*, t. I, p. 366.

Nous avons vu comment la conduite de quelques volontaires avait heureusement contrasté avec celle des troupes de ligne ; le 2º bataillon de Paris ramena sur Valenciennes un canon qu'il avait pris à l'ennemi. L'excès du mal produisit une réaction salutaire : les soldats eurent horreur de leurs crimes, et la Convention comprit que l'obéissance et la discipline sont nécessaires aux armées. Les représentants du peuple usèrent de leurs terribles pouvoirs. En même temps, l'armée se régénérait par la levée en masse et par la Terreur qui faisait accourir sous les drapeaux les citoyens honnêtes cherchant à se soustraire aux dénonciations. L'armée, fait remarquer le général Foy, n'est plus alors formée du rebut des cités, raccolé dans les lieux de débauche, c'est le plus pur du sang de la jeunesse française. « Saint-Just et Lebas », dit-il, « fai-
« saient fusiller des volontaires pendant la campagne de 1794 pour
« avoir pris des œufs dans la cour d'un paysan brabançon. Un an
« après, on vit, à l'armée des Pyrénées-Orientales, la colonne infer-
« nale de La Tour d'Auvergne camper dans des vergers plantés de
« cerisiers et de grenadiers », comme autrefois en Amérique les soldats de Rochambeau, « ne pas oser cueillir les cerises aux branches
« qui pendaient sur leurs tentes... » C'est à la fin de la campagne de 1794, et surtout dans les années 1795 et 1796, qu'il faut placer l'apogée des armées de la République. Tous les généraux qui nous ont laissé leurs *Mémoires* sont unanimes à cet égard. Il avait fallu en 1793 les mesures les plus sévères pour enlever aux officiers de tous grades de l'infanterie, et même aux sous-officiers, les chevaux sur lesquels ils étaient montés[1]. En 1795, ils marchaient tous à pied, le sac au dos, les premiers à la fatigue comme au combat, n'ayant d'autre nourriture que celle du soldat, vivant des distributions journalières et recevant quatre sous par jour. Jamais, dit le maréchal Soult, aucun d'eux ne songea à se plaindre de cette détresse. « Jamais », ajoute-t-il, « les armées n'ont été plus obéis-
« santes ou animées de plus d'ardeur. C'est l'époque des guerres
« où il y a eu le plus de vertu parmi les troupes. » La solde des plus hauts grades était de 8 fr. par mois, et sur la table du général en chef lui-même, dit le général Foy, il ne paraissait pas

---

1. Poisson, *l'Armée et la Garde nationale.*

d'autre pain que le pain du soldat, pas d'autre viande que la viande de distribution.

La conquête de l'Italie changea les mœurs de la tête de l'armée, et le mauvais exemple ne tarda pas à gagner les troupes. Pour en juger, il suffit de lire les ordres de Bonaparte, à la fin de 1796 et en 1797, à propos des chevaux et des voitures qui encombrent la marche de l'armée, des femmes que les officiers et surtout les employés mènent avec eux! La corruption, sous le Directoire, avait envahi toutes les branches de l'administration. L'armée d'Italie souffrit, après le départ de Bonaparte, d'un scandale qui s'attaqua à l'un de ses chefs les plus illustres. Dans une émeute dirigée contre notre ambassadeur auprès du gouvernement pontifical, le général Duphot avait été assassiné. Berthier marcha sur Rome avec une partie de l'armée d'Italie pour punir ce crime; le pouvoir temporel du pape fut abrogé, et une nouvelle République instituée. D'indignes agents, venus à la suite de nos troupes, déshonorèrent alors le nom français par de honteuses déprédations, tandis qu'officiers et soldats attendaient vainement la solde qui leur était due depuis plusieurs mois. Masséna avait remplacé Berthier dans le commandement de l'armée de Rome; les officiers et les soldats refusèrent de lui obéir tant que les déprédateurs ne seraient pas punis et que l'on n'aurait pas payé l'arriéré de la solde. Malgré l'énergie de Masséna, qui ne fut soutenu ni par Berthier ni par le Gouvernement, l'insurrection eut le dessus. Le héros de Rivoli et de la Favorite fut forcé de se retirer et remplacé par Gouvion-Saint-Cyr, qui rétablit l'ordre. Il n'était pas possible que la discipline ne demeurât pas ébranlée après une telle atteinte.

La malheureuse campagne de 1799, la misère qui en fut la conséquence, les concussions de toute sorte dont les troupes furent victimes, finirent par tuer l'esprit militaire et, lorsque l'armée commandée par Championnet se rapprocha de la frontière, la désertion et l'indiscipline firent des progrès effrayants : les soldats vendaient leurs effets et leurs armes ; la cavalerie vendit bientôt ses rations de fourrage et tua ses chevaux pour s'en débarrasser. Bientôt, le 3ᵉ de chasseurs à cheval donna le signal de la désertion en masse, exemple suivi par huit demi-brigades d'infanterie, dont les soldats rentrèrent en France avec armes, bagages et drapeaux, abandonnant les officiers et les sous-officiers en présence de l'ennemi... Championnet, qui a laissé une des réputations les plus pures de cette époque, mourut à Nice de fatigue et de désespoir. Masséna, appelé à lui succéder après le 18 brumaire, ne trouva plus que des débris de corps affaiblis par les combats, l'indiscipline et la désertion. Avec les ressources mises à sa disposition, le nouveau général en chef fit payer en partie l'arriéré de la solde et remettre en état l'habillement et l'équipement; dès le mois de mars 1800, l'armée était en état de marcher, mais les soldats, dit le rédacteur des *Mémoires de Masséna*, n'avaient pas encore repris le sentiment de leur supériorité [1].

LE CONSULAT ET L'EMPIRE.

L'histoire militaire du Consulat et de l'Empire peut se raconter assez brièvement au point de vue qui nous occupe. Avec un souverain tel que Napoléon, le ministre de la guerre n'était que l'instrument docile d'une volonté supérieure et bien arrêtée. Carnot, qui fut un instant ministre après le 18 brumaire, en remplacement de Berthier, devenu général en chef de l'armée d'Italie, avait occupé une position trop dominante pour pouvoir être cet instrument. Il eut la prétention de savoir ce qu'on voulait lui faire faire; aussi, ne tarda-t-il pas à céder la place à Berthier qui, à partir de 1805, cumula les fonctions de ministre et de major général. Il est vrai que le ministre de la guerre avait été débarrassé de la partie la plus aride de son travail : l'administration, confiée à un ministre spécial [2], et la conscription, formant, sous les ordres d'un conseiller d'État, une direction indépendante. Le fardeau excéda cependant les forces de Berthier, et le ministère fut donné à Clarke, un général diplomate qui n'avait plus paru aux armées depuis 1793 ; le major général garda toutefois le travail des nominations. Clarke remplit ses fonctions ainsi diminuées avec une exactitude qui plut à l'Empereur et un dévouement dont les apparences durèrent jusqu'à la chute de

---

1. Koch, *Mémoires de Masséna*, t. IV.
2. Il y eut sous l'Empire trois ministres de l'administration de la guerre : Dejean, Lacuée et Daru.

Napoléon. Après son retour de l'île d'Elbe, l'Empereur prit pour ministre de la guerre Davout, l'un des rares maréchaux qui fussent venus à lui. Dans ces moments critiques, où il s'agissait d'improviser la défense du pays, ce n'était pas trop des talents et de la ferme volonté de l'organisateur des armées de 1812 pour lutter avec toutes les difficultés de la situation. On n'en doit pas moins regretter que le vainqueur d'Auerstædt ait été retenu à Paris pendant la courte campagne des Cent-Jours.

Parmi les généraux contemporains de Napoléon, deux seulement, à la tête des armées étrangères, l'archiduc Charles et Wellington, quoique hors de toute comparaison, furent dignes de se mesurer avec lui. Le prudent et rusé Kutusof fut peut-être cependant son adversaire le plus dangereux. Quant aux lieutenants de l'Empereur, aucun ne saurait lui être comparé, même de loin : mais il trouva en eux d'admirables instruments de son génie. L'histoire les a classés : Masséna, Davout, Gouvion-Saint-Cyr et, jusqu'à un certain point, Soult, sont à peu près les seuls à qui l'on ait reconnu les talents nécessaires pour commander en chef. Lannes, s'il eût vécu plus longtemps, Marmont, s'il eût eu sur le champ de bataille autant de sang-froid que de bravoure et si son caractère avait été à hauteur de sa grande intelligence, Suchet, s'il était permis de le juger d'après le commandement de l'armée d'Aragon, pourraient encore être ajoutés à cette liste. Berthier se montra, au début de la campagne de 1809, incapable de diriger les mouvements de l'armée ; Ney n'a jamais été regardé que comme *le brave des braves*, incomparable dans le commandement d'une arrière-garde comme il le prouva à Guttstadt, à Redinha, sur le Dnieper ; Oudinot, Victor, Mortier, Bessières, furent de vaillants soldats ; Macdonald, dont le nom n'est prononcé qu'avec respect, fut un général habile mais malheureux. On a souvent dit que, dans la seconde campagne de 1813, Napoléon aurait dû donner le commandement de l'armée de Silésie à Gouvion-Saint-Cyr, le premier de tous pour la guerre défensive, celui de l'armée du Nord à Davout, qui avait une connaissance profonde de ce théâtre d'opérations, et garder sous sa main Murat et Marmont.

...Il est bien difficile de raisonner sur des hypothèses. Ce qu'il y a de malheureusement certain, c'est que là où l'Empereur n'était pas les choses tournaient mal. Les querelles des maréchaux dépas-

sèrent tout ce qu'on peut imaginer, et l'on serait tenté de se demander comment Napoléon ne les a pas réprimées, si l'on ne connaissait la maxime de *diviser pour régner*. Celles de Soult et de Ney en Espagne, de Masséna et de Ney en Portugal ou plutôt l'incroyable attitude de Ney vis-à-vis de Masséna, son général en chef, les altercations passionnées de Davout et de Murat dans la marche sur Moscou, furent les manifestations les plus éclatantes de cette discorde qui fit tant de mal à nos armées. Quant aux haines sourdes, produit du ressentiment et de la jalousie, qui couvaient sous des apparences à peine courtoises, elles existaient entre tous peut-être. L'antipathie de Bernadotte à l'égard de Davout faillit changer la double victoire d'Iéna et d'Auerstædt en un désastre ; Berthier ne pardonna jamais à Davout d'avoir fait ressortir, au début de la campagne de 1809, l'incapacité du major général, et rien n'égale, dans ce genre, la lettre écrite à l'Empereur par Marmont après la bataille de Leipsick, où il était placé sous les ordres de Ney : « Sire, après l'humiliation et le danger plus grand
« encore d'être sous les ordres d'un homme tel que le prince de la
« Moskowa... »

Sans aller toujours jusqu'à des querelles ouvertes, les discordes des généraux se traduisirent trop souvent par des refus ouverts ou déguisés de concours. Masséna, dans sa malheureuse expédition de Portugal, succomba sous le mauvais vouloir de Soult, qui ne franchit pas la frontière de l'Estramadure, de Drouet d'Erlon qui lui marchanda son concours et de Bessières qui lui opposa d'incroyables difficultés d'étiquette.

On a beaucoup accusé les maréchaux de l'Empire d'avoir faibli dans les dernières années et surtout d'avoir témoigné plus d'envie de jouir des biens dont les avait comblés le Souverain que d'acquérir de nouveaux titres à ses libéralités. On a, en même temps, exprimé l'opinion que mieux eût valu laisser de côté ces grands personnages et les remplacer par les généraux dont les talents étaient reconnus de toute l'armée, comme Gérard, Clauzel, Lobau, Reille, Morand, Bonnet, Compans et bien d'autres. Il y a du vrai dans cette assertion. On ne fait pas impunément la guerre comme on la faisait alors, pendant vingt années de suite, et nul n'oserait soutenir que le Napoléon de 1813 et de 1815 valut le

Bonaparte de 1796 ou l'Empereur de 1805 et de 1806. Il faut convenir aussi que sa manière d'être avec des hommes qu'il avait placés bien au-dessus des autres était faite pour les lasser et les désaffectionner. Lorsque les choses allaient mal et qu'il sentait lui-même que ses lieutenants avaient besoin d'être soutenus, il était admirable de douceur et de patience et n'avait que de bonnes paroles pour ceux qui avaient été battus dans un commandement indépendant, comme Macdonald à la Katzbach, Oudinot à Gross-Beeren ; mais il devenait d'une brutalité dure et humiliante avec celui qui compromettait le succès de ses propres opérations, et il flétrit, dans plus d'un ordre du jour, des généraux pour des faits dont ils étaient complètement innocents, comme Lasalle à Weissensee, le général Briche à Arroyo del Molino, Victor après la perte de la division Partouneaux à Borisow. L'étiquette avait pris autour de lui, même en campagne, des formes orientales, auxquelles ne se soumirent pas sans révoltes intérieures les anciens généraux de la République.

Si Napoléon fut entouré de lieutenants remarquables, jamais armée ne présenta en aussi grand nombre que les siennes des généraux distingués pour commander les unités secondaires. Il ne faudrait pas croire cependant que toutes les divisions d'infanterie eussent à leur tête des Friant, des Morand, des Gudin ou des Saint-Hilaire, que la cavalerie n'eût que des chefs comme Lasalle, Montbrun, Kellermann, Colbert, Pajol. Des généraux médiocres, épargnés par les balles et les boulets, avaient survécu en trop grand nombre à ceux qui étaient restés sur le champ de bataille, mais, au-dessous de ces généraux, l'armée possédait une pépinière inépuisable de talents militaires, des généraux de brigade comme Fezensac et Dulong dans l'infanterie, comme Curély et Delort dans la cavalerie, ou des colonels comme Bugeaud et comme Bro, celui qui commandait, à Waterloo, le 4ᵉ de lanciers.

Quant aux officiers subalternes, ils brillaient surtout par le côté pratique, et il n'aurait pas fallu les soumettre au régime des examens dont on voudrait faire la base de notre armée moderne. Mais quel dévouement chez ces hommes qui travaillaient obscurément à la gloire de leurs chefs et qui souffraient plus que les soldats des fatigues et des privations, soldés très irrégulièrement, comme nous l'avons vu, ne recevant que rarement des distributions, trop souvent obligés de vivre de la maraude de leurs soldats !

La maraude, voilà le fléau des armées de Napoléon, conséquence inévitable de ses procédés de guerre et dont les effets se firent sentir dès les jours les plus brillants de la campagne de 1805, pour aller croissant jusqu'à la fin de 1813. « Il y a plusieurs sortes de « discipline », a fait observer le général Foy, « celle en vertu de « laquelle toutes les volontés se subordonnent à celle d'un chef et « toutes les individualités se groupent en se resserrant pour chercher « et donner un mutuel appui, et celle beaucoup plus rare qui impose « le respect des propriétés et des personnes en dehors des champs de « bataille. Cette dernière discipline est presque en dehors de la « nature de la guerre. » Elle y sera d'autant plus, ajouterons-nous, que les armées seront plus nombreuses et que la guerre deviendra un duel à mort entre deux nations, forcées l'une et l'autre de vaincre à tout prix pour ne pas être écrasées sans merci. « Il faut que mes « soldats vivent », disait Turenne à propos de quelques actes de pillage reprochés à son armée. Il fallait bien laisser vivre aussi les soldats de Napoléon, vingt fois plus nombreux. Le malheur est qu'ils ne surent pas s'arrêter à la limite du nécessaire et, qu'animés d'une sorte de plaisir de détruire, comme des enfants, ils gaspillèrent vingt fois plus qu'il ne prirent. Les Allemands, gens très pratiques, comprirent, tout aussi bien que Turenne, qu'il faut que le soldat vive, mais ils ne comprirent pas que le soldat détruisît ce qui devait servir à le faire vivre. C'est pourtant ce qui arriva, sauf dans quelques corps d'armée mieux tenus que les autres. Nos avant-gardes ne laissaient rien à nos arrière-gardes qui, furieuses, s'en prenaient aux habitants, assez malheureux déjà d'être privés de toutes leurs ressources. Ajoutons à cela que les généraux et les officiers, n'étant pas payés, se payaient quelquefois eux-mêmes par des contributions justement appelées forcées, puisqu'elles l'étaient pour celui qui prenait comme pour celui à qui l'on prenait. Les soldats les imitèrent plus d'une fois, et l'on ne saurait s'étonner après cela de la haine ressentie par les peuples. « J'ai « traversé toute l'Allemagne », dit Curély en parlant de la marche qu'il fit pour rejoindre son régiment en Russie avec un escadron venant d'Espagne, « et je ne trouvais rien pour nourrir mes trou-

« pas dans ce pays où était passée la Grande-Armée ; les habitants « ne se gênaient pas pour nous prédire et nous souhaiter tous les « maux que nous avons éprouvés par la suite. » Le maréchal Davout, entrant en Lithuanie, au début de la campagne de 1812, fit fusiller un sergent à trois chevrons qui avait volé une poule. On cria à la brutalité. Ce sont là pourtant de ces rigueurs indispensables et plus on tarde à y avoir recours, plus on est obligé d'en multiplier les exemples. Mais, pour avoir le droit d'être aussi rigoureux, il faut commencer par donner au soldat ce qui lui revient. Ne pas le payer, ne pas le nourrir et le punir de la peine de mort s'il se nourrit lui-même, est plus que de la cruauté, c'est une injustice criminelle. « Jamais », dit le même Curély que nous venons de citer, « un homme de mon escadron ne prit « quoi que ce fût chez son hôte : ils s'adressaient à moi, et je leur « faisais donner ce qui leur revenait. » C'est aussi ce que fit sur une plus grande échelle le maréchal Davout.

Ce qu'il y a de souverainement étonnant et ce qui prouve mieux que toutes les actions d'éclat l'ascendant prodigieux de Napoléon sur ses soldats, c'est que dans cette armée, où la solde était toujours arriérée de plusieurs mois, il n'y eut pas la moindre rébellion, à peine quelques murmures aussitôt apaisés par une distribution de vivres ou un rappel de solde et faisant place aux acclamations. Lorsqu'à la fin de l'année 1808 l'Empereur partit de Madrid pour chasser l'armée anglaise d'Espagne, ses troupes durent, par un temps des plus rigoureux, franchir les montagnes de Guadarrama, dont les chemins étaient rendus presque impraticables par la neige et la glace. Dans une marche de nuit, il entendit en longeant les colonnes d'une division d'infanterie les malédictions des soldats contre lui. Deux jours après, à la suite d'une abondante distribution, cette même division le salua de cris enthousiastes[1]. Il est peu probable cependant que l'Empereur eût été acclamé s'il se fût présenté, dans les derniers jours de la retraite de Russie, à d'autres qu'aux soldats de sa garde et à *l'escadron sacré*, formé d'officiers, qui veillait sur sa personne. De la Bérésina au Niémen, l'armée ne fut plus qu'un ramassis confus d'hommes

---

1. *Souvenirs militaires* du colonel de Gonneville.

mourant de faim et de froid, où les plus forts faisaient la loi aux plus faibles. Allez donc parler de discipline à des gens pareils !

Même après ces effroyables aventures, Napoléon resta l'idole du soldat, et lorsque, au retour de l'île d'Elbe, le gouvernement royal envoya des troupes pour arrêter la marche de sa petite armée, les généraux qui les commandaient n'eurent même pas la ressource de battre en retraite en lui laissant la route libre ; les soldats, tirant la cocarde tricolore de dessous leurs vêtements pour l'arborer à leurs shakos, volèrent d'eux-mêmes au-devant de lui ; ils coururent ensuite avec enthousiasme à la frontière de Belgique, pleins de méfiance, il est vrai, vis-à-vis de tout autre que l'Empereur.

Après Waterloo, ce ne furent pas les soldats, ce ne fut pas le peuple qui abandonna la cause de Napoléon. Qu'on le juge comme on voudra ! Que l'on dise qu'en revenant de l'île d'Elbe, il viola tous les traités et attira sur la France de justes représailles. La France s'était faite sa complice, et elle l'abandonna trop vite au lendemain de sa défaite. Les auteurs républicains qui se joignent en cette circonstance aux légitimistes ne font pas preuve d'intelligence politique, et la haine contre l'auteur du 18 brumaire les aveugle. Napoléon, après le 18 juin 1815, représentait la France et la Révolution : ceux qui aidèrent à le renverser aidèrent à l'égorgement de la France et à la ruine momentanée de la Révolution..... Que presque tous les maréchaux, depuis Macdonald jusqu'à Gouvion-Saint-Cyr, aient voulu soutenir la cause du roi auquel ils avaient prêté serment, rien de mieux, mais c'est une question de savoir s'ils ne devaient pas leur concours à l'armée aux prises avec l'étranger. En tous cas, ils séparèrent leur cause de la sienne, et ils eurent à l'heure du licenciement une attitude hostile vis-à-vis d'elle. Gouvion-Saint-Cyr, gardons-nous d'en dire du mal, car trois ans plus tard il devait rendre une armée à la France, reçut sèchement ses anciens compagnons, qui venaient demander des garanties avant de déposer les armes, et il leur reprocha avec dureté de ne pas se confier à la bienveillance royale, alors même que se préparait une liste de proscription ; Macdonald dissémina les régiments pour les dissoudre plus facilement ; Victor accepta la tâche d'épurer l'armée en se faisant le président de la commission chargée d'examiner la conduite des officiers pendant les Cent-Jours. Voilà pourquoi les conditions d'existence de l'armée française ont été si difficiles dans cette période. C'est que les *blancs* et les *bleus* y vécurent longtemps côte à côte sans que leur union fût cimentée par la concorde. L'armée de la République et de l'Empire avait été si bien détruite en 1815 qu'à peine peut-on retrouver aujourd'hui la trace de ses régiments. Les puissances coalisées l'avaient exigé; nous ne dirons pas ici qu'il fût possible de résister à cette exigence; nous constatons un fait. Nous y ajoutons cette autre observation, c'est que la Bourse, qui avait déjà monté le lendemain de Marengo aux premières nouvelles annonçant la défaite de Bonaparte, monta encore et davantage le lendemain de Waterloo.

Il est impossible de traiter la question de discipline sans faire remarquer que, depuis 1798 jusqu'à 1815, toutes les fois que des troupes françaises se sont soulevées, c'a été pour exiger la solde, sans laquelle il leur était impossible de vivre : nous avons déjà, dans un autre chapitre, fait allusion à la révolte des troupes du 5e corps enfermées dans Strasbourg en 1815. Ce qui rend ce fait remarquable, c'est l'ordre parfait conservé par ces troupes et leur soumission absolue aux ordres des chefs qu'elles s'étaient donnés. La solde une fois payée, elles rentrèrent dans l'obéissance.

LA RESTAURATION.

Le gouvernement provisoire qui s'installa dans Paris le 31 mars 1814, débuta vis-à-vis de l'armée par la mesure la plus déplorable qu'il lui fût possible de prendre; il alla chercher dans la prison où Napoléon l'avait enfermé arbitrairement, mais sous le coup d'une indignation facile à comprendre, Dupont, l'homme de Baylen, pour lui confier le ministère de la guerre. Louis XVIII fit la faute encore plus grande de le conserver pour ministre. C'était proclamer la proscription de tous ceux qu'avait élevés l'Empereur et la réaction violente contre toutes les mesures prises par lui. Dès le lendemain, les portes de l'état-major général furent ouvertes toutes grandes, et un flot d'émigrés et de Vendéens s'y précipita, introduit par le bon plaisir du roi et la complaisance de son ministre. Des hommes qui n'avaient fait la guerre que dans les armées de Condé ou de la Rochejacquelein, furent assimilés aux généraux qui avaient guidé les troupes françaises sur tous les champs de bataille. Encore ceux-là s'étaient-ils battus loyalement dans une guerre civile ou avaient-ils cherché à rentrer les armes à la main dans un pays qui les avait proscrits, bannis et dépouillés, et Napoléon lui-même en avait admis plus d'un dans son armée. Mais d'autres furent nommés qui n'avaient jamais fait la guerre et d'autres encore qui à l'heure où les bras de la patrie leur étaient ouverts, avaient conquis leurs grades dans les armées étrangères en combattant la France. N'était-ce pas un Français, M. de Langeron, qui, le 30 mars 1814, avait guidé sur Montmartre les colonnes ennemies? Un autre, M. de Saint-Priest, n'avait-il pas été tué dans Reims à la tête d'un corps d'armée russe?... Le gouvernement de la Restauration comprit cependant, un peu tard, qu'il avait fait fausse route en nommant ministre le général Dupont; il s'efforça de témoigner de la bienveillance à l'armée. Le roi reçut les maréchaux avec les plus grands égards, conserva la garde impériale sous le nom de grenadiers et chasseurs de France et prit pour ministre un des maréchaux de l'Empire. Soult, pour son malheur, occupait le ministère au moment du retour de l'île d'Elbe et, inspirant tout à coup la plus grande défiance à l'entourage du roi, fut remplacé par Clarke, celui-là même qui, le dernier, avait rempli cet emploi auprès de Napoléon et qui se chargeait de le combattre... Son rôle dut se borner à être le ministre de l'exil.

La réaction de 1815 présenta un caractère de violence qui la rendit odieuse. Certains royalistes, dans les conseils de guerre qui eurent à juger les généraux et officiers portés sur les listes de proscription, se montrèrent d'un fanatisme outré. Dans l'affaire du malheureux général Bonnaire, condamné à la dégradation [1] parce que les soldats de la garnison de Condé, dont il était le gouverneur, avaient fusillé un colonel déserteur à l'ennemi, le président du conseil était premier

---

[1]. L'arrêt du conseil de guerre portait lui-même que le crime imputé au général Bonnaire n'était pas prévu par le code et la peine de la déportation entraînant la dégradation militaire était prononcée par *analogie*. (M. de Viel-Castel, *Histoire de la Restauration*, t. V.)

gentilhomme du comte d'Artois, un des juges était premier gentilhomme du roi, un autre, aide de camp du prince de Condé ; ils se firent remarquer par leur intolérance pendant les audiences ; il sembla aux yeux de l'armée et du pays que ce fussent le roi lui-même et les princes qui montraient cette intolérance et cette âpreté de haine contre un vieux serviteur estimé de toute l'armée ! Mais les royalistes de vieille souche étaient encore dépassés par des transfuges de date récente ; un homme qui, en 1793, avait déployé contre les Vendéens la même cruauté que Rossignol, dont il était l'aide de camp, osa présider le conseil qui jugeait le général Travot et reprocher à ce digne général la clémence dont il avait fait preuve envers les Vendéens comme un raffinement de barbarie à leur égard.

C'en était fait peut-être de l'armée française si un grand ministre, Gouvion-Saint-Cyr, ne l'avait sauvée. Rappelé au ministère de la guerre après la chute du parti ultra, il eut à lutter contre les courtisans pour obtenir de présenter aux Chambres les lois de 1818, auxquelles son nom est resté attaché. Lui-même, parlant dans ses *Mémoires sur l'armée de Rhin-et-Moselle* des persécutions dirigées en 1792 contre les officiers nobles, a comparé dans les termes suivants, les fanatiques rouges et les fanatiques blancs :

« Rien », dit-il, « ne pouvait faire entendre raison aux fanatiques,
« soit qu'ils fussent de bonne foi, soit que leur patriotisme ne fût
« qu'un masque hypocrite pour couvrir leur domination ; cette
« classe se trouvait dans la même position que les militaires de
« tout grade qui ont défendu le territoire français sous la Répu-
« blique et sous l'Empire et qui éprouvent des fanatiques du jour
« les mêmes soupçons, les mêmes attaques, en attendant qu'ils
« aient acquis assez de force pour leur faire subir les mêmes per-
« sécutions. Ces modernes jacobins exploitent aujourd'hui la légi-
« timité comme leurs devanciers exploitaient la souveraineté du
« peuple. »

Les premières années de la Restauration furent marquées par les querelles, souvent sanglantes, des anciens officiers de l'Empire et des jeunes royalistes, aussi braves les uns que les autres. Comment en aurait-il été autrement, quand ceux-ci traitaient les premiers comme les soldats d'un pays conquis ? Peu à peu, cependant, à mesure qu'on s'éloigna des événements, les haines s'amortirent; les deux catégories d'officiers restèrent pourtant tranchées, et l'existence de la garde royale entretint la discorde. Gouvion-Saint-Cyr, pour sauver l'ensemble de son œuvre, avait été obligé de consentir à des dispositions particulières en faveur des officiers de la garde. Ces dispositions, accordant le grade supérieur après deux ans de présence, servirent à légaliser les passe-droits et les avancements extraordinaires. Nous avons connu un officier général qui, de 1813 à 1819, c'est-à-dire en six ans, était ainsi passé du grade de capitaine à celui de maréchal de camp (quatre grades en six ans dont quatre de pleine paix!)

L'existence de la garde n'empêcha pas, en 1830, la chute de la royauté, elle y contribua plutôt dans une certaine mesure. Les régiments de la ligne, appelés en l'absence d'une grande partie de la garde à comprimer cette émeute qui, suivant l'expression du duc de Raguse, devint une révolution, ne se crurent pas obligés de défendre des princes qui s'étaient choisi des défenseurs privilégiés, et quelques-uns passèrent au peuple[1]. Les régiments de la garde qui se trouvaient à Paris se firent héroïquement tuer devant les barricades, mais une fois la retraite commencée sur Rambouillet, les colonels n'osèrent plus répondre de leurs hommes, dont la désertion éclaircissait les rangs. Les gardes du corps ne furent cependant pas les seuls qui s'honorèrent par une noble et courageuse fidélité, et Charles X fut royalement escorté jusqu'au port de Cherbourg.

Le gouvernement de la Restauration entreprit deux guerres, ou plutôt deux expéditions, non compris celle de Morée. Celle d'Espagne, en 1823, eut un caractère plus politique que militaire, et les généraux n'eurent pas à y déployer de grands talents; on reconnut cependant, sous des chefs tels qu'Oudinot et Molitor, que les traditions de la Grande-Armée n'étaient pas encore perdues. L'expédition d'Alger, merveilleusement organisée et conduite avec vigueur, donna au général de Bourmont l'occasion de se réhabiliter

---

[1]. C'étaient les deux régiments d'infanterie chargés d'occuper la place Vendôme : ils furent entraînés par les discours de quelques députés. Les deux autres régiments de la ligne, car il y en avait quatre à Paris, furent envoyés aux Champs-Élysées de peur qu'ils suivissent cet exemple.

aux yeux d'une nation qui oublie facilement. Tout autre peuple que le peuple français n'eût peut-être pas traité aussi légèrement les antécédents de ce nouveau maréchal de France. Il est permis cependant d'honorer le général victorieux et de sympathiser avec le père qui paya cette gloire du sang de son fils, sans excuser la désertion de 1815. Mais c'est là le malheur d'un pays ballotté par les révolutions d'un régime à un autre. On se fait honneur vis-à-vis d'un gouvernement d'avoir trahi le gouvernement précédent, et l'on ne juge plus les actions au point de vue de leur moralité absolue, mais dans leurs rapports avec la passion politique.

En dehors de Gouvion-Saint-Cyr, il n'y a pas sous la Restauration de ministre de la guerre à citer. Tous, à l'exception du général Decaux qui reçut le portefeuille lors de la nomination du ministère libéral de M. de Martignac, se signalèrent en imposant aux officiers les manifestations d'un zèle outré pour la cause royale ; à cet égard, les anciens maréchaux ou généraux de l'Empire ne se montrèrent pas moins exigeants que M. de Damas, un émigré, et ce fut à un ancien aide de camp du roi Joseph Bonaparte qu'incomba la tâche de décapiter l'état-major général en mettant à la retraite les plus illustres généraux de la Grande-Armée : Gérard, Morand, Harispe, Bonnet, Thiébault, Sémélé, Doumerc, Corbineau, etc.

Lors de la première Restauration, Louis XVIII avait annoncé qu'il présiderait lui-même un conseil suprême de l'armée, composé des maréchaux de France et des lieutenants généraux les plus distingués. Les membres de ce conseil furent même désignés, mais les événements ne permirent pas de donner suite à cette idée... C'est en 1828 seulement, qu'une ordonnance datée du 17 février institua le *conseil supérieur de la guerre*, composé de trois maréchaux et douze lieutenants généraux, sous la présidence du Dauphin. Ce conseil, dont le général d'Ambrugeac fut, croyons-nous, le rapporteur, n'élabora aucun règlement, mais les travaux qu'il a laissés dans les cartons du ministère sur diverses questions sont des plus remarquables.

Il faut rendre d'ailleurs cette justice au gouvernement de la Restauration qu'au moment de sa chute, l'armée était belle, instruite et disciplinée, la plupart des abus engendrés par les longues guerres avaient disparu, et les corps d'officiers étaient généralement bien composés, mais le nombre des mécontents parmi eux, et surtout parmi les sous-officiers, était considérable, et ils saluèrent avec enthousiasme le drapeau tricolore qui leur rappelait vingt-cinq années de gloire.

DE 1830 A 1870.

Les premières années du gouvernement de Juillet furent pour l'armée une réaction contre le régime qui venait de tomber. La plupart des généraux mis à la retraite avant l'âge furent rappelés à l'activité et, par contre, les généraux trop compromis par leurs relations avec la cour de Charles X furent mis à l'écart, en même temps qu'un assez grand nombre d'officiers qui plus tard le regrettèrent presque tous, donnaient leur démission. La branche aînée des Bourbons est le dernier gouvernement dont la chute ait provoqué ces démonstrations de fidélité.

Le rappel au service des officiers en réforme, qu'on appela par plaisanterie les *rentrants à la bouillote*, ramena dans les rangs de l'armée de vieux serviteurs qui, on doit le dire, s'y trouvèrent et y furent trouvés quelque peu dépaysés. Quinze ans de paix et de discipline bien entendue avaient apporté de grands changements dans les habitudes des régiments, et ces anciens serviteurs n'y reconnaissaient plus grand'chose. La discorde éclata de nouveau, et les duels recommencèrent.

Ce fut un des généraux mis de côté par la Restauration, Gérard, illustré par les campagnes de 1814 et de 1815, qui, nommé maréchal de France par la nouvelle royauté, occupa le premier, après la révolution de 1830, le ministère de la guerre. Les maréchaux Mortier et Maison, les généraux Bernard (ancien aide de camp de l'Empereur), Schneider, Cubières, Moline Saint-Yon, Trézel, s'y succédèrent tour à tour; mais le vrai ministre de la guerre du gouvernement de Louis-Philippe fut le maréchal Soult, dont le nom doit être inscrit sur la liste des *bons* ministres, à la suite de ceux de Louvois, Voyer d'Argenson, Choiseul, Saint-Germain et Gouvion-Saint-Cyr.

L'œuvre militaire du règne fut la conquête de l'Algérie, conquête retardée par des changements continuels du système et du personnel, et surtout par le manque absolu de toute idée bien arrêtée à l'égard de ce pays. On pourrait presque dire que grâce à ses soldats, la France a conquis l'Algérie malgré elle. Au point de vue qui nous occupe, il s'agit de savoir quelle influence l'état de guerre entretenu dans ce pays pendant de longues années, a exercée sur le personnel de l'armée française : généraux, officiers et soldats, sur son aptitude à la grande guerre, sur son esprit militaire, sur sa discipline.

Les guerres d'Afrique firent savoir à la France qu'elle avait un grand général, le maréchal Bugeaud, mais cet homme illustre ne fut pas le produit de ces guerres : il avait été formé à l'école de la Grande-Armée, que toutefois il avait connue par le petit côté, dans les guerres d'Espagne contre les guérillas et dans la courte campagne de la Maurienne, en 1815. Il réussit à merveille en Algérie et acquit une popularité qu'on trouve rarement à un degré aussi élevé. Reste à savoir s'il eût également réussi dans la grande guerre, question que nous ne nous permettrons pas de trancher.

Au-dessous de lui, l'Algérie nous donna d'abord Duvivier, Lamoricière, Bedeau, Changarnier, Cavaignac, Saint-Arnaud, Pélissier, puis Canrobert, Bosquet, Mac-Mahon, Ladmirault, et, plus tard encore, Chanzy. Dans cette liste où figurent des noms glorieux entre tous, nous ne jugerons pas même les morts pour ne pas avoir à juger les vivants... En généralisant nos appréciations et les étendant aux officiers généraux et supérieurs qui, après avoir conquis leurs grades en Algérie, sont venus dans les guerres continentales commander des divisions, des brigades et des régiments, nous nous sommes permis de dire ailleurs que plusieurs d'entre eux avaient rapporté d'Afrique des idées fausses sur la guerre. Nous pourrions en citer des exemples saisissants[1], et à l'heure qu'il est on s'en aperçoit encore aux idées étroites qui ont cours sur l'emploi de l'artillerie, contrairement aux traditions du pre-

---

1. Un général de division nous disait un jour le plus sérieusement du monde qu'un bataillon de chasseurs à pied était l'équivalent d'une batterie d'artillerie : même puissance de feux et même rapidité pour porter ces feux sur tous les points d'un champ de bataille. Un autre, un des plus sensés à coup sûr, et qui après le premier coup de canon tiré changea bien sa manière d'être, nous répondait lorsque nous allions lui demander où l'artillerie devait camper (c'était dans la Dobrutscha) : Où vous voudrez, pourvu que je ne vous voie pas.....

mier Empire et à l'exemple de nos adversaires. Cela ne nous empêchera pas de proclamer bien haut le service qu'a rendu l'Algérie à la France en lui donnant des soldats aguerris, des officiers habitués à combattre, des généraux formés au commandement, et de dire pour nous résumer en deux mots : La guerre d'Algérie fut une excellente école, mais une école incomplète. Elle força à modifier et à rendre plus commodes l'habillement et l'équipement du soldat, mais elle lui apprit à se charger outre mesure et à encombrer les colonnes d'un tas d'*impedimenta* inutiles dans les guerres d'Europe ; elle fit regarder l'artillerie comme un embarras, qu'il fallait diminuer au-dessous de toute limite...

La guerre d'Algérie entretint aussi, dans une certaine mesure, l'esprit militaire, mais elle en développa les mauvais côtés au moins autant que les bons. Il se forma dans les différentes provinces des sociétés d'admiration mutuelle, on pourrait ajouter de dénigrement réciproque ; on apprit à enfler les bulletins ; on transforma en victoires comparables à celle d'Austerlitz, des affaires où nos troupes avaient poussé devant elles des ennemis qui reculaient pour les attirer dans quelque coupe-gorge, on représenta comme des succès éclatants des combats d'arrière-garde où, tout en se comportant bravement, les troupes avaient laissé, comme l'on dit vulgairement, bien de la laine aux buissons. Il y eut des officiers qui livrèrent des combats tout exprès pour se faire un nom et gagner un grade ; on apprit trop à réussir à coups d'hommes, et l'on se souvient encore du mot de Pélissier, qui n'était pourtant pas tendre, répondant à un chef de colonne qui se vantait de ses succès : « C'est bien ! mais voyons d'abord les cacolets[1]. » Le désir de se distinguer au-dessus des autres fut tel que l'on vit des généraux chargés de contenir l'ennemi pendant que d'autres colonnes devaient le tourner et l'envelopper, attaquer quand même et faire avorter la manœuvre en disant qu'ils n'avaient pas l'habitude de rester l'arme au pied devant l'ennemi. C'est ce que fit plus tard, suivant les habitudes contractées, le 1er corps de l'armée d'Italie à Melegnano. On vit aussi un colonel d'infanterie et un colonel de cavalerie sur le point de se battre en duel, parce que l'un avait

---

1. Autrement dit : Comptons les blessés.

chargé sans attendre l'autre et tenait plus de place que lui dans le bulletin du combat.

Quant à la discipline des troupes d'Afrique, elle n'eut rien de commun avec celle de l'armée de Rochambeau et de la brigade Latour d'Auvergne laissant les pommes sur les pommiers de l'Amérique et les cerisiers chargés de cerises dans les vergers de la Biscaye. Saint-Just et le maréchal Davout auraient eu fort à faire à y livrer aux conseils de guerre tous ceux qui dérobèrent dans les douars des œufs et des volailles. On exerçait même les soldats à cette manœuvre dans les razzias et l'on avait inventé un mot nouveau pour désigner le vol ainsi pratiqué : *chaparder*...

La révolution de 1848 humilia profondément l'armée : mieux eût valu, le 24 février, laisser dans leurs casernes les régiments de la garnison de Paris, que de les ranger en colonnes serrées sur les places publiques pour assister au massacre de quelques gardes municipaux et pour rendre leurs armes aux insurgés... L'armée conserva cependant sa discipline, à peine ébranlée dans quelques garnisons par de coupables incitations et maintenue grâce au bon esprit des sous-officiers. Lorsque vint l'élection à la présidence, le nom de Napoléon, adroitement évoqué, excita chez les soldats le plus vif enthousiasme ; ils votèrent en masse pour le prince Louis Bonaparte, tandis que la plupart des officiers donnaient leurs voix au général Cavaignac qui, à leurs yeux, avait réhabilité l'armée dans les sanglantes journées de Juin. Mais Napoléon III, parvenu au pouvoir, ne négligea rien pour gagner à sa cause officiers et soldats, et les généraux de l'armée d'Afrique qui, pleins de confiance dans leur popularité et leur *habitude de vaincre*[1], voulurent faire obstacle à l'héritier de la dynastie napoléonienne, furent brisés comme verre. Les princes de la maison d'Orléans avaient cependant combattu sur la terre d'Afrique en vrais soldats. Le duc d'Orléans y était resté populaire, le duc de Nemours s'était acquis l'estime générale par sa conduite dans les deux expéditions de Constantine, le duc d'Aumale, enfin, après s'être illustré par la prise de la smalah d'Abd-el-Kader, avait tenu, au moment de la révolution de Février, la conduite la plus digne et la plus patrio-

---

1. Lettre du général Changarnier..

tique, mais le souvenir de ces princes ne vivait que dans la mémoire de quelques militaires qui avaient fait partie de leur entourage intime. La grande masse des officiers, près desquels le gouvernement ultra-pacifique de Louis-Philippe était en mince estime, et tous les soldats, reconnaissants des mesures prises en leur faveur par Napoléon III, étaient absolument et profondément dévoués au nouveau souverain. L'*Empire c'est la paix*, avait dit Napoléon III à Bordeaux dans un toast fameux : ce qui n'empêcha pas les guerres de Crimée, d'Italie, de Chine et du Mexique. La guerre de Crimée était le début de l'armée d'Afrique vis-à-vis des armées européennes. Le début fut brillant, mais cette guerre, accomplie dans des conditions toutes spéciales, ajouta peu aux connaissances militaires des généraux et des officiers. La guerre d'Italie, remarquable par la défectuosité des préparatifs, dévoila des causes de faiblesse, que l'on constata sans chercher à y remédier. La guerre de Chine fut une espèce de conte de fées en action, une heureuse aventure bien préparée et bien menée, qui ne se renouvellerait plus aujourd'hui, nous ne l'avons que trop vu au Tonkin. La guerre du Mexique, si funeste au gouvernement de l'Empereur, mal conduite au point de vue politique, donna lieu à une foule d'actions honorables pour nos troupes et nos officiers. En mettant au jour le caractère de l'homme qui commandait notre armée, cette guerre donnait une leçon telle, que tout l'argent dépensé alors inutilement ne l'aurait pas payée à sa juste valeur, si la France en eût profité, mais c'est elle qui, par la voix de l'opinion publique, força pour ainsi dire l'Empereur, en 1870, à donner le commandement de l'armée de Metz à l'ancien chef de l'armée du Mexique !...

Si nous voulons maintenant nous faire une juste idée des transformations militaires survenues depuis 1830, il faut suivre le développement des causes qui ont contribué à changer dans cette période l'esprit de l'armée. La loi de 1832 avait donné à la France, comme nous l'avons déjà fait observer au premier chapitre de cet ouvrage, une armée parfaite mais restreinte, placée en dehors du pays et ne pouvant se maintenir qu'à la condition de vivre de sa vie propre, sans se mêler à la vie commune. Tout y contribuait : la durée du service, la difficulté et la cherté des voyages, la cherté même des communications par lettres, les changements fréquents de garnison, le port régulier de l'uniforme à une époque où les officiers n'allant pas en congé n'avaient, pour la plupart, pas même un vêtement bourgeois. Peu à peu les progrès du remplacement avaient écarté des régiments la jeunesse aisée et instruite. Il n'y avait donc dans l'armée que des officiers presque étrangers à la société civile, ne la connaissant pas et n'y étant pas connus, des sous-officiers qui, façonnés à la vie militaire par sept ans de présence sous les drapeaux, y restaient volontiers après l'expiration de leur temps de service, et des soldats qui, n'ayant pour ainsi dire plus de nouvelles de leurs familles d'origine, finissaient par regarder leur régiment comme leur véritable famille, leurs camarades de chambrée comme leurs frères, leurs capitaines comme leurs pères, quand ils s'occupaient d'eux et de leurs besoins... L'apogée de cette armée, avons-nous déjà dit, fut marqué par la guerre de Crimée. Aucune troupe ne vaudra plus jamais les régiments qui, au printemps de 1854, s'embarquèrent les premiers pour la Turquie.

La guerre de Crimée et le long séjour du camp portèrent une première atteinte à la discipline ; il n'est pas de grand homme pour son valet de chambre, dit-on quelquefois : le camp montre trop au soldat l'officier en robe de chambre. D'ailleurs, après la guerre il devint impossible de continuer à faire vivre l'armée en dehors de la nation. Les chemins de fer s'étaient multipliés sur le territoire ; on avait, comme adoucissement à la position précaire des officiers et de la troupe insuffisamment soldés, imaginé pour eux les billets au quart du tarif ; les exigences budgétaires, résultat d'une guerre coûteuse, firent multiplier les congés et les permissions qui, joints à l'abaissement des ports de lettre et des mandats d'argent, rattachèrent tous les militaires à leurs vraies familles [1].

Peu considérés dans une société qui s'enrichissait et les voyait rester pauvres, les officiers commencèrent à ne plus être si fiers de leur uniforme. On les vit partout porter en garnison les effets bourgeois qu'il leur avait fallu se faire confectionner pour aller en congé, et lorsque des écrivains cherchèrent un succès facile

---

[1]. Toutes ces considérations sont exposées avec une verve attachante dans le livre de M. le sous-intendant Lahaussois, *l'Armée nouvelle*, livre qui s'arrête à la limite des doctrines dangereuses en fait de discipline militaire et la dépasse parfois.

en jetant le ridicule sur l'esprit militaire, ils furent les premiers à en rire. En même temps, la loi de 1855 changeait complètement la composition des rangs inférieurs de l'armée et détruisait cette pépinière d'excellents sous-officiers qui faisait la force des régiments. L'exonération et la dotation de l'armée multipliaient les remplacements, et l'on voyait venir le moment où les corps de troupe ne comprendraient plus que des soldats vieillis et des sous-officiers fatigués, renforcés en temps de guerre par des réserves novices. Pour conserver des soldats sans avoir à les payer et à les nourrir, on avait imaginé les *congés renouvelables*. La guerre d'Italie montra ce que valait cette institution : les hommes en congé, rappelés dans les dépôts pour être habillés, armés, équipés et de là envoyés à l'armée, arrivèrent presque tous trop tard, et ceux qui rejoignirent à temps les bataillons de guerre, mécontents d'être arrachés à un repos et à une indépendance qu'ils croyaient définitifs, se montrèrent médiocres soldats. Sans doute, au bout de quelque temps, ils se seraient fondus dans la masse, sans doute même, s'il se fût agi de défendre à la frontière le pays menacé, ils auraient repris le fusil avec plus d'enthousiasme que pour aller soutenir un peuple dont leur intelligent instinct prévoyait peut-être l'ingratitude... Mais dans les conditions où ils furent employés, l'attitude des hommes en congé renouvelable condamna l'institution. La loi de 1868, qui supprima l'exonération et rétablit le remplacement pour le temps de paix, en réduisant la durée du service et créant la garde nationale mobile, ne put donner de résultats appréciables avant 1870, et l'on peut dire que la guerre se fit alors avec les produits de la loi de 1855.

Pendant ce temps qu'étaient devenus les officiers ? Mêlés à la vie commune, ils voyaient tout le monde chercher à s'enrichir et beaucoup y réussir ; le prix de toutes choses avait augmenté à un tel point que leur solde était devenue absolument insuffisante, d'autant plus que grand nombre d'entre eux avaient été endettés par la guerre de Crimée, guerre pendant laquelle la presque totalité de leurs appointements avait été dépensée à se mal nourrir[1].

---

[1]. Les officiers de marine débarqués pour faire le service des batteries à terre recevaient de fortes indemnités ; les officiers de l'armée de terre, aux prises avec les mêmes difficultés, étaient réduits à leur solde.

Ils devinrent donc forcément ambitieux ; la lecture de l'Annuaire et le calcul de leurs chances d'avancement formèrent la base de leur instruction militaire, et tandis qu'à l'époque de notre entrée au service on aurait honni quiconque eût parlé de ces choses-là aux tables d'officiers, elles y étaient devenues le sujet principal des conversations. L'étude était en défaveur, le café en honneur ; les officiers qui seraient restés chez eux pour travailler auraient été suspects comme vivant en dehors de leurs camarades. Pour avancer, il fallait avant tout avoir un beau physique, une bonne santé et une tenue correcte : avec cela, dans l'infanterie, comprendre le service de l'officier comme celui du caporal et tenir correctement la main sur la couture du pantalon, les yeux fixés à quinze pas devant soi, en écoutant parler le colonel ; dans la cavalerie, réciter par cœur le littéral de la théorie et faire *du passage* dans la cour du quartier avec un cheval bien dressé; dans l'artillerie, affecter le plus profond mépris pour les connaissances techniques... ; enfin, dans toutes les armes, *être recommandé*. Un nouveau fléau s'était en effet abattu sur l'armée et sur le pays : *la recommandation!* Et, tandis que tous les fléaux sont passagers, comme la peste, le choléra, le vol des sauterelles, la recommandation a persisté ainsi qu'un mal chronique, destiné à tuer le malade si l'on ne prend pas des mesures énergiques pour tuer le mal.

Comme si ce n'était pas assez de ces causes d'amoindrissement, la littérature et le théâtre vinrent s'en mêler. Un romancier de talent inventa le type du capitaine Bitterlin et, pour le bon public, tous les capitaines furent des Bitterlin. Bientôt, tous les généraux furent, pour le même public, modelés sur le type ridicule du général Boum, personnage d'opérette imaginé par deux hommes d'esprit. Enfin, un autre écrivain, beaucoup moins amusant que ceux-là, ce qui aurait dû le rendre moins dangereux, trouva moyen de populariser la lâcheté et fit école, grâce aux dispositions entretenues dans l'esprit public par des conférences sur la suppression des armées permanentes. Des orateurs de talent se firent applaudir en vantant la tendresse de nos bons voisins d'outre-Rhin, qui ne demandaient qu'à nous serrer dans leurs bras [1], et en s'écriant

---

1. *Comme le loup du petit Chaperon rouge.*

qu'au bout du compte, s'ils s'avisaient de nous chercher noise, nous les mettrions en fuite rien qu'en prenant chacun un fusil pour courir à la frontière. Voilà ce que nous avons entendu dire et vu applaudir par une foule composée d'hommes réputés intelligents !...

Six mois après, la guerre était déclarée ; on criait dans les rues de Paris : *A Berlin!* et les gares étaient pleines de gens ivres qui faisaient boire nos soldats. Et cependant l'armée française avait encore assez pour vaincre de ce qui lui restait de ses vertus d'autrefois ; de telle sorte que, malgré le nombre et l'habileté de ses adversaires, elle eût été victorieuse si elle avait été commandée ! Qu'on imagine les 1er, 5e et 7e corps concentrés et appuyés aux Vosges ; qu'on se figure l'armée de Metz pulvérisant le IIIe corps allemand et le précipitant dans les ravins de Gorze ! Mieux encore : que l'on se représente l'armée allemande surprise le 18 août dans son imprudente marche de flanc et divisée en tronçons qui auraient vainement cherché à se rejoindre !......

Parmi les qualités qui firent défaut à la tête de cette belle armée, on peut placer au premier rang l'esprit d'initiative, tué par l'exagération du principe de la responsabilité, et l'idée fausse inspirée par la guerre de 1866 sur les avantages de la défensive.

Quand les armées régulières eurent été détruites, prises ou enfermées, les Allemands purent croire qu'ils tenaient la France à leur merci. La longue résistance de Paris et les efforts des armées improvisées en province prolongèrent la lutte. Tout ce que nous en pourrions dire est parfaitement connu. La résistance de Paris présenta surtout un caractère de résignation passive de la part d'une population héroïquement décidée à tout souffrir jusqu'au jour où les armées du dehors viendraient la délivrer. Ces armées étonnèrent les Allemands eux-mêmes par l'énergie inattendue qu'elles déployèrent dans la lutte ; mais des troupes formées à la hâte ne pouvaient être susceptibles que d'un effort momentané, et tandis que sous la conduite de chefs intrépides, quelques braves dissimulaient par leur fière attitude les défaillances de la masse, celle-ci donnait, en arrière des armées, le plus désolant spectacle. Quant aux populations, Châteaudun est là pour montrer ce qu'elles auraient pu faire, mais, disons-le franchement, la France est trop civilisée pour se défendre comme fit l'Espagne en 1808. Il lui faut des armées régulières et régulièrement constituées.

DEPUIS LA GUERRE DE 1870.

Après la guerre, la nation fut unanime pour demander à être protégée désormais par une force respectable. Quant à l'organisation de cette force, les avis furent autrement partagés. M. Thiers, qui gouvernait le pays au nom de l'Assemblée, ne voyait rien de comparable à l'ancienne armée. Il aurait eu raison s'il était possible de se défendre avec cinq cent mille hommes contre deux millions et si la terrible inégalité résultant du tirage au sort pouvait être acceptée dans un pays de suffrage universel. Encore aujourd'hui, on entend parfois soutenir cette thèse qu'avec un petit nombre d'hommes fortement disciplinés, admirablement instruits, inaccessibles à toute crainte et ne se laissant pas troubler par le bruit du canon, on peut vaincre des multitudes armées. Pour que cela fût vrai, il faudrait que les multitudes dont il s'agit ne fussent pas aussi bien disciplinées, organisées et pourvues d'engins meurtriers que l'armée modèle destinée à les combattre. Encore passe si les canons modernes ne faisaient que du bruit, mais demandez aux troupes qui ont défendu Frœschwiller ou Saint-Privat et à celles qui ont été écrasées dans le gouffre de Sedan si l'héroïsme et le dévouement, si l'habileté elle-même peut quelque chose sur la force brutale quand elle atteint un pareil développement. L'armée d'autrefois ne peut donc plus être rétablie. On peut le regretter, il faut s'y soumettre.

Tout un ensemble de lois, qu'il est inutile de rappeler ici, a résolu la question d'organisation. Ces lois, que l'on pense déjà à modifier, n'ont réglé pour ainsi dire que le côté matériel de la question. Le côté moral a cependant son importance. Et si l'ancien esprit militaire ne peut plus être ressuscité, on doit se demander par quoi et comment il doit être remplacé, car ceux-là même qui lui sont le plus hostiles et qui certainement le regretteraient, s'ils l'avaient connu, admettent bien qu'il faut mettre quelque chose à sa place et créer l'esprit militaire de la nation. C'est aller un peu loin.

« La France », a dit un illustre soldat, le maréchal Davout, « est une nation guerrière : elle n'est nullement une nation militaire. » Ce que disait il y a quatre-vingts ans le vainqueur d'Auerstœdt est encore aujourd'hui bien plus vrai, et nous craignons fort que, par esprit militaire de la nation, l'on n'entende la soumission de la nation à certains militaires.

Mais cet esprit militaire de toute une nation est-il donc indispensable ? Pour répondre à une pareille question, il faut se demander d'abord ce que l'on entend par ces mots : *la nation armée*. Dans le système des partis avancés cela signifie que chaque citoyen doit être armé en permanence, ce qui est fort commode pour les hommes de désordre, ainsi certains d'avoir toujours raison des gens paisibles et ce qui assure la tyrannie de la majorité sur la minorité. Mais, dans le système créé par des peuples plus avisés que nous, *nation armée* signifie toute la partie valide de la population réunie sous les armes en cas de guerre et groupée dans des cadres solidement constitués, qui ont une double mission à remplir : préparer, pendant la paix, le reste de la nation à faire la guerre et le guider dans la guerre elle-même. Voilà ceux qui doivent posséder l'esprit militaire et le posséder à un degré tel qu'ils l'inspirent à tous les autres le jour où cela est nécessaire. Le reste de la nation n'a besoin que de l'esprit de patriotisme, de dévouement et de sacrifice.

Pour tous, l'instruction qui développe l'intelligence est indispensable.

Les causes de nos défaites sont aujourd'hui bien connues : elles ont consisté dans l'infériorité numérique, matérielle, intellectuelle et morale : infériorité d'un moment, qui tenait à ce que, fiers de notre passé, nous vivions sur nos traditions, nous renfermant chez nous sans regarder ce que faisaient et ce que devenaient les autres. L'infériorité numérique et l'infériorité matérielle, nous y avons remédié : nos armées sont aussi nombreuses, aussi bien pourvues que celles de nos adversaires. L'infériorité intellectuelle, nous avons déjà beaucoup travaillé à la faire cesser. Avons-nous bien travaillé ? c'est une autre question. Les générations actuelles d'officiers, celles surtout qui sont nées à la vie militaire au moment de nos désastres, jugeant le passé d'après ce qu'ils en avaient vu, se figuraient volontiers qu'avant elles on ne faisait rien et l'on ne savait rien. Il est très vrai encore qu'après la guerre de 1870, il s'est opéré parmi les jeunes officiers un mouvement des plus louables vers l'étude et la discussion de tous les sujets qui se rapportaient à l'organisation de nos forces nationales. Des conférences multiples donnaient alors à toutes les opinions, aux plus paradoxales comme aux plus raisonnables, l'occasion de se manifester : des travaux intéressants et utiles sont sortis de ces conférences et des études particulières de quelques officiers. Il faut le dire cependant, ce feu de paille flambait trop, il n'a pas duré, les sujets se sont épuisés, et beaucoup qui travaillaient pour la galerie n'ont pas voulu revenir dans le cercle déjà tracé ou suivre les voies que les efforts de leurs camarades avaient sillonnées de trop nombreuses ornières. Tous d'ailleurs n'avaient pas sous la main les documents qui avaient permis aux premiers de s'appuyer sur des témoignages précieux. Allez donc consulter les archives du ministère quand vous êtes en garnison à Mont-Dauphin ou à Belle-Isle-en-Mer! Des considérations politiques ou financières ont multiplié les casernes dans des localités où l'étude semble facile, parce qu'on peut y travailler en paix, mais où tout fait défaut pour étudier sérieusement. Les bibliothèques de garnison ou de régiment ne suffisent pas à combler ce vide. Les ouvrages originaux y manquent généralement. Autrefois et dans le premier élan qui suivit la paix, M. Camille Rousset, historiographe du ministère, avait commencé à éditer une bibliothèque d'officiers, composée pour ainsi dire de la moelle de la littérature militaire ; cette collection a été à peine ébauchée. Complète, elle ne servirait pas à tous (les registres de sortie sont malheureusement là pour attester que les livres d'étude ne sont pas les plus demandés), mais enfin elle servirait aux travailleurs. Il n'est pas nécessaire de transformer les régiments en couvents de bénédictins où les moines s'engageaient par des vœux à produire des in-folio savants, et les travaux de quelques officiers particulièrement doués ou inspirés peuvent être utiles à tous.....

En outre, et dussions-nous être traité d'esprit paradoxal en le disant, ce qui nuit le plus au véritable savoir et aux véritables études, c'est le système d'examens dont on veut faire la base de notre organisation. Nos grades ne seront bientôt plus que des degrés universitaires ou des classes de mandarins. Au lieu d'être lieutenant, on sera *bachelier ès sciences militaires* ou mandarin au bouton de cristal, les capitaines seront des *licenciés*, les commandants des docteurs, les généraux des mandarins au bouton de jade, etc...

Mais ce n'est pas seulement par le système des examens à outrance que l'on risque d'abaisser le niveau de l'instruction de l'armée, c'est surtout en recherchant une égalité chimérique de toutes les intelligences : la recherche absolue de l'égalité en toutes choses prend le caractère de l'envie et de la jalousie. On ne veut pas qu'il y ait dans l'armée des officiers plus instruits que d'autres, à moins qu'ils ne forment, sous la garantie du Gouvernement, une catégorie *brevetée*. Mais du moment où chaque grade ne sera plus que la constatation d'un degré d'instruction supérieur à celle du grade précédent, comment conciliera-t-on la supériorité résultant du grade avec celle que donnera le brevet? Le brevet qui dispense de toute constatation ultérieure d'un mérite que les officiers non brevetés sont obligés de prouver à chaque grade ! Évidemment le capitaine breveté se croira dans son for intérieur bien au-dessus du chef de bataillon non breveté, puisqu'il possède d'avance toutes les capacités voulues pour être nommé colonel.

Oui, il faut mettre l'étude en honneur dans l'armée, mais le système des examens et des brevets n'y réussira pas. Ce n'est pas avec des programmes dont les questions sont tirées au sort et des examens renfermés dans un moule déterminé que vous augmenterez la somme d'instruction. Ce n'est surtout point en excluant du recrutement des officiers les écoles où l'on étudie le plus.

Vraiment, les anciens officiers qui étudient avec un intérêt patriotique tout ce qui se fait aujourd'hui, assistent à un spectacle bien humiliant pour eux. Ils ne font que lire et entendre dire qu'ils étaient ignorants et ineptes, incapables d'inspirer confiance au soldat parce qu'ils n'avaient pas partagé sa gamelle. Est-ce que, par hasard, nous tous, tant que nous sommes, officiers d'il y a trente ou quarante ans, nous rêverions lorsque nous croyons nous souvenir de nos premières années de service et de la troupe qui nous suivait, confiante, avec une déférence et un respect que nous souhaitons aux organisateurs de l'armée d'inspirer au même degré?

L'autorité ne s'impose pas seulement par la supériorité intellectuelle : la supériorité morale y contribue encore davantage. Si l'on veut que la nation appelée sous les drapeaux soit docile aux leçons des cadres qui doivent, comme nous l'avons dit, l'instruire et la guider, il faut faire à ces cadres une situation morale en rapport avec cette haute mission. Il faut remettre l'uniforme en honneur, il ne faut pas que la foule se dise à la vue d'un officier : C'est un malheureux qui reste là parce qu'il a besoin de vivre, qui est à la merci d'un délateur, d'un article de journal ou d'une lettre anonyme. Il ne faut pas que, sous prétexte de mettre la politique hors de l'armée, on étouffe l'armée par la politique. Pour cela, il n'est que deux moyens : ou soustraire le ministre de la guerre aux exigences, nous ne dirons pas de la majorité parlementaire, mais des membres de la majorité, ou protéger l'armée contre l'arbitraire en instituant ce tribunal suprême que déjà le comte de Saint-Germain voulait établir sous le régime de la monarchie absolue : un conseil supérieur de la guerre dont la composition soit fixe et irrévocable, et qui soit appelé à se prononcer non seulement sur les lois et règlements concernant l'armée, mais sur les questions de personnes.

Voilà pour les officiers ; quant aux sous-officiers, il en faut de deux sortes : quelques anciens serviteurs destinés à conserver dans les régiments les traditions de discipline et d'instruction et maintenus au corps par des avantages pécuniaires, par un traitement non seulement avantageux, mais honorable, et auprès d'eux la fleur de la jeunesse instruite, portant d'abord les galons par nécessité, parce que leurs fonctions seront le stage obligé de toutes les carrières, les montrant ensuite avec fierté, parce que ces galons témoigneront de leur supériorité.

Pour la masse de la jeunesse dont les exigences budgétaires et plus encore la nécessité de ne pas interrompre la vie du pays, de ne pas transformer la France en une vaste caserne, limiteront forcément le temps de présence sous les drapeaux, il faut lui montrer que le service militaire n'est pas une charge, mais l'accomplissement d'un devoir sacré ; il faut, pour établir une véritable et saine égalité, enlever au sort du soldat frappé en combattant pour son pays ou blessé dans le service ce qu'il a aujourd'hui de précaire. Il est injuste, lorsque l'officier blessé ou atteint d'une infirmité est assuré d'une pension de retraite, de n'accorder au soldat, dont on a diminué les facultés de travail, qu'un secours révocable et passager et de faire discuter périodiquement, par un aréopage de docteurs, son plus ou moins d'aptitude à gagner sa vie. Le soldat a droit à une retraite comme l'officier. Il est également injuste de mettre sur le même pied, pendant les périodes d'exercice, le jeune homme pour lequel la présence au régiment n'est qu'une gêne momentanée, quelquefois même une distraction salutaire, et celui dont la famille est condamnée à la misère pendant son absence ; il faut donc, par la plus noble application de cette solidarité communale si souvent invoquée, assurer le sort des familles des réservistes. C'est par des mesures de ce genre, impossibles à indiquer ici en détail, que l'on parviendra à diminuer le poids du service militaire. Le reste est l'affaire de la loi de recrutement dont nous dirons un dernier mot dans notre *Conclusion*.

Nous n'avons pas parlé des ministres de la guerre du deuxième Empire et de la nouvelle République. Ce sont des personnages trop contemporains pour que nous puissions les mettre en cause. Nous ferons remarquer seulement que, sous le deuxième Empire, le poste de ministre, qui implique le commandement supérieur de toute l'armée, a toujours été confié à des hommes considérables, presque tous maréchaux, tous même, pourrait-on dire, car ceux qui ne l'étaient pas en prenant possession de l'hôtel de la rue Saint-Dominique, le sont bientôt devenus. Parmi eux, il en est un, le maréchal Niel, dont le nom se serait certainement ajouté sur la liste où figurent Louvois, Voyer d'Argenson, Choiseul, Saint-Germain, Saint-Cyr et Soult, s'il n'avait succombé à la peine sans pouvoir achever son œuvre. Quant aux ministres qui se sont succédé depuis 1870, ils ont eu, pour la plupart, à peine le temps de s'asseoir et les meilleurs sont, à coup sûr, ceux qui ont fait le moins de choses. Quand un pays n'a plus de Gouvion-Saint-Cyr ou de Soult, il en prend la monnaie comme Louis XIV pour Turenne. Mais Louis XIV n'avait nommé que huit maréchaux à la mort de Turenne et nous avons eu, depuis 1870, quinze ou seize ministres !... Nous risquons donc fort de n'avoir plus même la monnaie de Gouvion-Saint-Cyr et d'en être réduits à la petite monnaie. Aussi, l'on ne saurait trop insister sur la nécessité d'un conseil de la guerre sérieux. Nous en avons bien un qui semble sérieux par sa composition, mais on le consulte quand on veut, et l'on tient compte de ses avis quand ils conviennent. Ce n'est pas ce qu'il faut pour soustraire l'armée à l'arbitraire politique.

Nous n'avons également rien dit des généraux qui ont commandé les armées françaises en Crimée, en Italie, au Mexique, dans la guerre de 1870-1871. Pour juger nos contemporains, nous sommes placés trop haut ou trop bas, et nous avouons ne pas partager la facilité avec laquelle certains écrivains, découvrant après coup ce qu'il aurait fallu faire, décernent des brevets d'incapacité. Il nous est permis cependant de faire ressortir les fautes de l'opinion publique. Il est, a-t-on dit, des réputations qui perdent les empires parce qu'elles dictent des choix funestes. Tel fut, par exemple, le cri public qui imposa la nomination du duc de Brunswick comme chef de l'armée prussienne en 1806; tel fut aussi le courant d'opinion qui porta Benedeck à la tête de l'armée autrichienne en 1866. Mais il est des engouements plus extraordinaires encore, car ils ne sont même pas justifiés par les événements antérieurs. C'est ainsi que le gouvernement de l'Empereur se vit forcé, en 1870, de donner au maréchal Bazaine le commandement de l'armée du Rhin. Erreur funeste, dont les conséquences auraient dû imposer à la nation française plus de circonspection et de réserve qu'elle ne paraît disposée à en montrer vis-à-vis des réputations improvisées.

RÉSUMÉ ET CONCLUSION.

Ainsi qu'on a pu le voir, l'état militaire de la France a suivi, depuis l'origine de son organisation régulière jusqu'à nos jours, une marche progressive, arrêtée plusieurs fois par les événements et chaque fois reprise dès que les événements l'ont permis ou dès que les circonstances l'ont exigé. Les progrès de cette organisation suivirent d'abord ceux du pouvoir unique et central qui tendait à s'établir sur les ruines de la puissance féodale. Poursuivie avec persévérance par Henri IV et par Richelieu, elle fut achevée une première fois par Louis XIV et Louvois. Perfectionnée par des ministres tels que Voyer d'Argenson, Choiseul et Saint-Germain, l'organisation militaire de l'ancien régime trouva son apogée dans les ordonnances de 1788, dont plusieurs dispositions sont encore aujourd'hui et depuis peu d'années seulement en vigueur.

Par le fait de la Révolution, l'armée subit une crise si terrible qu'elle semblait devoir y succomber. Les sources de l'enrôlement étaient taries, les officiers émigraient soit spontanément, soit sous l'influence des persécutions dont ils étaient l'objet ; les généraux passaient à l'ennemi ou payaient sur l'échafaud le dangereux honneur de commander à des troupes sans consistance ; l'enthousiasme des premiers volontaires de 1792 ne tenait pas contre la défaite. Nos frontières étaient insultées de toutes parts ; des insurrections formidables à combattre au dedans s'ajoutaient aux dangers dont les ennemis du dehors menaçaient la France. Un peu plus d'audace de la part de ces ennemis, et notre pays aurait succombé avec la cause de la Révolution.

La Convention, le comité de Salut public et Carnot, en qui se personnifièrent les efforts accomplis, sauvèrent la France et la Révolution, non pas comme l'ont dit des écrivains qui avaient

étudié superficiellement la situation, en frappant du pied le sol de la patrie pour en faire jaillir quatorze armées, mais en groupant les éléments confus de la levée en masse avec les restes de l'ancienne armée et en rétablissant des règles qui avaient disparu dans les premières tempêtes révolutionnaires. La véritable armée de la République fut créée pendant la glorieuse campagne de 1794 : nous avons vu ce qu'elle était et quel admirable instrument elle fut dans les mains de Bonaparte. Le général Foy l'a dit en deux lignes :
« La République et la guerre avaient façonné pour Napoléon les « généraux les plus capables, les officiers les plus dévoués, les sol- « dats les plus valeureux. »

Après avoir tiré d'abord de cet instrument un merveilleux parti, l'Empereur en abusa, lui donna un développement excessif, et en tombant il entraîna dans sa chute la Grande-Armée dont il était l'idole.

Après Waterloo et la deuxième capitulation de Paris, la France et son armée furent à la merci de l'étranger. Depuis les temps antiques où le conquérant emmenait en esclavage toute la partie valide de la nation conquise, jamais vainqueur n'avait traité plus durement l'armée vaincue, jamais ennemi n'avait trouvé dans les haines de parti qui divisaient son adversaire d'auxiliaires plus ardents. La Grande-Armée ne fut pas seulement licenciée, elle fut supprimée jusque dans son passé et dans ses traditions. C'est alors qu'un grand ministre s'illustra en répondant au vœu national. Gouvion-Saint-Cyr, comme Richelieu et Louvois au XVIIe siècle, comme Carnot pendant la Révolution, personnifia en lui l'œuvre de la réorganisation militaire. Plus ou moins modifiées dans les détails, les institutions établies en 1818, sur l'initiative de ce ministre patriote, ont vécu jusqu'en 1870. Mais le temps avait marché, et la France avait dormi. La guerre de 1870 la réveilla cruellement ; l'armée, victime d'un désastre dont les temps modernes n'offrent aucun précédent, fut encore une fois désorganisée. Ses anciens cadres étaient devenus d'ailleurs insuffisants. A une *nation armée* pour la conquête, il fallut opposer la *nation armée* pour la défense et le maintien de son indépendance... En ce moment critique, les Carnot et les Gouvion-Saint-Cyr firent défaut à la France. Comme en 1793, le pouvoir était aux mains d'une Assemblée, mais d'une

Assemblée qui, en bien comme en mal, n'avait rien de commun avec la Convention, et au lieu de l'énergie d'un comité de Salut public, cette Assemblée ne trouva dans son sein que le bon vouloir d'une commission militaire cherchant à s'éclairer et s'égarant dans la confusion des avis divergents. D'ailleurs, l'homme d'État à qui l'Assemblée avait délégué ses pouvoirs possédait au plus haut degré l'esprit d'attachement aux vieilles institutions...

Malgré tout, l'œuvre de réorganisation fut menée à bonne fin ; nous avons cherché à la faire connaître en exprimant nos réserves sur les parties qui nous semblent prêter le flanc à la critique et en signalant les règlements qui, plus que les lois nouvelles, constituent un progrès sur le passé. Nous le répétons en toute sincérité, la loi sur le service d'état-major nous paraît créer dans les rangs de l'armée des divisions fâcheuses et ne doit donner, croyons-nous, ni de bons états-majors, ni de bonnes têtes de régiments ; nous pensons aussi que l'institution du corps du Contrôle est coûteuse et inutile. A part cela, l'organisation de notre armée, perfectible comme toutes les créations humaines, assure dans de bonnes conditions la grandeur et l'indépendance de la France ; moyennant quelques changements faciles à réaliser, elle laisserait peu à désirer. On éprouve donc un sentiment douloureux, mélange des plus profonds regrets et des plus vives appréhensions, lorsqu'on voit saper dans ses fondements cet édifice de salut.

Arrivé au terme d'un ouvrage de longue haleine, nous ne reprendrons pas la plume pour discuter ici le vaste projet soumis en ce moment à l'examen de la Chambre des députés ; nous regretterions d'ailleurs de donner à une étude consciencieuse et calme un caractère polémique. Nous ne pouvons retenir cependant un cri d'alarme et, quelque impuissante que soit devenue notre voix, nous regardons comme l'accomplissement d'un devoir patriotique la suprême objurgation que nous adressons en quelques lignes aux législateurs de la France.

Il y a peu de temps, on proposait quelques modifications à l'organisation militaire de l'Allemagne ; l'homme qui a tendu contre nous, avec une infernale habileté, les ressorts de cette organisation et aux talents duquel les souffrances de notre pays ne doivent pas nous empêcher de rendre justice, car ils sont attestés par les mutilations de la France, répondit, nous assure-t-on, à ceux qui parlaient de ces modifications utiles : « Le bien que nous pourrions « retirer de changements avantageux ne saurait entrer en balance « avec le danger auquel nous exposerait le seul fait de changer. » A plus forte raison dirons-nous cela lorsqu'il ne s'agit plus seulement de modifier quelques détails, mais de transformer complètement certaines parties de l'ensemble.

Si de cette considération préalable, mais capitale, nous passons au projet lui-même, laissant de côté pour un instant la question du recrutement par laquelle nous devons conclure, ainsi que nous l'avons annoncé dès le début, nous trouverons deux des lois fondamentales actuellement en vigueur bouleversées de fond en comble : 1° la loi du 13 mai 1875 sur les cadres et effectifs de l'armée ; 2° la loi sur l'avancement avec les ordonnances et règlements concernant les écoles militaires, les sous-officiers, etc...

Nous avons dit longuement, aux chapitres VIII et XVIII, ce que nous pensions de cette dernière question. Nous n'y reviendrons que pour protester une dernière fois contre le système d'examens par lequel on veut assimiler la hiérarchie de l'armée à l'échelle des grades universitaires et contre l'ostracisme dont on veut frapper deux des grandes sources du recrutement des officiers. Vouloir abaisser le niveau de l'intelligence et de l'instruction pour que tout le monde puisse y atteindre, nous paraît un singulier moyen de relever une armée à laquelle on reproche d'avoir été battue parce qu'elle n'était pas assez savante. L'égalité, ainsi entendue, est d'ailleurs une chimère, car si bas que soit votre niveau, la diversité des intelligences et des caractères y produira des variations aussi grandes qu'au-dessus et au-dessous d'un niveau plus élevé. Enfin, si dans un corps d'officiers quelques-uns sont doués d'une intelligence supérieure et d'un esprit mieux cultivé par l'instruction, c'est au profit de l'ensemble, et priver l'armée de ces individualités, c'est la décapiter. Enfin, nous pourrions produire ici la liste de tous les généraux sortis de l'École de Saint-Cyr et de l'École polytechnique, mais cette liste, où figurent des noms illustres, serait un argument sans valeur aux yeux des novateurs décidés à faire table rase du passé.

Quant aux dispositions du projet de loi destinées à remplacer la loi du 13 mars 1875, elles ont pour point de départ : 1° la séparation absolue de l'armée de forteresse et de l'armée active ; 2° la dislocation complète de l'artillerie, dont les tronçons mutilés s'agiteraient pendant quelque temps animés d'un reste de vie pour ne pas tarder à mourir d'inanition, exposant l'armée et le pays à d'immenses dangers.

La séparation de l'armée en deux parties : l'une affectée à la guerre de campagne, l'autre à la défense des places fortes et à la garde des vallées frontières, résulte évidemment du titre du projet relatif à l'infanterie. En laissant de côté les troupes spéciales de l'Algérie, nous avons aujourd'hui 144 régiments d'infanterie à 4 bataillons et 2 compagnies de dépôt, et 30 bataillons de chasseurs ayant chacun 1 compagnie de dépôt, en sorte que, tous les bataillons étant uniformément de 4 compagnies, l'infanterie comprend 606 bataillons et 318 compagnies de dépôt, donnant un total de 2,742 compagnies. On veut y substituer 154 régiments d'infanterie et 40 régiments de chasseurs, tous à 3 bataillons et 1 compagnie de dépôt, ce qui donnerait 582 bataillons et 2,522 compagnies. Ajoutons que les régiments de chasseurs sont, en apparence du moins, identiques aux régiments d'infanterie, si ce n'est qu'ils ont un colonel *ou* un lieutenant-colonel au lieu d'un colonel *et* un lieutenant-colonel et des fanfares de bataillon au lieu de musiques de régiment. Sans parler de la diminution du nombre des bataillons et des compagnies, ce qui frappe dans ce projet c'est la création des régiments de chasseurs, destinés bien évidemment au service de forteresse et devant, le plus généralement, être dispersés par bataillon comme l'indiquent les fanfares qu'on leur donne. Ces régiments porteraient le même uniforme que les régiments d'infanterie, mais au bout de peu de temps ils n'auraient plus les mêmes habitudes ni le même esprit, et ils ne tarderaient pas à dégénérer en garde nationale, en sorte que la suppression de l'armée permanente serait un fait à moitié accompli.

En outre, le projet supprime les bataillons de chasseurs à pied et, comme si ce n'était pas assez de les supprimer, il donne leur nom à ces régiments dont nous venons de parler, qui n'auront rien de ce qui a rendu les chasseurs à pied si populaires. Les chasseurs à pied ne sont ni une troupe privilégiée, ni une troupe d'élite dans l'acception générale de cette expression. C'est une troupe douée de qualités spéciales et qui possède ces qualités non pas comme une garde royale ou impériale, parce qu'elle pompe le meilleur du sang des autres troupes, mais par suite d'une éducation particulière et d'un amour-propre dont les causes multiples échappent en partie à l'analyse, car il a son origine dans les faiblesses du cœur humain. Soutenir cette thèse que l'esprit de corps nuit à l'esprit général de l'armée, c'est dire que l'esprit de famille détruit le patriotisme. Comme si la patrie n'était pas un groupe de familles et l'armée une réunion de corps divers !... Nous n'insisterons pas.

L'idée d'une armée de forteresse distincte de l'armée active ne pouvait trouver son application dans la cavalerie. Le projet de loi renferme, à propos de cette arme, des dispositions fondées sur la nécessité de faire cesser une infériorité numérique trop flagrante. Nous éprouvons plus de plaisir à constater le progrès réalisé dans cette partie de la législation que de regrets en présence du mal projeté pour d'autres portions de nos cadres, sous la réserve toutefois que le progrès consistant dans la création de nouveaux régiments, ne soit pas compensé par des suppressions fâcheuses. Les régiments de cavalerie de France sont actuellement au nombre de 70 (12 de cuirassiers, 26 de dragons, 20 de chasseurs, 12 de hussards), à quoi on peut ajouter 4 régiments de chasseurs d'Afrique à 8 escadrons. Le projet y substitue 78 régiments de France (12 de cuirassiers, 30 de dragons, 22 de chasseurs, 14 de hussards), et 6 régiments de chasseurs d'Afrique, tous à 5 escadrons. On pourrait actuellement, après avoir prélevé 38 régiments pour les brigades de cavalerie de 19 corps d'armée, et en prenant 4 escadrons dans chacun des quatre régiments de chasseurs d'Afrique, former 6 divisions de cavalerie indépendantes. On pourra, si le projet est adopté, former 20 brigades de corps d'armée et 7 divisions indépendantes. Rien de mieux. Mais il s'agit de savoir si les réductions opérées dans les cadres d'officiers ne seraient pas trop considérables. Il y a aujourd'hui peut-être luxe d'officiers : prenons garde de tomber de ce luxe dans la misère. On ne doit pas perdre de vue que dans la cavalerie, les officiers, une fois le combat engagé, sont des cavaliers d'élite donnant l'exemple, donnant surtout et recevant les premiers coups de sabre, exposés, par conséquent, à des pertes nombreuses, et que, pour ce motif, la proportion des officiers doit y être plus forte que dans les autres armes[1]. Or, de 5 officiers supérieurs, l'état-major d'un régiment est réduit à 3, dont 1 chargé de la comptabilité. Sur 6 officiers, l'escadron n'en conserve plus que 4. Les capitaines instructeurs sont supprimés ; les comptables, ne figurant plus dans les cadres de la cavalerie, doivent appartenir à un corps spécial, combinaison dont nous avons parlé au cours de cet ouvrage et qui n'est pas sans présenter de réels avantages, en sorte que ces cadres subissent une réduction qui nous semble dépasser toute proportion. Aujourd'hui, 78 régiments, dont 4 de spahis n'ayant qu'un colonel ou un lieutenant-colonel, comportent 76 colonels et 76 lieutenants-colonels. Le projet réduit ces nombres, pour 88 régiments, à 44 colonels et 44 lieutenants-colonels. De même, de 242 officiers supérieurs du grade de chef d'escadrons, le cadre descend à 176. La cavalerie perdrait donc 32 colonels, 32 lieutenants-colonels et 66 chefs d'escadrons, soit en tout 130 officiers supérieurs ! Si nous ne nous trompons, le nombre des officiers d'autres grades descendrait de 2,898 à 1,960, différence : 938.

L'arme la plus attaquée dans le projet de loi est l'artillerie ; on peut dire qu'elle y est, sans rémission, condamnée à mort. Nous avons fait ressortir, aux chapitres IV et VI, les avantages et la nécessité de son organisation actuelle. Le projet en fait trois parts : l'artillerie de campagne, qui reste l'artillerie ; l'artillerie de forteresse, qui devient le génie, et l'artillerie technique, devenue le service des ingénieurs. L'artillerie de campagne perd 76 batteries, transformées en batteries de dépôt ; 76 batteries, 436 bouches à feu ! Ainsi, l'insuffisance numérique de l'artillerie, motivée alors comme aujourd'hui par des raisons d'économie, a forcé Napoléon III à interrompre l'œuvre de la libération de l'Italie et à nous faire une ennemie de cette nation, à qui cet empereur avait promis plus qu'il n'a pu tenir ; elle nous a obligés ensuite à contempler l'arme au pied l'agrandissement funeste de la puissance prussienne ; enfin, elle nous a laissé écraser à Frœschwiller, à Saint-Privat, à Sedan,

---

1. 4 officiers pour un escadron de 150 chevaux, ce n'est réellement pas assez : comment fournir aux patrouilles d'officiers dans le service de découverte et sur le champ de bataille ?

et cette triste expérience ne nous aurait pas éclairés!... C'est à désespérer de la France.

Eh bien ! la réduction numérique n'est rien à côté de l'amoindrissement matériel et moral apporté à une arme en qui réside aujourd'hui le salut des nations. On a beau se révolter contre ce fait brutal, il faut bien le subir. Avoir beaucoup d'artillerie, et surtout avoir une bonne artillerie, est le point de départ de la force militaire. Cela ne suffit évidemment pas : une bonne et nombreuse cavalerie est indispensable pour chercher le défaut de la cuirasse de l'ennemi ; une vaillante infanterie puissamment armée, sera toujours le glaive qui percera le cœur de cet ennemi et décidera la victoire ; mais si l'artillerie n'a pas brisé la cuirasse, le glaive émoussé restera impuissant. Or, pour que l'artillerie conserve sa force, il faut qu'elle garde son unité et son ensemble ; il faut qu'elle préside à la construction de son matériel et à la confection de ses munitions ; il faut qu'elle sache faire usage du canon dans toutes les conditions ; il faut que les officiers puisent dans la variété des emplois l'instruction étendue qui leur est nécessaire. Nous renvoyons le lecteur à tout ce que nous avons dit de cette question aux chapitres IV et VI du présent livre. Peut-être chercherons-nous, dans une étude spéciale, à prendre corps à corps le projet ministériel. Ici, et dans un ouvrage d'un caractère général, nous en avons dit assez.

Le génie est mieux traité que l'artillerie ; on pourrait même dire qu'en apparence il est comblé d'honneurs et de puissance. Est-ce au profit de l'intérêt général? Est-ce même au profit de l'arme du génie ? Ce sont là d'autres questions. Quoi qu'il en soit, aux 4 régiments actuels du génie, le projet substitue 12 régiments comprenant chacun 12 compagnies de canonniers et 4 compagnies de sapeurs-mineurs réparties en quatre bataillons. Les sapeurs-mineurs sont exclus des armées actives et ne figurent que dans les sièges et dans la défense des places. Ils sont remplacés dans la guerre de campagne par des compagnies de pionniers, faisant partie de l'artillerie à laquelle, par surcroît et comme par une sorte d'ironie, on laisse les pontonniers non plus en régiments, où peuvent être entretenues la tradition et la doctrine, mais en compagnies éparses n'ayant plus entre elles aucun lien.

Et, tandis que l'artillerie est complètement exclue du service des sièges et des places, le génie est partout, et une bien significative anomalie du projet, en lui enlevant les communications de terre, lui laisse les chemins de fer. En outre, l'état-major du génie, supprimé comme celui de l'artillerie, est rétabli sous le titre de *service des forteresses*. Si l'on avait voulu être logique, il aurait fallu faire de l'état-major particulier de l'artillerie le service des ingénieurs ; mais le malheur est qu'il existe un corps d'ingénieurs que l'on a grossi outre mesure et dont il faut bien trouver l'emploi !

Ici, nous ne pouvons nous empêcher de protester contre la profusion de militaires non combattants introduite dans l'armée depuis quelques années et encore augmentée par le projet de loi ; on a complètement perdu de vue l'origine et la signification de l'*état d'officier*, créé par la loi de 1834. La propriété du grade était une garantie donnée aux officiers contre les vengeances et les réactions de parti, après une lutte dans laquelle leur devoir les enchaîne au parti du Gouvernement, en un mot, on a voulu garantir la France contre le danger des *pronunciamentos* et l'on y a réussi, en même temps qu'assurer une compensation à des hommes qui, se consacrant tout entiers à la défense du pays, risquent leur vie, épuisent leur santé et perdent leur avoir personnel. Pour le même motif, on leur a concédé des pensions de retraite calculées sur un taux plus généreux que celui des pensions civiles. Mais un ingénieur ou un contrôleur est un fonctionnaire comme un autre... si ce n'est qu'il dépend du ministre de la guerre... Encore comprenons-nous que sous ce prétexte on les assimile aux officiers, car nous ne sommes pas personnellement de ceux qui veulent tout pour eux et rien pour les autres. Qu'on militarise donc les fonctionnaires *attachés* à l'armée, quoique plusieurs d'entre eux soient assurés de ne jamais partager les fatigues et les dangers des combattants ; mais qu'on ne les mette pas sur un pied plus élevé et qu'on ne donne pas à un contrôleur qui a quitté le service militaire dans le grade de chef de bataillon une position supérieure à celle d'un général de division, criblé de blessures et ruiné par de nombreuses campagnes.

Reste la question du recrutement : nous l'avions traitée en nous appuyant sur un projet de loi voté par la Chambre des députés et auquel ne manquait plus que la sanction du Sénat. Mais nous vivons dans un temps où, comme les morts de la ballade, les projets vont vite. Qui se souvient aujourd'hui de celui dont il était question il y a un an?...

Le nouveau projet, comparé à celui-là, présente l'avantage de la netteté et de la logique. Hâtons-nous de dire qu'il est inspiré, dans ses dispositions générales, par des nécessités devant lesquelles il faut bien s'incliner, et que nous avons exposées nous-même au chapitre XVIII et dernier de cet ouvrage.

En voici les dispositions principales :

Réduction de la durée du service actif à trois ans au *maximum*;

Service rendu obligatoire pour tous, à l'exception des hommes exemptés pour infirmités physiques ;

Suppression de toutes les dispenses, en tant qu'elles résultent de telle ou telle position (fils aînés de veuves, frères puînés de soldats sous les drapeaux, futurs instituteurs ou ministres d'un culte, etc.);

Dispenses révocables accordées dans une certaine proportion pour des positions intéressantes, d'après l'avis de commissions locales désignées par le sort ;

Suppression du volontariat d'un an ; sursis accordés pour permettre aux jeunes appelés de parachever leur préparation à une carrière et dans le même but, mais par un procédé inverse, engagements volontaires admis à partir de l'âge de dix-sept ans ; désignation d'un très petit nombre d'écoles dont les élèves sont considérés comme présents sous les drapeaux ;

Renvoi, après la deuxième année de service, de tous les hommes qui, lors de l'appel de leur classe, auront obtenu un certificat d'aptitude, en subissant un examen devant une commission ;

Périodes d'instruction maintenues dans la réserve et dans l'armée territoriale. Moyens d'instruction militaire mis dans les chefs-lieux de canton à portée des hommes dispensés ;

Établissement d'une taxe militaire proportionnée au revenu de chacun, payée par quiconque est dispensé ou exempté du service militaire ;

Enfin, désignation de tous les emplois dont les titulaires sont retenus à leur poste, même en cas de guerre, comme indispensables à la vie de la nation et au fonctionnement des rouages du gouvernement.

Le reste n'est que détails. Il est cependant un de ces détails digne de remarque, c'est que le service de trois ans est en réalité réduit à trente-trois mois en raison des dates fixées pour l'appel et le renvoi de chaque classe. Le service de deux ans, qui sera le cas le plus général, sera par conséquent réduit à vingt et un mois, desquels il faudra retrancher en moyenne deux mois de permission, ce qui fera dix-neuf mois de présence réelle.

Nous ne discuterons pas plus cette partie du projet que les deux autres, et nous nous bornerons à quelques observations :

Nous constaterons d'abord que le problème du recrutement dans les conditions modernes ne peut avoir sa solution que dans les mœurs et les habitudes du pays, et qu'il ne dépendait pas des auteurs du projet de le résoudre d'une façon absolument satisfaisante, mais ils nous paraissent avoir par trop cédé au sentiment de fausse égalité qui suit, dans l'esprit de la nation, une marche ascendante et dangereuse pour l'avenir. Le devoir d'un gouvernement, et surtout d'un gouvernement républicain, n'est pas d'encourager des tendances qui peuvent mener la nation à sa ruine, mais de réagir courageusement contre elles. A ce point de vue, les dispositions projetées pour les dispenses menacent d'introduire dans le pays des ferments de haine et de discorde, surtout entre les habitants d'une même commune. La loi doit être la même pour tous, tel est le principe fondamental de la justice et de l'égalité. Tous les fils aînés de veuves étant dispensés, le principe est sauvegardé. Du moment où vous subordonnez la dispense à la décision d'un jury, vous en faites une mesure aléatoire et vexatoire. A partir du moment où le sort les aura désignés, ces jurés d'une nouvelle espèce seront en butte à toutes les sollicitations, à toutes les menaces, à toutes les promesses, à toutes les offres peut-être, et en prononçant leurs verdicts ils encourront bien des rancunes. Les coteries locales, les antipathies ou les sympathies de voisinage, les oppositions d'intérêts se donneront pleine carrière, etc...

Dans un autre ordre d'idées, la suppression de la dispense pour les ministres du culte est une satisfaction donnée, sans aucune utilité pour le bien public, à la majorité actuelle de la Chambre des députés. A quoi bon appeler sous les drapeaux des hommes qui n'y reparaîtront pas en temps de guerre, et pourquoi, sous le prétexte d'égalité, tarir ainsi la source du recrutement du clergé. Nous savons bien que tel est le but poursuivi, sinon par les auteurs du projet, du moins par une partie de ceux dont ils veulent obtenir les suffrages. Mais en supposant même que ce ne soit pas la grande majorité du pays, le nombre est immense de ceux pour qui le culte est un besoin, et ceux-là qui ne veulent pas de ce culte pour eux, ont intérêt à ce que ses ministres présentent toute garantie; car ils auront beau faire, ils n'arriveront pas à détruire leur influence, et plus le clergé risquera d'être mal recruté, plus cette influence pourra être dangereuse. Ce que nous disons des futurs ministres du culte s'applique au même degré aux jeunes gens qui se destinent à l'instruction publique.

En résumé, et sans prolonger une discussion qui ne saurait trouver ici sa place, la loi que l'on propose aux Chambres de voter nous paraît devoir peser lourdement sur la nation pour ne lui donner qu'une armée peu consistante, puisque la plupart de ses soldats n'auront passé que 18 mois environ sous les drapeaux.

Comment donc résoudre ce problème? Ici nous pourrions répondre par ces paroles du prince de Hohenlohe, à qui l'on demandait son avis sur le rôle futur de l'artillerie : « Laissez le passé « à la vieillesse, et, pour ce qui est de l'avenir, adressez-vous à la « jeunesse. » Mais comme dans tout système, même dans les plus mauvais, il peut y avoir quelque chose à prendre, nous donnerons le nôtre sans la moindre prétention *à poser* pour un organisateur. Nous commencerons par exprimer le regret qu'il ne se soit pas trouvé, au lendemain de la guerre, des esprits assez hardis ou assez avisés pour construire un édifice neuf au lieu de replâtrer l'ancien. Le moment était propice alors, il ne l'est peut-être plus aujourd'hui. En tout cas, on a perdu quinze années pendant lesquelles auraient été prises des habitudes qu'il faudrait le même espace de temps pour prendre à dater de ce jour. Autrefois, comme nous l'avons vu, l'armée était en dehors de la nation. Pour cent motifs divers, l'armée est devenue la nation elle-même, ou du moins la partie valide de la nation sous les armes; mais si l'on veut que cette définition soit absolument vraie, il ne suffit pas que l'armée dérive de la nation par le recrutement qui fournit les soldats, il faut que réciproquement la nation dérive de l'armée par ce que nous appellerons le recrutement civil, qui fournit tous les fonctionnaires grands et petits. Après de longues années de réflexions et de tâtonnements, on s'est décidé enfin à tenter un premier pas dans cette voie en faisant de la position de sous-officier, le stage obligé de certains emplois. Cela ne suffit pas. La loi sur le recrutement devrait comprendre un titre spécial, dont les deux premiers articles seraient ainsi conçus :

1. — Nul ne pourra remplir une fonction rétribuée par l'État s'il n'a été présent sous les drapeaux pendant une durée de cinq années, les années de guerre comptant double.

2. — Aucune concession de chemin de fer, de canal ou de travaux publics ne sera consentie envers une compagnie, si cette compagnie ne prend l'engagement d'appliquer au recrutement de ses employés la condition déterminée par l'article précédent.

Ce premier point établi, la durée du service actif en temps de paix serait fixé à trois ans, les dispenses étant celles de la loi actuelle, l'exemption pour défaut de taille ou pour infirmités serait absolue. Les engagements volontaires seraient admis à partir de dix-huit ans, et le volontariat d'un an serait supprimé. Au bout d'une année de service, tout soldat qui aurait terminé son instruction militaire et qui aurait tenu une bonne conduite, serait classé dans la réserve s'il présentait un substituant pris parmi les hommes de la classe admise au même moment à passer dans la réserve et s'engageant à servir dans l'armée active pendant deux ans de plus. De même, à l'expiration de la deuxième année de service, tout soldat passerait dans la réserve s'il trouvait un substituant dans les hommes de la classe renvoyée, s'engageant à servir encore pendant un an. Nous allons voir d'ailleurs par quelles mesures on pourrait faire disparaître les inconvénients de notre système au point de vue de l'égalité; mais ajoutons d'abord à ce que nous venons de dire, que les substituants pourraient être pris parmi les anciens soldats ayant quitté le corps depuis un an et que, dans des circonstances exceptionnelles, constatées par les commissions de régiment dont nous allons parler, la substitution pourrait être faite à une époque quelconque, pourvu que l'homme à renvoyer eût au moins un an de présence sous les drapeaux.

Afin que la faculté de présenter un substituant ne devienne pas un privilège, il serait créé, dans chaque corps de troupe, une caisse destinée à fournir des substituants aux hommes qui justifieraient d'une position gênée et intéressante. Cette caisse serait alimentée : 1° par un droit prélevé sur toute substitution, c'est-à-dire par une taxe imposée à tout homme autorisé à partir avant l'expiration de ses trois ans ; 2° par une répartition que ferait le ministre de la guerre entre tous les corps de troupe, du produit annuel de la *taxe militaire,* consistant, comme au projet actuellement soumis aux Chambres, en un droit payé par chaque homme exempté ou dispensé, droit fixé d'après les revenus constatés, suivant une échelle de proportion. Les jeunes gens engagés avant l'appel de leur classe seraient astreints aux mêmes obligations et jouiraient des mêmes facilités que les hommes de la première classe convoquée après leur engagement. Les dispositions proposées pour les cadres de sous-officiers seraient d'ailleurs maintenues, ainsi que les périodes de convocations, réduites toutefois en nombre et en partie remplacées par des exercices aux chefs-lieux de canton. Une fois le principe de l'article bien posé et surtout bien mis à exécution, les soldats de trois ans auraient, pour rester sous les drapeaux, un double mobile : l'indemnité à recevoir et la possibilité d'obtenir plus tard un emploi auquel sans cela il leur serait absolument interdit d'aspirer.

L'adoption de ce projet, dont les détails seraient faciles à étudier, aurait donc l'avantage de constituer un noyau solide de soldats, ayant 2, 3 et 4 ans de service, autour desquels viendrait, en cas de guerre, se grouper dans des cadres de choix, la masse des réservistes ; en même temps le recrutement de l'armée apporterait le moins de gêne possible à toutes les carrières libérales, commerciales, agricoles ou industrielles.

La grande objection qu'on ne manquera pas de faire à ce mode de recrutement, c'est qu'il ressuscite pour ainsi dire le remplacement. Mais tous ceux qui ont connu l'ancienne armée affirmeront que les véritables inconvénients de cette institution résidaient dans ses abus et non dans l'institution elle-même. Or aucun des abus d'autrefois ne subsiste dans notre système ; le contrat que nous proposons d'établir entre l'homme qui consent à prolonger son séjour sous les drapeaux et celui qui obtient ainsi sa libération anticipée serait avantageux à toutes les parties, mais surtout à l'armée.

Il est une autre question soulevée au chapitre XVIII, et sur laquelle nous croyons devoir entrer dans quelques détails à cause de l'importance que nous y attachons, c'est celle des comités d'armes et du conseil supérieur de la guerre. Tout le monde est d'accord sur les avantages qu'il y aurait à soustraire le ministre de la guerre aux oscillations de la politique ; tout le monde comprend, en effet, que l'armée ne peut pas être ballottée sans cesse de la droite à la gauche et que la fixité est indispensable dans la direction du commandement comme dans les institutions militaires ; mais tout le monde est obligé, en même temps, de reconnaître que le ministre qui tient entre ses mains la force publique, est intimement et profondément lié à la politique du cabinet dont il fait partie. Comment concilier ces deux nécessités ? Ce ne saurait être évidemment en instituant un commandement en chef de l'armée, c'est-à-dire en créant un personnage puissant, antagoniste naturel du ministre de la guerre, qui, tout autant que lui, devrait être *dans les eaux* du cabinet et qui, par conséquent, serait soumis aux mêmes causes de changement. A nos yeux, la garantie que l'armée réclame et que tous les hommes sensés réclament pour elle, ne peut résider que dans une forte organisation des comités et du conseil supérieur ou comité central.

Les comités ont subi, depuis leur création au xviiie siècle, des péripéties variées. Tantôt ils ont été exclusivement composés d'officiers généraux ; tantôt on y a introduit des officiers supérieurs ; à tels moments ils ont été essentiellement spéciaux ou exclusifs, n'étant ouverts qu'aux généraux et officiers supérieurs de l'arme ; à d'autres, aujourd'hui par exemple, ils ont été ou sont *mixtes*, c'est-à-dire composés d'officiers de toutes armes. Autrefois, les seuls comités importants étaient ceux de l'artillerie et du génie. Les progrès de l'armement ont agrandi le rôle des comités de l'infanterie et de la cavalerie. Nous ne croyons pas aux comités mixtes : il y a certainement des questions où la présence d'un général d'infanterie est utile dans le sein du comité de l'artillerie, mais combien d'autres questions le font assister passif à des discussions auxquelles il ne saurait prendre part et lui imposent l'obligation d'un vote parfois peu motivé ! Il en est de même de l'adjonction d'un général d'artillerie au comité du génie et de tous les cas analogues. On a reproché aux comités, et en particulier au comité d'artillerie, d'être inertes et d'obstruer la voie du progrès. Ce reproche est fondé principalement sur l'infériorité de notre matériel au moment de la guerre de 1870. Mais nous pouvons certifier, et cela en toute connaissance de cause, que, n'y eût-il pas eu de comité, les choses auraient été absolument dans le même état. Les souvenirs de la guerre de 1859 et l'engouement du souverain pour les mitrailleuses, la ferme volonté de ne pas demander de nouveaux crédits au Corps législatif, auraient toujours empêché l'adoption des canons se chargeant par la culasse, dont plusieurs modèles étaient déjà reconnus satisfaisants. Nous ne prétendons pas, d'ailleurs, que l'organisation du comité fût parfaite. Parmi les officiers généraux parvenus au terme de leur carrière, il en est un grand nombre qui se résignent avec peine à voir changer ce qu'ils ont autrefois admiré ; mais, en retour, les jeunes officiers sont un peu portés à vouloir tout changer. L'expérience des uns doit balancer et contenir l'ardeur des autres, non point par la présence simultanée des uns et des autres dans un même comité, mais par l'étude successive des mêmes questions. C'est bien ainsi, dans un certain sens, que les choses se passaient au comité de l'artillerie, où chaque question était traitée d'abord dans une commission d'officiers choisis avec soin, sous la présidence d'un des membres du comité, et portée ensuite, par le président, devant le comité, qui donnait son avis d'après celui de la commission. Mais seul l'avis du comité était transmis au ministre. Nous voudrions voir compléter ce système en rendant les commissions préparatoires plus indépendantes du comité, c'est-à-dire en faisant saisir le ministre non seulement de l'avis du comité, mais encore et en même temps de l'avis préalable de la commission compétente. Le ministre serait ainsi doublement éclairé : 1° par l'opinion d'officiers spéciaux et compétents; 2° par celle d'hommes expérimentés pouvant lui signaler des dangers qu'ils ont constatés ou des nécessités dont ils ont acquis la conviction... Voilà pour les comités considérés en eux-mêmes et chacun pris isolément. Mais, dans l'intérêt de l'unité de l'armée, cet isolement ne saurait subsister. Au lieu de former des commissions consultatives indépendantes les unes des autres, les comités devraient constituer, sous la présidence du ministre, un rouage qui, sans l'arrêter, régularise la marche des affaires militaires.

Quel a été, depuis les débuts de l'organisation régulière de l'armée, l'ensemble de règlements et d'ordonnances le plus remarquable? C'est évidemment la suite des ordonnnances de 1788, embrassant toute l'organisation de l'armée : hiérarchie des grades, avancement, service intérieur, service en campagne, institution des grands commandements et de la permanence des divisions, etc. On peut dire que la plupart des dispositions de ces règlements, en tenant compte du régime général de la nation, étaient en avance d'un demi-siècle sur l'époque à laquelle ils ont été rédigés. Or, ils avaient été élaborés par des comités spéciaux et remaniés par un comité central, composé de tous les présidents de ces comités. C'est une organisation semblable que nous voudrions voir rétablir. Le *comité central* ou *conseil supérieur de la guerre* serait composé de tous les présidents de comité, au nombre de sept (état-major, infanterie, cavalerie, artillerie, génie, administration, corps médical), de trois ou quatre commandants de corps d'armée, d'un vice-amiral, représentant le ministre de la marine, et de deux ou trois anciens commandants de corps, dont l'un exercerait les fonctions de vice-président, la présidence étant réservée au ministre et même, en principe, au chef du pouvoir exécutif, c'est-à-dire au Président de la République.

Enfin, pour compléter le système, le ministre provoquerait au besoin, et sur certaines questions mixtes, l'avis des comités intéressés à la solution de ces questions, réunis en assemblée plénière.

Le conseil supérieur de la guerre ne serait pas uniquement consultatif. Il ne pourrait être passé outre à ses avis sur les questions d'organisation et aussi (c'est là le point délicat) sur les questions de personnes. Toutefois, lorsqu'il s'agirait de donner aux tableaux d'avancement la dernière sanction et d'approuver soit les mises à la retraite d'office, soit les mises en retrait d'emploi, le conseil supérieur ne comprendrait que les commandants ou anciens commandants de corps d'armée et le président du comité de l'arme intéressée.

On reprochera à ce système de diminuer l'autorité du ministre : nous ne croyons pas qu'il doive produire ce résultat. Les comités et le conseil supérieur n'auront à intervenir dans aucune mesure d'exécution, et nul ne songe sans doute à se plaindre des garanties données à la justice contre les revirements politiques. Notre système est d'ailleurs profondément républicain. Tout excès de pouvoir accordé à un fonctionnaire est un danger pour la République elle-même comme pour le pays.

.....Mais à quoi bon persister à donner des conseils qu'on ne nous demande pas et qui ne seront ni écoutés ni entendus. Comme la plupart de nos contemporains, nous avons passé la première moitié de notre carrière à être trouvé trop jeune, nous terminons la seconde, regardé depuis longtemps comme trop vieux. Cela est tout naturel. Le meilleur âge, celui où l'aptitude physique et intellectuelle atteint son maximum, est toujours l'âge des hommes au pouvoir. Le général Foy, dont nous avons cité souvent les admirables aperçus, a fait cette observation aussi fine que bien fondée, qu'aux yeux de Napoléon Ier, et en dépit de la marche du temps, les hommes nés pendant l'année 1769 ne furent jamais ni trop vieux ni trop jeunes...

Nous osons espérer que nos lecteurs, quel que soit leur âge, ne nous auront également trouvé ni l'un ni l'autre. C'est dire que dans nos appréciations nous nous sommes efforcé de rester aussi éloigné de la routine opposée à tout progrès que de l'esprit de changement hostile à tout ce qui existe ou a existé.

TABLE DES MATIÈRES

CHAPITRE XI

ADMINISTRATION ET SERVICE DE SANTÉ.

Objet de l'administration militaire. — Administration à l'intérieur. — Agents du ministre de la guerre, chef suprême et responsable de cette administration. — Commandement, administration, contrôle. — Origines de la question : Richelieu, Louis XIV et Louvois. — Vénalité des grades. — Les capitaines de compagnies. — Les passe-volants. — Commissaires des guerres. — Ministère de Saint-Germain. — Ordonnance de 1788. — Corruption des administrations militaires sous le Directoire. — Loi de nivôse an VIII. — L'inspection aux revues et le Commissariat des guerres. — L'administration militaire sous le premier Empire. — La Restauration. — Création du corps de l'Intendance. — Militarisation. — Assimilation des grades. — Cadres de l'Intendance. — Gestion et exécution. — Reproches faits à l'Intendance. — Les médecins et les comptables. — L'Intendance pendant la guerre de 1870. — Loi du 24 juillet 1873. — Loi des cadres. — Loi sur l'administration de l'armée. — Création du corps du contrôle. — Émancipation du corps médical. — Subordination de l'Intendance au commandement. — Établissements d'intérêt général. — Cadre de l'Intendance. — Les quatre services administratifs. Bureaux de l'Intendance. Subsistances. Hôpitaux. Habillement. — Officiers d'administration. — Adjoints du génie. — Gardes d'artillerie. — Troupes d'administration. — Infirmiers.

Fonctionnement des services administratifs. — Opérations administratives. — L'entreprise et la régie. — L'entreprise préférée à la régie pour le temps de paix. — Marchés. — Adjudications. — Service des fonds. Rapports avec le ministère des finances. — Ordonnateurs secondaires. — Subsistances : vivres, fourrages, chauffage et éclairage. Approvisionnements. — Service de l'habillement et du campement. Historique. — Ateliers des corps de troupe. — Grands ateliers de confection. — Magasins généraux, centraux et régionaux. Magasins des corps. — Système en essai. — Surveillance administrative des corps. — Administration intérieure. Les masses. — Unification des soldes. — Inutilité d'un double contrôle.

Administration en campagne. — Importance capitale de la question des subsistances pour les troupes en campagne. — Les Romains. — Les Turcs. — Gustave-Adolphe. — Louvois. — Les magasins. — Les munitionnaires. — Frédéric II. — L'armée d'Italie avant Bonaparte. — Le blocus de Mayence en 1794-1795. — Campagne de 1799. — Loi du 20 nivôse an II. — Indépendance nominale des administrateurs. — Opinion de Portalis. — Ordonnance de 1832 sur le service en campagne. — Ce qui arrivait dans la pratique. — Action prépondérante du général en chef. — Marmont à l'armée de Portugal. — Sévérité de Napoléon en matière de finances. — Désordres de la campagne de 1805. — Nécessité des magasins. — Désordres croissant en 1806 et 1807. — Difficultés administratives de la campagne d'hiver entre ces deux années. — Campagne de 1809. — Immenses préparatifs pour l'expédition de Russie. — Campagne de 1813. Indiscipline. Retraite de l'armée après Leipsick. — Campagne de Masséna en Portugal. Toute une armée à la maraude. — Armée de Catalogne. — Pénurie d'argent sous Napoléon. — *La guerre nourrit la guerre.* — Bilan de la guerre contre la Prusse en 1806-1807. — Arriérés de la solde. — Réquisitions en Allemagne. — Souffrances et sentiments des populations. — Marmont et Davout. — Guerre de 1823 en Espagne. — Les marchés Ouvrard. — Le maréchal Victor. — Expédition d'Alger en 1830. Sages préparatifs. — Guerres d'Algérie. Les convois. — Guerre de Crimée. Faiblesse de l'intendance. — Guerre du Mexique. Activité déployée. — Guerre de 1859 en Italie. — Expédition de Chine. — Guerre de 1870-1871. Incohérence des mesures administratives. — La guerre en province. L'intendance accusée à tort. — Méthode des Allemands. — Organisation actuelle. Loi du 16 mars 1882. Décret du 26 octobre 1883. — Subordination complète de l'administration au commandement.

Services divers. — Les fonds. — Les subsistances. — Vivres du sac. Trains régimentaires. Officiers d'approvisionnements. Convois. — Viande sur pied. — Dispositions particulières à la cavalerie. — Service des subsistances à l'arrière. — Nourriture chez l'habitant. — Achats directs et entreprise. — Opinion de Frédéric II, des Allemands. — Vivres comprimés. — Le pain. — Les moulins portatifs. — Les boulangeries de campagne. — Les fours roulants. — Effets d'habillement. — Importance attachée par Napoléon à la question des souliers. — Les Allemands arrêtés en 1870 par le mauvais état de la chaussure.

Service de santé. — Longue lutte du corps médical contre l'Intendance. — Origines de la médecine militaire. — Frères hospitaliers. — Hôpitaux à l'entreprise. — Ordonnance de 1788. — Les médecins relevés par la Révolution. — Percy, Desgenettes et Larrey. — Opinions de Lecourbe et de Foy. — Desgenettes en Syrie. — Larrey en Russie. — Décret du 23 mars 1852. — Subordination complète des médecins. — Service aux armées en 1788, sous le premier Empire, de 1852 à 1858. — Guerre de 1870. Convention de Genève. — Le docteur Robin. — Mesures prises pendant la guerre en province. — Autonomie du corps médical posée en principe par la loi d'organisation de 1873. — Loi du 16 mars 1882. — Séparation de la médecine et de l'administration. — Hôpitaux civils. — Le service de santé aux armées. Service régimentaire. — Ambulances. Hôpitaux de campagne. — Jugement porté sur la loi du 16 mars 1882. — Pour le service de santé, on a fait trop ou trop peu. — Les corps de troupe sont trop en tutelle. — Le commandement a une responsabilité exagérée. — La position de l'intendance n'est ni digne ni nette. — Le corps du contrôle est sans autorité morale et son intervention n'est que vexatoire 1

CHAPITRE XII

ARMEMENT, HABILLEMENT, ÉQUIPEMENT.

Armement de l'infanterie. — Opinion de Napoléon sur le fusil à baïonnette. — Mousquet, pique. — Invention du fusil. — Vauban. Invention de la baïonnette à douille. — Premier modèle de fusil. — Les cartouches. — La baguette en fer. — Modèles 1777, 1802, 1822. — Fusil de voltigeur. — Armes à percussion. — Fusil modèle 1842. — Armes rayées. — Anciennes carabines. — Chasseurs tyroliens. — Carabine Delvigne. — Les chasseurs à pied. — Carabine de munition. — Fusil de rempart allégé. — Carabine à tige. — Balle à culot évidé. — Fusil modèle 1857. — La campagne de 1859. — Chargement par la culasse. — Fusil Dreysse. — Armes de petit calibre. — Guerre de 1866. — Fusil modèle 1866 ou Chassepot. — Fusil modèle 1874. — Fusil Mauser. — Cartouches métalliques. — Armes à répétition. — La guerre de 1870 et les carabines Winchester. — Armes à magasin. — Chargeurs. — Fusil Kropatschek. — Nécessité d'adopter les armes à répétition. — La baïonnette ne peut être supprimée. — Combats à la baïonnette : Frédéric II à Hohenfriedberg. Masséna à Loano. Bataille de la Trebbia. Combats d'Amstelten et de Hollabrunn. Eylau. Neumarkt. Aspern. Alba-de-Tormès. Valoutina. Étoges. Ligny. Inkermann. Tracktir. Palestro. — Armes à feu de la cavalerie. — Fusil de dragon. — Mousqueton. — Carabine modèle 1866. — Carabine modèle 1874. — Encore la cuirasse. — Récit de la bataille d'Eckmühl par le général Marbot. — Opinion de la Roche-Aymon. — Motifs allégués par le comité de la cavalerie. — Pistolet. — Revolver. — Sabre. — Différents modèles. — Sabre à la Montmorency, le 2º de chasseurs. — Modifications de 1882. — Suppression des lames courbes. — Raccourcissement du sabre. — Armement des troupes du génie, d'artillerie, du train et de la gendarmerie. — Les servants des batteries montées doivent-ils avoir une arme à feu ? — Exemples pris à l'étranger.

Progrès de l'artillerie. — Système Valière. — Gargousses. — Le maréchal de Saxe. — Canons à la Rostaing. — Gribeauval. — Difficultés qu'il rencontre. — Séparation de l'artillerie de siège et de l'artillerie de campagne. — Innovations dues à Gribeauval. — Système de l'an XI. — Tables de construction. — Inconvénients du matériel Gribeauval. — L'artillerie anglaise dans les guerres d'Espagne. — Matériel de 1827. — Indépendance des deux trains. — Mode d'attelage. — Obusiers. — Système de 1853. — Canons-obusiers. — *Shrapnels* ou obus à balles. — Canons rayés. Système Treuille de Beaulieu. — Campagne de 1859. — Canons de 4, de 8 et de 12 rayés. — Pourquoi l'artillerie française n'avait-elle pas de canons se chargeant par la culasse en 1870. — Les canons à balles. — Supériorité de l'artillerie allemande pendant la guerre de 1870-1871. — Les fusées fusantes, principale cause de notre infériorité. — Effets méconnus des canons à balles. — Récits prussiens. — Bataille de Rezonville. — Avis des généraux d'Aurelle et Chanzy. — Batailles de Coulmiers et de Chevilly. — Combat de Saint-Jean-sur-Erve. — Exemples de batailles et de combats meurtriers comparés à la bataille de Rezonville. — Lutzen, Auerstædt, la Moskowa, Valoutina, Seneffe, Malplaquet, Eylau, Essling, Kollin, Kunersdorf, Inkermann, Plewna. — Conditions à remplir dans un système d'artillerie de campagne. — Nécessité d'employer l'acier. — Poids maximum à donner à la pièce montée sur avant-train avec coffre chargé. — Matériel provisoire. Système Reffye. Canons de 7 et de 5. — Système de Bange. Mécanisme de fermeture. Canons de 90^{mm} et de 80^{mm}. — Obus à balles. — Coffre à munitions. — Canon de 95^{mm}. Système Lahitolle. — Tableau comparatif des pièces de campagne depuis Gribeauval jusqu'à nos jours. — Comparaison de l'artillerie française aux artilleries étrangères. — Excès de pesanteur du matériel de 90. — Transport des canonniers servants sur le champ de bataille. — Problème à poser aux inventeurs. — Transport des cartouches d'infanterie.

Artillerie de montagne. — Ancien matériel. — Obusier de 12^c. — Les batteries de montagne en Algérie. — Faut-il atteler ou porter ? — La Kabylie en 1857. — Canon de 4 rayé de montagne. — Système actuel. — Canon de 80ᵐᵐ de montagne. — Affût démontable.

Artillerie de siège, de place et de côte. — Système Gribeauval. — Canons de 24, de 16, de 12 et de 8. — Obusier de 8 p⁰. — Mortiers de 32ᶜ, 27ᶜ et 22ᶜ. — Pierriers. — Mortiers à la Gomer. — Pièces en fer pour les batteries de côte. — Système de l'an XI. — Canons de 24 court. — Matériel de 1827. — Mortier de 15ᶜ. Obusier de 22ᶜ en bronze. Obusier de 22ᶜ en fer. — Canons à la Paixhans. — Système de 1858. — Canons de 24 et de 12 rayés. — Nouveau canon de 24 rayé de siège ou de 24 court. — Tableau de l'artillerie de siège, place et côte en 1870. — Artillerie actuelle : canons de 220ᵐᵐ, de 155ᵐᵐ long et court et de 120ᵐᵐ. — Mortiers de 270ᵐᵐ et de 220ᵐᵐ. — Pièces de côte : 32ᶜ, 27ᶜ, 24ᶜ, 19ᶜ, 16ᶜ. — Canon de 30. — Canons en acier de 240ᵐᵐ et de 270ᵐᵐ. — Inefficacité des obus. — Obus explosifs. — *Substances brisantes.* — Dynamite. — Coton-poudre. — Emploi à la guerre. — Les destructions doivent être faites avec prudence. — Les ponts sur la Moselle en 1870. — *Les nouvelles poudres à canon.* — Le chargement par la culasse entraîne l'emploi de poudres lentes et progressives. — Poudres vives; leur danger. — Rapport de la vivacité de la poudre avec le calibre. — Poudres C, SP, SP₂, SP₃.

Habillement et équipement. — Mot de Frédéric sur l'armée française. — L'uniforme date de Louis XIV. — Premier *uniforme de l'infanterie.* Justaucorps. Veste. Culotte. Guêtres. Bissac. Ceinturon. Chapeau rond. — Utilité des collets et des parements. — Uniformes sous Louis XV. — Vêtements étriqués. — Le tricorne. — Les buffleteries en croix. — La giberne. — Le havresac. — Bonnet à poil. — Schako. — Casque des chasseurs à pied. — L'habit blanc. — Costume des volontaires de la République. L'habit bleu. — Imitations de l'Autriche. — La grande capote. — Le bonnet de police. — La manie du panache. — Uniformes sous l'Empire. — Leur complication. — On se battait en grande tenue. — La Restauration. — L'habit boutonné. — Les chasseurs à pied. — La tunique. — Retour au ceinturon. — Cartouchière. — Uniforme de l'infanterie à la fin de l'Empire. — Tunique à deux rangs de boutons adoptée après 1870. — La manie du dolman. — Officiers n'ayant pas le même costume que leur troupe. — Chargement du soldat. — Suppression de la tente-abri et de la couverture. — *Uniforme de la cavalerie.* — Il passe par les mêmes phases que celui de l'infanterie. — Le buffle. — La culotte et les bottes. — Les dragons. — Les hussards. — Le schako rond. — Les chasseurs à cheval. — La cavalerie sous l'Empire. — Les lanciers, le schapka et le gourka. — Abandon de la grande botte. — Pantalon basané. — Pantalon à la Lasalle. — Nouvel uniforme. — Le dolman des dragons. — Retour à la culotte et à la botte. — *Uniforme de l'artillerie.* — Harnachement. — Paquetage à la française. — Les hussards, la schabraque. — Poids porté par les chevaux de cavalerie. — Tendance à le diminuer. — Paquetage actuel. — Suppression du portemanteau. — Abaissement de la taille du cavalier. — *L'excès en tout est un défaut* 90

CHAPITRE XIII

MATÉRIEL, TRANSPORTS ET RAVITAILLEMENTS.

Les *impedimenta* ont toujours été croissant dans les armées. — C'est le succès qui fait les gros bagages. — Le luxe dans les armées. — Bois somptuaires. — Les premières armées de la République. — Armée d'Italie. Ordres de Bonaparte pour diminuer le nombre des voitures. — Guerres d'Espagne, Baylen, Vittoria. — Expédition de Russie. Quantité prodigieuse de bagages. — Campagne de 1813. — L'Algérie.

Réglementation du matériel. Artillerie. — Un équipage de campagne en 1740. — Artilleries prussienne, autrichienne et française pendant la guerre de Sept ans. — Gribeauval : *La division* d'artillerie. — Les parcs. — Matériel d'artillerie de l'armée d'Italie en 1797, de l'armée d'Allemagne en 1809 et en 1811, de l'armée du Nord en 1815. — Idées de Napoléon sur le parc d'artillerie. — Perte du grand parc en 1805. — Lettre au général Songis. — Organisation de 1827-1829. Composition des batteries de campagne et des parcs. — L'armée d'Orient en 1854. — L'armée d'Italie en 1859. — Nouvelle répartition des voitures de l'artillerie. — Réserves divisionnaires de munitions d'infanterie. — Parcs divisionnaires. — L'armée du Rhin en 1870. — Organisation actuelle. — Batteries, sections de munitions, parcs. — Équipage d'artillerie d'une armée de 135,000 hommes. — Consommations moyennes des munitions dans plusieurs batailles connues : Austerlitz, Iéna, Friedland, Talavera, Wagram, Lutzen, Leipsick, l'Alma, Inkermann, Tracktir, Rezonville, Saint-Privat, Beaumont, Sedan. — Approvisionnement en munitions en 1809, en 1859 et actuellement.

Équipages de pont. — Passages de rivières dans les anciennes armées. — Pontons. — Bateau Gribeauval. — Équipage de pont réglementaire sous le premier Empire. — Équipage de pont modèle 1853. — Campagne d'Italie en 1859. — Équipage de pont modèle 1866. — Équipages actuellement réglementaires pour les corps d'armée et pour les armées.

Équipages du génie. — Anciennes voitures d'outils. — Ordres de Bonaparte à l'armée d'Italie. — Parcs du génie à la Grande-Armée, en 1807. — Organisation des parcs du génie à la Grande-Armée d'Allemagne, en 1809. — Armée d'Italie, en 1859. — Organisation actuelle.

Trésorerie, postes et télégraphie. — Organisation récente. — Règlement de 1867. — Composition actuelle.

Ambulances. — Variations du service des ambulances dans les armées de Napoléon. — Ambulances de régiments, de divisions et de quartiers généraux. — Matériel d'ambulance à l'armée d'Italie, en 1859. — Organisation des ambulances d'après le règlement du 15 janvier 1867 sur les transports. — Armée du Rhin, en 1870. — Organisation actuelle. — Service de régiment, de division et de corps d'armée. — Hôpitaux de campagne.

Subsistances. — Armées de Frédéric II. — Caissons de régiment et fours portatifs. — Pénurie des moyens de transport sous la première République. — Détresse de l'armée d'Italie en 1795. — Campagne de Syrie. — Armée d'Allemagne en 1811. — Idées de Napoléon à Sainte-Hélène. — Armée d'Italie en 1859. — Règlement du 15 janvier 1867. — Application des dispositions de ce règlement à l'armée du Rhin en 1870. — Organisation actuelle. Trains régimentaires. Convois de corps d'armée et de division.

Bagages et cantiniers. — Ordonnances de 1777 et de 1788. — Simplicité de mœurs des premières armées de la République. — Les officiers le sac au dos. — La théorie et la pratique. — Un ordre du sixième corps en 1805. — Bagages d'un général en 1812 — Décret du 21 février 1813 sur les bagages d'officiers. — Règlement de 1823. — L'Algérie depuis 1830, la Crimée en 1854, l'Italie en 1859. — Décret du 21 février 1860. — Règlement du 15 janvier 1867. — Armée du Rhin. — Règlements actuels. — Dispositions minutieuses. — Calcul des bagages d'une armée de 135,000 hommes. — Nombre total des voitures et des chevaux de trait.

Équipages de siège. — Rappel de plusieurs équipages célèbres : Lille en 1708, Valenciennes et Mayence en 1793; Mantoue, Gaëte, Saragosse, Girone, Ciudad-Rodrigo. — Équipage de siège de l'armée d'Espagne en 1809. — Équipages théoriques de Vauban, Bousmard et Gassendi. — Équipage de siège de Sébastopol. — Équipage de siège de l'armée d'Italie en 1859. — Équipage réglementaire de 1867. — Équipages anglais, autrichien, prussien. — Équipages allemands en 1870. — Équipage de siège actuel.
Ravitaillements et services de l'arrière. — Lignes d'opérations. Lignes d'étapes. Échelonnement des magasins en arrière des anciennes armées. — Instruction de Frédéric II à ses généraux. — Importance attachée par Napoléon à ses lignes d'étapes. — Campagne de 1805. — Changement de la ligne d'étapes. — Campagne de 1806. Même changement. — Lignes d'étapes dans la guerre d'Autriche en 1809 et dans l'expédition de Russie en 1812. — Organisation méthodique de la ligne d'étapes de Bayonne à Madrid et des communications dans le Nord de l'Espagne. — Un ordre du général Dorsenne. Les commissions d'étapes. — Napoléon imité par les Allemands. — Guerre de 1870-1871. — Règlements actuels sur le service de l'arrière. — Étapes et chemins de fer. Zones en arrière de la zone d'opérations de l'armée. — Stations de transition. — Stations têtes d'étapes de guerre. — Têtes d'étapes de route.
Ravitaillement en munitions. — Les échelons du grand parc d'artillerie. — Les sections de munitions. — Les parcs de corps d'armée. — En-cas mobiles. — Ravitaillements exceptionnels.
Service du génie de l'arrière. — Les routes, les fortifications, les hôpitaux.
Ravitaillement en subsistances. — Cadres auxiliaires. — Rôle du service de l'intendance à l'arrière.
Service de santé de l'arrière. — Hôpitaux de campagne. — Hôpitaux de la Société de secours aux blessés. — Évacuation des blessés et malades. — Trains sanitaires.
Commandements d'étapes et agents de tous les services 174

CHAPITRE XIV

CAMPS, BIVOUACS ET CANTONNEMENTS.

Opérations de la guerre. — Stationnement, marche, combat. — Conditions à remplir dans le stationnement : installation, disposition, subsistance, sécurité. — Changements apportés par la facilité des communications. — Camps des Romains. — Cantonnements modernes. — Quartiers d'hiver. — Turenne dans les campagnes de 1672 et 1674. — Surprises de cantonnements. Soubise à Gotha. — Camps sous Louis XIV. — Berwick en Espagne. — Surprises de camps. M. de Montclar. M. de Tilly. Bataille de Consarbrück. — Subsistance des troupes campées. — Camps retranchés. Berwick dans les Alpes. Fouqué à Landshut. Frédéric II à Olmütz. — Troupes attaquées dans leurs camps. Batailles de Crefeld et d'Hochkirch. — Lignes de circonvallation et de contrevallation. Blocus de Mantoue en 1796. Batailles des Dunes, d'Arras, de Valenciennes et de Turin. Soult devant Badajoz. — Règlement du 25 juillet 1788. Service de sûreté et de découverte.
Guerres de la Révolution. — Camps de Maulde, de Famars, de César. — Camps de l'Argonne et de Sainte-Menehould. — Camp des Prussiens après la bataille de Valmy. — Lignes de Wissembourg en 1793. — Lignes de Mayence en 1794-1795. — Camps retranchés dans les Pyrénées. Camps de

l'Union, de Truillas et de Figuières. — Pyrénées occidentales. Camp des *Sans-Culottes*. — Armées d'Italie et des Alpes avant Bonaparte. — Service de sûreté à l'armée d'Italie. — Camps des côtes de l'Océan de 1803 à 1805. L'instruction des troupes. — Stationnement du corps de Marmont en Styrie. — La Grande-Armée en Moravie. Surprise de Wischau. — Idées de Napoléon sur le service de sûreté. — Souffrances des troupes dans les bivouacs. — Habileté des soldats pour se créer des abris. — Cantonnements. Épuisement du pays. Changements fréquents.

Quartiers d'hiver de la Grande-Armée en 1807. — Première période : disposition des cantonnements en Pologne. Ligne trop étendue. Attaque des avant-postes par l'armée russe. Heureuse faute du maréchal Ney. — Bataille d'Eylau. — Nouveaux cantonnements sur la Passarge. — Disposition des corps d'armée en colonnes. — Points de ralliement. — La cavalerie au repos. — Grand dépôt de Thorn commandé par Rapp. — Instructions données à Rapp par l'Empereur. — Corps d'observation du général Zayonscheck. — Napoléon tenait à ce qu'on fît le plus de prisonniers possible. — Campement établi au printemps de 1807.

L'armée française dans l'île de Lobau en 1809. — Lignes de Torrès-Vedras. L'armée de Masséna devant ces lignes. — Surprises de Soult à Oporto, de Suchet à Lérida, de Girard à Arroyo de Molinos. — Les Anglais devant Almeida. — Murat à Winkowo. — Le général Bruno à Freyberg. — Combat du pont de la Guillotière en 1814. — Idées du maréchal Bugeaud. — Une troupe peut être *prise* sans être *surprise*.

Guerres d'Algérie. — L'armée française devant Alger. Le bataillon du 4e léger. — Camps retranchés de l'Algérie. — Attaque du camp de Boudaou. — Les chasseurs d'Afrique à Douera. — Défense du camp de Djemilah. — Difficultés de la subsistance des camps en Algérie. Ravitaillements. — Inconvénients de la multiplication des camps. — Bivouacs de marche. — Souffrances des troupes. — *Camp de la Boue* en 1836. — Invention de la tente-abri. — Les demi-couvertures. — Système du général Bugeaud, inspiré par le souvenir de la guerre d'Espagne.

Guerre de Crimée. — Séjour à Gallipoli et à Varna. — Comparaison du débarquement à Oldfort en 1854 avec celui de Sidi-Ferruch en 1830. — Installation des armées alliées sur le plateau de Chersonèse. Tentatives des Russes pour les en déloger. Combat de Balaklava. Batailles d'Inkermann et de Tracktir. — Constance de l'armée française. — Difficulté des transports. — Secours prêté à l'armée anglaise. — Choléra et typhus, mauvaise tenue des camps.

Guerre du Mexique. — Séjour à Orizaba. — Les convois de Vera-Cruz. — Surprise du Cerro del Borrigo.

Guerre de 1870. — Système du cantonnement. — Inconvénients reprochés au bivouac et au cantonnement. — Surprises du champ de bataille le soir du combat. Laon et Wagram. — Surprises de Wissembourg, de Vionville et de Beaumont. Oubli des règles les plus élémentaires. — Deuxième partie de la guerre. — Les francs-tireurs. — L'armée du général d'Aurelle devant Orléans. Activité des éclaireurs. Prisonniers faits à l'ennemi. — Période des revers. Surprises de Chambord et de Sombacourt.

Idées nouvelles. — Études faites après la guerre. — Système adopté en 1875. — Suppression de la tente-abri. — Règlement de 1883 sur le service en campagne. — Cantonnements et bivouacs. — Réseau des avant-postes. Rôles respectifs de la cavalerie et de l'infanterie. — Séparation absolue du service de sûreté et du service d'exploration. — Subsistance des troupes pendant les stationnements 248

CHAPITRE XV

LES MARCHES.

Questions à étudier relativement aux marches. — Dispositions à prendre. — Expédition de Charles VIII en Italie. Place de l'artillerie dans la colonne. Bataille de Fornoue. — Gustave-Adolphe. — Turenne. Campagne d'hiver de 1674-1675. — Luxembourg. — Le prince Eugène. — Principes de Feuquières sur les marches. — Un cours d'art militaire en 1746. — Les bagages dans les retraites. — Un ordre de marche de Frédéric II. — Le maréchal de Contades à Minden. — Marches de flanc. — Bataille de Rosbach. — Marche qui suivit cette bataille. — Campagne de 1760. Bataille de Liegnitz. — Ordonnance du 25 mars 1788. — *Les retraites.* — Combat d'Altenheim. — Retraite de Prague. — Combats de Seneffe et de Leuze. — Frédéric II après la levée du siège d'Olmutz. — *Les convois.* — Frédéric II et Laudon.
Guerres de la Révolution et de l'Empire. — Marches dans les Alpes. — Campagne d'Italie en 1796. La division Masséna à Rivoli et à la Favorite. — Campagne d'Égypte. Marche sur le Caire. Marche du Caire à Suez. — Expédition de Syrie. — L'armée de réserve en 1800. Passage du mont Saint-Bernard. Le général Bethencourt au Simplon. — Passage du Splügen par l'armée de Macdonald. — Campagne de 1805. Marche sur le Danube. Ordre de marche du maréchal Ney. Le corps du maréchal Lannes et la garde impériale. — Campagne de 1806 : formation de l'armée sur trois colonnes. — Principes admis à cette époque. Cavalerie d'exploration. Composition des avant-gardes. — Marche du corps de Bernadotte sur Lübeck. — Le 3e corps de Berlin à Varsovie. — La division de cuirassiers Espagne. — Marche de Junot sur Lisbonne en 1807. — Les troupes envoyées d'Allemagne en Espagne. — La garde impériale de Zamora à Kowno. 115 jours de route, 33 jours de marche effective ; 9 lieues par jour. — Le 20e de chasseurs de Girone à Polosk. Cinq mois de route, 100 jours de marche effective. — Campagne de Russie. — Passage du Niémen. — Dépérissement de la cavalerie. Diminution des effectifs. — Ordres de Napoléon concernant les bagages. — Dispositif de la principale colonne. — Le corps du maréchal Davout. — La cavalerie de Murat. *Le général de grand chemin.* — Étapes de la garde impériale : 220 lieues ; 83 jours ; 25 étapes ; 8 lieues et demie par jour. — Ordre de marche du 15 juin 1815. Entrée successive des divers corps d'armée dans la colonne. L'exécution ne répond pas à la conception.
Retraites. — Opinion de Gouvion-Saint-Cyr. — Retraite de l'armée de Sambre-et-Meuse en 1796. Chemins mal reconnus. Ney au combat d'Amberg, infanterie sacrifiée à la cavalerie. — Retraite de Moreau. Traversée de Fribourg. — Ney à Guttstadt en 1807. — Soult à Oporto en 1809. Abandon de l'artillerie — Retraite de Masséna en 1811. — Retraite de Russie. Causes du désastre. Bilan de la retraite. Pertes en hommes. Distances parcourues. — Retraite après la bataille de Leipsick. Armée à la débandade.
Convois, embuscades et surprises. — Baylen. Ordre de marche de l'armée de Dupont. — La division Maison à Haynau. — Le général Foy de Cacérès à Mérida. — Les prisonniers d'Erfurt. — Escorte des prisonniers de Magdebourg à Mayence. — Les convois en Espagne. — Surprise de Sali-

nas. Escorte insuffisante. — Convois de fonds. — Ravitaillement de Ciudad-Rodrigo. — Les partisans en 1813. — Le grand parc à Leipsick.

Guerres récentes. Algérie. — Mauvais début. Marche sur Alger. Une illusion d'optique. — Expédition du général Berthezène sur Médéah. — Le général Létang chez les Zmélas. — La Macta. — Expédition de Mascara, combat de l'Habra. — Retraite de Constantine. — L'expérience acquise. — Le maréchal Bugeaud. — Guerre contre le Maroc. — La *hure de sanglier*. — Marche du 2ᵉ de zouaves sur Laghouat. — Exemples de marches forcées. Prise de la Smalah. — *Expédition d'Orient*. — Mauvaises habitudes de marche. Marche d'Oldfort à Balaklava. Lenteur des Anglais. — *Campagne d'Italie en* 1859. — Marche de flanc. — Dispositions officielles. — Marche sur le Tessin. — Lenteur de la marche après Magenta.

Guerre de 1870-1871. — Retraite des 2ᵉ, 3ᵉ et 4ᵉ corps après la bataille de Spickeren. Inertie de la cavalerie française. — Essai de marche de l'armée de Metz sur Verdun. 150,000 hommes défilant sur une seule route. Retard inexplicable. — Bataille de Frœschwiller. — Retraite sur Saverne. Route de Nancy abandonnée sur un faux renseignement. Arrivée à Neufchâteau. — Le 5ᵉ corps. Ordres et contre-ordres. Arrivée à Chaumont. — Le 7ᵉ corps passant par Paris. — Marche de Châlons sur la Meuse. Reconnaissance sur Grand-Pré. — Retraite du 13ᵉ corps de Mézières à Laon. — Mouvement du 15ᵉ corps de Salbris à Blois. — Le 20ᵉ corps de Chagny à Gien. — Les 15ᵉ, 18ᵉ et 20ᵉ corps transportés dans l'Est. Abus des chemins de fer. Insuffisance des quais d'embarquement. — Formation de la 2ᵉ armée de la Loire. — Retraites successives sur Marchenoir, sur le Loir, sur la Sarthe et sur la Mayenne. Le général Chanzy.

Dispositions réglementaires. — Règlement de 1832, incomplet sur la question des marches. — Traditions perdues. — Études faites depuis la guerre. — Dispositif de marche. — Composition d'une armée. — Marche d'un corps d'armée sur une colonne ou sur deux. — *Unités de marche et de commandement.* — Règlements de 1883. — Composition de l'avant-garde. — Sa force en artillerie. — Emplacement de l'artillerie dans les colonnes. N'est-elle pas trop loin de la tête ? — Train de combat. — Arrière-garde. — Allongement des colonnes en marche. — *Point initial.* — Marches en retraite. — *Haltes horaires.* — Grandes haltes. — Marches de nuit. — Longueur moyenne des étapes. — *Ordres de marche.* — Reconnaissance des routes. — Les guides. Exemples : la guerre de la Sécession, le 13ᵉ corps à Chaumont-Porcien. — Séparation du service de sûreté et du service d'exploration. — Les flanc-gardes. — Instruction du 27 juin 1876. Éparpillement de la cavalerie. — Projet d'instruction de 1879. — Instruction de 1884. — Reconnaissances d'officier. — Escadrons et patrouilles de découverte. — Marche d'une division de cavalerie indépendante. — Service de sûreté. — Brigade de cavalerie de corps d'armée. — Détachements francs. — Trains régimentaires. — Convois. — Alimentation des troupes en marche. 332

CHAPITRE XVI

BATAILLES ET COMBATS. — PREMIÈRE PARTIE, INFANTERIE.

Hallebardiers, piquiers et arquebusiers. — Anciens bataillons. — Le *hérisson*. — Mousquetaires, Suisses et lansquenets. — Les *terzos* — Gustave-Adolphe. — Bataille de Rocroi. — Le duc de Luxembourg. — Les *manches.* — Un bataillon en 1703. — Premier règlement sur les manœuvres. — Frédéric II. — La colonne de Fontenoy. — L'ordre mince et l'ordre profond. — Le chevalier Folard. Guibert, Mesnil-Durand. — Le camp de Vaussieux. — La vérité n'est pas absolue. — Le maréchal de Broglie. — Ordonnance de 1788. — Règlement de 1791. — Avis de Gouvion-Saint-Cyr. — Les jeunes soldats de la République. — Les bandes de tirailleurs. — Fleurus. La Montagne-Noire, Primolano, San-Marco, Hanau. — Une *instruction* de Schérer. Infanterie de ligne et infanterie légère. — Colonne de bataillon. — Mondovi. — Saint-Georges. — Caliano. — Lonato. — Formation de la division Bernadotte au Tagliamento. — Les carrés en Égypte. Chebreiss, les Pyramides, Sédiman, Héliopolis. — Marengo. — Iéna. — Auerstædt. — Campagne de 1813. Lutzen, Goldberg, Wachau, Leipsick. — Fère-Champenoise. — Infanterie en ligne résistant à la cavalerie : Altenheim, Marengo, Bosco. — Lignes de bataillons en colonne : Auerstædt, Czarnowo, Wagram, la Moskowa. — Même ligne entremêlée de bataillons déployés : Eylau, Waterloo. — Colonnes profondes : Macdonald à Wagram. Girard à Albuera. Drouet d'Erlon à Waterloo. — Formations ennemies. — Les Prussiens à Auerstædt. — Les Russes à Eylau. — Les Autrichiens à Essling et à Wagram. — Les Anglais à Vimeiro, à Busaco. — Les carrés de Waterloo. — Formation sur deux rangs. Napoléon à Leipsick. — *Les feux.* — Feux de tirailleurs. Oudinot à Friedland. — Feu de deux rangs. — Feu de rang. La jeune garde à Leipsick. — La baïonnette. — Formations défensives. — La droite des Anglais à Waterloo. — Formations offensives. — Opinion de Marmont, de Morand, du maréchal Bugeaud, de Jomini. — Règlement de 1831. — Les tirailleurs. — Guerre de Crimée. — La colonne de compagnie. — L'Alma, Inkermann, Traktir. — Formation sur deux rangs. — Campagne de 1859 en Italie. — Prescriptions générales. — Montebello, Robechetto, Magenta, Solférino. — Règlement de 1862. — Guerre de 1866. — Préconisation de la défensive. — *Observations sur l'instruction sommaire pour les combats* de 1867. Son influence sur la guerre de 1870. — Règlement de 1869. — Colonne de division. — Guerre de 1870. — Condamnation de la colonne de compagnie. — Défensive exagérée. — Bataille de Coulmiers. — Reprise du Bourget par la garde prussienne. — L'ordre dispersé. — Règlement de 1875. — L'éparpillement des forces. — Réaction. — Règlement du 29 juillet 1884. — Retour vers l'offensive. — Tactique prussienne. — La *furia francese.* — La reine des batailles !

DEUXIÈME PARTIE, CAVALERIE.

Compagnies d'ordonnance. — Les lances. — Maîtres et soldats auxiliaires. — *Gendarmerie.* — Arquebusiers à cheval. — Reîtres. — *Cavalerie légère.* — La cavalerie sous Louis XIV. — Charges au trot et au galop. — Condé à Rocroi. — Turenne. — Principes du maréchal de Saxe sur la charge. — Frédéric II, créateur de la cavalerie moderne. — Interdiction du tir à cheval. — Charge au galop. — Seydlitz. — Bataille de Zorndorff. Mouvement de flanc. Grande charge sur trois lignes. Rôle de chaque ligne. — La cavalerie française pendant la guerre de Sept ans. — Les carabiniers à Crefeld. — Bataille de Minden. L'infanterie attaque la cavalerie. — Règlement de 1788. — Formation sur deux rangs. — Division de l'escadron en pelotons de manœuvre. — Liaison des files. — Mouvements par quatre. — La pratique simplifie la complication de l'ordonnance.

TABLE DES MATIÈRES. 675

— Exemples tirés des grandes guerres. — Un combat à l'armée de Rhin-et-Moselle en 1796. — Kellermann et les dragons autrichiens à Marengo (1re charge). — Les charges de flanc. — Kellermann à Marengo (2e charge). — Auguste Colbert à Iéna. — Nansouty à Hanau. — Changements d'objectif pendant une charge. — Condé à Rocroi. — Latour-Maubourg à Medellin. — Kellermann à Alba-de-Tormès. — Le 13e de cuirassiers à Lérida. — Caulaincourt à la Moskowa. — Puissance de l'imprévu dans les actions de cavalerie. — Les dragons d'Espagne à Bar-sur-Aube en 1814. — Mouvements combinés de front et de flanc. — L'archiduc Charles à Würtzbourg. — Grouchy à Friedland. — Encore Alba-de-Tormès. — Montbrun à Fuentès-de-Oñoro. — Combat de Villadiego. — Curély dans la retraite de Russie. — Bataille de Château-Thierry. — La victoire appartient à celui qui garde la dernière réserve. — Bataille de Würtzbourg. — Lecourbe à Hochstædt. — La cavalerie légère et les dragons à Austerlitz. — Espagne et Lasalle à Essling. — Nécessité d'une réserve. — Combat de Zehdenick. — Charges contre l'infanterie. Nécessité de plusieurs lignes chargeant sans laisser de répit. — Zorndorff. — Eylau. — Alba-de-Tormès. — Les Quatre-Bras. — Reconnaissance préalable du terrain. — Marbot à Essling. — Murat à Heilsberg. — Cuirassiers du duc de Padoue à Wagram. — Murat et Pajol à Wachau. — Allures avant la charge. — Marengo. — Zehdenick. — Combat d'Altafulla. — Mouvements préparatoires. Iéna. Montereau. Bar-sur-Aube. — Charge de pied ferme. Les dragons de Sainte-Croix dans la retraite de Portugal. — Effets d'une contenance ferme. Seydlitz à Hochkirch. Lasalle à Medellin. — Feu de la cavalerie. — Les dragons et les mamelucks. — Combats de Salehieh et de Thèbes. — Eylau. — Le 3e de hussards à Friedland. — Bataille d'Eckmühl. — Deux combats en 1813. — Formation pour la charge. — Charges en colonne par pelotons : Marengo et Montereau ; en colonne par quatre : Sommo-Sierra. — Quand faut-il mettre le sabre à la main? Opinion du général de Brack. Le 13e de cuirassiers à Sagonte. — Règles suivies pour la charge. Aux plus braves les premiers coups. Le colonel Édouard Colbert à Guttstadt. — Les Anglais décrochent les gourmettes pour donner plus d'élan à la charge. Adroite manœuvre du général Lallemand. — Troupes chargeant sans s'aborder. Combat de Villadiego. — La cavalerie à pied. — Wertingen. — Les dragons en Espagne. — *La Restauration*. — L'École de Saumur. — Règlement de 1829. — La théorie, récitation du littéral. — Excès de formalisme. — Guerre de 1854. Les Anglais à Balaklava. — Grosse cavalerie et cavalerie légère. — Charge de lord Cardigan. — Les chasseurs d'Afrique. — Combat de Khanghil. — Campagne d'Italie en 1859. — La division Desvaux à Solférino. — Le colonel Edelsheim et les hussards de Prusse. — La masse de colonnes. — Guerre de 1866. — Combat de Custozza. Les lanciers de Sicile. La brigade Pultz. — Bataille de Kœniggrætz. — Guerre de 1870. — Morsbronn. — Les cuirassiers de la garde. — Brigade Redern. — Brigade Bredow. — Grand combat de cavalerie. Les Prussiens s'attribuent la victoire. Pourquoi le combat est resté indécis. — Nécessité d'une direction unique. Brigade Grüter. — *Études sur la cavalerie après la guerre*. — Règlement de 1876. — Suppression de l'inversion. — Adoption de la ligne et de la masse de colonnes. — Principes de la charge. — Combat sur plusieurs lignes. — Manœuvres et conférences de Tours en 1876. — Critiques adressées au nouveau règlement. — Le comité de cavalerie. — Le règlement de 1882. — Différences entre les deux règlements. — La charge en muraille. — Tactique des trois lignes. — Le rôle de la cavalerie dans le combat n'est pas fini, il n'est que transformé. 425

CHAPITRE XVII

BATAILLES ET COMBATS. — TROISIÈME PARTIE, ARTILLERIE.

Indépendance relative de l'artillerie. — Premières batailles : Fornoue, Ravenne, Marignan, Pavie. — Gustave-Adolphe. Passage du Lech. — Bataille de Rocroi. — Action défensive de l'artillerie. — Bataille de Neerwinden. — L'artillerie au xviiie siècle. — Bataille de Fontenoy. *Le secteur privé de feux*. — Frédéric II. — Bataille de Soor. *L'angle mort*. — Bataille de Kunersdorf. Succès et revers. — Bataille de Kay (1759). L'artillerie embourbée. — Bataille de Hochkirch. Frédéric II place lui-même ses batteries. — Batailles de la guerre de Sept ans : Kollin, Leuthen, Breslau, Torgau, Rossbach. — L'artillerie française. — Batailles de Bergen et de Minden. — L'artillerie à cheval. Combat de Reichenbach.

Guerres de la Révolution. — Popularité de l'artillerie à cheval. — Canonnade de Valmy. — Lignes de Wissembourg. — Opinion de Dumouriez. — Puissance défensive des grandes batteries. — Combat de Pirmasens. — Véritable rôle de l'artillerie à cheval. — Le colonel Sorbier au combat d'Arlon. — Bataille du Geisberg. — Armée de Rhin-et-Moselle. — Combats de Rastadt et d'Ettlingen. — Bataille de Biberach. — Armée de Sambre-et-Meuse. — Bataille de Neuwied. — Armée d'Italie. — Batailles de Lodi, de Castiglione, de Lonato, d'Arcole et de Rivoli. — L'artillerie à Marengo. — Batailles d'Austerlitz et d'Iéna. — L'artillerie des divisions Friant et Morand à Auerstædt. — Batailles d'Eylau et d'Heilsberg. — Sénarmont à Friedland. Artillerie des 1er et 6e corps.

Nouvelle tactique de l'artillerie. — Action en masses offensives. — Règles données par Gassendi. — Les grandes batteries. — On ne doit abandonner ses pièces que lorsque l'ennemi est dans la batterie. — Bataille de Wagram. La batterie de 100 pièces. L'artillerie du maréchal Davout. Divisions Friant et Morand. La batterie à cheval de la division Arrighi. — Sénarmont en Espagne. — Bataille d'Ocaña. — Le général Ruty à Albuera. — Bataille de la Moskowa. — Drouot à Lutzen. — Marmont à Bautzen. — Bataille de Grossbeeren. — Nos ennemis nous prennent notre tactique. — Bataille de Wachau. — Drouot et l'artillerie de la garde. — Bataille de Möckern. Explosion des caissons. — Bataille de Hanau. La grande batterie de Drouot. — Waterloo. La batterie de 78 pièces. — Attaque de Hougaumont et de la Haie-Sainte. — Manque d'ensemble dans l'action de l'artillerie. — Ordres de Blücher relatifs à l'artillerie. — Adoption du matériel de 1827. — Tactique de l'artillerie d'après le général de Caraman.

Batailles du second Empire. — Guerre de Crimée : l'Alma, Inkermann, Traktir. — Guerre d'Italie. Le général Auger à Magenta. Les généraux Soleille et Forgeot à Solférino. — Campagne de Bohême en 1866. — Combats de Trautenau, de Skalitz et de Soor. — Bataille de Kœniggrætz. Dévouement de l'artillerie autrichienne après la défaite. — Principes admis par l'artillerie allemande après la guerre. — Tactique de détail. — Règles adoptées dans l'artillerie française. — Les zones dangereuses.

Guerre de 1870. — Supériorité de l'artillerie allemande. — Bataille de Frœschwiller. Écrasement par le nombre. L'artillerie allemande n'agit qu'en masses. Dévouement ignoré de la réserve d'artillerie française. — Bataille de Rezonville. Initiative des artilleurs allemands. Groupement des batteries d'après les péripéties du combat. Prise de Flavigny et de Vionville par les Prussiens. — La bataille dégénère en canonnade. L'artillerie de la garde impériale à 7 heures du soir. — Bataille de Saint-Privat. — Artillerie du IX⁰ corps prussien. Une batterie hors de combat. — Grande batterie de la 1ʳᵉ armée. Artillerie en mouvement. — Pertes des batteries prussiennes. — Préparation de l'attaque de Saint-Privat, 200 bouches à feu. — Quelques mots sur la bataille de Sedan. — Opinion du général Vinoy sur la supériorité de l'artillerie allemande. — Idées paradoxales. — Bataille de Coulmiers. — Nouvel emploi des réserves d'artillerie. — Les généraux d'Aurelle et de Blois de la Calande. — Combat de Poupry et bataille de Chevilly. — Bataille de la Lisaine. Importance des épaulements. Bataille de Villiers-sur-Marne.

Après la guerre. — Conclusions tirées de la guerre. — Études sur la tactique de l'artillerie. — Importance donnée au réglage du tir. — Obus à mitraille. — Simplifications. — Tir des groupes d'artillerie. Grandes manœuvres de Châlons. — Tactique de détail : intervalles, échelons. — Consommation des munitions. — Importance de la position. — Abris naturels. Exemples. — Bataille de Traktir. — Épaulements. Les batteries à cheval à Coulmiers. — Idées paradoxales. — Changements de position. — Ne pas poser une règle trop absolue. — Rôle des batteries à cheval en réserve. — Action des masses d'artillerie. — Commandements des grands groupes de l'artillerie. — Chaque arme doit obéir à ses chefs naturels.

Artillerie à cheval. — L'artillerie à cheval et la cavalerie sont faites l'une pour l'autre. — Idées des Allemands avant 1872. — L'artillerie ne doit pas prendre part aux charges. — Règlements français. — Artillerie des divisions de cavalerie indépendantes. — Règlement du 17 juillet 1876. — Manœuvres de Tours. — Règlements du 20 mai 1880 sur les manœuvres de batteries attelées. — Règlement du 31 mai 1882. — Initiative laissée au commandant de l'artillerie. — Accord d'idées nécessaire entre le commandant de l'artillerie et celui de la division. — Les divisions de cavalerie dans la bataille. — Conclusion. — Importance de l'artillerie pour le moral de l'armée 507

CHAPITRE XVIII

COMMANDEMENT, DISCIPLINE, ESPRIT MILITAIRE.

L'ancien régime. — Délégation de l'autorité royale. — Connétable, Colonel-général. — Ministre de la guerre. — Origine de la *bureaucratie*. — Louvois et Turenne. — Indiscipline des officiers. — Plaintes des généraux. — Barbezieux. — Chamillard. — La régence et ses conseils. — Voyer d'Argenson. — Les ministres militaires. — Le maréchal de Belle-Isle. — Le duc de Choiseul. — Commencement des réformes. — Le comte de Saint-Germain, ses antécédents et ses projets. — Vénalité des grades. — Corps privilégiés. — Divisions permanentes. — Mesures de répression. — Les coups de plat de sabre. — Impopularité et chute de Saint-Germain. — Conseil supérieur de la guerre. — Les comités et le comité central. — Ordonnances de 1788. — Les généraux du xviiiᵉ siècle : Maurice de Saxe, le duc de Broglie, Rochambeau, Chevert. — Indiscipline des troupes. — Les capitaines du régiment de *Piémont.* — L'armée de Rochambeau en Amérique. — Définition de l'ancienne armée par le général Foy.

L'armée pendant la Révolution. — Comité de la guerre. — Les ministres sous la Constituante. — Servan. Les premières épurations. — Pache. Nouvelle organisation du ministère. — Le premier comité de Salut public. — Bouchotte et les révolutionnaires avancés. — Le deuxième comité de Salut public. — Section de la guerre. — Carnot. — Le Directoire. — *Les généraux sous la République :* 1° Anciens généraux ou officiers supérieurs : Rochambeau, Dumouriez, Custine, etc. L'émigration ou l'échafaud. — 2° Les *sans-culottes* : Rossignol, Léchelle, Doppet, etc. Ineptie et désastres. — 3° Les généraux du comité de Salut public : Jourdan, Hoche, Moreau, etc. — 4° Les généraux produits par la guerre. — Armées de Sambre-et-Meuse, de Rhin-et-Moselle et d'Italie. — Gouvion-Saint-Cyr, Desaix, Kléber, Masséna, Bonaparte. — La *discipline*. Rébellion et licenciement des gardes-françaises. — Causes de la désorganisation de l'armée. — Les municipalités : Béthune, Lyon, Valence, etc. — Insurrection militaire de Nancy. — Les Suisses de Châteauvieux. — Marche de l'esprit public. — Libération et triomphe des soldats condamnés. — Libelles adressés à l'armée. — Paniques de Mons et de Tournay. — Massacre de Dillon. — Réaction en faveur de la discipline : Saint-Just et Lebas. La Tour d'Auvergne. — Apogée des armées de la République. — L'armée d'Italie et le luxe. — Insurrection de l'armée de Rome. Masséna. — Misères de l'armée des Alpes en 1799. — Désertion en masse. — Mort de Championnet. — Réfection de l'armée d'Italie.

Le Consulat et l'Empire. — Les ministres de l'Empereur. — Leur peu d'autorité. — Berthier, Clarke, Davout. — Les maréchaux. — Leur classement dans l'histoire. — Les généraux en chef : Masséna, Gouvion-Saint-Cyr, Davout, Soult, Lannes, Marmont. — Les braves : Ney, Mortier, Oudinot, etc. — Querelles des maréchaux : Ney et Soult. Masséna et Ney. Davout et Murat. — Les antipathies. — Une lettre de Marmont à l'Empereur. — Les refus de concours. — Les maréchaux de l'avenir : Gérard, Lobau, Reille, Clausel, Morand, etc. — Les officiers et les soldats sous l'Empire. — Arriérés de solde. — La maraude et le gaspillage. — Sentiments des populations. — Prestige de Napoléon aux yeux de l'armée. — Retour de l'Ile d'Elbe. — La France en 1815. — Erreur des républicains.

La Restauration. — Ministère de Dupont. — Les émigrés et les Vendéens. — Soult et Clarke. — Réaction après les Cent-Jours. — Violence des ultra-royalistes. — Opinion de Gouvion-Saint-Cyr. — Les fanatiques de la Révolution et les fanatiques de la Légitimité. — Les corps d'officiers. — La garde royale. — Les troupes de ligne en 1830. — Les ministres de la Restauration. — Conseil supérieur de la guerre.

De 1830 à 1870. — Nouvelle réaction. — Les rentrants à la bouillotte. — Progrès des mœurs militaires. — Les ministres de Louis-Philippe. — Le maréchal Soult. — La liste des grands ministres. — L'Algérie et les guerres d'Afrique. — Leur influence sur la valeur de l'armée. — Les généraux d'Afrique. — Le maréchal Bugeaud. — Idées fausses et mauvaises habitudes contractées en Algérie. — Excellente école de guerre mais incomplète. — Esprit de coterie. — Les sociétés d'admiration mutuelle. — Les bulletins. — L'envie de se distinguer. — *Voyons les cacoëts*. — Les chapardeurs. — Révolution de 1848. — Humiliation de l'armée. — Les princes d'Orléans regrettés seulement de leurs intimes. — Influence du nom de Napoléon. — *L'Empire c'est la paix.* — Guerres de Crimée, d'Italie et du Mexique. — Effets de la loi de 1832. — L'armée sous le régime de cette loi. — L'armée et la nation séparées l'une de l'autre. — Influence de la guerre de Crimée. — Les chemins de fer. — Les ports de lettres. — Les congés. — La loi de 1855 et l'exonération. — C'en est fait de l'ancienne armée. — Les congés renouvelables. — Le mépris de l'uniforme. — Loi de 1868. — Ambition des officiers. — Lecture de l'*Annuaire*. — L'étude en défaveur. — Conditions de l'avancement. — Fléau de la recommandation. — La littérature et le théâtre. — Le *Capitaine Bitterlin* et le *Général Boum*. — Les romans antimilitaires. — Conférences sur la suppression des armées permanentes. — Esprit guerrier vivace en France. — Héroïsme de l'armée à Frœschwiller et sous Metz. — Les armées improvisées. — Efforts passagers. — Châteaudun. — Nécessité des armées régulières. *Depuis la guerre de* 1870. — Esprit public après la guerre. — Unanimité des avis sur le but à poursuivre. — Divergence sur les moyens. — La loi de 1832 a fait son temps. — Impossibilité de tenir tête aux nombreux effectifs avec une armée restreinte. — Côté moral de la question. — L'ancien esprit militaire est mort. — Esprit militaire de la nation. — Est-il indispensable? — Esprit de dévouement et de sacrifice. — Les cadres. — Causes de nos désastres : infériorité numérique, matérielle, intellectuelle et morale. — L'instruction et l'étude. — Beau zèle des officiers après la guerre. — Mépris du temps passé. — Ralentissement du zèle. — Ses causes. — Les examens. — Le *mandarinat*. — Esprit militaire indispensable au plus haut degré pour les cadres. — Réhabilitation de l'uniforme. — Garanties contre l'influence de la politique. — Mesures à prendre pour rendre le service militaire supportable à la masse. — Les gratifications renouvelables. — Les ministres du deuxième Empire et de la République. — Le maréchal Niel. — La petite monnaie de Louvois, d'Argenson, de Saint-Germain et de Saint-Cyr 599

Résumé et conclusions 646

www.ingramcontent.com/pod-product-compliance
Lightning Source LLC
Chambersburg PA
CBHW050059230426
43664CB00010B/1372